黄茂荣法学文丛

债法通则全面涵盖债之基础问题，原则上采专论的形式，收录法规、令函及判解，写作时注重法学方法的引用，有助于法学方法在债法上的应用，力求在法律价值、观点、论证及实务思潮方面能与法治及法学进步国家的现况接近

债之概念与债务契约

债法通则之一

黄茂荣 著

厦门大学出版社
XIAMEN UNIVERSITY PRESS
国家一级出版社
全国百佳图书出版单位

图书在版编目(CIP)数据

债法通则.1,债之概念与债务契约/黄茂荣著.—厦门:厦门大学出版社,2014.6
(2019.7 重印)
(黄茂荣法学文丛)
ISBN 978-7-5615-4992-6

Ⅰ.①债… Ⅱ.①黄… Ⅲ.①债权法-研究-中国 Ⅳ.①D923.34

中国版本图书馆 CIP 数据核字(2014)第 120472 号

厦门大学出版社出版发行
(地址:厦门市软件园二期望海路 39 号 邮编:361008)
http://www.xmupress.com
xmup @ xmupress.com
厦门集大印刷厂印刷
2014 年 6 月第 1 版 2019 年 7 月第 2 次印刷
开本:787×1092 1/16 印张:29.25 插页:2
字数:570 千字 印数:3 001～4 000 册
定价:87.00 元

序　言

债法通则将分五册：第一册含导论、债之关系及债之意定的发生原因。意定的发生原因指契约及悬赏广告。关于契约，再就契约之缔结、要式契约、电子商务进一步加以说明。第二册含损害赔偿之债的概论、债务不履行责任及特种侵权行为责任。第三册含债之保全、债权之确保、债之连带、债之移转、债之消灭。第四册含债之法定的发生原因中之无因管理及不当得利。另有一个重要之债的法定发生原因——一般侵权行为将编入第五册，预计一年内出版。以上将大致全面涵盖债之基础问题。

上述题目的体裁，原则上采专论的形式。法规、令函及判解的引用所以及于内容，主要是为节省读者查考的时间及检证的需要，因此篇幅比较长。写作时注重法学方法的引用，希望因此有助于法学方法在应用上的介绍，以及力求在法律价值、观点、论证及实务思潮方面，能和法治与法学进步国家的现况接近。

法律文化因与国情相依，而有不同法系间之差异，但由于人同此心，其基本价值及逻辑方法一般说来并无二异。如何透过比较法的研究，师人之长，缩短法治与法学之真正现代化及本土化的时程，与法律、经济及社会政策所追求之公平、效率及关怀目标的实践成果之高低，至为重要。愿以本书与有志于推动中华法治与法学之真正现代化及本土化的女士们、先生们，互相切磋、努力。

本书厦大简体版之出版，承厦门大学法学院李刚学长之慷慨帮助及厦门大学出版社副社长施高翔博士与责任编辑甘世恒先生之百般费心，十分感谢！

黄茂荣
2014年1月

目 录

第一章

导 论

一、债的概念

债之概念，从权利面说明之，指“特定人对于特定人得请求为特定给付之权利”，此即债权；从义务面说明之，指“特定人对于特定人负为特定给付之义务”，此即债务。其权利人称为债权人，其义务人称为债务人。债权人(甲)与债务人(乙)合称为债之当事人，其他人称之为第三人(丙)。与处分行为相比，负担行为的客体并不必须针对具体个别之客体，而得笼统地以一定之数量之物、集合物为其客体。此外，负担行为的客体也“不以有财产价格者为限”，“不作为亦得为给付”(“民法”第199条第2项、第3项)，甚至得以种类指示之物或还待生产、制造之物亦得作为负担行为的客体。[①] 归纳之，债之关系具有“主体的相对性”、[与物权比较时，学说上通常所称之债的相对性，指债之主体的相对性而言的。盖债以请求债务人履行为目标，为对于人之关系；而物权则以就特定物，对于任何人主张不受干扰之拥有及用益为目标，属于对于物之关系。对于特定债务人请求履行，在对象上有相对的局限性，故称债有相对性；对于任何人主张不得干扰物权之拥有及用益，在对象上不受限制，故称物权有绝对性。物权负有义务时，对于该物权因该义务而享有之权利，称为限制物权或他项物权。其权利人称为限制物权人或他项物权人，而不称为债权人。例如地上权人、抵押权人、地役权人。此为直接对于物之权利。然其间债权的义务与物权的义务可能竞合。请参考Esser, Schuldrecht, 2., Aufl., 1960, S. 4f.。不过，与物权有关之权利也有属于债权性质者，例如共有人间关于共有物之分管契约亦属于债权契约，不当然有对抗对于共有物应有部分之受让人的追及效力。关于共有物分管契约对于应有部分受让人之效力，“最高法院”1959年台上字第1065号判例，认为“共有人对

---

① Esser, Schuldrecht, 2., Aufl., 1960, S. 10.

于与其他共有人订立共有物分割或分管之特约后，纵将其应有部分让与第三人，其分割或分管契约，对于受让人仍继续存在”。“司法院”1994 年 6 月 3 日大法官会议释字第 349 号解释认为该判例之见解，“就维持法律秩序之安定性而言，固有其必要，唯应有部分之受让人若不知悉有分管契约，亦无可得而知之情形，受让人仍受让与人所订分管契约之拘束，有使善意第三人受不测损害之虞，与‘宪法’保障人民财产权之意旨有违，首开判例在此范围内，嗣后应不再援用。至建筑物为区分所有，其法定空地应如何使用，是否共有共用或共有专用，以及该部分让与之效力如何，应尽速立法加以规范”(领导人机构公报第 5898 号第 2 页)。该解释之看法已为“最高法院”1995 年 11 月 23 日台上字第 2744 号民事判决所采：“共有人与其他共有人订立共有物分管之特约后，将其应有部分让与第三人，若受让人知或可得而知，其分管契约对于受让人仍继续存在。”该见解之适用结果与买卖不破租赁原则相近，可谓在一定要件下赋予债权以物权效力的规定。]“客体的相对性”及“关系的发展性”。

(一)主体的相对性

所谓“主体的相对性”，是指“只有特定人对于特定人”有请求给付之权利，或有给付之义务。① 要改变特定之债的主体，必须经由债权之移转②、债务之承担③

① Larenz, Allgemeiner Teil des deutschen Bürgerlichen Rechts, 7., Aufl., 1989, S. 325:“处分行为对每一个人都有效，其效力是‘绝对的’。反之，负担行为仅相对于不特定或特定他人构成义务。因此，其仅有‘相对的’效力。”“该所谓之债之拘束的相对性为一切债之关系所共同。此与物权对于第三人之绝对的保护效力不同。”(Esser, Schuldrecht, 2., Aufl., 1960, S.3)

② 利益第三人契约具有与债权之移转类似的作用。所不同者为，在利益第三人契约要约人(债权人)并不因利益第三人之约定，而退出由该利益第三人契约构成之债权债务关系。要约人不但“得请求债务人向第三人为给付(第一项)”，而且于“第三人对于前项契约，未表示享受其利益之意思前，当事人得变更其契约或撤销之(第二项)”，另“第三人对于当事人之一方表示不欲享受其契约之利益者，视为自始未取得其权利(第三项)”(“民法”第 269 条)。

③ 学说上与实务上称“契约当事人之一方，约定由第三人对于他方为给付者”为“由第三人给付契约”。此种契约非债务承担契约。第三人根本不因债权人与债务人订立由第三人给付契约，而对于债权人负给付义务。依“民法”第 268 条之规定，由第三人给付契约之订立，只是使约定由第三人对于他方为给付之当事人，“于第三人不为给付时，(对于他方)负担损害赔偿责任”。

或契约之继受[①]。至于债权之移转或债务之承担契约的订立，是否应有债权人或债务人之参与应依私法自治原则判断之。债权之移转，相对于债权人，因涉及权利之处分，所以必须有债权人之参与；相对于债务人，虽因不涉及权利之处分，而无须债务人之参与，但因改变债权人之结果，会影响债务人在移转后之抗辩权或抵销权的行使，是故，除法律另有规定外，债权之移转非经通知债务人，对于债务人不生效力（“民法”第 297 条第 1 项）。反之，债务之承担，相对于债务人因不涉及权利之处分，所以不一定必须有债务人之参与，得由第三人分别与债务人或债权人订立债务承担契约为之。然相对于债权人，债务承担虽不涉及权利之处分，但在免责的债务承担，[②]因其改变债权人得对之请求给付的对象，可能影响其债权之实现的利益，因此，债务承担契约由第三人与债务人订立者，非经债权人承认，对于债权人不生效力（“民法”第 301 条）。[③]

关于债之清偿，除在履行上具有属人性或当事人有反对之约定者外，[系争债务在履行上是否具有属人性，及其当事人是否同意得由履行辅助人或第三人清偿，为契约之解释的问题。在具体的案件中，其解释，有约定者，依约定；无约

---

① 基于债之目的或债之性质，虽有债权之不可让与性及债务在履行上之属人性的问题，从而构成其移转或继受上的障碍。但这些障碍并非以债之主体上的相对性为其立论依据。请参考 Esser, Schuldrecht, 2., Aufl., 1960, S. 79。关于债权之让与性，民法债编首先于第 294 条一般规定：除有该条但书规定之情形外，债权人得将债权让与第三人。另再针对各种之债，有规定原则上不得让与者，例如就侵害人格权所生之非财产上损害的请求权，原则上不得让与或继承。但以金额赔偿之请求权已依契约承诺，或已起诉者，不在此限（第 195 条）。雇用人非经受雇人同意，不得将其劳务请求权让与第三人，受雇人非经雇用人同意，不得使第三人代服劳务（第 484 条第 1 项）。委任人非经受任人之同意，不得将处理委任事务之请求权，让与第三人（第 543 条）。有规定原则上得请求让与者，例如关于物或权利之丧失或损害，负赔偿责任之人，得向损害赔偿请求权人，请求让与基于其物之所有权或基于其权利对第三人之请求权（第 218 条之一第 1 项）。债务人因前项给付不能之事由，对第三人有损害赔偿请求权者，债权人得向债务人请求让与其损害赔偿请求权，或交付其所受领之赔偿物（第 225 条第 2 项）。领取人得将指示证券让与第三人。但指示人于指示证券有禁止让与之记载者，不在此限（第 716 条第 1 项）。

② Larenz 认为：“免责的债务承担、更改及和解皆属于在一个法律行为中兼有负担行为及处分行为之因素的情形。”（Larenz, Allgemeiner Teil des deutschen Bürgerlichen Rechts, 7., Aufl.. 1989, S. 326）免责的债务承担，即对于原债务人之债务的免除为权利之处分行为，承担人（新债务人）之承担债务为负担行为；更改，即旧债务之消灭对于债权人而言为处分行为，新债务之负担对于债务人为负担行为；和解，即权利之让步对于让步者为处分行为，义务之让步对于让步者为负担行为。

③ 由于债务承担的结果，可能因新债务人不履行债务而使第三担保人的利益受到影响，因此，“民法”第 304 条第 2 项规定：“由第三人就债权所为之担保，除该第三人对于债务之承担已为承认外，因债务之承担而消灭。”

定者，依法律。无约定者亦无法律者，依习惯；无习惯者，依债之性质或其他情形决定之。关于委任事务在处理上之专属性与复委任，“民法”第 537 条规定：“受任人应自己处理委任事务。但经委任人之同意或有习惯或有不得已之事由者，得使第三人代为处理。”依该条规定，不得委任第三人作为履行辅助人协助清偿债务，而委任之者，该第三人在该债务之清偿的地位为第三人清偿。受任人“就该第三人之行为，与就自己之行为，负同一责任”，亦即应负无过失责任（第 538 条第 1 项）。该项所定责任重于第 224 条关于债务人为其履行辅助人的行为所当负的责任。盖依第 224 条规定，债务人仅就其代理人或使用人关于债之履行的故意或过失行为，应与自己之故意或过失行为负同一责任。而非像第 538 条第 1 项所定情形，泛就履行辅助人之行为，不论故意或过失之有无，一概皆应负责。反之，如得委任第三人为次受任人，代为处理委任事务，受任人仅就第三人之选任及其对于第三人所为之指示，负其责任（第 538 条第 2 项）。该责任轻于第 224 条所定债务人为其履行辅助人的行为所当负的责任。］**原则上第三人（丙）得因债务人之委任**［在此，委托仅是第三人受人之托而为其清偿债务之泛称。为债务之清偿，第三人与债务人间之基础关系不一定是委任关系。也可能是雇佣、承揽、运送或任何其他可能的债务关系。唯该基础关系之当事人间尚须另有一个委任上的约定，以使该基础关系中之债务人（第三人）愿意或负有义务代向债权人清偿债务。］**或自愿为之（“民法”第 310 条）；**［其基于债务人之委任者，第三人在该债务之履行上的地位为“履行辅助人”。唯第三人清偿债务不一定消灭所清偿之债权。例如第三人清偿就债之清偿有利害关系者，该债权即不因清偿而消灭。盖“民法”第 312 条规定：“就债之履行有利害关系之第三人为清偿者，于其清偿之限度内承受债权人之权利，但不得有害于债权人之利益。”亦即该债权于有利害关系之第三人清偿后，法定地移转于清偿人。既云移转，即无消灭可言。类似之规定有：关于连带债务人中之一人，因清偿、代物清偿、提存、抵销或混同，致他债务人同免责任者，“民法”第 281 条第 2 项规定“求偿权人于求偿范围内，承受债权人之权利。但不得有害于债权人之利益”。关于保证人清偿后之权利，同法第 749 条规定“保证人向债权人为清偿后，于其清偿之限度内，承受债权人对于主债务人之债权。但不得有害于债权人之利益”。关于物上保证人清偿后之权利，同法第 879 条规定“为债务人设定抵押权之第三人，代为清偿债务，或因抵押权人实行抵押权致失抵押物之所有权时，依关于保证之规定，对于债务人有求偿权”。“民法”第 312 条就有利害关系之第三人的清偿原来的规定：“就债之履行有利害关系之第三人为清偿者，得按其限度，就债权人之权利，以自己之名义，代位行使。但不得有害于债权人之利益。”此即第三人清偿之代位权。既云代位，即无移转。代位权与代理权不同。在代位权之行使，代位人应以自己之名义；而在代理权之行使，代理人应以本人之名义为法律行为。不过，不论依代位权或代理权，其所从事之法律行为的效力皆直接及于本人。在代位权之行使，其效力之所以能直接及于本人的规范机制相当于信托。对外虽以受托人之名义从事法律行为，但对内，首先仍以信托人为信托财产或利益所当归属之人。是故，代位之规定的效力，在顺利时最后虽与使该债权法定移转于清偿人相同，但所构成之法律关系比较复杂。因为代位行使的成果原则上应先归属于债权人，而后才以继受的方法移归于清偿人。其间，如有债权人之其他债权人出而请求参与分配，将使清偿人因此受到不利。如直接规定为法定移转于清偿人则无这些难题。唯必须注意，第三人无偿代为清偿者，依“遗产及赠与税法”第5条的规定视同赠与。]但无论如何，第三人(丙)除因保证、承担债务，或与债务人(乙)为以债权人(甲)为受益人之“利益第三人契约”①的约定外，原则上第三人(丙)无代债务人(乙)对于债权人(甲)清偿之义务。至于依第三人(丙)与债务人(乙)之内部关系，②第三人(丙)有无义务为债务人履行债务，则属另一问题。

---

① 在这里该“利益第三人契约”中之第三人为原来债之关系中的债权人。关于利益第三人契约，“民法”第269条第1项规定“以契约订定向第三人为给付者，要约人得请求债务人向第三人为给付，其第三人对于债务人，亦有直接请求给付之权”。关于复委任第539条的规定“受任人使第三人代为处理委任事务者，委任人对于该第三人关于委任事务之履行，有直接请求权”。由以上规定观之，“民法”不但在“向第三人为给付契约”原则上解释，当事人“有利益第三人之意思”，亦即将之认定为“利益第三人契约”，而且将复委任解释为“利益第三人契约”。基于前述规定，债务人(乙)为A债务之履行，如以其债权人(甲)为利益第三人契约中之第三人(甲)，与他人缔结利益第三人契约，该他人就A债务之履行，对于债权人(甲)具有相当于并存之债务承担之承担人的地位。倒是由第三人给付之契约中之第三人并不依该契约对于该契约之债权人负给付义务(“民法”第268条)。

② 在利益第三人契约中有两个基础关系。一个存在于要约人(乙)与受约人(丙)间，他们分别相当于一般债务关系中之债权人与债务人；另一个存在于要约人(乙)与第三人(甲)间。至于受约人(丙)与第三人(甲)间并无基础关系。要约人(乙)与受约人(丙)间之基础关系是受约人(丙)为何愿意为要约人(乙)之利益向第三人(甲)给付之原因。该基础关系称为补偿关系(das Deckungsverhaeltnis)。盖受约人(丙)对第三人(甲)之给付可以自要约人(乙)获得补偿。要约人(乙)与第三人(甲)间之基础关系为要约人(乙)所以愿意与受约人(丙)约定，由受约人(丙)直接向第三人(甲)给付的原因。该基础关系称为对价关系(das Valutaverhaeltnis)。盖以商务上之有偿关系为例，要约人(乙)自第三人(甲)原则上为此获有对价。至少是清偿了要约人(乙)对第三人(甲)先前所负之债务，或对于第三人(甲)因此取得债权。在利益第三人契约所构成之三角关系中，为给付之受约人(Promitttent)会自要约人(Promissar, Stipulant)受到补偿，所以其间之基础关系称为补偿关系；受领给付之第三人(Destinatär)，在有偿的情形下，应向要约人支付对价，所以其间之基础关系称为对价关系。请参考Esser, Schuldrecht 2. Aufl. 1960, S. 407。此种三角的基础关系亦存在于由第三人给付之契约。在此种关系中，同样的是为给付者应获得补偿；受领给付者，应给付对价。

鉴于债之效力在“主体的相对性”，债权契约即便以他人之物为客体，因其对于客体之真正权利人无加害能力，所以该契约之订立不但无当然之客观的可非难性，[①]而且无须该物之真正权利人的参与：事前允许或事后承认。不过，到履行阶段，他人之物的买卖除有善意取得之事由外，[②]无真正权利人之配合，可能导致给付不能。[③] 类似的问题亦存在于物之直接占有人未经真正权利人同意，而以自己名义与第三人缔约，对于他人之物为修缮、保养的情形。在这种情形下，真正权利人就该修缮或保养费用，对于该直接占有人或第三人虽不负契约之债，但仍可能依无因管理或不当得利之规定，对于该直接占有人负返还义务。同理，真正权利人除非自该直接占有人受让对于第三人之债权，并不当然得以所有人的地位，对于第三人主张债务不履行或积极侵害债权的责任。[④]

---

① 所谓他人之物的买卖，指买卖时，买卖标的物之所有权属于他人，而不属于出卖人。他人之物的买卖固有自始主观不能的情事，但并不因此当然具有可非难性。其是否有可非难性尚系于个案之具体情况，包括交易习惯、当事人之特别约定，以及出卖人对于买受人是否有刻意隐瞒买卖标的物在买卖时之权属。另在种类之买卖，因非以特定物为买卖标的物，亦无所谓以他人之物为标的之问题。

② 如果他人之物的买卖之出卖人，后来不是因为获得真正权利人之配合，而系基于买受人关于买卖标的物之所有权之归属的善意，使买受人从自己取得对于标的物之占有及所有权，则出卖人应对于真正权利人负侵权行为责任或不当得利之返还义务。此外，真正权利人还可能主张出卖人就其物为不法管理，依(不真正)无因管理请求享受管理利益。不法管理的立论依据在于恶意抗辩之禁止，盖出卖人如要否认其擅为买卖之行为不是无因管理，必须主张其无因管理他人事务之意思，而恶意价卖他人之物。若出卖人主张其系误他人之物为己物而价卖之，则其所为可认为属于不真正无因管理中之误信管理。不真正无因管理之肯认的道理与根本是否肯认真正无因管理制度其实是一贯的。盖真正与不真正无因管理之区别标准为：管理人是否有管理他人事务之意思。当本人事后表示其不计较该区别，亦即原谅管理人无因管理他人事务之意思而为管理时，管理人相反之主张，违反诚实信用原则。至于本人逾越消灭或取得时效期间，始依无因管理之规定对于管理人主张其权利，可能遭遇之请求障碍属于另一个问题。

③ 在他人之物的买卖中，于履行时出卖人如不能获得真正权利人之配合，就其债务之履行，虽有自始主观给付不能的情事，但基于自始主观给付不能之可预知性及可掌控性，当事人间关于其给付不能之排除或担保义务之有无的规范需要通常因案而异，因此，他人之物的买卖不宜因涉及自始主观给付不能，便认为应依“民法”第 246 条一概而论为无效，而应容许当事人针对个案之具体情形约定其法律效力。或谓在不能情形可以除去的情形下，依该条第 1 项但书规定约定“于不能之情形除去后为给付”一样能满足个别案件之特别安排的需要，使其契约仍为有效。唯不尽然。盖依该项但书规定当事人只能为该但书所示之消极约定，而不能积极约定：出卖人应负责克服给付障碍，或甚至负给付危险，于无过失时亦应负给付不能之损害赔偿责任。

④ Esser, Schuldrecht, 2., Aufl., 1960, S. 6, 9.

类似的考量亦适用于二重买卖。基于债之效力在主体上的相对性，至少于债的层次，第二次买卖对于第一次买卖并无妨碍。然因一个人就其对于特定物之所有权只能为一次之处分行为，以移转之，当其将就所有之同一物，先后缔结两个买卖契约，分别卖给两个人时，由于出卖人只能对于其中一个人履行，而且在履行后对于其他买受人即陷于嗣后主观给付不能。因此，缔结在后之买卖契约发展到履行阶段，会造成缔结在先之买卖债权不能实现之结果，从而可能构成损害。[1] 为因应此种第三人加害债权的情事，必须借助于侵权行为[2]或诈害债权的制度。基于债之效力的相对性及债权关系通常不以占有或登记加以公示的特征，因第三人加害债权，而要依侵权行为或诈害债权有关规定请求赔偿或撤销诈害行为，其请求权或撤销诉权在实务上一般会遭遇到不具加害意思的成立障碍。然即便后来能够证明第三人(第二买受人)有加害第一买受人之买卖债权的故意，并因此认为构成侵权行为或诈害债权，亦不宜以撤销第二买卖契约作为赔偿或除去诈害结果的手段。[不过，在实务上有不同之一贯的看法："最高法院"1953年台上字第323号判例："债权人依'民法'第二百四十四条规定，撤销债务人所为之有偿或无偿行为者，只需具备下列之条件：(一)为债务人所为之法律行为；(二)其法律行为有害于债权人；(三)其法律行为系以财产权为目的；(四)如为有偿之法律行为，债务人于行为时，明知其行为有害于债权人，受益人于受益时，亦明知其事情。至于债务人之法律行为除有特别规定外，无论为债权行为抑为物权行为，均非所问。"(《"最高法院"判例要旨》上册，1983年版，第161页)。"债权人行使此种撤销权时，既可同时诉请撤销债务人之债权行为及物权行为，亦可先诉请撤销债务人之债权行为；然后再视情形诉请撤销债务人之物权行为，不能谓仅诉请撤销债务人之债权行为，为'于法无据'。"(《"最高法院"民刑事裁判选辑》第2卷第2期，第90页："最高法院"1981年台上字第1706号民事判决)此外，也"不能谓已有物权行为之后，即不能将债权撤销"("最高法院"1957年台上字第1500号民事判决)。所以"债务人所有之财产除对于特定债权人设有担保物权外，应为一切债务之总担保，故债务人明知其财产不足清偿一切债务，而竟将财产出卖于人，及受益人于受益时亦知其情事者，债权人即得依'民法'第二百四十四条第二项之规定，声请法院撤销。此项撤销权之效力，不特及于债权行为，即物权行为亦无例外"。(《"最高法院"判例要旨》上册，1983年版，第161页："最高法院"1959年台上字第1750号判例)。自前引判解观之，"最高

---

① Larenz, Allgemeiner Teil des deutschen Bürgerlichen Rechts, 7., Aufl.. 1989, S. 325.

② Esser, Schuldrecht, 2., Aufl., 1960, S. 10, 80f..

法院"所关心者不是得否撤销"债权行为",而是得否撤销"物权行为"。核其缘由当在于因"民法"第 244 条按行为之有偿、无偿,异其撤销诉权之要件,而有偿、无偿只能就债权行为论之。物权行为基于其无因性本无有偿、无偿可言。请参考孙森焱:《民法债编总论》,1979 年初版,第 474 页;黄立:《民法债编总论》,1996 年版,第 501 页。为避免前述疑义,"民法"第 244 条之比较适当的规定内容当是:"债务人所为之无偿行为,有害及债权者,债权人得声请法院撤销其履行行为(第一项)。债务人所为之有偿行为,明知有损害于债权人之权利者,以受益人于受益时亦知其情事者为限,债权人得声请法院撤销其履行行为(第二项)。债务人之行为非以财产为标的者,不适用前二项之规定(第三项)。"]合理的做法应以撤销为履行第二买卖契约所作之处分行为,使之失去效力为限。盖超出该限度,已非保护第一买受人之权利所必需。唯其他债权人就经撤销物权行为而恢复之物为强制取偿时,第二买受人不得以其依该第二买卖契约所取得之债权声请参与分配。

因为"民法"第 244 条第 2 项以撤销债务人所为之有偿行为,于行为时明知有损害于债权人之权利,且受益人于受益时亦知其情事为债权人得声请法院撤销之要件,所以当肯认债权得为侵权行为之被害客体时,自亦可满足侵权行为之构成要件。不过,鉴于本次债编修正将同条第 3 项修正为:"债务人之行为……仅有害于以给付特定物为标的之债权者,不适用前二项之规定。"明知有损害于第一买受人之二重买卖,自己不再构成得声请法院撤销第二买卖契约及其履行行为的事由,从而第一买受人就其因之所受的损害,当只得依债务不履行的规定对于出卖人请求赔偿,而不得依侵权行为的规定对于第二买受人请求赔偿。

自债权效力在主体上的相对性亦导引出债权效力及物权效力的区别。物权效力,指物权对于无权占有人之追及力。该效力即是学说上所称之物权的绝对性。不过,有时还误将该绝对性扩及物权之不可侵害性。其实,不可侵害性并非物权所独具。只要是权利皆有不可侵害性。债权受侵害时,其损害赔偿之请求所以遭遇困难,不是因为其不具备不可侵害性,而是一方面在其无适当之公示而受侵害时,行为人可能欠缺侵害之故意或过失;另一方面其受侵害往往是间接的,例如第三人因侵害债之标的,或侵害劳务之债的债务人,而侵害债权人之债权时,其行为与债权之受害结果间之因果关系是否相当不能一概而论,必须就具体情形认定之。再则,在市场经济下,债权如因竞买而由于债务人先对后买受人为给付,致受侵害时,还会有是否具备违法性的疑问("民法"第 244 条第 3 项)。这涉及在制度的规划上,关于债权的保护强度要达到原来给付请求权内容之实现,或仅止于履行利益之赔偿的保障。债权效力,指债权人仅对于债务人,而不对于第三人，特别是不对于就债权标的与债务人从事交易之第三人负给付义务。物权效力与债权效力之区分的问题，主要表现在像买卖不破租赁（“民法”第 425 条、第 426 条、第 426 条之 1）、法定优先承买权的场合（“民法”第 426 条之二第 3 项、第 460 条之一第 2 项，“土地法”第 104 条第 2 项、第 107 条第 2 项）。{“司法院”1985 年 3 月 4 日厅民一字第 135 号函复台湾高等法院：“甲在与乙共有之土地建屋一栋，使用面积未逾其应有部分，以土地持分设定抵押权，于土地及房屋一并拍卖予丙后，乙主张优先承购权，则丙之抗议如何？

[法律问题]甲在其与乙共有之土地某特定部分建屋一栋，使用土地面积未逾其应有部分（持分）面积，而以土地持分为人设定抵押权，抵押之土地持分连同房屋经执行法院拍卖，由丙一并拍定，乙对丙起诉，主张其为抵押土地持分之共有人，求为确认其对抵押土地持分有优先承购权存在。丙抗辩主张其为该土地持分之法定地上权人，依法对该土地持分有优先购买权，且其优先购买权，有物权效力，优先于土地共有人之优先承购权，即乙不得对其主张优先承购权。丙之抗辩能否成立？

[‘司法院’第一厅研究意见]甲在与乙共有之土地建屋一栋，使用土地之面积并未逾其应有部分，如已经共有人同意，本有使用该土地之权，嗣甲仅以土地持分为他人设定抵押权，如仅就土地拍卖时，依‘民法’第八百七十六条第一项规定，对于房屋而言，视为已有地上权之设定，兹土地及房屋一并拍卖，由丙一并拍定，依‘民法’第七百六十二条规定，同一物之所有权及其他物权归属于一人者，其他物权因混同而消灭，但其他物权之存续，于所有人或第三人有法律上之利益者，不在此限，故丙就拍定房屋而言，尚可本于其法定地上权，主张‘土地法’第一百零四条对于基地优先购买权对世之效力，殊不应因其对于土地亦已拍定，反而不得主张，是则土地共有人乙即无复得依‘土地法’第三十四条之一第四项规定仅就土地部分请求优先承购之余地。本院司法业务研究会第一期所研究法律问题，仅就并未设定抵押权之土地持分与地上房屋同时拍卖，土地共有人对于土地及房屋有无优先购买权而为研究，并未涉及土地已设定抵押权及‘民法’第八百七十六条特别规定问题（《民事法律问题汇编》第 2 辑，第 476、479 页第一百五十五则、第一百五十六则），与本件情形既有不同，结论即难一致。本件仍以甲说之结论为当。

[讨论意见甲（肯定）说]供抵押之土地持分与地上房屋，同属于甲所有，经法院一并拍卖由丙拍定，依‘民法’第八百七十六条第一项规定，该土地持分视为已为房屋拍定人即丙设定地上权。纵然拍定土地持分者亦为丙，但依上述情形，该土地持分抵押权之存续，于丙有法律上利益，不因混同而消灭。再丙其时纵仅拍定房屋而尚未取得其所有权（共有人表示优先承购，多于执行法院拍卖当场为

之，是时拍定人不及取得执行法院发给权利移转证书）于其法定地上权之取得无影响，盖依同上法条关于法定地上权之取得之规定，仅以土地房屋‘拍定’为已足。且丙拍定房屋并无争执，无论任何情形，执行法院终需发给其权利移转证书而使其取得所有权，因而丙拍定房屋得以对抗基地共有人即乙优先承购权主张之地上权取得，不应因执行法院权利移转证书发给之迟早而有不同。又拍卖标的物仅为抵押之共有土地应有部分，而房屋却占用共有土地特定部分，二者不尽相符，但房屋占用土地面积，未逾抵押土地持分面积，依‘民法’第八百三十一条准用第八百一十八条规定，房屋对土地非无权占有。而法律所谓‘土地及土地上之建物同属于一人所有’应包括共有在内，故甲单独所有房屋共有其基地仍不失为土地及土地上建物同属于一人所有，应认为丙取得地上权之范围为该土地甲之持分全部。按乙以共有人资格主张对于该土地甲之持分优先承购权，须甲出卖该土地持分之买卖契约成立，就本题情形，须俟丙向执行法院拍定后始得为之，丙拍定该土地持分，同时拍定地上房屋，对土地持分已取得法定地上权，依法亦有优先购买该土地持分之权利。且其此项优先购买权，依‘土地法’第一百零四条第二项规定，有对世效力，优于乙依同法第三十四条之一第四项之优先承购权，故乙不得对丙主张其权利。”｝租赁权依前述规定有准物权效力。在债权之让与性的意定限制上（“民法”第294条），其限制对于知悉该限制之第三人亦有效力。又“民法”第183条规定，“不当得利之受领人，以其所受者，无偿让与第三人，而受领人因此免返还义务者，第三人于其所免返还义务之限度内，负返还责任”。后二者的规定属于债之效力之主体相对性的例外。

（二）客体的相对性

所谓“客体的相对性”，是指债权人得请求者，或义务人应给付者限于“特定之给付”。要改变债之客体，基于契约原则需要债权人与债务人间之合意。在合意时，同时即为履行者，称为“代物清偿”（“民法”第319条）；虽不即为履行，但即刻改变债之客体，使以原来之客体为内容之债不再继续存在者，称为更改（“民法”第320条）。反之，依约定以原来之客体为内容之旧债务不因新债务之负担而依然存在者，其约定为间接给付。[①]

（三）债之关系的发展性

债之关系的发展性表现于：债权人依之享有债权，得请求给付；债务人因之负有债务，有给付义务。亦即债之关系必须经由履行始能获得实现。于是，债的关系在成立之后会由于债务之履行或债务不履行而发生变化。因此，学说上有称债之关系为一种有生命的、有机的存在，可以随其发展阶段产生各种请求权、抗辩权、形成权等。债之关系与由之衍生出来之权利或义务间，有阶段上或范围上之全部与一部的关系。[②] 在“民法”的规定中，就其规范对象，虽然常将债之关系与请求权混为一谈，例如第 309 条第 1 项规定：“依债务本旨，向债权人或其他有受领权人为清偿，经其受领者，债之关系消灭。”但债之关系与由之发展出来之请求权其实还是应该有区别的：盖在这里适当因清偿而消灭者，应仅是请求权，而非全部之债之关系。[③] 清偿后之债之关系的继续存在不但提供债权人，保有或享受其受领之给付的法律上原因，使之不构成不当得利，而且在所受领之给付有瑕疵或有害时，可以引为物之瑕疵担保或积极侵害债权的请求或发展基础。[④]

---

① 关于更改亦有认为系以负担新债务的方法消灭旧债务。在这种情形下，原债务之客体所以变更，系因旧债务消灭而引起的外观。债务人为清偿旧债务，对于债权人负担新债务，而旧债务待于新债务受清偿始消灭。换言之，不因此即刻消灭者，学说上及实务上称之为间接给付（“民法”第 320 条）。在间接给付，负担新债务者固应为原债务人，唯该新债务为票据债务，并以第三人为被指示人时，会使该间接给付的安排与第三人带上关系。不过，即便在这种情形下，除非“被指示人向领取人承担所指示之给付”（“民法”第 711 条第 1 项），被指示人还是不因被指示对于领取人（债权人）负“依证券内容而为给付之义务”。被指示人如为承担，该间接给付之安排具有“并存之债务承担”的意义。

② 是故，关于债之继受，有由之衍生之个别权利或义务之继受，也有整个债之关系的继受。例如就租赁关系，出租人移转租金债权，或第三人承担租金债务皆属于个别之债权的移转或债务的承担。至于租赁物之受让人依“民法”第 425 条关于买卖不破租赁的规定，所继受者即为租赁契约，亦即因该契约向将来所可能发生之债之关系的全部。契约之继受非以法律而以继受契约为依据者，该继受为一个统一的处分行为，它可能有一个先行之负担行为为其原因。契约之继受除债权之移转外，包含有债务承担者，应得到其相对人之承认，始生效力（“民法”第 301 条）。所以，在德国，其实务上与学说上将契约之继受肯认为，由三方当事人就债之法律关系的全部所从事之处分行为。Esser, Schuldrecht, 2., Aufl., 1960, S. 78f..

③ Esser, Schuldrecht, 2., Aufl., 1960, S. 77.

④ Esser, Schuldrecht, 2., Aufl., 1960, S. 78.

二、债权行为与物权行为

不论是物、权利或劳务，其法律上交易关系的发展皆包含两个阶段：首先为当事人使自己负有给付义务，然后该当事人利用交付、支付或工作来履行、实现其诺言，亦即给付。给付之许诺为使自己负义务，给付行为如使给付者失去权利，则是处分。此为台湾地区"民法"关于交易关系之规范的基本设计。在该基础上建立了负担行为与履行行为（或处分行为），债权行为与物权行为的区别，以及其间之配合关系。其中负担行为[①]与履行行为（或处分行为[②]）可以是法律行为，也可以是事实行为；至于债权行为与物权行为则必须是法律行为。另履行行为有义务之针对性，亦即相对于一定义务之履行始有履行之可言。至于履行行为究为法律行为或事实行为，视债之标的内容而定。其以权利之移转或设定为内容者，非透过法律行为不能达其履行之目的。例如所有权、债权或其他权利之移转，或以权利为标的之担保物权或用益物权的设定。其非以权利之移转或设定为内容，而以其他作为或不作为为内容者，非透过事实行为不能达其履行之目的。例如劳务之给付。

每一个人只要有行为能力皆可以从事负担行为，[③]使自己负义务，但除了行为能力之外，一个人必须对于处分之客体有处分权，亦即处分权未受（像破产宣

---

① 负担行为得否包括事实行为，或应限于法律行为容有不同的见解。德国法与负担行为相当之用语 Verpflichtungsgeschäfte 虽指法律行为（Larenz，Allgemei-ner Teil des deutschen Bürgerlichen Rechts，7.，Aufl.. 1989，S. 290；Esser，Schuldrecht，2.，Aufl.，1960，S. 7f.），但为说明上的需要或方便，一时尚无将负担行为完全等同于德国法上所称 Verpflichtungsgeschäfte 的必要。

② 处分行为得否包括事实行为，或应限于法律行为容有不同的见解。德国法与处分行为相当之用语 Verfügumg 或 Verfügumgsakt 虽指法律行为（Esser，Schuldrecht，2.，Aufl.，1960，S. 7f.），但为说明上的需要或方便，一时尚无将处分行为完全等同于德国法上所称 Verfügumg 或 Verfügumgsakt 的必要。

③ 负担行为，如指使行为人对于他人负特定义务之法律行为，行为能力为其重要之效力要件之一。限制行为能力人，虽非对于一切法律行为享有行为能力，但在法律例外容许的情形，限制行为能力人是有行为能力的。例如关于纯获法律上之利益，或依其年龄及身份，日常生活所必需之法律行为（"民法"第 77 条但书）、经允许之法律行为（第 78 条、第 79 条）、关于特定财产经允许之处分行为（第 84 条）、关于经允许独立经营之营业（第 85 条）。正因为其对于法律未容许的情形限制行为能力人无行为能力，亦即行为能力在事务之范围上到有限制，所以称其限制行为能力人。

告,标的经查封、扣押等事由)限制之权利人,或经授予处分权者,[①]始得为有效之处分。

在债的关系,不论其发生原因为何,其发生皆仅使当事人之一方享有权利,或负有义务,而不使该权利或义务的内容当然实现。其实现通常待于履行。[②]用来履行的行为,不论其为事实行为或法律行为皆必须具有实现债之内容,满足债权的能力。[③] 此为物权行为(处分行为)与债权行为(负担行为)[④]在效力上区别之所在。[⑤] 因为用来履行之物权行为(处分行为)有实现其意思表示之内容的

---

① 无处分权人所作之处分为无权处分,其效力依无权处分及善意取得制度之规定("民法"第118条、第801条、第886条、第948条以下)。权利之所有人原则上有处分权已如上述。至于非权利之所有人之处分权的取得,须经有处分权者,特别是权利所有人之授权。处分权之授予和代理权之授予类似,但仍有不同。代理权之授予为涉人的(personenbezogen)行为,而处分权之授予为涉物的(gegenstandsbezogen)行为。代理人因取得代理权,得以本人之名义从事可直接对于本人生效之法律行为("民法"第103条),而自他人取得处分权者,得以自己之名义有效处分该经授权得加以处分之权利(请参考 Werner Flume, Allgemeiner Teil des Bürgerliches Rechts, Zweiter Band, Das Rechtsgeschäft, 3. Aufl. 1979, S. 143)。所以,在基于他人之处分权为权利之处分的情形,其相对人不需要知悉处分人所处分之权利究为自己的或他人之权利(Larenz, Allgemei-ner Teil des deutschen Bürgerlichen Rechts, 7., Aufl.. 1989, S. 291)。

② 履行前,就债之客体债权人尚未取得可以对抗任何人之权利,而只得对于债务人请求履行,或请求不履行之损害赔偿。反之,在履行后,债权人就债之客体,可基于取得之所有权或占有对于妨碍其使用收益之第三人主张其权利。即便占有之权利基础为属于债权之租赁亦然。唯只要尚未为履行,或未因履行而自清偿人取得可以对抗第三人之物权或准物权,债权人要直接对于第三人为法律上之主张,原则上必须依法代位债务人("民法"第242条),或经债务人授权始得为之。请参考 Esser, Schuldrecht, 2., Aufl., 1960, S. 3。

③ 用来履行债务之行为并不一定必须是处分行为,单纯之劳务的给付亦可。例如在雇佣、承揽及委任契约之履行,受雇人、承揽人或受任人常常只需为劳务之提供、工作之完成或事务之处理,而无须为权利之移转或设定,从而只需要事实行为。对于动产之占有的现实交付,亦同。反之,为债务之履行,应移转或设定权利时,便需要法律行为。该法律行为即是处分行为。例如移转对于物之所有权、让与债权、以指示交付或占有改定的方法交付对于动产之占有、缴纳股款等。参见 Esser, Schuldrecht, 2., Aufl., 1960, S7f.。

④ 在此称物权行为(处分行为)与债权行为(负担行为)皆是从义务人方面的观点所作之说明。自该等行为对于其相对人之效力而论,该行为可称为取得行为(das Erwerbsgeschäft)。不过也有单纯之取得行为,例如无主物之先占。请参考 Larenz, Allgemeiner Teil des deutschen Bürgerlichen Rechts, 7., Aufl.. 1989, S. 291,326。

⑤ Medicus, Allgemeiner Teil des BGB, 6., Aufl., 1994, Rdnr. 208:"与负担行为不同,处分行为不止于为介入既存之权利,以请求权做准备,而是直接实现其介入。所以,处分是造成权利之移转、消灭、带有负担或内容为之变更的行为。包括物之让与、债权之移转、所有权之抛弃、债务之免除、设定担保物权。"

能力，所以物权行为如以他人之物为其标的，该物权行为若发生效力，对于真正权利人对于该物的所有权便有加害能力。是故，处分人就其处分之权利或法律关系[①]必须有处分权。[②] 如无处分权，其处分即属无权处分。依"民法"第118条第1项规定："无权利人就权利标的物所为之处分，经有权利人之承认始生效力。"因此，他人之物的买卖契约虽然有效，但当其发展到履行的阶段，其履行所需之物权行为原则上[③]须经有权利人之承认始生效力。此即无权处分之法律行为的效力。学说上及实务上称此种效力状态为"效力未定"。此亦为私法自治原则的表现。

正像债之发生并不一定以法律行为为依据，例如不当得利或侵权行为，其履行也不一定需要以法律行为为之，如劳务契约之履行。因此，导致债务发生之行为，广义而言，通常以负担行为，而不以债权行为称之；对应的，清偿债务之行为，广义而言，通常以履行行为，而不以物权行为称之。然当其为"法律行为"，狭义

---

① 依德国学说，处分行为为直接对于既存权利或法律关系加以介入、改变其内容、移转、设定负担或使之消灭之法律行为，不包括事实行为。处分行为之客体一直是权利或法律关系。让与权利、设定用益或担保物权之负担、免除债务或让与债权属于权利之处分；终止继续性之债的关系属于法律关系之处分。然除当事人之一方，依法律之规定或契约之约定享有形成权的情形外，就债之关系的全部，而非仅就由之发生之债权为处分的权利，原则上属于缔约人全体。请参考 Larenz, Allgemeiner Teil des deutschen Bürgerlichen Rechts, 7., Aufl.. 1989, S. 292,322ff.; Esser, Schuldrecht, 2., Aufl., 1960, S. 7f.。

② Esser, Schuldrecht 2. Aufl. 1960, S. 7；Medicus 将处分人应有处分权、处分之客体在处分时应已确定及物权之处分应经公示并称为处分行为与负担行为之重要区别（Medicus, Allgemeiner Teil des BGB, 6., Aufl., 1994, Rdnr. 209）。然关于处分权之要求、契约客体之确定，及权利状态之公示等，在处分行为所以有异于负担行为之规定，乃配合处分行为具有直接引起权利之移转、消灭或变更之效力的设计，尚非其内在的差异。对于权利或法律关系有处分权者原则上固为权利所有主，例如物权之所有人。但在权利人破产时，构成破产财团之财产的处分权由破产人移属破产管理人，"破产人应将与其财产有关之一切簿册、文件及其所管有之一切财产，移交破产管理人。但禁止扣押之财产，不在此限"（"破产法"第88条）。另在设有遗嘱执行人的情形下，在遗嘱执行事务完毕前，构成遗产之财产的处分权亦移属遗嘱执行人，"继承人于遗嘱执行人执行职务中，不得处分与遗嘱有关之遗产，并不得妨碍其职务之执行"（第1216条）。请参考 Larenz, Allgemeiner Teil des deutschen Bürgerlichen Rechts, 7., Aufl.. 1989, S. 291,323。

③ 例外的情形主要指在无权处分，受让人依善意取得之规定（"民法"第801条、第948条以下），不待于真正权利人之承认，即得自无权处分人，基于该无权处分行为取得其处分之权利。

称之，则分别为债权行为[①]与物权行为或准物权行为。准物权行为指以物权以外之权利为标的，使生权利之得、丧、变更的行为。债权行为与物权行为在概念层次之成对在此。唯在一个具体的法律关系上，其债之发生基于法律行为者，其履行不一定必须是法律行为，例如委任、雇佣与承揽；反之，其债之发生基于事实行为者，其履行却可能必须是法律行为，例如因擅用他人之物而不当得利者，欲返还受领之利益原则上需要一个法律行为（物权行为），方能将与所受领者相当之利益返还受害人。到底是否需要以法律行为的方法为之，视其履行是否涉及权利之移转或设定。在权利移转或设定后，受让人得以所有人、占有人、债权人

① 然并非规定于债法中之契约都是负担行为。例如债权之移转及债务之免除皆是债之处分行为。容许债权之移转的一般规定为"民法"第 294 条，容许债务之免除的一般规定为"民法"第 343 条。其中在债务之免除，债权人与债务人间固不需要另有基础关系作为债权人所以愿为免除其债权之法律上原因，但在债权之移转，债权人（让与人）与受让人间需要另有基础关系作为债权人所以愿将其债权让与受让人之法律上原因。缺此法律上原因，受让人因该债权之移转而受领之财产利益将构成不当得利（"民法"第 179 条）。亲属法上所定之扶养义务固具有给付义务之特征，亦为一种债的关系，但其发生之规范基础为亲属法上之亲属关系。纵使该亲属关系以法律行为为基础，例如收养、结婚。收养或结婚亦非该扶养义务之直接的依据，作为其依据者为因收养或结婚所发生之亲属关系。是故，收养或结婚非债权契约。至于因相邻关系或依添附等物权法上之规定而发生的给付义务，虽以物权法为依据，但追根究底，其给付义务之发生的实质基础，具有无法律上原因而受财产上利益的特征，因此，可论为物权法所定之不当得利返还义务。其中与添附有关者"民法"第 816 条并已明定："因前五条之规定，丧失权利而受损害者，得依关于不当得利之规定，请求偿金。"该条规定的意义在于：一方面宣示前五条仅系添附之所有权的消长与归属的规定，而非其消长所移动之财产利益的法律上原因，是故，因添附而有所有权之消长者，构成不当得利；另一方面规定因此发生之不当得利，仅得请求偿金，不得请求返还受领利益的原形。与相邻关系有关者，例如"民法"第 779 条（高地所有人之过水权）、第 785 条（堰之设置与利用）、第 786 条（线管安设权）、第 787 条（袋地所有人之通行权）、第 788 条（开路通行权）、第 800 条（他人正中宅门之使用）等规定。其标准之规定模式为：应支付偿金。唯也有规定为"得请求偿金"者，例如第 792 条（邻地使用权）。关于使用邻地余水权，第 783 条中"得支付偿金，对邻地所有人，请求给予有余之水"的规定模式，属于缔约强制，亦即在该条所定情形邻地所有人有承诺土地所有人之购水要约的义务。关于"因土地一部之让与或分割，致有不通公路之土地"之袋地通行权，第 789 条第 2 项规定"有通行权人无须支付偿金"。其规定模式为肯认该条规定并为该通行权之法律上原因。类似于此种规定者还有：第 790 条（依地方习惯，人他人未设围障之田地、牧场、山林刈取杂草，采取枯枝、枯干，或采集野生物，或放牧牲畜）、第 797 条（越界竹木枝根之刈取权）、第 798 条（果实自落邻地之获得权）。在这种情形下，因该物权法上之规定，除规定邻地所有人之权限外，并为因此所取得之财产利益的法律上原因，所以邻地所有人不因受领该财产利益，而构成不当得利。

或其他权利之权利人的地位对于第三人主张其权利。[①]

债权行为(负担行为)及物权行为(处分行为)[②]间除有前述作用上之区别外,[③]为提高物或权利移转时之法的安定性,[物权行为之无因性,固有助于保护自受让人受让权利者,但在肯认善意取得制度的前提下,学说上有认为,就取得者与让与人之前手间的关系论,为交易安全之保护,并不一定需要物权行为之无因性的原则。至于让与人与受让人间,其基础关系如果不存在或无效,最后受让人还是必须依不当得利之规定返还。其最后之结果与将处分行为之效力系于其原因行为无异。请参考 Medicus, Allgemeiner Teil des BGB, 6., Aufl., 1994, Rdnr. 227ff.; Larenz, Allgemeiner Teil des deutschen Bürgerlichen Rechts, 7., Aufl., 1989, S. 328。前述见解虽大抵成立,但由于对于物权以外之处分,无善意取得制度可资引用,以及为善意取得规定之适用,还须证明其适用上之构成要件已受满足,所以物权行为之无因性的原则对于法的安定性之提高,还是有其意义的。在采债权行为与物权行为合一的立法例时,其实也认识到善意受让人之信赖保护的需要,并肯认之。唯即使如此,其同样法律效力之规范机制与采

① Esser, Schuldrecht 2. Aufl. 1960, S. 7f..是故,债权契约虽仅具相对的效力,但在因履行而移转权利后,其形成之权利状态却有对世效力。例如不但买受人基于受让后之所有人的地位,而且承租人基于租赁物交付后之占有人的地位("民法"第 946 条)皆得对于第三人主张与之对应之排他的物权。其中占有虽只是对于物之事实的管领状态("民法"第 940 条),而非一种权利,但因"占有人于占有物上行使之权利,推定其适法有此权利"("民法"第 943 条),从而占有在实际上具有权利之地位。对于占有人依"民法"第 943 条推定其适法享有之权利,只有能证明自己为所有人者,始得以其所有权对抗之,其他人纵使能证明占有人为无权占有人,亦不得据以对抗占有人经"推定其适法享有之权利"。请参考黄茂荣:《占有人权利之推定及其反证之举证范围》,载《植根杂志》第 15 卷第 8 期。

② 物权行为固为处分行为,但处分行为不一定是物权行为。盖不但处分之客体不一定是物权,而且处分行为亦不一定是法律行为,也可以是事实行为,而物权行为必是法律行为。事实行为之效力有由法律赋予者,也有依事实行为之作用而产生者。例如因生父抚育非婚生子女之事实行为而生认领之效力,其效力为法律所赋予("民法"第 1065 条:非婚生子女经生父认领者,视为婚生子女。其经生父抚育者,视为认领),"是非婚生子女如有经其生父抚育之事实,即足以发生认领之效力,其抚育时间之久暂与认领效力之发生无关"("最高法院"《民事裁判书汇编》1996 年第 23 期,第 510 页:"最高法院"1996 年 1 月 10 日台上字第 9 民事判决);对于物之所有权,因使物灭失之侵害性的事实行为而丧失者,其效力基于事实行为实际上之作用。事实行为之效力不论是基于法律所赋予,或基于其实际上之作用,其效力因皆非基于法律行为,因此当其涉及他人之物之处分,其效力亦不基于真正权利人之允许或承认。是故,"民法"第 118 条所称之处分应限于法律行为。

③ 该作用之区别即债权行为之效力及物权行为之效力的区别。债权行为的效力,指因债权行为之作成,使债权人取得对于债务人请求为特定给付之债权,使债务人负担对于债权人为特定给付之债务。物权行为的效力,指因物权行为之作成即生物权之得、丧、变更。

债权行为与物权行为分立的立法例还是有些许差异:在前者,出卖人于从事第一次买卖契约后已丧失其对于买卖标的物之所有权,从而其第二次买卖为他人之物的买卖。第二次买卖之买受人要取得标的物之所有权必须借助于善意受让制度,并证明自己不知有第一次买卖契约之存在。反之,在后者,因第一次买卖契约之缔结尚不使出卖人失去其对于买卖标的物之所有权,所以,第二次买卖仍为自己之物的买卖。最后决定哪一个买受人取得标的物之所有权的因素,系于出卖人先对谁履行债务,移转标的物之所有权,而不系于第二次买卖之买受人对于第一次买卖之存在是否善意不知情。至于第二次买卖之买受人如果知情而买之,并捷足先登,是否构成诈害债权或侵害债权之侵权行为属于市场经济下重要政策议题。对此,"民法"第 244 条第 3 项规定:"债务人之行为非以财产为标的,或仅有害于以给付特定物为标的之债权者,不适用前二项之规定。"依该项规定,经由竞争使他人之债权不能实现,不再构成诈害债权。]现行法还以该作用为基础,[①]将物权行为(处分行为)设计为"无因行为",使其效力不以其履行之债务所自之债权行为(负担行为)的有效为要件。[②] 贯彻物权行为(处分行为)之"无因原则",负担行为(债权行为)之有效固得由当事人约定为处分行为(物权行为)之生效条件,但于当事人无约定时,不宜经由契约解释将负担行为(债权行为)之有效解释为处分行为(物权行为)之契约基础(die Geschäftsgrundlage)。[③]

---

① 负担行为(债权行为)与处分行为(物权行为)之区分不但提供处分行为(物权行为)之无因原则在制度上之规划的基础,而且也提供当事人从事像保留所有权之买卖这种法律行为的可能性("动产担保交易法"第 26 条)。盖非将处分行为(物权行为)自负担行为(债权行为)分离,不能使处分行为依自己的要件,独立于负担行为(债权行为),论断其效力。

② 物权行为之无因性,指其效力不受当事人所以从事该物权行为之原因行为的影响。但这并非谓其原因行为,对于该物权行为之效力的维持没有意义。倘该原因行为无效,该物权行为所造成之权利的得、丧、变更,便不具有法律上原因,因该行为而受损害者,得依不当得利的有关规定,对于因该行为而受利益者请求返还其受领之利益或该利益之价额。是故,若要对权利之移转为要式要求,则其要求至少应以债权行为为规范对象;如仅以物权行为为规范对象,根本不能发生防止轻率允诺移转的作用。例如"民法"第 166 条之一第 1 项规定:"契约以负担不动产物权之移转、设定或变更之义务为标的者,应由公证人作成公证书。"该项系贯彻"民法"第 760 条关于"不动产物权之移转或设定,应以书面为之"的规定。与之类似的问题,亦存在于无因之代理权的授权行为与本人所以为代理权之授权的基础关系(例如委任关系)间。所以"民法"第 531 条规定:"为委任事务之处理,须为法律行为,而该法律行为,依法应以文字为之者,其处理权之授与,亦应以文字为之。其授与代理权者,代理权之授与亦同。"因代理权之授予不仅发生在委任,所以该条后段关于代理权之授予的要式规定,应规定于债法总则,而非债法分则之任何有名契约的节款中。

③ Medicus, Allgemeiner Teil des BGB, 6., Aufl., 1994, Rdnr. 239f..

三、原因行为(kausale Geschäfte)与无因行为(abstrakte Geschäfte)

现代民主宪政,为确保私人自由发展自己的机会,除肯认有一部分事务属于私法自治事项,应让私人自治外,为保障私人私法自治的成果,发展出财产权之保障有关的制度。其在公法上的表现为:(1)应有法定事由、依法定程序①并依法给予相当补偿,②始得为公用征收或征用;(2)应依法律始得征收税捐;(3)“除为防止妨碍他人自由,避免紧急危难,维持社会秩序,或增进公共利益所必要者外,不得以法律限制之”(“宪法”第 23 条)③。其在私法上的表现为,无法律上之原因,介入他人之权利或财产利益,致他人受损害,而介入者又有故意或过失时,应负损害赔偿责任(侵权行为),或无法律上之原因而有财产利益之移动,致一方因此受利益,他方因此受损害者,应依不当得利之规定在所受损害之限度内返还所受之利益。

在前述私法自治及财产权应予保障的背景下,一个人除依法律规定负给付

---

① 关于人民基本权利之限制,依“宪法”第 23 条的规定,原则上应以法律为其规范基础。为贯彻该条之规范意旨,不但就其限制之实体要件,而且就其限制之正当程序皆应有具体明确之法律规定。此即构成要件之明确性的要求。是故,“征收土地究对人民财产权发生严重影响,法律就征收之各项要件,自应详加规定”,由于“土地法”第 208 条各款用语有欠具体明确,征收程序之相关规定亦不尽周全,所以,“司法院”1996 年 7 月 5 日大法官会议释字第 409 号解释认为有关机关应予检讨修正。

② 按财产为人民实现个人自由、发展人格及维护尊严之重要的物质基础,故财产之保护也被定性为人民依“宪法”所享有的基本权利之一。因之,“国家”非予相当补偿不得征用或征收(“司法院”1996 年 4 月 12 日大法官会议释字第 400 号解释)。唯土地在相关补偿之法律制定前,已因事实上长期供为公共道路使用而成立公用地役关系者,其土地之供为公共道路使用虽非基于公权力之行使,但“其所有权人对土地既已无从自由使用收益,形成因公益而特别牺牲其财产上之利益,国家自应依法律之规定办理征收给予补偿,各级政府如因经费困难,不能对上述道路全面征收补偿,有关机关亦应订定期限筹措财源逐年办理或以他法补偿。若在某一道路范围内之私有土地均办理征收,仅因既成道路有公用地役关系而以命令规定继续使用,毋庸同时征收补偿,显与平等原则相违”(“司法院”1996 年 4 月 12 日大法官会议释字第 400 号解释)。不过,在各级政府因经费困难,“对于既成道路或都市计划道路用地,在依法征收或价购以前埋设地下设施物妨碍土地权利人对其权利之行使,致生损失,形成其个人特别之牺牲,自应享有受相当补偿之权利”(“司法院”1997 年 11 月 14 日大法官会议释字第 440 号解释)。

③ 在与财产有关之事项,“宪法”第 23 条之规范上的作用特别表现在:为经济政策或社会政策立法时,应满足该条规定之实质要求,并从比例原则考量为达到系争法规之政策目的,其制定确实适当、必要且经济有效率。这对于带有经济目的之税捐法的制定,有应备实质理由之要求的意义。

义务的情形外，原则上因从事负担行为始负给付之义务。至于财产也待权利人从事使财产权移转、变更、消灭或设定负担等处分行为，方始发生移转、变更、消灭或设定负担的效力。延续将负担行为及处分行为加以区分的基本决定，产生法律关系之终局变更必须有法律上原因的考量，并将法律行为区分为原因行为及无因行为。原因行为之机能在于对无因行为提供其效力的法律上原因。提供法律上原因之法律行为通常为负担行为或债权行为，接受法律上原因之法律行为通常为处分行为或物权行为。[①] 然值得注意的是，就法律行为本身之效力而论，原因行为与其对之提供法律上原因之处分行为或物权行为的效力，分别依自己之规定论断。亦即原因行为之有效并非无因行为之效力要件，是故，原因行为无效不导致接受其为法律上原因之处分行为或物权行为无效。原因行为无效，只是使因该处分行为或物权行为而发生之财产利益的移动不具法律上原因，构成不当得利。[②] 所以处分行为或物权行为，学说上及实务上称之为无因行为。在这里所谓原因行为对于无因行为提供法律上原因，其实是提供基于原因行为发生之给付义务，作为支撑基于无因行为发生之效力(财产利益之移动)的法律基础。盖依该无因行为所作之给付的目的即在于履行该给付义务。[③] 此与双务契约中，其当事人之一方为何愿意向对方负给付义务，或为给付的原因中所称之

---

① 然“有因性”(die Kausalbezogenheit)并非以权利之取得为其目标之债权行为的独有特征。例如无因之债务承担、债务承认虽为履行行为，但它本身也是一个负担行为，具有债权行为之性格。又如结婚、收养及立遗嘱虽直接形成法律关系，但其本身却也包含其所以缔结或从事该等行为的目的或法律上原因(Esser, Schuldrecht 2. Aufl. 1960, S. 50)。

② Esser, Schuldrecht 2. Aufl. 1960, S. 8f., 51f.; Joachim Gernhuber, Bürgerliches Recht, 3. Aufl. 1991, §4 Ⅱ 2, Ⅳ 2. 然在原因行为与履行行为皆违反法令的情形下，如果所违反之法令所要保护之法益主要为公共利益，例如违禁物之买卖，其原因行为与履行行为固皆无效，但依“民法”第180条第4款给付者并不能请求返还。反之，在因胁迫而为原因行为及履行行为的情形下，因不法原因只存在于受领人，所以给付者得依不当得利的规定请求返还。唯在前述两种情形下，就所涉给付标的物之所有权的移转论，可能认为因履行行为无效，所有权并未移转，从而不构成不当得利。给付人得依所有物返还请求权请求返还。另在“民法”第166条之一第2项还有履行行为可治愈原因行为之方式欠缺的规定。德国民法之对应规定为第313条。请参考Esser, Schuldrecht 2. Aufl. 1960, S. 26f, 52。

③ Esser, Schuldrecht 2. Aufl. 1960, S. 777ff.: 就德国民法第812条第1项第1款、第2款所定之给付的不当得利而言，法律上原因之意义，无异于该使受领人应得到该给付之利益的法律关系。给付目的(der Zuwendungszweck)与契约或业务目的(der Geschäftszweck)不同。契约或业务目的之不存在或丧失与给付目的之欠缺不同。前者只可能依一般债法的规定影响系争契约之存续，而后者间接地影响依该契约之履行所为之给付的维系。倘契约或业务目的之不存在导致给付义务之消灭，则因履行而受领之利益应依德国民法第812条第1项返还之。盖给付或履行之目的(原因关系之履行)已因原因关系不存在而不能达成。

原因(对价或交换),在逻辑层次上是不相同的。① 对价或交换原因是原因行为提供给自己之内在的法律上原因。这是原因行为要维持其效力,不需要其他法律行为对其提供法律上原因的道理。② 当法律行为,例如处分行为或物权行为,欠缺此种内在的法律上原因,为维持其效力从存在论的观点论之,便需要外在之法律上原因的支持。此为将负担行为与处分行为区分后,在行为原因上自然引起的规范结果。③ 当事人所以从事债权行为的原因固以双务契约最为明显,但不以此为限。在无偿行为,当事人愿意为无偿给予的意思,以及在信托契约,当

---

① 在关于原因行为与无因行为的讨论中,Medicus 似乎把双务契约中,当事人之一方所以愿意为给付之交换的原因认识为原因行为中所称之原因。盖其认为"大部分之债的契约是有因的。例如在买卖,当买受人因缔结契约,而对于出卖人给予价金,其典型的原因存在于将会取得对于买卖标的物之债权的期望中。此于其他双务契约亦然"(Medicus, Allgemeiner Teil des BGB, 6., Aufl., 1994, Rdnr. 212)。此种原因为原因行为提供给自己之内在的法律上原因。这是原因行为要维持其效力不需要其他法律行为对其提供法律上原因的道理。当法律行为欠缺此种内在的法律上原因,为维持其效力便需要外在之法律上原因的支持。对该问题 Larenz 认为,"不仅物权行为,其他的处分行为,例如债权之移转,原则上皆是无因的(abstrakt),亦即其效力独立于与其意旨上相关之基础关系的效力。反之,负担契约原则上是有因的(kausal)。换言之,负担契约包含一个原因(causa),亦即包含其所以负义务之法律上的目的。该目的同时使该契约所追求的经济目的表现出来。因此,为使该契约在经济上可被理解,该契约并无须外求存在于其他法律行为或法律关系中的目的"(Larenz, Allgemeiner Teil des deutschen Bürgerlichen Rechts, 7., Aufl.. 1989, S. 328)。

② 此为自交换经济所导出之存在论上的道理。也因此以"交换"或"等价有偿"作为各种原因行为之最基本的"内在原因"。然在法律实务上这些原因必须以私法自治权为其基础,经由法效意思之表示,取得其规范上的地位。并在私法自治及由之延伸之契约自由的观点下将赠与原因及信托原因包括进来。然由于具体生活事实千变万化,规范上不易一一具体掌握,是故,为使原因行为之设计不过度影响交易安全,超出交换、赠与及信托原因以上之缔约或业务目的之考虑,规范上将之定性为"动机",原则上不论为原因行为之"内在原因"。除非当事人对之特别约定为契约内容的一部分,不影响系争契约之效力。所以,Joachim Gernhuber 关于"在原因行为,业务目的属于契约内容"(Joachim Gernhuber, Bürgerliches Recht, 3. Aufl. 1991, § 4 Ⅲ 1)的意见,就"业务目的"的部分尚不宜过度具体化。具体的缔约目的必须经由合意始能成为个别契约之内容,取得规范上之效力。

③ Flume 认为:"债法上之原因行为中所称之'原因'(causa)一般仅指其与相对应之无因的处分行为间之关系。该原因行为即是该处分行为之法律上原因(der Rechts-grund)。该原因为处分行为之原因(die causa des Verfügumgsgeschäfts),而非充为债法上原因行为之因素的原因(die causa als ein Moment des schuldrechtlichen Kausalgeschäfts)。就买卖契约与买卖标的物之所有权移转行为间的关系论,买卖契约是买卖标的物之所有权移转行为的原因。至于债法上原因行为自己之原因不外乎债务契约之内容本身。该债务契约,基于法律规范上之承认,按其内容取得其因合意而成立之债权的法律效力。"Flume, Allgemeiner Teil des Bürgerlichen Rechts, Zweiter Band, Das Rechtsgeschäft, 3. Aufl., 1979, S. 169f.。

事人欲以移转所有权的方法，方便受托人处理与管理信托或担保信托有关之事务的意思，皆是其所以从事系争债权行为的内在原因。[①] 这些原因构成其后来为履行因该债权行为所发生之债务，而从事之处分行为的外在原因。学说上与实务上在履行阶段依序称这些原因为清偿原因、赠与原因[②]及信托原因[③]。不过在法制上，并不直接以债权行为之内在原因作为其履行行为的外在原因，而以债权行为自己，或更准确地说，以依据债权行为发生之给付义务作为其外在的法律上原因。所以关于效力之规定，将处分行为“无因化”，不考虑其所以从事该行为之目的。这样设计之道理在于确保与财产利益之移动有关的交易安全，以提高

---

① 在债权行为规范上加以考量之内在原因原则上仅到这个深度。进一层，为了什么目的当事人从事系争债权行为，属于法律行为之动机的问题。除当事人于缔约时已将之当成契约上重要之点表示出来，并经明示或默示合意成为契约之内容的一部分，或法律另有特别规定，否则，当事人之缔约目的不构成债权行为之内在原因，不影响其效力。“民法”第 88 条第 2 项规定：“当事人之资格或物之性质，若交易上认为重要者，其错误，视为意思表示内容之错误。”此为法律明文例外规定，足以影响法律行为之效力的动机错误。请参考 Medicus, Allgemeiner Teil des BGB, 6., Aufl., 1994, Rdnr. 213。

② 学者有将口头赠与归类为纯粹之原因约定（reine Kausalabreden），以与负担行为相区别。例如 Medicus, Allgemeiner Teil des BGB, 6., Aufl., 1994, Rdnr. 216。其理由为在口头赠与，受赠人尚不得以诉的方式请求履行。换言之，赠与人不因口头赠与而负给付义务。可能因提供票据担保者，在票据所担保之债务清偿前，虽不得请求返还票据，但亦不因提供票保，而即负代为清偿所担保之债务的给付义务。所以 Medicus 也将票保行为归类于此。

③ 信托原因，是指由信托行为所构成之给付原因。当有意地使选择之处分行为的实质效力大于合意之经济目的时，即有信托行为存在。例如为担保而移转权利，或为托收而移转债权皆使受托人因此取得对于信托物之完整的权利。该处分行为并不因此被认为欠缺目的上的合意或有效之原因关系。该权限与目的间之不一致的情形，系当事人为达到其目的所愿忍受者。这样做的好处是在让与担保，担保人可以继续占有担保物，而不受动产之占有质的限制；在托收信托人可以不亲自出面。信托所引起之权利归属的外观固应有其一般的效力，但在信托当事人及其各自之债权人间，其效力仍应受信托之内部效力的拘束。亦即不得享有超出各自之信托利益以上之利益。因此，受托人破产时信托物不构成破产财团；反之，在信托人破产时，受托人就信托物固无取回权，但在其所享利益之范围内有别除权。同理，于其所享利益之范围内，在第三人就信托物对于受托人为强制执行时，信托人得以经济上之所有人的地位提出异议；在第三人就信托物对于信托人为强制执行时，受托人得以信托上之所有人的地位提起异议之诉。请参考 Esser, Schuldrecht 2. Aufl. 1960, S. 52。

法的安定性。① 所以适当如此设计之理由为：给付或移转权利的原因究在于履行债务或在于成立债务[“民法”第465条规定：“称使用借贷者，谓当事人一方以物交付他方，而约定他方于无偿使用后返还其物之契约。”第475条第1项规定：“称消费借贷者，谓当事人一方移转金钱或其他代替物之所有权于他方，而约定他方以种类、品质、数量相同之物返还之契约。”该两条规定，以贷与人履行债务作为使用借贷或消费借贷之债务关系的成立要件。此与该两条在修正前分别规定：“使用借贷，因借用物之交付而生效力。”“消费借贷，因金钱或其他代替物之交付而生效力。”亦即将贷与人之履行行为规定为生效要件者，略有不同。不论将之规定为成立要件或生效要件，皆可将此种契约论为要物行为。当法律上关于要物之规定不切实际，不能满足交易需要时，实务上及学说上往往利用预约，解决实务上之困难。唯应注意，此种预约具有规避法律上关于要物之明文规定的作用。是故，必须法律之明文规定确有不能满足交易上之正当需要，从而构成法律漏洞时，始得肯认该预约之效力。基于以上的认识，前述两条规定在将使用借贷与消费借贷之要物性，自生效要件改为成立要件，以特别彰显其要物性后，紧接着，又增订下述两条关于预约的规定，不但其立意显然矛盾，而且亦与要物规定之根本意旨相违：“民法”第465条之一规定“使用借贷预约成立后，预约贷与人得撤销其约定。但预约借用人已请求履行预约而预约贷与人未即时撤销者，不在此限”。第475条之一规定“消费借贷之预约，其约定之消费借贷有利息或其他报偿，当事人之一方于预约成立后，成为无支付能力者，预约贷与人得撤销其预约(第一项)。消费借贷之预约，其约定之消费借贷为无报偿者，准用第四百六十五条之一之规定(第二项)”。此外，预约在实务上也曾被用来规避租赁法定最长期间之限制。例如“最高法院”1963年台上字第1085号判例“约定将基地无偿借与房屋买受人使用，期限十五年，至1961年3月29日为止，借贷期满后，以每月租金一百元(新台币，下同)继续出租，为期五年，租期届满后，双方应再洽商租额……(嗣该基地辗转买卖已数易其主，并均已办妥所有权移转登记)

---

① 当处分行为被无因化，因原因行为之有效并非处分行为之效力要件，所以可能发生处分行为有效，而原因行为无效的情形。其结果因该处分行为而受让权利者固应依不当得利的规定返还其受领之利益，但受让人如果不顾该返还义务，而将其受领之权利移转于他人，则除非构成诈害债权(“民法”第244条)，否则，该他人还是可无障碍地自受让人取得该权利。在“民法”第244条增订第3项后段规定“债务人之行为……仅有害于以给付特定物为标的之债权者，不适用前二项之规定”后，让与人要以诈害债权为理由撤销受让人之转让行为已几乎不可能。至于受让人对于让与人所负之不当得利的返还义务，其所受之影响为，受让人应该以其受领之利益的价额返还之(“民法”第181条)。请参考 Esser, Schuldrecht 2. Aufl. 1960, S. 8f.。

最后买受人主张借贷为债权之一种，彼等因买受系争地，而由原所有人将该地之所有权移转与彼等，则对于原所有人与蔡宝及陈天成间就该地所成立借贷契约，自亦一并受让，唯该借贷契约，已分别于 1961 年 3 月末日，及同年 6 月末日期满，彼等且于期前分别以公证信函催告(借用人)……(今)借贷关系，既经期满，(借用人)即属无权使用系争土地……(爰)诉请为命(借用人)拆屋还地之判决，第按债务人于受通知时，所得对抗让与人之事由，皆得以之对抗受让人，'民法'第二百九十九条第一项定有明文，所谓得对抗让与人之事由，不以狭义之抗辩权为限，而应泛包括足以阻止或排斥债权之成立、存续或行使之事由在内。盖债权之让与，在债务人既不得拒绝，则不宜因债权让与之结果，反使债务人陷于不利之地位，本件(买受人)……既由系争土地原所有人让受其与(借用人)间之使用借贷上债权，而(借用人)依其与原所有人即贷与人间之附带条件，系以期满得以请求贷与人继续出租与其使用，因而享有拒绝返还之预约上权利，故(买受人)……受让后，似应同受此项附带条件之拘束，不能遽请(借用人)……拆屋还地，原审就此并未推阐明晰，竟以原贷与人与(借用人)间所订出租基地之预约，与于租赁物交付后，将其所有权让与第三人之情形不符，蔡、陈两人无从据以拒绝返还等词，将第一审所为有利于彼等之判决，予以废弃改判，未免速断，应认有发回更审之原因"(1963 年至 1965 年"最高法院"《民刑事判例全文汇编》第 123 页)。唯该判例所持见解一方面对于"买卖不破租赁"的原则为何应适用于使用借贷并未具理由加以说明，另该判例之见解适用的结果，在系争契约引起利用预约，使使用借贷期间与租赁期间相加超过"民法"第 449 条所定"租赁之最长期限"。该条规定："租赁契约之期限，不得逾二十年，逾二十年者，缩短为二十年(第一项)。前项期限，当事人得更新之(第 2 项)。"依该条第 2 项租赁期间虽得更新，但其更新不得预先约定以届时自动更新的方式为之。而必须在一定期间经过后，事后再以一个新的约定更新之。是故，该判例试图以预约规避关于法定租赁期限之限制并不允当。]仅当事人知之，第三人不易知晓。[①]

然也有一些债权行为不包含内建的原因，例如债务之承认及票据之签发、背书或承兑的行为。当法律为交易安全，而对这些债权行为不要求一定之内在原

① Esser 将不能从给付行为分辨当事人之目的为何的状态描述为"纵使给付行为以处分行为为之，它也是无色的"(Esser, Schuldrecht 2. Aufl. 1960, S. 50)。

因作为其效力要件时，此种行为与处分行为同样具有无因性。[①] 是故，如该行为无外在的法律上原因所支持，则与一般处分行为一样会构成不当得利。例如为清偿买卖价金之债务，而签发汇票为间接给付时，后来价金债权如因买卖契约无效或解除而不存在，买受人得请求返还汇票（"民法"第 179 条、第 259 条）。[②] 利益第三人契约对于第三人而言，亦有类似的问题。该第三人固因该契约而对于债务人取得直接请求给付的权利，但该利益第三人的约定并不内含当事人所以约定对于第三人给付的原因。值得注意的是，在利益第三人契约，虽由债务人对第三人给付，但第三人所以得受利益的原因，并非存在于债务人与第三人间，而存在于债权人与第三人间。是故，第三人相对于债权人如无得受领利益之原因，第三人所应对之为不当得利之返还者，为利益第三人契约中之债权人，而非实际对其为给付之债务人。[③]

为说明前述负担行为（债权行为）与处分行为（物权行为）间之关系，学说上提出分离原则（das Trennungsprinzip）及无因原则（das Abstraktionsprinzip）。所谓分离原则，指负担行为（债权行为）与处分行为（物权行为）在概念上及制度

---

① Larenz, Allgemeiner Teil des deutschen Bürgerlichen Rechts, 7., Aufl.. 1989, S. 329."负担行为并不一直都是有因的，亦即并不一直包含随其负担义务而进一步追求之法律目的。依德国立法例大有可能，不顾此种目的，与之脱离，而无因的负担义务。在这种情形，债务人虽然事实上大都有进一步之法律目的，不过，该目的并不是该负担行为之内容。从而该负担行为得配合各种目的。"

② 因为这种行为之效力，在于使行为人对于他人负担义务，所以不失其负担行为之效力特征。然这些债权行为因其生效无须内在原因，是故，学说上与实务上称之为无因的债权契约或准物权行为。债权无因化的结果使债务人不得以其得对抗债权人之事由，对抗该债权之受让人。所以"票据法"第 13 条规定："票据债务人不得以自己与发票人或执票人之前手间所存抗辩之事由对抗执票人。但执票人取得票据出于恶意者，不在此限。"同法第 40 条第 4 项规定："票据债务人对于受任人所得提出之抗辩，以得对抗委任人者为限。"请参考 Joachim Gernhuber, Bürgerliches Recht, 3. Aufl. 1991, § 4 Ⅲ。

③ Joachim Gernhuber, Bürgerliches Recht, 3. Aufl. 1991, § 4 Ⅲ 2 e.

上原则上应予区别,分离对待而言。此为德国民法[①]及台湾地区"民法"之基本体制之一。然不但法律未要求负担行为(债权行为)必须与处分行为(物权行为)先后、分别从事,[②]而且在实务上二者也常合二为一,[③]或将负担行为之有效约定为其履行行为(处分行为)之效力条件。当其合二为一,即可能因有共同之意思表示上的瑕疵,而在效力上有相同的命运:例如缔约人在从事负担行为(债权行为)与处分行为(物权行为)时同样欠缺行为能力、受到诈欺或胁迫,或该等行为

---

① Larenz, Allgemeiner Teil des deutschen Bürgerlichen Rechts, 7., Aufl.. 1989, S. 327. 但这并不意味着法律不得经由规定,使给付行为的效力依从于原因行为(Esser, Schuldrecht 2. Aufl. S. 51)。这主要发生于:原因行为不法或背于公序良俗,致给付行为的效力亦受到影响,使给付行为或者因此亦自始无效,或者因此该当"因不法之原因而为给付",依"民法"第 180 条第 4 款,不得请求返还。例如违禁物之买卖与履行。唯也有原因行为的效力依从于给付行为的情形:在要物契约,其原因行为以其未履行为撤销要件,或以其履行给付为成立要件、生效要件,例如"民法"第 408 条规定:"赠与物之权利未移转前,赠与人得撤销其赠与。其一部已移转者,得就其未移转之部分撤销之。"第 464 条规定:"称使用借贷者,谓当事人一方以物交付他方,而约定他方于无偿使用后返还其物之契约。"第 474 条第 1 项规定:"称消费借贷者,谓当事人一方移转金钱或其他代替物之所有权于他方,而约定他方以种类、品质、数量相同之物返还之契约。"在要式契约,第 166 条之一第 2 项规定"未依前项规定公证之契约,如当事人已合意为不动产物权之移转、设定或变更而完成登记者,仍为有效"。亦即履行可治愈原因契约之方式上的欠缺,使之从无效转为有效。该转换是必要的,盖若无该转换,其履行行为所造成之财产利益的移动构成不当得利。

② Medicus, Allgemeiner Teil des BGB, 6., Aufl., 1994, Rdnr. 241. 当其分别从事,其效力原则上固应分别依其效力要件是否满足判断之,但在德国民法第 313 条有履行行为可治愈原因行为违反法定方式之无效事由的规定。Esser, Schuldrecht 2. Aufl. S. 52. 该法定方式之欠缺的治愈规定并为台湾地区"民法"本次债编修正所继受:"民法"第 166 条之一"契约以负担不动产物权之移转、设定或变更之义务为标的者,应由公证人作成公证书(第一项)。未依前项规定公证之契约,如当事人已合意为不动产物权之移转、设定或变更而完成登记者,仍为有效(第二项)"。唯因"民法债编施行法"第 36 条第 2 项规定:"民法债编修正条文及本施行法修正条文自 2000 年 5 月 5 日施行。但'民法'第一百六十六条之一施行日期,由'行政院'会同'司法院'另定之。""民法"第 166 条之一目前迄未施行。

③ 负担行为(债权行为)与处分行为(物权行为)在发生上合二为一的交易,固多发生在日常之民生消费交易上,但在商务交易时此种现金现货即时交易则比较少见。当事人双方所负之债务通常皆约定,在所约期日,而不是在订约当时给付。当此种约定出现在法定之要物或要式契约时,引起包含此种约款之要物或要式契约是否有效,以及如何说明其效力的难题,学说上与实务上倾向于利用预约(der Vorvertrag)说明之。唯必须注意预约理论在此,事实上是对于契约之法定要物或要式(成立、生效)要件的规避主张,使真正的问题反而因此隐而不彰。在这里真正的问题是,系争要物或要式规定是否已不合时宜,构成法律漏洞,在立法修正前,应予修正性地补充。请参考 Esser, Schuldrecht 2. Aufl. S. 7。

皆为法律上所禁止;[①]当以负担行为作为处分行为之效力条件时,在该个案之处分行为便不再是无因的,从而构成处分行为之无因原则在个案上的例外。[②] 在此认识下,虽然不禁止当事人将负担行为(债权行为)之有效,约定为处分行为(物权行为)之停止条件,但在具体案件是否有此种条件之约定,有疑义时,非有确切之证据,仍不宜轻易解释为有此约定,以借助于处分行为(物权行为)的无因原则,维护法的安定性。[③]

给付人为给付时,其目的究在于履行原因关系所生之给付义务,或为取得一定之债权,或只是要博得受领人一定之作为或不作为,只有给付人方始知晓,非外人从其外观即可探知。只要外人对于表现出来之外观的信赖可以受到保护,外人也可能无兴趣探知。倒是给付之法律原因为何,在当事人间对于抵充顺序或给付目的之决定有其意义。当事人间关于给付目的如果不能获致合意,因该给付所引起之财产利益的移动,与给付无法律上原因一样应依不当得利的规定返还。不过,应注意在这种情形相对人原则上只能因给付之事实而获利,而不能因给付之法律行为而获得本当移转之权利。盖给付行为因无意思表示之合致而不成立时,无移转权利之效力。

四、动机、契约目的与给付目的

就人之行为的规范可能性,有一个假定:人基于一定之目的而行为以及人对于其行为有一定程度的支配可能性。这是法律上所以可以对受规范者课以“自己责任”的道理。所谓自己责任指一个人应为自己的行为负责。配合该假定,法律上有行为能力、责任能力的制度,并以之为基础发展出以故意、过失为基础之效力或结果的归属规定。然因为在具体情形下,一个人究竟为何目的而为,随人而异,常常不易为相对人知悉,是故,在法律上必须适当安排目的之规范问题。

缔约人心中所怀之目的规范上称之为动机。该动机原则上必须经当事人双

① 在错误的情形下,依因错误而约定之内容履行,在履行上通常并无错误;在契约之要式,法律上通常分别就债权行为及处分行为规定之(“民法”第 166 条之一、第 760 条),是故,其违反一般情形不同时发生在债权行为及物权行为上。请参考 Medicus, Allgemeiner Teil des BGB, 6., Aufl., 1994, Rdnr. 232ff.; Esser, Schuldrecht 2. Aufl. S. 8f.。

② Joachim Gernhuber, Bürgerliches Recht, 3. Aufl. 1991, §4 Ⅱ 4, Ⅳ 4.

③ 给付行为或处分行为之无因性虽非法律上之当然,立法上其实也可以有其他的选择,但当立法上作了如是之选择,在相关制度的规划上便必须加以配合,以贯彻该选择之结果。主要之配合规定为不当得利,以便在原因行为不存在或无效时,给付者或处分人得对于因此而受到利益者,请求返还其受领之利益。请参考 Esser, Schuldrecht 2. Aufl. S. 50f.。

方合意，[1]提升为契约的生效要件或约定为契约内容，[2]其相对人始应分担该目的之达成的风险。[3] 唯行为人单方之构想或盘算如触及其表示内容本身，构成内容错误，行为人得撤销其意思表示（"民法"第 88 条）。动机虽未经合意，但倘当事人双方将之看成缔约基础，视为当然存在，不虞有变，以致未以约定的方式将其发生、存在或继续存在，提升为契约之生效要件，则其变更对于契约之存续自有影响。[4] 此即情事变更的问题。至其最后之影响为何，实务上依"民事诉讼

---

① 缔约当事人之一方在缔约时虽知悉他方所以缔约之目的，但双方并未因此将该目的约定为契约内容者，该目的并不因而成为双方默示合意之契约内容。为使之成为契约内容双方对之必须有更积极、明确之表示。唯即便如此，倘依其情况，缔约人依法律之明文规定或诚实信用原则，可期待他方对其为必要之说明，而他方不为说明时，该他方当事人可能因此负缔约上过失、积极侵害债权之赔偿责任或丧失一定之权利。例如"民法"第 496 条规定："工作之瑕疵，因定作人所供给材料之性质或依定作人之指示而生者，定作人无前三条所规定之权利。但承揽人明知其材料之性质或指示不适当，而不告知定作人者，不在此限。"第 509 条规定："于定作人受领工作前，因其所供给材料之瑕疵或其指示不适当，致工作毁损、灭失或不能完成者，承揽人如及时将材料之瑕疵或指示不适当之情事通知定作人时，得请求其已服劳务之报酬及垫款之偿还，定作人有过失者，并得请求损害赔偿。"请参考 Esser, Schuldrecht, 2., Aufl., 1960, S. 48。

② 将一定之缔约目的所构成之动机提升为契约的生效要件或约定为契约内容，对于该契约之效力的意义并不相同。以之为生效要件者，该契约之有效存在系于该目的之达成与维系；以之为契约内容者，该目的之不能达成或不能维系对于契约效力并不一定带来消灭性的影响。例如出卖人所给付之物不具契约预定之效用时，只是使出卖人因此负物之瑕疵担保责任，该买卖契约并不因契约预订之目的，因物有瑕疵不能达成而即失其效力。请参考 Esser, Schuldrecht, 2., Aufl., 1960, S. 48,50。

③ Esser, Schuldrecht, 2., Aufl., 1960, S. 47.

④ 至其影响为何？学说上有不同的意见。目前通说倾向于认为应依诚信原则，视具体情况判断，先尝试经由调整是否能圆满解决双方利益之冲突，待其无圆满调整之可能时，再以解除或终止的方法处理之。调整的内容或方法，从缓期清偿、分期给付、修正对价关系到变换给付与对待给付之内容，皆有可能。唯其内容之变换不得因此改变契约目的，或根本重塑由当事人之契约目的所定之契约内容。请参考 Esser, Schuldrecht, 2., Aufl., 1960, S. 47, 403ff.。

法"第 397 条认为应视具体情况定之,[①]比较常见之案件为不动产买卖或租赁。[②]民事上之情事变更,虽原明文规定于"民事诉讼法"第 397 条,现改规定于"民法"第 227 条之二,但仍不失其为一般法律原则。因此,实务上不但也有引用诚信原则[③]的规定("民法"第 148 条第 2 项,修正前原为第 219 条)处理情事变更的情形,[④]而且认为情事变更原则在诉讼上及诉讼外皆可主张。此外,还认为不但可

---

① "最高法院"1995 年 11 月 17 日台上字第 2715 号民事判决:"适用'民事诉讼法'第三百九十七条之'情事变更原则',而为增减给付之判决,除应斟酌是否具备'因不可归责于当事人之事由,致情事变更非当时所得预料,依其原有效果显失公平'等法定要件外,其增减之给付,亦应依客观之标准,审酌一方因情事变更所受之损失,他方因情事变更所得之利益及其他实际情形,以定其增加给付之适当数额,非全以物价变动为根据。"相同见解另请参见"最高法院"1981 年台上字第 2607 号判决、"最高法院"1996 年 4 月 25 日台上字第 866 号民事判决、"最高法院"1996 年 3 月 7 日台上字第 482 号民事判决。唯现行"民事诉讼法"已将第 397 条修正为:"确定判决之内容如尚未实现,而因言辞辩论终结后之情事变更,依其情形显失公平者,当事人得更行起诉,请求变更原判决之给付或其他原有效果。但以不得依其他法定程序请求救济者为限(第一项)。前项规定,于和解、调解或其他与确定判决有同一效力者准用之(第二项)。"其原来之规定内容已移至"民法"(2000 年 4 月 26 日修正)第 227 条之二。该条规定:"契约成立后,情事变更,非当时所得预料,而依其原有效果显失公平者,当事人得声请法院增、减其给付或变更其他原有之效果(第一项)。前项规定,于非因契约所发生之债,准用之(第二项)。"

② "最高法院"1956 年台上字第 1045 号民事判决:"租赁契约成立后,租金额因情事变更增加若干倍,而抵偿租金之担保金仍系立约时支付者,该担保金亦应依同一比例增加之,业经'司法院'1947 年 6 月 11 日院解字第 3489 号解释在案。此项解释既以租金额因情事变更而增加为其前提要件,故必须租金额之增加确系因情事变更所致(例如纸币贬值、物价暴涨),且依一般观念,认为如依原有效果显失公平者,始足当之。"请参考《台湾地区裁判类编(民事法)》(第 4 册),正中书局 1976 年版,第 196 页。

③ 德国通说认为:情事变更在契约效力上之考量的规范基础为诚信原则(德国民法第 242 条)(MünchKomm-Roth § 242 Rdnr. 465ff.; Esser, Schuldrecht, 2., Aufl., 1960, S. 387)。

④ "最高法院"1960 年台上字第 1407 号民事判决:"法律行为成立后,因情事变更,依原有效果显失公平者,法院适用'民法'第二百一十九条为增减给付或变更其他原有效果之判决时,并无一定标准之限制。倘其增减或变更,合于诚实信用原则,即非当事人所得任意争多论寡。"请参考《台湾地区裁判类编(民事法)》(第 6 册),正中书局 1976 年版,第 241 页。相同见解另见"最高法院"1961 年台上字第 499 号民事判决。

积极地引为请求的依据，也可以消极地引为抗辩的基础。[①] 有鉴于此，本次民法债编修正时增订第 227 条之二规定“契约成立后，情事变更，非当时所得预料，而依其原有效果显失公平者，当事人得声请法院增、减其给付或变更其他原有之效果(第一项)。前项规定，于非因契约所发生之债，准用之(第二项)”。“信托法”第 38 条第 2 项亦有类似的规定：“约定之报酬，依当时之情形或因情事变更显失公平者，法院得因委托人、受托人、受益人或同一信托之其他受托人之请求增减其数额。”[②]又“信托财产之管理方法因情事变更致不符合受益人之利益时，委托人、受益人或受托人得声请法院变更之(第一项)。前项规定，于法院所定之管理方法，准用之(第二项)”(“信托法”第 16 条)。

归纳现行法规定之行为目的，可将目的按其发生时点区分为：法律行为(时)及给付(时)之目的(Geschäftszweck，Zuwendungszweck)。法律行为(时)之目的又可按其与法律行为或契约之必要特征的关系，区分为：属法律行为或契约必要特征之目的(Vertragscharakteristischer Geschäftszweck)[③]及其他非契约必要特征之目的。学说上所称之契约目的(Geschäftszweck)，通常指非契约必要特征之目的而言。法律行为(时)之目的中属于法律行为或契约必要特征之目的者，该目的为该法律行为或契约内建之目的，存在于缔约当事人关于该契约之缔

---

① “最高法院”1996 年 3 月 7 日台上字第 482 号民事判决：“法律行为成立后，因不可归责于当事人之事由，致情事变更非当时所得预料，而依原有效果显失公平者，法院应依公平裁量，为增减给付或变更其他原有效果之判决，‘民事诉讼法’第三百九十七条定有明文。此项情事变更原则之规定，乃私法上之原则，当事人于诉讼外或诉讼上为主张，均无不可。其于诉讼上主张者，不论以诉为请求，抑以抗辩权行使，皆为法之所许。究不能因其规定于民事诉讼法中，遂谓当事人要求增加给付，非以诉之方式为之不可。按如给付与订约时之社会经济状况相差甚巨，债务人依原约定为给付，对债权人显失公平，其情事变更又非当事人于订约时所得预料者，即有情事变更原则规定之适用，此际，如债务人仍依原约定为给付或提存，自难认已依债务本旨为履行。”(《“最高法院”民事裁判书汇编》1996 年第 23 期，第 803 页)。

② 关于情事变更，现行法除规定得以之为理由，以诉的方法声请增减给付外，散置各法还规定：(1)得以之为财团或公、私立基金会之解散[“民法总则”第 65 条、“国际合作发展基金会设置条例”第 19 条、“中央通讯社设置条例”第 14 条、“公共电视法”第 48 条(公视基金会)、“国家文化艺术基金会设置条例”第 18 条]；(2)声请撤销征收(“土地征收条例”第 49 条第 1 项第 5 款)；(3)声请撤销假扣押裁定(“民事诉讼法”第 530 条第 1 项)；(4)声请撤销停止执行(“诉愿法”第 94 条、“行政诉讼法”第 118 条)；(5)声请延长证人保护期间(“证人保护法”第 10 条第 1 项)；(6)作为诉之变更或追加他诉(“民事诉讼法”第 255 条第 1 项第 4 款、“行政诉讼法”第 111 条第 3 项第 3 款)之事由。

③ 这里所称法律行为或契约之必要特征，指在该契约之缔结上，双方意思表示应合致的必要之点(“民法”第 153 条第 2 项)。这些特征通常即指债务人依该契约将来所负之主要给付义务的内容。请参考 Esser, Schuldrecht 2. Aufl. S. 48。

结的合意中。在债权契约，该内建之目的为缔约当事人所以愿意依该契约负担给付义务的原因。债权契约内建之目的主要有：各种有偿契约之交换目的，各种无偿契约之赠与目的，保证契约、担保契约或并存债务承担之担保目的及信托目的。由此种债权契约发生之给付义务后来即为其给付之法律上原因。唯通常称该债权契约为该给付之原因关系。该给付义务之满足也是给付目的之所在。

一个法律行为或契约在前述必要特征之目的外，可能还与生活类型[①]之目的相结合，也可能是目的中立的。当其习惯上与生活类型之目的相结合，该类型的生活目的是否能够达成，对于该契约之履行或给付便有重要意义。在个别案件中对之纵无特别约定，该目的还是可能表现在请求权、履行标准、附随义务中。是故，该目的之不能达成也可能构成给付不能。这时候视当事人约定之情形及是否可归责于债务人，可能引起不当得利之返还义务、损害赔偿义务或其他违约的责任。唯如要为不当得利之返还的请求，必须为契约之解除，以事后消灭给付之法律上原因。[②]

不过，也有契约是目的中立的。例如买卖、租赁。在目的中立的契约或在习惯上与生活类型之目的相结合的契约，如果当事人另有超出该契约必要特征，或超出该生活类型习惯上之目的以外之目的时，该行为目的在法律行为法上被定位为动机，对于契约之成立、生效及存续原则上无决定性。该目的是否能达成的风险由行为人负担。

给付(时)之目的(Zuwendungszweck)，指在给付时，给付者所拟实现之目的。该目的通常即指清偿目的、赠与目的、信托目的及担保目的。如果该目的不

---

① 这里所称之生活类型指医疗契约、建筑契约、税务顾问契约、投资顾问契约、托收契约等已经具体界定要处理之一定事务种类的契约，而非泛指各种可能种类之事务的处理契约，例如委任契约。请参考 Esser, Schuldrecht 2. Aufl. S. 49。

② 按给付不能并非债之当然的消灭事由，在双务契约，其给付不能于不可归责于双方当事人的情形，债权人必须依“民法”第 266 条第 1 项主张免为对待给付之义务，始依同条第 2 项，就已为全部或一部分对待给付之部分，得依关于不当得利之规定，请求返还。反之，债权人如依第 225 条第 2 项向债务人请求让与其对于第三人之损害赔偿请求权，或交付其所受领之赔偿物，则契约关系并不因给付不能而消灭。另于可归责于债务人的情形，因“民法”第 256 条规定：“债权人于有第二百二十六条之情形时，得解除其契约。”所以，因可归责于债务人之事由，致给付不能并非契约当然解除之事由。

存在或丧失，该给付即失其所以为给付之法律上原因(causa)，构成不当得利。[①]此为关于法律上原因从给付面所作之观察。就此而论，契约目的(der Geschäftszweck)与给付目的不同。在契约目的不存在或丧失的情形下，原则上首先依一般债法的规定，影响系争契约之存续，而后始间接影响因履行该契约所为给付的维系。然倘契约目的不存在，已导致给付义务消灭，则因履行而受领之利益应依“民法”第 179 条以下之规定返还之。盖给付或履行之目的(原因关系之履行)已因原因关系不存在，而不能达成。[②] 此为关于法律上原因从给付义务面所作之观察。

归纳之，给付而无给付义务必须满足时，会导致该给付之给付目的不能达成。其结果，给付而无给付义务，或给付而无给付目的，皆使该给付成为无法律上原因之给付。由是可见，给付义务之存在为该给付之法律上原因的根本所在。[③]

五、债之发生原因或规范依据

(一)法律事实与债之发生概说

所谓法律事实，指法律所定，从而能生一定之法律效力的事实。下分行为与非行为。行为指人有意识之动静或称作为或不作为，包括法律行为、准法律行为与事实行为，至于非行为则指自然事实而言。法律行为指将法效意思表示出来之行为。其特征在于包含法效意思，因之，其效力以表示出来之法效意思的内容为其内容。法律行为有效或无效即指其是否能生以其法效意思的内容为其内容之效力而言。无效之法律行为中所称之无效，限指不生以其法效意思的内容为其内容之效力，而非谓根本不生法律效力(“民法”第 113 条、第 114 条)。准法律

---

① 按给付之目的在于履行依原因关系所负之给付义务时，倘原因关系自始不存在或事后丧失，或给付未能达到履行之结果，则给付之目的即未达成，构成不当得利。另倘给付之目的仅在于使受领人为一定之作为或不作为，而确定受领人不能或不愿从事该作为或不作为时，该目的固然因此不达成，但此种情形究竟应直接依不当得利之规定(Esser, Schuldrecht, 2., Aufl., 1960, S. 777f.)，或依债务不履行之规定论断，值得探讨。当以依债务不履行之规定论断在法律效力上较具弹性，以满足个案特别情形之规范需求。

② Esser, Schuldrecht, 2., Aufl., 1960, S. 777ff..

③ Esser, Schuldrecht, 2., Aufl., 1960, S. 51:“法律上原因(causa)有双重意义，作为受领利益之保有的正当理由(给付目的之达成)——在要物契约或现货契约作为取得债权或取得原因之正当理由(构成契约必要特征之契约目的之达成)。”

行为虽亦为一定内容之表示，唯其效力内容依法律之规定，而非任由表意人以其法效意思定之，例如意思通知（催告）、[①]情感表示（宥恕）、[②]事实或观念通知（瑕疵或撤回意思表示迟到之通知）[③]。事实行为指不包含（法效）意思的行为。鉴于法律事实为引起一定之法律效力所必需的事实，因此，法律关系之发生、变动或消灭皆必须有一定之法律事实发生。是故，各种债之发生原因皆当视具体情形而归属于前述法律事实类型之一。其中意定之债固当以法律行为为其发生之原因事实，而法定之债之发生的原因事实，则可能是法律行为或事实行为。［“民法”债编所定的法定之债主要为无因管理、不当得利及侵权行为。由于依“民法”第 172 条，无因管理以处理他人事务为其要件要素，因此，其债之发生的要件事实为事实行为，盖事务之处理以劳务为内容。依“民法”第 179 条，不当得利以“无法律上之原因而受利益，致他人受损害”，亦即有财产利益之移动为其要件要素。而财产利益之移动，其属于权利之移转或用益权之授予者，需要法律行为；其属于物或权利之利用者，需要事实行为。此外，财产利益也可能因自然事实而在不同主体间移动，例如甲之猪吃乙的饲料。是故，不当得利之债之发生的要件事实视情形得为法律行为、事实行为或自然事实。至于侵权行为之债之发生的要件事实通常固为事实行为，但亦有可能是法律行为或自然事实，前者例如以带诈欺之作用的意思表示为手段使相对人与自己缔结契约；后者例如动物占有人之责任（第 190 条）、工作物所有人之责任（第 191 条）。利用诈欺、胁迫为手段，使相对人与自己缔结契约，以取得债权，固属于一种侵权行为，然因该契约非经

---

① 意思通知（催告），例如债权人对于给付迟延之债务人依“民法”第 254 条定相当期限为催告时，可生该条所定得为解除契约之效力。在该催告中债权人关于相当期间仍有决定权，其决定之期间如短于相当期间，其催告不生催告之效力。唯为第 254 条之催告所定的相当期间原则上并无宽限原来之清偿期的意义。

② “民法”明文规定，以宥恕作为权利之失权事由者，例如赠与人对于受赠人已为宥恕其忘恩行为之表示者，前项撤销权消灭（“民法”第 416 条第 2 项）；被继承人宥恕继承人关于遗嘱之不当行为者，其继承权不丧失（“民法”第 1145 条第 2 项）。对于前条第 1 款（重婚）、第 2 款（与人通奸）之情事，有请求权之一方，于事前同意或事后宥恕者，不得请求离婚（第 1053 条）。又“现行‘民法’虽未规定对于第一千零五十二条第一项第三款夫妻之一方受他方不堪同居之虐待之情形，有请求权之一方于事后宥恕者，不得请求离婚。唯被虐待者事后若已宥恕他方，则其婚姻共同生活已非不可期待，应认虐待尚未达于不堪同居之程度，被虐待者自不得再以此虐待事由请求离婚”（“最高法院”1996 年 8 月 8 日台上字第 1679 号民事判决）。

③ 事实或观念通知的意义在于使相对人认识自己关于特定事实的认知，不为通知的法律效力通常为拟制该应通知之事实不存在。例如未为通知意思表示迟到者，视为未迟到（第 159 条第 2 项、第 162 条第 2 项）；未为通知有应由出卖人负担保责任之瑕疵者，视为承认其所受领之物（第 356 条第 2 项、第 3 项）。

撤销还是有效，自该契约发生之债权非经废止，还是得为请求权之基础。所以在被害人依第 92 条撤销该契约，或依第 184 条第 1 项废止自该契约发生之债权前，其相对人基本上还是可以依该契约行使其债权。由于第 93 条所定之除斥期间短于第 197 条所定者，因此自请求权规范竞合说论之，第 92 条所定之撤销权与第 184 条第 1 项所定之损害赔偿请求权皆当因第 93 条所定之除斥期间经过而同归消灭。不过，因为第 198 条规定“因侵权行为对于被害人取得债权者，被害人对该债权之废止请求权，虽因时效而消灭，仍得拒绝履行”。所以，在诈欺或胁迫案件中，被害人得自由选择是否使该契约获得履行，纵使契约之撤销权的除斥期间已经过，或该债权之废止请求权已因时效而消灭，亦然。]至于准法律行为通常充为债之变动的原因事实，而比较少是其发生的原因事实。

(二)债之发生原因或规范依据

债以一定之作为或不作为的给付义务为其内容。然并不是一切给付义务皆以债法为其规范依据：不但民法总则篇、物权篇、亲属篇及继承篇中，①而且“商事法”、“劳工法”及各种社会福利法中皆有关于给付义务之规定。关于给付义务，民法中与民法外之规定间的关系是否属于一般规定与具体规定或普通规定与特别规定之关系，必须视具体情形定之。通常应解释为可并同受适用，但有规

---

① 例如“民法”总则中关于人格权、姓名权之保护(第 18 条、第 19 条)；法人之侵权责任(第 28 条)；法人有破产原因时，其董事不向法院声请破产之损害赔偿责任(第 35 条)；表意人以错误为理由撤销意思表示时之赔偿责任(第 91 条)；附条件之法律行为的当事人侵害相对人之期待利益时的损害赔偿责任(第 100 条)；无权代理人之赔偿责任(第 110 条)；无效行为当事人之责任(第 113 条)；过当防卫或过当避难之赔偿责任(第 149 条、第 150 条)；不法自助行为之赔偿责任(第 151 条、第 152 条)等之规定。“民法”物权编中有关于相邻关系间之偿金的支付(第 783 条、第 785 条、第 786 条第 1 项、第 796 条但书)；费用的分担(第 776 条、第 778 条、第 780 条、第 786 条第 3 项、第 855 条第 3 项)及损害赔偿请求权(第 782 条、第 791 条第 2 项、第 796 条但书)，关于抵押权之保全费用的负担(第 871 条第 2 项)，典权人对于典物因转典或出租所受损害之赔偿责任(第 916 条)，典权人违反保管义务之赔偿责任(第 922 条)，留置权人之必要费用的偿还请求权(第 934 条)，善意占有人之损害赔偿责任(第 953 条)，善意占有人之必要费用偿还请求权(第 954 条)，善意占有人之有益费用偿还请求权(第 955 条)，恶意占有人之损害赔偿责任(第 956 条)，恶意占有人之必要费用偿还请求权(第 957 条)等规定。“民法”亲属编中有关于解除婚约或违反婚约之赔偿(“民法”第 977 条至第 979 条)、关于婚姻无效或撤销之损害赔偿(第 999 条)、关于判决离婚之损害赔偿(第 1056 条)、关于受监护人之财产的管理费用或损害之返还或赔偿请求权(“民法”第 1100 条、第 1103 条之一)。“民法”继承编中有关于遗产管理、分割及执行遗嘱之费用的返还请求权(“民法”第 1150 条)，关于限定继承人违反对于被继承人之债权人的清偿义务，致其受有损害时之赔偿责任，以及因此受有损害者对于不当受领之债权人或受遗赠人的返还请求权(“民法”第 1161 条)等规定。

范之冲突时，民法外之规定原则上优先于民法中之规定受适用。[①]

此外，还有以公法关系为基础之给付义务的关系。其中有传统上规定于民法中者，例如"民法"第186条所定之公务员的侵权行为责任；[②]也有依各该公法之规定者，例如税捐之债的关系，因公用征收所发生之补偿给付的关系，扣押物之返还的关系。[③]

债之发生必须有规范上经承认之发生原因或理由(der Rechtsgrund)。债法中所规定之债的发生原因，主要为契约(意定之债)，其次为无因管理、不当得利与侵权行为(法定之债)。[④] 其中无因管理具有准契约的地位。

在契约外之损害赔偿之债是否应将侵权行为的态样限于故意或过失之不法的加害行为，而不包括无过失之加害行为，值得探讨。这特别指学说上称之为危险责任的情形[⑤]。这个分类的意义在于使危险责任之课予的实质考量：以保险的方式分散风险，以避免集中于受害人的构想能够获得认识，从而在立法及执法上给予事业必要之谅解。

此外，在契约因缔约人无缔约意思而不成立，但该缔约人却擅自享用契约有效时始得享有之服务，或契约因保护未成年人之规定而无效，而其无效却反而不

---

① Esser, Schuldrecht, 2., Aufl., 1960, S. 2.

② "民法"第186条第1项规定："公务员因故意违背对于第三人应执行之职务，致第三人受损害者，负赔偿责任。其因过失者，以被害人不能依他项方法受赔偿时为限，负其责任。"此为将当事人间之给付义务转为对于第三人之保护义务的规定。关于契约之保护第三人的效力，请参考 Esser, Schuldrecht, 2., Aufl., 1960, S. 409。"国家赔偿法"所定与之有关之"国家赔偿"责任虽不是规定于民事法中，还是有类似之性质。当因如是，依"国家赔偿法"第12条规定，"国家赔偿"案件的"损害赔偿之诉，除依本法规定外，适用民事诉讼法之规定"。

③ Esser, Schuldrecht, 2., Aufl., 1960, S. 1f..

④ Esser, Schuldrecht, 2., Aufl., 1960, S. 2. 无因管理的规范目的在于归属管理利益、返还管理费用；而不当得利在于返还利益，侵权行为在于填补损害。在不当得利虽亦以请求权人受有损害为要件，但该要件之意义仅止于确认返还义务人所受之利益，来自于请求权人而已，而非以损害之填补为目的。该区别之实益为：在像停车场案，如车主停车期间停车场尚有许多空位，车主可能主张其停车未对于停车场经营者造成损害。然即便在这种情形下，车主也不得主张其未受有停车费之节省的利益，且该利益非以停车场经营者停车费之收入的减少为其来源。在德国民法因其第812条第1项规定"因他人之给付或以其他方式，以他人之费用(Kosten)无法律上原因取得利益者，应对其负返还义务。法律上原因事后消灭或依法律行为之内容经由给付所要之成果未达成者，亦同"。亦即以请求权人负担费用，而不以其受有损害，作为义务人取得利益之原因，使这个问题的困扰获得缓和。此即不当得利要件中关于财产利益之移动的直接性的问题。请参考 Soergel-Mühl, Kommentar zum BGB, 11. Aufl., 1985, § 812 Rz 36ff.。

⑤ Esser, Schuldrecht, 2., Aufl., 1960, S. 933ff..

利于未成年人等情形，为以该契约假定为有效时之内容，规范其已经过或履行部分之法律关系，德国学说还发展出事实上契约关系说说明之。此为从比较法的观点常述及之债的发生原因。但实务上尚无将事实上契约关系[①]引为债之发生原因的案例。利用事实上契约关系说明上述问题与利用契约之拟制的区别在于，利用拟制的结果必须以假当真，贯彻到底。这可适合于一次性给付的契约，但不适合于继续性的契约关系。[②] 反之，利用事实上契约关系则可仅就已经过的部分，按该不成立或无效契约的内容规范之。至于未经过的部分则仍论为不成立或无效。这样处理的目的在于，避免为赋予妥当之效力，而必须迂回于不当得利或侵权行为的规定。何况依不当得利或侵权行为的规定，在这种情形下常常不能获得满意的结果。[③] 鉴于在事实上契约关系，当事人间并无一个有效的契约，而却容许当事人之一方主张，以他方拒绝表示之应有表示的内容(例如下引停车场案)，或双方所表示之无效法效意思的内容(例如已履行之无效的童工

---

① 事实上契约关系的理论主要用来说明，当事人之一方主张一个契约不成立或无效，显然违反诚信原则的情形。前者例如当事人之一方虽然对于相对人明示，不愿与其缔结契约，但却还是故意擅自享有在该契约缔结时，始得享有之给付；后者例如违反禁止雇用童工之规定而雇用童工，或与未经法定代理人允许之未成年人组织合伙，而在受领未成年人之劳务或出资后，否认该劳动契约或合伙契约之效力。不将此种法律关系径予拟制为契约关系，而仅以事实上契约关系立论的目的，一方面在于避免过度引用拟制的规范手段；另一方面在于表现在此种契约，仅当事人之一方得主张其有效。至于其得主张之效力范围，仍受系争法律行为之性质的限制。就已经过之部分得主张为有效，为各种事实上契约所共通。在此意义下，事实上契约的效力类似于效力未定，待于相对人或其法定代理人为类似于“承认”之主张。不过，其承认权人依情形，得利用承认之时点或选择，控制其承认之效力范围，就全部或仅就已履行部分承认之。所以肯认已履行部分有效的理由为，即便依不当得利或侵权行为有关规定处理该等问题，最后所据以计算应返还之利益或应填补之损害数额的标准，还是在该契约如果有效时，应依循之标准。得选择承认契约全部有效的情形例如合伙契约，不得选择承认契约全部有效的情形例如童工契约，得自由控制承认范围者例如事实上的停车契约，盖在这种情形下，停车场经营者既可待车主来取车时，请求给付全部停车费，否则留置其车；亦可请拖吊车将该车吊走，以排除侵入其停车场之损害，同时依事实上的停车契约，请求至吊走时为止(已履行部分)之停车费。唯论诸实际，前述合伙契约，具事实上契约性质者，限于法定代理人仅愿意承认已经过之部分的情形。如其愿意包括未经过部分全面承认，其承认之法律依据为“民法”第 79 条，而非事实上契约。要之，在未成年人未经允许参加合伙时，依事实上契约的法理，其法定代理人始得仅就已经过的部分承认之。为避免事实上契约关系之承认造成法律关系悬宕不决的情形，应认为准用第 80 条规定，其相对人“得定一个月以上期限，催告法定代理人，确答是否承认(第一项)。于前项期限内，法定代理人不为确答者，视为拒绝承认(第二项)”。

② Esser, Schuldrecht, 2., Aufl., 1960, S. 35.

③ Esser, Schuldrecht, 2., Aufl., 1960, S. 33f..

契约)为其效力内容,[①]所以可将之论为界于意定之债与法定之债间的发生原因。唯仍必须注意,仅在该关系中无辜的一方得主张事实上契约关系的存在。

(三)疑似之债的发生原因

疑似之债的发生原因主要有代理权之授予及中介契约之缔结。其中代理权之授予虽明定于债编通则第一节关于债之发生的规定中,但因其尚无使债之关系发生的能力,所以不是债之发生原因之一。盖接受代理权之授予者并无为本人从事代理行为的义务,[②]而相对人与本人间在该代理行为作成前,亦不发生债的关系。必须等到代理人与相对人从事代理行为,本人与相对人间始发生债的关系。至于代理人与本人或相对人间是否因此发生债的关系,还应视具体情况

---

① 事实上契约关系之构成要件事实的特征其实与心中保留极为类似。所类似者为,在这两种情形中表意人皆无受一定内容之表示拘束的意思。所不同者为,在心中保留表意人隐藏其无法效意思之事实,而营造一个愿意受该表示所表见之法效意思拘束的表见事实;而在事实上契约则不尽然。在关于未成年人之事实上契约,其相对人就是否有受其表示拘束的意思,固亦有心中保留的情事,但在像停车场案,车主明示无与停车场经营者成立停车场使用契约的意思。只是因其先前拒绝缔约之表示,与其后来停车于停车场之行为互相矛盾,而在其实际使用停车场的范围内,容许停车场经营者选择将之论为事实上契约关系。另有两个类似的类型为通谋虚伪意思表示及"民法"第 154 条第 1 项所定含不受拘束声明之要约。在这两种情形中,不但表意人皆明示不受其表示之意思所拘束,而且该表示亦因此为相对人所知。所不同者为,在通谋虚伪意思表示表意人根本无意为其表示所拘束,而在第 154 条第 1 项中,要约人并无根本否定其要约之拘束力的意思,只是以保留的方法限制了其拘束力的一部分,通常为保留在承诺前之撤回权,或限于一定之供应数量。因第 154 条第 1 项所定之声明并不根本否定其表示之拘束力,所以该表示尚属要约,而非仅是要约诱引。

② 按代理权之授予,只是使代理人取得以本人之名义与相对人从事一定之代理行为的权限或资格,是故,代理人并不因而负有为本人从事该代理行为之义务。此与委任关系中,受任人因受委任取得委任事务之处理权者,同时因而有义务为委任人处理委任事务者不同。在这种情形下,如果为委任事务之处理需要从事法律行为,且委任人并授予受任人以代理权时,很容易由于在代理关系中,代理人其实也可能因所以授权之基础关系负有义务行使代理权,而引起代理人因接受代理权之授予而负有义务行使代理权的疑惑。为解开该疑惑,必须特别注意"民法"为提高以代理行为为基础所形成之法律关系在效力上的安定性,将代理权之授予行为"无因化"的设计,使其法律效力不系于本人所以对于代理人授予代理权之基础(原因)关系(例如委任关系或雇佣关系),断绝本人以基础关系之效力上的瑕疵为理由,主张系争代理行为属于无权代理,非经其承认尚不能对其发生效力。在该无因性的设计下,关于当事人之权利义务,应分就代理权之授予关系及其基础关系判断之。亦即依代理权之授予关系代理人固无义务行使代理权,但依其所以授权之基础关系则可能有该义务。

认定之。[①] 是故,可将代理权之授予论为疑似之债的发生原因。具有类似性质之债的关系还有居间、行纪。在居间或行纪中,居间人固有权"为他方报告订约之机会或为订约之媒介"(第 565 条),行纪人固有权"以自己之名义,为他人之计算,为动产之买卖或其他商业上之交易"(第 576 条),但居间人与行纪人纵使缔约,亦无义务为其相对人从事居间或行纪之事务,其从事与否的驱策力全来自于为获取报酬。此与代理权之授予相同。不过,从委托人论之,居间或行纪关系中之委托人因居间或行纪契约之缔结却是受有拘束的。其若任意终止契约,至少会引起类似于在行为完成前撤回悬赏广告之效力,委托人对于居间人或行纪人因从事居间或行纪之事务"善意所受之损害,应负赔偿之责。但以不超过预定报酬额为限"("民法"第 165 条第 1 项)。

六、债务不履行

缔约上过失及积极侵害债权[②]皆为经肯认之损害赔偿之债的发生原因。[即便是明文规定之实例最多为缔约上过失(例如心中保留、错误、诈欺、胁迫、无权代理、自始给付不能),在实务上明白提及缔约过失者,亦仅"最高法院"1982 年台上字第 147 号民事判决而已:"'民法'第二百四十七条第一项规定缔约过失损害赔偿请求权,系指契约因不能之给付为标的,而无效者,非因过失而信契约为有效致受损害之当事人,得向知其不能或可得而知之他方当事人请求赔偿之权利。所谓非因过失而信契约为有效,当指订约时之情况而言。原审遽以双方订约后因某公司股东会决议未为追认,杨某与有过失,而为上诉人败诉之判决,其认定即有欠当。"(《"最高法院"民刑事裁判选辑》第 3 卷第 1 期,第 120 页)该判决要旨指出,缔约上过失之要件事实应存在于"订约时"。本次债编修正虽未明白提及缔约上过失及积极侵害债权,但事实上已将之分别明文规定:"民法"第 245 条之一"契约未成立时,当事人为准备或商议订立契约而有左列情形之一者,对于非因过失而信契约能成立致受损害之他方当事人,负赔偿责任:一、就订

① 代理人与本人间是否发生债之关系系于其间之基础关系;代理人与相对人间是否发生债的关系系于代理人所从事之代理行为是否为有权代理("民法"第 103 条第 1 项)。其为无权代理者,无代理权人因依"民法"第 110 条对于善意之相对人,负损害赔偿之责,而有债之关系。无权代理包括根本未经授予代理权及逾越代理权而不构成表见代理的情形。无权代理之法律行为,非经本人承认,对于本人,不发生效力("民法"第 170 条第 1 项)。

② 债务不履行,不论其为缔约阶段之缔约上过失,或履行阶段之消极侵害债权(给付迟延、给付不能)或积极侵害债权究竟论为债之发生原因或债之发展事由,值得探讨。以论为发展事由较符合现行法的规定及其事实上之演变的情形。

约有重要关系之事项，对他方之询问，恶意隐匿或为不实之说明者。二、知悉或持有他方之秘密，经他方明示应予保密，而因故意或重大过失泄漏之者。三、其他显然违反诚实及信用方法者(第一项)。前项损害赔偿请求权，因二年间不行使而消灭(第二项)”。第 227 条规定:“因可归责于债务人之事由，致为不完全给付者，债权人得依关于给付迟延或给付不能之规定行使其权利(第一项)。因不完全给付而生前项以外之损害者，债权人并得请求赔偿(第二项)。”]缔约上过失之理论依据为缔约人因参与缔约活动，而发生之法定的债务关系。依该债务关系，缔约人对于相对人负有说明义务、保密义务、忠实义务及其他保护义务。缔约人或缔约辅助人如有因过失而违反该等义务的情形，缔约人应就其相对人因之所受的损害负赔偿责任。[①] 所以缔约上过失相对于因参与缔约活动，而发生之法定的债务关系，有债务不履行的意义。其特征与积极侵害债权类似。[②] 所不同者主要为发生时点，缔约上过失发生于缔约时，积极侵害债权发生于履行时。

因履行时违反说明义务、保密义务、忠实义务或其他保护义务，而侵害债权人之人身或财产者，相对于给付迟延或给付不能，此为伴随给付，以积极行为加损害于债权人，所以称之为积极侵害债权，以与给付迟延或给付不能所构成之消极侵害债权或消极债务不履行相区别。[③] 然不论是缔约阶段或履行阶段之保护

---

① Esser, Schuldrecht, 2., Aufl., 1960, S. 32f..

② Esser, Schuldrecht, 2., Aufl., 1960, §79.

③ 将给付迟延或给付不能所构成之债务不履行并称为消极侵害债权，除凸显其以消极不履行债务之特征外，并可烘托积极侵害债权，以伴随给付之积极行为加损害于债权人之特征。从而更好地体会:不论是消极侵害债权或积极侵害债权，其适格之加害人皆以债务人为限。至于履行辅助人是否以行为人的地位，依侵权行为法的规定，负损害赔偿责任属于另一个问题。另外虽谓以伴随给付之积极行为加损害于债权人为积极侵害债权之特征，但积极侵害债权所含之案例，例如因场地不安全所导致之损害，与给付并无必然之关联。所以，论诸实际，积极侵害债权与缔约上过失类似，其类型特征主要存在于造成损害之事由的发生时点。因之，为将积极侵害债权与消极侵害债权相区别，并穷尽一切债务不履行之案例，必须采“扣除法”界定积极侵害债权所规范之范围。亦即先定义消极侵害债权所规范之案型限于给付迟延与给付不能。然后将不属于消极侵害债权者全部划归积极侵害债权。这种定义方法最为明白者曾用于不动产与动产之定义:“民法”第 66 条第 1 项“称不动产者，谓土地及其定着物”。第 67 条“称动产者，为前条所称不动产以外之物”。此种定义技术的好处在于:(1)可以只就容易定义的类型定义之;(2)可以稳住法律之外部体系的完整，防止显在的法律漏洞产生。至于隐藏的法律漏洞是否能够避免，系于其类型化的标准是否已符合系争事务之事务法则。

义务的违反，皆具有债务不履行的意义。[①] 债务人对于债权人所负债务之内容可能因之变更或增加新债务。

① Esser 教授将给付不能、给付迟延与积极侵害债权并列为狭义之侵害债权，请参见氏著债法第 2 版第 25 章(Schuldrecht, 2., Aufl., 1960, Kapitel 25)。

第二章

请求权

第一节　债之关系、债权、债务与责任

一、债之关系、债权与请求权

(一)债之关系

基于一定之法律上原因(der Rechtsgrund),例如因为契约之缔结、无因管理他人之事务、无法律上原因而自他人取得财产利益或过失不法损害他人之法益等事由,而依民法债编中之规定①构成契约之债或法定之债的关系。不论是意定之债或法定之债,也不论其是否为继续性契约或双务契约,皆会因依,或不依债务本旨履行债务(包括给付迟延、给付不能、积极侵害债权等)而发生演变。

① 不过,债之规定不但在"民法"中存在于民法债编中,民法总则中例如无权代理人或关于意思表示对于他人为诈欺或胁迫者之损害赔偿责任,"物权法"中例如基于相邻关系使用邻地而受利益者所负之分担费用(第780条但书:邻地过水工作物使用权;第785条第2项:使用设于己岸之堰)或支付偿金(第779条第2项:高地所有人之过水权;第783条:使用邻地余水权;第785条第1项:向对岸设堰权;第786条第1项:线管安设权;第787条第1项:袋地所有人之通行权;第788条:开路通行权;第800条第2项:他人正中宅门之使用)的给付义务,因添附而受损害者对于因此而受利益者之不当得利的返还请求权,"亲属法"中例如扶养义务,"继承法"中例如遗赠皆属债之规定外,其他法律,诸如"公司法"、"票据法"、"海商法"、"保险法"、各种劳工法中也都还有相当多之债的规定。反之,民法债编中也有关于法定物权的规定,例如出租人之留置权。同一规范项目在不同法典或编章间之穿插的情形为法律体系安排上不得已之就便的做法。这是因为体系之建构层次,在说明利益的权衡上,有时难免因顾此失彼所造成的结果。请参考 Gernhuber, Das Schuldverhältnis,1989, S. 2f.。

此即债之发展性。学说上有因之将债之关系比方成有机体，似有生命一般。[①]此外，在契约之债依诚信原则还有先契约及契约外之忠实义务、保密义务及保护义务。基于债之关系的发展性，不但可能随其演变或发展情况，逐步导出其法律事实所该当之债权、请求权、抗辩权、形成权与诉权，[②]而且已发生者也可能再度因一定之事由而消灭。唯这里所称之消灭，有真正消灭者，例如形成权因在除斥期间内不行使而消灭，或一度因契约之有效缔结而发生的契约之债，后来因契约之撤销、解除而消灭；有不真正消灭者，其典型者例如债之关系因依债务本旨，向债权人或其他有受领权人为清偿而消灭（“民法”第 309 条第 1 项）。[③]

债之关系的活力在外观上虽然主要表现在请求权、诉权与抗辩权上，但这仍非债之关系的全部内容。在这些请求权或诉权背后存在着一套复杂的义务体系。该义务体系并非从权利之救济，而是从债之拘束的目的所决定。[④] 开始时债之主要的给付义务基本上固决定该债之关系的属性及其该当之有名契约，但该义务后来因发展而存续或丧失，对于该债之属性即不再有影响。以契约之债为例，自缔约之接触开始，到履行，以及履行中以及履行后的一些演变，其权利义务的发生、发展皆由契约目的或债之目的所主导。其中各当事人不可从事足以危害相对人圆满达成其契约目的之行为，居其忠实义务的核心思想，也是诚信原则之精神所在。[⑤]

（二）债权与请求权

基于债之关系首先产生债权而后产生请求权。债权为债之实体上的权利，

---

① 请参考 Esser，Schuldrecht，2. Aufl.，1960，S. 77.

② Esser，Schuldrecht，2. Aufl.，1960，S. 77.

③ “民法”上所定债之关系因一定之事由而消灭者中，有真消灭者，例如法律规定债务因免除、混同（“民法”第 276 条、第 288 条、第 343 条、第 274 条、第 286 条、第 344 条），第三人就债权所为之担保因债务之承担（第 304 条），在间接给付旧债务因新债务之履行（第 320 条、第 712 条）而消灭；有债之关系不真消灭，而仅消灭其债权或请求权者，例如法律规定债务因清偿、代物清偿、提存、抵销而消灭的情形（“民法”第 274 条、第 286 条、第 309 条、第 319 条、第 335 条）。由此可见，“民法”中关于债之关系消灭的规定必须分别情形界定其实际之效力内容，不得一概尽以其所使用之文字为准。在第二种情形，所以认为仅其债权或请求权消灭，而债之关系不消灭的理由为，该债之关系如果消灭，将使依该债之关系所作之给付变成无法律上原因之给付，构成不当得利。而这自非该给付之本旨。由第二种情形之规范安排上的需要，显示债之关系与债权或请求权之区别上的实益。德国民法第 362 条第 1 项亦有类似于上述第二种会引起误解的规定。请参考 Esser，aaO. S. 77。

④ Esser，aaO. S. 77.

⑤ 请参考 Esser，aaO. S. 77f..

而请求权则是为债权之实现所延伸出来关于债权之行使或保护的权利。[1] 由于其行使或保护在实务上往往必须借助于公权力，特别是司法机关的裁判与强制执行，因此，请求权之表现常飘忽在实体与程序之间。当探讨一定法律事实之法律效力时，此为实体法的问题；当探讨依该效力，其权利人是否得向法院起诉时，此为程序法的问题。该法律事实可能是契约上或法定之负担的或加害的要件事实。[2] 这是请求权概念之发展，在法制史上由程序法至实体法，在现代法上又自实体法回馈至程序法，以及请求权之竞合及诉讼标的之问题密切关联的道理所在。

"民法"第 199 条规定："债权人基于债之关系，得向债务人请求给付（第一项）。不作为亦得为给付（第三项）。"归纳之，基于债之关系，债权人得向债务人请求作为或不作为的给付。该两项规定与德国民法第 241 条之规定内容相同。[3] 德国民法中该条规定可谓是关于债权（die Forderung）的效力或定义的规定。至于请求权，台湾地区"民法"对之无立法解释，而德国民法第 194 条第 1 项则在规定消灭时效之适用对象时，附随将之定义为："向他人请求（verlangen）作为或不作为之权利（请求权：Anspruch），适用消灭时效之规定。"比较德国民法

---

① 在一个债关系，债务（die Schuld）是指债务人对于债权人所负之给付义务。而债权（die Forferung）则是该债务在债权人方之权利上的表现。基于该债权，债权人得向债务人请求该给付。该请求给付的权利，即是通常所称之请求权（der Anspruch）。请参考 Heinrich Wilhelm Kruse，Lehrbuch des Steuerrechts，Band Ⅰ，Allgemeiner Teil，München 1991. § 6 Ⅰ。债权与请求权的区分，提供无请求权之债权的规范余地。例如超过最高利率之限制的约定利息无请求权（"民法"第 205 条），因婚姻居间而约定报酬者，就其报酬无请求权（"民法"第 573 条）。在这种情形下，因依然有债权或债务存在，所以履行此种债务时，不构成不当得利。反之，"民法"第 55 条第 1 项前段关于"已退社或开除之社员，对于社团之财产，无请求权"的规定，则是一种连债权亦无的情形。履行此种债务，视情形可能构成非债清偿（"民法"第 180 条第 3 款：因清偿债务而为给付，于给付时明知无给付之义务者，不得请求返还）或和解。另不但赌债，而且依其他违反法律禁止规定之债务契约皆不能发生债权或债务。其履行构成不法原因之给付（"民法"第 180 条第 4 款：因不法之原因而为给付者，不得请求返还。但不法之原因仅于受领人一方存在时，不在此限），当一个债权在实体法上无请求权，则在债务人不自愿为履行之给付时，其债权人即不能以诉的方法实现其债权。至于"民法"第 144 条第 1 项规定："时效完成后，债务人得拒绝给付。"这种情形，其债权人就系争债权之给付，依然有请求权，只是针对该请求权，债务人因有抗辩权，而得拒绝给付而已。所以，其债权人还是可以据该债权对于债务人为诉讼上的请求。在其诉讼中，债务人如不为抗辩权之行使，债务人依然会败诉。

② Esser，aaO. S. 68f..

③ 德国民法第 241 条规定："基于债之关系债权人得向债务人请求（fordern）给付。该给付亦得以不作为为内容。"在该条规定中所称之 fordern（请求）的名词 Forderung，即债权。

中该两条规定，其关于债权与请求权之描述内容，除关于“请求”所使用之动词有 verlangen 及 fordern 之别外，几乎完全一样。由之显现请求权与债权间之密切关系。在法律规定中虽然因之常有请求权与债权混用的情形，[①]但这并不意味着请求权等于债权，或仅从债权始能导出请求权。

典型的请求权虽自债权而生，[②]且各别债权常被称为请求权，但物权受侵害时发生之实体法上的权利或程序法上的诉权，亦称为请求权[③]：例如“民法”第 767 条所定之物上请求权。此外，还有“亲属法”、“继承法”规定之请求权。由是可见，请求权实为一般的，而非专属于债权的概念。债权之效力虽无异于请求

---

① Esser, aaO. S. 70：“债权（Forderung）与请求权（Anspruch）在德国民法（BGB）原则上同义使用之。”

② 不过，也不是一切自债权或债之关系所生之权利皆是请求权。例如自助的权利（“民法”第 447 条所定出租人之自助权）及形成权（解除权、终止权、撤销权）皆非请求权。至于出卖人在买卖关系中所负之物的瑕疵担保责任，在权利上虽习称为物之瑕疵担保请求权，但学说上与实务上还是将之认定为形成权。即便以其中之减少价金请求权（“民法”第 359 条）而论，该权利之行使的结果首先亦是缩减价金债权的范围，而后使出卖人或者在价金给付前，只得向买受人请求给付较少数额之价金；或者在价金给付后，应对于买受人依不当得利之规定，返还受领之过多的价金。要之，即便在第二种情形，买受人得向出卖人请求返还价金，亦非直接基于减少价金请求权，而系基于不当得利返还请求权。就此，“最高法院”1998 年 12 月 10 日台上字第 2872 号民事判决要旨称“按买受人之减少价金请求权，为形成权，一经行使，固生减少价金之效果，唯就该减少之价金，如已为给付，买受人尚非得径依该减少价金请求权请求出卖人返还。被上诉人请求返还系争减少之价金，未叙明系基于何法律关系而为请求，原审未予阐明，遽行判决，并有可议”。该要旨所质疑尚未阐明之请求的规范基础，即前述之“不当得利返还请求权”。请参考 Esser, aaO. S. 71f. 。

③ 实体法上之请求权不一定皆因义务之有责的违反而发生，也有可能基于法律上关于危险或用益的权衡。例如所有人对于占有人之用益利益的返还请求权。这种请求权一旦发生，虽不尽然与债权完全同视，但还是可以像债法上之债权一样，有其自己之独立命运，可以单独让与，或设质。基于所有人与（无权）占有人之关系而发生的法定债权（例如所有人方的用益返还请求权、损害赔偿请求权或占有人方的费用返还请求权及其留置权），该权利首先应分别以其发生时之所有人或占有人为归属对象。请求权发生后，所有权人纵有变更，除非有特别之让与，否则，仍应以原来之所有人或占有人为其权利人（MünchKomm-Medicus, 2. Aufl., 1986, 2 vor § § 987-1003）。但在义务人方面，因费用返还请求权及留置权兼具对物性，对于所有权之受让人当有追及力。从而占有人所享有之权利应认为仅得对新所有人，而不能对于原所有人主张。占有人所享有之占有人方的费用返还请求权及其留置权如系基于契约关系（例如承揽或委任）而发生，则该费用返还请求权虽属对于特定人（原所有人）之债权，但该留置权因属于物权，仍具有对世效力。其结果，该留置权等于是，为原所有人对于（有权）占有人所负之费用债务，由受让人提供之物上担保。

权，但原则上只适用于指称依债法之规定发生之请求权。[①] 是故，债权与请求权之混用亦当限于此种情形。

在权利之行使或保护的情形下，债权与请求权虽有混用的情事，但在指称权利之内容的情形则以债权称之。例如以债权指称债权人对于特定债务人得请求给付之权利的内容；以请求权指称为权利之行使或保护而赋予之各别得为请求的权利。[②] 所以，有谓债权为实体法上的概念，而请求权则为实体法及程序法所通用。债务人负有什么给付的义务（债务），债权人便享有要求什么给付的权利（债权）。[Esser, aaO. S. 69. 债权（Forderung）与债务（Schuld）为债权人或债务人分别依债之关系对于相对人所享有之权利或所负之义务。债权与债务是互补的概念。这两个概念只是将同一内容从不同的角度描述之而已，是故，随时皆可互相替用。请参考 Gernhuber, Das Schuldverhältnis, 1989, S. 30, 34f.。债权人固得本于债权，请求债务人依债务之本旨为给付。唯债权人不但不因债权而对于债务人享有对人的支配权，而且在履行前，债权人对于债之标的亦不取得对物之支配权。是故，在德国，债权不是德国民法第 823 条第 1 项所称之其他权利。从而如有第三人加害于他人之债权，不构成该条所定之侵权行为。此为债权在侵权行为法上之保护资格的问题。由于台湾地区“民法”第 184 条第 1 项关于保护之客体仅规定应为“权利”，另无其他限制，所以关于债权之侵害是否构成侵权行为，依台湾地区“民法”该条规定，不是因为受害客体是债权，而是因为或者不备故意或过失，或者不备相当因果关系，或者不备违法性之要件而产生问题。其结果，与在德国法必须引用德国民法第 826 条一样，必须引用“民法”第 184 条第一项后段规定，在债权之侵害满足“故意以背于善良风俗之方法，加损害于他人”的要件时，始构成特种的侵权行为。请参考 Gernhuber 前揭书，第 32

① 虽说只有债法上之给付请求权才是债权，但以“亲属法”为其法律上原因之扶养请求权，或“继承法”上所定之特留分请求权，与一个债权关系一样，皆可构成特定人对于特定人所享有，具有属人性的债权。这与自土地之相邻关系所引申出来之不作为请求权不同。盖这只是一种来自于所有权之权利保护的请求权，不能与其所自之所有权分离，不是对于土地之权利之得、丧或变更的请求权。Esser, aaO. S. 70f.；Larenz, Allgemeiner Teil des deutschen Bürgerlichen Rechts, 5. Aufl. 1980, S. 214。

② Esser, aaO. 1960, S. 70.

页以下、第39页以下。]该要求给付的权利，可分别在实体法及程序法上表现出来。[①] 在其行使或保护的层面皆可称其为请求权(der Anspruch)。[②] 依该权利，债权人可以直接向债务人请求给付或向法院起诉，请求判令债务人给付。唯在法制史的发展上，诉权(actio)先于请求权。[③]

债的关系通常是由多数权利与义务交织起来之法律关系。由一个债的关系可以产生数个债权或债务，[④]由一个债权可以产生数个请求权(例如“民法”第

---

① “德国民法中所称之请求权的概念系由Windscheid所构思出来，以便将罗马法及旧普通法中之诉权(actio)移植至实体私法中，使之成为其一部分。Windscheid想要借此实践其新见解：私法上的权利是基础的权利，而其以诉的方式贯彻的可能性则是延伸的。程序的任务为，当先于程序已存在之实体权利受侵害或有争议时，排除其疑义并使之实现……为了借助于给付之诉及其后之强制执行，实现其权利，原告应以一个实体法上的请求权，证明其诉讼上之请求有理由。他如果有这样一个请求权，则他原则上至少有这么一个可能性，经由提起给付之诉贯彻其请求权。该可能性构成请求权概念的一部分。在此限度内，可谓罗马法之诉(actio)的概念已融入当今之请求权概念中。”(Larenz, Allgemeiner Teil des deutschen Bürgerlichen Rechts, 5. Aufl. 1980, S. 215)因之，请求权具有两个功能：亦即债权人对于债务人在实体法上请求给付的权利及在程序法上以诉的方式，行使及贯彻其权利的可能性(Larenz, aaO. S. 214)。由于除给付之诉外，尚有确认之诉与形成之诉，所以，民事诉讼法上之请求权的概念范围，在此限度，必大于民法上之请求权的概念范围(Larenz, aaO. S. 221)。在法制史上，请求权为因权利受害时而发生之诉权，这在物权法上之请求权特别清楚地表现出来。盖无所有权之侵害，即无针对特定人之物上请求权(返还请求权及防御请求权)。由所有权导出之请求权，不像由独立之义务导出之给付的请求权，而像保护占有之权利，属于自物权之存在本身导出之行使权利或提起诉讼的权限。由于总有一定之行为义务与一定之物权相对应，所以德国民法在此，就实体上的请求权与诉权，其用语也不予区别(Esser, Schuldrecht, 2. Aufl., 1960, S. 70)。

② Esser, Schuldrecht, 2. Aufl., 1960, S. 69.

③ 在法制史的发展上，罗马法先有诉权(actio)的思想。而后历史法学派认为actio包含实体法上的请求权及程序法上的诉权。后来Windscheid进一步将actio分解为请求权(Anspruch)与诉权(Klagerecht)。Windscheid利用请求权的概念将实体法上的内容自actio中分离出来，并把剩下的部分划归诉讼法。该见解成为德国民法(第194条)之请求权概念的基础。比较现代的观点则认为，先有实体法上的请求权，后有程序法上的诉权。后者自前者衍生。从而竞合的问题自程序法移至实体法。请求权之竞合成为诉权之竞合的泉源(Apostolos Georgiades, Die Anspruchskonkurrenz im Zivilrecht und Zivilprozeßrecht, 1967, S. 30ff.)。这也是为何实体法上之请求权规范竞合说在将基于同一事实之数个请求权，化约为一个请求权的同时，具有化约其诉讼标的之功能的道理。

④ 不仅在像债权契约之联立、互易或数物之买卖的情形，显然可以产生数个债权、债务，即便在普通之单一物的买卖契约上，物之出卖人依“民法”第348条，亦负交付其物于买受人，并使其取得该物所有权两个债务。买受人所享有，由之引申出来之请求移转所有权及交付标的物的请求权分别有其消灭时效期间。

348 条第 1 项：买受人得累积的请求物之出卖人，交付其物并移转该物所有权于买受人；第 359 条：买受人基于物之瑕疵担保，于出卖人交付之物有瑕疵时，得选择解除买卖契约或请求减少其价金）。这些权利或义务因一定之目的而集合在一起，其中主要者为给付义务。因此，债务人对于债权人所负之义务通常可先大略分成：主要给付义务、附随给付义务及附随义务。其中附随义务通常可再分为说明义务、忠实义务及保护义务。

自一个债的关系，债权人到底可以取得何种内容之债权，必须视具体情况定之。通常自一个债的关系不但不仅衍生出一个债权，而且债权之内容或种类也因债之关系的发展，而可能发生增、减或质量上的变化。例如债之内容因债务人给付迟延，而增加迟延损害之赔偿义务；因给付不能，而自原来之给付转变为损害赔偿；因违反附随义务或保护义务，而在履行请求权之外，增生以积极侵害债权为依据之损害赔偿请求权。[①] 促使其变化的事由一般固为人的行为或自然事件所构成之法律事实，但有时只是时间之经过，也能引起债之关系的变化。唯必须注意在以时间之经过为要件的情形，其实另有不行使权利（例如消灭时效、除斥期间之经过）或不履行义务之不作为（例如给付迟延）的要件事实存在其中。

请求权按其是否为其他权利之存在或实现而存在，可分成独立的及非独立的请求权（selbständige und unselbständige Ansprüche）。[②] 独立的请求权有其自己之存在的意义，不为其他权利而存在，因之，有其独立之经济价值，应为私权的一种。例如债权及“亲属法”规定之扶养请求权。其中债权原则上并可独立让与。反之，非独立之请求权则系为另一个权利（通常是绝对权例如所有权、人格权、身份权、智慧财产权、其他支配权）之维护或实现而存在。以所有权为例，在其未受侵害的情形下，其事实上的状态与依法当为的状态相符，并无因该所有权而发生之人际关系。是故，自所有权之排他机能尚不引起对于特定人之请求权。必须直至有人侵害该所有权，不论是妨碍所有权人用益，侵夺其占有，擅为使用、收益、处分或毁损之，始自其所有权导出对于特定人之请求权。所有权人对于妨碍者或加害人才有权请求：停止或不再为妨碍、返还所有物或所收取之不当得利，或赔偿发生之损害。这些请求权中，例如物上请求权（“民法”第 767 条），其功能在于维护所有权应有之状态。所以无自己之存在意义，全然系为其所自之所有权而存在。因此，物上请求权不得与其所自之所有权分离，独立转让；反之，其他请求权例如无权用益所得利益之返还，或损害赔偿请求权，即使是因所有权

---

① Esser, aaO. S. 69.

② Apostolos Georgiades, Die Anspruchskonkurrenz im Zuvilrecht und Zivilprozeßrecht, 1967, S. 134f..

而发生，还是得与其所自之所有权分离，独立转让。[①]

(三)请求权之竞合

多数关于请求权之成立的法律规定，规范同一个生活事实，或同一个生活事实符合两个以上关于请求权之成立规定的构成要件时，即构成竞合。该现象之发生肇因于这些规定所定之抽象构成要件事实的特征，亦即要件要素有重合或包含的情形。如果是重合，其适用不互相排斥；如果是包含，则在有疑义，特别是在其分别联结之法律效力不能并存时，包含他规定之要件要素者论为特别法，受包含者论为普通法，依特别法优于普通法的原则，应适用特别法。学说传统上称此种竞合为法律竞合或法条竞合(Gesetzeskonkurrenz)。由于该用语具有多义性，Larenz主张避免使用，并建议以"排斥性竞合"(normenverdrängender Konkurrenz)代之。[②]属于此种竞合者例如关于公务员因执行职务而有侵权行为时，"民法"第186条之于第184条；关于非财产上之损害赔偿，"民法"第194条及第195条之于第216条。[③]

不同规定之要件要素纵有一个规定包含另一个规定的情形，然倘其法律效力在存在上并无，而仅在行使上有排斥性或选择性，则权利人就依各该规定成立之请求权或形成权便只得择一行使。此为"选择性竞合"(alternative oder elektive Konkurrenz)。[④] 属于此种竞合者例如"民法"第359条、第360条所定关于请求减少价金、解除契约、不履行之损害赔偿；第196条与第213条所定关于金

---

① Larenz, Allgemeiner Teil des deutschen Bürgerlichen Rechts, 5. Aufl. 1980, S. 216ff..

② Larenz, aaO. S. 231f..

③ 关于非财产上之损害赔偿，在其规定的外观上，"民法"第194条及第195条之于第216条的特别法关系并不像德国民法相当之规定那样明显。按德国民法首先在第253条规定"非财产上之损害仅于法律有明文规定的情形，得请求以金钱赔偿之"，此为原则；而后才在第847条规定"损害他人身体或健康，以及剥夺他人自由者，纵使是非财产上的损害，受害人亦得请求赔偿适当之金额(第一项)。违反善良风俗侵害妇女或利用诈欺、胁迫，或滥用服从关系使其同意婚姻外之性关系者，该妇女亦有相同之请求权(第二项)"，此为例外。由此观之，德国民法第847条之于第253条有比较明白之特别法关系。依第253条，原则上不得请求以金钱赔偿非财产上损害，而依第847条，在该条所规定之情形则例外的得请求以金钱赔偿非财产上损害。比较台湾地区"民法"与德国民法，不难经常发现台湾地区"民法"不重视明文规定原则规定与例外规定之关系。因之，条文间之此种关系常常需要经由解释认识或认定之。这在学说上与实务上增加了许多说明上的负担与莫须有的争议。

④ 在选择性竞合的情形下，债权人行使其请求权之一，往往具有在该竞合之请求权中选择其一之形成的意义。这与选择之债的选择相同。请参考 Esser, aaO. S. 71。

钱赔偿与恢复原状之赔偿方法;第 225 条第 1 项加第 266 条与第 225 条第 2 项所定关于解除契约与代偿请求权;第 256 条加第 260 条与第 226 条第 1 项所定关于解除契约与不履行之损害赔偿间的选择。[①]

不同规定之要件要素纵有重合,或有一个规定包含另一个规定的情形,然倘其法律效力不但在存在上,而且在行使上皆无排斥性或选择性,则权利人就依各该规定成立之请求权,于其给付目的不同时,便可同时或先后累积行使。此为“累积性竞合”(kumulative Konkurrenz)。不过,究诸实际,其实在这种情形相关规定之要件要素间的关系处在交集状态,而非重合或包含的关系。属于此种竞合者例如“民法”第 192 条关于侵害生命权之财产上损害的赔偿或第 193 条关于侵害身体健康之财产上损害赔偿与第 194 条关于侵害生命权之非财产上损害赔偿或第 195 条关于侵害身体、健康、名誉或自由之非财产上损害赔偿间的累积请求规定。此外,像第 259 条各款就契约解除时所定之恢复原状的请求权间,“民法”第 540 条关于受任人之报告义务、第 541 条关于交付金钱物品孳息及移转权利之义务、第 542 条关于挪用款项应附加利息返还并赔偿损害的义务、第 544 条关于积极侵害债权或逾越权限之损害赔偿责任等间亦皆属于累积性竞合的规定。[②] 构成累积性竞合之请求权的给付内容固可能相同,但其给付目的随其依据之规定的规范意旨,必不相同,因此,该竞合之请求权始得累积行使。

与累积性竞合类似,有要件要素交集之特征,但因其竞合之请求权的给付目的相同,致其法律效力在行使上虽互无排斥性或选择性,然为避免重复满足,而仍不得重复或累积行使者,构成请求权竞合(Anspruchskonkurrenz)或请求权规范竞合(Anspruchsnormenkonkurrenz)。究竟是请求权竞合或请求权规范竞合因学说上与竞合之规定分别的规范意旨而有不同的看法。传统的见解简单将之一概而论为请求权竞合,后来始基于诉讼经济的考量,配合诉讼标的理论,[关于诉讼标的之定义,涉及其究竟应包含哪些要素的问题。“在德国,其民事诉讼法于规定权利争议之标的(der Gegenstand des Rechtsstreites)时,原则上不提诉讼标的(der Streitgegenstand)。其最常提及者为请求权(der Anspruch)。……在一些条文中,可见该法视请求权为权利争议之标的。例如第六十条、第一四八条规定请求权构成权利争议之标的;第一四七条规定,倘构成权利争议标的之请求权有法律上之关联,得合并其程序。这些规定清楚显示,利用每一个诉讼提起一个请求,该请求构成权利争议之标的,同时也构成裁判之标的。”(Rosenberg/Schwab, Zivilprozeßrecht, 12. Aufl. 1977, S. 500)因之,请求权之概念及其内

---

① Larenz, aaO. S. 232.

② Larenz, aaO. S. 232.

容首先决定请求权之数，而后决定关于诉讼系属、诉之追加、诉之变更、诉外裁判、一事不再理及既判力之客观范围有关的问题。关于诉讼标的之理论在德国的发展为，Windscheid 在其 1856 年所著关于罗马民事诉讼法之诉权一书中，将请求权的概念导入德国法学中来。唯将民事诉讼法中之请求权的概念与实体法中之请求权的概念等同而论很快就遭遇到困难。首先是在确认之诉与形成之诉无相当于实体法之请求权。是故，不能在该三种诉讼共同适用民法中之请求权的概念。更为困难者为实体法上之请求权竞合在程序法上引起的问题。盖当肯认，为同一目的而可以依不同的规定发生互相竞合之多数请求权时，因传统上认为每一个请求权即有一个诉权，于是，在诉讼法上自然导致诉的重叠（die Klagenhäufung）等不易解决的问题。这些困难引起建立具有程序法上内容之请求权概念的需要。Rosenberg 在其民事诉讼法一书（第 1 版至第 5 版）中提出民事诉讼法上之请求权应由原告提出之事实（der Sachverhalt）及诉之声明（der Antrag）定其内容。主张事实及诉之声明应当是界定诉讼标的范围（der Streitgegenstand）之同等价值与同等重要的因素。在学说的发展上，自实体法上之请求权发展出该具有程序法内容之程序法上的请求权是一个重要的一步。该步的重要性为：关于诉讼标的范围之界定因素，将诉之理由排除在外，促使事实与诉之声明成为其界定之决定性因素，从而在程序法上，基本化解了由同一事实产生数个同一目的之请求权的竞合问题。然由于在实体法上还可能由数个事实产生同一目的（das Ziel）之数个请求权，而造成违反于其目的之请求权的或诉的累积性竞合。为克服该例外的情况，德国诉讼法学说上有进一步提出应单以诉之声明作为诉讼标的之成分，而将支持该声明之事实排除在外的意见。Rosenberg 自前揭书第 6 版开始持该见解。就诉讼标的之范围的界定，在请求权目的同一的前提下，该见解将其成分缩减为诉之声明。该缩减之目的在于使诉讼标的之概念可统一适用于由“一个或数个”事实产生同一目的之数个请求权的情形。唯是否适当就诉讼标的之概念因素，为一切案件类型统一到这个程度，学说上意见并不一致。程序上既得以目的之同一为理由，将由一个事实产生之数个请求权化约为一个，自当得以同一理由，将由数个事实产生之数个请求权化约为一个，以解决由之引起之诉讼系属、诉之变更及既判力有关的问题。诉讼法上之请求权或诉讼标的之理论的发展，后来也回馈至实体法之请求权理论上来。亦即采请求权规范竞合说，在实体法上将由一个事实发生之为同一目的之数个请求权化约为一个请求权（Esser，Schuldrecht，2. Aufl. 1960，§23；Larenz，Lehrbuch des Schuldrechts，Besonderer Teil，Bd. Ⅱ，11. Aufl.，1977，§75 Ⅵ；Apostolos Georgiades，aaO. §§17f.）。详请参考 Rosenberg/Schwab，aaO. S. 500ff.；Apostolos Georgiades，aaO. §4。不过，实体法上尚未发展到，将由数个事实发生之为同一目的之数个请求权，化约为一个请求权的阶段。在这种情形还继续认为该数个请求权构成请求权竞合，请求权人得依其选择，行使其中的请求权，并于其受满足的程度，其他请求权同归消灭。请参考 Esser，aaO. S. 73；Apostolos Georgiades，aaO. S. 280。]原则上论为请求权规范竞合，[①]仅于互相竞合之规定，因其个别之不同的规范意旨或功能[②]有不适合论为请求权规范竞合的情形，始论为请求权竞合。[③] 论为请求权规范竞合或论为请求权竞合之效力上的差异主要为，论为请求权规范竞合时，系争法律事实只构成一个请求权，但有数个规范依据；反之，论为请求权竞合时，则构成在存在上互相独立，但不能重复满足之数个请求权。当论为请求权规范竞合，由于认为根据系争之法律事实只发生一个请求权，因此，除了在实体关系上，其处分例如移转、免除必须统一为之外，在诉讼上也只构成一个诉讼上的请求权[④]或诉讼标的，亦即该法律事实不分别按其规范基础成立不同之诉讼标的。是故，本来认为成立之请求权的规范基础上，经审理的结果如发现有一部分不成立，一部分成立，法院就不成立的部分并无须为无理由之判决，而只需以成立之部分为基础，为有理由之判决。必须全部都不成立时，方得以无理由驳回之。[⑤] 为该法律事实之规范，该互相竞合之规定间不仅在构成要件，而且在法律效力都有必须互相调和，以去除其矛盾的地方。[⑥] 关

---

① Esser，aaO. 73：在这种情形下，原则上将之论为请求权规范竞合可以让法院不用费心，从事关于系争规定间之普通与特别关系之乏味的审查。

② 这通常表现在各请求权之可让与性、担保、破产或强制执行中之受偿的优先性、清偿期或清偿地等有不同的情形。另在选择性竞合及累积性竞合中，因债权人或者应先选择其一，而后行使之，或者得同时或先后行使各请求权，并享有其受领之给付，所以并无该等请求权究应论为请求权竞合或请求权规范竞合的问题。请参考 Esser，aaO. S. 73。

③ Esser，aaO. S. 72f.；Larenz，Larenz，Allgemeiner Teil des deutschen Bürgerlichen Rechts，5. Aufl. 1980，S. 236.

④ Esser，aaO. S. 72.

⑤ 这是配合当今关于诉讼标的之理论，就请求权之竞合所发展出来的见解。依请求权规范竞合说，在这种情形，“原告只需向法院陈述作为其诉之基础的事实，而无须陈述其请求（诉之声明）的法律依据。盖事实之法律评价为法院的事务。因此，原告并非如早期之诉讼法所定，依某一特定之法律上的诉讼理由，例如依契约或依侵权行为起诉，而只是诉求其请求之给付。请求权竞合说尚未完全摆脱早期诉讼法的看法；从而在此限度，与当今诉讼法的思潮不符。……驳回该诉之确定判决原则上排除，以同一法律事实为基础，而仅是附以不同法律理由之新诉”（Larenz，aaO. S. 235）。

⑥ Larenz，aaO. S. 235f..

于构成要件例如主观要件、[①]消灭时效期间[②]如有划一的必要，应予划一。

学说上认为应构成请求权竞合的类型主要有：[③](1)所有物返还请求权与用益债务契约终止后之契约标的物的返还请求权或不当得利返还请求权；[④](2)自无因债务（例如票据债务）发生之请求权与自该债务所要清偿之旧债务关系（例如货款债务）发生的请求权。本类型有一个共同特征即：该数个请求权系分别基于不同的事实，而非基于同一个事实而发生。由于分别处分的交易需要（例如为将契约标的物返还请求权独立移转以为指示交付，或为将票据债权独立背书转让），在实体法上，尚不宜将此种竞合中之数个请求权，化约为一个请求权。

认为应构成请求权规范竞合的类型主要有：[⑤](1)因违反依契约所负之保护义务而发生之积极侵害债权与侵权行为之损害赔偿请求权，例如加害给付、失火

---

① 这通常发生在积极侵害债权与侵权行为之竞合的情形。例如"民法"第 434 条与第 184 条第 1 项前段所定之主观要件应划一为"故意或重大过失"。但也有不得划一者，例如在侵权行为与危险责任之竞合的情形。在这种情形下无过失的部分仅构成危险责任，但其请求之范围原则上受有法定最高限额的限制。例如"强制汽车责任保险法"第 25 条规定："本保险之给付项目如下：一、伤害医疗给付。二、残废给付。三、死亡给付（第一项）。前项给付之标准及金额，由'财政部'会同'交通部'视社会及经济实际情况拟订后，报请'行政院'核定之（第二项）。"

② 由于消灭时效以请求权为其规范对象，所以，在采请求权规范竞合说的情形时，因为一个请求权不能适用不同的时效期间，通常会遭遇到消灭时效期间不一致时之调和问题。例如在契约责任与侵权行为责任竞合的情形。这时候通常以契约法所定之时效期间为准（Larenz, aaO. S. 235）。此外，关于抵销之禁止、责任范围、慰抚金及举证责任，请求权之各竞合的规范基础亦可能有不同的规定。这种情形通常不能划一其规定。例如在依侵权行为的规定请求慰抚金之赔偿时，不得同时依"民法"第 224 条之规定，请求债务人赔偿其因履行辅助人之故意或过失行为引起之非财产上的损害。请参考 Rosenberg/Schwab, aaO. S. 504f.；Larenz, Lehrbuch des Schuldrechts, Bd. Ⅱ, Besonderer Teil, 11. Aufl., 1977, § 75 Ⅵ；Larenz/Canaris, Lehrbuch des Schuldrechts, Bd. Ⅱ, Halbband 2, Besonderer Teil, 13. Aufl., 1994, § 83 Ⅵ。

③ Larenz, aaO. S. 236；Apostolos Georgiades, aaO. S. 219ff.；Larenz/ Canaris, Lehrbuch des Schuldrechts, Bd. Ⅱ, Halbband 2, Besonderer Teil, 13. Aufl., 1994, § 83 Ⅵ.

④ 因为物权的请求权与债权的请求权可以互相独立、并存，所以也可以分别移转。例如在租赁期间，出租人可以利用移转租赁物之返还请求权的方法（指示交付），转让其对于租赁物之所有权给第三人（"民法"第 761 条第 3 项）或将之交付给新的承租人，以便其在租赁期间届满时，直接向原承租人请求交付租赁物。

⑤ Apostolos Georgiades, aaO. § 18.

烧毁租赁物；[①](2)因开车肇事所负之侵权行为责任与(中间)危险责任(第191条之二、“强制汽车责任保险法”第4条)；[②](3)受任人因挪用委任人之物或金钱而构成不当得利(第179条)、侵权行为(第184条)及契约上的返还或赔偿义务(第542条)；(4)自数个侵权行为规定发生之请求权(第184条第1项前段、第2项)；(5)自数个契约规定发生之请求权；(6)自侵权行为规定及自公平交易法关于不正当竞争行为之规定发生的请求权；(7)自数个不当得利规定发生之请求权；(8)自不当得利与侵权行为发生之请求权；(9)自不当得利与占有关系发生之请求权；(10)自不当得利与无因管理发生之请求权；(11)自不当得利与解除契约发生之请求权。

(四)请求与抗辩

在一个债务之履行的关系中，债务人有时基于法定或意定之事由，而消灭其

---

① 该竞合情形，“最高法院”1996年11月6日台上字第2509号民事判决认为应构成请求权竞合，而非请求权规范竞合，债权人非不可择一行使：“债务人违约不履行契约之义务，同时构成侵权行为时，除有特别约定足认有排除侵权责任之意思外，债权人非不可择一行使，不得仅因债权人对债务人有债务不履行之损害赔偿请求权之故，即认为债权人不得对债务人行使侵权行为损害赔偿请求权。”

② 由于“强制汽车责任保险法”第4条规定：“汽车所有人应依本法规定投保本保险。军用汽车，亦同。”第5条规定：“因汽车交通事故致受害人体伤、残废或死亡者，加害人不论有无过失，在相当于本法规定之保险金额范围内，受害人均得请求保险赔偿给付。”使汽车所有人就汽车交通事故所肇致之体伤、残废或死亡应负无过失之危险责任。唯该法所定危险责任之给付项目及其给付之标准及金额，由“财政部”会同“交通部”视社会及经济实际情况拟订后，报请“行政院”核定之(第25条第2项)。亦即有最高赔偿金额的限制。因此，汽车肇事之侵权行为责任，并不因该法课以强制汽车责任保险之危险责任而完全丧失其意义。然因同法第28条规定：“被保险汽车发生汽车交通事故时，受益人得在本法规定之保险金额范围内，直接向保险人请求给付保险金。”使得该危险责任与侵权行为责任之竞合关系在外部的表现不是很清楚。不过，同法第29条规定：“被保险汽车发生汽车交通事故，加害人或被保险人已为一部分之赔偿者，保险人仅于本法规定之保险金额扣除该赔偿金额之余额范围内，负给付责任。但受益人与加害人或保险人约定不得扣除者，从其约定(第一项)。前项加害人或被保险人先行赔偿之金额，保险人于本法规定之保险金额范围内归垫。但前项但书之情形及加害人未经被保险人允许而使用被保险汽车者，不在此限(第二项)。”第30条规定：“保险人依本法规定给付之保险金，视为加害人或被保险人损害赔偿金额之一部分；加害人或被保险人受赔偿请求时，得扣除之。”该法上述规定还是充分显现该两个请求权间之竞合关系。

所负之债务或得暂时或永久拒绝给付。[①] 该拒绝给付之权利规范上称之为抗辩权。此为对抗债权人之请求权的权利。[②] 当有抗辩事由存在，并经债务人主张，以对抗债权人之请求时，债务人虽不因债权人之请求而为给付，其不为给付向将来还是不构成给付迟延，固无疑问。有疑问者为：是否皆须经债务人主张，及其抗辩是否有溯及效力，包括过去已发生者，根本排除其给付迟延责任。这应视系争抗辩权之类型为何具体认定之，不能一概而论。[③]

能够根本消灭债务之抗辩(Einwendungen)，通常以自始无效、撤销、解除或

---

① 拒绝给付为德国债法使用最多，用以表现债务人之抗辩权的规定方式。例如第 222 条第 1 项(关于时效抗辩)、第 273 条第 1 项(关于留置权)、第 320 条第 1 项(关于同时履行抗辩权)、第 478 条第 1 项(关于已尽物之瑕疵的通知义务者，在瑕疵担保之除斥期间后仍得拒绝给付价金)、第 519 条第 1 项(关于赠与人之贫穷抗辩)、第 526 条(关于赠与负担过重之抗辩)、第 633 条第 2 项第二句(关于除去承揽工作瑕疵之费用过巨的抗辩)、第 770 条(关于保证人之撤销或抵销抗辩)、第 771 条(关于先诉抗辩权)、第 821 条(关于时效完成后之不当得利的抗辩)、第 853 条(关于恶意取得债权之抗辩)。相对的，台湾地区"民法"使用拒绝给付没有这么频繁。少数可见者例如：关于时效抗辩，"民法"第 144 条第 1 项规定"时效完成后，债务人得拒绝给付"。关于同时履行抗辩权，第 264 条第 1 项前段规定"因契约互负债务者，于他方当事人未为对待给付前，得拒绝自己之给付"。关于不安抗辩权，第 265 条规定"当事人之一方，应向他方先为给付者，如他方之财产，于订约后显形减少，有难为对待给付之虞时，如他方未为对待给付或提出担保前，得拒绝自己之给付"。德国民法直接使用抗辩(einrede)一词的情形没有像"拒绝给付"那样多。例如第 1137 条第 1 项(抵押人关于抵押权之从属性的抗辩权)、第 1157 条(抵押人对于债权受让人之抗辩权)、第 1169 条(关于所有人得永久排除抵押权之行使的抗辩权)、第 1211 条(出质人关于质权之从属性的抗辩权)、第 1254 条(关于出质人得永久排除质权之行使的抗辩权)。同样，"民法"直接使用到"抗辩"这一用语的情形也不多，仅关于债务人对第三人之抗辩，第 270 条规定"前条债务人，得以由契约所生之一切抗辩，对抗受益之第三人"。关于无记名证券发行人之抗辩权，第 722 条规定"无记名证券发行人，仅得以本于证券之无效、证券之内容或其与持有人间之法律关系所得对抗持有人之事由，对抗持有人。但持有人取得证券出于恶意者，发行人并得以对持有人前手间所存抗辩之事由对抗之"。关于保证人之抗辩权，第 742 条规定"主债务人所有之抗辩，保证人得主张之(第一项)。主债务人抛弃其抗辩者，保证人仍得主张之(第二项)"。

② 抗辩事由之存在虽通常以抗辩权称之，但论诸实际，仅是一种事实之主张(Tatsachenbe-hauptungen)，而非权利之行使。该事实之主张可能动摇原告之诉的程序要件，亦可能动摇原告主张之实体权利。但只是争议原告主张之事实者，则非此所称之抗辩(Larenz, Allgemeiner Teil des deutschen Bürgerlichen Rechts, 5. Aufl. 1980, S. 221)。在此意义下，抗辩事由之存在的作用等于是原告提起之诉在程序上或实体上的消极要件。

③ 请参考 Dr. Günther Jahr, Die Einrede des bürgerlichen Rechts, JuS 1964, 293－305; Dr. Peter Schlo-sser, Selbständige peremptorische Einrede und Gestaltungsrecht im deutschen Zivilrecht, JuS 1966, S. 257～268.

债务已履行为基础。[①] 其行使后，固可连根拔起请求权之基础，使请求权据以发生之债的关系，由之产生之债权归于消灭。但正像其他形成权，在其行使前，并不因其存在，而改变其得形成之法律关系。[②] 唯其一旦行使，具有溯及效力，可排除过去已发生之给付迟延责任。

仅得据以暂时拒绝给付者为障碍抗辩权，例如同时履行抗辩权；其得据以永久拒绝给付者为灭却抗辩权，例如时效消灭抗辩权。此种抗辩权，因其皆仅属于权利行使上之障碍事由，而非其发生或存续之要件上的障碍事由，[③]在具体个案中皆必须经债务人自己积极行使其抗辩权时，始能产生阻却请求效力的作用，使其不为给付，不构成给付迟延。[④] 盖依辩论主义，要件上有利或不利的事实原则上应由当事人主张，必要时并应经其证明。[⑤] 除非系争抗辩事由属于义务之发生要件（例如法律行为之效力要件），或权利之追诉要件（例如程序要件）之一，否则，只要系争义务之免除或请求权之障碍事由与公共利益无关，法院在财产程序

---

① Larenz, Allgemeiner Teil des deutschen Bürgerlichen Rechts, 5. Aufl. 1980, S. 221f..

② 这与契约具有自始无效之事由者不同。例如契约因缔约人之一系禁治产人或未遵守法定方式而无效。另“民法”第205条规定：“约定利率，超过周年百分之二十者，债权人对于超过部分之利息，无请求权。”依该规定，超过周年利率20%以上利息之约定，与自始无效无异。

③ 如为其发生或存续之要件事实，则请求权人负主张与证明之责任。所以“‘民法’第五百十三条固规定承揽之工作为建筑物或其他土地上之工作物，或为此等工作物之重大修缮者，承揽人就承揽关系所生之债权，对于其工作所附之定作人之不动产有抵押权。唯承揽人有无因承揽关系取得对定作人之债权，非如设有抵押权登记之被担保债权，得径依国家机关作成之登记文件证明确有债权，则定作人有无因承揽关系对承揽人负有债务，无从遽行断定，从而如定作人就债权之发生或存在有争执时，自应由承揽人提起确认之诉，以保护定作人之利益。如定作人已将工作物让与他人，而受让人就债权之发生或存在有争执时，仍应由承揽人提起确认之诉，始足以保护受让人之利益，并维交易之安全”（“最高法院”1995年11月16日台抗字第614号民事裁定）。

④ Soergel-Wiedemann, aaO. § 284 Rz 13.

⑤ 为求胜诉，正如原告应提出请求权之成立事实，被告应提出请求权之障碍或消灭事实。该攻击及防卫方法的划分与实体法上请求权（Anspruch）与抗辩权（Einrede）之对立相对应。实体意义之抗辩权（Einrede im materiellen Sinn）（例如德国民法第222条第1项所定债务人因时效完成而得拒绝给付，相当于台湾地区“民法”第144条第1项）为须经义务人主张始能取得法律上重要性的情况（der Umstand）；而程序意义之抗辩权（Einrede im prozessualen Sinn）为基于举证责任之分配所必需之陈述，除前述实体上之抗辩权外，还包括障碍的或灭却的抗辩（Einwendungen），要之，包括一切法院无须依职权审查之防卫可能性。只要构成抗辩之事实已显示于原告之陈述中，从而其诉之理由不能正当化其诉之声明，便无抗辩式之主张的必要性。唯所涉者如兼为实体上的抗辩权，则只要被告不主张其拒绝给付的权利，光凭原告之事实报告，尚不足以作为考量的依据（Esser, Schuldrecht, 2. Aufl. 1960, S. 74）。

中并不依职权斟酌之。有疑问者为该抗辩应于何时为之。债务人于债权人请求给付时,如未行使其抗辩权而不为给付,是否构成给付迟延?直到诉讼中或甚至一审判决后[①]方始主张是否来得及?[②] 德国通说认为直到诉讼中,方始主张亦可。[③] 唯"债务人(纵使)享有同时履行抗辩权者,在未行使此抗辩权以前,仍可发生迟延责任之问题,必须行使以后始能免责"。[④]

---

① "最高法院"1998 年 8 月 28 日台上字第 2036 号民事判决:"按债务人依'强制执行法'第十四条第一项规定向执行法院对债权人提起异议之诉,限于消灭或妨碍债权人请求之事由发生于执行名义成立后,或为异议原因之事实发生在裁判之诉讼言词辩论终结后者,法文规定甚明。查被上诉人系以板桥地院 1995 年度重诉字第 191 号民事判决为执行名义,就该判决所命上诉人应分别给付被上诉人之金额向该法院声请假执行,为原审所确认之事实。而该判决所以判令上诉人应将停车位之价金返还予被上诉人系因被上诉人解除停车位部分之买卖合法有效……上诉人且自认该买卖契约之解除如认为有效,被上诉人同时应将停车位返还上诉人,且于被上诉人返还前,上诉人得行使同时履行抗辩权等情形……可见上诉人所主张此妨碍被上诉人请求之事由于该诉讼事件系属于板桥地院时即已得为主张,是以此事由之发生仍系上开假执行之判决即执行名义成立前而非成立后,揆诸上开说明,上诉人依'强制执行法'第十四条第一项规定提起本件债务人异议之诉,于法未合。次查同法条第二项虽规定:'执行名义无确定判决同一之效力者,于执行名义成立前,如有债权不成立或消灭或妨碍债权人请求之事由发生,债务人亦得于强制执行程序终结前提起异议之诉。'唯宣告假执行之判决有执行力,与确定判决之执行力无所轩轾,被上诉人既系以上开宣告假执行之判决声请强制执行,自非以无确定判决同一之效力之执行名义声请强制执行,应无'强制执行法'第十四条第二项规定之适用。上诉人主张有此规定之适用,据以提起债务人异议之诉,亦非有理由。"依该判决所持见解等于认为,被告如于第一审言辞辩论终结前未行使同时履行抗辩权,且第一审判决宣告准予假执行时,会因该假执行判决,而使其抗辩权因未行使,而发生失权效力。鉴诸同时履行为双务契约在履行请求之公平的基础所在,该见解尚有商榷余地。在新"民事诉讼法"施行后,该判决所示情形必须经认定为"显失公平者",始得在第一审准备程序后才为主张("民事诉讼法"第 276 条第 1 项第 4 款)。

② "最高法院"1987 年台上字第 2466 号民事判决:"双方契约之双方当事人因互负债务,一方当事人于他方未为对待给付前,得拒绝自己之给付,是为双务契约当事人之同时履行抗辩权('民法'第二百六十四条第一项参照),在审判上,被告如就其所负债务有同时履行抗辩权而未为主张时,法院无从予以斟酌,纵原告未为对待给付,固仍应为命被告给付之判决,但非谓被告之同时履行抗辩权因此确定归于消灭。"

③ 例如在双务契约只要催告之一方未为给付或不能给付时,双方皆不会陷于给付迟延。被告即使在被诉前从未行使其同时履行抗辩权,在诉讼中亦得为之(Esser, Schuldrecht, 2. Aufl. 1960, S. 337)。有谓在这种情形中,其给付迟延责任之排除并非以抗辩权之行使的溯及效力为依据,而系以不仅主请求权,而且包括迟延责任之附属请求权的可贯彻性,皆因抗辩权之行使而受到阻挡为理由(Soergel-Wiedemann, aaO. § 284 Rz 14f.)。

④ "最高法院"1961 年台上字第 1550 号判例。

(五)债权对于债之关系的独立性

随着债之关系的发展而发生的债权,是在存在上可从其所自之债的关系独立的权利。给付,虽不以有财产价格者为限(“民法”第199条第2项),但原则上具有财产价值。除因债权之性质、[①]当事人之特约或债权禁止扣押等情形而受有限制外(“民法”第294条),[②]债权人得以自该债之关系所生一个、数个或全部债权为标的,以让与、[③]设定担保[“民法”第900条规定“可让与之债权及其他权利,均得为质权之标的物”。而“权利质权之设定,除本节有规定外,应依关于其权利让与之规定为之”(第902条)。该“权利质权设定之通则,对于以‘债权’为标的物之质权,仍有其适用。又债权让与,债务人于受通知时,所得对抗让与人之事由,皆得以之对抗受让人,同法第二百九十九条第一项亦有规定。所谓得对抗之事由,不以狭义之抗辩权为限,而应广泛包括凡足以阻止或排斥债权之成立、存续或行使之事由在内。盖债权之让与,在债务人既不得拒绝,自不宜因债权让与之结果,而使债务人陷于不利之地位(参照‘最高法院’1963年台上字第一〇八五号判例)”(“最高法院”1995年11月24日台上字第2758号民事判决)。]或免除[债权之处分,让与及设定担保可能对于债务人造成不利的影响,为保护债务人之利益,从而有债权之让与性的问题。反之,对于债务人而言,债务之事后免除为纯获法律上利益的行为,因此,无债务之免除的限制或禁止规定。债之免除类似于赠与,而非权利之抛弃。其是否亦得以单方行为的方式为之,在立法例上有不同之安排。例如德国民法第397条规定应以契约的方式为之:“债权人以契约免除债务人之债务者,债之关系消灭。”而台湾地区“民法”第343条则规定得以单方行为的方式为之:“债权人向债务人表示免除其债务之意思者,债之关系消灭。”在规定应以契约的方式时,有契约相对人是否限于债权人与债务人;在规定得以单方行为的方式时,有免除之意思表示的相对人是否限于债务人的问题。归纳之为,债权人与第三人缔结之免除契约,或对于第三人所作之免除的意思表示对于债务人是否能发生直接的效力。应皆采否定的见解。即便在

---

① 因债权之性质而在处分上受有限制者,主要因其给付具有高度的属人性。这通常存在于劳务契约中。

② 关于债权之让与性,亦即其让与之限制或禁止,其与债之性质有关的部分,通常指债权是否具有高度属人性,或是否有非改变债之内容不能对于原债权人以外之人给付的情形(请参考德国民法第399条)。关于债权之让与性请参考Esser,aaO. S. 74ff.。

③ 金钱债权之让与常以贴现的方式为之。在这种情形下,其贴现的折扣即为其贴现利息。这时候必须注意其利率,是否违反“民法”第205条关于约定利率,不得超过周年20%的限制,以及有无第206条所禁止之巧取利益的情事。

采契约说的情形下，关于形成权或抗辩权之抛弃，亦得以单方行为为之。请参考 Soergel-Zeiss, Kommentar zum BGB, 11. Aufl., 1986, § 397 Rz. 1。关于债务之免除采契约说，与就赠与采契约说的观点较为一贯。盖债务之免除与赠与同皆具有“一方以自己之财产无偿给予他方”的意义（“民法”第 406 条）。所不同者为，在一般的赠与，尚待于物之交付、权利之移转以履行契约，而在债务之免除，则不待于交付或履行即可达成免除之目的。]的方式处分之，[①]以利用其流通价值，无须经债务人之允许或承认。此与债务承担或契约承担[②]不同。从契约之债权于主契约存续中虽亦得独立让与，但债务人于受通知时，不但其基于从契约，而且其基于主契约所得对抗让与人之事由，皆得以之对抗受让人。同样，债务人于受通知时，对于让与人有债权者，如其债权已达于抵销适状[③]或其清偿期，先于所让与之债权或同时届至者，债务人得对于受让人，主张抵销（“民法”第

① 债权之处分，虽与其他权利之处分一样，属于权利人之固有权限，不需要债务人之允许或承认，但基于债权可能带有债务人可对抗原债权人之抗辩权或抵销权，以及债务人可能因不知有让与，而对于原债权人清偿之情事，所以除法律另有规定外，债权之让与，非经让与人或受让人通知债务人，对于债务人不生效力（“民法”第 297 条第 1 项）。并以该通知时点界定债务人得对于受让人对抗之抗辩事由或主张抵销之主动债权的范围（“民法”第 299 条）。

② “最高法院”1997 年 7 月 24 日台上字第 2363 号民事判决：“唯按本院 1984 年台上字第一五七三号判例谓：当事人之一方将其因契约所生之权利义务，概括地让与第三人承受者，系属契约承担，与单纯的债权让与不同，非经他方之承认，对他方不生效力。此之‘他方’系指契约当事人之另一方而言，而非契约之保证人或连带保证人。盖契约之保证人或连带保证人系于其所保证或连带保证之债务人不履行债务时代负或代为连带负履行责任，其所信赖而愿为保证或连带保证之对象乃债务人，非债权人。债权人将与债务人间所订立之契约概括让与第三人者，仅契约主体即债权人之一方变更为第三人而已，债之内容、保证人或连带保证人所担保之对象及责任范围均未变异，参酌‘民法’第二百九十五条第一项前段规定‘让与债权时该债权之担保随同移转于受让人’之趣旨，债权人将契约概括让与第三人，自毋庸得保证人或连带保证人之同意。准此而言，第三人为契约承担，该承担契约之担保权利随同移转于承受人，对于为担保之保证人或连带保证人只需经让与人或承受人以此事由而为通知，即生效力。”

③ 按“民法”第 299 条并非第 334 条之特别规定，无限制该条之适用范围的效力。所以，债务人于受通知时，对于让与人有债权者，如其债权已达于“民法”第 334 条所定抵销适状，不论其清偿期是否先于所让与之债权或同时届至，债务人皆得对于受让人主张抵销。盖债务人依该条规定本来享有之抵销权，不当因其未参与之债权的移转而受到影响。倒是债务人如要依第 299 条主张抵销，仍应满足第 334 条关于抵销适状的要件。

299 条)。[①] 至于从权利则原则上随同主债权移转("民法"第 295 条)。[②] 此系法定移转,不待于当事人另立书据,[③]在以登记为公示方法之从权利(例如抵押权),亦不待于登记即发生移转之效力,与意定移转须经登记始发生移转效力者有异。[④] 这亦适用于主债之关系或主债权法定移转的情形。例如按租赁关系依

---

① "最高法院"1983 年台上字第 4885 号民事判决:"当事人订立租赁契约,约定由承租人交付押租金者,其交付押租金之目的仅在担保承租人支付租金及赔偿损害之用,故押租金契约为另一契约,不包括(于)'民法'第四百二十一条所定租赁契约之内('司法院'1939 年 8 月 3 日院字第 1909 号解释),是押租金返还请求权与租赁关系即无不可分之关系。是故,承租人于租赁关系存续中,将押租金返还请求权让与他人,仅生其让与是否发生债权移转效力之问题,尚难以此推断承租人默示的表示终止租约。"其实押租金返还请求权之让与所以不具默示表示终止租约的效力,其理由不在于押租金契约系租赁契约外之另一契约,而在于其让与仅是将来可以行使之押租金返还请求权的让与表示,不包含可以推论承租人有终止租赁契约之法效意思的表示。另不论是否将押租金契约论为租赁契约外之另一契约,并无改于押租金契约系为特定租赁契约而存在的事实。前者为后者之从契约。由于其让与者仅是将来可行使之债权,所以租赁契约尚未终止并无碍于其让与之效力。假设在这种情形下,受让人于租赁契约终止前即向出租人请求返还押租金,出租人得以租赁契约尚未终止为理由抗辩之。

② "民法"第 295 条规定:"让与债权时该债权之担保及其他从属之权利,随同移转于受让人。但与让与人有不可分离之关系者,不在此限(第一项)。未支付之利息,推定其随同原本移转于受让人(第二项)。""最高法院"1956 年台上字第 1808 号民事判决参照。已到期之利息系一独立之债,故"民法"第 295 条不将之列入该条第 1 项所定从权利之内,认其当然移转于受让人,而于第 2 项另作规定。仅推定其随同原本移转于受让人。同理,第 325 条第 2 项就债权人给予受领原本之证书者,亦仅推定其利息亦已受领。然为何在该等情形推定利息债务随同原本移转于受让人,或推定利息亦已受领,其理由当在于:利息债权本为原本债权之从债权。只是因在存在上利息债权一旦发生,即不再依附于原本债权,且在交易上,利息债权常有独立移转或清偿的安排,使其地位之独立性相对于其他从权利较高而已。关于第 295 条第 2 项是否得准用于债务承担的情形,"最高法院"1959 年台上字第 1107 号民事判决要旨认为:"承担债务时关于未到期之利息是否亦随同移转,法律既未定有明文,自不能推定其必随同原本移转于承担人。"

③ "最高法院"1953 年台上字第 248 号判例:"债权之让与,该债权之担保权利随同移转于受让人,对于为担保之保证债务人,只需经让与人或受让人以此事由而为通知即生效力,不以债务人另立书据承认为其要件。"

④ "最高法院"1998 年 3 月 19 日台上字第 576 号民事判决:"按让与债权时,该债权之担保及其他从属之权利,除与让与人有不可分离之关系者外,随同移转于受让人,为'民法'第二百九十五条第一项所明定。该条所谓'随同移转',系属法定移转,无待登记即发生移转之效力,与意定移转须经登记始发生移转效力者有异。又抵押权从属于主债权,观之'民法'第八百七十条规定自明。则主债权之让与,依前开说明,该抵押权自应随同移转,此与抵押权系依法律行为而为让与须经登记始发生移转效力之情形不同。"

买卖不破租赁的规定（“民法”第 425 条）由买受人法定继受时，如有从属于该租赁契约之押租金契约，该押租金契约依其约定之存在目的，自亦当法定随同移转于受让人。

债权虽得从其所自之债的关系分离而独立移转，但移转后之债权仍可能受到其所自之债的关系影响，特别是在（同时履行）抗辩、瑕疵担保方面。例如出卖人将其价金债权移转于第三人后，如有债务不履行或所为之给付有权利或物之瑕疵的情形，该价金债权还是可能遭受来自同时履行抗辩或瑕疵担保的抗辩。此为经让与之债权与原来债之关系藕断丝连的地方（“民法”第 299 条：对于受让人援用可对抗让与人之抗辩事由或抵销的主张）。[①] 即使如此，在其独立性所及，受让人可以自由处分受让之债权，例如再为让与、同意缓期清偿、更改、代物清偿、间接给付或甚至免除债务。此外，为确保债权，也可以征取担保，以强化之。受让人与债权人在主体上同归一人时，亦可生混同之效力：债之关系消灭（“民法”第 344 条）。

一部分之债权移转他人后，当事人所享有之债权虽然变少，但仍无碍于该债之关系的存在。其存在除作为各该移转出去之债权的存在基础外，由之还可能因像瑕疵给付、加害给付或其他忠实义务的违反，而不断产生新的债权。[②]

与债权或请求权不同者为，自债之关系产生，用以规范该债之关系，与其存续相关之非独立的形成权，[③]例如撤销权、终止权、解除权等，仅得与债权人或债务人之地位一起全部让与，而不得仅让与形成权。这并非因为该等形成权联结于人，而系因其联结于该债之关系。为防止其脱法行为，此种非独立之形成权在行使上之信托授权，亦不得为之。[④] 反之，用以决定债权之内容的形成权，则可与其所自之债的关系独立让与。例如选择之债之选择权的让与。[⑤]

---

① Esser，aaO. S. 76f..

② Esser，aaO. S. 75：例如出卖人在将价金债权转让后，还可能因物之瑕疵或忠实义务的违反而对于买受人负责任。

③ 此种形成权，不得与其所自之债的关系分离，单独让与。此与所有物返还请求权不得与所有权分离，单独让与的道理是一样的。请参考 Esser，aaO. S. 74f.。

④ Esser，aaO. S. 75f..

⑤ 在选择之债，首先依法律或依约定定其选择权人。因之享有选择权者得将其选择权授予或让与第三人，使之成为由第三人为选择之选择之债。在这种情形下，其选择固“应向债权人及债务人以意思表示为之”（“民法”第 209 条第 2 项）。但第三人不能或不欲选择时，选择权是否依第 210 条第 3 项属于债务人，则有疑问。盖第三人之选择权如受让自债务人，第三人之不能或不欲选择所该当之要件应为同条第 1 项，从而其选择权应因之移属于债权人。

二、债之关系的延伸拘束

在标准的情形，债之关系，基于事务之存在原理，在时间上始于其发生，终于其清偿，原则上既无溯及，亦无后续效力；基于自己责任主义，在主体上限于导致其发生之法律事实所归属之债的当事人间。然为各该债之意旨的圆满达成，产生其例外之规范上的需要。基于该需要所发展出来的规定，使债之关系产生超出前述范围的拘束力，此即债之关系的延伸拘束(übergreifende Bindung)[①]。

在时间之延伸方面，以契约之债为例，其与缔约前有关部分已发展出缔约上过失的制度规范之，[②]成为债之发生的法定原因态样之一。其与契约履行后有关部分，亦即后契约或后债务效力的问题则尚无一般规定。[③] 实务上常被提及的案例为营业让与人之不竞业义务，或房屋出卖人不兴建足以阻挡其远眺的障碍物，致妨碍或减损买卖标的在交付时已有之使用利益的义务。[④] 是否有该后续义务存在及其范围，属于契约之解释的问题。

在主体的延伸方面，基于自己责任主义及债之关系在履行上的相对性，本来仅债之当事人始依债之关系享受权利或负担义务。所以称特定人对于特定人请

---

① 请参考 Esser，aaO. §25：Das Schuldverhältnis als übergreifende Bindung。

② 台湾地区“民法债编”于 1999 年 4 月 21 日修正公布。依“民法债编施行法”第 36 条规定，民法债编修正条文及本施行法修正条文自 2000 年 5 月 5 日施行。但“民法”第 166 条之一施行日期，由“行政院”会同“司法院”另定之。在该次修正中，新增第 245 条之一关于缔约上过失之一般规定：“契约未成立时，当事人为准备或商议订立契约而有左列情形之一者，对于非因过失而信契约能成立致受损害之他方当事人，负赔偿责任：一、就订约有重要关系之事项，对他方之询问，恶意隐匿或为不实之说明者。二、知悉或持有他方之秘密，经他方明示应予保密，而因故意或重大过失泄漏之者。三、其他显然违反诚实及信用方法者(第一项)。前项损害赔偿请求权，因二年间不行使而消灭(第二项)。”第 1 款所定者为说明义务，第 2 款为保密义务，第 3 款为忠实及保护义务。然“民法”还有一些关于缔约上过失之具体规定，例如心中保留(第 86 条)，错误(第 91 条)，诈欺、胁迫(第 92 条)，过失缔结无效契约或得撤销之契约(第 113 条、第 114 条)，表见代理(第 169 条、第 107 条)，从事无权代理行为(第 110 条)，过失以不能之给付为标的缔结无效契约(第 247 条)。

③ 这也涉及债之关系是否因清偿(第 309 条第 1 项)，提存、抵销(第 335 条第 1 项)，免除(第 343 条)或混同(第 344 条)而消灭的问题。依上开条文虽然规定债之关系于前述事由发生时消灭，唯在清偿、提存、抵销的情形，债之关系并不真的消灭，消灭者仅是债权或请求权而已。盖系争债之关系如并同消灭，则债权人因之所受领之给付将转成无法律上原因。其结果，债权人与债务人间之法律关系将在债之履行与不当得利之返还间循环不已。请参考 Esser，aaO. S. 77。

④ Esser，aaO. S. 77.

求特定给付之权利为债权,负担特定给付之义务为债务的特征。具有该效力之特征的法律关系,不论其据以发生之规范基础为何,概可称为债之关系。[①] 不过,后来不但由之发生之债权可能经由让与,债务可能经由承担来改变其当事人,而且由契约发生之整个债的关系亦可能由他人继受。唯契约之继受(Vertragsüber-nahme)因含有债务承担非经相对人(债权人)承认不生效力,如其不为承认,该契约之继受转为契约之参加(Vertragsbeitritt)。其在债务承担上的表现为并存的债务承担(Schuldmit-übernahme)。于是,继受人成为其所继受这一方当事人自该契约所发生之债务的连带债务人。[②] 唯这些都还在债或契约效力之相对性的范畴内。

同样受限于债或契约效力之相对性者为,债权除有担保物权之担保或依法享有优先权者外,[③]在清偿上对于其他债权人不但不享有优先受偿权,而且在种类或金钱之债,债务人若无清偿所有债务之资力,而却对于其中一部分债权先为

① 该观点亦适用于公法关系。以公权力之行使为基础而发生之特定人对于特定人的给付权利或义务即公法上之债的关系。"行政执行法"(新)第 2 条所定得依该法强制执行之公法上金钱给付义务、行为或不行为义务属于公权力机关享有之债权。人民享有之公法上的债权并不得依该法声请对于公权力机关强制执行。该法第 2 条所称公法上金钱给付义务。其种类如下:一、税款、滞纳金、滞报费、利息、滞报金、怠报金及短估金。二、罚锾及怠金。三、代履行费用。四、其他公法上应给付金钱之义务("行政执行法施行细则"第 2 条)。

② 现行法虽与德国民法一样,对于契约之继受并无明文规定,但基于契约内容之自由应可容许。然因契约当事人之一方依契约当不仅享有权利,且亦负有义务,是故,契约之继受,除适用债权之让与规定外,应并适用关于债务承担的规定,非经让与人或受让人通知债务人,对于债务人不生效力(第 297 条);非经债权人承认,对于债权人不生效力(第 301 条)。其结果,契约之继受应由债权人、债务人及继受人三方参与,始克达成。请参考 Esser, aaO. S. 78f. 。

③ 担保物权首先指物权法所定之抵押权、质权、留置权、典权,如"海商法"及其他法律所定之抵押权,"动产担保交易法"所定动产抵押、附条件买卖、信托占有等。担保物权之效力特征为就担保物卖得价金,按各担保权人之次序受清偿之权。何谓优先权,并无立法解释,仅有对其发生及效力之规定。例如"海商法"第 24 条第 1 项规定海事优先权担保之债权。海事优先权之优先受偿权的位次,在船舶抵押权之前(同条第 2 项)。建造或修缮船舶所生债权之留置权的位次,亦在海事优先权之后,但在船舶抵押权之前(第 25 条)。诚如该条所示,优先权之受偿位次,先于担保物权。对于同一担保物之担保物权的位次,原则上以发生或登记之先后定其顺序,在担保因融资而发生之债权的融资性担保物权,发生或登记在先者,优先;在担保因对于担保物支付维护费用而发生之债权的费用性担保物权,发生在后者,优先。此所以建造或修缮船舶所生债权之留置权的位次,在船舶抵押权之前。

清偿，则其他债权人除非依强制执行法[①]或破产法[②]之规定，否则，并不能有效异议。[③]

与之类似而更进一步者为，第三人侵害债权。第三人侵害债权之态样主要有：(1)加害于债务人之身体或健康，以致债务人不能对于债权人依债务本旨从事劳务之给付；(2)加害于债之标的物，致债之标的物毁损或灭失，构成瑕疵或给付不能；(3)诱引债务人违约，不对于其债权人履行债务("民法"第 184 条第 1 项后段：故意以背于善良风俗之方法，加损害于他人)；(4)无权利人经由受领清偿给付，而有效无权处分他人之债权("民法"第 310 条第 2 款：债权之准占有人[④]受领清偿给付)。

在侵权行为之构成上，第三人侵害债权所以遭遇成立上的障碍，其理由倒不在于债权之相对性，而在于加害于债务人之身体或健康，或加害于债之标的物时，该行为与债权之损害间之间接性。而侵权行为之损害赔偿请求权所要填补

---

① "强制执行法"第 38 条规定："参与分配之债权人，除依法优先受偿者外，应按其债权额数平均分配。"依该规定，"普通债权人对于债务人之财产，固应与其他普通债权人享受平等均一之权利，不得主张优先利益。但就债务人财产为强制执行时，除债务人已受破产之宣告另有执行办法外，普通债权人尽可于执行未终结前请求分配，若执行已经终结，自不能就他人因执行所得之物请求交出"("最高法院"1929 年上字第 1991 号判例)。

② 破产财团之财产可分配时，破产管理人应即平均分配于债权人("破产法"第 139 条第 1 项)。贯彻该条所示债权人平等的意旨，同法第 40 条规定："在法院认可和解后，债务人尚未完全履行和解条件而受破产宣告时，债权人依和解条件已受清偿者，关于其在和解前原有债权之未清偿部分仍加入破产程序。但于破产财团，应加算其已受清偿部分，以定其应受分配额(第一项)。前项债权人，应俟其他债权人所受之分配与自己已受清偿之程度成同一比例后，始得再受分配(第二项)。"此外，该法第 79 条规定，债务人在破产宣告 6 个月内所为之担保或清偿得撤销之，第 156 条第 3 款规定，破产人在破产宣告前一年内，明知已有破产原因之事实，非基于本人之义务，而以特别利于债权人中之一人或数人为目的，提供担保或消灭债务者，处一年以下有期徒刑。

③ Esser, aaO. S. 80.

④ 关于准占有人，"民法"第 966 条虽将之定义为"财产权，不因物之占有而成立者，行使其财产权之人，为准占有人"，且"最高法院"1953 年台上字第 288 号判例亦因之认为："财产权不因物之占有而成立者，行使其财产权之人为准占有人，债权乃不因物之占有而成立之财产权之一种，故行使债权人之权利者，即为债权之准占有人，此项准占有人如非真正之债权人而为债务人所不知者，债务人对于其人所为之清偿，仍有清偿之效。此通观'民法'第三百一十条第二款及第九百六十六条第一项之规定，极为明显。"但该见解是不正确的。正确的看法诚如该院后来在其他判决所揭示，应为：占有一定足以表征其为权利人之信物者，为该权利之准占有人，例如占有真正存折及盖有存款户真正印章之取款条("最高法院"1987 年台上字第 1865 号民事判决)，占有真正之存单及印章("最高法院"1992 年台上字第 1875 号民事判决)，占有真正提款卡及密码("司法院"1986 年 10 月 18 日司法业务研究会第 9 期之 22)。

之损害除少数例外规定外（“民法”第 192 条、第 194 条），以直接损害为限。因之，原则上必须其加害手段背于善良风俗时，始得依“民法”第 184 条第 1 项后段请求赔偿。诱引他人不履行债务，应从这个观点加以规范。唯在因竞争而使他人之债务人，决定不对其债权人，而对自己履行债务时，基于市场经济之竞争精神，其是否构成背于善良风俗，诱引债务人违约不履行债务，应负侵权行为责任，还须视具体情况而论。[①] 至于经由受领清偿给付，而有效无权处分他人之债权，致债权人受损者，固可构成侵权行为，但因其同时可构成不当得利，所以，是否可构成侵权行为对于债权人不再那么重要。[②]

与之类似者为：(1)在债权让与后，让与人与受让人将让与债权之事实通知债务人前，让与人受领不知情之债务人对其提出之清偿给付者，因该债权之让与依“民法”第 297 条对于债务人尚不生效力，所以债务人之清偿可生清偿效力。(2)与之相反者为，如让与人已将债权之让与通知债务人，而其实并未为让与或让与无效（表见让与），则债务人仍得以其对抗受让人之事由，对抗让与人（“民法”第 298 条），包括债务人因之向表见让与之受让人提出清偿给付，而经其受领的情形，可生清偿效力。在第一种情形中，让与人之受领，使受让人（新债权人）；在第二种情形中，受让人之受领，使原债权人遭受损害。盖该受领可生清偿效力，使债权或请求权归于消灭（“民法”第 309 条）。这与无权利人经由受领清偿给付，而有效无权处分他人之债权的特征相同，所以一样可构成侵权行为或不当得利。[③]

---

① Esser，aaO. S. 80f.。另请参考黄茂荣：《二重买卖与撤销诉权》，载《植根杂志》第 16 卷第 7 期，第 303 页以下。

② “民法”第 310 条规定：“向第三人为清偿，经其受领者，其效力依左列各款之规定：一、经债权人承认或受领人于受领后取得其债权者，有清偿之效力。二、受领人系债权之准占有人者，以债务人不知其非债权人者为限，有清偿之效力。三、除前两款情形外，于债权人因而受利益之限度内，有清偿之效力。”其中第 2 款属于第三人经由受领清偿给付，而有效无权处分他人之债权，致债权人受损的情形。就债权人在这种情形所受损失应如何善后，或第三人就因此所受利益应负如何之义务，“民法”并无直接明文之规定。就该情形，德国民法第 816 条第 2 项规定：“对无权利人为给付，而该给付对于权利人有效者，该无权利人对于权利人负返还所受领之给付的义务。”值得参考。可能发生与第 310 条第 2 款规定相当之法律事实者，除债权之准占有外，还有债权虽经让与，而未通知债务人（第 297 条第 1 项），或虽有让与通知，但无让与之事实或让与无效（第 298 条第 1 项）的情形。请参考 Esser，aaO. S. 81。

③ 第一种情形是否还可构成债务不履行，值得探讨。按债权让与契约为准物权行为，于其缔结时，在让与人与受让人间即生债权之移转效力，从而让与人已履行债务，只是非经让与人或受让人通知债务人，对于债务人不生效力而已（“民法”第 297 条）。是故，让与人在通知前受领债务人之清偿给付后，致债权消灭者，应不再能够构成债务不履行，而只可能视情况构成侵权行为或不当得利。

前述关于债或契约效力之相对性的问题主要表现在消极的防卫上。此外，还有积极突破债之相对性的限制，扩张其适用之人的范围，以满足实务上具体规范需要的情形。其中有业经法律明文肯认者，例如买卖不破租赁（“民法”第 425 条），有经实务肯认者，例如分管契约。[①] 这是利用追及力的赋予扩张债之效力之主体范围的方法。此外，也有利用扩大债之客体范围，以达到扩张债之主体范围之目的者，例如契约之保护第三人的效力[②]或第三人损害之赔偿请求的理论等。然由于这种学说上之说明在实务上相当费力，常常不易获得共识。因之，在

---

① “司法院”1994 年 6 月 3 日大法官会议释字第 349 号解释：“‘最高法院’1959 年台上字第 1065 号判例，认为‘共有人于与其他共有人订立共有物分割或分管之特约后，纵将其应有部分让与第三人，其分割或分管契约，对于受让人仍继续存在’，就维持法律秩序之安定性而言，固有其必要，唯应有部分之受让人若不知悉有分管契约，亦无可得而知之情形，受让人仍受让与人所订分管契约之拘束，有使善意第三人受不测损害之虞，与宪法保障人民财产权之意旨有违，首开判例在此范围内，嗣后应不再援用。”依该解释，分管契约对于明知或可得而知该契约之存在及其内容的受让人仍继续存在。换言之，不是根本无追及力。这样的一般看法在该号解释之解释理由中表现得更明白：“‘民法’上之法律行为，有债权行为与物权行为，除法律有特别规定外，前者于特定人间发生法律上之效力，后者于以公示方法使第三人得知悉之状态下，对任何第三人均发生法律上之效力。故动产以交付为公示方法，不动产以登记为公示方法，而以之作为权利取得、丧失、变更之要件，以保护善意第三人。如其事实为第三人明知或可得而知，纵为债权契约，其契约内容仍非不得对第三人发生法律上之效力。”然在此倘无共有关系为基础，是否适当原则上认为，只要第三人明知或可得而知，纵为债权契约，其契约内容仍非不得对第三人发生法律上之效力。值得商榷。“民法”第 244 条第 3 项规定“债务人之行为非以财产为标的，或仅有害于以给付特定物为标的之债权者，不适用前两项之规定”。从该项规定观之，关于债之关系对于第三人的效力，立法者显然不是采取该判例所持的立场。不过也必须注意，“民法”中有一些关于契约中之约定得对抗知情（恶意）第三人的规定，例如关于法人对于董事代表权（第 27 条第 3 项），经理权之限制（第 557 条），代理权之限制及撤回（第 107 条），表见代理（第 169 条），债权之让与性的限制、抵销之禁止（第 334 条）的特约。唯其规范所使用之句法不一，有简单规定“不得以之对抗善意第三人”者（第 27 条第 3 项、第 294 条、第 334 条），有再附以“但第三人因过失而不知其事实者，不在此限”（第 107 条），或附以“但第三人明知其无代理权或可得而知者，不在此限”（第 169 条）。

② 契约之保护第三人的效力与由第三给付契约（“民法”第 268 条）或利益第三人契约（第 269 条）所涉之规范项目不同。前者规定与保护义务有关之事项，后者规定与给付义务有关之事项。关于复委任，第 539 条规定“受任人使第三人代为处理委任事务者，委任人对于该第三人关于委任事务之履行，有直接请求权”。核其内容，该规定应属于利益第三人契约的规定。贯彻该条规定之效力，等于在规范上认为，复委任原则上是利益第三人契约。然有无以特约排除，使之成为单纯之向第三人给付契约的可能性？因委任人并非复委任契约之缔约人，而该排除不利于委任人，是故，在第 539 条之规定的背景下，其排除之约定显有困难。因之，适用第 269 条第 2 项，受任人及次受任人仅得于委任人（第三人）对于前项契约，未表示享受其利益之意思前，变更其契约或撤销之。除此之外，不能有其他不同的约定。

像消费损害案件中，立法上后来倾向于利用物或活动之危险责任规范之。[①] 与上述情形相反者，有第三人虽未承担债务，亦未对于债务提供保证或担保，而却依法应连带为他人(债务人)之行为负责的情形。这主要发生在侵权行为、[②]债

---

① “消费者保护法”第7条规定：“从事设计、生产、制造商品或提供服务之企业经营者应确保其提供之商品或服务，无安全或卫生上之危险(第一项)。商品或服务具有危害消费者生命、身体、健康、财产之可能者，应于明显处为警告标示及紧急处理危险之方法(第二项)。企业经营者违反前两项规定，致生损害于消费者或第三人时，应负连带赔偿责任。但企业经营者能证明其无过失者，法院得减轻其赔偿责任(第三项)。”倘设计、生产、制造商品或提供服务之企业经营者就消费损害所以应负赔偿责任，本来因为其与消费者间之交易关系。然因最后消费者事实上与该等企业经营者间常无直接之交易上的契约关系，于是，因契约之债的相对性，引起请求基础的障碍。“消费者保护法”第7条以消费关系为义务之发生基础，利用将契约责任转为危险责任的方法，克服该请求基础上的障碍。在此企业经营者应指事业，而非其机关或经理人。其理由为该法以事业，而非以事业之机关或经理人为其规范对象。至于事业之机关或经理人是否应依侵权行为的规定负赔偿责任，为另一个问题。此与债务之履行辅助人不依“民法”第224条，对于债权人负债务不履行或积极侵害债权的损害赔偿责任的道理是一样的。盖该条以债务人之责任为其规范对象。

② 为他人之侵权行为负责，在现行法上主要有三个态样：(1)“民法”第28条规定“法人对于其董事或其他有代表权之人因执行职务所加于他人之损害，与该行为人连带负赔偿之责任”。此为法人应为其机关之行为负责。(2)法定代理人为其监护之无行为能力人或限制行为能力人，不法侵害他人之权利所造成的损害，负损害赔偿责任(第187条)。此为监护人违反监护义务之赔偿责任。依该条规定，监护人之赔偿责任固以受监护人有不法侵害他人权利之行为为要件。但其成立要件并不包含受监护人之责任能力，从而受监护人之所为不一定要构成侵权行为。(3)雇用人为受雇人因执行职务，不法侵害他人之权利所造成的损害，负损害赔偿责任(第188条)。此为雇用人违反受雇人之选任及职务之监督义务的赔偿责任。在这种情形下，受雇人之所为必须构成侵权行为，雇用人始负连带赔偿责任。此与监护人之责任的要件不同。与第188条规定之情形类似者为，“国家”依“国家赔偿法”第2条及第4条，就公务员或受委托行使公权力之团体或个人，于执行职务行使公权力时，因故意或过失不法侵害人民自由或权利，或怠于执行职务之行为，致人民自由或权利遭受损害，所负之损害赔偿责任。但“民法”第186条所定公务员之侵权责任，并非与第188条相当之规定，而系属于第184条第1项前段之特别规定。其特别有两点：(1)以公务员依其就任所生之义务为依据，导出公务员对于第三人应执行之职务，从而以其违背作为其行为在侵权行为法上之违法性的基础，这类似于契约对于第三人之保护效力；(2)公务员所负之责任受该条之限制。亦即其因过失者，以被害人不能依他项方法受赔偿时为限，负其责任(第186条第1项)。另如被害人得依法律上之救济方法，除去其损害，而因故意或过失不为之者，公务员亦不负赔偿责任(第186条第2项)。

务不履行、缔约上过失及积极侵害债权。[①] 其中"民法"第 221 条引起一个疑问，即在契约之债，如债务人为无行为能力人或限制行为能力人，其法定代理人是否应准用第 187 条之规定，像在侵权行为中一样，就其监护之无行为能力人或限制行为能力人的契约责任，包括债务不履行、缔约上过失及积极侵害债权，负损害赔偿责任。应采否定的见解。[②]

---

① 契约之债之债务不履行、缔约上过失及积极侵害债权责任可合称为契约法上之损害赔偿责任(契约责任)。其固以契约所构成之个别义务的违反为其成立要件，但并不一定以当事人之特约为其规范基础。关于契约责任，"民法"有一些债务人应为他人之行为负责的规定。例如"民法"第 709 条之九第 2 项规定"会首就已得标会员依前项规定应给付之各期会款，负连带责任"。第 637 条规定"运送物由数运送人相继运送者，除其中有能证明无第六百三十五条所规定之责任者外，对于运送物之丧失、毁损或迟到，应连带负责"。前者之规范意旨与"民法"第 756 条所定之信用委任类似。该条规定："委任他人以该他人之名义及其计算，供给信用于第三人者，就该第三人因受领信用所负之债务，对于受任人，负保证责任。"后者则与"民法"第 185 条第 1 项后段所定：数人共同不法侵害他人之权利，而不能知其中孰为加害人的情形相若。实务上称此为共同危险行为("最高法院"1984 年台上字第 593 号民事判决)。共同危险行为以无意思联络，由数人分别从事之数个对于损害可能有因果关系之不法行为为要件。另外有一个比较基本的一般规定为：债务人为其履行辅助人之故意过失行为，或其他使用人之行为导致之损害所负的赔偿责任。首先第 224 条规定"债务人之代理人或使用人，关于债之履行有故意或过失时，债务人应与自己之故意或过失负同一责任。但当事人另有订定者，不在此限"。此为基础规定。其变化为第 538 条第 1 项规定"受任人违反前条之规定，使第三人代为处理委任事务者，就该第三人之行为，与就自己之行为，负同一责任"。此为违约之复委任的无过失责任。同条第 2 项规定"受任人依前条之规定，使第三人代为处理委任事务者，仅就第三人之选任及其对于第三人所为之指示，负其责任"。此为减轻之限制的复委任的责任，其责任程度与雇用人为受雇人职务上之行为所负的责任相当。唯必须注意在第 538 条第 2 项规定的情形，委任人就受任人在次受任人之选任及其职务之执行的监督，是否未尽相当之注意，负举证责任，以及受任人不负第 188 条第 2 项所定之衡平责任。然经证明受任人有未尽前开注意义务之情形者，受任人就纵加以相当之注意而仍不免发生损害，亦即就其注意义务之违反与损害之发生间无因果关系一节，负举证责任。

② 按"民法"第 187 条除规定，法定代理人为其监护之无行为能力人或限制行为能力人的不法行为应负侵权行为责任或衡平责任外，并在第一项就责任能力加以规范："无行为能力人或限制行为能力人，不法侵害他人之权利者，以行为时有识别能力为限，与其法定代理人连带负损害赔偿责任。行为时无识别能力者，由其法定代理人负损害赔偿责任。"换言之，以识别能力之有无作为责任能力之有无的认定标准。第 221 条规定："债务人为无行为能力人或限制行为能力人者，其责任依第一百八十七条之规定定之。"依该条规定适用第 187 条，到底仅适用关于识别能力的部分，还是兼及于法定代理人之赔偿责任的部分？应认为仅适用关于识别能力的部分。盖"其责任依第一百八十七条之规定定之"中之"其"字，依中文文法，应系"无行为能力人或限制行为能力人"在该附属子句中的关系代名词。从而该子句展开之其内容应为：无行为能力人或限制行为能力人之责任依第 187 条之规定定之。

三、债权人之权利性义务或对己义务

有一种职责或义务学说上称为对己义务(Obliegenheiten)。其特征表现在其义务人为债权人。对己义务中有些属于真正之权利性义务(echte Rechtspflichten)者,其违反虽不使债权人因此对于债务人负损害赔偿义务,但会发生失权效力,使债务人因之免除一定之债务。此即所谓债权人的义务。其功能为:使债务人之给付成为可能,例如定作人对于承揽人提供为承揽工作之完成(债务之履行),所必需之协力、信息;防止损害之发生或扩大,例如被保险人向保险人报告已发生之损害或可能引起损害之危险,并采取必要之措施。关于损害赔偿金额因与有过失,而得由法院衡平减轻或免除的规定,亦属于债权人之权利性义务的类型("民法"第217条)。另有对己义务不属于真正之权利义务,而仅属于界定当事人间之风险范围的要件者。其功能在于厘清债权人管领下之归责事由,例如买受人就物之瑕疵怠于检查与通知、被保险人怠于向保险人报告保险事故。该要件并不课以当事人义务,而只是课以负担,如有不履行负担的情形,既不论为义务之违反(keine Pflichtwidrigkeit),亦不带来不法之效力,而只是依分配正义的要求,归属其不利益。[①] 此种对己义务通常以债权人之权利或债务人之义务之消极要件的形态表现出来。不过,关于被保险人怠于危险发生之通知("保险法"第58条)或危险增加之通知(第59条),同法第63条规定"要保人或被保险人不于第五十八条、第五十九条第三项所规定之限期内为通知者,对于保险人因此所受之损失,应负赔偿责任"。亦即显然将之当成对他义务规范之。

四、债务与责任

(一)债务与义务

债务人依债之关系,除负一定之给付义务外,还可能负附随义务或保护义务。以契约之债而论,给付义务在双务契约中主要指双方用来交换之给付的债

① 请参考Esser,aaO. S. 89。

务。至于附随义务或保护义务原则上不以债务称之。[①] 属于附随于债务，为该债务之顺利地履行，或为避免在该债务的履行上，由于债务人之故意或过失而致损害债权人之人或财产而负的义务。因为单纯之附随义务所涉者为"如何"给付，而非一定客体的给付，是故，关于其履行无迟延的问题。因之，迟延的规定仅适用于因债务关系所负之主要给付义务及附随给付义务(Haupt- und Nebenleistungs-pflichten)，而不适用于自诚信原则导出，不具独立性之附随义务(Nebenpflichten)。[②] 基于非以给付为内容之义务，债权人不能以诉的方法请求其遵守。即便在其违反可能对于债权人造成损害，亦然。债权人只能等到附随义务之违反造成损害时，适用积极侵害债权或积极侵害契约的规定，[③]对于债务人请求赔偿，以为救济。唯在契约之债，有时法律规定，保护义务之违反，虽未造

---

① 在债务人依债之关系所负义务的划分上，给付义务与附随义务的划分主要自其存在之依从关系立论。附随义务之存在目的在于确保给付义务能够圆满地获得实现。至于给付义务与保护义务之划分则为自其功能立论。给付义务的功能在于实现债权，而保护义务的功能则在于确保债权人之人或财产上的固有利益，不因债务人之故意或过失行为而受到损害。附随义务中之附随给付义务的功能偏向于协助或促成债权之实现，亦即确保其履行或履行利益。说明义务兼具附随给付义务及保护义务的意义，而忠实义务及保护义务则重在保护功能，只是其义务的导向不同而已。忠实义务重在于债务人因债之关系，对于债权人应有之忠诚，而保护义务则重在于债务人在债务的履行上，应注意避免及防止，由于不履行或不适当的履行，而损害债权人之固有利益。所以称之为保护义务，有方便说明与之有关之侵权行为责任与契约责任之竞合的意义。其所涉问题为：违反依债(或契约)之关系所生个别保护义务，是否与违反一般保护义务一样，可构成侵权行为。关于附随给付义务及债务人之忠实义务，请参考 Esser，aaO. §§32f.；Larenz，aaO. S. 116ff.。

② Esser，aaO. S. 90："在义务之中，责任的效力构成其区分之有用的特征：主要义务与附随义务。鉴于契约目的，对于主要义务(Hauptpflichten，conditions)原则上赋予履行强制(Erfüllungs-zwang)，唯同时也认可得选择行使请求履行利益之赔偿的权利。附随义务(Nebenpflichten，warranties)只在于保护给付的成果，不得独立起诉，盖其遵守义务已明示或默示地包含在对于主要给付之请求权中。附随义务亦不构成可让与之请求权；受害之当事人直至其受害后享有积极侵害债权之损害赔偿请求权时，方取得一个可让与之债权。反之，行为义务(Verhaltenspflichten)……亦即所谓之独立的附随义务……其超出维护给付的成果，要求一个经契约目的所定之额外给付者，得起诉。其违反不仅引起积极侵害债权之责任，而且也引起一部不能、一部迟延或瑕疵给付的责任。例如违反先于承揽工作之顾问的义务，或违反在租赁契约中所同意之不作为义务(禁止竞业)等。"

③ Soergel-Wiedemann，aaO. Rz 6 vor § 284.

成损害，但得为解除或终止契约的理由。[①] 此与绝对权之保护不同。[②]

(二)债务与诉权

债权人基于债之关系，得向债务人请求给付(“民法”第 199 条第 1 项)。债务人因之对于债权人负有给付之义务。该义务即为债务。债务与债权为同一法律关系之两面。所以，债权人请求给付之权利只得针对债务人，债务人也只相对于债权人始有给付之义务。债权与债务对于特定人之针对性，即债之相对性。此为债权与物权不同之特征。物权为对特定标的物所享有，受法律保护的支配权。基于物权之支配的排他效力，首先“所有人于法令限制之范围内，得自由使用、收益、处分其所有物，并排除他人之干涉”(“民法”第 765 条)。其他物权由之依法延伸(第 757 条：物权法定主义)。反之，债权则不赋予其权利人对于债务人之人身、给付行为及给付标的以直接的支配权。[③]

因为基于债之关系，债务人只是负有债务，所以债权并不能因债之关系的发生而自动实现，尚待于债务人依债务本旨对于债权人经由给付清偿债务，始能获得满足。债务原则上固皆由债务人自愿履行债务而获得实现，但如债务人不自愿如期履行，在现行法禁止债权人自力救济，以维护法律秩序的要求下，自须对于债权人提供必要之公力救济途径，让债权人有权，得依其意愿，向法院提起诉讼，以确认或形成系争之债务关系，并于获得胜诉之给付判决时，声请强制执行，

---

① “民法”第 438 条第 1 项规定：“承租人应依约定方法，为租赁物之使用、收益；无约定方法者，应以依租赁物之性质而定之方法为之。”此为一种具有保护功能的义务，等同于保管义务。所以“民法”第 432 条规定“承租人应以善良管理人之注意，保管租赁物，租赁物有生产力者，并应保持其生产力(第一项)。承租人违反前项义务，致租赁物毁损、灭失者，负损害赔偿责任。但依约定之方法或依物之性质而定之方法为使用、收益，致有变更或毁损者，不在此限(第二项)”。从而关于租赁物之使用、收益，违反第 438 条第 1 项之规定者，如造成损害，同样应依第 432 条第 2 项前段负赔偿责任。另虽未造成损害，而经出租人阻止而仍继续为之者，出租人得终止契约(第 438 条第 1 项)。

② 关于绝对权之保护，就人格权，“民法”第 18 条第 1 项规定“人格权受侵害时，得请求法院除去其侵害；有受侵害之虞时，得请求防止之”。就姓名权，第 19 条规定“姓名权受侵害者，得请求法院除去其侵害”。就所有权，第 767 条规定“所有人对于无权占有或侵夺其所有物者，得请求返还之；对于妨害其所有权者，得请求除去之；有妨害其所有权之虞者，得请求防止之”。此即所有人之物上请求权。就占有，第 962 条规定“占有人，其占有被侵夺者，得请求返还其占有物；占有被妨害者，得请求除去其妨害；占有有被妨害之虞者，得请求防止其妨害”。此即占有人之物上请求权。以上请求权除所有物或占有物返还请求权外，皆不以给付为内容。而以妨碍之除去或妨碍之预防为其内容。此为绝对权之保护的特征。

③ Larenz, Lehrbuch des Schuldrechts, Band Ⅰ, Allgemeiner Teil, 11. Aufl., 1976, S. 12ff..

以协助其实现债权。[①] 基于债权,债权人虽然通常享有诉权,并于取得胜诉之给付判决时,得声请强制执行,但诉权及声请强制执行的权利并非债权之所以为债权的必要特征。[②] 有些债权并不一定能以诉的方法获得实现,例如请求权之消灭时效已完成之债权,纵使起诉,如经债务人主张时效已完成之抗辩,债权人还是会败诉,从而不能借助公权力获得实现。唯系争请求权如有抵押权、质权或留置权为其担保,则其消灭时效虽已完成,债权人仍得就其抵押物、质物或留置物取偿。但这于利息及其他定期给付之各期给付请求权,经时效消灭者,不适用之("民法"第 145 条)。[③]

(三)债务之责任

Esser 认为,债务之中心内容是行为的指令(die Verhaltensgebote),不仅是给付的指令,还包括附随义务及忠实义务。唯如果仅是给付与受领之当为要求,而没有诉权和强制执行等程序支持其实行,或在不履行、迟延给付或瑕疵给付时,不以损害赔偿的制裁威吓之,则该当为要求将等同于软弱无力的指令。此二者称之为责任。债务(Schuld)必须再加上责任(Haftung),方始可称为一个完全的债务(eine Vollschuld)。[④]

在债务关系的发展上,当其给付因债务人之事由而有不顺利的情事发生,必须有贯彻的可能性及弥补的可能性。否则,交易秩序将无法维持。所谓贯彻的可能性即是提供诉讼及强制执行的管道,供当事人确定其法律关系之内容并在必要时,依声请而予直接或间接强制执行,以实现其当有的法律状态。此即履行的强制(Erfüllungszwang)。鉴于债之履行一旦有了波折,即便后来债务人自愿或因强制执行而履行,债权人还是可能因此受到损害,或是后来债务之履行对于债权人已无利益或债权人对于债务人已失去信赖,所以在履行强制之外,尚必须对于债权人提供其损害之弥补的可能性。包括必要时容其在履行强制与损害赔

---

① Larenz, aaO. S. 16f..

② "民法"第 975 条虽规定"婚约,不得请求强迫履行",但婚约并不因此失其法律上之效力。婚约首先是因订定婚约而受领赠与给付之法律上原因,所以婚约无效、解除或撤销时,当事人之一方,得请求他方返还赠与物("民法"第 979 条之一)。然婚约如经结婚履行之,其后纵使又离婚,因订定婚约而为赠与给付者,还是不得请求他方返还赠与物。再则其解除须有第 976 条第 1 项所定之法定事由。依该条规定"婚约解除时,无过失之一方,得向有过失之他方,请求赔偿其因此所受之损害(第一项)。前项情形,虽非财产上之损害,受害人亦得请求赔偿相当之金额(第二项)"(第 977 条)。"婚约当事人之一方,无第九百七十六条之理由而违反婚约者,对于他方因此所受之损害,应负赔偿之责。"(第 978 条)

③ Larenz, aaO. S. 17f..

④ Esser, aaO. S. 82.

偿责任间作一个选择。就责任的形态而论，履行强制属于程序意义下之责任，而损害赔偿责任则属于债务不履行时，在原来债务上增加之实体意义下的责任。[①] 唯除在负担保责任(Garantiehaftung)之情形外，债务人仅就可归责的事由负责。履行强制与损害赔偿责任并非必然是择一的关系。此为重复满足的问题。[②] 损害赔偿责任相对于其因以发生之债务固为一种责任，唯其本身亦为一种债务，其不履行与其所自之债务一样可受履行强制及损害赔偿责任之保护。[③] 如图 2-1 所示。

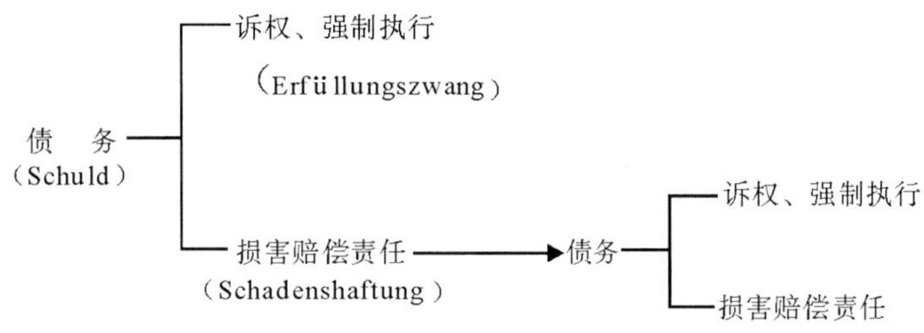

图 2-1

如前所述，何谓责任，在现行法上并无单一的意涵。在不同场合有不同的定义。在禁止私力救济的前提下，关于债务之责任，传统上首先从诉权之有无出发，而后并于必要时提供强制执行的协助。一个人只要负有债务，即应以其财产担保其履行，以为负责。从而在其不自愿履行时，债权人必要时即得经由诉讼，取得胜诉之给付判决后，声请强制执行，以实现其债权。在此意义下，债务与责任间可谓如影随形，债务发生时，其责任即随之而至。是故，一笔债务在必要时，

---

① 债务不履行责任之课予，具有教化的规范机能。这亦是，不论在契约之债的债务不履行，或在侵权行为之损害赔偿责任，皆以债务人或行为人有可归责事由或故意过失为其成立要件的道理所在("民法"第 226 条第 1 项、第 230 条、第 184 条第 1 项)。在责任保险兴起后，该教化机能已显著减弱。这是社会结构之变迁对于私法制度之影响的适例。这当中，存在与当为互为影响。业务责任导致利用保险分散的需要，至此当为的要求引起存在；投保降低了义务人尽其法定注意的诱因，自此存在影响到当为的实践。请参考 Esser, aaO. S. 83。

② 在因可归责于债务人之事由致给付迟延的情形下，债权人除请求债务人履行债务外，固尚得请求迟延损害之赔偿，但在因可归责于债务人之事由致给付不能的情形下，债权人如要请求不履行之损害赔偿，则不再可以向债务人请求让与原来给付之代位物(类推适用"民法"第 225 条第 2 项)。

③ Esser, aaO. S. 82.

如无诉权得为其实行的凭借，该债务即属于无责任之债务，习称为自然债务。[①]盖在这种情形下不论债务人是否有资力，因其财产并非该债务之担保，债权人并不能在法院的协助下强制其实现。以债务人之财产作为其债务之总担保，称之为财产责任(Vermögenshaftung)。在此并以债务人应负责之客体或数量的范围是否受有限制为标准，区分为有限责任与无限责任。这与古代法中以债务人作为其债务之最后总担保者不同。[②]

其次，责任之另一最为典型而无疑义的用法为用来指称由于(契约)债务不履行、个别或一般保护义务之违反所发生的损害赔偿义务。因之，此种义务常以契约责任、侵权责任或损害赔偿责任称之。这中间又以责任之发生的主观要件为标准，将损害赔偿责任区分为过失责任(Verschuldenshaftung)及危险责任(Gefär- dungshaftung)；[③]此外，在法人为其机关(“民法”第 28 条)，雇用人为其受雇人因执行职务而发生之侵权行为负责(“民法”第 188 条)，或债务人为其履行辅助人因履行债务而发生之故意或过失的加害行为负责(“民法”第 224 条)的情形，亦分别称为：机关责任(die Organhaftung)、雇用人之责任(die Geschäftsherrnhaftung)、为履行辅助人之责任(die Haftung für Gehilfen)。责任在这些场合的适用皆有一个共同的特征，即为自己或他人之行为引起之损害负责。其结果，因此发生之法律效力为负损害赔偿责任。[④] 归纳之，责任这个用语之使用，比较典型的有两个场合：第一，债务人应以其全部财产为其债务负责；第二，一个人应依法为其行为，或在法律有特别规定或有特约的情形为他人之行为引起之损害负责。第一种情形的责任指在实务上最后以诉权与强制执行作为债权之实现的后盾。第二种情形，其责任即是损害赔偿之债务，其所谓责任实为一

---

① 在自然债务上，债务人有债务而无责任；与之相反者为，在物上担保上，提供物上担保之第三人就其担保之债务，有责任而无债务。此与保证不同。在保证上，保证人为从债务人，其所负者，尚属有责任之债务。请参考 Esser，aaO. S. 83。

② Larenz，aaO.，S. 20f.. 虽说现代法已不再以债务人之人身，而以其财产为其债务之总担保，但在法定事由发生时，法院得以拘提或管收债务人的方法间接强制其履行债务(“强制执行法”第 22 条、第 128 条、第 129 条、第 132 条之二)。唯“管收期限不得逾三个月(第一项)。有管收新原因发生时，对于债务人(虽)仍得再行管收，但以一次为限(第二项)”(第 24 条)。“债务人履行债务之义务，不因债务人或依本法得管收之人被管收而免除。”(第 25 条第 1 项)值得注意者为，债务人为无行为能力人或限制行为能力人者，关于债务人拘提、管收、限制住居及应负义务之规定，于其法定代理人适用之(同条第 2 项第 1 款)。对于债务人之拘提或管收虽系直接对于债务人为强制处分，但所以称为间接强制，其理由在于：经由拘提或管收的方法仅能间接，而不能直接实现债权。

③ 请参考 Larenz，aaO. S. 19。

④ 请参考 Larenz，aaO. S. 19。

定义务之违反后的效力或延伸的义务，亦称为第二次义务。

债务人就其所负之债务，原则上虽应以其全部财产负无限责任，然因其全部财产为所有债务之总担保，所以，在具体情形下如果债务人之财产不足以清偿其所负之全部债务，所有债权人之债权即不可能全部获得完全之满足。是故，为求确保债权，债权人必须或在请求履行上力求捷足先登，或防止债务人在债务发生后作出有害于其债权之处分，或事先利用设定担保物权，就担保物取得优先于他人之债权的受偿权，以获得保障。在这种情形下，债务人如经宣告破产，在担保物权所及，债权人享有别除权。有别除权之债权人，得不依破产程序，行使其权利（“破产法”第108条第2项）。[①]

(四)无限责任与有限责任

除法律有特别规定或当事人间有特别约定外，债务人对于其所负之债务原则上应以其全部财产担保其可获得清偿。此即债务人之无限责任。所谓无限责任亦习称为人的责任。唯在现代法，规范上并非以债务人，而系以债务人之全部财产为其所负债务的最后担保。除有像前述所称之特别规定，将债务人之责任限于一定范围或数额外，债务人原则上应以其全部财产担保其所负债务。因之，也将债务人之全部财产称为债务人之债务的总担保。一个人除为自己之债务负无限责任外，也有例外地为他人之债务负无限责任的情形，例如无限责任股东为公司债务（“公司法”第2条）、合伙人为合伙债务（“民法”第681条）、保证人为其保证之债务负无限责任（“民法”第739条）。由于债务人之财产除非受到扣押，或受到担保物权之限制，债务人并不因负有债务，而丧失对于其财产之使用、收益或处分权。所以，构成其财产之物或权利，可能会随时有进出或增减。

有限责任指仅以一定之财产或最高至一定之数额为限，对于特定债务之履行负其责任。[②] 仅以一定之财产为限负责的情形，例如物上担保人仅以提供之担保物为限，附负担之赠与的受赠人仅以赠与物之价值为限，负履行负担的责任（“民法”第413条），限定继承之继承人得限定以因继承所得之遗产，偿还被继承人之债务（“民法”第1154条第1项）。最高至一定之数额为限负其责任的情形，例如不当得利之善意受领人的返还义务范围，以现存之利益为限（“民法”第182条）。同理，第382条规定，在买回，买受人之改良及有益费用的偿还；第431条第1项规定，在租赁，承租人之有益费用的偿还，亦以现存之增价额为限。就公司或合伙之债务，有限责任股东或隐名合伙人仅就其出资额为限，对公司负其责

① 请参考 Larenz, aaO. S. 21f.。

② 请参考 Esser, aaO. S. 85f.。

任，或负分担合伙损失之责任（"公司法"第 2 条、"民法"第 703 条），强制汽车责任保险之保险人仅在相当于强制汽车责任保险法规定之保险金额范围内，对于受害人负保险赔偿的给付义务（同法第 5 条）。

（五）无责任之债务及较低责任之义务

无责任之债务，指不能成功经由诉讼获得实现，但可由债务人自愿清偿之债务。此种债务习称为自然债务（die Naturalobligation）。[①] 该债务虽无请求权，亦无诉权，但仍不失其为合法的取得名义（der Erwerbstitel，causa acquirendi）。是故，基于自然债务而受领债务人之自愿给付，其利益之受领有法律上原因，不构成不当得利。

关于自然债务之为取得名义，"民法"第 180 条基本上表明了其规范立场。首先第 1 款规定"给付系履行道德上之义务者"，再则于第 4 款规定，即便"因不法之原因而为给付"，只要不法之原因非仅于受领人一方存在，其给付即不得请求返还。如有第 3 款所定因清偿债务而为给付，而于给付时明知无给付之义务的情形，其给付本即应论为履行后之赠与，所以纵无该款规定，亦不得请求返还（"民法"第 408 条第 1 项）。至于第 2 款所定情形属于期限利益之抛弃，从而不构成不当得利。要之，第 1 款、第 4 款肯认自然债务可为其清偿给付的取得名义。从而有谓在自然债务，并不欠缺债权，而只欠缺请求权。其债之关系是存在的，只是不受认可，为一种所谓之不完全债务。[②]

自然债务除指时效完成之债务外，尚包含其他债务人得拒绝给付的债务。由于其得拒绝给付之事由不一，因此，并非每一种自然债务之法律地位皆相同。有些只是带有抗辩障碍之完全的债务，有些是可以经由愿意负责之表示将之强化为可以起诉的荣誉债务或习俗债务，有些则是纵使事后经由承认或提供担保亦不能使之成为得起诉之债务者。究竟为何，系于债务人所以得拒绝给付的事

---

① 在德国，由于学说上以自然债务指称之无责任的债务，包括像消灭时效完成之请求权这种事后得，与像打赌这种事后不得，经由承认或担保物权之设定予以强化的债务，良莠不分，伦理立场不明（Esser，aaO. S. 87），因此，Larenz 主张最好避免使用该用语。Larenz，aaO. S. 18。

② Esser，aaO. S. 87.

由与善良风俗及公共秩序的关系。[①] 一般而言，固然纵使是自然债务，仍得为其清偿给付之取得名义。但其所以成为自然债务之事由，如涉及不法原因，究竟是否有债务存在，便非无疑义。兹析述之：

赌博为法令禁止之行为，故基于赌博而取得债权，因其行为不法而无效，不享有请求权。后来如因赌博输款而出具借用证或交付担保品，是否可论为已为给付，或仅论为承认赌博债务，尚有可议。[②] "最高法院"采肯定的见解。[③] 在其他有债权无诉权的债权或可采取该见解，但在赌债采该见解显有未妥。盖即便在赠与，赠与债权之法律地位亦没有如此牢靠。[④] 从而双方纵为清偿该赌博债务，而有间接给付或更改的合意，亦应认为其债权人不能因之取得请求权，以防止利用此种合意从事脱法行为。[⑤] 然因赌博之不法原因并非仅存在于当事人之

---

① Esser，aaO. S. 88：在德国，游戏或打赌发生之债务依法绝不可能经由债务人事后进一步表示愿意负责，而成为带有履行责任之债务。因习俗而负之债务原来虽然亦不得起诉，但可以经由独立之债务行为使之成为一个受诉权保障之债务。时效完成之债务可经由债务人之承认或提供担保而消灭其时效抗辩。因欠缺要式而无效之法律行为，既不能因单方行为治愈其瑕疵，亦不能光凭补充愿意负责之表示即转为有效。至于社交之许诺，虽然随时可以经由补充其法效意思而使之转为负担行为，但仍应注意依当地之社会通念，是否认为该许诺应归属于法外空间，从而其规范上的强制违反公共秩序。

② Esser，aaO. S. 87：因游戏或打赌发生之债务，无诉权，亦不得经承认或提供担保强化之。但得为其受领之给付的取得名义。

③ "最高法院"1954 年台上字第 225 号民事判决："虽被上诉人初系诱上诉人前往赌博，但上诉人与其赌博输款，并非出自被上诉人之诈欺，即难空言主张不法原因仅存在于被上诉人之一方，至上诉人因赌博输款而出具之借用证及交付担保品纵系违反禁止规定，应归无效，然仍属不法原因之给付，亦不能借此诉求请求返还。"在债务之履行上，借用证之出具应仅具债务之承认，而不具其给付之履行的意义。担保物之提供，亦同。至于所出具之借用证如以新债务之负担的形式出现，究应解释为通谋的虚伪意思表示，或应解释为债务人先为旧债务之清偿，而后债权人再以受领之给付贷与债务人？为防止债权人利用脱法行为掩饰非法，就该借用证所表彰之新债务的承担应解释为通谋的虚伪意思表示，无效("民法"第 87 条)。

④ "最高法院"1996 年 5 月 23 日台上字第 1147 号民事判决要旨虽称："立有字据之赠与，纵赠与物未交付前，赠与人亦不得撤销，'民法'第四百零八条第二项固订有明文。此之'字据'，系指当事人订立赠与契约之书面及用以证明赠与之文书凭据而言。"然"民法"第 408 条已修正为："赠与物之权利未移转前，赠与人得撤销其赠与。其一部已移转者，得就其未移转之部分撤销之(第一项)。前项规定，于经公证之赠与，或为履行道德上之义务而赠与者，不适用之(第二项)。"在该条修正后，公证书外之一般文书凭据已不足以该当该条第 2 项之要件。

⑤ "最高法院"1955 年台上字第 421 号判例："赌博为法令禁止之行为，其因该行为所生债之关系原无请求权之可言，除有特别情形外，纵使经双方同意以清偿此项债务之方法而变更为负担其他新债务时，亦属脱法行为，仍不能因之而取得请求权。"

一方，所以输款之一方，后来如自愿清偿赌债，事后并不得请求返还（“民法”第180条第4款）。[①]

与赌博类似而略有不同者为，因打赌赌输而负债务。[②] 以典型之赌博例如赌梭哈或打麻将为喻，前者纯赌运气，后者兼赌牌艺，其间每一个参加者皆有输赢的机会，而非只赢不输；反之，典型之打赌例如赌天气、赌选举的结果，依约其间如果仅一方可赢钱，则打赌与赌博便有根本的不同，其效力类似于附条件之赠与。唯倘是双方皆有输赢的机会，则所谓打赌与赌博之差异，除赌博通常在时间上一局接一局密接重复进行外，其他就不是很明显。另一种情形是赌彩券开奖或赛马之比赛结果，或赌期货或证券市场之价格或指数在一定期间之差额（请参考德国民法第764条之明文规定）。其与典型之赌博不同者为，不是由双方密接重复进行。不过，即便如此，赌彩券或赌赛马和赌梭哈的差异性已不大，都是纯赌运气。所不同者为，前者已是规划性的或组织性的运作。所谓赌运气者，仅购买彩券或马票者这方。至于发行彩券或马票者，其输赢并不取决于运气，而系于其经营能力。基于以上之差异，打赌原则上不与赌博同论，不将之论为当然之不法行为，而只是不赋予打赌债权以诉权；反之，如将彩券或马票之发行规定为一种特许的赌博，且其发行业经特许，[③]或将期货或股票在一定期日之价差的输赢约定，转为证券期货市场之合法的选择权契约（“期期货交易法”第3条），则这种债务即变为受诉权保障的债务。[④] 然其发生纵使不合法，只要债务人自动向债权人清偿该债务，债务人依“民法”第180条第1款或第4款还是不得依不当得

---

① “最高法院”1965年台上字第404号民事判决：“因不法之原因而为给付者，不得请求返还不当得利，‘民法’第一百八十条第四款定有明文。本件上诉人基于赌博债务，诉请被上诉人返还其输去之款，自非法所应许。”

② 关于德国法上之打赌债务的问题，请参考Larenz，aaO. S. 18：打赌债务虽非因不法原因而发生之债务，但在债务人不自动履行的情形下，其债权人还是不得以诉、抵销或留置的方法谋求获得满足。此外，也不能像时效完成之请求权，经由债务人之承认或提供担保，而使打赌之债务成为一个规范上得对于债务人请求给付之有效的义务。请参考德国民法第762条之明文规定。

③ 唯有趣的是，国家常为税费收入而特许经营公益彩券之发行业务（请参考德国民法第763条之明文规定）。台湾地区为公益彩券之发行，于1995年7月5日制定公益彩券发行条例，该条例并于1999年6月28日再予修正。目前依该条例已开始发行公益彩券。

④ Esser，aaO. S. 87.

利的规定请求返还。[①] 于是由之引导出债务之责任的观念。此为如何利用课以责任，以确保债权之实现的问题。

荣誉债务（Ehrenschulden）通常属于基于习俗、道德上的意识而负担之债务。例如因员工生日而许以贺礼，或在他人因撞到自己座车而受重伤时，自己虽无过失，但基于道德上的意识同意分担一部分医药费。该债务之承认或履行通常定性为或转为赠与。唯倘仅是因误习俗债务、道德义务为法律上之义务而为给付，则其给予虽不使该荣誉债务转为有拘束力之债务，但给付者依“民法”第180条第1款，还是不得请求返还其给付。盖给付者在这种情形下之返还请求不值得予以保护。[②]

---

① “民法”第180条规定：“给付有左列情形之一者，不得请求返还：一、给付系履行道德上之义务者。二、债务人于未到期之债务因清偿而为给付者。三、因清偿债务而为给付，于给付时明知无给付之义务者。四、因不法之原因而为给付者。但不法之原因仅于受领人一方存在时，不在此限。”肯认打赌债务亦是一种债务，而非因不法之原因而发生之债务，在规范上的意义为，其自动清偿不该当于该条第3款或第4款。至于其是否该当于第1款，取决于关于道德上之义务的解释。如仅将之理解为习惯上所肯认之义务，应采肯定的见解。自习惯与习惯法之区别立论，在此所称之“道德上之义务”，应可理解为“习惯上肯认，且不违背善良风俗之义务”。关于这个问题德国民法第814条规定：“给付者明知其无给付义务，或该给付符合习惯上之义务或体面上之考虑者，其为履行债务所作之给付，不得请求返还。”可供参考。这一类的问题在逻辑上有三个层次：第一个层次为有债权或请求权，但对于该债权或请求权债务人有抗辩权，其适当的例子为“民法”第144条所定之时效完成的抗辩权。在这种情形下，由于债权或请求权尚存在，所以债务人如仍为履行之给付，不得以不知时效为理由，请求返还。第二个层次为无债权或请求权，其适当的例子为“民法”第205条所定约定利率，超过周年20%者，债权人对于超过部分之利息，无请求权的情形。在这种情形下，由于债权或请求权不存在，所以债务人如为履行之给付，得以不知无债权或请求权为理由，请求返还（“民法”第180条第3款）。该款之反面解释为，清偿人在为清偿之给付时如明知无给付之义务，则不得依不当得利的规定请求返还。第三个层次为，债权或请求权由于原因不法而不存在时，其名义的债务人如果明知而还是为清偿之给付，则其虽不得依该款规定请求返还，但其不法之原因如仅于受领人一方存在时，依同条第4款但书，清偿人仍得请求返还。是故，如将逾越“民法”第205条所定利息限额之利息的给付定性为不法原因之给付，借用人可以得到进一步之比较有利的保护。

② 请参考Esser，aaO. S. 87。

时效完成之债务，在实务上虽亦称为自然债务，[①]但其实该债务只是带有永久抗辩权的完全债务。该债务事后尚可因债务人之承认或提供担保而恢复为不带抗辩权之债务。此外，债务人如为给付，纵使其于给付时不知时效已完成，亦不得事后以时效已完成为理由，请求返还。[②]

依欠缺法定方式而无效之契约，不成立契约之债。双方本来拟依该契约负担之债务，亦不因此成为自然债务。是故，除非主张方式欠缺者，就所以导致方式欠缺有过咎，从而其方式欠缺之主张论为权利滥用，而构成恶意抗辩（eine exceptio doli）；或者有法律明文规定，该方式之欠缺可因当事人之自愿履行而治愈（“民法”第 166 条之一），否则，该欠缺法定方式之契约不能作为保有其清偿给付的取得名义。[③] 此外，还有一些事项因不得作为债务之约束的标的，从而如有以之为标的之债务契约，该契约将因契约违反强制或禁止规定，或因给付有法律不能而无效。例如约定之给付涉及自由之抛弃或限制者，不得背于公共秩序或善良风俗（“民法”第 17 条）。[④]

（六）强制处分的种类

如何实现债权，亦即如何依法获得满足，为权利之行使或保护的问题。债权人可以向法院请求什么内容之判决，亦即究竟得请求判令被告履行（Erfüllung）或损害赔偿（Schadensersatz）？这个问题与债务人应负什么责任并非同一。债务人可能被判应履行承揽契约，但其责任却变成应清偿债权人由第三人完成工

---

① “最高法院”1983 年台上字第 428 号民事判决：“请求权之消灭时效完成后，仅认债务人有拒绝给付之抗辩权，非使债权当然消灭（‘司法院’1942 年 11 月 5 日院字第二四二四号解释参照）。纵认被上诉人对于上诉人曾某等之票款请求权，不发生时效中断之效力，其债权亦非当然消灭，仅变成债务人得拒绝给付之自然债务而已，上诉人以时效完成为由请求确认被上诉人就系争本票之债权不存在，自非有理由。”相同见解另见“最高法院”1997 年 3 月 27 日台上字第 919 号民事判决。

② 请参考 Esser，aaO. S. 87。

③ 请参考 Esser，aaO. S. 88。

④ 请参考 Esser，aaO. S. 88：例如以关于人格权或宗教信仰自由之限制为债务的内容时，是否可构成债务，必须再就具体情形审慎认定。例如捐血者、模特儿、牌友缺席是否应负履行利益之赔偿责任。得否利用担保物权、保证、违约金确保其不履行的责任？其中关于像牌局之社交约定得利用含有法效意思之意思表示，将之转为有规范上拘束力之债务，模特儿则必须是属于职业上之约定时始具规范上的拘束力。至于捐血之约定，则因身体之成分不得约定为交易或法律强制的客体而不能成立债的关系，包括自然债务。因之，更不得利用担保物权、保证、违约金确保其不履行的责任。

作所生之费用；[①]也可能被判应履行雇佣契约、委任契约或承揽契约，然因“强制执行法”第128条规定债务人之“行为非他人所能代为履行者，债务人不为履行时，执行法院(仅)得定债务人履行之期间。债务人不履行时，得拘提、管收之或处新台币三万元以上三十万元以下之怠金”。要之，在以行为作为给付内容之债，债务人原则上只在财务上负履行利益之赔偿责任，仅在例外的情形，始因债务不履行而被利用罚金{利用罚金强制义务人履行作为或不作为之义务属于一种间接强制处分。为维护人权，这是行为义务之强制执行的优先手段。“司法院”1966年4月27日大法官会议释字第112号解释“行政官署对于违反‘行政执行法’第四条所定行为或不行为义务者，经依该法规定反复科处罚锾，而仍不履行其义务时，尚非该法第十一条所称不能行间接强制处分。自难据以径行直接强制处分”[“司法院”大法官会议解释汇编(1977年版)第235页]。在行为之债，其直接强制处分以债务人之自由的限制为其处分内容。此与物或权利之债的直接强制处分不同。关于民事关系之直接强制，仅于“强制执行法”第128条第3项规定“执行名义，系命债务人交出子女或被诱人者，除适用第一项规定外，得用直接强制方法，将该子女或被诱人取交债权人”。反之，1998年11月11日修正之“行政执行法”第28条则分就间接强制及直接强制规定如下，可为参考：“前条所称之间接强制方法如下：一、代履行。二、怠金(第一项)。前条所称之直接强制方法如下：一、扣留、收取交付、解除占有、处置、使用或限制使用动产、不动产。二、进入、封闭、拆除住宅、建筑物或其他处所。三、收缴、注销证照。四、断绝营业所必需之自来水、电力或其他能源。五、其他以实力直接实现与履行义务同一内容状态之方法。”}或管收{“行政执行法上之管束，乃系对人之直接强制处分，如合于‘行政执行法’第七条第一项之规定实施管束时，自得拘束其行动自由，但管束期间，依同条第二项不得逾二十四小时。”(“司法院”解释汇编四册，1989年版，第2120页：“司法院”1942年12月10日院字第2438号解释)管收与管束相同，皆直接拘束义务人之身体自由，故亦属对于人之直接强制处分，非待其他强制处分已不能达执行之目的，不得为之。至于“吊销……许可证，系依特别规定所为之行政处分，并非‘行政执行法’第六条列举三款之直接强制处分，不生‘行政执行法’第十一条所定非认为不能行间接处分或认为紧急时，不得行直接处分之问题”[“台湾地区裁判类编(行政法)”第十四册，第428页：“行政法院”1968年判字第397号判决]。关于管收，“强制执行法”第22条规定：“债务人有左列情形之一者，执行法院得拘提之：一、显有履行义务之可能故不履行者。二、显有逃匿之虞者。三、就应供强制执行之财产有隐匿或处分之情事者。四、

① Esser, aaO. S. 68.

于调查执行标的物时，对于法官或书记官拒绝陈述者。五、违反第二十条之规定，不为报告或为虚伪之报告者（第一项）。前项情形，执行法院得命债务人提供担保，无相当担保者，管收之。其非经拘提到场者亦同（第二项）。”第132条之二规定：“债权人依‘民法’第一百五十一条规定拘束债务人自由，并声请法院处理，经法院命为假扣押或假处分者，执行法院得依本法有关管收之规定，管收债务人或为其他限制自由之处分。”这是因为债务人无履行意愿而管收的情形。第128条规定“依执行名义，债务人应为一定之行为，而其行为非他人所能代为履行者，债务人不为履行时，执行法院得定债务人履行之期间。债务人不履行时，得拘提、管收之或处新台币三万元以上三十万元以下之怠金。其续经定期履行而仍不履行者，得再处怠金（第一项）。前项规定，于夫妻同居之判决不适用之（第二项）。执行名义，系命债务人交出子女或被诱人者，除适用第一项规定外，得用直接强制方法，将该子女或被诱人取交债权人（第三项）”。此为关于不履行一身专属义务之管收的情形。第129条规定“执行名义系命债务人容忍他人之行为，或禁止债务人为一定之行为者，债务人不履行时，执行法院得拘提、管收之或处新台币三万元以上三十万元以下之怠金。其仍不履行时，亦同（第一项）。前项情形，于必要时，并得因债权人之声请，以债务人之费用，除去其行为之结果（第二项）。依前项规定执行后，债务人复行违反时，执行法院得依声请再为执行（第三项）。前项再为执行，应征执行费（第四项）”。此为因不作为义务之违反而管收的情形。｝强制其履行。这是程序法上之责任的概念。是故，债权人虽然可以向法院请求判令债务人履行，但其最后真正能够把握的通常限于金钱的利益。债务人之责任，实务上最后表现出来者为何，应依强制执行法及强制执行时之权利状态如何而定。这种问题主要发生在对债务人为一定行为之请求上。

强制处分或责任之实现的类型依强制执行法，原则上按债权人依债之关系得行使之请求权的内容定之。由于债权人一般说来不得请求债务人履行尚未届清偿期之将来债务，所以通常必须债务人已有给付迟延、给付不能或其他债务不履行的情事，债权人始得向法院起诉。起诉时，债权人依情形得选择坚持贯彻原来给付之请求权或请求赔偿损害。请求赔偿损害时，视具体情形，得请求以恢复原状（“民法”第213条）或金钱赔偿（第196条、第214条、第215条）为损害赔偿的方法。在具体案件中，最后到底得为如何之请求，其裁判的内容及得声请之强制执行已为实体关系所决定。唯在判决确定后，系争之请求权即以确定判决之内容为内容，除有法定事由经依法提起再审外，当事人及其继受者皆不得再声明不服或重新起诉，法院也不得再为审判。然判决中之给付命令并不创设新债权，而只是经由确定判决在程序中依请求，将原来之债权在当事人间终局的排除其争议。其意义为：该经确定判决之请求权，不论其系原已存在，或依判决之效力经认为存在于当事人间，仍概以原来之债的关系为其基础。因之，在强制执行时，当事人尚得行使其形成权或为履行的行为，或依法提出担保，以阻止强制执行。[1]

给付判决之主文，应依诉之声明，以使强制执行成为可能之明确的陈述方式表达出来：例如判令交付特定之物或交付所示数量、品质的种类之物，判令给付一定数额之金钱，或判令从事一定之行为，例如完成一定之工作、让与债权或权利、设定担保物权、为恢复原状之给付、为一定契约之缔结。

强制执行之处分首先应按判决命命之内容定之。为金钱之债的履行而必须为强制执行时，如果债务人无现金可供执行，便必须对于执行债务人所有之动产、不动产、船舶或航空器、债权或其他权利为强制执行，以变价取偿。其执行方法，对于动产为以查封、拍卖或变卖之方法行之（“强制执行法”第 45 条）；对于不动产为以查封、拍卖、强制管理之方法行之（同法第 75 条第 1 项）。对于海商法所定之船舶强制执行者，除本法另有规定外，准用关于不动产执行之规定；建造中之船舶亦同（同法第 114 条）。“就债务人对于第三人之金钱债权为执行时，执行法院应发扣押命令禁止债务人收取或为其他处分，并禁止第三人向债务人清偿（第一项）。前项情形，执行法院得询问债权人意见，以命令许债权人收取，或将该债权移转于债权人。如认为适当时，得命第三人向执行法院支付转给债权人（第二项）。金钱债权因附条件、期限、对待给付或其他事由，致难依前项之规定办理者，执行法院得依声请，准用对于动产执行之规定拍卖或变卖之（第三项）。金钱债权附有已登记之担保物权者，执行法院依前三项为强制执行时，应即通知该管理登记机关登记其事由（第四项）。”（同法第 115 条）

在特定物之债中，“执行名义系命债务人交付一定之动产而不交付者，执行法院得将该动产取交债权人（第一项）。债务人应交付之物为书据、印章或其他相类之凭证而依前项规定执行无效果者，得准用第一百二十一条、第一百二十八条第一项之规定强制执行之（第二项）”（同法第 123 条）。在种类之债中，债务人如不为应为给付之物的指定，以将之特定，执行法院得代为指定。“执行名义系命债务人交出不动产而不交出者，执行法院得解除债务人之占有，使归债权人占有。如债务人于解除占有后，复即占有该不动产，执行法院得依声请再为执行（第一项）。前项再为执行，应征执行费（第二项）。执行名义系命债务人交出船舶、航空器或在建造中之船舶而不交出者，准用前两项规定（第三项）。”（同法第 124 条）“第一百二十三条及第一百二十四条应交付之动产、不动产或船舶及航空器为第三人占有者，执行法院应以命令将债务人对于第三人得请求交付之权

① Esser, aaO. S. 84.

利移转于债权人。”(同法第 126 条)又“执行名义,系命债务人交出子女或被诱人者,除适用第一项规定外,(执行法院)得用直接强制方法,将该子女或被诱人取交债权人”(同法第 128 条第 3 项)。以上为直接强制。

执行名义命为一定行为者,如其行为能由他人代为履行,而债务人不为履行时,“执行法院得以债务人之费用,命第三人代为履行(第一项)。前项费用,由执行法院酌定数额,命债务人预行支付或命债权人代为预纳,必要时,并得命鉴定人鉴定其数额(第二项)”(同法第 127 条)。如其行为“非他人所能代为履行者,债务人不为履行时,执行法院得定债务人履行之期间。债务人不履行时,得拘提、管收之或处新台币三万元以上三十万元以下之怠金。其续经定期履行而仍不履行者,得再处怠金(第一项)前项规定,于夫妻同居之判决不适用之(第二项)”(同法第 128 条)。“执行名义系命债务人容忍他人之行为,或禁止债务人为一定之行为者,债务人不履行时,执行法院得拘提、管收之或处新台币三万元以上三十万元以下之怠金。其仍不履行时,亦同(第一项)。前项情形,于必要时,并得因债权人之声请,以债务人之费用,除去其行为之结果(第二项)。依前项规定执行后,债务人复行违反时,执行法院得依声请再为执行(第三项)。前项再为执行,应征执行费(第四项)。”(同法第 129 条)以上为间接强制。

在命为一定行为之执行名义中,其所命之行为系执行债务人应为一定内容之意思表示者,因“强制执行法”第 130 条第 1 项规定“命债务人为一定意思表示之判决确定或其他与确定判决有同一效力之执行名义成立者,视为自其确定或成立时,债务人已为意思表示”。所以该债权实际上不待于强制执行即可实现。[此与无须以诉的方法行使之形成权,于形成权人为其形成权之行使的意思表示时,当事人间之法律关系即因之发生、变更或消灭,不待于法院以形成判决协助者类似。例如在得撤回之意思表示,因撤回而阻止其法律行为效力之发生(例如“民法”第 95 条第 1 项但书、第 154 条第 1 项但书、第 165 条);须经承认始生效力之契约,于承认时发生效力(例如“民法”第 79 条、第 81 条第 1 项、第 118 条、第 170 条);须经选择始能定其内容之债,因选择权之行使而变更其内容,成为非选择之债(例如第 212 条);在得撤销、解除或终止之契约,因撤销、解除或终止之意思表示而溯及的或向将来失其效力。例如法律行为经撤销者,视为自始无效(第 114 条第 1 项),但结婚之撤销的效力,不溯及既往(第 998 条)。另虽然“最高法院”1981 年台上字第 1328 号民事判决要旨称:“终止契约,乃使现存继续的契约关系,向将来消灭之行为,故终止契约,仅使契约自终止时起,嗣后失其效力,与解除契约系溯及订约时失其效力之情形不同。”但关于契约之解除或终止的效力,“民法”并无明文规定。终止的规定仅适用于继续性契约。因之,“最高法院”1970 年台上字第 4096 号民事判决要旨认为“雇佣契约关系,系以时间之继续，而达其契约之目的。依其性质仅有契约之终止，以使契约关系向将来消灭，而无解除权之行使，以使债之关系溯及的消灭之可言”。唯形成权中也有应以诉的方法行使之者，例如“民法”第 74 条关于暴利行为，第 244 条关于诈害债权所定之撤销诉权。]该项所定意思表示有待于对待给付者，于债权人已为提存或执行法院就债权人已为对待给付给予证明书时，视为债务人已为意思表示。公证人就债权人已为对待给付予以公证时，亦同(同条第 2 项)。

第二节　债之标的

一、债之标的概说

债之标的中之标的与债之给付中之给付在当成名词时，有时混用。唯给付如当动词使用时，债之给付与债之履行行为或清偿行为相当。“民法”第 199 条第 1 项规定：“债权人基于债之关系，得向债务人请求给付。”该项虽规定于债之标的节中，但显然是关于债之债权效力的规定。由该项规定可以导出债之关系、债权及请求权的三阶构造。[①]

债之标的所涉问题，基本上是债之静态的内容。其与债之效力所涉者基本上具有履行上之发展的动态特色不同。债之标的问题与权利之客体相对应。所以，其体系首先亦从物、权利及劳务展开。而后针对物，在“民法”第 66 条及第 67 条关于不动产及动产之分类的基础上，为债之规范上的需要，区分为特定物与种类之物。种类之物按其标的，又分出本国货币与外国货币。如图 2-2 所示。

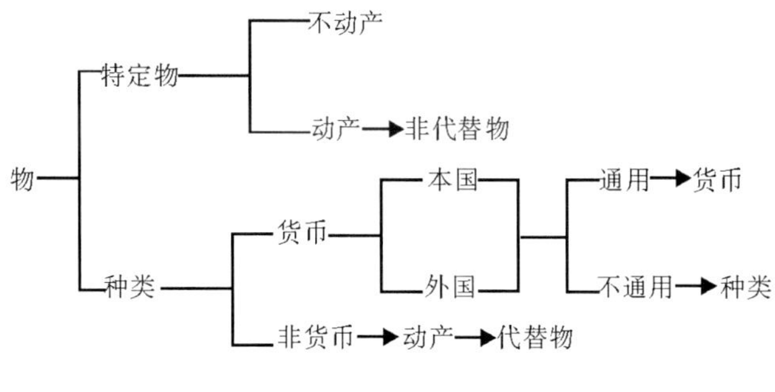

图 2-2

① 关于债之关系、债权及请求权的三阶构造，请参考本书第二章第一节。

权利可分成三大类:社员权、债权及智财权。如图 2-3 所示。

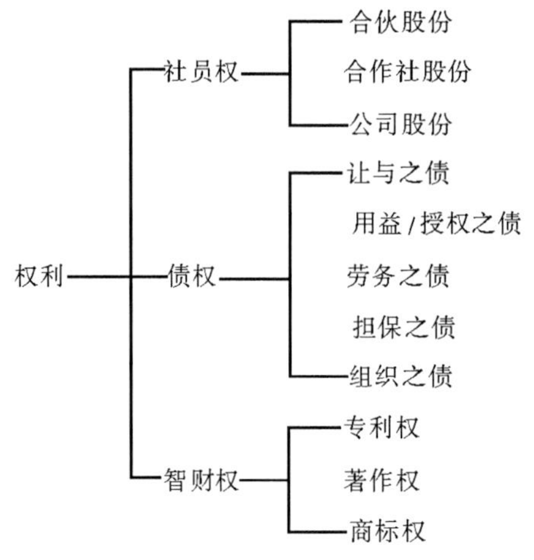

图 2-3

其中社员权与智财权虽非债权,但得为债权之标的。此外,得为债权之标的者,除上述物、权利或劳务外,其实,任何由契约双方约定为给付之客体者,皆可为债之标的。这当中特别必须注意者为:这些标的有可能具权利地位,亦有可能不具权利地位。例如各种不受专利权或著作权保护之专门技术、客户名单及其他营业秘密。不过,营业秘密之标的资格以其秘密之维持为必要("营业秘密法"第 2 条)。营业秘密一旦丧失秘密性,即不再具有给付的价值。在这种情形下,以该营业秘密为客体之债,将因客体不存在,而使其债务人陷于给付不能。视该秘密之泄漏是否可归责于债务人而定该给付不能的效力。如其泄漏可归责被授权人(债权人),债权人不因给付不能而免负对待给付的义务("民法"第 267 条)。此外,授权人(债务人)如能证明另有损害,并得请求损害赔偿。

针对劳务,"民法"第 199 条第 3 项规定,"不作为亦得为给付"之标的。关于劳务,债法上专指人的劳务。唯营业税法上所规定之劳务包含人的劳务及物或权利的劳务("营业税法"第 3 条第 2 项前段)。所谓物或权利的劳务指物或权利的使用收益。如图 2-4 所示。

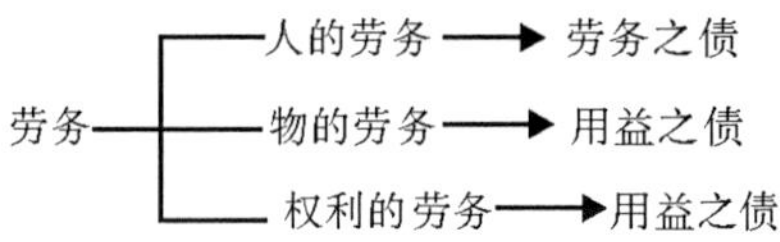

图 2-4

关于损害赔偿之债,有债务人应填补之损害的利益态样(信赖利益、履行利益、固有利益；积极损害、消极损害）及赔偿方法（恢复原状或金钱赔偿）的分别。履行债务时，其给付对于清偿人通常固产生一定之费用，但对于债权人，该给付不一定皆有财产价格（"民法"第 199 条第 2 项）。

二、债之标的之确定的必要性

为使法律能够对于一个债务关系提供保护，不但其主体，而且其给付与对待给付之客体皆必须足够确定。是故，在债务关系的形成上，债之标的必须确定，或至少得依明显的方式加以确定。此即债之标的必须确定或至少得确定的要求。盖非如是，不能依据法律或契约，建构其相关之权利与义务，并将之归属于特定的主体。不过，即使在以物为标的之债，债之标的亦不都自始具体确定于特定物，而可能以种类或以一定之规格来表示债务人将要给付之现存或将来才会存在的客体。基于债之效力的主体相对性，在债务发生时，该标的亦不妨尚属他人之物。在这种情形下，他人之物之债并不因此，以有自始主观不能为理由，而无效（"民法"第 246 条第 1 项参照）。

这个问题表现在债务契约的缔结上，即是依"民法"第 153 条的规定，意思表示之一致的范围应多大，契约方始成立的问题。归纳债法中关于各种有名契约之缔结的规定，可以得到一个结论：即当事人双方原则上必须就所拟缔结之有名契约的主要给付已有一致的意思表示，契约方始成立。［例如买卖之主要给付义务为：移转财产权及支付价金（"民法"第 345 条第 1 项）。依同条第 2 项的规定"当事人就标的物及其价金互相同意时，买卖契约即为成立"。"最高法院"1980 年台上字第 1710 号民事判例"当事人缔结不动产买卖之债权契约，固非要式行为，唯对于买卖契约必要之点，即价金与标的物之意思表示必须一致，否则其契约即难谓已成立"。"最高法院"1996 年台上字第 165 号民事判决"租赁契约为诺成契约，虽当事人间非不得就租赁物及租金之范围先为拟定，成立预约以为将来订立本约之张本。唯当事人间如已就租赁契约必要之点即租赁物与租金互相表示一致，其租赁契约即为成立，不能因尚未订立书面契约，认其仅属预约之性质"。"最高法院"1996 年台上字第 3034 号民事判决"使用借贷为债权契约之一种，仍须当事人就一方无偿以物贷与他方使用，他方允于使用后返还其物等契约必要之点，互有合致之意思表示，该项契约始能成立，此观'民法'第一百五十三条、第四百六十四条之规定自明"。雇佣之主要给付义务为："一方于一定或不定之期限内为他方服劳务，他方给付报酬之契约。"（"民法"第 482 条）"如依情形，非受报酬即不服劳务者，视为允与报酬。未定报酬额者，按照价目表所定给付之；无价目表者，按照习惯给付。"（第 483 条）关于承揽亦有类似之规定："称承揽者，谓当事人约定，一方为他方完成一定之工作，他方俟工作完成，给付报酬之契约。”（“民法”第 490 条）“如依情形，非受报酬即不为完成其工作者，视为允与报酬。未定报酬额者，按照价目表所定给付之；无价目表者，按照习惯给付。”（第 491 条）“民法”在上引各种之债的定义，皆有关于各该有名契约之主要给付的规定。在该定义的基础上，纵无相当于“民法”第 345 条第 2 项的规定，为各该有名契约之缔结，当事人基本上应有一致之意思表示的范围并无不同。］这是为契约之缔结，对于必要之点，缔约人应有一致之意思表示的原则规定。此外，关于非必要之点，[①]如缔约人之一方认为重要者，双方亦必须获得一致之意思表示，契约方始成立。在就“民法”第 153 条所定意思表示应一致的范围，双方尚未有一致的意思表示，而依法律或依双方之意思，契约已成立者，双方可能约定由当事人一方或由第三人决定其内容，也可能约定需由双方事后协议。在需由双方事后协议的情形下，如双方事后对于相关之契约内容不能获得一致之意思表示，那便必须求助于法院，以判决的方法补充其契约的漏洞。此即法院对于契约之补充解释。[②] 不过，法律可能规定有一部分之主要给付如果依情况能以其他方法加以确定时，对该主要给付，双方亦可无互相一致的意思表示，而可依交易习惯或按适用于一般交易对象之价目表确定之（例如“民法”第 346 条第 1 项：买卖价金仅依情形可得而定；“民法”第 506 条：订立承揽契约时，仅估计报酬之概数，契约依然可以成立）。这常见于以时价标示价格之海产店。[③] 在契约成立后，容由当事人之一方或第三人决定契约一部分之内容者，其决定应符合公平裁量的要求。是否符合，有疑义时，得诉请法院裁判。是否符合的认定，属于确认之诉；经法院确认为不符合时，法院是否得自行以判决，确定其认为公正之内容？如可，其裁判为形成判决；如认为不可，则该契约将因构成效力要件之第三人的决定不成就，而无效。[④] 在这种情形下，其契约内容之正确性系于市场竞争机制所产生的自律作用。在法定之债，例如损害赔偿或扶养义务等依法律而发生之债，其债

① “最高法院”1988 年台上字第 2479 号民事判决“定金收据业已表明买受人为被上诉人，并表明买卖之标的物及总价金，对于买卖必要之点（要素）既意思表示一致，依‘民法’第一百五十三条第二项，第三百四十五条第二项规定，两造间该房地之买卖契约自属已有效成立。至其他非必要之点如付款方式、过户程序、税金负担等两造既无特别约定自应依法律规定为之，不能因此而谓买卖尚未成立”。

② Esser, Schuldrecht, 2. Aufl., Karksruhe, 1960, § 40.

③ 关于此种契约类型，德国民法第 316 条规定：“为一个给付承诺之对待给付的范围未确定者，有疑义时，由得请求该对待给付这方确定之。”该规定主要适用于下述情形：在缔约时，当事人之一方已为给付，从而先为给付这方得自行确定其对价（Esser, Schuldrecht, 2. Aufl., Karksruhe, 1960, § 40, 2 c)）。

④ Esser, Schuldrecht, 2. Aufl., Karksruhe, 1960, § 40, 3.

之范围，特别是得请求之数额，通常必须透过双方的和解或法院的判决，始能确定。此为其情境使然，无碍于其效力。

在框架契约(Rahmensvertrag)的基础上，其具体契约不但在内容上具有开放性，而且对双方皆无非缔约不可的拘束力。[①] 在框架契约上，双方除表达一定之缔约的意向及对于将来双方之交易关系的发展目标外，通常还对于一般的交易条件加以约定。[②] 其意义有若共同协议契约一般条款。此与由一方当事人提供契约一般条款的情形不同。留下来之具体契约的空白通常与主要给付之数量或价位、成本分担、权益的分配有关。这主要适用于长期供应契约或研发、智财权之授权、市场等策略性联盟协议。

三、种类之债

种类之债指以种类指示其应给付之物的债务。除独一无二之标的外，债之标的在或高或低的程度总有一定的类属。因此，一件债之标的是否已特定成为特定物之债，并不能绝对取决于该标的客观上是否具有替代性，而应视双方的具体约定，无约定时，视交易习惯如何而定。必须无主观的标准，始适用客观的标准，区分其为特定物或种类之债。种类之债虽主要涉及以物为标的之债，但劳务之债亦可能具有限制种类的特征。例如歌剧院或音乐厅由特定明星或演奏家在特定期日演出之入场券。在附司机游览巴士之承揽契约，一般固不以特定车辆指示承揽标的，但定作人可能自始指定要由其信赖之特定司机驾驶。在这种情形下，该承揽契约即可能成为以特定劳务给付为标的之债。于是，在约定出车当天，该司机如因生病而不能开车，即会有车行得否指派其他司机代班，或该契约因此而给付不能的问题？双方的坚持，是否符合诚信原则？因为运送是当然的承揽契约，而非雇佣契约，所以如定作人能证明有指定特定司机，则该司机之不能当班，构成给付不能。双方事后如另无协议，定作人无接受，承揽人亦无指派另一司机的义务。[③]

种类系概念上的存在，不能为给付之标的。实际上可作为给付物者为符合指示之种类的物。是故，为种类之债的履行，必须先特定将给付之物。其特定的方法为：由债务人或债权人或由双方共同指定债务人应交付之物。究竟应如何指定，视具体特别约定的情形定之。如无特别约定，原则上由债务人以完结交付

---

① Esser, Schuldrecht, 2. Aufl., Karksruhe, 1960, § 40, 2 b).

② Staudinger/Manfred Löwisch, Kommentar zum BGB Berlin, 2001, § 305 Rn. 20f..

③ Esser, Schuldrecht, 2. Aufl., 1960, Karlsruhe, § 41, 2.

该物之必要行为的方式指定之。[①] 在指定之后，该种类之债即转为特定物之债（"民法"第 200 条）。不过，指定之物仍须符合依契约本旨应具之品质。[②] 其应具之品质，在依法律行为之性质或当事人之意思不能定其品质时，债务人应给以中等品质之物。但按照货样约定买卖者，该种类买卖属于货样买卖，视为出卖人担保其交付之标的物，与货样有同一之品质（"民法"第 388 条）。[③] 不符品质者，债务人之所为不能使该种类之债转为特定物之债。[④] 在这种情形下，因债之标的尚未交付债权人，所以纵使特定之给付物有瑕疵，一时还不引起物之瑕疵担保的问题。必须直到交付后，交付之物有瑕疵，才转为物之瑕疵担保的问题。仅债权人得依"民法"第 364 条，债务人不再可以，请求另行交付无瑕疵之物。[⑤] 有疑问者为：种类之债经特定成为特定物之债后，债务人得否再以其他同品质之同种类之物，替代该经特定之给付物而为给付？原则上固然不可，但替换显然无害于

---

① 在这里所谓完结交付该物之必要行为，原则上指为现实提出：依债务本旨实行提出给付。但债权人预示拒绝受领之意思，或给付兼需债权人之行为者，债务人得以准备给付之事情，通知债权人，以代提出（言词提出）（"民法"第 235 条）。为种类之债之给付标的物的指定，债务人必须完结之行为，并不只是将拟给付之物自种类中分离出来。在赴偿之债（Bringschulden），含将标的物带至清偿地对债权人为现实提出；在送交之债（Schickschulden），含将标的物交付为运送之人或承揽运送人；在往取之债（Holschulden），含备妥给付之标的物及通知债权人。自上述时点起，给付危险移转于债权人。该已特定之标的物如有灭失，债务人不负担保责任，将依关于给付不能的规定，定其法律关系（Esser, Schuldrecht, 2. Aufl., Karksruhe, 1960, § 41, 5）。不过，在"民法"第 235 条但书规定的情形中，单纯之标的物的分离与言词提出即可生将种类之债转为特定物之债的效力。

② "最高法院"1983 年台上字第 4373 号民事判决"被上诉人承建之客体为南山大饭店，所用建材必须合于'大饭店'之标准，始符当事人立约时之真意，原审并未斟酌两造约定之造价较高及所建为'大饭店'之客观情形，认依'民法'第二百条第一项规定，被上诉人只须以中等品质之物给付之，尤欠允当"。

③ "最高法院"2002 年台上字第 1953 号民事判决"按货样约定买卖者，视为出卖人担保其交付之标的物与货样有同一之品质，为'民法'第三百八十八条所明定。货样买卖适用第三百五十四条第二项及其他有关瑕疵担保之规定。如标的物不具备货样之品质时，买受人固得依'民法'第三百六十条之规定，行使其权利，唯若交付之标的物品质符合货样之品质，纵令与一般期待品质有落差，亦不能谓品质有瑕疵"。

④ Esser, Schuldrecht, 2. Aufl., Karksruhe, 1960, § 41, 5 b).

⑤ "最高法院"1992 年台上字第 426 号民事判决"查物之出卖人对于买受人应担保其物依第三百七十三条之规定危险移转于买受人时，无灭失或减少其通常效用之瑕疵。买卖之物仅指定种类者，于出卖人交付其物之必要行为完结后，其物即为特定给付物（'民法'第二百条第二项规定），于交付买受人以后，即应负瑕疵担保责任，若买受人依'民法'第三百六十四条规定请求交付无瑕疵之物，系为权利之行使"。

债权人之利益者，其反对可能被认为违反诚实信用原则。[①]

规范上认为：在种类之债，固可能因天灾或人为因素，使债务人陷于给付困难，[②]但原则上不至于发生给付不能的情形。[③] 唯种类之债随其指示之种类的抽象程度，或具备之属性的多寡，还可以有不等程度之范围的划分。范围较小者称为限制种类之债。[④] 随其范围之缩小，提高种类之债陷于给付困难或给付不能的可能性。例如以某年在某地区生产之第一期水稻为种类→自己田里收割→自己仓库尚存之稻谷，指示债务人应给付之物时，如该地区、自己田里或仓库中之当年度该期之水稻歉收或已卖出，以致大量供不应求时，即可能发生一部或全部给付不能。在种类之债，债务人所负使自己能为属于该种类之特定物之给付的义务，即是获取义务(Beschaffungspflicht)。负获取义务者，即是负给付危险，就给付之可能负担保责任。唯即便在种类之债，债务人依然得以特约缓和自己的获取义务。例如约定以存货所及为限。[⑤] 这在物价不平稳时，特别有此需要。设无该特约，而债务人因物价波动有给付之经济困难时，该问题将转为是否得以情事变更为理由，调整价金或解除/终止契约的问题。

在种类之债，因规范上认为无不能给付之情形，且在种类之债的强制执行，如债务人无该种类之物可供给付，执行法院依“强制执行法”第 127 条，得以债务人之费用命第三人代为采买交付，此项费用由执行法院斟酌该代替物现时价格

---

① “最高法院”2006 年台上字第 1171 号民事判决。

② “最高法院”1943 年台上字第 4757 号民事判例“……出卖之软片仅以种类指示，并非特定物，通常不致给付不能，且上诉人应为给付之期，系在 1940 年 12 月间，纵令当时软片来源已属稀少，亦仅给付困难，不得谓为给付不能，上诉人乃主张依‘民法’第二百二十五条第一项之规定，免其给付义务，殊无理由”。

③ “最高法院”1948 年台上字第 7140 号民事判例“松柴债务系仅以种类指示给付物之债务，并非特定物给付之债务，纵令上诉人所称存积之松柴，在杭州沦陷时被敌伪毁灭非虚，亦不生给付不能之问题”。

④ Esser, Schuldrecht, 2. Aufl., Karksruhe, 1960, § 41, 4. 在限制种类之债中，如果确有供不应求的情形，除非预收货款，否则，出卖人方可能不愿意即将契约缔定。而希望以保留在收到货款前，得撤回的方式要约，或保留按交货日之定价计算价金。

⑤ Esser, Schuldrecht, 2. Aufl., Karksruhe, 1960, § 41, 4.

及其他情事定其数额，命债务人预行支付。[①] 亦即无不能执行之情事。所以在种类之债的给付之诉，无就代偿之补充请求为诉之客观合并的必要。另在种类之债以金钱以外之代替物为标的之情形，因其不是金钱之债，在有给付迟延时，债权人不得径依"民法"第 233 条第 1 项请求迟延利息之给付。[②]

四、货币之债

在种类之债中，有以货币为指示之种类者，此即货币之债。货币之债可谓是种类属性内涵最少，最不可能发生给付不能的债务。不过，外国货币之债可能因外汇管制而发生法律不能。货币之债应如何履行？以现金、票据、划拨或转账？就个别货币之债，这应视交易习惯及具体情况认定之，不能一概而论。上述清偿方法，如涉及新债务的负担，则会引起间接给付（即新债清偿）的问题（"民法"第 320 条）。否则，即便以划拨或转账的方法清偿，亦应与现金给付同视。唯必须注意，在以划拨或转账的方法清偿时，债权人可能因为其与一定银行之债务关系，而指定应向或不得向其在一定银行之账户划拨或转账，以避免该账款在进入该账户后被留置、扣押或抵销。在估价单、收据，或发票上载有债权人之银行账号者，如无反对之约定，应解释为债务人得以划拨或转账的方法清偿该文据上所

---

① "最高法院"1993 年度台上字第 570 号民事判决："'民法'第四百七十八条前段规定借用人应于约定期限内返还与借用物种类、品质、数量相同之物。原审既认定两造系成立消费借贷关系，借用之钢瓶为代替物，则除非此种类之物，于市场上消失，否则不发生给付不能问题（参照本院 1943 年上字第四七五七号、1948 年上字第七一四〇号判例意旨）。如债务人无此种类之物可供给付，则依'司法院'1941 年院字第二一〇九号解释，执行法院得以债务人之费用命第三人代为采买交付，此项费用由执行法院斟酌该代替物现时价格及其他情事定其数额，命债务人预行支付。"

② "最高法院"1999 年度台上字第 1110 号民事判决："原告请求被告为一定给付，同时主张被告如不能为该项给付时，则应给付一定数量之金钱，即学说上所称之代偿请求，其主位请求与代偿之补充请求，为单纯客观诉之合并，如其主位请求为代替物之给付，则因种类之债，无不能给付之情形，执行法院依'强制执行法'第一百二十七条规定，亦得径予执行，即无就代偿之补充请求为诉之客观合并之必要。查上诉人请求返还玉米，系属代替物，既非特定物，依社会观念，不生给付不能之问题；且其既非以支付金钱为标的，与'民法'第二百三十三条第一项前段规定不符，亦不得请求给付依法定利率计算之迟延利息。是关于上诉人请求将系争玉米依市价折算价额加付法定迟延利息，及如无实物按市价折付金钱部分，洵属无据，不应准许。"该判决的论据为：(1)债之客体有相对性。如无法定或约定之变更依据，债权人与债务人皆不得片面变更给付之内容。(2)在本件原告请求以金钱替代玉米。其主张之法定变更依据为给付不能，而玉米为种类之标的，规范上不承认其有给付不能的情事。

载之债务。[①]

在货币之债中，其规范最为关键者，首先是通用效力、外汇管制、本国货币之替代性、利息。[②] 货币如果丧失通用效力就不再是货币。所以，约定“以特种通用货币之给付为债之标的者，如其货币至给付期失通用效力时，应给他种通用货币”（“民法”第201条）。外汇管制指关于外国货币之境内流通或汇出境外的禁止或管制。外国货币之境内流通如果受到禁止，外国货币即成为不融通物，不但不得以之作为交易的支付工具，而且不得以之作为买卖或兑换的标的。

除法律有特别规定或当事人有特约外，在债之关系成立后，未得双方合意，当事人之任何一方皆不得片面变更债之客体。事后改变债之客体的约定即是：代物清偿（“民法”第319条）、间接给付（即新债清偿）（“最高法院”1998年台上字第412号、2006年台上字第2477号民事判决）或更改（“民法”第320条）。“以外国通用货币定给付额者，债务人得按给付时、给付地之市价，以台湾地区通用货币给付之。但订明应以外国通用货币为给付者，不在此限。”（“民法”第202条）此即债权人事先同意债务人得以本国货币替代外国货币而为给付的推定。是否以本国货币替代外国货币而为给付，债务人有选择权。以外国通用货币定给付额之债，在此意义下，具有选择之债的性质。因有该条但书之推定的特别规定，反而债权人如要拒绝债务人以本国货币替代外国货币而为给付，应举证证明双方事先有“订明应以外国通用货币为给付”。事后始为拒绝，会构成受领迟延。在“民法”第202条所定情形下，债务人对债权人，决定以本国货币替代外国货币而为给付时，究竟应论为选择之债中之选择权的行使，因该选择才定系争之债之给付标的，或应论为债务人得单独决定为代物清偿（“民法”第319条）？鉴于该债务本来有其约定之给付标的，所以还是应解释为：债权人例外得单独决定以代物清偿的方法，以本国货币替代外国货币而为给付，较妥。是故，债务人如欲以本国货币替代外国货币而为给付，除有得为言辞提出以代现实提出的情形外（“民法”第235条），必须为给付之现实的提出，以便债权人得同时受领其提出之外国货币。

有疑问者为：其折算应以给付时、给付地外汇市场之买入还是卖出的市价为

---

① Esser, Schuldrecht, 2. Aufl., Karksruhe, 1960, § 45, 2.

② 利息、租金及股利并列为三个最典型的法定孳息。它们分别是使用借用金钱、承租有体物（动产及不动产）或投资于事业之股本的对价。授权使用权利之对价称为权利金，是类似于租金的法定孳息。但权利金之使用场合不像利息或租金严谨。只要是与权利之交易有关的对价，不论是基于授权使用，或基于购买，皆可称为权利金。选择权之买卖虽与权利之授权使用无关，但其对价亦称为权利金。例如认购（售）权证之发行人向其购买人收取之对价即称为权利金（“所得税法”第24条之二）。

准？应以卖出之市价为准。此外，还应加计兑换手续费。盖必须以卖出之市价为准，并加计兑换手续费，债权人才能以受领之本国货币在外汇市场买入约定数量之同等数额的外国货币。从而不因债务人决定，以本国通用货币替代外国通用货币为给付，而使债权人遭受不利。

从公共利益的观点看货币之债，除外国货币的问题外，最受关心者为消费借贷的利率。此即传统上之重利盘剥的禁止问题。基于该价值上的看法，不但刑法有重利罪（第344条），而且民法亦有下述关于利息的规定。其中首先在"民法"第203条规定法定利率："应付利息之债务，其利率未经约定，亦无法律可据者，周年利率为百分之五。"此为利率无约定或法律可据时，应适用之法定利率的规定。在法律规定之逻辑构造中，该条规定属于关于法律效力之说明性法条。[①]利息依其规范依据可分为约定利息及法定利息。同样的，利率依其规范依据可分为约定利率及法定利率。不过，约定利息不一定适用约定利率；法定利息也不一定适用法定利率。例如在具体情形中，迟延利息纵使是法定利息，如当事人有利率之约定，仍应按约定利率计算该法定之迟延利息（"民法"第233条："迟延之债务，以支付金钱为标的者，债权人得请求依法定利率计算之迟延利息。但约定利率较高者，仍从其约定利率。"）。原则上虽应优先适用约定利率，但因为约定利率，超过周年20%者，债权人对于超过部分之利息，无请求权（第205条）。所以，在这种情形中等于适用法定之最高利率。

所谓无请求权，不仅是有拒绝给付之抗辩权，而且是根本无该超出利息限额之请求权。然这究竟是指超过部分之利息债权不存在，或是虽有债权而无请求权？其差异为：如有债权而仅是无请求权，则其清偿给付便不是非债清偿。反之，无债权，则其清偿给付是非债清偿。当其是非债清偿，则只有在为清偿时，债务人明知债权人无债权或无请求权而为清偿，始无不当得利返还请求权（"民法"第180条第3款）；当其不是非债清偿，则在清偿时，纵使清偿人不知债权人无请求权，其清偿给付亦不构成不当得利。在有债权而无请求权之债，债务人为清偿给付后，固不得再依不当得利的规定请求返还。[②] 但何谓已为给付，仍有探讨余

① 关于说明性法条，请参照黄茂荣：《法学方法与现代民法》，植根法学丛书编辑室2009年增订第6版，第245页。

② "最高法院"1955年台上字第1516号民事判决"对于无请求权者，债务人虽得拒绝履行，然其已为给付者，亦非必得请求返还"。"最高法院"1967年台上字第197号民事判决"金钱债务之约定利率，超过当时当地中央银行核定之放款日拆者，债权人对于超过部分，仅无请求权而已。若债务人已依约定利率给付，法院仅能就未给付之利息，认债权人无请求权，而不得就已生清偿效力之利息，认债权人应退还债务人"。

地。在此所称之给付应指现实给付而言，不含约定将利息滚入原本或债之更改。[①] 其次，债务人纵使知之，如果因“刑法”第 344 条的规定，而将超限利息之支付，定性为因不法之原因而为给付，且不法之原因仅于受领人一方存在，则为清偿之债务人还是得请求返还（“民法”第 180 条第 4 款），不受同条第 3 款的限制。这两种解释皆还在“民法”第 180 条第 3 款、第 4 款之可能的文义范围内。最后究竟如何，在解释上这取决于法秩序之规划上的决策。[②]

关于利息，不宜单纯从绝对的利率管制，而应从银行业之合理的利差制定管理的范围。所谓合理的利差指存款与放款之间的利率差额。例如一般银行定期存款利率是 8%或是 2%时，不可等同看待，皆以年利率 20%为上限。此外，关于利息，尚有复利的限制“利息不得滚入原本再生利息。但当事人以书面约定，利息迟付逾一年后，经催告而不偿还时，债权人得将迟付之利息滚入原本者，依其规定（第一项）。前项规定，如商业上另有习惯者，不适用之（第二项）”（第 207 条）。

另“约定利率逾周年百分之十二者，经一年后，债务人得随时清偿原本。但须于一个月前预告债权人”（第 204 条第 1 项）。亦即约定利率逾周年 12%时，贷与人方超过一年之期限利益不受保护。为提前清偿原本，借用人必须于一个月前预告债权人终止其间之消费借贷契约。该终止之通知依该项规定应附以一个月以上之始期。有疑问者为：借用人得否在消费借贷期间未满一年时，即于一个月前预告债权人，在该消费借贷满一年时终止契约。在此，预告之目的应仅在于使债权人得预为资金之运用的安排，所以应解释为：借用人得在消费借贷期间未满一年时，即于一个月前，预告于消费借贷期间经一年后之任何时点终止契约。尚有疑问者为：纵使如此，其终止之时点是否应限于月底？如有限于年底之约定者，是否应以其过长，缩短为每月底？应采至长为每月底的标准。

---

① “最高法院”2002 年台简抗字第 49 民事判例“‘民法’第二百零五条既已立法限制最高利率，明定债权人对于超过周年百分之二十部分之利息无请求权，则当事人将包含超过周年百分之二十部分之延欠利息滚入原本，约定期限清偿，其滚入之利息数额，仍应受法定最高利率之限制。故债权人对于滚入原本之超过限额利息部分，应认仍无请求权，以贯彻‘防止重利盘剥，保护经济弱者’之立法目的。又债之更改，固在消灭旧债务，以成立新债务，唯超过限额部分之利息，法律既特别规定债权人对之无请求权，债权人自不能以债之更改方式，使之成为有请求权，否则无异助长脱法行为，难以保护经济上之弱者”。

② 就法律之此种解释的可能性，针对德国在第三帝国的经验，Bernd Rüthers 在其教授论文：*Die Unbegrenzte Auslegung*，*J. C. B. Mohr*，*Tübingen*，1968 有深值参考的论述。活用这样的解释可能性，固可使法院随时代之变迁，演进法律，确保国家民族的进步；但如遭滥用，也可使法院屈从于不义的权力，置同胞于苦难，万劫难复。这是在理论上，从概念法学向利益法学或价值法学发展时；在实践上，从形式意义的法治国家向实质意义的法治国家发展时，必须逐步克服之左右为难的困境。

关于利息，最后还有巧取利益之禁止："债权人除前条限定之利息外，不得以折扣或其他方法，巧取利益。"（"民法"第206条）用来巧取利息的方法，首先为约定在消费借贷之期初预扣利息，减少本金之给付，就事实上无给付之本金并计利息。按关于消费借贷，民法虽无利息应于期初或期末给付之规定，但衡诸有偿消费借贷之目的，在于支付利息，取得资金之融通，所以应解释为利息于期末后付，以符利息为本金之使用对价的性质。是故，期初预扣利息之消费借贷，应以预扣利息后实际给付之金额为本金。并就该本金数额适用约定之利率计算利息。[①]约定以预扣利息前之数额为本金者，违反"民法"第206条，巧取利益。[②] 其次为利用更改将超过限额之利息转化为原本，以虚拟超限利息已经给付的外观，排除债务人引用"民法"第205条获得保护的可能性。[③]

迟延给付之违约金的约定，虽亦很容易被滥用为巧取消费借贷利益的方法，但因"最高法院"认为，就消费借贷之迟延给付约定的违约金，应与利息分别看待，使违约金固受"民法"第252条关于约定之违约金额过高的限制，法院得减至相当之数额。但不受"民法"第205条关于最高利率20%之限制。是故，约定之违约金本身，或与利息相加后，比之于本金，纵使超过20%，亦不论为：以违约金巧取第206条禁止之利益。[④] 不过，法院在斟酌约定之违约金是否过高时，仍应

---

① "最高法院"1940年上字第1306号民事判例："据上诉人称，借字上所载一千二百元之数额，实照八折扣算，只收到九百六十元云云。如果属实，自系'民法'第二百零六条所谓以折扣方法巧取利益，关于折扣之二百四十元，被上诉人既未实行交付，即不发生返还请求权。""最高法院"1988年度台上字第164号民事判决："自贷与金额中预扣利息，该预扣部分既未实际交付借用人，自不能认为系贷与本金额之一部（本院1940年上字第1306号判例参照）。故利息先扣之消费借贷，其据以计算利息之本金额应以利息预扣后实际交付借用人之金额为准，于约定依本金之一定比例支付违约金者，其据以计算违约金之本金额，亦同。"

② "最高法院"1989年台上字第1563号民事判决："被上诉人实贷二百十万元，而以三百万元计息，实贷一百万元而以一百三十四万元计息。此与'民法'第二百零六条规定所谓巧取利益之情形，适相符合，应为法所禁止。"

③ "最高法院"2002年台简抗字第49号民事判例。该判例要旨请参见前页注②。

④ "最高法院"1966年台上字第406号民事判决："约定给付滞纳金系属确保债权效力之一种强制罚，与利息性质迥异，不得谓为巧取利益而无请求权。"滞纳金应当是国家对于违反公法规定之给付期限，而对于公法上之金钱债务加计的强制罚。这不应适用于私法上的金钱债务。实务上应拒绝此种约定，以降低债权人与债务人间之不必要的身份摩擦，破坏法律和平。

将约定之利率考虑在里面。[①]

利息之债在发生上附属于原本之债。利息之债虽然因此被认为是原本债务之从债务，但在发生后，其存续有一定程度之独立性。可以独立于原本债权移转，也有自己的消灭时效期间。唯所移转者如为将来之利息债权，该利息债权若未经证券化，可能带有源自原本债权之抗辩权。例如债务人提前清偿原本债务（“民法”第204条第1项）或利息债权超过利息限额（“民法”第205条），都可能使移转之将来的利息债权遭遇抗辩。在原本债权移转时，“未支付之利息，推定其随同原本移转于受让人”（“民法”第295条第2项）。“如债权人给予受领原本之证书者，推定其利息亦已受领。”（“民法”第325条第2项）然除得反证推翻上述推定之事实外，并不因上述规定而使利息债务在存续上依存于原本债务。

五、选择之债

在债务契约之缔结时，就数宗给付，有时当事人之一方尚不能决定，究竟应以哪一宗为标的，但却又希望缔结一个非仅是附以停止条件，而是立时有效的契约，以免失去希望之交易机会时，则就债之标的，他们可能将可供选择之数宗给付，约定为可供候选之标的范围，而将最后的选择权保留给当事人之一方。于是形成一个法律状态：于数宗给付中，当事人之一方得选定其一。此即选择之债。该选择权只能归属于一方，而不得归属于双方。归属于双方者，该契约将因意思表示尚未一致，而不成立。在选择之后，其标的由得确定转变为确定。可供选择之标的通常为特定物，不过，也可能约定在数个种类之标的中选择其一。例如不同出发地及目的地之来回机票一张或某厂牌某型之重型机车一台。在招标案中

① “最高法院”认为，“违约金不论为惩罚性或损害赔偿之性质，均与利息之性质不同，不得以利息与违约金合计超过年息百分之二十，即谓其超过部分无请求权”（“最高法院”1995年台上字第1632号民事判决）。在违约金的加计方面，容易从违约者无理的观点，认为债务人有过在先。从而对其少有同情。而其实应将非金钱之债与金钱之债分别看待。非金钱之债因可能具有不可代替性，而必须借助于违约金，以促其实现；而金钱之债具有可代替性，其不履行所涉及者主要为债务人之支付能力的问题。在给付迟延时，加计违约金之真正意义还是在于对不良债权之利率的差别待遇。是故，不将利息与违约金合并考量，并不妥当。至于合并计算后如超过20%，应如何处理，是另一个需要制度性规范的问题。

亦常见以某厂牌某型号之设备或其他厂牌之同级品为标购标的之一。[①]

如果一个债有数宗给付可供债务人或债权人选择为最后履行之标的时，则为其履行上之需要，与种类之债一样，必须将债之客体，从多数或不特定复归于一或特定，以使其给付成为可能。在种类之债中，有其标的品质之分级及指定；在选择之债中，其数宗给付在该具体债务关系，主观上等值，[②]有选择的规范需要。有选择权的一方，得任意在可供选择之等值的数宗给付中，透过选择，以特定最后依债务之本旨，债务人应给付，或债权人得请求给付之标的。在因不可归责于债务人之事由，致给付不能的情形，"民法"第 225 条第 1 项及第 2 项所定之免给付义务与代价请求权间；在买卖因标的物有瑕疵，致出卖人依"民法"第 354 条至第 358 条之规定，应负瑕疵担保责任的情形，"民法"第 359 条所定，买受人得解除买卖契约或请求减少其价金的权利间；就物之损害的赔偿方法：被害人在恢复原状与金钱赔偿间("民法"第 196 条及第 213 条)有选择权。[③] 这些情形皆构成选择性竞合的关系。赔偿的方法并非强行规定，在约定的损害赔偿之债，当

---

① Esser, Schuldrecht, 2. Aufl., Karksruhe, 1960, § 41, 1. 在招标案中，关于采购标的，不以规格指示给付物，而先以一定厂牌之某型号的产品为例示，再以未指名之其他厂牌同级品概括可供得标人选择之采购标的物，即是种类的选择之债。此种约款极易在验收时引起履标纠纷。此种标案，宜先就采购之种类标的物开以规格为基础之资格标，而后再开价格标。又不同厂牌之相同或可接受之相当规格的产品，在市场上有由市场决定之常规价格时，可考虑以其对于该常规价格之折让折扣为价格标之决标标准。这可避免以绝对价格为标准决标，所发生之不公平竞争。

② "最高法院"1959 年台上字第 1563 号民事判决："数宗给付可由契约当事人选择者，系指该数宗给付系属平行并无先后之分，且无须待某种条件成就后始有其选择权者而言。"

③ "最高法院"1985 年台上字第 174 号民事判决："不法毁损他人之物者，'民法'第一百九十六条规定，应向被害人赔偿其物因毁损所减少之价额。在实务上，固认并不排斥同法第二百一十三条之适用，即被害人仍得依选择而按该规定为修复费用之请求。然修复所需之费用与减少之价额，未必相同。原审既认上诉人应依'民法'第一百九十六条规定赔偿，而命赔偿之金额又以修复费用为准，已嫌未洽。"究竟应依"民法"第 196 条或第 213 条计算上诉人应给付之赔偿金额，视被上诉人选择之请求依据而定。这即便在"民法"第 213 条第 3 项于 2000 年 4 月 26 日修正公布前，亦然。因为这涉及在赔偿请求前之选择权的行使，所以，即便在采新诉讼标的理论，以原因事实界定诉讼标的(甲毁损乙之物)的情形，被害人就其请求的规范依据还是必须有正确的主张。否则，容易遭到败诉。不过，应当认为只要被害人主张请求修复费用，即应解释为其请求"支付回复原状所必要之费用，以代回复原状"，而不必具体引用"民法"第 213 条第 3 项。

事人得事先约定其赔偿方法。① 这是否为一种选择之债？有采否定的看法。② 至于在积极侵害债权与侵权行为之损害赔偿责任间，是否亦构成选择的关系？"最高法院"显然自请求权竞合说采肯定的见解。③ 唯如采请求权规范竞合说，则因只有一个请求权，无请求权之选择关系。在债务的履行阶段，如有类似上述的发展，则原来有特定给付之债务关系可能转为（例如在给付不能）或附加（例如在物之瑕疵）一个选择之债。

上述情形，有疑问者为：一经选择之后，是否还得重为选择？从形成权之教义上（dogmatisch）的观点论，选择权行使后，非有产生另一变更权或选择权之新的法律事实发生时，原则上固不得重为选择。但相同之赔偿方法的给付内容不同时，应容许在不改变赔偿方法的前提下，改以金钱给付替代实物或状态之恢复原状的给付。盖依"民法"第 213 条第 3 项，在同条第 1 项规定的情形，债权人得请求支付恢复原状所必要之费用，以代实物或状态之恢复原状。唯该改变如使赔偿义务人已支出之实物或状态恢复原状的准备费用归于无用，而遭受损失，赔

---

① 在物之损害中，其赔偿的方法不但在侵权行为的情形，"民法"第 196 条及第 213 条规定，被害人得在请求赔偿其物因毁损所减少之价额或恢复原状间做选择，而且在保险给付时，保险契约亦可能约定保险人有类似的选择权。"最高法院"1981 年台上字第 4155 号民事判决："查上诉人提出之空白汽车保险单用纸，其背面印有汽车保险基本条款，该条款第十八条之内容略为：'被保险汽车遇有毁损或灭失时，本公司得自由选择……加以修理……或对于该项毁损或灭失之数额偿付现款……'系约定因保险事故毁损之轿车，保险人有权选择修理或偿付因毁损所减少之价额，为其理赔之方式。按选择之债，经有选择权人之选择，成为单纯之债。依'民法'第二百十二条规定，其选择之效力，并溯及于债之发生时。故选择之债，一经选择，即视为自始为单纯之债。"

② Esser 称这种由一个事件引起之损害赔偿请求权与解除权间，或解除权与请求减少价金间之选择性竞合构成者，为数个不同的履行上之债务关系，而非一个选择之债的关系（Esser，Schuldrecht，2. Aufl.，Karksruhe，1960，§ 41，1 b).）。

③ "最高法院"1980 年台上字第 1402 号民事判决："债务人之违约不履行契约上之义务，同时构成侵权行为时，除有特别约定，足认为有排除侵权责任之意思外，债权人非不可择一请求。"

偿义务人得请求将该无用的费用自其应赔偿之金额中扣除。[①] 在此，所谓产生另一变更权或选择权之新的法律事实，例如经债权人定相当期限催告后，债务人逾期不为恢复者，债权人得请求以金钱赔偿其损害（“民法”第 214 条），或有不能恢复原状或恢复显有重大困难，债务人应以金钱赔偿其损害（“民法”第 215 条）。

为选择之债之履行，首先必须规定选择权的归属。就此，“民法”第 208 条规定，除法律另有规定或契约另有订定外，原则上选择权属于债务人。唯不但契约可能约定，而且法律亦可能规定（“民法”第 225 条、第 359 条）选择权属于债权人。此外，选择权还可能约定由第三人行使。选择权之行使为形成权的行使。民法一概规定应以意思表示为之，以避免学说上与实务上关于行使形成权之通知，究为法律行为或准法律行为的无益争论。且“债权人或债务人有选择权者，应向他方当事人以意思表示为之。由第三人为选择者，应向债权人及债务人以意思表示为之”（“民法”第 209 条）。亦即其行使是需要特定相对人之意思表示。因为选择权是一种形成权，所以，“民法”第 210 条规定：“选择权定有行使期间者，如于该期间内不行使时，其选择权移属于他方当事人（第一项）。选择权未定有行使期间者，债权至清偿期时，无选择权之当事人，得定相当期限催告他方当事人行使其选择权，如他方当事人不于所定期限内行使选择权者，其选择权移属于为催告之当事人（第二项）。由第三人为选择者，如第三人不能或不欲选择时，选择权属于债务人（第三项）。”该规定模式与一般形成权之规定不同者为：选择

---

① “最高法院”1998 年台上字第 803 号民事判决：“损害赔偿，以填补损害，使被害人获得完全赔偿为最高原则。是物被毁损时，被害人除得依‘民法’第一百九十六条请求赔偿外，并不排除‘民法’第二百十三条至第二百十五条之适用，为本院向来之见解。被害人此种选择权，于向赔偿义务人为选择之意思表示后，原则上固应受其拘束，但如赔偿义务人尚未为回复原状之准备，或逾期不为回复，或回复显有重大之困难者，被害人改依‘民法’第一百九十六条请求赔偿，对赔偿义务人无何影响，尚与诚信原则无违，应无不予准许之理由。”该判决中认为，被害人于选择恢复原状为赔偿方法后，得请求改依“民法”第 196 条请求赔偿的见解，与选择权的性质冲突。被害人在该判决所述情形，得请求变更者为其给付的内容：自第 1 项所定之自然或事实的恢复原状，改为第 3 项所定之金钱的恢复原状。该给付内容之变更并不改变其赔偿方法：改变前后都是恢复原状。倒是第 3 项所定之金钱的恢复原状与第 1 项所定之金钱赔偿不同者：不是其给付内容，而是其给付金额之计算基础。其计算基础，在金钱赔偿为，物因受毁损而减损之交易价值；在恢复原状为，为恢复该物在受损前之效用及价值所必要的费用。其恢复的过程为，先恢复其效用，再视效用恢复后，其交易价值的增减，决定双方之找补关系。例如甲向乙借得汽车一部出游。旅途中因轮胎压到尖石而泄气。设甲请汽车修护厂补胎，则虽可恢复其效用，但补后之轮胎的交易价值或多或少会有所减损；反之，甲如请汽车修护厂更换为相同品牌及规格之新胎，则除恢复其效用之原状外，至少轮胎部分必有交易价值的增加。要之，甲给付之金钱超出恢复原状所必要之费用的数额，含有益费用。就有益费用部分，于乙受有利益之现存价额的限度，甲得依不当得利的规定请求乙返还。

权不因未于应行使之期限内行使而消灭,[①]或视为已行使。[②] 盖在选择之债,就数宗标的必须有所选择。未为选择,因不能确定应为给付之标的,该债的履行关系无法启动。而使选择权消灭或拟制为已选择,皆不能生选择的结果。“选择之效力,溯及于债之发生时。”(第 212 条)

在选择之债,“数宗给付中,有自始不能或嗣后不能给付者,债之关系仅存在于余存之给付。但其不能之事由,应由无选择权之当事人负责者,不在此限”(“民法”第 211 条)。在该条但书情形中,选择权人得选择该已陷于给付不能之给付为债务人应给付之标的。而后适用给付不能之规定,规范双方的关系。其结果,通常为债权人得依“民法”第 226 条对于债务人请求赔偿损害。

购买一笔土地之部分者,在移转前,出卖人与买受人就该笔土地固不构成共有关系。但有疑义时,该买卖是否应解释为应有部分之买卖,值得探讨。采肯定的看法,可避免出卖人事后之恣意分割,应比较公平。盖如解释为应有部分之买卖,则其履行之结果首先将使出卖人与买受人就该笔土地按其应有部分构成共有关系。后来买受人将取得该笔土地之哪一区位,取决于该共有物之分割的结果。如何分割,应依物权法关于分别共有土地之分割的规定(“民法”第 824 条),而不是在债权的层次,由出卖人任割一块与约定面积相符之区位的土地为给付即符合债务之本旨。[③]

与选择之债类似者为任意之债。任意之债的特征为:依双方之债务关系,其债务标的虽为特定,但双方复约定当事人之一方有权,经由单方之意思表示决定,以另一给付替代原来已特定之给付。“最高法院”称该权利为代替权。该代

---

① 关于解除权,除有除斥期间之规定外,并有由相对人催告行使之规定。例如“民法”第 257 条规定:“解除权之行使,未定有期间者,他方当事人得定相当期限,催告解除权人于期限内确答是否解除;如逾期未受解除之通知,解除权即消灭。”就物之瑕疵担保的解除权,第 361 条重申相同的规定。在上述情形中,于催告期间届满时,纵使除斥期间尚未经过,该解除权依然消灭。至于撤销权之存续问题,则单纯依靠除斥期间。

② 关于承认权,经催告而不为承认之意思表示者,视为拒绝承认,这等于视为已行使。例如“民法”第 170 条第 2 项、第 302 条第 1 项。

③ “最高法院”1989 年台上字第 899 号民事判决:“所谓选择之债,系指于数宗给付中,得选定其一宗为给付标的之债。其数宗给付相互间,具有不同内容而有个别的特性,为当事人所重视,故须经选定而后特定。与种类之债以给付同种类、同品质、同数量之物为标的者,有所不同。本件依被上诉人提出让渡书之记载以观,张×治系将台北县××镇××段×××段××××号土地二百坪让与被上诉人,原审认定该十八之一号土地于 1962 年 8 月 21 日让与当时,面积达零点三一六七公顷。依被上诉人主张,自其中割出二百坪移转登记于被上诉人,即符合债务本旨。似此情形,被上诉人并不重视该二百坪土地之位置何在,对于受让土地之利用价值如何,未特加在意,与上述选择之债之性质,尚属有间。”

替权之存在，使任意之债的效力样态与选择之债类似。代替权人有权决定符合债务本旨之最后给付标的。然因任意之债原有特定之给付为其标的，所以，代替权的行使应配以现实给付为之，亦即应以代物清偿，而不得以间接给付或更改的方式为之。此与选择之债不同。例如在买卖，为物之瑕疵担保责任的和解，买卖双方约定：出卖人得以有价证券或商品抵充原来之给付者，该约定即系出卖人(债务人)得以另一给付代替原特定之给付的约定。因该约定只是赋予出卖人代替权，而无使出卖人得任意以负担新债务的方法，滞延原特定给付之义务的意思，所以该约定不使原来之特定给付之债，转为选择之债。

在任意之债，因其给付标的为特定，代替给付仅居于补充地位而已，故债务人有代替权时，债权人只有权请求原定之给付，但无权请求替代给付；债权人有代替权时，债务人应为原定之给付，但债权人得请求替代给付。

在此基础上，代替权属于出卖人(债务人)者，出卖人若要享受该代替权给予的利益，应以代物清偿的方式，在清偿时、清偿地，以合于债务本旨的方法，现实为该替代给付。[①] 代替权如在买受人(债权人)方，债权人如欲请求以替代给付代替原特定之给付，债务人亦应以现实给付(代物清偿)的方式，为承诺。否则，债权人事后得再改以原特定给付为请求给付之标的。在此意义下，债务人在受请求时，如不即以现实给付承诺，该代替权之行使，无不可恢复之形成效力。该债务关系继续停留在任意之债的状态。从而债权人可以依其后来的想法，请求原来之给付，或再次行使代替权，请求债务人，以该替代给付清偿债务。此与选择权之行使具有形成效力，使选择之债在选择权之行使后，不可恢复地转为特定给付之债，不同。此外，任意之债之约定的效力与间接给付之约定亦不相同：在间接给付之约定，债权人应先行使新债权，必须待新债权之行使，无约定之效果时，始得行使旧债权(“民法”第 712 条第 2 项参照)。而在任意之债，代替权属于债权人时，债权人得任意决定，请求债务人为原来给付或为替代给付。

---

① “最高法院”1989 年台上字第 1753 号民事判例：“选择之债，谓于数宗给付中，得选择其一以为给付之债；任意之债，谓债务人或债权人得以他种给付代替原定给付之债。选择之债，在特定前，数宗给付处于同等地位以待选择，非予特定，债务人不能为给付，债权人亦不能请求特定之给付。任意之债，其给付物为特定，代替给付仅居于补充地位而已，故债务人有代替权时，债权人只得请求原定之给付，债权人有代替权时，债务人应为原定之给付。选择权之行使，以意思表示为之，即生效力。代替权之行使，则为要物行为，代替之意思虽已表示，若未同时提出代替物，其债之标的仍为原定给付。”

第三节 论诉讼标的

一、诉讼标的之概念及其特定

诉讼标的在诉讼法上的意义首先在于特定争执客体，以认定其同一性及范围，提供一事不再理之规范要求所需的存在基础：诉讼系属（die Rechtshängigkeit）[①]后不得再就同一案件起诉，案件经确定终局判决后，对于涉及之诉讼标的有实质的既判力（die materielle Rechtskraft），不但两造不得再为争执，而且除非有再审事由并经提起再审之诉，否则，法院亦不得再为审判[为避免有前后互相冲突之判决，对于系属中之同一诉讼标的不得重复起诉（第253条）。“当事人就已系属于外国法院之事件更行起诉，如有相当理由足认该事件之外国法院判决在台湾地区有承认其效力之可能，并于被告在外国应诉无重大不便者，法院得在外国法院判决确定前，以裁定停止诉讼程序。但两造合意愿由台湾地区法院裁判者，不在此限。”（“民事诉讼法”第182条之二第1项）对于已有确定之终局判决者，亦同。此外，“除别有规定外，确定之终局判决就经裁判之诉讼标的，有既判力（第一项）。主张抵销之请求，其成立与否经裁判者，以主张抵销之额为限，有既判力（第二项）”（第400条）。此为既判力之客观范围。其在诉讼上之意义为一事不再理。如有对于已有确定判决之同一诉讼标的提起诉讼者，后一诉讼之确定判决因之而有再审理由（第496条第1项第12款）。]此外，超出原来诉讼标的之诉的合并（die Klagenhäufung）[Rosenberg/Schwab，Zivilprozeßrecht，12. Aufl.，1977，§ 100 Ⅰ：“客观之诉的合并指同一原告对

---

① 诉讼系属指一个请求权在法院待审的状态。其意义为：关于一个程序上的请求权，有一个审判程序事实上还在存续中。诉讼系属固为起诉的结果。但诉讼系属系一个持续的状态，而起诉则为一次性的行为。二者仍有区别。起诉除可引起程序法上的效力外，亦可引起实体法上的效力，例如中断时效（“民法”第129条至第131条）。对于一个法院之诉讼系属的事由不以起诉为限，例如移送诉讼之裁定确定时，视为该诉讼自始即系属于受移送之法院（“民事诉讼法”第31条第1项），因债务人对于支付命令提出异议而视为调解之声请者，如调解不成立，自原支付命令声请时，发生诉讼系属之效力（第419条第4项）。本案诉讼尚未系属，还可能因保全证据（“民事诉讼法”第368条）或假扣押、假处分之声请而对于一个法院有程序上之系属（第524条、第529条、第537条之四）。此种单纯之程序上之系属应与诉讼系属相区别。请参考 Rosenberg/Schwab，Zivilprozeßrecht，12. Aufl.，1977，§ 101 Ⅰ。

于同一被告在一个诉讼程序中主张数个程序上之请求权。其特征为：一个程序而有数个请求权或程序上的法律关系。这正像在本诉与反诉或主观之诉的合并，一个请求权的主张构成一个程序上的法律关系。对应于数个程序上的请求权……必须要有数个诉之声明。这些声明可以由于同一事实，例如基于同一租赁契约请求租赁物之损害赔偿及租金；亦可基于不同之事实，例如基于买卖契约请求给付价金，并于买卖契约不成立或无效时（按：视移转标的物之物权行为是否有效，据不当得利返还请求权或所有物返还请求权）诉请返还标的物……又如先位请求回复原状，备位请求金钱赔偿作为损害赔偿。"德国学说上按合并于一个诉讼程序中之诉讼标的间的关系将客观之诉的合并分成数类：联立的合并（kumulative Klagenhäufung）、选择的合并（alternative Klagenhäufung）及预备的合并（eventuelle Klagenhäufung）。联立的合并指原告将本来可以独立分别提起之数个程序上的请求，并于一个诉讼程序中提起之。这些请求权可以有事实或法律上之牵连（例如基于同一租赁契约请求返还租赁物、清偿租金及赔偿租赁物之损害；基于同一买卖契约之标的物的瑕疵，请求解除契约并赔偿信赖利益及固有利益上之损害），也可以没有（例如基于买卖契约请求给付价金，基于消费借贷契约请求偿还本金及利息）。与这些程序上请求权对应之实体法上的请求权间并无请求权规范竞合（Anspruchsnormenkonkuurenz）或请求权竞合（Anspruchskonkuurenz）的关系。盖有请求权规范竞合关系者在实体法上仅有一个具数个规范基础之请求权，从而也仅能构成一个程序上的请求权或诉讼标的。有请求权竞合关系者在实体法上虽有数个请求权，从而也能构成数个程序上的请求权或诉讼标的，但因这些请求权的目的相同，在实体法上只能有一次的满足，所以在程序上如要合并提起，必须以选择合并或预备合并的方式为之。这是在客观合并之诉的分类上，为何台湾地区学者有竞合的合并而采新诉讼标的理论之德日学者没有的道理所在（请参考陈荣宗、林庆苗：《民事诉讼法》，三民书局1996年版，第351～352页）。选择的合并指原告在一个诉讼程序中声请法院判令被告就数宗给付中之一为给付的情形。这主要适用于债务人有选择权之选择之债。但不适用于必须由原告选择的情形，例如原告基于瑕疵给付而起诉对于出卖人主张物之瑕疵担保责任者，必须在诉讼外就解除契约、请求减少价金或损害赔偿先做选择，而后依其选择的结果特定其程序上之请求权，不得将该选择权留待自己或被告在诉讼程序中随时行使之。不过，在得为选择之合并的情形，原告仍得以预备之合并的方式起诉。盖这与根本未为选择的情形不同，其诉之声明已因先位与备位之声明的排序而被特定下来。所谓预备之合并指原告就主张用以支持其诉之声明的请求权，以先位声明（主声明：der Hauptanspruch）及备位声明（助声明：der Hilfsanspruch）的顺序声请法院依序审判。如先位声明有理由，法院即按先位声明给予原告胜诉之判决；如先位声明无理由，再就备位声明审判之。这通常利用于涉及之请求权不能并存，而原告没有把握先位声明之请求权是否有理由的情形。例如在买卖标的物之瑕疵担保的诉讼，买受人在解除契约与请求减少价金间虽比较偏好解除契约，但因恐受诉法院认为"解除契约显失公平"("民法"第359条)，乃以已为解除契约之意思表示为基础，先位声明请求返还全部价金，备位声明请求按瑕疵程度减少价金，亦即请求返还应减少部分之已给付的价金。在预备合并另有以备位声明之法律关系或请求权，是否已因起诉而系属于法院的问题。Rosenberg/Schwab认为，在起诉时应即已系属于受诉法院。唯后来于先位声明经确定判决为有理由时，溯及的失其系属。此为一种附解除条件之系属(Rosenberg/Schwab, aaO. § 100 Ⅲ)。另并请参考Arthur Nikisch, Zur Lehre vom Streitgegenstand im Zivilprozeß, AcP 154 (1955), 287f.。]或诉"之追加或变更(die Klageänderung)[①]原则上应经被告的同意("民事诉讼法"第255条第1项第1款)。[②]

一个完全的法律规定包含两个部分：构成要件与法律效力。当可归属于一个人之法律事实满足一个完全的法律规定之构成要件时，其效力在法律上因而发生。倘该效力之内容尚待于其义务人之履行始能实现时，则其权利人在实体法上有请求该义务人履行之权利；必要时，并得向法院起诉请求判令义务人履行，此即程序上之请求权。该法律事实即是民事诉讼法学说上与实务上所称之

① 诉之变更指原告在起诉后，向法院声明，以替代或增加的方法，改变或追加原来之诉讼标的。由于诉讼标的由诉之声明特定之，所以诉之声明的变更因导致诉讼标的之变更，而构成诉之变更(Rosenberg/Schwab, Zivilprozeßrecht, 12. Aufl., 1977, § 102 Ⅰ)。唯在新诉讼标的理论扩大诉讼标的之范围后，在不改变原因事实的情形，只改变诉之声明，可能被认为只构成应受判决事项的变更或扩张，而不涉及诉之变更。"民事诉讼法"第255条第1项第2款、第3款规定："诉状送达后，原告不得将原诉变更或追加他诉。但有下列各款情形之一者，不在此限：二、请求之基础事实同一者。三、扩张或减缩应受判决事项之声明者。"由该两款规定观之，该法显然认为扩张或减缩应受判决事项之声明已构成诉之变更或追加。只是利用该项但书，容许原告不经被告同意为之而已。

② 诉讼标的之范围除对于诉讼系属、既判力、诉的合并及诉之追加或变更等事项有影响外，对于因为诉讼之提起是否中断时效，以及其时效中断之请求权的范围亦有重要意义。例如在债务人提起消极确认之诉的情形，被告之应诉不中断系争请求权之消灭时效。被告如要中断系争债权之请求权的消灭时效必须以反诉提起给付之诉。又在债权人提起给付之本诉或反诉的情形，其在诉之声明中如仅先为一部之给付的请求，是否就该债权之请求权的全部中断其消灭时效？从消灭时效的制度意旨在于避免因长期不行使权利，致事后要证明双方是否有系争法律关系存在产生困难论之，应采肯定的见解。请参考Wolf-Dietrich Walker, Die Streitgegenstandslehre und die Rechtsprechung des EuGH—nationales Recht unter gemeineuropäischem Einfluß, ZZP 111(1998), 453f.。

原因事实，其因满足法律规定之构成要件而发生之法律关系，即为其实体上或程序上请求权之规范基础。为该请求权之实现而发生诉讼者，该法律关系或由之发生之请求权系支持其诉之声明的理由。这当中，实体上或程序上之请求权是互相呼应的。“民事诉讼法”虽然在许多条文提及诉讼标的，但对于何谓诉讼标的并未加以定义。[①] 这使其概念之说明倍加困难。何者为一个诉讼之诉讼标的？学说上不但一向有争议，而且关于诉讼标的之定义亦多飘忽不定。[②] 各种可能之说明常常存在于不同的逻辑层次。首先为是否将原告之实体法上或程序法上之请求权(der Anspruch)等同于诉讼标的。[③] 其次为是否将诉讼标的定义为，原告对于法院所为，按其诉之声明裁判之请求(das Behehren)。这当中诉之声明与诉讼标的之关系不是诉之声明即是诉讼标的，而是诉讼标的透过诉之声明特定之。认为诉讼标的应透过原告提出之原因事实及诉之声明特定之者，原因事实及诉之声明亦只是用来特定诉讼标的之因素，而非诉讼标的本身。为因应民事诉讼法学者之去请求权化的诉讼标的的理论，关于诉讼标的之请求权的学说亦朝以请求权规范竞合说替代请求权竞合说的方向发展。然不论在实体法上是否引入请求权规范竞合说，民事诉讼法学者基本上已接受原因事实、诉之声明或请求权，充其量皆只是特定法院之审判范围或诉讼标的之因素。认为诉讼标的应理解为:原告在诉之声明中所陈应受判决事项的请求。从而有所谓不变更诉讼标的，而补充或更正事实上或法律上之陈述者，非为诉之变更或追加(第

① “民事诉讼法”有时虽将诉讼标的简称为标的，例如在第 204 条(当事人以一诉主张之数项标的)、第 260 条(反诉之标的)、第 405 条第 2 项(调解标的之法律关系及争议之情形)、第 424 条第 2 项(以一诉主张数项标的)、第 77 条之二十(关于调解标的之金额或价额)、第 436 条之八(关于请求给付之标的金额或价额)、第 508 条(以请求权为标的者)、第 511 条(支付命令之请求之标的)，但该法以标的称之者不尽然是诉讼标的，例如第 3 条(关于可扣押之财产或请求标的所在地或债权担保之标的所在地)。

② Schwab 在其著作中称，关于诉讼标的的概念，当代还生存之法学者间没有任何两个人的看法是一致的。此外，不仅 Rosenberg 与其他民事诉讼法学者也是一样，其关于诉讼标的之看法皆随时间之经过而改变(Rosenberg/Schwab, Zivilprozeßrecht, 12. Aufl., 1977, § 96 Ⅰ)。这显示出诉讼标的之问题的不安定性[Arthur Nikisch, Zur Lehre vom Streitgegenstand im Zivilprozeß, AcP 154(1955), 272]。

③ 在德国诉讼法上意指权利争执的标的(der Gegenstand des Rechtstreites)时，通常不称为诉讼标的(der Streitgegenstand)。最常提及者为请求权(der Anspruch)。在德国诉讼法中有许多条文都清楚地显示，每一个诉讼都在于行使一个请求权。该请求权构成权利争执的标的，同时也是裁判的标的(Rosenberg/Schwab, Zivilprozeßrecht, 12. Aufl., 1977, § 96 Ⅰ)。这是以请求权为诉讼标的的看法。唯在此所称之请求权指程序法上之请求权。然该请求权(der Anspruch)与上述原告对于法院所为，按其诉之声明裁判之请求(das Behehren)并不相同。

256 条)。唯该请求仍应借助于原因事实、诉之声明或请求权等因素特定之。至于所当借助者为哪些因素,各种新旧诉讼标的理论有不同的看法。

该三因素与诉讼标的之关系究竟为何?诉讼标的究竟是由三者全体或由其一部分特定之?[①] 其由一部分特定之者,究由其中之一,或由其中之二特定之?不但学说上仍然众说纷纭,而且现行民事诉讼法究竟以何为标准或基础来特定诉讼标的,也不完全明朗。自第 244 条第 1 项第 2 款观之,诉讼标的及其原因事实所指者显然不同。原因事实只是所据以特定诉讼标的之事实基础。第 376 条之一第 1 项将诉讼标的与事实并列,亦印证此一观点。第 244 条第 1 项第 3 款将应受判决事项之声明(诉之声明)另行规定,与同项第二款之诉讼标的及其原因事实并列。由此可见,诉之声明亦显非即诉讼标的。然诉讼标的亦有规定以法律关系特定之者,例如第 254 条第 1 项规定,"诉讼系属中为诉讼标的之法律关系……"该项规定显然以用来支持诉之声明的具体法律关系为诉讼标的。唯这里所称之法律关系其实是依该法律关系所生之请求权。以上规定可谓是比较接近旧诉讼标的理论的规定。唯第 199 条之一第 1 项规定:"依原告之声明及事实上之陈述,得主张数项法律关系,而其主张不明了或不完足者,审判长应晓谕其叙明或补充之。"该项规定似又向新诉讼标的理论靠近:以原因事实特定诉讼标的。当同一诉之声明,有数个请求权可以为其理由时,则在不以请求权为诉讼标的之情形,当事人可将这些请求权用为数种独立之攻击或防御方法。这时,法院得命限制辩论(第 206 条)。然不论采旧的或新的诉讼标的理论,原告的诉之声明皆是将个别诉讼案件之诉讼标的具体化以特定之的要素。是故,其理论建构之主要差异在于:旧诉讼标的理论兼采以原因事实可构成之法律关系或可产生之请求权为因素,以特定诉讼标的,而新诉讼标的理论则否。其结果,旧诉讼标的理论据以特定诉讼标的之因素为:原因事实、请求权及诉之声明。新诉讼标的理论据以特定诉讼标的之因素为:原因事实及诉之声明,至于据该原因事实所构成之法律关系或产生之请求权不过为其攻击或防御方法而已。[②] 为使所特定

---

① 有主张可单依原因事实或纷争事实特定诉讼标的者,例如邱联恭:《诉讼上请求之表明如何兼顾实体利益及程序利益——以租金调整请求事件如何定审理方向为评析事例》(上),载《台湾本土法学》2003 年第 52 期,第 66 页以下。邱教授在该文(下)称:"╳所为诉之声明能否与其诉讼标的之表明相对应,而可适切兼顾实体利益及程序利益,亦值探讨。"从该论述观之,邱教授当不以原告诉之声明为用以特定诉讼标的之因素之一(《同杂志》2003 年第 54 期,第 46 页)。

② 关于新旧诉讼标的理论分别主张用以特定诉讼标的之因素,请参考 Rosenberg/Schwab, Zivilpro- zeßrecht, 12. Aufl., 1977, § 96(S. 499ff.);陈荣宗、林庆苗:《民事诉讼法》,三民书局 1996 年版,第 293 页以下。

之诉讼标的能涵盖由两个以上之原因事实引起之请求权竞合的情形，德国民事诉讼法学者更有主张，仅以诉之声明特定诉讼标的者。据以特定诉讼标的之因素愈多，该等因素之交集所特定之诉讼标的之范围愈窄。一般情形，以原因事实特定之诉讼标的之范围大于以请求权所特定者，盖一个原因事实可能满足数个请求权之发生的构成要件。至于诉之声明所特定者，因其以原告在个案之主观的意思为基础，其范围与其他因素所可能客观特定者相较，可大可小，无必然之大小顺位。唯如单就诉之声明论之，其范围自当大于由诉之声明与原因事实经交集后所特定者。这是为何依新诉讼标的理论所特定之诉讼标的之范围，通常大于依旧诉讼标的理论所特定者，从而能够在较大的范围解决当事人间之纷争。

二、德国学说发展概说

诉讼标的之问题首先存在于诉讼标的到底应由哪些因素特定之。这在德国民事诉讼法学者间有极大的争论。有倾向于以实体法上之请求权作为特定因素者，认为诉讼标的是原告以诉行使之实体上的权利；有倾向于以诉之声明作为特定因素者，认为诉讼标的或民事诉讼法上之请求权只是原告为取得有既判力之法律结果的判决，而向法院提起之请求。该请求以诉之声明的方式表现出来。后者进一步认为，程序上之请求权所指者并非实体上之请求权在诉讼程序上的表现，而单纯是原告对于法院请求按其诉之声明的内容为裁判的请求权。该见解使程序上之请求权与实体上之请求权完全脱钩。[①] 为建立一个能够符合诉讼经济之理想的诉讼标的理论，是否有必要使二者互相完全脱离是一个值得从系统的观点，多方推敲的课题。

在法制史的发展上，[关于诉讼标的之理论在德国的发展 Karl Heinz Schwab 有一番简要的回顾：诉讼标的之概念为德国民事诉讼法上迄今争论不休的问题。其争论的根本原因为：民法与诉讼法之请求权的概念不是重合的。特别是民法上之请求权因目标相同而竞合的观念与诉讼法之请求权概念不相契合。其典型的例子为契约上与侵权行为上之请求权的竞合。在这种情形如果认为这些实体法上相竞合之请求权在程序法上亦产生多数的请求权，则将引起无解的问题。盖在这种情形即便可以合并起诉（客观之诉的合并），在具体情形可能发生，原告虽然得到其所请求者，但其契约上的请求被判为无理由，而侵权行为上的请求被判为有理由之矛盾的情形。该矛盾导致诉讼法建立自己之请求概

---

① 请参考 Arthur Nikisch，aaO. AcP 154(1955)，296ff.；Walther Fischer，Der Streitgegenstand，ZZP 57(1933)，340ff.(394)。

念的需要。基于这个认识,Rosenberg 在 1927 年其民事诉讼法教科书第 1 版时即提出诉讼上之请求权概念在内容上应由事实(Sachverhalt)及诉之声明(Antrag)定之的看法。该见解虽为许多德国诉讼法学者所赞同,但仍不能适当说明数个事实支持一个诉讼上请求(诉之声明)的情形。这与依旧实体法之诉讼标的理论在请求权竞合的情形,引起的问题相同。所谓二分肢说之程序上请求权所面临之上述困难,使 Schwab 认为,程序意义下之请求权的概念应按诉之声明特定之。此即所谓之一分肢说之诉讼标的理论。这是程序法上请求权之概念从实体法上请求权之概念分离的发展阶段。不过,该以纯粹之程序法上内容为内容之程序法上的请求权在学说上后来又引起一个反动(S. 71):试图离开该程序法上请求权之概念重新发展出一个能与实体法契合之诉讼标的的学说。其理念为:实体法引起的问题应在实体法的层次解决。其方法为:以单一的替代复数的实体法上之请求权。这也就是以请求权规范竞合说替代请求权竞合说。然关于消灭时效期间、举证责任、责任范围、抵销之禁止及对于第三人之责任等问题,请求权规范竞合说依然会有究竟应适用相竞合中之哪些规定的问题。如一体适用其中之一个规定,势必引起不利于一方,有利于他方的结果。例如视情形适用竞合规范之一所定的时效期间等。是则其所谓一个请求权将仅是一个拟制,而非真实(S. 72)。Schwab 与 Arens 同样认为,为解决实体上的请求权在民事程序上引起的问题,只能借助于程序法上之请求权的概念(S. 73)(Karl Heinz Schwab, Gegenwartsprobleme der deutschen Zivilprozeβrechtswissenschaft, JuS, 1976, 69ff.)。请参考 Arens, Zur Anspruchskonkurrenz bei mehreren Haftungsgründen, AcP 170, 392ff.。]罗马法先有诉权(actio)的思想。[在法制史上,请求权为因权利受害时而发生之诉权,这在物权法上之请求权特别清楚地表现出来。盖无所有权之侵害,即无针对特定人之物上请求权(返还请求权及防御请求权)。由所有权导出之请求权,不像由独立之义务导出之给付的请求权,而像保护占有之权利,属于自物权之存在本身导出之行使权利或提起诉讼的权限。由于总有一定之行为义务与一定之物权相对应,所以德国民法在此,就实体上的请求权与诉权,其用语也不予区别(Esser, Schuldrecht, 2. Aufl., 1960, S. 70)。]而后历史法学派认为 actio 包含实体法上的请求权及程序法上的诉权。后来 Windscheid 因之将 actio 分解为请求权(Anspruch)与诉权(Klagerecht),并把请求权自 actio 分离出来,建立实体法上之请求权的概念,把剩下的部分划归诉讼法。[①] 该见解成为德国民法(第 194 条)之请求权概念的发展基础。然从权利之发生的自然顺序观之，应是先有实体法上的请求权，而后有程序法上的诉权。后者自前者衍生。从两造的相对关系观之，起诉之于原告，与诉讼外的请求相比，都是权利或请求权的行使，其目的并无差异，只是因场域不同而有不同的表现形式。然德国程序法学者认为，将实体法上的请求权与程序法上的请求权等同而论，不但不能适当说明给付之诉以外之确认之诉与形成之诉，而且实体法上之请求权的竞合问题亦会蔓延至程序法，[②]使实体法上请求权之竞合成为诉权之竞合的根源。[③]

该问题之产生的机制为：当一个事实满足数个法律规定的构成要件，从而成立数个请求权时，基于各该实体法上的请求权，其权利人皆可以独立提起诉讼或合并起诉。即使是合并起诉，因各该请求权之给付内容及目的相同，亦使其诉之声明因相同而只有一个，造成一个诉之声明但有数个请求权必须裁判的情形。于是，法院不但必须对这些请求权分别判断其有无理由，而且在其一部分有理由，一部分无理由的时候，也必须分别叙明。必须在所有请求权的主张都无理由时，始得为驳回原告之诉的判决。此外，在有一部分请求权已达于可为裁判之程

① "德国民法中所称之请求权的概念系由 Windscheid 所构思出来，以便将罗马法及旧普通法中之诉权(actio)移植至实体私法中，使之成为其一部分。Windscheid 想要借此实践其新见解：私法上的权利是基础的权利，而其以诉的方式贯彻的可能性则是延伸的。程序的任务为，当先于程序已存在之实体权利受侵害或有争议时，排除其疑义并使之实现。……为了借助于给付之诉及其后之强制执行，实现其权利，原告应以一个实体法上的请求权，证明其诉讼上之请求有理由。他如果有这样一个请求权，则他原则上至少有这么一个可能性，经由提起给付之诉贯彻其请求权。该可能性构成请求权概念的一部分。在此限度内，可谓罗马法之诉(actio)的概念已融入当今之请求权概念中。"(Larenz, Allgemeiner Teil des deutschen Bürgerlichen Rechts, 5. Aufl. 1980, S. 215)因之，请求权具有两个功能：亦即债权人对于债务人在实体法上请求给付的权利及在程序法上以诉的方式，行使及贯彻其权利的可能性(Larenz, aaO. S. 214)。由于除给付之诉外，尚有确认之诉与形成之诉，所以，民事诉讼法上之请求权的概念范围，在此限度，必大于民法上之请求权的概念范围(Larenz, aaO. S. 221)。另不论是给付或形成的判决皆含有据以请求给付或形成一定法律关系之权利存在或不存在的确认。这是任何确定判决所具有之确认的效力(die Feststellungswirkung)。这通称为实质的确定力或既判力(materielle Rechtskraft)[Arthur Nikisch, Zur Lehre vom Streitgegenstand im Zivilprozeß, AcP 154(1955), 289]。

② Rosenberg/Schwab, Zivilprozeßrecht, 12. Aufl., 1977, § 96 Ⅲ 1.

③ Apostolos Georgiades, Die Anspruchskonkurrenz im Zivilrecht und Zivilprozeßrecht, 1967, S. 30ff..

度者，法院得为一部之终局判决（“民事诉讼法”第 382 条）。[①] 由是可见，诉讼标的之概念会影响到诉之客观的合并、诉之系属、诉之追加与变更、既判力之客观的范围。[②] 这比较常见的发生在积极侵害债权之契约责任与侵权行为责任之竞合的情形。

上述对实体法上的请求权与程序法上的请求权不加区分的见解，德国学说上称为原始的实体法说(die ursprüngliche materiellrechtliche Theorie)。这也就是台湾地区习称之旧诉讼标的理论。为克服请求权概念在诉讼法上引起的上述问题，一方面在民事诉讼法学上尝试脱离民事实体法建立自己之请求权的概念；另一方面在民事实体法学上尝试利用请求权规范竞合说替代请求权竞合说，将基于同一事实依不同规定发生之数个请求权，化约为一个请求权及一个诉讼标的加以补救，以消除就同一争执因请求权竞合，而在诉讼上可能引起之重复、矛盾处理等难以解决的问题。[③]

Rosenberg 将程序上的请求权从民事法上的请求权中分离，并以民事诉讼法意义下之程序上的请求权建构诉讼标的。在关于民事诉讼法所称之诉讼标的之讨论上虽以请求权称之，但该请求权的概念已非民事实体法所称之请求权，而是为民事诉讼法之规范上的需要另外建构的请求权。[④] 脱离民事实体法建立民事诉讼法自己之请求权的概念，{Friedrich Lent 于 1952 年先著有一篇文章：《论诉讼标的理论》[Zur Lehre vom Streitgegenstand, ZZP 65(1952), 315ff.]，而后于 1959 年再著另一篇文章：《论裁判标的理论》[Zur Lehre vom Entscheidungsgegenstand, ZZP 72(1959), 63ff.]。他认为该程序法上的请求权(der prozessuale Anspruch)即是原告在诉讼上提出之权利的主张(die Rechtsbehauptung)。经由该主张原告请求(das Rechtsbegehren)法院判决如诉之声明。其中程序法上的请求权系对于法院的权利，而权利的主张则是针对被告。鉴于确定判决有实质的既判力，所以判决与实体权利间有密切的关联。盖既判力如无实体权利支撑，便不正确[Friedrich Lent, Zur Lehre vom Entscheidungsge-

① “最高法院”1933 年上字第 887 号判例：“当事人以一诉主张之数项标的，法院认其一项达于可为裁判之程度而为一部之终局判决者，不得谓判决有脱漏，其未经判决之部分，应由该法院另为判决，不适用民事诉讼法关于补充判决之规定。”

② 诉讼标的之学说主要即在于探讨，能够对诉之客观的合并、诉之系属、诉之追加与变更、既判力之客观的范围这四个问题，提供最适合于各该案件之事实情况之裁判的见解。请参考 Arthur Nikisch, Zur Lehre vom Streitgegenstand im Zivilprozeß, AcP 154(1955), 272。

③ Rosenberg/Schwab, Zivilprozeßrecht, 12. Aufl., 1977, § 96 Ⅲ 1.

④ Arthur Nikisch, Zur Lehre vom Streitgegenstand im Zivilprozeß, AcP 154(1955), 269f..

genstand, ZZP 72(1959), 69ff.]。基于以上的认识,Lent 认为裁判标的(der Entscheidungsgegenstand)与诉讼标的(der Streitgegenstand)应予区别。从辩论主义出发,他认为构成裁判标的之实体请求权虽不需明确指出,但至少必须能由原告提出之事实特定之。裁判标的界定法院得为裁判之事项及其判决既判力的范围(Lent, aaO. S.76, 78, 89ff.)。反之,诉讼标的之范围则较广,事实上可涵盖由原告提出之事实可能导出,而不论是否为原告所主张之一切请求权。然并不以该等请求权为诉讼标的,而是以该事实所特定,原告请求法院裁判之诉的声明为诉讼标的。要之,"在大多数的案件可以坚持,构成诉讼核心之原告的权利主张与一个特定之实体请求权是同一的。从而该请求权也就是裁判及既判力之标的。……诉讼系属、诉之变更及数诉之合并等问题迫使不得直接地按原告之权利的主张(die Rechtsbehauptumg)特定诉讼标的,且不得将一个特定之实体上的请求权当成诉讼标的"(Lent, aaO. S. 78)。不仅是对于裁判标的(Lent, aaO. S. 92),而且对于诉讼标的,原告陈述之事实皆是将之个别化的因素。结果上,Lent 像是想通过上述裁判标的与诉讼标的之区分,限缩既判力的范围,以缓和以事实界定诉讼标的之范围时,该范围可能超出原告所主张或法院所审理之范围的冲突问题,用符辩论主义的意旨。这是解决新诉讼标的理论引起之突袭或过误裁判的解决方法之一。不论如何解决,势必都要借助于法院的阐明。所不同者是,就未经阐明审理之事项,规定不为既判力所及,或虽为既判力所及,但其应经阐明而未经阐明之事实,规定可为再审的理由。}而后以之为基础展开之诉讼标的理论,学说上泛称为新诉讼标的理论。德国 Rosenberg 教授自其民事诉讼法教科书第 1 版起至第 5 版,以原告陈述之原因事实(Sachverhalt)及诉之声明(Antrag)两项因素特定民事诉讼法上之请求权的内容,并认为原因事实及诉之声明应当是用以特定诉讼标的之两项有同等价值及同等重要性的因素。此即德国民事诉讼法学者所称之二分肢说(die Lehre des zweigliedrigen Streitgegenstands)。发展民事诉讼法自己之请求权的概念,可以在观念上摆脱实体法上之请求权竞合问题的纠缠,而在其传统上认为有互相竞合之数请求权的情形,在民事诉讼法上认为只有一个请求权。以原因事实及诉之声明特定诉讼标的,可以避开诉之客观合并、诉之系属、诉之追加与变更的问题。至于既判力之客观的范围,由于该说并不以原因事实为唯一的,而并以诉之声明为诉讼标的之特定因素,所以一个实体法上的请求权在裁判中如果没有被考虑到,事后得据之提起新诉。此为诉之声明对于单纯根据原因事实所界定之诉讼标的范围的限缩作用。这使基本上以原因事实界定诉讼标的之范围的新诉讼标的理论,在实践中可以兼顾原告在具体诉讼中的处分权,以及法院实际之审判的范围。唯该说对于因数个原因事实而产生之数个目的相同之请求权的竞合情形并不能给予同样正确的结果。例如:(1)买受人为清偿货款债权而签发支票给出卖人时,出卖人基于买卖及支票之收受两个原因行为,而对于买受人取得两个目的相同互相竞合之金钱债权,但只得请求一次之给付。(2)同样的,在租赁关系期间届满或终止时,出租人除基于租赁关系对于承租人有租赁物返还请求权外,另基于其对于租赁物之所有权对于占有该物者(承租人)并有所有物返还请求权。当其占有人即是承租人时,造成出租人对于承租人有两个请求权的状态。该两个请求权之目的虽然相同,但据以发生之原因事实不同。在上述情形皆会引起相同于因一个原因事实而产生数个实体法上之请求权时,前述原始的实体法说可能遭遇的困难。[①] 这个问题所以存在,是来自于其以原因事实为诉讼标的之特定上的因素。盖在此设定下,诉讼标的之范围不能超出一个原因事实所能界定之最大的范围。

为弥补上述缺点,有新诉讼标的理论的学说进一步修正其用以特定诉讼标的之因素,将之限制在诉之声明,亦即移至诉讼所追求的目标上。认为:原因事实不再论为诉讼标的之成分,诉之声明才是权利争执之标的。以利用诉之声明对于原因事实之中立性,使一个诉讼标的可以涵盖不同之原因事实所构成,而以同一目的之给付为其内容之请求权。此为 Rosenberg 在其民事诉讼法教科书第 6 版后采取的见解。{Rosenberg/Schwab, Zivilprozeßrecht, 12. Aufl., 1977, § 96 Ⅲ 3. Arthur Nikisch 不同意这个看法,认为"该见解不但与法律而且与事务之性质不一致"[Arthur Nikisch, Zur Lehre vom Streitgegenstand im Zivilprozeß, AcP 154(1955), 273]。"该见解因离开法律之坚实基础,而陷入一种实验中。不力求贯彻一定之基础观念,而试图将在一个特别个案之试验中所得的解答通案化。唯在这当中使自己卷入矛盾中,以致最后不再能够提出诉讼标的之一个统一的概念。"[Arthur Nikisch, aaO. AcP 154(1955), 296f.]以 Rosenberg/Schwab 为说明像以支票给付货款这种间接给付的安排所引起之诉讼标的之问题,而将用以特定诉讼标的之因素限制在诉之声明的尝试并不妥当。盖一方面鉴于在间接给付的安排,债权人就新旧债权之行使本有一定之顺位:应先新后旧。顺应之,其在诉讼上之请求,宜以预备合并的方式为之。如认为债权人经在诉外对于债务人请求清偿新债务而无结果,已得请求清偿旧债务,则这时该新旧债务亦处于选择的关系,属于债权人有选择权的选择之债。在这种情形中,债权人如不愿以预备合并的方式起诉,则在起诉时应即为选择,究竟要请求法院判决被告给付新债务或旧债务,否则,其诉之声明即有不确定的瑕疵。唯也可以利用选择合并,将选择权委由法院行使,在二者皆有理由或仅其中之一有理

① Rosenberg/Schwab, Zivilprozeßrecht, 12. Aufl., 1977, § 96 Ⅲ 2.

由时，让法院选择其中有理由之一判给原告胜诉。如皆无理由时，始驳回原告之诉[Arthur Nikisch, Zur Lehre vom Streitgegenstand im Zivilprozeß, AcP 154 (1955), 287]。在选择合并，法院于判决时仍应载明究竟选择以何债权为理由，判决原告胜诉。否则，其判决即有不备理由之违法。"最高法院"2002年12月27日台上字第2577号民事判决："按选择合并系原告主张两个以上得两立之给付请求权或形成权为诉讼标的，请求法院择一诉讼标的为判决。原审既谓被上诉人得依买卖及票据之法律关系，择一诉请上诉人连带给付一千七百二十八万一千八百二十五元，及分别自附表四所示到期日起至清偿日止按年息百分之六计算之迟延利息，唯未说明究系本于买卖价金请求权或系本于票据关系请求权为裁判。……有判决不备理由之违法。"}此即德国民事诉讼法学者所称之一分肢说(die Lehre des eingliedrigen Streitgegenstands)。[①] 这进一步扩大了新诉讼标的理论所主张的诉讼标的之范围。唯这当中原因事实仍具有将诉之声明个别化的意义。[②] 是故，论诸实际，该说并没有真正舍弃以原因事实作为特定个别诉讼标的之因素，只是将之用为诉讼标的在个别案件之归属的，而非范围的因素。二分肢说与一分肢说共通的以诉之声明为特定诉讼标的之因素。所以，依该两种学说，只要原告先后所提出之诉讼的诉之声明不同，其诉讼标的便不同，从而在起诉在先之诉确定前提起之新诉不论为违反诉讼系属之重复起诉；{这虽适用于先提起消极确认之诉后(确认契约无效)，又提起以该契约为依据的给付之诉。然是否适用于先提起给付之诉，后提起确认之诉的情形，则有疑问。否定说认为，给付之诉既以其据以请求之原因关系的有无为前提，则先提起给付之诉后，自不得再提起以其原因关系之存在或不存在的确认为标的确认之诉。另在先提起确认之诉，而后又提起给付之诉的情形，其往后之发展究竟：(一)应认为先提

① 学者有称二分肢说为德国诉讼标的理论之通说者。例如 Wolf-Dietrich Walker, Die Streitgegen-standslehre und die Rechtsprechung des EuGH-nationales Recht unter gemeineuropäischem Einfluß, ZZP 111(1998), 432.

② Rosenberg/Schwab, Zivilprozeßrecht, 12. Aufl., 1977, § 155 Ⅰ(S. 875f.)：诉讼标的之同一性：因为诉讼标的以诉之声明(der Antrag)将之个别化，所以，其同一性自以先后两个诉讼的诉之声明是否相同为断。唯倘不能从诉之声明自身厘清其同一性，则必须借助于在诉之理由中陈述之事实解释之。Arthur Nikisch，认为 Rosenberg/Schwab 一方面主张诉讼标的应单纯以诉之声明特定之；另一方面又主张原因事实可用来解释诉之声明，以特定诉讼标的之范围之见解是矛盾的。盖"同种之私法上请求权的同一性或特异性仅能从其发生的原因得之。是故，原告由之导出其主张之请求权的原因事实对于诉讼标的之特定，有关键性的意义"[Arthur Nikisch, Zur Lehre vom Streitgegenstand im Zivilprozeß, AcP 154(1955), 278f.]。其逻辑关系为：充为原因事实之法律事实产生实体上之请求权，该请求权构成支持原告诉之声明的理由。而诉之声明即为原告向法院声请或请求裁判之内容。

起之确认之诉欠缺权利保护要件;(二)或应认为后提起之给付之诉,在先提起之确认之诉确定判决前应先停止其诉讼程序;(三)或后提起之给付之诉只可由被告以反诉的方式为之?基于双方关于诉讼权之平等原则,当以采第三个看法较为公允。盖这不但不荒废已进行之程序,而且肯认双方在诉讼之发动上的平等地位。此外,基于法院管辖之原告就被告的一般原则,由受理在先之法院合并审判被告提起在后之给付的反诉,亦符合被告之管辖利益。至于第一说因违反当事人平等原则,应不可采;而如采第二说,起诉在后者,应先停止其诉讼程序,以符合先到先办的平等精神。然无论如何,第一说及第二说皆不符合诉讼经济的要求。请参考 Wolf-Dietrich Walker, Die Streitgegenstandslehre und die Rechtsprechung des EuGH-nationales Recht unter gemeineuropäischem Einfluß, ZZP 111(1998), 432f., 446ff., 454。就此问题,“最高法院”1983 年 4 月 19 日、1983 年第四次民事庭会议决议认为:“确定判决之既判力,仅以主文为限而不及于理由,本院 1929 年上字第 1885 号判例亦认为说明主文之理由,并无裁判效力。确定判决之主文,如系就给付请求权之诉讼标的之法律关系为裁判,即不及于为其前提之基本权利。虽此非属诉讼标的之基本权利,其存在与否,因与为诉讼标的之法律关系有影响,而于判决理由中予以判断,亦不能认为此项判断有既判力(本院 1934 年上字第 2940 号判例参照)。是以原告于其提起给付之诉受败诉判决确定,虽在理由内已否定其基本权利,而当事人再行提起确认其基本权利存在之诉时,并不违反一事不再理之原则。至其提起确认之诉,是否有即受确认判决之法律上利益,则属另一问题。”关于判决理由中的判断,无既判力,Wolf-Dietrich Walker 亦持相同的看法。其理由为避免造成突袭裁判。至于因此事后可能产生与确定判决理由中的判断相冲突之判决的问题,他认为不必过度强调,盖一方面其发生总是一种例外,其次是纵然发生,这亦是立法者有意留下之修正的救济机会[Wolf-Dietrich Walker, aaO. ZZP 111(1998), 451f.]。另在可提起给付之诉的情形,“最高法院”亦认为,原告可自由决定不提起给付之诉,而就其得请求给付之基础的法律关系之存在提起确认之诉。例如“最高法院”1991 年 7 月 1 日台上字第 1429 号民事判决称:“按确认之诉,应以现在之法律关系之存否为诉讼标的。查上诉人主张两造间就前述三项工程有合伙关系存在,被上诉人则否认其事,显然两造就上诉人所主张合伙关系之存否仍有争执。设上诉人主张之事实非虚,两造间之合伙因目的事业已完成而解散,仍须经清算程序,在清算完结时,其合伙关系始归于消灭。上诉人主张之合伙迄未清算,为两造所不争执,则上诉人提起确认系争合伙关系存在之诉,自系以现在之法律关系为诉讼标的,应为法之所许。次查只需原告有即受确认判决之法律上利益即得提起确认法律关系成立或不成立之诉,此观‘民事诉讼法’第二百四十七条之规定自明，非以与给付之诉合并提起为必要。原审见未及此，徒以两造间之合伙因目的事业已完成而解散，为过去之法律关系，及上诉人未合并诉请协同清算，欠缺权利保护之必要，因而为上诉人败诉之判决，所持法律见解，均有可议。”}在起诉在先之诉确定后，才提起之新诉无违反实质既判力的问题。其受到之质疑主要表现在涉及同一请求权之确认之诉与给付之诉。贯彻诉之声明不同，其诉讼标的便不同的论点时，给付判决虽以原告得据以请求给付之请求权的存在或不存在之判断为其前提，司法实务上不但还是认为，同一请求权之确认之诉与给付之诉不用同时提起，[①]而且仅提起给付之诉者，其据以请求之基础权利纵使在判决理由中有存在或不存在的判断，亦认为关于该基础权利之判断无既判力。[②]是以原告于其提起给付之诉受败诉判决确定者，法院虽在理由内已否定其基础权利，而当事人再行提起确认其基础权利存在之诉时，“最高法院”1983 年 4 月 19 日第四次民事庭会议决议仍认为“并不违反一事不再理之原则。至其提起确认之诉，是否有即受确认判决之法律上利益，则属另一问题”。仅提起确认之诉而不同时提起给付之诉，是否具备即受确认判决之法律上利益，或符合一次解决纷争之诉讼经济的精神，“民事诉讼法”第 247 条第 2 项所谓：“确认法律关系基础事实存否之诉，以原告不能提起他诉讼者为限。”是否含指能提起给付之诉的情形？[行政诉讼法就类似的问题，在“行政诉讼法”第 8 条规定：“人民与中央或地方机关间，因公法上原因发生财产上之给付或请求作成行政处分以外之其他非财产上之给付，得提起给付诉讼。因公法上契约发生之给付，亦同(第一项)。前项给付诉讼之裁判，以行政处分应否撤销为据者，应于依第四条第一项或第三项提起撤销诉讼时，并为请求。原告未为请求者，审判长应告以得为请求。除别有规定外，给付诉讼以高等行政法院为第一审管辖法院(第二项)。”此为关于撤销诉讼与给付诉讼之合并提起的要求。该规定之意旨同样在于谋求一次解决纷争。同法第 6 条第 3 项规定：“确认公法上法律关系成立或不成立之诉讼，于原告得提起撤销诉讼者，不得提起之。”第 111 条第 3 项第 4 款规定应提起确认诉讼，误为提起撤销诉讼者，其诉之变更或追加，无须经被告同意，即应予准许。后

---

① “最高法院”1991 年 7 月 1 日台上字第 1429 号民事判决：“只需原告有即受确认判决之法律上利益即得提起确认法律关系成立或不成立之诉，此观‘民事诉讼法’第二百四十七条之规定自明，非以与给付之诉合并提起为必要。”

② “最高法院”1983 年第四次民事庭会议决议：“确定判决之既判力，仅以主文为限而不及于理由，本院 1929 年上字第 1885 号判例亦认为说明主文之理由，并无裁判效力。确定判决之主文，如系就给付请求权之诉讼标的之法律关系为裁判，即不及于为其前提之基本权利。虽此非属诉讼标的之基本权利，其存在与否，因与为诉讼标的之法律关系有影响，而于判决理由中予以判断，亦不能认为此项判断有既判力(本院 1934 年上字第 2940 号判例参照)。”

两项规定所涉者问题之根由为，系争公法上法律关系究系自始或已因行政机关自动撤销而无效，或得诉请法院撤销。若属于无效，但对其无效与否尚有疑义，则应提起确认之诉；若属于有效但应撤销，则应提起撤销之诉。该两项规定之意旨不在于诉讼经济，而在于按其实体关系，正确选择诉讼的种类。］值得推敲。为诉讼经济，应采肯定的见解：基于确认之诉的裁判结果得提起给付之诉者，为一次解决纷争，应提起给付之诉。其单纯提起确认之诉应论为无即受确认判决之法律上利益，亦即欠缺权利保护要件。唯司法实务上采否定说。[①]

鉴于程序之目的最后系为实体上之权利的实现，所以上述纯从程序法上之请求权发展之诉讼标的理论，终究有过度由其实体法上之基础脱离的间隙。于是，有学者又回头试从实体法上之请求权理论的突破，说明与解决原始的实体法说遭遇的问题。[②] 其努力的重点为：化约传统学说所认定为存在之数个请求权为单一的请求权，以随同化约与之相应之程序法上请求权的个数。这也就是后来在实体法上所称之请求权规范竞合说。[③] 民事诉讼法学称此为新实体法说(Neue materiell-rechtliche Lehre)。请求权规范竞合说，因将一个原因事实依不同法律规定发生之请求权，例如将契约责任、侵权行为责任与危险责任，在实体法上归并为一个请求权，而在其规范基础上造成规范竞合的状态。请求权规范

---

① “最高法院”1991年7月1日台上字第1429号民事判决：“按确认之诉，应以现在之法律关系之存否为诉讼标的。查上诉人主张两造间就前述三项工程有合伙关系存在，被上诉人则否认其事，显然两造就上诉人所主张合伙关系之存否仍有争执。设上诉人主张之事实非虚，两造间之合伙因目的事业已完成而解散，仍须经清算程序，在清算完结时，其合伙关系始归于消灭。上诉人主张之合伙迄未清算，为两造所不争执，则上诉人提起确认系争合伙关系存在之诉，自系以现在之法律关系为诉讼标的，应为法之所许。次查只需原告有即受确认判决之法律上利益即得提起确认法律关系成立或不成立之诉，此观‘民事诉讼法’第二百四十七条之规定自明，非以与给付之诉合并提起为必要。原审见未及此，徒以两造间之合伙因目的事业已完成而解散，为过去之法律关系，及上诉人未合并诉请协同清算，欠缺权利保护之必要，因而为上诉人败诉之判决，所持法律见解，均有可议。”

② Rosenberg/Schwab 认为这是由 Nikisch 首倡，后来并为 Larenz、Esser、Henckel、Grunsky 及 Georgia-des 等学者基本上所跟从。其中 Larenz、Esser 限于因一个原因事实所发生的请求权，Henckel 以数请求权之处分的标的(das Verfügungsobjekt)，Grunsky 以数请求权之处分的功能(die Verfügungs- funktion)是否单一为前提。Georgiades 认为多数请求权之整合应在请求权之一致目的之观点下为之。请参考 Rosenberg/Schwab, Zivilprozeßrecht, 12. Aufl., 1977, § 96 Ⅲ 4。

③ 请参考 Esser, Schuldrecht, 2. Aufl., 1960, § 201 3 g；Apostolos Georgiades, Die Anspruchskonkurrenz im Zivilrecht und Zivilprozeßrecht, 1967, § 20; Esser/Schmidt, Schuldrecht, Band Ⅰ, Allgemeiner Teil, Teilband 1, 8. Aufl., 1995, § 4 Ⅰ 4.

竞合说虽然可基本上调和实体法上与程序法上之请求权个数的冲突,[①]然因关于这些责任,法律常就其责任要件(例如"民法"第 434 条与第 184 条第 1 项前段间)、责任范围(例如"民法"第 638 条所定特别积极侵害债权责任与侵权行为之损害赔偿责任间)、举证责任、消灭时效期间、抵销之禁止("民法"第 339 条)、雇用人之连带责任或债务人之履辅责任等事项有不一致的规定,形成规范冲突。配合一个原因事实应仅构成一个请求权的规范规划上的要求,该冲突最后必须整合为一。这如不能在立法阶段解决,在法律的适用上将引起见仁见智的争议。引起损害之原因如果与给付义务有关,其责任要件、消灭时效期间、举证责任等原则上应适用契约责任的规定;如果无关,则应适用侵权行为责任的规定。其理由为,如与给付义务有关,所涉情事具有契约关系之个别性;否则,则与一般义务之违反无异,从而应适用侵权行为责任之一般规定。责任范围适用其范围中之大者、抵销之禁止适用侵权行为的规定。其理由为,在法律对于同一损害事件有多重规定时,权利人固不得重复请求,但也不当因此而反遭不利。至于雇用人连带责任或债务人之履辅责任则分别按情形定其是否有第 188 条第 1 项但书之免责规定的适用;引起损害之行为人具有履行辅助人之身份者,债务人无该免责规定之适用;不具该身份而有雇佣关系者,则有该免责规定之适用,从而亦有同条第 2 项所定衡平责任之适用。要之,并非尽皆适用契约责任或侵权行为责任之规定。这里无所谓有割裂适用之禁止的问题。由于在实体法上是否能够将像上述所述之规范竞合圆满整合起来尚不明朗,Rosenberg 认为还是应以诉之声明特定诉讼标的。[②]

归纳之,不论是原始的或新的实体法说,皆倾向于以请求权本身为诉讼标的,而程序法说相对的,以原告在诉之声明中向法院所陈应受判决事项的请求为诉讼标的。唯该请求仍应借助于原因事实、诉之声明或请求权等因素特定之。至于所当借助者为哪些因素,不同的学说有不同的看法。持新诉讼标的理论者在必须指称具体之诉讼标的时,通常以"由原因事实"、"由原因事实及诉之声明"或"由诉之声明"特定之诉讼标的界定之,而不对于所特定之诉讼标的究竟为何正面描述。这使其关于诉讼标的系指原告向法院所陈应受判决事项之请求的定

---

① Arthur Nikisch, Zur Lehre vom Streitgegenstand im Zivilprozeß, AcP 154(1955), 282f..

② 请参考 Rosenberg/Schwab, Zivilprozeßrecht,12. Aufl., 1977, § 96 Ⅲ 4。

义，隐而不彰。[①] 至于持旧诉讼标的理论者，因其以“由请求权”、“由诉之声明及请求权”或“由原因事实、诉之声明及请求权”特定诉讼标的时，在范围上已几近于明确，不再有多大闪避的余地。

三、特定诉讼标的之因素

诉讼标的范围的界定系传统上存在的问题：即一个诉之诉讼标的究竟以何为基础或标准界定之？诉之声明、其原因事实以及原告主张来支持其诉之声明的法律关系或请求权是否均系构成诉讼标的的成分？此即传统上习称为新旧诉讼标的理论之争论所在。旧诉讼标的理论倾向于主要以法律关系或请求权（诉之声明的规范基础）界定诉讼标的，而新诉讼标的理论则倾向于主要以原因事实界定诉讼标的。[②] 由于原告陈述之原因事实可能该当之法律规定常常不仅一个，从而得主张数项法律关系。所以，依旧诉讼标的理论所界定出来之诉讼标的是：由法律关系个别化之意义下的单数；而依新诉讼标的理论所界定出来者是，由原因事实所概括之意义下的单数。该概括意义下之单数的诉讼标的尚可分解成旧诉讼标的理论意义下之数个诉讼标的。“民事诉讼法”第 199 条之一规定：“依原告之声明及事实上之陈述，得主张数项法律关系，而其主张不明了或不完足者，审判长应晓谕其叙明或补充之（第一项）。被告如主张有消灭或妨碍原告

---

① 这些都是关于诉讼标的之概念应有一律性（die Einheitlichkeit）的看法。然也有学者认为，诉讼标的之范围应视其程序所适用之原则究为辩论原则（der Verhandlungsgrundsatz）或职权调查原则（der Untersuchungsgrundsatz）定之，不适当有一律的诉讼标的之概念。与诉讼目标有关者，其诉讼标的的概念应以诉之声明及原因事实为其特定因素，其影响为诉讼系属与既判力之客观范围；与诉讼经济有关者，应以诉之声明为其特定因素，其影响为诉之合并与变更（Baumgärtel, JuS 1974, 69ff.）。原告在程序中提出之资料对于请求权之个别化及既判力之客观范围固有意义，但与上述原则并无关系。请参考 Rosenberg/Schwab, Zivilprozeßrecht, 12. Aufl., 1977, § 96 Ⅳ 3。

② “最高法院”1995 年 8 月 31 日台上字第 2194 号民事判决：“诉讼标的，乃原告为确定其私权之请求，或所主张或否认之法律关系是否存在，欲法院对之加以审判之对象。而为法院审判对象之法律关系，应为具体特定之权利义务关系，而非抽象之法律关系，即原告起诉以何种法律关系为诉讼标的，应依原告起诉主张之原因事实定之，原告前后主张之原因事实不同，其为诉讼标的之法律关系自亦不同，即非同一事件。”自该判决意旨观之，“最高法院”在实务上虽采旧诉讼标的理论之观点，界定或特定诉讼标的，但原因事实在具体法律关系或请求权的特定仍有关键的意义。

请求之事由，究为防御方法或提起反诉有疑义时，审判长应阐明之(第二项)。”[①]如不予阐明，而按原告主张之法律关系径为其败诉之判决，“最高法院”认为其判决违背法令。[②] 自该条规定观之，这个问题在台湾地区经20余年之讨论后，新诉讼标的理论在制定法上已取得了胜利。[③] 在具体诉讼之诉讼标的范围的界定上，该条规定虽未以明文规定宣示，但基本上接受以原因事实作为界定法院之审判范围的基础。法院之审判范围的界定未必与诉讼标的之界定同一，在同一诉讼程序审判数个诉讼标的时，有时也可以论为诉讼之客观合并，或数宗诉讼之合并辩论及合并裁判。但这主要已是同一程序事项不同说明的形式区别，少有实质上的差异。

当在程序法上以原因事实界定诉讼标的，或将一个原因事实可形成之法律

---

① 被告主张有消灭或妨碍原告请求之事由者，其主张究为防御方法或提起反诉，有不同的实益。例如“原告起诉以讼争产业为其公有，请求被告交出，被告应诉后，虽以私有为抗辩，但并未提起确认私有之反诉，则审究结果，如认为并非公有，则仅驳回原告之请求即为已足，倘主文内于驳斥原告请求之外，另行认定讼争产业为被告所有，即属诉外裁判”(“最高法院”1929年上字第1947号判例)。

② “最高法院”1997年11月28日台上字第3462号民事判决：“查，‘民事诉讼法’第一百九十九条第二项规定，审判长应向当事人发问或晓谕，令其陈述事实、声明证据或为其他必要之声明及陈述，其所声明或陈述有不明了或不完足者，应令其叙明或补充之。此为审判长因定诉讼关系之阐明权，同时并为其义务。故审判长对于诉讼关系未尽此项必要之处置，违背阐明之义务者，其诉讼程序即有重大瑕疵，基此所为之判决，自属违背法令。”同样意旨另见“最高法院”1998年1月16日台上字第121号、同院1999年4月30日台上字第911号、同院2003年8月21日台上字第1778号民事判决。

③ 持“民事诉讼法”第199条之一之增订系采新诉讼标的理论之看法者，例如黄国昌：《新民事诉讼法下之诉讼标的图像：诉讼标的相对论的再构成》(上)，载《台湾本土法学》2003年第44期，第42页。不同的见解认为，民事诉讼法就诉讼标的理论尚未选边站。例如魏大喨：《民事纷争强制解决机制之客体论——纷争事实或原因事实之辨》，载《台湾本土法学》2004年第56期，第41页。基于程序处分权主义持诉讼标的相对论者多倾向于采此观点。例如许士宦：《请求之基础事实、原因事实与诉之变更、追加——“最高法院”2001年台上字第16号民事判决及2001年台抗字第二号民事裁定评释》，载《台湾本土法学》2002年第33期，第33页。相关文献之引证请参见该文注4、12。

关系，预设为法院之审判范围，从而影响到其确定之终局判决既判力的客观范围，[①]则不能不针对当事人之实体利益及程序利益，安排配套规定以资回应。亦即在法院不得按原因事实主动为当事人寻求适当之规范基础，支持原告诉之声明或被告答辩声明的情形下，折中之，自当使法院在不妨碍其审判中立的前提下，善为阐明，用补当事人法律知识之不足，使之就其权利能为适当之主张、选择或处分。纵有新诉讼标的理论认为，不但当事人之应受判决事项之声明(诉之声明)，而且其在诉讼上关于诉之声明之规范基础的主张，皆不再是诉讼标的之构成要素，该二者仍皆继续限制法院得为判决之事项("民事诉讼法"第388条)。超出诉之声明及当事人主张之法律关系以外的判决，皆构成诉外裁判。鉴于原因事实或纷争事实在纵向之发展性以及在横向可能构成之法律关系的多样性，而原告可能只就其中一种利益寻求诉讼上之公力救济，所以，实务上还是必须针对一个具体诉讼之目的，个别化(Individualisierung)用为特定其诉讼标的之原因事实或纷争事实。[②] 然要认识原告欲经由诉讼，寻求之公力救济的范围，其比较可靠的线索仍存在于其诉之声明中。是故，在个别化上，原因事实或纷争事实与诉之声明间互有回授的关系。不参酌原因事实或纷争事实，不知诉之声明究系以何为诉讼理由之请求，这是一个诉讼的诉之声明所以能与他诉讼的诉之声明相区别的事实基础；不参酌诉之声明，不知应以哪一段原因事实或纷争事实特

---

① "最高法院"1984年台上字第3292号判例："'民事诉讼法'第四百条第一项规定确定判决之既判力，唯于判决主文所判断之诉讼标的，始可发生。若诉讼标的以外之事项，纵令与为诉讼标的之法律关系有影响，因而于判决理由中对之有所判断，除同条第二项所定情形外，尚不能因该判决已经确定而认此项判断有既判力。"自该号判例以来，此为该院所持一贯之见解。相同判决意旨另见同院1997年8月21日台上字第2589号、2002年12月26日台上字第2592号民事判决。所谓同条第2项所定情形，指"经裁判之抵销数额"("最高法院"1998年3月12日台上字第486号民事判决)。

② 当容许按纷争事实特定诉讼标的，其事实之范围的划定便转向以纷争之一次解决的诉讼目的为基准。这进一步扩大根据原因事实特定下来之诉讼标的之范围。如不借助于此，则那些可构成相同目的之请求权的原因事实便会被论为数个诉讼标的。例如租赁物返还请求权与所有物返还请求权。按租赁物返还请求权以租赁关系消灭为要件，而当租赁关系消灭后，出租人关于租赁物之所有物返还请求权不再有来自于租赁关系之抗辩。因其据以发生之原因事实不同，所以该两个请求权尚非请求权规范竞合说所称应归并为一的请求权，能够并存构成请求权竞合。不过，为一次解决纷争，仍有是否应将该两个请求权据以发生的原因事实合并为一，仅特定一个诉讼标的之议论。请参考Karl August Bettermann, Eigentumsherausgabeklage, Mieträumumgsklage und Mietaufhebungsklage, MDR 1954,196ff.。

定诉讼标的，这使一个诉讼之诉讼标的不至于漫无目的过度蔓延。[①] 此外，当从诉讼理由看待诉之声明，关于原因事实或纷争事实之评价，必然要从其可能构成之实体上的请求权论之。[②] 盖在此意义下原因事实或纷争事实始有支持诉之声明的规范上意义。

原因事实单一时，纵使可充分数个法律规定的构成要件，形成数个法律关系，但依"民事诉讼法"第199条之一，基本上应该还是肯认，在特定一对当事人间一个原因事实只构成一个诉讼标的。然有可能，自一个原因事实产生一个实体上的请求权，但在程序上却产生不能并存之两个不同之诉之声明的情形。[③] 例如在损害赔偿之债，因"民法"第213条第1项规定，损害赔偿之方法以恢复他方损害发生前之原状为原则，以金钱赔偿为例外。而在例外之事由中，其因债务人给付迟延（第214条）或不法毁损他人之物者（第196条），债权人在恢复原状与金钱赔偿的赔偿方法间有选择权。亦即该损害赔偿之债为一种选择之债。反之，其例外事由系因不能恢复原状或恢复显有重大困难者，债权人仅得请求以金钱赔偿其损害（第215条）。在前一情形，债权人于起诉时，得任选其一为其诉之声明；在后一情形，债权人仅得以金钱赔偿为其诉之声明。声明如有错误，请求恢复原状，即会导致败诉的结果。但败诉后仍无碍其再以同一加害事实提起以金钱赔偿为诉之声明内容的新诉。为避免这种周折，债权人宜以预备合并作为其诉之声明的内容。于是，如以诉之声明作为界定诉讼标的之因素，便可能因一个实体上的请求权产生两个诉讼标的。

民事诉讼法并不要求一诉一个诉讼标的。当事人得以一诉主张数项标的。唯法院得命分别辩论。但该数项标的或其攻击或防御方法有牵连关系者，应命为合并辩论（"民事诉讼法"第204条）。[④] 当规定原告为相牵连之诉讼标的提起

---

① Mühl, Die Bedeutung des Sachverhalts für den Begriff des Streitgegenstandes bei Leistungsklagen in der Rechtsprechung, NJW 1954, 1666：原因事实指由生活过程切出之片段。因为生活关系往往是由流动的过程所组成，要为具体案件划分原因事实之范围并不容易。

② 关于原因事实之范围的划定，请参考 Tokushige Yoshimura, Streitgegenstand und Verfahrensmaximen-zugleich eine Auseinandersetzung mit der Schrift von Jauernig："Verhandlungsmaxime, Inquisitions-maxime und Streitgegenstand", ZZP 83 (1970), 254ff.。

③ Rosenberg/Schwab, Zivilprozeßrecht, 12. Aufl., 1977, § 155 I (S. 876).

④ "民事诉讼法"第204条规定："当事人以一诉主张之数项标的，法院得命分别辩论。但该数项标的或其攻击或防御方法有牵连关系者，不得为之。"同法第205条第1项规定："分别提起之数宗诉讼，其诉讼标的相牵连或得以一诉主张者，法院得命合并辩论。"关于有牵连关系之数项诉讼标的，前者规定法院不得命分别辩论，其反面解释为应命合并辩论，而后者规定法院得命合并辩论。关于命合并辩论，该两条规定之规范强度显不一致：一为应命合并辩论，另一为得命合并辩论。

之一诉或数宗诉讼，法院得命合并辩论、并合并裁判（“民事诉讼法”第 204 条、第 205 条），则新旧诉讼标的理论关于诉讼标的之范围界定上的争论在实务上的意义便集中到诉之变更、追加的容许及既判力之客观范围是否应受阐明义务之行使所及之法律关系的限制。如认为：只要诉讼标的相牵连，便应容许原告无须被告之同意为诉之追加；只要就原因事实可构成之法律关系，原告主张不明了或不完足，且未经法院阐明者，即非该诉讼确定之终局判决之既判力客观范围所及，或虽为其所及，但得以未经阐明为理由提起再审之诉，则新旧诉讼标的理论在结果上并无差异。于是，剩下来的问题成为：如何联结阐明义务与诉讼标的的范围。此为诉讼标的之特定与诉讼资料之取得间的关系。① 该联结的作用在于：

① Tokushige Yoshimura 认为：“德国民事诉讼法学者至当时为止，主要将诉讼标的定调为由事务的性质预先确定的概念，而日本学者则自始比较强调的从政策的观点讨论与诉讼标的之内容与范围有关的问题。当中的核心问题之一是诉讼标的之特定与诉讼资料之取得间的关系。例如日本现代民事诉讼标的理论的建立者 Mikazuki 因此指出全面概括之诉讼标的概念的说法必然地以法官之阐明权的扩大为前提。”[Tokushige Yoshimura, Streitgegenstand und Verfahrensmaximen-zugleich eine Auseinandersetzung mit der Schrift von Jauernig: “Verhandlungsmaxime, Inquisitionsmaxime und Streit-gegenstand”, ZZP 83 (1970), 245]除了法院之阐明权利或义务的实践会丰富呈现于法院之诉讼资料外，法院之职权调查权的行使亦具有相同之作用。然提出之诉讼资料所涉及者，究竟是法院得为判决的基础（die Entscheidungsgrundlage）或是诉讼标的，以及将来其判决之既判力的客观范围？Tokushige Yoshimura 认为在适用辩论主义（Verhandlungsmaxime）之诉讼程序，法院固应受当事人提出之资料的限制，但这不表示诉讼标的亦当按当事人陈述之资料缩小其范围。盖只要是适用处分权主义（Dispositionsmaxime）的程序，其诉讼标的之特定应属于原告之任务。以辩论主义作为特定诉讼标的之范围的决定性原则，混淆了处分权主义与辩论主义或调查主义（Inquisitionsmaxime）在功能上的分际。何况，诉讼标的在诉讼系属时即应特定。其系属之诉讼标的的范围与在程序进行中两造提出之诉讼资料无关。Tokushige Yoshimura 所批评之德国学者 Jauernig 持不同的看法，认为在采辩论主义之程序应以原告提出之诉讼资料，在采调查主义之程序应以在最后言辞辩论前存在之资料特定诉讼标的之范围。在后一情形，不论该资料是否已提出于法院或为当事人所悉皆应用为特定诉讼标的之因素（Tokushige Yoshimura, aaO. S. 247）。Jauernig 的见解是否可论为有 Tokushige Yoshimura 所称之混淆，尚视其据以特定诉讼标的之因素而定。如果主张仅以诉之声明，或仅以诉之声明及全面概括之原因事实（global aufgefaßter Lebenssachverhalt）作为特定诉讼标的之因素，不论所采者为辩论主义或调查主义，其后来之诉讼资料的提出，虽具有个别化诉讼标的的作用，但皆不足以改变在诉讼系属时已特定之诉讼标的的范围。至于以客观之规范的方法，而不以原告之主观的认识特定诉讼标的之内容与范围可能造成之突袭判决的问题，必须利用阐明及上诉或再审救济的制度解决。这是在诉讼标的之特定因素采客观说时，不得不有的妥协。否则，难以兼顾个别案件之具体情况。此与采规范效力说（Geltungstheorie）作为解释意思表示之原则，而造成表意人之主观意思与规范上解释所得之意思不同时，应利用撤销制度，解决因之构成之意思表示错误所引起的问题类似。

尊重当事人之程序处分权与选择权，照顾其实体利益与程序利益的同时，利用赋予阐明权之行使，以实质上产生强制诉之客观合并的作用，达到一次解决纷争之诉讼经济的目的，而无突袭裁判或诉外裁判的缺点。①

以法院在言辞辩论终结前对于当事人阐明的范围②界定或特定诉讼标的之学说，可称之为阐明说或规范说。③ 由于法院在每一个具体诉讼所为之阐明的范围不一定一致，所以依阐明说界定或特定诉讼标的时，其范围便不一定相同。从而即使系由同一种原因事实、纷争事实界定或特定之诉讼标的，其内容与范围

① 为提升诉讼经济而简化用以特定诉讼标的之因素，以扩大诉讼标的之范围，容易引起由于当事人不知相干之原因事实而造成突袭裁判的结果。这必须设法缓和之。其方法主要借助于法院之阐明权利与义务。在阐明有所不周时，再借助于上诉或再审制度，以获致关于诉讼标的之范围在规范上的期待与诉讼资料之认知在存在上的落差间之调和。倘无此认识，而一味执着于诉讼标的概念之划一或强调其划一之困难，势难取得圆满的结果。依该方法，诉讼标的之特定因素的简化将无碍于兼顾辩论主义及处分权主义的精神，不至于造成公共利益（诉讼经济及法律和平）与当事人利益间之冲突。这当中，规范上所特定之诉讼标的的范围与当事人处分权主义间之冲突，当借助于阐明及上诉或再审制度调和之。请参考 Tokushige Yoshimura, Streitgegenstand und Verfahrensmaximen-zugleich eine Auseinandersetzung mit der Schrift von Jauernig ："Verhandlungsmaxime, Inquisitionsmaxime und Streitgegenstand", ZZP 83 (1970), 262ff..

② 法院得为阐明的事项：（一）使当事人为事实上及法律上陈述、声明证据或为其他必要之声明及陈述（"民事诉讼法"第 199 条）；（二）晓谕原告依其声明及事实上之陈述，得主张之法律关系（第 199 条之一第 1 项）；（三）晓谕被告厘清，其关于消灭或妨碍原告请求之事由的主张究为防御方法或提起反诉之意思（第 199 条之一第 2 项）；（四）在确认法律关系之诉，对原告阐明依据同一基础事实，得利用同一诉讼程序，提起他诉讼或为诉之变更或追加（第 247 条）。

③ 以阐明说称呼诉讼标的理论之说明利益为：阐明说可表明诉讼标的之范围，最后系按法院之阐明，修正由原告陈述之原因事实及诉之声明所特定之范围后定之。这与单纯以原告之主观意思为准者（主观说），及以其陈述之原因事实及诉之声明所表示之客观内容为准者（客观说）不同。

也可能因案而异。是故,有因其特定之结果的相对性,称其为诉讼标的相对论。[①] 依诉讼标的相对论的看法,只要就原因事实可构成之法律关系,原告主张不明了或不完足,且未经法院阐明,则该不明了或不完足主张的部分即不构成诉讼标的之一部分,非该诉讼的确定终局判决之既判力客观范围所及。是故,就该部分原告如欲更为主张,不得以未经阐明为理由提起再审之诉,而应以提起新诉的方法寻求救济。反之,如采诉讼标的绝对论的看法,认为只要是原因事实可构成之法律关系皆应为该诉讼的确定终局判决之既判力客观范围所及,则应容许原告就未经阐明的部分,以未经阐明为理由,提起再审之诉。

---

① 诉讼标的相对论本身只是对于诉讼标的特定之结果的描述,并不能指出其所以如此之道理所在。其所以如此的道理或制度上的理由为:一次解决纷争之诉讼经济上的制度要求及当事人对于诉讼标的之处分权。这是从公共利益及当事人利益所提出的论点,也是公益与私益常见之辩证上的冲突,必须经由利益的权衡求其最佳的均衡。不过,诉讼标的相对论在破除同一种原因事实或纷争事实必导出相同之诉讼标的之概念的僵化仍有观念之引导上的意义。请参见黄国昌:《新民事诉讼法下之诉讼标的图像:诉讼标的相对论的再构成》(上),载《台湾本土法学》2003 年第 44 期,第 43 页以下;邱联恭:《诉讼上请求之表明如何兼顾实体利益及程序利益——以租金调整请求事件如何定审理方向为评析事例》(上),载《台湾本土法学》2003 年第 52 期,第 66 页。这个问题与私法自治或契约原则在意思表示之解释上所呈现的情势类似。偏重于表意人之私法自治权时,其解释应取向于其内心真正存在的意思,此即意思说(Willenstheorie);偏重于相对人之信赖的保护,其解释应取向于相对人依交易习惯及就具体情况自该表示获得之了解,此即表示说(Erklärungstheorie)。折中之,以客观说解释之结果为意思表示所形成之效力内容,唯倘该内容与表意人之意思不一致,则表意人可撤销其意思表示,此即效力说(Geltungstheorie)。关于法律行为之可能的效力,学说上能在有效与无效之外,再创造出得撤销的中间类型,是使意思表示之瑕疵问题在理论上可以获得说明,在实务上可以获得圆满解决的关键所在。请参考 Werner Flume, Allgemeiner Teil des Bürgerlichen Rechts, Zweiter Band Das Rechtsgeschäft, 1979, § 4, 6f. (S. 54ff.)。类似的道理是:在诉讼标的之特定不能因为处分权主义而绝对片面取决于当事人之选择,而必须基于周全解决纷争以圆满恢复法律和平的考量。只要在原因事实、纷争事实或权利目的上相牵连的法律关系,可构成诉之声明中提起之请求的规范基础,皆当一并解决。这亦类似于物权行为。在物权行为,当事人固可以自由决定是否从事,但基于物权法定主义,其一旦从事,其涉及之物权应以法律所定之种类及内容为其种类及内容。此为物权行为之内容的强制。当事人无物权契约内容之形成自由。

具体个案之原因事实的范围究竟有多广？这涉及原因事实之数的问题。[①]其界定首先以能够完全满足一定之构成要件所需之最小范围为度，然后再以之为基础按实际发展上的需要，就原因事实进行必要之联结，使之组成一个更大范围之原因事实。盖法律事实在这时始能有意义的引起一定之法律效力。然在这里仍不可忽视全部事实有其发展上之阶段性，在此意义下并有总事实与阶段的分事实之关系。不但在实体法上，当事人间之法律关系随该等法律事实之发展而有发生、变更及消灭的变化，而且在程序法上，纵使立基于当事人处分权主义，也为当事人之实体利益与程序利益之保护上的正当需要，而有其原因事实之规范上的单位限制。[②] 然因法律事实及以之为基础的法律关系是阶段发展的，所以这里所称之构成要件，一方面就全体而论，有后者依存于前者的前置关系；另一方面就各阶段论，也有其各阶段之个别的针对性。[③] 例如买卖标的物之瑕疵担保的请求或价金之给付的请求，以买卖契约有效成立为前提。当双方就买卖契约之有效无异议，而专就买卖标的物之瑕疵担保的请求或价金之给付的请求发生争议，这时系争之原因事实首先便阶段性地分别集中于与物之瑕疵担保或价金有关的要件事实。如买受人基于物之瑕疵担保，而解除契约或请求减少价金，则与物之瑕疵担保及价金有关之原因事实便因之整合成一个更大的原因事实。这是原因事实朝整合方向的发展，从而也促成诉讼标的之范围长大的情形。由上述说明可见，原因事实之范围的界定与当事人之权利的主张有互动的关系。一方面因有一定之原因事实发生，一方当事人对于他方得为一定权利之主张；另一方面也因其为该权利之主张，使一定之事实的片段构成一个规范上有意义之原因事实的单位。当事人可能因一定事实之发生而想到其得主张之权利，也可能为主张一定之权利而使一定事实发生。

---

① 在刑法上，与之对应者是行为之数的问题。关于犯罪行为的数，首先同样以其该当之刑事实体法的构成要件加以界定。而后再基于刑事政策，从刑罚经济的观点，将有牵连关系之数犯罪行为组成裁判上之一犯罪行为，成为裁判上之一罪。此即牵连犯。如果本来就是一个行为，只是因为该当数犯罪构成要件，而有数罪之形式，便应基于从重的观点，认定为实质上本来就是一罪。不论是裁判上或实质上一罪，依“刑法”第 55 条都只从一重处断，仅有一个诉讼标的。此种行为的概念可谓是规范的功能性概念，必要时，皆按规范目的调整其概念所涵摄的范围。例如结合犯、吸收犯。

② Wolfgang Grunsky, Zur Bedeutung der Logik für das Verständnis des gerichtlichen Erkenntnisver-fahrens, JZ 1974, 753:“数十年来诉讼法学所探讨之诉讼标的的界定问题并不存在于概念上是否能区分不同之原因事实，而只存在于不停发生之事实中何者应纳入，何者不应纳入系争程序。这涉及所属之事实之界限的划分。”

③ 关于以原因事实特定诉讼标的时可能遭遇之事实范围的界定问题，请参考 Friedrich Lent, Zur Lehre vom Streitgegenstand, ZZP 65(1952), 350ff.。

鉴于原因事实所产生之法律关系有主体上的相对性，因此，按原因事实界定之诉讼标的以存在于相同之当事人间者为限。[①] 基于同一原因事实，而有数人对于他人有构成诉讼标的之权利或义务时，依“民事诉讼法”第 53 条第 2 款，该原因事实在不同之当事人间构成不同之诉讼标的。只是为诉讼经济，视其是否必须合一确定分别规定得或应为共同诉讼。这时，不论该数人是否共享权利或共负义务，皆得为共同诉讼人，一同起诉或一同被诉（“民事诉讼法”第 53 条第 1 款、第 2 款）。诉讼标的对于共同诉讼之各人必须合一确定者为必要共同诉讼（“民事诉讼法”第 56 条、第 53 条第 1 款），否则，为普通共同诉讼（“民事诉讼法”第 55 条、第 53 条第 2 款）。

依同一契约，但因不同事由而发生之请求权，纵使其给付目的相同，“最高法院”实务上还是认为属于不同之原因事实，在实体法上构成两个请求权；在诉讼法上构成两个诉讼标的。[②] 唯实务上在这种情形必须注意该两种事由是否能够并存。例如承揽人因工作之完成，而依承揽契约对于定作人取得之承揽报酬请求权，与承揽人因定作人依“民法”第 511 条规定，于工作完成前任意终止承揽契约，而就其因契约终止而生之损害，依该条规定对于定作人取得之赔偿请求权，是否能并存，非无疑问。盖工作如已完成，即无工作完成前任意终止的问题；反

---

① “司法行政部”法律研究室台(1973)法研字第 061 号函复台高院：“[法律问题]甲所有房屋一栋，因乙之住宅失火延烧焚毁，甲以乙未满十岁之子丙玩火引起火灾，乙未尽相当之监督为理由，诉请乙赔偿损害，于审判中，甲舍弃原起诉之法律上主张，请变更系乙之父丁，饭后，未将余火熄灭而至失火，乙因继承之法律关系（民事起诉时，丁已死亡）应负赔偿之责，乙以甲系诉之变更不予同意为抗辩，问乙之抗辩有无理由？[讨论意见乙说]‘民事诉讼法’第二百五十六条第一款所谓不变更诉讼标的而更正法律上之陈述，原指诉讼标的之法律关系并未变更，仅更正法律上之陈述者而言，本件虽均为损害赔偿，但法定代理人之监督未周，与继承二者之法律关系完全不同，应为诉之变更，无‘民事诉讼法’第二百五十六条第一款之适用，乙之抗辩为有理由。”该函中所谓二者之法律关系完全不同，系指该二者法律关系在继承前，其主体并不相同。

② “最高法院”2003 年 3 月 13 日台上字第 471 号民事判决：“按承揽人因工作之完成，依承揽契约，请求定作人给付承揽报酬，与定作人依‘民法’第五百十一条规定，于工作未完成前任意终止承揽契约，承揽人得依该条规定请求定作人赔偿其因契约终止而生之损害，二者在实体法上为两种不同之请求权；在诉讼法上亦属两种不同之诉讼标的。本件被上诉人起诉请求上诉人给付三十八期前工程之保留尾款五百零三万零一百一十二元及三十八期后至 1996 年 1 月 9 日止之承揽报酬八十五万三千六百五十元本息，系以伊已完成系争工程，本于承揽契约请求上诉人给付该承揽报酬，为其原因事实，并未主张因上诉人终止承揽契约及依‘民法’第五百十一条规定请求上诉人给付上开工程款。乃原判决竟谓上诉人依‘民法’第五百十一条规定，得随时终止承揽契约，进而认被上诉人得依该条规定请求上诉人给付上开工程款，已有就当事人未声明之事项而为判决之违法。”

之，工作如未完成，亦无因工作之完成，而得承揽报酬请求权之可言。是故，在“最高法院”2003 年台上字第 471 号民事判决所述情形，原告应以预备合并的方式为之，且原则上应以工作已完成之承揽报酬请求权的请求为先位声明，以工作未完成之任意终止的损害赔偿请求权为备位声明。盖依事务法则，工作已完成之事实如果存在，工作未完成之事实即不可能存在。

与一个原因事实可因构成数个法律关系，而造成一个请求权有数个规范基础的外观相同，而成因不同者为：一个请求权或形成权有数个依据不同原因事实所构成之数个法律关系为其规范基础。例如一个一定数额之金钱请求权同时有买卖契约及票据行为为其依据之货款债权及票据债权为其规范基础；一个解除契约后之恢复原状请求权（“民法”第 259 条）可能同时有数个解除事由。[①] 这与契约有数个终止事由、[②]调整租金事由[③]或请求减少价金事由的情形类似。在这种情形下，学说上有因此以纷争为出发点，将有纷争上之牵连的数原因事实集合为纷争事实，[④]，并认为纷争事实亦可以作为特定一个诉讼标的之因素。这可称为纷争牵连说。因为正像方法与结果之牵连可以客观明确界定一个牵连犯之裁判上的审判范围，以纷争上之牵连为基础亦可清楚界定一个纷争事实所构成之

① “最高法院”1995 年 7 月 21 日台上字第 1809 号民事判决：“按诉之变更、追加或提起反诉，非经他造同意，不得为之，但第二百五十六条第二款至第四款之情形，不在此限；又不变更诉讼标的，而补充或更正事实上或法律上之陈述，于诉之变更或追加无碍。‘民事诉讼法’第四百四十六条第一项、第四百六十二条、第二百五十六条第一款分别定有明文。上诉人所主张之诉讼标的系‘民法’第二百五十九条之回复原状请求权，而该条之请求权基础乃契约解除时所产生，上诉人先谓伊解除契约之依据为‘民法’第二百五十四条，嗣又谓系依据同法第二百五十六条规定云云，乃系不变更诉讼标的而补充法律上之陈述，依前开说明，无须得被上诉人之同意。”

② “最高法院”1981 年台上字第 3759 号民事判决：“本件被上诉人系以租赁关系消灭后请求返还租赁物之法律关系，为其诉讼标的，故其对于租赁关系消灭之原因，先谓承租人违反租约，复谓租赁期限届满，核系‘民事诉讼法’第二百五十六条第一款规定补充事实上及法律上之陈述，与诉讼标的之追加有别，既为原审所明认，而原审亦为事实审，即应就租赁期限届满与否之事实，自行调查认定，以利判断，并不生第一审拒绝或忽视合法之声明而使当事人审级利益受有影响，应依‘民事诉讼法’第四百五十一条第一项予以发回之问题。”

③ “最高法院”1997 年 11 月 27 日台抗字第 576 号民事裁定：“查原法院既认抗告人给付租金之声明有不明了或不完足而行使阐明权，却又谓抗告人补充核定地租之声明为诉之追加，已难谓合。且依抗告人上开并为请求核定地租之声明，对其原给付地租之声明而言，在实质上应仍在为诉讼标的法律关系范围以内，依上说明，似属实质上声明之扩张。果尔，能否谓抗告人上开核定地租之声明不合‘民事诉讼法’第二百五十六条第二款之规定，即非无疑。”

④ 请参见邱联恭：《诉讼上请求之表明如何兼顾实体利益及程序利益——以租金调整请求事件如何定审理方向为评析事例》（上），载《台湾本土法学》2003 年第 52 期，第 65 页。

诉讼标的之范围，所以，纷争事实应可用来特定一个诉讼标的，以增进新诉讼标的理论一次解决纷争的效能。唯这种情形在实体法上一样会引起规范竞合的问题。[①] 这时必须视其具体竞合情形决定其应适用之法律规定。例如相竞合之形成权的事由纵使形成相同之法律关系，但其相随之其他法律效力可能不同。例如离婚之理由不同时，仅在配偶之一方有过失，而他方无过失时，该无过失之配偶始得请求赔偿。[②]

---

① 当一个或数个原因事实满足数个关于请求权之发生的法律规定之构成要件，而该等请求权之经济目的相同时，其规范上之说明有请求权竞合说与/或请求权规范竞合说，已如前述。当一个或数个原因事实满足数个关于形成权之发生的法律规定之构成要件，而该等形成权之目的相同时，其规范上之说明亦类似地引起形成权竞合或形成权规范竞合的问题。在形成权之行使上，由于在存在上有同一个法律状态是否能为两次以上之形成的疑问，所以在行使其中一个形成权后，有其他形成权是否即陷于形成不能的问题。例如一个契约能否先后由双方当事人撤销、解除或终止？一个法人是否得由不同之社员先后以不同之理由声请法院为解散之判决？配偶双方是否得分别以不同的理由声请法院裁判离婚？因为在形成权的行使上，除使一定之法律关系产生变更或消灭外，有时伴随一定之损害赔偿责任，所以为适当归属与之伴随之责任，及如有与有过失时，其责任之酌减，应视具体情况处理其规范之竞合。其步骤不外乎是：先探讨该等形成权间有无排斥适用的关系，经排斥关系之淘汰后，如尚有两个以上之形成权存在，再处理其间之冲突的调和问题。这当中的道理，与在刑事实务上，先探讨有无应依法条竞合淘汰之规定，而后再适用想象上竞合的规定论为实质上一罪的道理类似。不同者为，在想象上竞合只需简单地从一重处断，而在民事关系上必须调和互相竞合的法律规定，消除其中的冲突。相牵连的形成权有具有接续性质而是否应自始整合为一的情形，例如在买卖标的物之物的瑕疵担保责任，在实体法上虽然可谓一个瑕疵构成一个物的瑕疵担保责任，但只要系争之瑕疵同属于一物，仍应论为同一原因事实或纷争事实，属于用以特定诉讼标的之同一基础事实。是故，起诉在先之瑕疵担保责任只要尚在第二审言辞辩论终结前，原告依“民事诉讼法”第 255 条第 1 项第 2 款、第 3 款，第 446 条应得为诉之变更或追加。唯应注意同法第 196 条关于攻击或防御方法之提出时期、第 276 条关于迟误准备程序之失权效果及第 447 条关于采严格的续审制时，对于当事人在第二审得提出之新攻击或防御方法的限制。

② “民法”第 1052 条第 1 项规定：“夫妻之一方，有左列情形之一者，他方得向法院请求离婚：一、重婚者。二、与人通奸者。三、夫妻之一方受他方不堪同居之虐待者。四、夫妻之一方对于他方之直系尊亲属为虐待，或受他方之直系尊亲属之虐待，致不堪为共同生活者。五、夫妻之一方以恶意遗弃他方在继续状态中者。六、夫妻之一方意图杀害他方者。七、有不治之恶疾者。八、有重大不治之精神病者。九、生死不明已逾三年者。十、被处三年以上徒刑或因犯不名誉之罪被处徒刑者。”其中在第 1 款至第 3 款、第 4 款前段、第 5 款、第 6 款及第 7 款等情形，配偶之一方固有过失，但在其他各款，可能双方配偶皆无过失。一方有过失者，无过失之配偶固得向有过失之他方，请求赔偿(第 1056 条)。但双方皆无过失者，则皆无赔偿请求权。请参考 Arthur Nikisch, Zur Lehre vom Streitgegenstand im Zivilprozeß, AcP 154 (1955), 292f.。

是否采纷争牵连说界定原因事实或纷争事实，以特定一个诉讼标的，在理论的说明上固然见仁见智，然为诉讼经济，一次解决纷争，纵不能据之，将数个有纷争上之牵连的原因事实归并为一个诉讼标的，在其诉之提起，亦应从诉讼标的有牵连关系的观点将之规定，应强制合并辩论、合并裁判。唯诉讼标的之规范上的归并，或诉之强制合并皆应有法院之适当的阐明权利与阐明义务相配合，以避免当事人由于法律知识的欠缺，而遭受突袭裁判，导致其程序利益或实体利益的减损。[①] 所谓"适当地阐明权利与阐明义务"，是指就有关事务上关联的事实或法律关系，如经依法阐明，经阐明之法律关系即应构成诉讼标的之一部分，或虽不论为构成其一部分，只要经法院阐明而可规定为或解释为已强制或拟制为分别起诉后，法院亦应命合并辩论，并为合并裁判。{不论以何作为诉讼标的之特定上的因素，皆必须借助于原因事实加以个别化，以使之与其他诉讼标的相划分。然当基于数个原因事实分别产生之形成的或给付的请求权，以同一法律关系之形成或同一给付为其目标时，为能够在诉讼上一次解决纠纷，有将这些由不同原因事实产生之程序上请求权合并为一个诉讼标的之规范需要。德国民事诉讼法在离婚之诉针对该需要，例外地规定在最后言辞辩论前已存在之原因事实，不论其是否经当事人向法院陈述，或为当事人所知，皆为该诉讼之确定判决的既判力所及，当事人不得以之为新事实提起新诉讼。必须根据在最后言辞辩论后才发生之事实，始得提起新诉。请参考 Arthur Nikisch, Zur Lehre vom Streitgegenstand im Zivilprozeß, AcP 154(1955), 289ff.。"民事诉讼法"与之相当之规定为：其第 572 条规定："婚姻无效、确认婚姻成立或不成立、撤销婚姻、离婚或夫妻同居之诉，得合并提起，或于第一审或第二审言辞辩论终结前，为诉之变更、追加或提起反诉（第一项）。依前项规定得为诉之变更、追加或提起反诉者，不得另行起诉，其另行起诉者，法院应以裁定移送于诉讼系属中之第一审或第二审法院合并裁判。受移送之法院不得以违背专属管辖为理由，移送于他法院（第二项）。

---

① 刑法上与之类似的问题，利用牵连犯的概念，将方法与结果有牵连关系之犯罪行为，论为裁判上之一罪（"刑法"第 55 条），使之成为一个诉。所以，"'刑事诉讼法'第二百九十四条第一款规定（按：条次已修正为第三百零二条第一款），案件曾经判决确定者，应为免诉之判决。系以同一案件，已经法院为实体上之确定判决，该被告应否受刑事制裁，即因前次判决而确定，不能更为其他有罪或无罪之实体上裁判。此项原则，关于实质上一罪或裁判上一罪（如'刑法'第五十五条及第五十六条之犯罪），其一部事实已经判决确定者，对于构成一罪之其他部分，均应适用。此种情形，系因审判不可分之关系，在审理事实之法院，对于全部犯罪事实，本应予以审判，即其确定判决既判力，亦自应及于全部犯罪事实。故除在最后审理事实之法院宣示判决后始行发生之事实，不在'刑事诉讼法'第二百九十四条第一款所载情形之列外，皆应谕知免诉"（"最高法院"1959 年台上字第 300 号刑事判决）。

非婚姻事件之诉，以夫妻财产之分配或分割、返还财物、给付家庭生活费用或赡养费或扶养之请求，或由诉之原因、事实所生损害赔偿之请求为限，得与第一项之诉合并提起，或于第一审或第二审言辞辩论终结前，为诉之追加或提起反诉。其另行起诉者，法院得以裁定移送于诉讼系属中之第一审或第二审法院合并裁判（第三项）。”是否将存在于此种例外规定中的法律思想一般化到所有的诉讼，是新诉讼标的理论之发展上的考虑重点所在。这种问题在形成之诉有其特别考量。按在形成之诉，原告请求以判决形成之法律关系可能有数个原因事实构成之理由。这可因之构成数个诉讼标的。于是，如果原告先以其中之一个原因事实构成之形成权起诉，而后又在该诉讼系属中根据另一原因事实构成之形成权提起一个新的诉讼，其起诉是否违反重复起诉之禁止（一诉不再理原则）？因其诉讼标的不同，应采否定的见解。唯因原告能够以较简单之诉之合并的方法起诉，达到相同之目的，所以，该新诉讼仍当因欠缺诉讼保护要件，而非因已有诉讼系属，而不予准许[Arthur Nikisch，aaO. AcP 154(1955)，294]。}是故，就应阐明而未经阐明之法律关系，如规定为确定之终局判决既判力所及，则该确定判决应论为因违背法令（“最高法院”1954 年台上字第 12 号判例），而有再审理由。这当中，强制之律师代理诉讼制度固亦有相当机能，但与之相随之争讼费用必须有适当之法律救助缓和之。否则，一次解决纷争之诉讼改革，在实务上可能因当事人付不起律师费用，而流为法院拒绝解决纷争的诉讼改革。

在诉讼标的之特定上，确认之诉亦有类似的问题。按确认之诉的目的在于确认法律关系之存在或不存在，或确认法律关系之基础事实的存否（“民事诉讼法”第 247 条）。有认为不论依其诉之声明原告所要确认者为何，皆以原告关于一定之权利或法律关系，或其基础事实之存在或不存在的主张为诉讼标的。该主张在诉讼法上有传统的将之称为程序上之请求权者，以与给付之诉之请求权相对应。[①] 其与诉之声明的区别在于，诉之声明为以该请求权为基础，对于法院所做应受判决事项之声明。不论以该请求权或诉之声明特定诉讼标的，皆必须将之确切陈述，以与其他诉讼之诉讼标的相区别。该陈述之内容是否应含用以支持该请求权或主张，或诉之声明的原因事实？这与给付之诉的情形一样，视所采之诉讼标的理论而异。采否定说者，其特定之诉讼标的之范围较广；采肯定说者，较窄。依否定说之见解，在对于特定物所有权或租赁关系之有无，或在特定

---

① Arthur Nikisch，aaO. AcP 154(1955)，294. 将这样一个主张称为原告在程序上的请求权时，该请求权其实与原告在实体法上之请求权并不对应。互相对应之实体法上与程序法上之请求权为请求权及以该请求权为基础之诉权。这是一个实体法上之请求权可以声请公力救济的表现形态。

相对人间之婚姻关系或劳动关系之有无的确认之诉，无须引述取得所有权之原因事实究为移转之继受取得或先占、添附、创造等之原始取得，已能将其主张之权利的客体及法律关系的态样以及当事人表示清楚，从而可将其程序上的请求个别化，以与其他诉讼标的相区别。[①] 当诉讼标的之特定标准着重于一次解决纷争，否定说的见解自属允当。依该见解，不论是关于诉讼系属、诉之合并、追加或变更或既判力的客观范围，也不论是确认法律关系存在或不存在的确认判决，只要是在最后之言辞辩论终结前存在之事由；不论是否已提出于法院或为当事人所悉，一概皆为既判力之客观范围所及，当事人间与诉讼标的相关之纷争皆应一次了断。[②] 不过，否定说的看法并不适合于损害赔偿之债或金钱之债。盖在这种情形下，可以产生相同请求内容之原因事实不胜枚举，所以不适当规定，特定当事人间只要为损害赔偿之债或金钱之债的权利或法律关系要提起确认之诉，即应一次全部提起。应一并提起者，仍应限于因原因事实同一而有事务牵连，或因经济功能同一而有目的牵连的部分。为认定其牵连之有无，其诉讼标的之特定自必须借助于原因事实及其给付之经济功能的叙述。这与给付之诉的情形相同。

前述之原因事实纵有单复数的疑义，但其共通特征为：其结合是同向的。亦即一方恒为权利人或给付请求权人，他方恒为义务人或给付义务人。另有一种情形是双方互为请求权人或义务人。因系双方互为请求权人或义务人，所以，除在给付与对待给付之请求及其同时履行抗辩所涉以双务契约为其原因事实者外，通常会涉及两个原因事实及两个诉讼标的。这主要表现在：(1)管理费用之偿还请求权（“民法”第 546 条、第 176 条及第 177 条）与管理利益之交付或移转请求权（“民法”第 542 条、第 173 条第 2 项），及(2)被告在诉讼上主张抵销的情形。在委任及无因管理中，其管理费用及管理利益之发生虽基于同一债务关系，但非基于同一原因事实。在抵销中，原告据以请求给付之原因事实与被告据以

---

① 关于所有权的确认之诉，上述否定说已是相当于认为诉之声明系特定诉讼标的之唯一因素的看法。这时其诉之理由的变更固不认定为诉之变更，但仍应注意原告用以主张对于特定物有所有权的理由间有可能是不能并存的。为避免主张之理由发生矛盾，影响审判心理，就互相排斥之理由还是宜以类似于预备合并之声明方式为之，将诉之理由以先位的理由与备位的理由之顺位提出。请参考 Arthur Nikisch，aaO. AcP 154(1955)，295。

② 含确认法律关系不存在的确认判决，认为只要是在最后之言词辩论终结前存在之事由，不论是否已提出于法院或为当事人所悉，一概皆为既判力所及，当事人间与诉讼标的相关之纷争皆应一次了断的见解，虽与 Rosenberg 及 Schwab 所持诉讼标的应以诉之声明为其特定之因素的见解相符，但他们并不赞同。他们认为诉讼资料所及，始为既判力所及[Arthur Nikisch，aaO. AcP 154(1955)，295f.]。

主张抵销抗辩之原因事实，原则上并不同一。然因被告在诉讼上主张抵销时，法院必须就其主张抵销之请求成立与否，在以主张抵销之数额的限度为裁判。所以“主张抵销之请求，其成立与否经裁判者，以主张抵销之额为限，有既判力”（“民事诉讼法”第 400 条第 2 项）。[①] 其结果等于造成一诉有两个诉讼标的，且系分别由原被双方各提一个的情形。唯因抵销系依附于原告提起之诉讼而主张的抗辩，所以就其所涉供为抵销之请求权的存在，不但不在主文中予以裁判，而仅在理由中叙明，而且原告之请求如果无理由，由于无可供为抵销之被动债权，法院对于抵销抗辩是否成立也无须加以裁判。[②] 另在这种情形中，“民事诉讼法”第 446 条第 2 项第 3 款并容许，不经他造同意，于被告就主张抵销之请求尚有余额部分，有提起反诉之利益的情形，提起反诉。因其本诉与反诉之诉讼标的不同，按“民事诉讼法”第 77 条之十五第 1 项之反面解释，其反诉应另征收裁判费。

四、诉、原因事实与诉讼标的之逻辑关系

一个诉固以主张一个诉讼标的为原则，但一个诉亦有主张数个诉讼标的者。这时，该数个诉讼标的间可能互相有竞合或应为选择的关系（第 77 条之二第 1 项）。这是诉之客观的合并。唯以一诉主张数项标的，而其一达于可为裁判之程度者，法院得为一部之终局判决（第 382 条）。为数个诉讼标的提起数宗诉讼，固不构成诉之客观的合并，但其诉讼标的相牵连或得以一诉主张者，法院得命合并辩论。命合并辩论之数宗诉讼，并得合并裁判（第 205 条第 1 项、第 2 项）。其结果与自始以一个诉主张数个诉讼标的相近。

可能被引为诉讼标的之组成要素者有：原因事实、诉之声明及该声明之规范基础（原告主张之法律关系）。依法律之规范机制，首先是一定之法律事实（原因

---

① “最高法院”1982 年台上字第 3027 号民事判决：“主张抵销之对待请求，倘非以反诉为之，其成立与否，法院系于判决理由中为裁判，此项裁判固非对于诉讼标的之裁判，复未表现于主文，原无既判力可言，然‘民事诉讼法’第四百条第二项所谓其成立与否经裁判者，以主张抵销之额为限，不得更行起诉，系明定非诉讼标的而经裁判者，亦有既判力，则苟主张抵销之对待请求，其成立与否，业经裁判，均以主张抵销之额为限生既判力。”

② “最高法院”2000 年 4 月 27 日台上字第 972 号民事判决：“按被上诉人行使代位权请求上诉人向第三人王延彬为给付，并由其代为受领，倘为无理由，则上诉人以其对王延彬之债权为抵销之抗辩，法院即无须予以审酌，必被上诉人之上开请求为有理由，法院始须就上诉人之抵销抗辩是否可采为裁判。查原审认被上诉人之请求为有理由，而为被上诉人胜诉判决部分，既经本院认其为不当，而以判决予以废弃，则原审更审时就上诉人之抵销抗辩是否应予裁判，尚属未定，从而原审所为准予抵销之裁判，自属无可维持，应并予废弃。”

事实)满足法律所定之构成要件,从而构成一定之法律关系,产生一定之法律效力。是故,依该法律关系(规范基础)在实体法上原告得对于被告为一定之请求。该请求在诉讼上转为原告对于法院所表示之应受判决事项之声明(诉之声明)。其中原因事实及规范基础可能是复数的,诉之声明可能有范围大小及项目多寡的问题。一诉中之原因事实如为复数,不论依新旧诉讼标的理论都存在诉之合并或甚至是否应论为数宗诉讼的问题。如原因事实单一,而诉之声明的规范基础为复数,则依新诉讼标的理论诉讼标的固为单一,但依旧诉讼标的理论,其诉讼标的为复数,从而有诉之客观合并或甚至是否应论为数宗诉讼的问题。然不论依新旧诉讼标的理论,"对于同一被告之数宗诉讼,除定有专属管辖者外,得向就其中一诉讼有管辖权之法院合并提起之。但不得行同种诉讼程序者,不在此限"("民事诉讼法"第 248 条)。亦即仍得以一诉主张数个诉讼标的("民事诉讼法"第 204 条)。诉讼标的相牵连者,不论以一诉或以数宗诉讼分别提起,[①]法院皆应命合并辩论,以达诉讼经济之目的,并防止裁判互相抵触。经命合并辩论之数宗诉讼,得合并裁判("民事诉讼法"第 205 条第 2 项)。[②] 反之,不相牵连者,纵使以一诉提起,法院得命分别辩论("民事诉讼法"第 204 条、第 205 条)。依旧诉讼标的理论,基于一个原因事实之数项诉讼标的,虽无义务应以一诉主张,但因为必互相牵连,所以只要对各该诉讼标的有诉之提起,法院自应依"民事诉讼法"第 204 条、第 205 条命为合并辩论。命合并辩论之数宗诉讼,法院并得合并裁判("民事诉讼法"第 205 条第 2 项)。

诉讼标的固由原因事实特定,但二者是否同一?学说上素有争议。自第 244 条第 1 项第 2 款规定,诉状应表明"诉讼标的及其原因事实"观之,"民事诉讼法"显然认为,诉讼标的与原因事实显然是两回事。然诉讼标的与原因事实之不同究竟何在?层次的不同,例如以诉讼标的指由原因事实构成之各项法律关系或全部的法律关系。前者为旧诉讼标的理论,后者为新诉讼标的理论的观点。在此意义下,第 244 条第 1 项第 2 款的规定对于新旧诉讼标的理论并未采取选边的立场。如指由原因事实构成之各项法律关系,则在起诉时或在诉讼中原告

---

① 自"民事诉讼法"第 204 条、第 205 条观之,一诉与数宗诉讼之区分显然是形式的。亦即原告分次向法院提起者为数宗诉讼,一次提起者为一诉。数项诉讼标的而以一诉向同一法院提起,本来可以构成数诉者,因诉之客观合并而成为一个以一诉主张数项诉讼标的之诉讼。唯若涉及专属管辖,应由有专属管辖权之法院合并管辖。例如"对于同一被告因债权及担保该债权之不动产物权涉讼者,得由不动产所在地之法院合并管辖"("民事诉讼法"第 11 条)。

② "民事诉讼法"第 381 条第 2 项命合并辩论之数宗诉讼,还是数宗诉讼,所以,在其一达于可为裁判之程度者,法院应先为终局判决。但应适用第 205 条第 3 项之规定者,不在此限。

应表明其据以请求应受判决事项之声明的具体法律关系，以特定其诉讼标的；反之，如指由原因事实构成之全部的法律关系，则只要表明其据以请求之原因事实，至于由该原因事实可构成哪些法律关系以支持其应受判决事项之声明，则属于法院应知之事项。是故，在该法律关系，亦即应受判决事项之声明之规范基础的表明，不论采新的或旧的诉讼标的理论，当事人皆应就诉讼关系为事实上及法律上之陈述(第 193 条第 1 项)。亦即皆必须兼叙诉讼标的所由发生之原因事实，以使之具体化成为以该法律关系为依据之实体上的权利或请求权。否则，原告主张之法律关系与法律所规定之抽象的法律关系无异，不是已经具体发生、存在之法律事实，自不能据为具体权利之发生的基础。唯依新诉讼标的理论原告并不被要求具体指明该原因事实可该当之法律规定。因此，"民事诉讼法"第 428 条第 1 项规定："第二百四十四条第一项第二款所定事项，原告于起诉时得仅表明请求之原因事实。"该项规定显示现行民事诉讼法纵非已明确采新诉讼标的理论，但一定的程度已向之靠近。唯基于以处分权主义为基础之当事人的程序处分权或程序选择权，当事人有选择权来选定，请求法院审判之诉讼标的的范围。在此法制背景下，新诉讼标的理论在具体案件中对于诉讼标的之界定的意义，便仅止于首先划定一个法定范围为其出发点。在该范围内当事人有权以自己之意思限缩法院得为审判的对象。① 有疑问的是：其限缩是否影响其既判力之客观范围？其答案为当事人间之纷争，是否能经由一次诉讼，获得解决之关键所在。如果采原告关于诉讼标的之选择足以影响其既判力之客观范围的看法，则新诉讼标的理论在实务上的意义将大受影响，仅剩提供原告一个可供其处分的选项。至少为使原告不错过该选择机会，或避免在选择时为不正确之限缩的决定，现行民事诉讼法主要利用法院之阐明义务协助当事人，使其在为选择之决定时，能周全考量其取舍之利弊得失，以保障其实体利益与程序利益。然是否可以赋予法院之阐明以更大的机能，修正原告原来经由程序处分权所特定之诉讼标的之范围，以提升系争诉讼一次解决纷争的可能性，值得检讨。

然诉讼标的之初始的范围应以何为标准特定之？邱联恭教授指出诉讼标的可按其特定标准区分为：原因事实或纷争事实单位型诉讼标的与权利单位型诉

① 所谓审判的对象即德国学者 Lent 所称之裁判标的。他认为基于辩论主义，裁判标的之范围应按自原告主张之事实所导出的请求权特定之[Friedrich Lent, Zur Lehre vom Entscheidungsgegenstand, ZZP 72(1959), 89]。

讼标的。[①] 与之对应，就其争点之整理方法并提出事实型争点整理模式与论理型争点整理模式。[②] 这将当事人间之争执项目（“民法”第736条）及其所由之事实的可能态样给予适当的归纳，用以提供说明诉讼标的得因原告之程序处分权的行使，而异其范围的理论基础。大略套入诉讼标的理论，选择原因事实或纷争事实单位型诉讼标的者为愿意依新诉讼标的理论特定其诉讼标的；选择权利单位型诉讼标的者为愿意依旧诉讼标的理论特定其诉讼标的。当凸出原告之程序处分权时，法院之阐明所具机能便仅限于协助原告做适当之选择。基于原告之利己动机，不可低估阐明所提供之协助的实效。此外，在引入请求权规范竞合说，归并一个原因事实可能发生之请求权的数目后，依新旧诉讼标的理论所特定之诉讼标的之范围的出入其实已大幅缩小。其中有待于进一步厘清者为：纷争事实之单位与权利单位的构成。从实体法的角度观察，最可能构成一个纷争事实单位者为虽依不同原因事实所发生，却因争执之关联，使其如不一体解决，不能恢复当事人间之法律和平。这是按规范功能，从法律和平导向所界定的事务范围。因之，而被划入一个纷争事实单位中之原因事实间不一定有发生上的或方法与结果上的牵连。该类型在实践上与权利单位型诉讼标的可能之逻辑关系应是纷争事实单位包含权利单位。盖在有意义之权利单位型诉讼标的，其构成应是：其权利之发生依据，例如原因事实或规范基础皆可能不同，但其目的相同，从而属于互相竞合的权利或请求权。该权利或请求权可能在存在上也是同一

---

① 邱联恭教授认为：“不论在旧法或新法之下，为平衡保护当事人之实体利益及程序利益，应赋予原告（含本诉及反诉之原告）有机会用以选定：究以某范围之纷争事实或原因事实为单位标准，抑以当事人自为实体法上定性所认某实体权为单位标准，具体表明其诉讼上请求为何。”[邱联恭：《诉讼上请求之表明如何兼顾实体利益及程序利益——以租金调整请求事件如何定审理方向为评析事例》（上），载《台湾本土法学》2003年第52期，第66页]。其中以纷争事实或原因事实为单位标准者为新诉讼标的理论的见解，以实体权为单位标准者为旧诉讼标的理论的见解。依邱教授的意见等于是容许原告基于其程序处分权，选择按新诉讼标的理论或旧诉讼标的理论特定其诉讼标的。唯其所选择者不论为何，原因事实皆是判断特定诉讼之诉讼标的为何的因素。是故，原告选择以表明原因事实的方法特定诉讼标的者，得不表明其主张之实体法上的权利；反之，其以表明主张之实体法上的权利为方法特定诉讼标的者，必须表明该权利所由生之原因事实（同上，第67～68页）。邱教授并将按原告行使程序处分权的结果特定个别案件的诉讼标的之理论称为诉讼标的相对论（同上，第66页）。邱教授所称诉讼上请求，含诉讼标的及诉之声明（同上，第65页）。关于诉讼标的之特定，邱教授之理论的要义，如前揭文之题目所示，主要在于尊重原告之处分权，借助于法院之阐明权，避免发生突袭裁判的情事，以保障其实体利益及程序利益。

② 请参见邱联恭：《诉讼上请求之表明如何兼顾实体利益及程序利益——以租金调整请求事件如何定审理方向为评析事例》（下），载《台湾本土法学》2003年第53期，第50～52页。

(例如加害人与被害人之监护人分别基于侵权行为或监护关系对于未成年人之人格权的损害负连带债务)。最为显著的案例是:多数解除、终止事由或其他形成事由(例如同时或先后发现之数个物的瑕疵所构成之物的瑕疵担保请求权、约定与法定之租金调整请求权[①])的竞合。

诉之审判范围按原告在诉状中陈述之诉讼标的及应受判决事项定之。被告并据以准备其防御方法。所以,在诉状送达后,非经被告明示("民事诉讼法"第255条第1项第1款)或默示(第255条第2项)的同意,仅在同条第1项第2款至第6款所定情形始得为诉之变更或追加:(1)扩张或减缩应受判决事项之声明不涉及诉之变更或追加,而只是基于同一诉讼标的之应受判决事项之声明的扩张或减缩,尚在原告本来享有之处分权范围内。所以其变更无须被告之同意(第255条第1项第3款)。(2)请求之基础事实同一者,如基于同一事实另可构成其他法律关系,产生其他权利或请求权。原告据之增加其请求项目,依旧诉讼标的理论固构成诉之追加,但依新诉讼标的理论则仅是应受判决事项之声明的扩张,不甚碍于被告之防御,所以纵使将之论为诉之追加,亦无须被告之同意(第255条第1项第2款)。[②] (3)至于情事变更者,其影响原则上及于原因事实与法律关系。然因其基础事实依然同一,所以如因此主张以他项声明代最初之声明者,亦无须被告之同意(第255条第1项第4款)。(4)本案裁判应以他法律关系为据者,得并求对于被告确定该法律关系之判决(第255条第1项第6款)。

另攻击或防御方法,除别有规定外,应依诉讼进行之程度,于言辞辩论终结前适当时期提出之。当事人意图延滞诉讼,或因重大过失,逾时始行提出攻击或防御方法,有碍诉讼之终结者,法院得驳回之。攻击或防御方法之意旨不明了,经命其叙明而不为必要之叙明者,亦同("民事诉讼法"第196条)。此即学说上所称攻击或防御方法适时提出主义。这搭配上同法第447条,为建立严格之续审制,而对于当事人在第二审提出新攻击或防御方法之原则上的限制具有强大

① 这些权利虽习惯上以请求权称之,但其性质事实上属于形成权。盖于权利人以单独之意思表示行使该等请求权时,系争契约之债的内容即不待于相对人之同意,因而变更。至于双方就价金之减少或租金之调整数额有争议时,往往还是必须经由协议解决,则纯属为消弭纠纷之技术上之需要,而非其相对人本来享有共同决定的权利。

② 关于请求之基础事实、原因事实与诉讼标的之特定,请参考许士宦:《请求之基础事实、原因事实与诉之变更、追加——"最高法院"2001年台上字第16号民事判决及2001年台抗字第二号民事裁定评释》,载《台湾本土法学》2002年第33期,第28页以下(第38页以下);魏大喨:《民事纷争强制解决机制之客体论——纷争事实或原因事实之辨》,载《台湾本土法学》2004年第56期,第39页以下。

的规制作用。[①]

五、诉讼标的理论与请求权之竞合学说

由于实体法上之请求权与程序法上之诉权本来即有密切的关系，所以，民事诉讼法上之诉权的观点立即冲击到民事实体法上之请求权学说，发展出请求权规范竞合说替代请求权竞合说，用以说明大多数过去利用请求权竞合说阐述的法律类型，以维系实体上之请求权与程序上之诉权间没有矛盾的对应关系。[②]在这个发展中，法律事实在规范存在上的独立性对于原因事实之单位或数的决定有重要的意义。例如基于票据行为之无因性，买受人为清偿价金债务而签发支票给出卖人时，使出卖人对于买受人取得两个金钱的给付请求权：价金给付请求权及支票票款请求权。该两个请求权基于票据行为之无因性并存，从而只构成请求权竞合，而不构成请求权规范竞合。该两个请求权之原因事实可分别界定为一个诉讼标的。[③] 反之，设甲窃取乙之土鸡而食之，则一个窃而食之的原因事实，可满足侵权行为及不当得利的构成要件。[④] 这时依侵权行为及不当得利成立之请求权间因无互相独立存在的规范价值，所以，认为该鸡之所有人乙因此仅取得一个有侵权行为及不当得利为其规范基础的请求权。同样的情形亦可见

① 依"民事诉讼法"第447条第1项但书，当事人在第二审例外得提出新攻击或防御方法的情形如下：一、因第一审法院违背法令致未能提出者。二、事实发生于第一审法院言辞辩论终结后者。三、对于在第一审已提出之攻击或防御方法为补充者。四、事实于法院已显著或为其职务上所已知或应依职权调查证据者。五、其他非可归责于当事人之事由，致未能于第一审提出者。六、如不许其提出显失公平者。

② 请参考 Esser, Schuldrecht, 2. Aufl., 1960, § 201 3 g; Apostolos Georgiades, Die Anspruchskonkurrenz im Zivilrecht und Zivilprozeßrecht, 1967, § 20; Esser/Schmidt, Schuldrecht, Band Ⅰ, Allgemeiner Teil, Teilband 1, 8. Aufl., 1995, § 4 Ⅰ 4.

③ 请参考 Arthur Nikisch, Zur Lehre vom Streitgegenstand im Zivilprozeß, AcP 154 (1955), 263ff.; Apostolos Georgiades, Die Anspruchskonkurrenz im Zivilrecht und Zivilprozeßrecht, 1967, § 19 Ⅲ(S. 239).

④ 如果是窃而未食，则因为单纯之窃取的事实行为尚不足以使窃贼取得对于其窃取之物的所有权，所以就该物，该窃贼尚无财产利益之取得，从而也就不构成不当得利。这时其所有人对于窃贼所享有的权利为所有物返还请求权及侵权行为之损害赔偿请求权。二者之内容皆是所有物之返还。其内容与目的皆相同，皆在于恢复所有人对于其所有物之事实上的管领力。是故，同样构成请求权规范竞合。

诸未经授权而擅用他人之智慧财产权的情形。[①] 与之类似者为，承租人甲疏于一般人之注意(重大过失)，失火焚毁其租自乙的房屋。这时一个因重大过失，失火焚毁租屋的原因事实，可满足违反保管义务之积极侵害债权及违反保护义务之侵权行为的构成要件。这时依积极侵害债权及侵权行为成立之损害赔偿请求权间，因无互相独立存在的规范价值，所以认为该屋之所有人乙，因此仅取得一个有积极侵害债权及侵权行为作为其规范基础的请求权。[②] 在后两例中，其原因事实从而皆仅可界定出一个诉讼标的。

有一种相反的情形是由于一个加害事实引起两个以上之法益受到损害。例如医师甲误锯乙一条腿，使乙遭受到财产上及非财产上的损害。从而分别依“民法”第 193 条第 1 项及第 195 条第 1 项对于甲取得财产上及非财产上的损害赔偿请求权。这是因为一个积极侵害债权或侵权行为(原因事实)而取得两个可以

---

① 因同一原因事实，而引起侵权行为与不当得利之请求权竞合的情形，依请求权规范竞合说虽认为仅构成一个请求权，只得一同清偿、让与、起诉，但其消灭时效还是分别计算。“因侵权行为所生之损害赔偿请求权，自请求权人知有损害及赔偿义务人时起，二年间不行使而消灭，自有侵权行为时起，逾十年者亦同。”(“民法”第 197 条第 1 项)就因不当得利而生之不当得利返还请求权并无特别规定，自当适用一般时效期间，因 15 年间不行使而消灭(“民法”第 125 条)。因此，“民法”第 197 条第 2 项规定:“损害赔偿之义务人，因侵权行为受利益，致被害人受损害者，于前项时效完成后，仍应依关于不当得利之规定，返还其所受之利益于被害人。”是故，“因侵权行为受利益致被害人受损害时，依法被害人固有损害赔偿请求权，与不当得利返还请求权，其损害赔偿请求权虽因时效而消灭，而其不当得利返还请求权，在同法第一百二十五条之消灭时效完成前，仍得行使之”(“最高法院”1952 年台上字第 871 号判例)。对于侵权行为之损害赔偿请求权及不当得利之返还请求权之消灭时效期间所以为不同规定的道理为:关于不法行为所致损害之赔偿及无法律上原因而发生之财产利益的移动之规范的伦理立场不同。前者为:既已造成之损害在经过法定消灭时效期间而未行使时，为证据或法律和平之考量，公力救济系统是否还有介入的必要性与妥当性;后者为:财产利益之移动既无法律上原因，其返还请求权应与其他请求权享有同等时效期间的保障。请参考 Apostolos Georgiades, Die Anspruchskonkurrenz im Zivilrecht und Zivilprozeßrecht, 1967, § 18 Ⅲ 3 (S. 198f.)。

② 较诸上述不当得利返还请求权与侵权行为损害赔偿请求权之规范竞合，在契约之债务不履行责任与侵权行为责任竞合的情形，其规范基础之整合程度较高。例如通常以契约债务不履行责任之消灭时效期间及注意程度的规定为准，修正相竞合之侵权行为的规定。请参考 Arthur Nikisch, Zur Lehre vom Streitgegenstand im Zivilprozeßrecht, AcP 154(1955), 281ff.;Larenz/Canaris, Lehrbuch des Schuldrechts, Band Ⅱ Halbband 2, Besonderer Teil, 13. Aufl., 1994, § 83 Ⅵ; Esser, Schuldrecht, 2. Aufl., 1960, § 201 3 g; Apostolos Georgiades, Die Anspruchskonkurrenz im Zivilrecht und Zivilprozeßrecht, 1967, § 18 Ⅳ(S. 205).

并存之损害赔偿请求权的情形。[①] 应构成一个诉讼标的还是两个诉讼标的。这要看关于侵权行为之事实结构所持见解论之。认为含所造成之法益的损害者，该加害行为分别与财产上与非财产上之损害事实结合成两个原因事实，从而可构成两个诉讼标的。不按其受害法益进一步区分者，认为仅结合成一个原因事实，从而亦只构成一个诉讼标的，产生一个得就财产上及非财产上损害并为请求之损害赔偿请求权。以采后一见解为妥。依该见解，既无请求权的竞合，亦无请求权之并存。从而如果以一个诉请求财产上及非财产上损害之赔偿并不涉及诉之客观的合并，其先就财产上损害的赔偿起诉者，后来再扩张至非财产上损害，不构成诉之追加，而只是扩张应受判决事项之声明（“民事诉讼法”第 255 条第 1 项第 3 款）。

另有一种是一个契约关系，由于后来的发展有两个可以改变其应给付之数额的事由。例如在一个租赁契约，出租人有一个约定的及一个基于情事变更之法定的租金调整请求权（“民法”第 442 条）。这两个调整请求权固皆具有形成的作用，属于形成权，唯其行使，在前者应以诉讼外之意思表示的方法行之，在后者应以诉的方法，声请法院为之。在这两种情形中，出租人如要请求调整后之租金的给付，在前者，需先为调整之表示而后为调整后之给付的请求，因其调整本应在诉讼外为之，所以纵使其直至起诉时始在诉状中表示，其所提起者亦当是确认之诉或给付之诉而非形成之诉。反之，在后者，出租人必需先声请法院为调整租金之形成的声明，而后再为请求给付调整后租金之给付的声明，[②]所以其诉讼实

---

① “民法债编”于 2000 年 4 月 26 日修正增订第 227 条之一，规定“债务人因债务不履行，致债权人之人格权受侵害者，准用第一百九十二条至第一百九十五条及第一百九十七条之规定，负损害赔偿责任”。该条增定后，因债务不履行，含积极侵害债权，而致债权人之人格权受侵害者，债务人应负非财产上之损害赔偿责任。医师在进行外科手术时如故意超出病人同意之范围，侵害其身体，其所为固构成侵权行为，但是否亦论为积极侵害债权？因其利用履行债务的机会，应采肯定的见解。

② 请参见邱联恭：《诉讼上请求之表明如何兼顾实体利益及程序利益——以租金调整请求事件如何定审理方向为评析事例》（下），载《台湾本土法学》2003 年第 53 期，第 46～50 页。

为依序由形成之诉及给付之诉构成之诉的合并。[①] 由于约定之调整标准与法定者相较，可能有高低，因此产生出租人是否应选择其究竟要依约定或法定之调整标准，调整租金，或可单纯主张其要以高者为准，或可随意任就其一先为行使，而后如果发现另一调整标准更为有利时，再更为调整之请求的问题？从实体法的观点论之，如果约定之标准无违反法定之租金限制的情事，出租人尽可依约定之标准请求调整租金。唯倘因情事变更而得另为声请法院调整租金，则该法定调整的形成诉讼经提起时，法定之调整标准（较有利者）可盖过双方关于租金之调整的约定。是故，出租人有选择权决定依法定或意定之标准调整租金。剩下来有疑问者为，如为按约定标准调整租金，出租人已提起确认之诉，或直接提起给付之诉，请求承租人按约定标准给付已到期之租金后，而在诉讼中出租人又发现据起诉前或诉讼中已发生之情事变更，可声请法院按较为有利之法定标准调整租金时，其是否应在该诉讼中以情事变更为理由，以他项声明代最初之声明，或扩张应受判决事项之声明（"民事诉讼法"第 255 条第 1 项第 3 款、第 4 款）？这时该两种租金调整请求权之发生事实固分别构成一个诉讼标的。但基于诉讼经济，是否应从纷争之一次解决的观点，认为应以纷争事实为单位，使之只构成一个诉讼标的？应采肯定的见解。这是关于界定诉讼标的之事实单位的另一个标准：以纷争事实界定诉讼标的。[②]

类似的问题也存在于间接给付的约定中。例如债务人为清偿货款之旧债务而签发记载债权人姓名或名称之支票（当然的指示证券）交付债权人，从而负担

---

① "最高法院"1992 年 7 月 10 日台上字第 1500 号民事判决："按依'民法'第四百四十二条调整租金之诉为形成之诉，法院应为形成判决，以确定其增减之租金额。至于请求给付调整后之租金则为给付之诉。为诉讼经济起见，此给付之诉，固得与前开形成之诉合并提起，若未求为形成判决，径请求给付增加之租金，则因增加给付之租金究为若干，未经确定，自属无从准许。原审就形成之诉部分，未善尽阐明职责，令被上诉人为适当之声明，即命上诉人给付增加之租金，自有未合。原判决此部分自难予维持。"关于因情事变更所生调整租金的诉讼，在实务上是否适当将其程序技术提高到如许程度，邱联恭在前揭文持否定的见解（邱联恭，前揭文，载《台湾本土法学》2003 年第 53 期，第 49 页）。该见解值得赞同。唯给付之诉的请求范围原则上应限于债务人已陷于给付迟延的部分。是否有债务人已陷于给付迟延之租金债务，视其调整租金之请求应自何时起生效而定：情事变更时、起诉前对于承租人为调整之意思表示时、起诉时、言辞辩论终结时或裁判确定时？因"民法"第 442 条仅规定出租人应向法院声请增减其租金，所以在实务上可谓莫衷一是，像这类问题，最好以法律明文规定。

② 以纷争事实作为界定诉讼标的之事实单位，有扩大诉讼标的及法院之阐明义务的作用。请参考邱联恭：《诉讼上请求之表明如何兼顾实体利益及程序利益——以租金调整请求事件如何定审理方向为评析事例》（上），载《台湾本土法学》2003 年第 52 期，第 71 页。

新债务。[①] 这当中，指示人（债务人）为清偿其对于领取人（债权人）之（货款）债务而交付指示证券（支票）时，"民法"第712条第2项规定："债权人受领指示证券者，不得请求指示人就原有债务为给付。但于指示证券所定期限内，其未定期限者于相当期限内，不能由被指示人领取给付者，不在此限。"依该项规定，债权人应先行使新债权，必须待在所定期限内，或未定期限者于相当期限内，其行使无结果时，始得请求债务人履行旧债务。这含债务人就指示证券取得时效抗辩的情形。于是，间接给付之约定的结果，在诉讼法上分别就新旧债务构成两个诉讼标的。在这种情形下，预备合并固可使纷争一次解决，但债权人并无此义务。其纵不为之，亦无碍于其因时效抗辩败诉后，再据旧债权（例如货款债权）重新起诉。唯法院是否应予阐明，则是一个值得探讨的课题。另新债权纵无时效抗辩的问题，原告可否为被告万一不履行新债务，而即并就旧债权为请求？例如设原告与被告间有一间接给付的安排，约定被告为清偿对于原告所负应给付乙牛的旧债务，负将甲马给付原告的新债务。这时原告可否声请法院判决：被告应依新债务在某年某月某日前给付原告甲马，如逾期不为给付，则应依原告之请求，给付乙牛。应采肯定的见解。这属于"民事诉讼法"第204条所定，"以一诉主张数项标的"的情形。因该数项标的有牵连关系，法院应命合并辩论。[②] 与之类似者

① "最高法院"2002年12月27日台上字第2577号民事判决："按选择合并系原告主张二以上得两立之给付请求权或形成权为诉讼标的，请求法院择一诉讼标的为判决。原审既谓被上诉人得依买卖及票据之法律关系，择一诉请上诉人连带给付一千七百二十八万一千八百二十五元，及分别自附表四所示到期日起至清偿日止按年息百分之六计算之迟延利息，唯未说明究系本于买卖价金请求权或系本于票据关系请求权为裁判。倘原审系本于买卖价金请求权为判决时，何以被上诉人得请求按年息百分之六计算利息，原审未说明其依据，亦有判决不备理由之违法。"本件判决的意旨在于指明，于选择合并法院依原告之请求，虽有权选择依原告主张之法律关系之一而为判决，但还是必须将其选择的结果加以说明，否则，即有判决不备理由之违法。另在该判决，"最高法院"显然认为，于间接给付，债权人得以选择合并的方法，请求法院择一诉讼标的为判决。然问题是，在间接给付债权人本来应先就新债权请求债务人履行债务，在债务人逾期未为给付时，始取得选择权，得请求债务人履行新债务或旧债务。此为债权人在间接给付，要以选择合并的方法诉请法院择一诉讼标的为判决所需要的前置条件。是故，就该条件之成就债权人应予证明。债务人至应诉尚未履行新债务的事实，固使其证明并非难事，但一定之请求要件的叙明还是不能省略。否则，债权人请求债务人履行旧债务，即不备理由。同理，法院应其诉之声明而判决债权人胜诉的判决，亦不备理由。

② "最高法院"1999年9月29日台上字第2192号民事判决："当事人以一诉主张之数项标的，无论主观或客观诉之合并，法院固得依'民事诉讼法'第二百零四条规定，依职权任意决定为合并或分别辩论。唯其诉讼标的对于共同诉讼之各人必须合一确定之必要共同诉讼，该多数的共同诉讼人应一同起诉或被诉而视为一体，不得分为数人处理，在性质上自不得为分别辩论或裁判而无上开得命分别辩论规定之适用。"

为对于同一被告向同一法院合并提起数宗诉讼("民事诉讼法"第 248 条)。此即客观之诉的合并。经合并之诉讼标的能并存者,得以重叠之合并;不能并存者,应以预备合并的方式为之。[①] 然所谓"当事人以一诉主张之数项标的"("民事诉讼法"第 204 条)与对于同一被告向同一法院合并提起数宗诉讼(第 248 条),应无区别。其所以分别规定的理由应在于明定得对于同一被告向同一法院,合并提起数宗诉讼("民事诉讼法"第 248 条);在提起后即等于是以一个诉讼主张数诉讼标的,依"民事诉讼法"第 204 条,其诉讼标的或其攻击或防御方法有牵连关系者,法院应命合并辩论。

当一个原因事实可以满足数个法律构成要件,成立数个法律关系时,依新诉讼标的理论仅构成一个诉讼标的,例如对于他人之物负有保管义务者,倘因可归责的不履行其保管义务,致所保管之物毁损或灭失时,对于寄托人纵使应负契约及侵权行为法上之赔偿责任,但仍只构成一个诉讼标的。同理,出卖人因瑕疵给付而致买受人之固有利益受到损害,构成不完全给付中所称之有害给付(积极侵害债权)者,该原因事实至少可构成积极侵害债权及侵权行为之法律关系。其瑕疵在缔约时即已存在者,并可构成缔约上过失。又以不正当的方法从事竞争者,其因此受害之竞争者,得依侵权行为("民法"第 184 条)及"公平交易法"第 31 条、第 32 条的规定请求赔偿。[②] 因法院应在当事人声明之范围内为判决,而不得为诉外裁判,[③]所以"民事诉讼法"第 199 条之一第 1 项规定:"依原告之声明

---

① "最高法院"1995 年 8 月 24 日台上字第 2124 号民事判决:"原告以单一之声明,主张数项诉讼标的,并未请求法院选择其中之一裁判,亦未定有先后之顺序,而系请求法院就各该诉讼标的同时为裁判者,此为诉之重叠之合并。如原告预防其提起之诉讼无理由,而同时提起不能并存之他诉,以备先位之诉无理由时,可就备位之诉获得有理由之判决者,则为诉之预备之合并。""当事人提起预备合并之诉,系以先位之诉无理由为停止条件,请求法院就备位之诉为裁判,故法院应就先位之诉先为审判,必待先位之诉无理由时,始得就备位之诉为裁判。"("最高法院"1996 年 9 月 12 日台上字第 2009 号民事判决)

② 请参考 Apostolos Georgiades, Die Anspruchskonkurrenz im Zivilrecht und Zivilprozeßrecht, 1967, § 18.

③ "最高法院"1987 年第十四次民事庭会议决议:"甲乙系夫妻,甲夫向法院起诉请求判决准两造离婚,乙妻并未提起反诉请求由其监护子女,法院于判决准两造离婚时,不得为子女之利益,径于判决主文中谕知两造所生之子女由乙妻监护。盖别有规定外,法院不得就当事人未声明之事项为判决,'民事诉讼法'第三百八十八条定有明文。乙妻未以反诉请求由其监护子女,法院自不得依职权判命子女由乙妻监护,否则,即属诉外裁判。"该决议后来经同院 2000 年第二次民事庭会议予以变更:"当事人依'民事诉讼法'第五百七十二条之一第一项为未成年子女监护之附带请求,依同条第四项规定,法院对之为裁判,不受当事人所为应受判决事项声明之拘束。本院前此所为 1985 年 1 月 8 日民事庭会议决议及 1976 年 11 月 10 日民事庭会议决议二则,嗣后在实务上均不得再予援用。"

及事实上之陈述，得主张数项法律关系，而其主张不明了或不完足者，审判长应晓谕其叙明或补充之。”以衡平原告之利益。同理，同条第 2 项规定：“被告如主张有消灭或妨碍原告请求之事由，究为防御方法或提起反诉有疑义时，审判长应阐明之。”然法院之阐明纵有未尽，依新诉讼标的理论，其风险仍由当事人自负，并不因此而缩小系争判决之既判力的客观范围。对于当事人之该一实体利益上的不利，是新诉讼标的理论所以被旧诉讼标的理论的支持者质疑的要点之一。其补救为：将法院应阐明而未阐明之情事，规定为判决违背法令，得为上诉或提起再审之理由。[①]

此外，一件原因事实所当构成之法律关系，因原告对其该当之法律规定的判断发生错误而误用时，固不改变其原因事实，但会造成原告引用以支持其应受判决事项之声明的法律关系，发生错误，成为一个无理由的主张。例如预售屋之交易究竟应论为买卖或包工又包料的承揽（工作物供给契约）？这将影响到其物之瑕疵究当适用买卖或承揽之担保规定，从而形成不同的法律关系。又如在附条件的买卖之标的物失窃时，买受人仅得依占有物，而非所有物返还请求权向窃贼请求返还。如有误引，也会发生诉之声明无理由的情事。在债之更改，如其更改有是否无效之疑义，就应受判决事项之声明（诉之声明），如不以预备合并的方式为之，就其效力的判断如有错误，同样会造成诉之声明无理由的情事。又在当事人之一方为他方对于第三人给付金钱时，其原因关系究竟为何？也常因双方未为明白约定，而在事后引起其原因事实该当之法律规定的争执。这时如必须起诉请求返还所给付之金钱，同样引起诉讼标的之声明的困难。然无论如何，原告

① “最高法院”2006 年 5 月 12 日台上字第 986 号民事判决：“按依原告之声明及事实上之陈述，得主张数项法律关系，而其主张不明了或不完足者，审判长应晓谕其叙明或补充之，‘民事诉讼法’第一百九十九条之一第一项定有明文。查上诉人曾于原审主张：被上诉人 2004 年 10 月 20 日之答辩状提及赠与之合意，但不合‘民法’第一百六十六条之一规定而不生效力一节，因该条迄未经施行，自非足取，且不论两造间为信托或赠与关系，被上诉人均应负损害赔偿及返还价金之义务等语……依上诉人之声明及该事实上之陈述，除上开诉讼标的法律关系外，似得并为主张其他之法律关系，原审就此未详为推阐清楚，以明了其主张诉讼标的之范围，徒以上诉人未依赠与之法律关系请求不得审究为由，遽为其不利之论断，已有可议。”

还是必须明确表明，法院还是必须为明确之认定，不得模棱两可为之[①]。

六、新旧诉讼标的理论之作用上的差异

诉讼标的理论之差异主要在于其肯认用以界定或特定诉讼标的之因素不同。旧诉讼标的理论认为诉讼标的应由当事人主张用以支持其诉之声明的法律关系界定或特定之，而新诉讼标的理论认为诉讼标的应由当事人主张用以支持其诉之声明的原因事实界定或特定之。由于一个原因事实常常因为法律规定之竞合而能够构成数个法律关系，于是导致其见解在诉讼标的范围之界定或特定上的基本差异。

旧诉讼标的理论的优点是可以在概念上明确界定实体法上各个法律关系所特定之诉讼标的。使诉之提起、变更、追加或合并，以及既判力之客观范围的问题皆容易认定。其缺点为：基于一个原因事实，当事人可以重复提起给付目的相同之诉讼，且在当事人不能主张其陈述之原因事实可能构成之法律关系以支持其诉之声明时，法院不便对于当事人为适当之阐明。这虽不一定最终妨碍当事

---

① "最高法院"1990 年 11 月 9 日台上字第 2342 号民事判决："查原告以单一之声明，主张数项诉讼标的之法律关系，无论其为合并之主张或选择性之主张，法院为原告胜诉之判决时，仍应就其认定之事实及基于如何之诉讼标的判决原告胜诉，为明确之说明始可。原审起先认定，被上诉人主张将钱出借或代上诉人与黄丸榭之合伙缴纳工程受益费之事实，为实在，已属含糊。其旋谓，由上诉人在被上诉人签发之支票背书后，交付财务法庭缴纳系争工程受益费之情形，已堪认定其为消费借贷，且纵非消费借贷，'亦可成立委任或无因管理之不当得利关系'。被上诉人依前开法律关系，请求返还，为无不合云云，尤嫌模棱。原审究竟依如何之诉讼标的判决被上诉人胜诉，并未明确审认，依前开说明，自难谓合。"这类案件之争点整理应按下列顺序为之：(1)原告有无为被告之利益给付系争金额给被告之债权人，从而使被告得到利益；(2)被告认为其取得该利益之法律上原因为何；(3)如有法律上原因，依该原因被告有无返还义务，以及是否已履行；如无，则原告可主张构成无因管理或不当得利。因本件所涉第三人债权系工程受益费，依第 174 条第 2 项及第 176 条主张构成无因管理，请求返还管理费用，或依第 179 条及第 182 条第 2 项主张构成不当得利，请求返还不当得利，应当不至于遭遇障碍。不过，应注意，消费借贷、委任、无因管理及不当得利等在这种情形下不可能属于一个一定数额之金钱返还请求权之多项的规范基础，从而构成请求权规范竞合。盖满足这些规定之构成要件的要件事实，有不能并存之存在上的逻辑关系。因为前三者如果有其一成立，其给付即非无法律上原因；前二者如果有其一成立，其给付即非无因管理；至于消费借贷与委任二者，如成立消费借贷，则无所谓原告以自己之金钱基于委任，为被告支付缴纳工程受益费所需之金钱。必须不成立消费借贷，原告之支付被告所负工程受益费始构成为被告处理事务。当其基于双方合意，属于委任；否则，视原告有无管理被告缴纳工程受益费之事务的意思，定其应适用无因管理或不当得利。

人之实体利益，但却必然虚掷金钱与时间，妨碍双方之程序利益及国家宝贵的司法资源。反之，如采新诉讼标的理论，则因系以当事人主张之原因事实界定诉讼标的，使原来属于诉之变更、追加或合并的情形，转为单纯之诉之扩张。其扩张并因还在请求之同一基础事实范围内，纵使在诉状送达后，亦无须被告之同意。此外，因为其既判力之客观范围亦以该原因事实所界定之诉讼标的定之，还可促使当事人在一次诉讼中努力完全解决纷争。问题是，原告如果不懂自系争的原因事实，可以构成哪些法律关系，将来其既判力的客观范围可能远远超出原告所认识者。该缺点虽可借助于法院之阐明补救，但阐明如有不足，或不肯认应阐明而未阐明的情事为上诉第三审或提起再审之理由，则该风险最后仍将由原告自负。这与依旧诉讼标的理论，原告主张构成诉讼标的之法律关系不正确时，虽亦导致原告败诉，但只要时效期间或除斥期间尚未经过，还可重新来过者，不同。

七、阐明与诉之强制提起与合并

在处分权主义底下，首先由当事人自己特定并具体表明其诉讼上之请求(诉讼标的及诉之声明)，并在调查证据前，协力整理争点。由于当事人可能欠缺有关之必要的法律专业知识，这有一定程度的困难。是故，为了使当事人能正确地界定具体案件之诉讼标的，进行诉讼，当事人需要法院之阐明上的协助。法院的阐明主要针对以下几个重点：(1)关于当事人之事实上及法律上陈述的阐明，以便让当事人就诉讼关系之事实及法律为适当完全之辩论(第 199 条)。(2)关于得主张之法律关系的阐明，以厘清审判对象、攻防的方法及后来其确定终局判决之既判力的客观范围(第 199 条之一)。[①] (3)诉之合并的阐明(第 247 条第 3 项)。(4)关于法院于调查证据前应将诉讼有关之争点阐明的义务(第 296 条之一)，此即学说所称争点集中审理主义。(5)关于调查证据的阐明：法院据以认定事实之证据方法[②]依辩论主义，就"调查证据之结果，应晓谕当事人为辩论(第一项)。于受诉法院外调查证据者，当事人应于言辞辩论时陈述其调查之结果。但审判长得令书记官朗读调查证据笔录或其他文书代之(第二项)"("民事诉讼法"

---

① "最高法院"1941 年上字第 8 号判例："为诉讼标的之法律关系，于确定之终局判决中已经裁判者，就该法律关系即有既判力，当事人虽仅于新诉讼用作攻击防御方法，法院亦不得为反于确定判决意旨之判决。"

② 认定事实之证据方法，邱联恭称之为基础资料。请参见邱联恭：《诉讼上请求之表明如何兼顾实体利益及程序利益——以租金调整请求事件如何定审理方向为评析事例》(下)，载《台湾本土法学》2003 年第 53 期，第 51 页。

第 297 条)。[①] 且除法院认为不必要者外,“当事人就已于保全证据程序讯问之证人,于言辞辩论程序中声请再为讯问时,法院应为讯问”(“民事诉讼法”第 375 条之一)。

基于以上的认识,新旧诉讼标的理论在诉之提起及审理上之实务的差别主要为:就一个原因事实所生之法律关系,依新诉讼标的理论因只构成一个诉讼标的,所以从旧诉讼标的理论理解之等于是强制以一诉合并提起;反之,依旧诉讼标的理论,因该数个法律关系构成数个诉讼标的,所以得任意分别提起。唯原告如自动提起两个以上基于同一原因事实之诉讼,因这些诉讼标的必互相牵连,依“民事诉讼法”第 204 条、第 205 条法院应命为合并辩论或甚至依法合并裁判。其结果,在原告自动提起数诉的情形,采新的或旧的诉讼标的理论并无程序上的差异。由是观之,在采旧的诉讼标的理论时,对于因基于同一原因事实而诉讼标的有牵连的情形,如规定强制合并提起诉讼,则其程序与新诉讼标的理论所主张者,在结果上将无差异。倘规定强制提起客观合并之诉,则其未为提起者,自当容许在诉讼中为诉之追加。另如原告不知有相牵连之诉讼标的应合并起诉,未贯彻该强制规定之旨意,法院同样应利用阐明提示之。这时,在旧诉讼标的理论与新诉讼标的理论一样会遭遇到如果阐明有所不周,既判力的客观范围是否应及于未经阐明之诉讼标的或法律关系的问题。要之,为达到诉讼经济之目的,在实践中,新旧诉讼标的理论所遭遇之共同问题其实是:诉之强制合并及与之配套之法院的阐明或律师的协助问题。如果法院的阐明或律师的协助配合不上来,新诉讼标的理论对于资讯较为贫弱之当事人将造成突袭裁判的结果。在旧诉讼标的理论下,原告关于用以支持其应受判决事项之法律关系的主张如有欠妥,固会引起本可胜诉而却败诉的结果,但纵依新诉讼标的理论,这也必须借助于法院的阐明或律师的协助才能矫正,而非只要采取新诉讼标的理论便能够自然水到渠成。今在第二审以下既非采强制律师代理制度(“民事诉讼法”第 466 条之一、第 466 条之二、第 474 条),在旧诉讼标的理论之强制合并及依新诉讼标的理论之诉讼标的之当然的扩张,主要皆将有赖于法院之阐明。设有阐明不周,而当事人认为其依未经阐明之法律关系应可得到较为有利之判决时,得否以此为理由上诉第三审,或提起再审之诉?自“民事诉讼法”第 467 条至第 469 条之一及第 496 条至第 498 条观之,这显然尚非民事诉讼法明文肯认之上诉第三审或提起再审的理由。但“最高法院”判例采肯定的见解,认为“民事诉讼法”第 199 条所

---

① 配合辩论主义之意旨,“民事诉讼法”第 296 条之一并规定:“法院于调查证据前,应将诉讼有关之争点晓谕当事人(第一项)。法院讯问证人及当事人本人,应集中为之(第二项)。”

定者不但是“审判长(或独任推事)因定诉讼关系之阐明权,同时并为其义务”[①]。这是进步的看法。盖该应经阐明之法律关系既为该诉讼确定之终局判决之既判力客观范围所及,自当容许原告利用再审之诉,声请救济。[在“民事诉讼法”于2003年6月25日修正后其形势是否仍是如此,非无疑问。盖第467条虽规定:“上诉第三审法院,非以原判决违背法令为理由,不得为之。”其反面解释应是判决只要违背法令,即得上诉第三审法院。且第468条规定判决不适用法规或适用不当者,即为违背法令。但第469条之一规定:“以前条所列各款外之事由提起第三审上诉者,须经第三审法院之许可(第一项)。前项许可,以从事法之续造、确保裁判之一致性或其他所涉及之法律见解具有原则上重要性者为限(第二项)。”而第469条各款规定之上诉理由中,与阐明有关者,极其量仅第6款所定“判决不备理由或理由矛盾”。而这显然不能对于因阐明不周而致丧失其保护机会之当事人提供适当的程序保护。这有违宪法关于诉讼权的保障规定(“宪法”第16条)。盖“‘宪法’第十六条规定人民有诉讼权,系指人民有依法定程序,就其权利义务之争议,请求法院救济之权利”(“司法院”1995年4月14日大法官释字第378号解释理由书)。而使确定判决之既判力及于应由法院阐明而未经阐明之法律关系,在实质上剥夺原告之诉讼权是显而易见的。是故,为一次解决纷争,配合诉讼标的理论的发展,除应课法院关于据原因事实得主张之法律关系的阐明权外,就其阐明权之违反,亦应规定为得上诉第三审或提起再审之诉的法定理由。而不宜仅是由“最高法院”在实务上就阐明权之违反论为违背法令:“按

---

① “最高法院”1954年台上字第12号判例:“‘民事诉讼法’第一百九十九条第二项规定,审判长应向当事人发问或晓谕,令其陈述事实、声明证据,或为其他必要之声明及陈述,其所声明及陈述有不明了或不完足者,应令其叙明或补充之云云,此为审判长(或独任推事)因定诉讼关系之阐明权,同时并为其义务,故审判长对于诉讼关系未尽此项必要之处置,违背阐明之义务者,其诉讼程序即有重大瑕疵,而基此所为之判决,亦属违背法令。”本于该判例所持见解,“最高法院”1990年9月10日台上字第1930号民事判决并谓:“……本件被上诉人于第一审主张:‘……二十五笔土地及地上未完成之建物,全归被告(上诉人)所有之约定,系流质契约,应属无效……被告取得之金额,远超过四百五十万元,应将供担保之土地所有权返还原告(被上诉人)……’于原审却主张:‘……全部清偿系争借款本息,信托担保之目的业已达成,被上诉人终止信托的让与担保契约,提起本诉,即非法所不许……’而流质契约、信托担保契约,系属不相容之法律关系,其所生之法律效果亦异。被上诉人究系本诸何项法律关系(诉讼标的)为本件之请求?原审审判长未行使阐明权令两造为完足之陈述前,即为不利上诉人之判断,衡之前开说明,难谓于法无违。”后一判决是关于一定事实(物之所有权的移转)之原因关系的主张。然不论是流质契约或系信托担保,被上诉人所主张者皆系担保物返还请求权。而该请求权以其所担保之债权已清偿为要件。至于如尚未清偿,所涉者当是:如何行使担保物权的问题。然不论是依新的或旧的诉讼标的理论。这应都是两个不同的诉讼标的。盖基于不同原因而为物之所有权的移转所构成者为不同的原因事实。

审判长应向当事人发问或晓谕，令其陈述事实、声明证据，或为其他必要之声明及陈述，其所声明及陈述有不明了或不完足者，应令其叙明或补充之；又依原告之声明及事实上之陈述，得主张数项法律关系，而其主张不明了或不完足者，审判长应晓谕其叙明或补充之等项，均系审判长（或独任法官）因定诉讼关系之阐明权，同时并为其义务，故审判长对于诉讼关系未尽此项必要之处置，违背阐明之义务者，其诉讼程序即有重大瑕疵；基此所为之判决，亦属违背法令。此观'民事诉讼法'第一百九十九条第二项、第一百九十九条之一第一项规定及本院1954年台上字第十二号判例即明。本件被上诉人有关金钱给付请求部分，在第一审所主张之法律关系为'迟延给付之债务不履行损害赔偿请求权、侵权行为之损害赔偿请求权、不当得利返还请求权'三者（见第一审卷第一宗第8、9页、第二宗第353、354页），而此三者之法定要件及其得请求之范围均未尽相同，于法院认定被上诉人之主张成立而需计算上诉人应给付之数额时，即见其差异；且被上诉人为此部分请求之法律关系主张，不仅涉及法院审判之标的、当事人攻击防御之方法，并将影响未来既判力客观范围之特定，更应慎重求其明确，以利当事人（两造）之单一纷争能尽量利用一次诉讼程序予以彻底解决。"（同院2002年度台上字第830号民事判决）］

然关于诉之合并或诉之追加或提起反诉，"民事诉讼法"有规定不得合并，或于其程序为诉之追加或提起反诉者，例如第613条规定："撤销禁治产宣告之诉，不得合并提起他诉或于其程序为诉之追加或提起反诉。"亦有规定应合并者，例如第638条规定："撤销死亡宣告之诉有数宗者，法院应合并之，适用第五十六条之规定。"另有规定，就某些原因事实所界定之诉讼标的，虽得自由决定为诉之合并、变更、追加，或反诉，但不得另行起诉者。如另行起诉，应合并裁判。例如第572条规定："婚姻无效、确认婚姻成立或不成立、撤销婚姻、离婚或夫妻同居之诉，得合并提起，或于第一审或第二审言辞辩论终结前，为诉之变更、追加或提起反诉（第一项）。依前项规定得为诉之变更、追加或提起反诉者，不得另行起诉，[①]其另行起诉者，法院应以裁定移送于诉讼系属中之第一审或第二审法院合并裁判。受移送之法院不得以违背专属管辖为理由，移送于他法院（第二项）。非婚姻事件之诉，以夫妻财产之分配或分割、返还财物、给付家庭生活费用或赡养费或扶养之请求，或由诉之原因、事实所生损害赔偿之请求为限，得与第一项之诉合并提起，或于第一审或第二审言辞辩论终结前，为诉之追加或提起反诉。其另行起诉者，法院得以裁定移送于诉讼系属中之第一审或第二审法院合并裁判（第三项）。”第 573 条规定：“提起婚姻无效、撤销婚姻或离婚之诉，因无理由被驳回者，受该判决之原告，不得援以前依诉之合并、变更或追加所得主张之事实，提起独立之诉（第一项）。以反诉提起前项之诉，因无理由被驳回者，受该判决之被告，不得援以前得作反诉原因主张之事实，提起独立之诉（第二项）。”第 582 条之一规定：“依第五百七十二条第三项之规定，就夫妻财产之分配或分割或赡养费之请求，与该条第一项之诉合并提起，或为诉之追加或提起反诉者，当事人对于第一审或第二审之终局判决，仅就该条第一项之诉提起上诉者，对于原告就夫妻财产之分配或分割或赡养费之请求，于原审胜诉部分，视为一并提起上诉（第一项）。第五百七十二条之一事件，当事人对于第一审或第二审之终局判决，仅就本案部分提起上诉者，视为附带请求部分已提起上诉（第二项）。当事人或利害关系人仅就附带请求部分之裁判声明不服者，适用于抗告程序之规定（第三项）。”此为现行法中以纷争事实为基础界定诉讼标的之明文规定。其规范机制为：利用规定得提起客观合并之诉来扩大诉讼标的之范围。因原告不依该规定提起客观合并之诉者，其既判力仍然及于得提起之诉的范围，所以，该等规定具有强制提起客观合并之诉的作用。

纵使认为原告所陈“应受判决事项之声明”（诉之声明）不是诉讼标的之组成分，但其逾越仍将构成诉外裁判。另有疑问者为，在实体法上债权人原则上虽得对于债务人为一部之请求，但在程序法上，其如仅为一部请求，是否会丧失其将来就剩余部分另行起诉请求给付的权利？对此，“民事诉讼法”第 244 条第 4 项

---

① “民事诉讼法”第 572 条第 2 项与第 3 项使用的句法虽略有不同，前者规定“……不得另行起诉，其另行起诉者”，后者规定“……其另行起诉者”，但就不得另行起诉而言二者并无真正的差异。唯在诉讼进行中原告如就该项所定事项另行起诉，在前者，法院（除）应以裁定移送于诉讼系属中之第一审或第二审法院合并裁判外，受移送之法院不得以违背专属管辖为理由，移送于他法院。而在后者，法院除仅是得以裁定移送于诉讼系属中之第一审或第二审法院合并裁判外，并无受移送之法院不得以违背专属管辖为理由，移送于他法院的限制。此外，针对第 572 条第 1 项所定情形，第 573 条还规定，原告与被告在该项所定诉讼程序终结后，各皆不得“援以前依诉之合并、变更或追加所得主张之事实（第一项）”，或“援以前得作反诉原因主张之事实”，提起独立之诉。

仅规定:"第一项第三款之声明,于请求金钱赔偿损害之诉,原告得在第一项第二款之原因事实范围内,仅表明其全部请求之最低金额,而于第一审言辞辩论终结前补充其声明。其未补充者,审判长应告以得为补充。"该项似有规定,原告就剩余部分将因此丧失另行起诉请求给付之权利的意旨。[容许原告在能为全部请求时而为一部请求,固有违一次解决纠纷之诉讼经济的要求,然原告如有客观障碍,例如将来的损害尚不能算定,仍以容许只就已知者请求为妥。请参考黄国昌:《新民事诉讼法下之诉讼标的图像:诉讼标的相对论的再构成》(下),载《台湾本土法学》2003 年第 45 期,第 46 页以下。这个问题在实务上所以构成说明上的困难,乃因将损害赔偿之债的原因事实限定于加害行为。而其实尚应包含与该行为有相当因果关系之损害。当损害依其事务性质随时而生时,与所得税法上之所得一样,在实务上视情形应借助于时间因素,将之按时段划分为数个标的。如是,因一个加害行为所造成在不同时点发生之损害,在概念上必要时即可论为数个原因事实,以特定出数个诉讼标的,从而化解其因一部请求之既判力,对于其余部分所造成之失权效果。]唯"最高法院"就可分之债,采债权人在诉讼法上亦得仅为一部之请求的见解。["最高法院"1980 年台上字第 1399 号民事判决:"被上诉人于另案仅请求一百二十万元,而保留其余之请求权,既有该另案确定判决附卷可稽,则其于本件请求上诉人给付其九十九万一千二百二百元,其标的即为前案所未判及,并无所谓一事再理。""最高法院"1983 年台上字第 3655 号民事判决:"判决仅就某法律关系之一部为裁判者,唯关于该已裁判之一部有既判力,而不及于他部。经核上诉人在前案系请求被上诉人返还所受定金同额之二十六万元,而于本件则系请求被上诉人返还加倍部分之二十六万元,似不发生违背'民事诉讼法'第四百条第一项规定之问题。""最高法院"2000 年度台上字第 71 号民事判决:"按诉讼标的之法律关系,于确定之终局判决中经裁判者,当事人之一造以该确定判决之结果为基础,于新诉讼用作攻击防御方法时,他造应受其既判力之拘束(本院 1953 年台上字第 1306 号判例参照)。本件被上诉人前开另案诉讼,其诉讼标的之法律关系为契约解除回复原状之请求权,该案既经终局判决确定,认定两造解除系争买卖契约后,被上诉人已付之价金扣除上诉人得没收之违约金六百二十六万六千元后,其余部分即为被上诉人可请求返还之金额。本件被上诉人又以该确定判决之结果为基础,于本件主张其得请求返还价金之金额及利息,上诉人自应受该另案判决既判力之拘束。""最高法院"2002 年 4 月 4 日台上字第 629 号民事判决:"查所谓一部请求,系指以在数量上为可分之金钱或其他代替物为给付目的之特定债权,债权人任意将其分割而就其中之一部分为请求,但就其余部分不放弃其权利者而言。就实体法而言,债权人本得自由行使一部债权;在诉讼上,则为可分之诉讼标的,其既判力之客观范围以诉之声明为限度，自应认仅就已起诉部分有中断时效之效果。被上诉人请求上诉人给付美金十二万四千八百四十八元，折算新台币似逾三百万元，被上诉人为假扣押之执行行为时，仅请求就上诉人在花旗银行台北分行之存款在新台币三百万元范围内发扣押命令，倘仅为一部请求，能否就全部债权有中断时效之效果，亦待查明。"]不过，必须注意，原告如无舍弃剩余部分之债权的意思，于为一部请求时，最好应就剩余部分之请求权明示予以保留，以避免横生争议。① 此外，经阐明后，原告得依第 255 条第 1 项第 3 款扩张应受判决事项之声明，无须被告之同意。② 唯在一部请求之既判力的问题，必须注意所涉问题究竟是与其全部请求有关之共同基础法律关系的裁判，或仅是关于请求给付数额部分之裁判。③ 其与共同基础法律关系的判决对于其余额之新诉讼当然有既判力。④ 至于余额之给付的请求部分，则无。盖是否尚有原告主张之余额给付请求权存在，尚待法院依据证据，认定事实裁判之。

八、阐明与诉讼标的及既判力之客观范围

关于既判力之客观范围，"民事诉讼法"第 400 条第 1 项规定："除别有规定外，确定之终局判决就经裁判之诉讼标的，有既判力。"亦即既判力之客观范围系于经裁判之诉讼标的。由于该项并未对于诉讼标的之范围加以界定，所以，由之并不能导出该法对于诉讼标的之范围的界定，究竟采取新的或旧的诉讼标的理论。当分从新的或旧的诉讼标的理论出发，就原告事实上之陈述得主张数项法律关系者，法院之阐明义务的机能何在？倘其阐明不引起法院得审判之范围的扩张，阐明与否便不影响原告之实体利益或程序利益。然"最高法院"在实务上

① 不同见解，请参考沈冠伶：《一部请求之判决对于余额请求之效力——"最高法院"2000 年度台上字第 71 号判决评释》，载《台湾本土法学》2002 年第 31 期，第 75 页以下（第 86 页以下）。

② "最高法院"1954 年台上字第 1083 号判例："原告最初求判决命被告履行债额之一部后，乃求命被告履行其全部，系为数额上扩张应受判决事项之声明，依'民事诉讼法'第四百四十三条第一项但书之规定，无须他造同意。"

③ "民事诉讼法"第 400 条第 2 项规定："主张抵销之请求，其成立与否经裁判者，以主张抵销之额为限，有既判力。"该项规定有类似于一部给付之请求的情境。

④ "最高法院"1953 年台上字第 1306 号判例："诉讼标的之法律关系，于确定之终局判决中经判决者，当事人之一造以该确定判决之结果为基础，于新诉讼用作攻击防御方法时，他造应受其既判力之拘束，不得以该确定判决言辞辩论终结前，所提出或得提出而未提出之其他攻击防御方法为与该确定判决意旨相反之主张，此就'民事诉讼法'第三百九十九条第一项规定之趣旨观之甚明。"

既认为该阐明义务之违反构成违背法令，其阐明与否自当对于原告之实体利益或程序利益有一定的影响。其可能的影响主要为：(1)扩大法院得审判之范围：从旧的诉讼标的理论的观点论之，为引起诉之强制或拟制提起与合并；从新的诉讼标的理论的观点论之，为缓和因以原因事实界定诉讼标的对于欠缺相关法律知识之原告，所引起之突袭裁判的不利。这可称为拟制起诉说。(2)调整诉讼标的及既判力之客观范围：相对于按主张之法律关系定诉讼标的之范围者(旧诉讼标的理论)，阐明之作用为，扩张诉讼标的及既判力之客观范围；相对于按主张之原因事实定诉讼标的之范围者(新诉讼标的理论)，阐明之作用为，实质限缩诉讼标的及既判力之客观范围。这可称为调整诉讼标的说。前者利用对于当事人之意思表示的拟制，后者直接诉诸诉讼制度之规范上的规范需要与当为要求。两相比较，后者较能忠实地反映其法律事实之发展的实态，直接按阐明的范围，基于法律规定，调整具体诉讼案件之诉讼标的及既判力的客观范围。[①] 所以，宜采后说。盖原告既然起诉寻求公力救济，自当协力一次解决纷争，而不得据当事人处分权主义，不顾法院之阐明，坚持分次起诉，滥用诉权。

九、结论与建议

由于司法资源的有限性，导致透过司法途径寻求公力救济的时效迟缓。因此，如何在顾及当事人之实体利益及程序利益的前提下，提高诉讼经济，以节约司法资源成为司法改革工作之重要课题。其可能之努力的事项，除司法组织与司法人事外，诉讼法及诉讼实务之合理化亦为其中之关键事项。这些莫不需要相当深入的基础研究。这些年来，“民事诉讼法”之修正的工作固有相当的成就，然其中与诉讼标的有关的部分，也许是因为将之定于一说的主客观环境尚未成

---

① 这犹如关于意思表示之解释，依“民法”第98条，不得拘泥于当事人所用之词句，而应探求其真意时，其解释之结果已非单纯之主观说，已经参酌表意人之主观意思以外的规范要素。请参考 Karl Larenz, Allgemeiner Teil des deutschen Bürgerlichen Rechts, 5. Aufl., 1980, § 19 Ⅱ。

熟，以致为迁就新旧诉讼标的理论的纠缠，[①]使得修正后之民事诉讼法，就用以特定诉讼标的及决定既判力客观范围的基础因素，和其与阐明权之实际行使范围的关系，尚未用比较明朗的措辞加以规定。

诉讼标的理论之争议首先源自于实体法上之请求权的理论及其在诉讼上的作用机制。在程序法上是否能完全摆脱其牵制？可谓是新旧诉讼标的理论之论

---

① 新、旧诉讼标的理论是民事诉讼法学界自20世纪60年代中期以来，对于原来实务上与学说上所持及其后引入之见解的称呼。这其实不是学说上之适当的称谓。盖以新、旧分称不同的学说，不但不免隐含进步与落伍之褒贬暗示，而且不能在名称上即彰显该两大理论体系在论据上之实质差异。按该不同诉讼标的理论之论点的根本对峙，论诸实际存在于其论据的出发点，而非其发生之先后：早期以实体法上之请求权，后来比较根本的修正为改从程序法上的请求权或诉讼上的请求（诉之声明）为其出发点。然不论以何为出发点，其请求权或诉讼标的皆必须借助于该等请求权所据以发生之原因事实始能加以个别化，以互相区别。关于请求权的探讨与规范，传统上置重于其规范基础，并以之为依据界定其规范上的逻辑关系。后来始在程序法学者提出一次解决纷争之诉讼经济上的规范要求时，才开始反省，实体法上严整的规范逻辑所带来之诉讼成本及其对于法律和平之恢复的延宕。这当中，在以实体法上之请求权为出发点的传统学说，于认识到一次解决纷争之诉讼经济的规范需求时，亦已尝试利用请求权规范竞合说，将基于同一原因事实之请求权化约为一个请求权，以单一化该类型之诉讼标的。最后只剩下在基于不同原因事实所构成之请求权竞合的情形，认为尚有为同一给付目的之复数请求权存在。这些请求权因其给付目的相同，依请求权竞合说在满足上固有共同命运：只要满足其一，其余请求权在该满足的限度即同归消灭。唯还是认为，在存在上这些请求权不但在实体法上还是互相独立的请求权，而且在程序法上可特定为不同的诉讼标的。因此，在构成请求权竞合的情形，原告可选择不经由一次诉讼解决纷争。这与现代民事诉讼法学追求诉讼经济的理念不符。基于同一原因事实依不同规范基础而发生之请求权既可化约为一个请求权，为何基于不同原因事实而其给付目的相同之请求权不可化约为一个请求权？其实，深究之，在第一种情形，所以认为可以化约为一个请求权之深层的理由仍是：给付目的相同，其分别行使违背实践理性。将该实践理性适用到第二种情形，当亦有化约为一个请求权之正当理由。其不同于第一种情形者为，在第二种情形不因此构成规范上竞合，而只构成行使上竞合。前者类似于刑法上一行为触犯数罪名，属于基于存在事实之实质上一罪一样，应论为实质上一个请求权；后者类似于数行为触犯有牵连关系之数罪名，属于基于刑事政策之裁判上一罪般，应论为行使上或诉讼上一个请求权，以实体法上一次满足，程序法上一次解决纷争。这可称为请求权合并行使说。然在传统请求权规范基础之理论的背景下，不论是以原因事实或以请求权规范竞合或请求权合并行使为基础特定诉讼标的，其特定之结果皆可能超出原告起诉时或诉讼中之认知，因此，有必要借助于法院之阐明消弭其间之认知的落差。为因应一次解决纠纷之诉讼经济的需要，传统的实体法说与程序法说一样有发展的可能性。就发生的时序上论之，以实体法上之请求权为出发点之诉讼标的理论，事实上可能发生在以程序法上之请求权为出发点之诉讼标的理论之后。是故，要论其间之新旧，难有定论。关于新旧诉讼标的理论的称呼，今固不妨因已相约成俗，而沿用之，但仍应注意不因此而分别对之自始有进步或落伍的预设立场。

述重心。与实体法上之请求权竞合说对应之程序法上的诉讼标的理论为：原始的实体法说。该说认为：一个原因事实如产生数个请求权，且其给付目的相同，则这些请求权构成请求权竞合。为配合程序法上关于诉讼标的之说明上需要，对于大部分的类型（特别是对于因同一原因事实而发生数个给付目的相同之请求权的情形），该说在实体法上蜕变为请求权规范竞合说，与之对应之程序法上的诉讼标的理论则蜕变为新实体法说。该说认为：一个原因事实为相同之给付目的，仅能产生一个有数个规范基础之请求权。这些规范基础在一个请求权底下构成规范竞合，此即请求权规范竞合说。请求权规范竞合说虽然基本上能够解决由一个原因事实引起的诉讼标的之问题，但不能圆满解决由数个原因事实为相同之给付目的，产生数个请求权时，引起之数诉讼标的之问题（二分肢说）。盖在这种情形下，依实体法原来之规范规划本来即要产生数个请求权，因此，在实体法上不再能够利用请求权规范竞合说，将因之产生之数个请求权化约为一个。其结果，造成权利人得依其选择在诉讼上多次独立行使各该请求权的形势。这与新诉讼标的理论力主权利争议应一次解决，以达到诉讼经济并迅速恢复法律和平之制度目的不符。当认为在实体法上已不能透过缩减请求权个数至一个的方法，归并诉讼标的时，程序法学者试图透过减少特定诉讼标的之因素的方法扩大具体诉讼标的之范围。其方法为：将用以特定诉讼标的之因素减至诉之声明，以便涵盖由数个原因事实产生，而给付目的相同之数个请求权，使之仅构成一个诉讼标的（一分肢说）。当依一分肢说，原告纵有数个原因事实为其请求的基础，但因原告仅有一个给付为其请求判决之标的，仍只构成一个诉讼标的。所以，无数个诉讼标的可供原告处分，从而可产生一次解决纷争的效果。在当事人处分权主义下，这个论诸实际上是原告起诉之诉讼标的范围的解释问题：[①]以原告在诉之声明中请求应确认、形成之法律关系或请求给付的同一性为基础，解释或拟制其起诉之诉讼标的范围。其机制其实与强制之诉的客观合并无异。换言之，已不再是完全的当事人处分权主义。[②] 在程序法上既利用解释或拟制扩大起诉之诉讼标的之范围，则其规范设计应置于：如何利用法院之阐明义务，帮助原告认识其在诉讼中表明之诉讼标的，在规范上经解释或拟制修正后的范围。

　　归纳新旧诉讼标的理论的意旨，为达到一次解决纷争之目的，其考量之当事

---

① Rosenberg/Schwab 认为不得因诉之声明尚待于引用作为诉之理由的原因事实，以解释其特定之诉讼标的范围，即将原因事实论为与诉之声明具有同等价值之诉讼标的之成分[Rosenberg/Schwab, Zivilprozeßrecht, 12. Aufl., 1977, § 96 Ⅲ 3(S. 503)].

② 其效力有若意思通知。系争法律关系的发展固由表意人发动，但与意思表示不同，其法律效力由法律加以规定。其典型者，例如催告之效力。

人利益在既判力之客观范围与法院之阐明权或阐明义务获得交集。亦即旧诉讼标的理论的学者已认识到，由个别法律关系特定或界定诉讼标的及其确定终局判决之既判力的客观范围时，必须利用阐明，强制扩大诉之客观合并的范围，使审判范围及于经阐明的法律关系，始能提高经由一次诉讼解决纷争的效能；而新诉讼标的理论的学者亦已认识到，以原因事实特定或界定诉讼标的及其确定终局判决之既判力的客观范围时，同样提高当事人对于法院之阐明的依赖。是故，必须利用法院实际履行阐明义务的程度，限缩其既判力之客观范围，使之不包含应经阐明而未阐明的法律关系，或肯认法律关系应经阐明而未经阐明的情事，可作为上诉第三审及再审理由，以缓和突袭裁判的发生，损及原告之实体利益与程序利益。

借助于法院之阐明权固可在比较高的程度，符合辩论主义的要求，并缓和突袭裁判对于当事人之实体利益与程序利益的不利，但只要在民事诉讼法上认为原告依据当事人处分权主义，得选择特定诉讼标的之标准，且原告在具体案件选择以支持其诉之声明之实体法上的请求权为其标准，则如不演进实体法上之请求权竞合理论，还是不能一次解决纷争以达到诉讼经济的要求。为能一次解决纷争，实体法上之请求权竞合理论所需要之演进为：提出适当理论，将传统学说认定为存在之数个请求权，不论其系基于同一原因事实或不同原因事实，化约为实体法上，或至少是程序法上之一个请求权。盖在实体法上化约成一个请求权时，随而在程序法上也就仅有一个诉讼标的。因无目的相同可供选择、处分之多数诉讼标的，在理论上或实务上自然也就消除当事人处分权主义与诉讼标的之特定间的冲突。至目前为止“民事诉讼法”上之新实体法说所立基之请求权规范竞合说，具有将基于一个原因事实之多数请求权化约为一个请求权，使之仅能特定出一个诉讼标的之作用。[①] 该学说所以尚不能完全满足一次解决纷争之诉讼经济上的需要，与二分肢说一样，系因不能圆满提出一个理论，将因数个原因事实构成之互相竞合的请求权化约为一个，以使其对应之诉讼标的成为单数。其实在实体法上，基于禁止重复满足的原则，既然认为，因给付目的相同而互相竞合的请求权，在行使其中之一而受满足时，其余请求权在该受满足的限度应同归于消灭，则大可进一步提出“请求权合并行使说”，并认为，数个请求权只要其给付目的相同，其行使即因而竞合：在这种情形下，纵使认为尚可构成数个请求权，但不仅在实体法上，而且在程序法上原则上皆必须合并行使。其不同于基于同一原因事实所发生之请求权规范竞合者为：在请求权因目的竞合而应合并行使

---

① Apostolos Georgiades, Die Anspruchskonkurrenz im Zivilrecht und Zivilprozeßrecht, 1967, S. 268ff..

的情形，该等请求权之数个规范基础不构成竞合，而只是因自该等原因事实发生之请求权的给付目的相同，而在此限度产生合并行使之当为要求，以在实践上明快地掌握这些请求权在满足上的共同命运。这是实体法上依请求权竞合说已经肯认的原则。既然如此，则即便在程序法上规定应合并起诉，或将之化约为一个请求权，以致其权利人不再可以自由选择仅以其中之某一请求权为依据，提出诉讼上之请求，而认为只要行使其一，便论为行使其全部，这对于当事人之实体利益与程序利益并无所减损。既无所减损，则在程序法上便无肯认其得分别独立行使的制度价值。至其如单纯在诉讼外行使权利，则在实体法上，仍应视情形，容许其仅行使其中一个请求权。盖在诉讼外只有不得重复满足的限制，而无一事不再理之诉讼系属或既判力的问题，亦无法院可经由阐明，协助当事人正确行使权利的机制。上述关于请求权之给付之诉的观点，当亦可适用于一个法律关系之确认之诉或形成之诉，有数个事由为其依据的情形。

基于以上的认识，“民事诉讼法”应利用下列修正规定厘清诉讼程序的发展原则与过程：

“民事诉讼法”第 198 条之一（诉讼标的之特定），原告就下列事项之陈述有不明了或不完足者，审判长应晓谕其叙明或补充之：

1. 原因事实或纷争事实。

2. 应受判决事项。

3. 依第 1 款所称之事实可能构成，并与原告表明之应受判决事项有关之法律关系。

审判长于言辞辩论前应先请两造就前项三款规定之事项陈述其认识之情状，并随时依前项规定总结特定之。

经审判长依前两项规定特定之各项法律关系论为该诉之诉讼标的。自该法律关系所由发生之原因事实或纷争事实可构成之其他法律关系，其与原告表明之应受判决事项有关，而原告未为陈述或其陈述有不明了或不完足之情事者，审判长应晓谕两造叙明或补充。该法律关系纵未经晓谕，亦论为该诉之诉讼标的。

理由：(1)第 400 条第 1 项规定：“除别有规定外，确定之终局判决就经裁判之诉讼标的，有既判力。”而何谓诉讼标的，“民事诉讼法”向来未直接明白加以定义。斟酌新旧诉讼标的理论及实务上关于既判力之客观范围所持见解，其意见之最大的交集为以受审判之法律关系为诉讼标的。于是，剩下来的问题是：如何特定受审判之法律关系。基于处分权主义自当以原告表明应受审判者为准。然以何为标准认定其表明应受审判之法律关系？参酌周全解决之实体利益及一次解决之程序利益，并防止滥用诉权，利用受诉法院之阐明权，促使两造协力特定系争诉讼应受审判之法律关系诚属必要。另在具体案件中，恐受诉法院之阐明亦有不周，影响到其确定判决之既判力的客观范围，特将应经阐明而未经阐明的法律关系亦划入诉讼标的中，以确保能够一次解决。唯在这种情形下，未经阐明之法律关系能导致判决结果之变更者，其未经阐明应肯认为上诉第三审或提起再审的理由。(2)第 3 项后段之论理基础为："最高法院"既然认为受诉法院未尽阐明义务构成诉讼程序违背法令，则未经阐明之法律关系自当论为该诉讼之诉讼标的的一部分。唯目前法院如就原告未陈述之法律关系为裁判，还是论为诉外裁判。这虽显然互相矛盾，却是现行诉讼标的理论下之通说的见解。

第 469 条(当然违背法令之情形)有下列各款情形之一者，其判决当然为违背法令：

一、判决法院之组织不合法者。

二、依法律或裁判应回避之法官参与裁判者。

三、法院于权限之有无辨别不当或违背专属管辖之规定者。

四、当事人于诉讼未经合法代理者。

五、违背言辞辩论公开之规定者。

六、判决不备理由或理由矛盾者。

七、法院未依第 198 条之一第 3 项晓谕两造叙明或补充可为攻击防御之方法或请求基础之法律关系，且其叙明或补充足以影响裁判结果者。

理由：为使该未经阐明之法律关系亦构成诉讼标的的一部分，以确保一次解决纷争之可能性，必须肯认相干法律关系之未经阐明，可为上诉第三审及提起再审的理由。

第 496 条(再审事由)有下列各款情形之一者，得以再审之诉对于确定终局判决声明不服。但当事人已依上诉主张其事由或知其事由而不为主张者，不在此限：

一、适用法规显有错误者。

二、判决理由与主文显有矛盾者。

三、判决法院之组织不合法者。

四、依法律或裁判应回避之法官参与裁判者。

五、当事人于诉讼未经合法代理者。

六、当事人知他造之住居所，指为所在不明而与涉讼者。但他造已承认其诉讼程序者，不在此限。

七、参与裁判之法官关于该诉讼违背职务犯刑事上之罪者，或关于该诉讼违背职务受惩戒处分，足以影响原判决者。

八、当事人之代理人或他造或其代理人关于该诉讼有刑事上应罚之行为，影响于判决者。

九、为判决基础之证物系伪造或变造者。

十、证人、鉴定人、通译、当事人或法定代理人经具结后，就为判决基础之证言、鉴定、通译或有关事项为虚伪陈述者。

十一、为判决基础之民事、刑事、行政诉讼判决及其他裁判或行政处分，依其后之确定裁判或行政处分已变更者。

十二、当事人发现就同一诉讼标的在前已有确定判决或和解、调解或得使用该判决或和解、调解者。

十三、当事人发现未经斟酌之证物或得使用该证物者。但以如经斟酌可受较有利益之裁判者为限。

十四、法院未依第198条之一第3项晓谕两造叙明或补充可为攻击防御之方法或请求基础之法律关系，且其叙明或补充足以影响裁判结果者。

前项第7款至第10款情形，以宣告有罪之判决或处罚锾之裁定已确定，或因证据不足以外之理由，而不能为有罪之确定判决或罚锾之确定裁定者为限，得提起再审之诉。

第二审法院就该事件已为本案判决者，对于第一审法院之判决不得提起再审之诉。

理由：为使该未经阐明之法律关系亦构成诉讼标的的一部分，以确保一次解决纷争之可能性，必须肯认相干法律关系之未经阐明，可为上诉及提起再审的理由。

第三章

契约之缔结

第一节 法律行为与契约之缔结

一、概说

民事关系因以发生、变更与消灭之法律事实，固有以法律为依据之事实行为，但每天民商活动所赖以发生及发展者，主要还是以当事人之意思表示所构成之单独行为或契约为基础。此为私法自治原则之实践的现象。

二、私法自治

所谓私法自治原则，指肯认私人事务为私法自治事项。其法律关系的形成，权利主体原则上得以意思表示的方法为之。私法自治之主体主要固指私人，但亦包括不行使公权力处理其事务时之公权力机关。这时称公权力机关依私法从事之法律行为为国库行为，以与行政行为相区别。[①]

私法自治原则固为关于私人事务之规范规划的基础原则，但在实践中仍有一些例外的规定。其表现主要为关于意思表示之强制规定，以及对于契约自由原则之一些限制性的规定。此外，"民法"第 98 条关于意思表示之解释的规定，

---

① 现行各种行政法规并未对行政行为加以定义。仅可从"行政程序法"第 2 条第 1 项关于应适用行政程序法之行为的规定间接推知："本法所称行政程序，系指行政机关作成行政处分、缔结行政契约、订定法规命令与行政规则、确定行政计划、实施行政指导及处理陈情等行为之程序。"

在实务上其实亦可能产生由司法机关规制私人之缔约活动的结果。

(一)契约原则

基于私法自治原则，关于私法自治事项，既然肯认其权利主体原则上得以意思表示的方法，形成其法律关系的内容，则当一件事务涉及两个以上之人的利益时，其法律关系之内容的形成原则上自应由其当事人以一致之意思表示共同决定。该一致之意思表示法律上称为契约或合同。此即契约原则或合同原则。[①]这是债务原则上应以当事人间之契约，例外才以当事人一方之单独行为或法律为其发生之依据的道理。因此，与私法自治事项有关的法律关系，其形成首先应适用者为契约原则或合同原则，以契约或合同为其依据。而后才审查，(1)当事人之一方是否依法律或先前之约定，例外地有形成权，得以单独行为形成双方之法律关系，引起该法律关系之发生、变更或消灭的结果；(2)在无契约或合同的情形下，是否有可归属于当事人之法律事实该当于法律所定关于债之发生的构成要件，从而视情形，引起法定之债：无因管理之费用偿还请求权、不当得利之返还请求权，或缔约上过失、积极侵害债权或侵权行为之损害赔偿请求权。

以意思表示为依据发生之债称为意定之债；以法律为依据发生之债称为法定之债。意定之债的规定原则上优先于法定之债的规定受适用。在法定之债中，无因管理的规定优先于不当得利，缔约上过失、积极侵害债权或侵权行为等之规定受适用。盖无因管理具有准(委任)契约之性质。至于缔约上过失、积极侵害债权或侵权行为等法定之债的适用并不当然互相排斥，而应视情形，依请求权竞合说或请求权规范竞合说的观点，决定其适用上的关系。

(二)单独行为是否得为债之发生原因

除基于形成权，当事人之一方得以单独行为，为债之发生、变更或消灭之依

① 契约或合同在台湾地区相约成俗之区别为：契约指为交易或交换所为之对向的协议，例如买卖；而合同指为组织企业、企业之结合，或为从事联合行为而为之同向的协议。

据外，尚有捐助或捐赠、票据行为、遗赠[①]、债务之免除[②]等事由，亦具有以单独行为使债之关系发生或消灭的特征。归纳上述不以形成权为基础之单独行为，莫不以行为人因其单独行为而对其相对人负担债务或免除其债务为内容，亦即纯属利益于相对人之行为。是故，其虽以单方行为的方式为之，并没有有害于相对人的利益，从而不违反自私法自治原则引申之契约原则或合同原则的意旨。这些单独行为除债务之免除外，皆应遵守严格的法定方式。[③] 关于债务之免除，“民法”第 343 条虽未规定应以一定的方式为之，但所要免除之债务，如义务为标的“以负担不动产物权之移转、设定或变更之义务为标的”，其免除是否亦应践行“民法”第 166 条之一所定之方式——“由公证人作成公证书”？宜采肯定的见解。

---

① 赠与虽为一种契约，但以遗嘱所作之遗赠则为单独行为。“民法”第 1179 条第 1 项第 3 款虽然规定，遗产管理人得“声请法院依公示催告程序，限定一年以上之期间，公告被继承人之债权人及受遗赠人，命其于该期间内报明债权及为愿受遗赠与否之声明，被继承人之债权人及受遗赠人为管理人所已知者，应分别通知之”。“被继承人之债权人或受遗赠人，不于第一千一百七十九条第一项第三款所定期间内为报明或声明者，仅得就剩余遗产，行使其权利。”(第 1182 条)但纵使“继承人或其他利害关系人，得定相当期限，请求受遗赠人于期限内为承认遗赠与否之表示；(然)期限届满，尚无表示者，(仍应)视为承认遗赠”(第 1207 条)。受遗赠人在遗嘱人死亡后，得抛弃遗赠(第 1206 条第 1 项)。由以上规定可见遗赠与遗嘱中之其他款项一样，“自遗嘱人死亡时，发生效力”(第 1199 条)。唯“遗嘱所定遗赠，附有停止条件者，(仍)自条件成就时，发生效力”(第 1200 条)。

② 债务不但不能由债务人自己以单方行为免除之，例如旅店、饮食店、浴堂或其他相类场所之主人责任(第 609 条)、提单或其他文件上之免责文句(第 649 条)、旅运票上免责文句(第 659 条)，其以契约合意免除者，有时也受到法律之限制，不得预先免除。至于事后之免除，债权人原则上得以单独行为的方式为之，例如债之免除(第 343 条)。唯基于法律之规定，有债务人例外享有减免请求权，例如耕地租赁之租金减免请求权(第 457 条第 1 项)，或法院得依法衡平免除者，例如基于过失相抵之免除(“民法”第 217 条第 1 项)、人事保证责任之减免(第 756 条之六)。

③ 请参考 Esser, Schuldrecht, 2. Aufl., 1960, S. 20。“民法”第 60 条第 1 项规定：“设立财团者，应订立捐助章程。但以遗嘱捐助者，不在此限。”唯不论何种遗嘱(一、自书遗嘱。二、公证遗嘱。三、密封遗嘱。四、代笔遗嘱。五、口授遗嘱)(第 1189 条)，皆必须以书面为之(第 1190 条至第 1196 条)。基于类似的理由，“民法”第 408 条第 2 项规定，赠与人不得依同条第 1 项，撤销经公证之赠与。唯以遗嘱为遗赠之表示者，不论是否已将遗嘱之内容通知受遗赠人，依“民法”第 1219 条，遗嘱人皆得随时依遗嘱之方式，撤回遗嘱之全部或一部。要之，遗嘱纵经公证，遗嘱人亦得撤回其遗赠，不受“民法”第 408 条第 2 项规定之限制。反之，遗嘱纵使未经公证，且该遗赠亦非为履行道德上之义务而为赠与，继承人除受特留份之保障外(“民法”第 1187 条)，并不得依“民法”第 408 条第 1 项，于赠与物之权利未移转前，任意撤销赠与。

关于以法律行为作为债之发生消灭或其内容之改变的原因，台湾地区“民法”并无类似于德国民法第305条之规定：“为以法律行为建立一个债之关系或为改变一个债之内容，除法律另有规定者外，一个当事人间之契约是必要的。”此即契约原则在德国民法之明文的规定。本于该规定所表彰之私法自治的法律思想，在建立或改变债之关系的活动上，单独行为受到原则性的限制。其道理何在？一方之单独行为的效力如在于课相对人以义务，其不得为此种债务之发生原因，固为自明的道理，然为何对自己课以义务，亦原则上不可呢？其理由应为，在这种情形下，表意人既不得同时课相对人以义务，则以单独行为为依据之债的关系，如果成立，势必为一种课自己以义务的单务之债。而单务之债即便在以契约为其依据的情形下，原则上应赋予债务人以悔约权。以此类推，以单独行为作为依据之债，由于欠缺“合意”上的约束，其拘束力自当更形薄弱。必须法律另有明文规定肯认其为债之发生原因时，方可。此外，其肯认还是必须有其当予肯认之实质理由，以否定其悔约权。否则，一方面容许以单独行为负担债务，另一方面又容债务人不具任何理由任意撤回，自意思表示之成立而论，与容许债务人从事附随意条件之意思表示无异，是没有意义的。在德国经法律规定之重要的例外有：对于财团法人之捐助行为（德国民法第80条、第82条）及遗赠（德国民法第1939条，及第2147条以下）、悬赏广告（德国民法第657条）。[①]

以德国民法所定该三种例外规定所定之事例为例，其以单独行为作为债之发生的实质理由，应朝为何例外不许其悔约的方向探讨。参酌台湾地区“民法”第408条第2项后段关于“为履行道德上之义务而为赠与者”，其赠与物之权利纵未移转，亦不得悔约，任意撤销其赠与的规定，[②]可以导出为何捐助行为这种

① Soergel-Manfred Wolf, Kommentar zum BGB, 11. Aufl., 1986, § 305 Rz 11.

② “民法债编”修正后，“民法”第408条为关于赠与之悔约规定所在。这个看法在其修正理由的说明第二点明白地表示出来：“立有字据之赠与，间有因一时情感因素而欠于考虑时，如不许赠与人任意撤销，有失事理之平。为避免争议并求慎重，明定凡经过公证之赠与，始不适用前项撤销之规定，爰修正第二项。”至于以“现行条文规定以赠与物未交付前，赠与人始得行使撤销权，适用范围太过狭隘”为理由，将同条第1项所定之悔约的要件，自“赠与物未交付前”，修正为“赠与物之权利未移转前”，是否允当，值得检讨。盖在像土地之买卖契约，所有权之移转与土地之交付为不同之两个请求权，所以，已先交付，而未移转所有权之土地赠与，是否尚得任意撤销，还是有明白加以规定的意义。

单独行为得为债之发生原因。至于遗赠的道理应在于其为死因行为，在其生效时，[①]不但表意人已不再得为所谓之悔约的表示，而且如容其继承人悔约，其悔约正是违逆被继承人生前所做之遗赠的意思。[②] 而悬赏广告当采单独行为说，则因其并非纯粹之无偿的单务之债。事实上相对人已先于广告主之报酬给付，投入于广告行为之完成。是故，立法者在本次采契约说时，亦将"民法"第165条修正规定为："预定报酬之广告，如于行为完成前撤回时，除广告人证明行为人不能完成其行为外，对于行为人因该广告善意所受之损害，应负赔偿之责。但以不超过预定报酬额为限(第一项)。广告定有完成行为之期间者，推定广告人抛弃其撤回权(第二项)。"这皆在表征悬赏广告，不论将之定性为单独行为或契约，究诸实际皆非无偿的债务关系，不得任意悔约。

(三)契约自由原则

契约自由原则指一个人原则上得自由决定根本是否缔约、与谁缔约、选择何种契约类型、决定以何契约内容及何种方式缔约。此为自私法自治原则具体化下来之基础原则。其中根本是否缔约与私法自治的关系最为密切，其余则属于其具体的实践，以贯彻私法自治原则的精神。因为有根本是否缔约的自由，所以在就非对话意思表示的一般生效要件，采到达主义的情形，表意人于其意思表示到达前，得不具理由任意撤回其意思表示，以阻止其生效("民法"第95条但书)。

(四)契约自由之限制

关于私法自治事项，当事人原则上虽享有前述契约自由，得自由决定缔约事宜。然为确保市场机能，维护交易安全、公平，必要时并照顾弱势族群，特别是在市场机能已因市场结构受到扭曲，而不能适当发挥时，法律对于契约自由加以限制。例如(1)利用缔约强制限制其缔约自由；(2)为确保交易安全将一些契约规

① 自书遗嘱、公证遗嘱、密封遗嘱、代笔遗嘱、口授遗嘱分别于其具备"民法"第1190条、第1191条、第1192条、第1194条、第1195条所定之要件时成立。遗嘱，虽自遗嘱人死亡时，始发生效力(第1199条)。但立遗嘱人在死亡前丧失行为能力者，其法定代理人并不得依"民法"第95条，代立遗嘱人撤回遗嘱或变更遗嘱之内容。遗嘱所定遗赠，不论其是否附有停止条件者，亦同。唯遗赠附有停止条件者，仍自条件成就时，始发生效力(第1200条)。

② "民法"第1207条规定："继承人或其他利害关系人，得定相当期限，请求受遗赠人于期限内为承认遗赠与否之表示；期限届满，尚无表示者，视为承认遗赠。"由该条规定可见遗赠之拘束力。为继承人之利益的保护，第1225条规定，仅于应得特留分之人，因被继承人所为之遗赠，致其应得之数不足时，始得按其不足之数由遗赠财产扣减之。受遗赠人有数人时，应按其所得遗赠价额比例扣减。该条清楚显示，只要不损及特留分，遗赠对于继承人之继承权有优先性。

定为要式契约；限制其方式自由；(3)利用类型强制，限制其为达到一定之经济目的得采取之契约类型；(4)限制契约内容，酌减过高报酬或过高之违约金，[①]以法律将利息("民法"第205条)或租金("耕地三七五减租条例"第2条)限制至法定上限；(5)禁止差别待遇，限制其交易相对人之选择自由或交易内容之决定的自由("公平交易法"第10条：独占事业行为之禁止；第19条：妨碍公平竞争行为之禁止)。这些限制有的存在于民事法中，有的存在于公法中。当其存在于公法中时，[②]公法上之限制不一定影响该行为在私法上之效力。其中有趣而突出的例

① 此种由法院酌减对待给付的规定称为衡平规定。其中有法院依职权即得为适用者，例如"最高法院"1990年7月27日台上字第1612号民事判例："'民法'第二百五十二条规定：'约定之违约金额过高者，法院得减至相当之数额。'故约定之违约金苟有过高情事，法院即得依此规定核减至相当之数额，并无应待至债权人请求给付后始得核减之限制。此项核减，法院得以职权为之，亦得由债务人诉请法院核减。"有须待于当事人之声请者，例如"民法"第572条规定："约定之报酬，较居间人所任劳务之价值，为数过巨失其公平者，法院得因报酬给付义务人之请求酌减之。但报酬已给付者，不得请求返还。""最高法院"认为该条规定仅适用于约定之报酬过巨，而不适用于依价目表或习惯定其报酬的情形。该院1997年台上字第2522号民事判决："约定之报酬，较居间人所任劳务之价值为数过巨失其公平者，法院得因委托人之请求酌减之，'民法'第五百七十二条前段固定有明文。唯上开规定于当事人间未约定报酬额，而系按照价目表所定或习惯给付报酬者，并无适用之余地。"该院1997年台上字第280号民事判决："委托人或相对人既应依'民法'第五百六十六条第二项规定，按照习惯给付居间之报酬，自不发生有失公平情事。乃原审一方面认上诉人得依习惯请求被上诉人给付居间报酬，另一方面竟又适用'民法'第五百七十二条前段关于酌减报酬之规定，与论理法则不无违背。"

② 类型强制所要对抗的税捐安排，在法律行为的解释上或评价上多论为脱法行为。例如为防止以变相方式取得所有权或使用权规避契税义务，"契税条例"第12条规定："凡以迁移、补偿等变相方式支付产价，取得不动产所有权者，应照买卖契税申报纳税；其以抵押、借贷等变相方式代替设典，取得使用权者，应照典权契税申报纳税(第一项)。建筑物于建造完成前，因买卖、交换、赠与，以承受人为建造执照原始起造人或中途变更起造人名义，并取得使用执照者，应由使用执照所载起造人申报纳税(第二项)。"不过，在第2项规定的情形中，必须注意其实际移转之范围。盖在中途变更起造人名义后，始建造之部分，仍属于原始取得，而非继受取得，无契税义务。

子是:关于税捐之转嫁的约定。[①]

三、意思表示

(一)意思表示之概念

意思表示,指将法效意思表示出来之行为。解析之,包含两个要素:法效意思及表示行为。[②] 所以,原则上如欠缺该要素之一,即不成其为意思表示。不过,现行法规定有各种例外之情形。例如心中保留——无法效意思("民法"第86条),意思实现——无表示行为("民法"第161条),沉默——无法效意思及表示行为("民法"第170条第2项:逾期未为确答者,视为拒绝承认;第386条:标的物经试验而未交付者,买受人于约定期限内,未就标的物为承认之表示,视为拒绝;第387条:标的物因试验已交付于买受人,而买受人不交还其物,或于约定期限或出卖人所定之相当期限内不为拒绝之表示者,视为承认)。其中沉默的情形因"表意人"根本未为表示,是故,其意思表示以"视为"之拟制的方法规定其为存在。

(二)法效意思或缔约意思

为契约之缔结,原则上表意者在表示时,必须有使自己因其表示,而负其表示所定内容之义务的意思,亦即应有法效意思(Rechtsfolgewille)[③]或缔约意思。

---

① 所谓转嫁的约定,指交易双方约定,本来应由当事人中之一方(纳税义务人)负担的税捐,改由他方(交易相对人)负担。该约定在税捐法上无效,除无改变税捐法所定纳税义务人的效力外,其交易相对人也不因该转嫁约定,而对于税捐稽征机关负为纳税义务人缴纳其所受转嫁之税捐的义务。由于转嫁约定因此对于公库之税捐利益并无加害能力,所以该转嫁约定在民事法上仍然有效。不过,所转嫁者如为直接税(例如地价税或房屋税),则因转嫁会压低以该交易之对价为税捐客体之间接税(营业税)或直接税(所得税)的税基,而应将转嫁之税额计入受压低之税基;反之,转嫁者如为间接税,则因转嫁不会影响该间接税之税基,所以无所谓将转嫁之税额计入受压低之税基的问题。

② Larenz/ Wolf, Allgemeiner Teil des Bürgerlichen Rechts, 9. Aufl., München 2004, § 24 Rn. 1.

③ 表示出来之法效意思究竟应涵盖多广?为契约之成立,依"民法"第153条第2项,当事人对于必要之点,意思一致,而对于非必要之点,未经表示意思者,推定其契约为成立。后来关于该非必要之点,当事人意思不一致时,应声请法院依其事件之性质定其内容。此外,约定之契约内容,特别是在其该当于有名契约之类型时,还应受其强行规定之规整与任意规定之补充(Soergel-Hefermehl, Kommentar zum BGB, 11. Aufl., 1978, Rz 19 vor § 116)。

然究竟是表意人之“表示”，或存在于表示背后之“意思”，使其负义务，素有争议，此即关于意思表示应采表示说（Erklärungstheorie）或意思说（Willenstheorie）的问题。[①] 此外，在表示时表意人是否应有表示意识（das Erklärungs- bewußtsein）或表示意思（die Erklärungswille）至今亦无定论。[②] 所谓无表示意识而做表示，指表示者不知其动静在当时之情境，他人通常已会将之理解成意思表示，例如在拍卖场以交易习惯上可能被理解为应买之手势，与朋友打招呼时，其手势虽不具应买之表示意识，还是会被认定为构成应买表示。盖非如是，拍卖场之拍卖的交易秩序与法的安定性将难以维持。其区别之实益为：如认为应有表示意识，则表意人在有客观存在之表示行为时，若无表示意识，其表示行为即不论为意思表示。反之，如认为无须有表示意识，则表意人在有客观存在之表示行为时，纵无表示意识，其表示行为亦应论为意思表示。在此种情形中，表意人固得以错误为理由，撤销其意思表示，但表意人依第 88 条撤销意思表示时，除受害人明知或可得而知其撤销之原因外，对于信其意思表示为有效而受损害之相对人或第三人，应负赔偿责任（“民法”第 91 条）。[③]

---

① 关于意思表示的规范，台湾地区“民法”与德国民法一样，并未偏采表示说（die Erklärungstheorie）或意思说（die Willenstheorie）。首先就意思之有无及内容之认定采表示说，除不拘泥于当事人所用之词句，依社会通念、交易习惯，解释意思表示，探求当事人之真意，以认定其在规范上当有之内容外，在“表意人无欲为其意思表示所拘束之意，而为意思表示”的情形，“民法”第 86 条规定，若其情形非为相对人所明知，该有心中保留之意思表示，不因之无效。因此，其认定之结果，与当事人事实上所持之意思便可能不一致。为缓和该规范上与事实上之内容的差距，“民法”另许以意思表示有错误，或因受诈欺或胁迫而为意思表示为理由，撤销其意思表示。换言之，在该等撤销之规定，兼采意思说。准以当事人心中事实上主观存在之意思与依其表示解释为客观存在之意思不一致为理由，撤销其意思表示（Soergel-Hefermehl，Kommentar zum BGB，11. Aufl.，1978，Rz 11 vor §116）。唯表意人以错误为理由撤销意思表示者，除受害人明知或可得而知该撤销之原因外，对于信其意思表示为有效而受损害之相对人或第三人，应负赔偿责任（“民法”第 91 条）。该法律效力又有限度的折中至表示说。Larenz/ Wolf 将上述折中的观点称为效力说（die Geltungstheorie）：意思表示之法律结果的效力基础，既不单纯在于意思，也不单纯在于表示，而在于意思与表示之共同的作用。表示不仅是表达内在意思的方法或证明意思之有无的证据方法，而且法效意思只能实现在表示中，并从而获得法律的承认，以启动自己决定与自己负责之私法自治的机制（Larenz/ Wolf，Allgemeiner Teil des Bürgerlichen Rechts，9. Aufl.，München 2004，§ 24 Rn. 29ff.）。

② Esser，Schuldrecht，2. Aufl.，1960，S. 20. 认为需要有表示意识之著名学者有 Enn-Nipperdey，Staudinger-Coing，Canaris，Wieacker；认为不需要者有 Larenz，Bydlinski，Flume（Soergel-Hefermehl，Kommentar zum BGB，11. Aufl.，1978，Rz 12 vor §116）。

③ Larenz/ Wolf，Allgemeiner Teil des Bürgerlichen Rechts，9. Aufl.，München 2004，§ 24 Rn. 6ff..

然即便认为不需要表示意识，还是不能没有行为意思(der Handlungswille)，盖如无行为意思，该动静已非行为，不得作为法律效力之归属基础。例如一个人在睡眠、受催眠中之梦话或肢体的动作皆不成其为有行为意思之表示；受物理强制之举动，亦同。然如仅是因受诈欺而基于错误，或因心理上受胁迫，而为表示，则表意人在表示之自由上虽受有诈欺性的误导或威胁性的限制，但其表示还是由表意人自己为之，因此规范上还是将受诈欺或受胁迫而为之表示定性为有行为意思之表示，从而当其表示包含一定之法效意思时一样可构成意思表示。只是因表意人之意思决定的自由受到侵害，所以因被诈欺或被胁迫而为意思表示者，表意人原则上得撤销其意思表示。但诈欺系由第三人所为者，以相对人明知其事实或可得而知者为限，始得撤销之。此外，被诈欺而为之意思表示，其撤销不得以之对抗善意第三人("民法"第 92 条)。[①]

同理，因伪造之表示对于名义上之表意人而言，根本无行为存在，亦不论为本人之意思表示。这典型的可发生在伪造之非对话的意思表示。在对话的意思表示，不可能发生意思表示之伪造。如无代理意思而以自己以外之名义，冒名从事对话或非对话的意思表示，且相对人亦不认为表示者系以代理之意思而为表示时，则仍以该实际为表示者为表意人。[②] 反之，如表示者表明代理意旨，且相

---

① Larenz/ Wolf, Allgemeiner Teil des Bürgerlichen Rechts, 9. Aufl., München 2004, § 24 Rn. 3ff..

② Soergel-Hefermehl, Kommentar zum BGB, 11. Aufl., 1978, Rz 16 vor § 116. 冒名而为意思表示，所涉法律行为之态样并不能一概而论。有的只是名义的称谓不同，而双方就主体资格皆无误认者。例如亲自冒名投宿于旅馆、冒名就医或未表明代理意旨以非自己之名义为意思表示的情形。与之类似者为以笔名投稿，而不对于报社表明，该名义仅是笔名的情形。在这些情形中，表意人并不因使用非本人之本名，而引起当事人之同一性，或非以自己之名义为意思表示的问题。在相对人因表意人表明代理意旨，而明知表示者非为该代理关系之本人的情形，如表意人未经授予代理权，或代理权经限制或撤回而越权代理者，其所为首先定性为无权代理，而后再视具体情况论其是否该当于表见代理之规定。其未经授予代理权或代理权经限制或撤回为相对人所明知或可得而知者，既不构成表见代理("民法"第 169 条、第 107 条)，代理人也不负无权代理的责任("民法"第 110 条)。关于冒名之意思表示，"最高法院"1964 年台上字第 1343 号民事判决要旨称："法人之代表机关冒名营私，除与之为法律行为之相对人明知其情，可类推适用'民法'第八十六条但书规定，视该行为乃代表机关个人之行为者外，原应解为法人本身之行为。且单独之虚伪表示，基于'民法'第八十六条但书规定而无效时，为保护交易安全计，尤应类推适用'民法'第八十七条第一项但书规定，认其无效不得以之对抗善意第三人，此等'民法'关于法律行为之规定，于票据行为，并不排斥其适用。"由于该判决中所示之机关为自然人，而所冒名者为法人，因之，并无将该机关误认为该名义所指之本人的可能。是故，所示法律事实可能该当之法律类型应为无权代理或无权代表，与心中保留或通谋意思表示无涉。

对人亦认其系以代理之意思而为表示，则将构成无权代理。

关于意思表示之有无及其内容的认定，学说上所以渐有不以表示意识为其要件，并不全然仅是基于实用性的考量，同时也因为：法律为实现其规范功能，必须以一个人形之于外之行为，依社会通念、按交易习惯，所能客观认知并予信赖之意思，而不能以隐藏于心中之意思为基础，认定其法效意思；此与心理学上应以一个人内心事实上存在之意思为探讨对象者不同。是故，与表示意识相结合之内心的法效意思不适当作为意思表示的重要成分，适当作为意思表示之重要成分者为行为人之行为意思。至于该行为所表示之法效意思在规范上的内容该当为何，应参酌其附随情况及交易习惯，客观认定之。[①] 此为意思表示之解释的问题。[②] 其结果，在无表示意识之意思表示，其表意人如不欲为其所拘束，应将其关于意思表示之存在的错误，论为关于其内容之错误，以表示内容有错误为理由，撤销其意思表示。[③]

(三)意思表示之种类

意思表示可为不同目的，按不同标准分类之。例如按其表示方法可分为对话与非对话之意思表示，按其是否需要相对人区分为须相对人与无须相对人之意思表示，按法律是否规定其应遵守一定之方式可区分为要式行为与诺成行为。

1. 表示方法：对话、非对话或网络通信之意思表示

依表示方法，现行法将意思表示区分为对话与非对话之意思表示。唯近年基于网络通信技术的研发及通信网络的建置，已发展出网络通信的表示方法。对于利用网络通信所作之意思表示“民法”尚无明文规定。今不但关于何谓对话与非对话之意思表示，而且关于何谓网络通信之意思表示，“民法”对之皆无定义，只在第 94 条及第 95 条分别规定对话与非对话之意思表示的成立及生效要件。因此关于对话、非对话及网络通信之意思表示所指者究竟为何，以及网络通信之意思表示的成立与生效要件皆尚待探究。

分析对话与非对话在存在上之基本特征可得，最典型之对话应是“当面说”，反之，非对话则是“书面传讯”。在对话之意思表示中，因为是当面说，即说即到，

---

① 按一个表示行为所以有传递意思的能力，即在于其表示依习惯具有一定之客观意思的内容。因之，基于私法自治的精神，虽当以表意人事实上怀有之主观的意思为其法效意思之内容，但该事实上存在之主观的意思在法律行为法上的考量仍应限于，在该主观意思与其表示之规范上的内容不一致而有错误时，肯认表意人之错误为一种意思的瑕疵，表意人事后得据以撤销其意思表示，尚不宜以该主观意思的内容作为其表示在规范上可以生效的内容。

② Soergel-Hefermehl, Kommentar zum BGB, 11. Aufl., 1978, Rz 16ff. vor § 116.

③ Soergel-Hefermehl, Kommentar zum BGB, 11. Aufl., 1978, Rz 49. vor § 116.

所以原则上无归属及到达的问题;在非对话之意思表示中,因为是书面传讯,所以发信后,待于传递方始可能到达,所以有归属与到达的问题。在对话之意思表示虽无归属与到达,但却有了解的问题;反之,在非对话之意思表示虽有归属与到达的问题,但却无了解问题。然不论是对话或非对话之意思表示皆可能因冒名,[①]而发生归属的问题。

在对话之意思表示中,所涉之了解问题,除非表意人明知相对人有听觉障碍,否则,其了解自当亦以一般人"可了解"为准。如非以一般人"可了解时"为标准,而以受话人实际了解状况为标准,考虑其听觉之收讯情形,则第 94 条所定之"了解时",具有以"到达"为要件类似之意义,唯在实务上不容易客观验证。认定非对话之意思表示的到达,原则上以投入相对人之信箱时,或以投入后依交易习惯通常可预期其开取时为其到达时,而不以相对人实际阅信时为准。

在非对话之意思表示中,因传达需要一定之时间,且关于其发生效力,第 95 条采到达主义,因此,除另有不同之特约外,关于非对话之意思表示,其意思表示之成立与生效应不在同一时点,而有一段时间之间隔。由于该时间之间隔,使非对话之意思表示的发展状态有处于"成立而未生效"之阶段的可能。于是,提供两个重要之规范可能性:在非对话之意思表示通知达到相对人前,表意人来得及以撤回的方法阻止其发生效力(第 95 条第 1 项但书);表意人于发出非对话之意思表示通知后死亡或丧失行为能力,或其行为能力受限制者,其意思表示,不因之失其效力(第 95 条第 2 项)。该规定对于意思表示之成立与生效问题之认识

---

① 冒名属于一种通俗的,尚非法典中之制式的用语。冒名主要指两种情形:(1)未经表白而使用非本名为意思表示。这虽无当事人同一性,但可能有当事人资格之错误。如涉及处分他人之物的情事,其所为属于无权处分("民法"第 118 条);如仅涉及负担行为,因应负义务者为表意人,不因之产生效力障碍。不过,对于当事人之资格有错误者,得视情形以错误或受诈欺为理由,撤销其意思表示。(2)未经授权而使用他人名义从事代理行为。这涉及不论是负担行为或处分行为,皆属于无权代理("民法"第 170 条)。不可将无权代理以本人之名义从事之处分行为,误认为无权处分。"民法"第 170 条第 1 项规定:"无代理权人以代理人之名义所为之法律行为,非经本人承认,对于本人,不发生效力。"该项规定中所称"以代理人之名义"应指"表明代理意旨","以本人之名义"为法律行为。

有重要意义[①]。

在对话之意思表示中，其传达的媒体最原始时为空气；在非对话之意思表示中，则为信差。后来演变为前者利用有线或无线电话，后者利用电报、传真(Fax)或电子邮件(E-mail)、录音带、录影带等新兴媒体传达信息。上述新兴传达方法在对话或非对话上的归类，分别按其功能类似于当面说或书面传讯的程度而定。其中将有线或无线电话类比于当面说，固有空间上的差异，造成些许辨识上的困难，然由于每人各有音色，在辨识上之争议尚不太大；倒是在非对话之意思表示中，将电报、传真、电子邮件、录音带或录影带等新兴媒体类比为书面之表示方法，使非对话之意思表示固有之归属的问题，倍增认证的难度。

"民法"第 3 条规定："依法律之规定有使用文字之必要者，得不由本人自写，但必须亲自签名(第一项)。如有用印章代签名者，其盖章与签名生同等之效力(第二项)。如以指印、十字或其他符号代签名者，在文件上，经二人签名证明，亦与签名生同等之效力(第三项)。"该条规定之意旨首先固为：法定应以书面为之的文据应由本人签名，但论其功能，则在于利用签名将以书面所作之意思表示归属于一定之签名者。盖文书既无须由本人自写，则至少其归属或法效意思及表示意思的有无，应以签名的方法确认。鉴于依当事人之一方之意思或双方之协议，选择以书面的方式表示其意思时，同样会有书面所作之意思表示的归属问题，因此，该条规定应类推适用于意定的文件。[②]

签名一事，在以电报、传真(Fax)或电子邮件(E-mail)、录音带、录影带等新媒体传达讯息的情形，产生难题。其中电报当有电信局介入，担负类似于传统信

---

① 按一个意思表示在发生上，其发展可分为未成立、成立；成立后又可能有无效、效力未定、生效等不同的效力状态。不论是未成立或虽成立而无效或尚未生效，在债务契约中，其债权人皆尚不能对于债务人据之有所请求。是故，很容易误以为虽成立而无效或尚未生效之意思表示与未成立之意思表示的法律地位完全相同。其实不然。"民法"第 95 条第 1 项但书及第 2 项的规定最适合来说明：已成立而未生效之意思表示的法律地位或其对于法律关系之发展的意义。另已成立而无效的意思表示，除得为损害赔偿之债的要件事实外("民法"第 113 条)，有时法律亦规定其无效得因履行而治愈。例如"民法"第 166 条之一规定："契约以负担不动产物权之移转、设定或变更之义务为标的者，应由公证人作成公证书(第一项)。未依前项规定公证之契约，如当事人已合意为不动产物权之移转、设定或变更而完成登记者，仍为有效(第二项)。"反之，未成立之契约除可能充为引起缔约上过失之损害赔偿请求权的要件事实外，无所谓有补正方面的发展。

② "最高法院"1953 年台上字第 823 号民事判决："和解契约并非要式行为，当事人之意思表示一经一致，双方即应受其拘束，自不因其所作字据未经签名、盖章或以指印、十字等以代签名而受影响。"然双方既作成字据，仍应推求双方是否有其契约须用一定方式之约定("民法"第 166 条)。

差及存证信函的机能时，其归属及内容的确认原则上较无疑义。传真，当其以影像传送因有接近于一般信函的外观，虽然易于伪造，但通常还能满足经常有交易来往者间之信息的传递需要。电子邮件，因其非以影像而以文字之代码传送，其内容容易变造，且因寄信人不能为传统之签名，以表示其愿意受哪些内容之信息拘束，不仅其归属而且其内容之真伪皆可能产生问题。至于录音带或录影带尚可充为经签名之文据的附件处理。于是，如何克服电报、传真或电子邮件之签名的困难，界定该签名所涵盖之表示的范围，防止经签章之文件内容受到窜改，成为电报、传真或电子邮件，特别是电子邮件，是否适合用为非对话意思表示之传达方式的关键。为克服该困难，除需要有对于与表示内容、表意人、表示日期等有关资料加以存证之可靠的加密、解密技术外，并需要针对电子签章①及其法律地位，制定特别法律以资配合。② 如果没有针对前述相关事项之立法，网络通信倒不是因之即根本不得作为意思表示的方法，而是如果当事人之一方就是否接

---

① “机关公文电子交换作业办法”第9条规定：“机关公文电子交换之收、发文程序，应采电子认证方式处理，并得视需要增加其他安全管制措施。”其中最起码之要求为电子认证的要求，请参考综合所得税网际网络结算申报作业要点、营利事业所得税网际网络暂缴申报作业要点、网际网络传输电子计算机统一发票试办作业要点。关于视需要增加其他安全管制措施，详请参考金融机构办理电子银行业务安全控管作业基准中的规定。依该基准交易面之安全需求可包括讯息隐秘性、讯息完整性、讯息来源辨识、讯息不可重复性、无法否认传送讯息、无法否认接收讯息等方面。应视网络类别及交易类别决定其必要性，并在交易面之安全设计及管理面配合采取适当安全需求防护措施。为保障系统安全，唯有经授权之客户得以存取系统资源，并降低非法者入侵之可能性。

② 将利用网络通信所为之意思表示或缔结之契约与依传统方法表示之意思表示或缔结之契约互相比较，其区别不在于其内容，而在于其表示方法。从而因该区别导出一些特别之规范上的需要。由于利用网络通信传递之电子信息容易否认、伪造、变造，因此其规范重点首先应置于其归属与防伪上。此所以在与电子商务有关之制度的建置，首先数位签章(电子签章)，其功能类似于印鉴证明，可证明电子文件之制作人；其次为收发的证明，其功能相当于双挂号，可证明投递之有无及收发日期、时刻；最后为电子信函内容之存证，其功能相当于存证信函。以上事务的管理，犹如印鉴证明及邮递业务，应由收发信人以外之第三机构遵守一定之可靠的作业程序为之，以确保其正确、安全、可靠。因之，为使网络通信成为一个可靠之表示方法，并为法院所信赖，在有疑义时，除了必须有经济、成熟之加密，解密的软、硬设备外，并必须有依一定之设置规范，组织之认证机构提供前述关于文件制作人、文件收发、文件内容之认证、存证的服务，以资配套。

受以网络通信作为意思表示的方法、[①]就有无表示或其内容有所争议时，将难有适当的方法来证明，从而危及其交易安全。[②] 此外，在法律对于一定之法律行为有书面之要式规定时，利用网络通信所作之表示是否论为各该规定所定之书面的一种，亦需要以正面或负面表列之规定方式予以厘清。[③]

为克服上述问题，“电子签章法”第 9 条第 1 项规定：“依法令规定应签名或盖章者，经相对人同意，得以电子签章为之。”第 4 条规定：“经相对人同意者，得以电子文件为表示方法(第一项)。依法令规定应以书面为之者，如其内容可完整呈现，并可于日后取出供查验者，经相对人同意，得以电子文件为之(第二项)。”虽不因电子签章法有上述规定，而使表意人不得以未经电子签章之电子文件作为意思表示的方法。但如要以电子文件作为表示方法或替代纸本书面的表示方法，则依上述规定应先经相对人同意，以防止因为数位落差，导致对于不习惯于接受以电子文件为表示方法者之不利。

为使非对话之意思表示能够到达相对人，还有应向哪一个地点送达，以及将信函置于何处即可认定为已送达的问题。除当事人间另有约定外，原则上信函应向相对人之住所、营业所或事务所为送达。无住所者，或依具体情形可认为应向居所送达者，应以居所为送达处所。至于在何种情形应向营业所或事务所，或向分营业所或分事务所送达，同样应视具体情形认定之。例如与分营业所或分事务所之交易关系有关的意思表示应向分营业所或分事务所送达。唯事后如发生“表意人非因自己之过失，不知相对人之……居所者，得依民事诉讼法公示送达之规定，以公示送达为意思表示之通知”(“民法”第 97 条)。

至于相对人设有语音信箱或电子文件信箱者，表意人是否当然得以之为受

---

① 按一个人纵使设有电子信箱，但不一定天天按时开取，因之，在以电子邮件作为意思表示的方法尚未成为交易习惯之前，当事人欲以电子邮件作为表示方法时，应先有双方同意以之为表示方法的协议。其间，立法固有助于其推广并排除一些疑义，但立法之内容仍非可无视于电子邮件在交易活动中一般实际利用之情形。此为当为的规定应有对应之存在基础的要求问题。

② 利用网络通信缔结契约、履行债务，所从事之商务活动习称为电子商务(electronic Commerce，e-Commerce)。请参考本书五、电子商务契约。

③ 书面要式的规范目的在于存证者，原则上只要网络通信能满足存证之需要，便有将之等同于纸上文件所必需之存在基础。“电子签章法”第 5 条第 1 项有部分之相关规定：“依法令规定应提出文书原本或正本者，如文书系以电子文件形式作成，其内容可完整呈现，并可于日后取出供查验者，得以电子文件为之。但应核对笔迹、印迹或其他为辨识文书真伪之必要或法令另有规定者，不在此限。”然书面要式之规范目的如兼在于预警，则网络通信必须有进一步之提醒表意人慎重决定的作业步骤，始能达到与纸上文件相同的机能。另至少在法律规定意思表示应以公证的方式为之的情形，网络通信不能取代公证。

信地址？原则上应采应经相对人明示或默示的事先同意为妥。唯除非另有表示方法之限制上的协议，否则，纵未经事先同意，如果事实上相对人已经由该管道获悉意思表示之内容，还是会生送达之效力。

当意思表示有传达上之必要，就有传达机关或工具之资格及传达错误的问题。关于传达机关的资格，法律并无限制规定，只要经表意人利用为传达媒体，不论其是否为专业邮递机构，或有无行为能力皆无不可。此外，即便是动物（例如信鸽、信犬）或无生命之物（例如弓箭、遥控飞机）亦可利用为传达工具。当传达有误，依错误有关规定办理（第 89 条）。

2. 明示或默示

除法律有特别规定应以明示的方法表示者外，[①]明示与默示皆为适格之表示方法。当事人互相表示意思一致者，无论其为明示或默示，原则上契约即为成立（“民法”第 153 条）。“民法”在一些重要的规定中也都一再重申此原则。[②] 意思表示之内容因其表示方法而有不等程度之直接可了解的程度。以该程度之高低可将意思表示区分为明示或默示。直接明白者为明示，这通常以口头或文件表达出来；待于推论而后始能知其表示之内容者，为默示，这通常以一定之肢体

① 例如关于营业秘密之保护，以经向相对人明示应予保密为要件：第 245 条之一第 1 项第 2 款规定，契约未成立时，当事人为准备或商议订立契约，“知悉或持有他方之秘密，经他方明示应予保密，而因故意或重大过失泄漏之者”，对于非因过失而信契约能成立致受损害之他方当事人，负赔偿责任。关于连带债务之成立，其以契约为依据者，以明示为必要：第 272 条规定：“数人负同一债务，明示对于债权人各负全部给付之责任者，为连带债务（第一项）。无前项之明示时，连带债务之成立，以法律有规定者为限（第二项）。”关于运送人责任之免责文句，除以经托运人明示同意为必要外，运送人就该同意并负举证责任：第 649 条规定：“运送人交与托运人之提单或其他文件上，有免除或限制运送人责任之记载者，除能证明托运人对于其责任之免除或限制明示同意外，不生效力。”第 659 条规定：“运送人交与旅客之票、收据或其他文件上，有免除或限制运送人责任之记载者，除能证明旅客对于其责任之免除或限制明示同意外，不生效力。”

② 例如关于契约之缔结：第 153 条第 1 项规定：“当事人互相表示意思一致者，无论其为明示或默示，契约即为成立。”关于受雇人具有特种技能之保证，其表示得以明示或默示的方式为之：第 485 条规定：“受雇人明示或默示保证其有特种技能者，如无此种技能时，雇用人得终止契约。”关于经理权之授予，得以明示或默示为之（第 553 条第 2 项）。此外，关于适法与不适法无因管理之区别，亦兼以本人“本人明示或可得推知之意思”，而不单以“明示之意思”为标准：第 172 条规定：“未受委任，并无义务，而为他人管理事务者，其管理应依本人明示或可得推知之意思，以有利于本人之方法为之。”第 174 条第 1 项规定：“管理人违反本人明示或可得推知之意思，而为事务之管理者，对于因其管理所生之损害，虽无过失，亦应负赔偿之责。”其中所谓可得推知之意思，即默示之意思。

情状，例如点头或摇头、手势，或取用物品、接受服务表现出来。[①] 在上述情形中，由于为一定之行为者，并未将其法效意思充分明确表示出来，从而其表示之内容尚属多义，所以还必须借助于附随之周遭情况，推论该行为所表达之真确的法效意思。当能够透过推论认识其法效意思时，该行为即构成默示的意思表示。沉默固可能是构成默示意思表示的情状之一，但默示意思表示不一定以沉默的样态呈现。自一定行为所以能够推论出一件未明白表达出来的意思，系以一定之社会经验或交易习惯为基础所建构的事务逻辑为依据。学说上称该行为系可推论的行为或动作。[②]

常见以一行为推论意思表示之存在的类型有：以债务之履行或债权之行使推论有从事一定之意思表示，以缔结该债务或债权所当据以发生之契约。[③] 例如：(1)餐厅对于客人供茶、矿泉水、小菜或面包是否属于餐饮或买卖之要约，客人之同意受领所供之茶、矿泉水、小菜或面包是否构成承诺，视个别商区或餐饮店的交易习惯而异。原则上如无明示其为无偿之附随给付，应解释为缔结该小餐饮之契约的默示意思表示。(2)在有些劳务的给付关系中，依交易习惯或依情形，有非受报酬即不服劳务者（“民法”第483条第1项）；非受报酬即不为完成其工作者（第491条第1项）；非受报酬，即不为著作之交付者（第523条第1项）；

---

① 关于默示“最高法院”有两个判例：同院1932年上字第1598号判例规定：“默示之承诺，必依要约受领人之举动，或其他情事足以间接推知其有承诺之意思者，始得认之，若单纯之沉默，则除依交易上之惯例或特定人间之特别情事，足认为承诺者外，不得认为承诺。”及同院1940年上字第762号判例：“所谓默示之意思表示，系指依表意人之举动或其他情事，足以间接推知其效果意思者而言，若单纯之沉默，则除有特别情事，依社会观念可认为一定意思表示者外，不得谓为默示之意思表示。”

② Flume称该可间接推论未表示出来之意思的行为是：可推论的行为(das schlüssige Handeln 或 das konkludente Handeln)。在从事可推论的行为时，如其行为人就其行为在法效意思上之可推论性有认识，则在规范上得要其对该可由之推论出来之意思表示负表意人的义务。若行为人对其行为之可推论性没有认识，则充其量只能要其负缔约上过失之责任或负担失权效力。Flume认为可按就一定法效意思之有无的可推论性，是否有认识为标准，将无可推论性之认识的动作与前述有可推论性之认识的行为相区别，并另提出可推论之动作(das schlüssige Verhalten)的概念指称无可推论性之认识的情形(Flume, Allgemeiner Teil des Bürgerlichen Rechts, 2. Band, Das Rechtsgeschäft, 3. Aufl., 1979 Heidelberg, S. 74.)。鉴于为交易安全之保护，关于意思表示之有无的认定，已不再以主观上有表示意识为必要，而倾向于注重有无使相对人信赖，表意人有将一定之法效意思表示出来的客观事实，所以以有无可推论性之认识区分为可推论的行为(das schlüssige Handeln 或 das konkludente Handeln)及可推论之动作(das schlüssige Verhalten)，应不再有理论上与实务上的意义。

③ Flume, Allgemeiner Teil des Bürgerlichen Rechts, 2. Band, Das Rechtsgeschäft, 3. Aufl., 1979 Heidelberg, S. 69ff..

非受报酬，即不为报告订约机会或媒介者(第566条第1项)；非受报酬即不为保管物品者(第589条第2项)。在此种情形中，应视为允与报酬，且因未定报酬额，应按照价目表所定给付之；无价目表者，按照习惯给付。(3)根据给付租金或利息之履行行为，及受领占有其物者给付之租金，或受领逾期之利息皆可能推论有缔结租赁契约或消费借贷契约，或延展其期间的意思。此类情事之推论，有由法律明文以拟制之方式于以肯认者。例如"民法"第451条规定："租赁期限届满后，承租人仍为租赁物之使用收益，而出租人不即表示反对之意思者，视为以不定期限继续契约。"第570条规定："居间人因媒介应得之报酬，除契约另有订定或另有习惯外，由契约当事人双方平均负担。"后一情形，该条规定因更容留依习惯定之，使可能推论之意思表示变得较不明确。["最高法院"1963年台上字第2675号民事判例："'民法'第五百六十五条所定之居间有两种情形，一为报告订约机会之报告居间，一为订约之媒介居间。所谓报告居间，不以于订约时周旋于他人之间为之说合为必要，仅以为他方报告订约之机会为已足，而居间人之报酬，于双方当事人因居间而成立契约时，应许其请求。至于居间行为就令自始限于媒介居间，而仅为报告即已有效果时，亦应许居间人得请求报酬之支付。"台湾高等法院2008年8月29日上易字第537号民事判决："居间报酬由何人给付，因居间种类不同而有异。在报告居间，因仅为委托人报告订约之机会，而不与其相对人发生关系，故居间人之报酬，自仅由委托人给付之，亦即委托人为给付义务人，然在媒介居间，因居间人与当事人双方均发生关系，参诸'民法'第五百七十条规定之立法理由谓：'按居间人因媒介应得之报酬，应归何人负担，亦须明白规定，方免争论。若契约当事人双方有特别约定，归一方负担或双方负担区分多寡者，则从其约定，或另有习惯者，亦即从其习惯。若既无约定，又无习惯，则由契约当事人双方平均负担，以昭公允，此本条所由设也'，可见在媒介居间，原则上由所媒介之契约之双方当事人为给付义务人，而其数额由双方平均负担之，是以，居间契约并不禁止居间人收取双方当事人之报酬。"]

3. 需相对人与无须相对人之意思表示

关于意思表示，除了偶有表意人或受意人之资格的限制外，[这类似于诉讼法上之当事人适格的问题。例如关于解除权之行使方法，"民法"第258条第2项规定："契约当事人之一方有数人者，前项意思表示，应由其全体或向其全体为之。"例如"解除契约，系指当事人之一方，行使其本于法律或契约所定之解除权，使契约自始归于消灭之一方意思表示而言，契约当事人之一方既有数人，该解除契约之意思表示，即应由其全体或向其全体为之。"(《"最高法院"民刑事裁判选辑》第4卷第2期，第114页："最高法院"1983年台上字第1353号民事判决)，而非仅是经全体同意，由其中一人或数人为之。唯在经全体同意的情形下，得由全体授权其中一人或数人代理，以全体之名义为意思表示。倒是在必须向全体为之的情形下，如相对人全体未对特定人，为受系争意思表示之代理权的授予时，还是必须一一对其为意思表示，始符合向其全体为意思表示的要件。同理"契约之终止，依'民法'第二百六十三条规定，系准用同法第二百五十八条规定，即终止权之行使，应向他方当事人以意思表示为之。（而）契约当事人之一方有数人者，前项意思表示，应由其全体或向其全体为之"（"最高法院"1995 年 4 月 13 日台上字第 823 号民事判决）。故"租赁契约或地上权设定契约当事人之一方有数人者，终止租约或撤销地上权之意思表示，应由其全体或向其全体为之。"（《"最高法院"民刑事裁判选辑》第 6 卷第 2 期，第 94 页："最高法院"1985 年台上字第 2142 号民事判决）。"'民法'第四百五十一条之规定，乃出租人表示反对续租之意思，有阻却继续契约之效力，此与同法第二百六十三条所定，当事人依法律之规定终止契约之情形（类似），（依）同一之法律理由，自应类推适用。故租赁物为数人所共同出租者，表示此项意思时，应准用第二百五十八条第二项规定，由出租人全体为之"（《"最高法院"判例要旨》上册，1983 年版，第 178 页："最高法院"1974 年台上字第 2139 号判例；《台湾地区裁判类编（民事法）》第 6 册，正中书局 1976 年版，第 284 页："最高法院"1960 年台上字第 1581 号民事判决）同理，"承租人有数人者，给付欠租之催告或终止租约，应向承租人全体为之，否则不发生催告或终止之效力。本件上诉人既未向讼争土地承租人之一杨女催告给付欠租及终止租约，则其所为催告及终止均不生效力。上诉人自无以两造间就讼争土地之租赁关系已因终止而消灭为由，请求被上诉人拆屋还地，及给付损害金之余地"（《"最高法院"民刑事裁判选辑》第 2 卷第 4 期，第 97 页："最高法院"1981 年台上字第 3673 号民事判决）。"租赁权亦为财产权一种，（其事后因）由全体继承人共同继承而为公同共有（者），依'民法'第二百六十三条准用第二百五十八条规定，上诉人如欲终止租约，（亦）应向全体继承人为之，始生终止租约之效力。"（《"最高法院"判例要旨》上册，1983 年版，第 177 页："最高法院"1973 年台上字第 892 号判例）另"依'民法'第四百十九条第一项规定，赠与之撤销，应向受赠人以意思表示为之。此与'民法'第二百五十八条第一项规定，解除权之行使，应向他方当事人以意思表示为之者，具有同一之法律理由，自应类推适用'民法'第二百五十八条第二项之规定。故赠与契约当事人之一方有数人者，撤销赠与之意思表示，亦应由其全体或向其全体为之"（《"最高法院"民刑事裁判选辑》第 4 卷第 3 期，第 175 页："最高法院"1983 年台上字第 3666 号民事判决）。此外，实务上还将该规定准用至意思通知："支付租金之催告，系意思通知之一种，其通知应向承租人为之，如承租人有数人者，应向承租人全体为之，否则对于未受催告之承租人，不发生催告之效力。"（《"最高法院"判例要旨》上册，

1983年版，第176页："最高法院"1959年台上字第1382号判例)]还有是否需要相对人的问题。无须相对人者，例如物权之抛弃；需相对人者，再分为需要特定或不特定之相对人。例如要约虽属需相对人之意思表示，但其相对人并无须是特定的，亦即要约人可以向不特定之相对人为要约(例如"民法"第154条第2项前段拟制之要约的相对人即不特定)。反之，承诺则属需要特定相对人之意思表示，其相对人即为要约人。如果表意人应向之为意思表示者为无行为能力人或限制行为能力人，则除该法律行为系属限制行为能力人例外可以自己为之者外，[①]其通知达到其法定代理人时，始发生效力。亦即该意思表示应向其法定代理人为之(第96条)。

4. 需要第三人同意之意思表示

法律行为之效力有时依法律之规定系于第三人之同意(die Zu-stimmung)。事先之同意，亦即在从事该法律行为前表示之同意，称为允许(die Einwilligung)；事后之同意称为承认(die Genehmigung)。除允许之表示的基础法律关系另有规定外，允许之表示直至所允许之意思表示从事前，皆得撤回；[②]反之，承认之表示不但不得撤回，[③]而且还溯及所承认之法律行为作成时发生效力("民法"第115条)。然有权处分该客体者(即承认权人)在承认前如处分该客体，其处分有效，从而其承认权将按其处分效力之内容移转于其受让人。因此，这时候由其

① 在下述情形中，限制行为能力人得为意思表示及受意思表示：(1)经法定代理人允许("民法"第77条前段)；(2)纯获法律上之利益，或依其年龄及身份，日常生活所必需之意思表示(第77条但书)；(3)法定代理人允许限制行为能力人处分之财产，限制行为能力人就该财产有处分之能力(第84条)；(4)法定代理人允许限制行为能力人独立营业者，限制行为能力人，关于其营业，有行为能力(第85条第1项)。

② 关于允许之撤回，"民法"第85条第2项规定："限制行为能力人，就其营业有不胜任之情形时，法定代理人得将其允许撤销或限制之。但不得对抗善意第三人。"除该条规定外，台湾地区"民法"并无像德国民法第183条之一般规定："事先同意(允许)，只要其授予之基础的法律关系无不同之规定，直至为允许之法律行为前得撤回。该撤回得向一方或他方为之。"而仅于"民法"第117条为与德国民法该条规定第二句相同之规定："法律行为须得第三人之同意始生效者，其同意或拒绝，得向当事人之一方为之。"在此德国民法该条规定称撤回，而台湾地区"民法"第85条第2项规定称撤销。鉴于允许属于授权性之意思表示，在其为允许之法律行为前，参酌"民法"关于代理权之限制及撤回，第107条规定："代理权之限制及撤回，不得以之对抗善意第三人。但第三人因过失而不知其事实者，不在此限。"第108条规定："代理权之消灭，依其所由授与之法律关系定之(第一项)。代理权，得于其所由授与之法律关系存续中，撤回之。但依该法律关系之性质不得撤回者。不在此限(第二项)。"当以"撤回"称之为妥。

③ Soergel-Leptien, Kommentar zum BGB, 11. Aufl., 1978, § 184 Rz 2："承认与允许不同，不得撤回，且毫无例外；拒绝承认，亦同。"

受让权利者始有承认权。不过，自无权处分人受让者如可善意取得，则原来权利人与他人缔结之债务契约的履行会有自始主观给付不能之履行障碍，是故，为其履行而从事之处分行为反而不能生让与之效力。[①]

规定以第三人同意作为法律行为之效力要件，其目的在于贯彻私法自治原则。法律所以规定一些法律行为之效力以第三人之同意为要件，归纳之，其考量主要有两种态样：或为补充限制行为能力人从事法律行为的能力，以协助其行使私法自治权；或为对权益因他人之法律行为而受影响者，提供事后参与决定的机会，盖一个人如未经他人同意，不得介入他人之权益。[②]

由于限制行为能力人从事法律行为所以须经第三人（即其法定代理人）之同意的理由在于，补充其能力之不足。因此该同意之征得，通常应在于事先，这是“民法”第 77 条前段所以规定“限制行为能力人为意思表示及受意思表示，应得法定代理人之允许”[③]的道理。限制行为能力人未经其法定代理人之允许所为之意思表示或所受意思表示，其属于单独行为者，无效（第 78 条）；其属于契约者，须经法定代理人之承认，始生效力（第 79 条）。限制行为能力人于限制原因

---

① 例如甲因使用借贷或租赁，将其钢琴交付于乙，而乙将该钢琴价卖于第三人丙，并即以现实交付的方法，将该钢琴之所有权移转于丙。该买卖为他人之物的买卖，有效；其履行之处分因属于无权处分，依“民法”第 118 条第 1 项，原则上待于甲之承认，始生效力。唯倘丙善意受让该动产之占有，则纵乙无让与之权利，丙之占有仍受法律之保护（第 948 条），从而依第 801 条，丙仍可善意取得该钢琴之所有权。甲在乙之占有期间，如与他人丁缔结买卖契约，该买卖契约本来属于自己之物的买卖，无履行之障碍；其以指示交付的方法移转该钢琴之所有权亦属于自己之物的有权处分，无效力障碍。然倘该钢琴竟为丙善意取得于先，则甲后来之买卖同样会转为他人之物的买卖，其效力基于买卖之相对性，固不受影响，但其履行则会有自始主观给付不能之履行障碍。至其以指示交付为方法所作之履行，与以现实占有之交付为移转者不同，不构成无权处分，而会因其返还请求权已陷于给付不能，而自始不能生效。盖在移转行为之行为时，其客体应确定、可能、合法为移转行为之效力要件。此际，甲对于丁因之应负如何之责任，视具体约定之情形而定：甲就给付之可能答应负担保责任者，应负履行利益之赔偿责任；虽未答应负担保责任，但明知或可得而知有自始主观给付不能之情形者，类推适用“民法”第 247 条，应负信赖利益之赔偿责任。至于丁是否得依该买卖契约向甲请求，移转其对于乙之损害赔偿请求权或不当得利返还请求权，类推适用“民法”第 225 条第 2 项，原则上应采肯定的见解。

② Werner Flume, Allgemeiner Teil des Bürgerlichen Rechts, Zwiter Band, Das Rechtsgeschäft, 3. Aufl., 1979, § 54 1.

③ 关于未成年人之身份行为，例如婚约（第 974 条）、结婚（第 981 条）、夫妻财产制契约之订立（第 1006 条）、两愿离婚（第 1049 条）、满 7 岁之未成年人之被收养或终止收养（第 1079 条第 4 项、第 1080 条第 4 项），“民法”皆规定，“应得法定代理人之同意”，而不以应经允许规定之。反之，关于财产之法律行为“民法”第 77 条以“应得法定代理人之允许”、第 84 条及第 85 条以“法定代理人允许限制行为能力人”处分之财产或独立营业规定之。

消灭后，承认其所订立之契约者，其承认与法定代理人之承认，有同一效力（第81条）。[①] 在限制原因消灭后，因为限制原因消灭前之法定代理人，已不是其法定代理人，所以不再有该效力未定之契约的承认权；这时仅已取得行为能力之原限制行为能力人得承认其取得行为能力前所订立之契约。

非限制行为能力人而其从事之契约须经第三人同意者（"民法"第117条）主要有两种情形，其一为因法律行为牵涉他人之利益，例如债权让与之通知的撤销应经"受让人之同意"（"民法"第298条第2项），[②]使用借贷之"借用人非经贷与人之同意，不得允许第三人使用借用物"（第467条），就定有期限之债务的保证，债权人允许主债务人延期清偿时，非经保证人同意，保证人不负保证责任（第755条），就"为质权标的物之权利，非经质权人之同意，出质人不得以法律行为，使其消灭或变更"（"民法"第903条），又如"为质权标的物之债权，其债务人受质权设定之通知者，如向出质人或质权人一方为清偿时，应得他方之同意，他方不同意时，债务人应提存其为清偿之给付物"（"民法"第907条）。[③]

另一为契约涉及表意人和他人之共同利益，从而其契约应经有共同利益之

---

① 限制行为能力人所从事之意思表示，在限制原因消灭前，未经其法定代理人表示承认或拒绝承认者，该意思表示尚待于限制行为能力人于限制原因消灭后，表示承认或拒绝承认，其效力始会归于安定：或为有效或为无效。此与"民法"第118条第2项前段就无权处分规定"无权利人就权利标的物为处分后，取得其权利者，其处分自始有效"者，不同。其理由为：在这里应为限制行为能力人保留其在限制原因消灭后之检讨的权利。

② "民法"第298条规定："让与人已将债权之让与通知债务人者，纵未为让与或让与无效，债务人仍得以其对抗受让人之事由，对抗让与人（第一项）前项通知，非经受让人之同意，不得撤销（第二项）。"由于该条第一项兼有关于表见让与之规定的意义，容易误以为关于表见让与之撤销亦需要受让人之同意。其实不然。

③ 租赁契约原有押租金之约定及交付，而后来因买卖不破租赁的规定，由租赁物受让人继受者，原出租人如将押租金返还承租人，其返还对于租赁物受让人（新出租人）是否有效？如将押租金所提供之担保定性为权利质权，以承租人对于出租人之押租金返还请求权为担保物，则在其所担保之租赁债权移转于新出租人时，该债权之押租金担保，应随同移转于受让人（"民法"第295条第1项前段）。从而依"民法"第907条之意旨，原出租人应将押租金交付新出租人，以担保受让人继受之租赁债权。请参考黄茂荣：《债法各论》第一册，植根法学丛书编辑室2006年增订第2版，第155页以下。

他人的同意，例如在共有、合伙等情形下。[①] 此种未经同意之意思表示的效力为何？关于共有物之买卖，实务上认为应将之论为买卖他人之物，其债权行为，有

① "民法"第 819 条规定："各共有人得自由处分其应有部分(第一项)。共有物之处分、变更及设定负担，应得共有人全体之同意(第二项)。"第 828 条规定："公同共有人之权利、义务，依其公同关系所由规定之法律或契约定之(第一项)。除前项之法律或契约另有规定外，公同共有物之处分，及其他之权利行使，应得公同共有人全体之同意(第二项)。"依前述规定，关于共有物之处分或其他权利之行使，不论是分别共有或公同共有，皆应得"共有人全体之同意"。应得其他共有人全体之同意为之，与应全体共同为之的区别在于：行为人之名义究属个人或全体。关于公同共有人就公同共有权利为诉讼者，是否为固有之必要共同诉讼，实务上有不同的看法，采肯定说者例如"司法院"1934 年 12 月 3 日院字第 1147 号解释："丙既系对于甲、乙共有房屋之所有权发生争执，即系必须合一确定之共同诉讼，须甲、乙一同被诉，方为适格。"(《"司法院"解释汇编》第三册，1989 年版，第 988 页)"最高法院"1950 年台上字第 394 号民事判决："公同共有人就公同共有权利为诉讼者，乃属固有之必要共同诉讼，应由公同共有人全体共同起诉或共同被诉，否则于当事人之适格即有欠缺。"(《台湾地区裁判类编(民事法)》，正中书局 1976 年版，第 124 页)采否定说者例如"最高法院"1962 年台上字第 2648 号民事判决："公同共有物之处分及其他之权利行使，固须得公同共有人全体之同意，但依其公同关系所由规定之法律或契约，得由公同共有人中之一人为之者，关于公同共有物之争执，即得由该个人单独起诉或被诉。即使此项法律或契约无此规定，而于得公同共有人全体之同意时，亦得由其中之一单独起诉或被诉，故关于公同共有物之诉讼，不得概称为固有之必要共同诉讼，其得由公同共有人中之一人或数人单独起诉或被诉者，纵未将其他公同共有人一并起诉或被诉，亦不得指为当事人之适格要件有欠缺。"(《台湾地区裁判类编(民事法)》第 7 册，正中书局 1976 年版，第 278 页)同样的见解另见(《台湾地区裁判类编(民事法)》第 12 册，正中书局 1976 年版，第 5 页)："最高法院"1970 年台上字第 11 号民事判决；《"最高法院"民刑事庭会议决议暨全文汇编(民事部分)》："最高法院"1942 年 11 月 19 日会议决议之九。依此看来，实务上倾向于否定说。关于共有权利之行使除有上述委由部分人行使之趋势外，也有采普通决议或特别决议之多数决，而非全员同意的倾向，以克服全员同意之困难。例如股份有限公司之股东会、董事会，各种人民团体之会员大会、理事会的决议等是。甚至像在公寓大厦之区分所有权人间，关于公寓大厦之公共事务，其决定公寓大厦管理条例第 29 条、第 30 条亦规定应以多数决之普通决议，关于同条例第 31 条所定之事项，应以特别决议的方式为之。"土地法"第 34 条之一第 1 项亦有类似之规定："共有土地或建筑改良物，其处分、变更及设定地上权、永佃权、地役权或典权，应以共有人过半数及其应有部分合计过半数之同意行之。但其应有部分合计逾三分之二者，其人数不予计算。"

效，而非效力未定；[①]至其履行行为，则属于无权处分，效力未定。[②]

有些法律行为经规定，应经行政机关在作成前核可或在作成后核备。于是，引起法律行为，如应经事前核可而未经核可，或应经事后核备而未经核备时，其效力应当如何的问题。这应类推适用关于法律行为应经第三人承认的规定，认为在承认前效力未定。[③] 但规定其应经主管机关核可或核备之法律就其未经核

① “按买卖为债权契约，并非处分行为，公同共有人中之一人，未得其他公同共有人同意，出卖公同共有物，仅对于其他公同共有人不生效力。在缔约当事人间仍应受其拘束，非所谓以不能之给付为契约标的，买卖债权契约并非无效。”（“最高法院”1995 年 5 月 18 日台上字第 1213 号民事判决）

② 共有物之处分固需由共有人共同为之或得共有人全体之同意，但其应有部分原则上得自由处分。然应注意：分别共有土地，部分共有人就应有部分设定抵押权者，除抵押权人同意分割、抵押权人已参加共有物分割诉讼或抵押权人经共有人告知诉讼而未参加者外，于办理共有物分割登记时，该抵押权按原应有部分转载于分割后各宗土地之上（“土地登记规则”第 107 条第 1 项）。为除去因此引起，对于抵押人以外之共有人在分割时所遭受之不利益，“司法院”2010 年 1 月 29 日大法官释字第 671 号解释称：“‘宪法’第十五条关于人民财产权应予保障之规定，旨在确保个人依财产之存续状态行使其自由使用、收益及处分之权能，不得因他人之法律行为而受侵害。分别共有不动产之应有部分，于设定抵押权后，共有物经分割者，其抵押权不因此而受影响（‘民法’第八百二十五条及第八百六十八条规定参照）。于分割前未先征得抵押权人同意者，于分割后，自系以原设定抵押权而经分别转载于各宗土地之应有部分，为抵押权之客体。是强制执行时，系以分割后各宗土地经转载抵押权之应有部分为其执行标的物。于拍定后，因拍定人取得抵押权客体之应有部分，由拍定人与其他共有人，就该不动产全部回复共有关系，其他共有人回复分割前之应有部分，经转载之应有部分抵押权因已实行而消灭，从而得以维护其他共有人及抵押权人之权益。准此，2001 年 9 月 14 日修正发布之土地登记规则第一百零七条之规定，符合民法规定之意旨，亦与‘宪法’第十五条保障人民财产权之规定，尚无抵触。”亦即分割后如发生拍卖抵押之应有部分的情形，该分割失其效力，“由拍定人与其他共有人，就该不动产全部回复共有关系”。这样的效力，其实十分有害于法的安定性。比较合理的规范模式应是：自始规定其分割应得抵押人之同意。以避免肯认未经其同意之分割效力于先，而后又在据该抵押权声请强制执行时，否定其分割效力于后。

③ 关于依法事后需要行政机关承认之法律行为，在承认前的效力，德国学说上亦认为应类推适用德国民法第 184 条第 1 项关于法律行为之事后承认的规定：“当事人如无不同约定，事后之承认溯及自经承认之法律行为从事时，发生效力。”（Soergel-Leptien, Kommentar zum BGB, 11. Aufl., 1978, Rz 10 vor § 182; § 184 Rz 3）Larenz 亦持相同的见解：“私法上的法律行为依法应经行政机关承认者，其承认原则上溯及自该法律行为作成时发生效力。但从规定该承认之法律的目的应得出不同解释者，不在此限。”（Larenz, Allgemeiner Teil des deutschen Bürgerlichen Rechts, 5. Aufl., 1980, S. 443f.; 9. aufl., 2004 München, § 44 Rz. 53）其非依法，而依当事人之约定以行政机关之事后核准为其效力要件者，该核准应定性为意定之停止条件（Soergel-Leptien, aaO. Rz 12 vor § 182）。另请参考黄茂荣：《财团法人之设立营运与解散》，载《植根杂志》第 19 卷第 9 期，第 27 页以下。

可或核备的效力另有规定，或依其规范目的应为不同之解释者，不在此限。

（四）文件之签名

意思表示可能依法律规定、依约定或是偶然而以书面为之。这些书面是否皆须经表意人或其代理人签名方始成立？一份未经签名之文件，其属于依法律应以文字为之者，不成其为文件（“民法”第3条第1项）。唯当事人为缔结法定诺成契约，虽作成书面文书，而未经签名时，该契约是否成立，“最高法院”采肯定的看法。[①] 依该见解，“民法”第3条第1项关于文件应经本人亲自签名的规定，等于只适用于依法律之规定，有使用文字之必要的情形。[②] 鉴于文件非经签名一方面不能确认书写者有无表示之法效意思，另一方面不足以将该表示归属于特定人。是故，至少在当事人已显示欲以书面的方式为意思表示之方法时，原则上应解释为双方有约定以书面的方式缔结该契约的意思。从而与法定之书面行为一样，以签名为其成立要件，以减少关于意思表示之有无的争讼，并符合“民法”第166条之规定意旨：“契约当事人约定其契约须用一定方式者，在该方式未完成前，推定其契约不成立。”签章如属伪造，本人不负签名的责任。[③]

（五）意思表示之成立与生效

1. 成立要件与生效要件

法律行为分就个别之意思表示及由之组成之契约皆有成立与生效的问题或

---

① “最高法院”1942年上字第692号判例：“‘民法’第三条第三项规定之适用，以依法律之规定有使用文字之必要者为限，本件两造所订和解契约，本不以订立书面为必要，自难以和约内仅有某甲一人签名，即指为不生效力。”（《“最高法院”判例要旨》上册，1983年版，第5页）“最高法院”1953年台上字第823号民事判决（《台湾地区裁判类编（民事法）》第2册，正中书局1976年版，第607页）亦采相同的看法。另关于分割遗产之阄书，“最高法院”1984年台上字第4052号判例也认为：“继承人协议分割遗产，原非要式行为，故就遗产之分割方法，于继承人间苟已协议成立，纵令有继承人漏未在阄书加盖印章，于协议之成立，并不发生影响。”（《“最高法院”判例要旨（1927—1988年）》上册，第563页）唯在这种情形下，当事人间是否有系争契约应以书面缔结的合意，从而该契约依“民法”第166条应认为尚未成立，值得探讨。除另有交易习惯外，原则上宜采肯定的见解。

② “最高法院”1942年上字第3256号判例：“不动产物权之移转或设定，应以书面为之，此项书面得不由本人自写，但必须亲自签名或盖章，其以指印、十字或其他符号代签名者，应经二人签名证明，否则法定方式有欠缺，依法不生效力。”（《“最高法院”判例要旨》上册，1983年版，第6页）

③ “最高法院”1962年台上字第3309号判例：“盗用他人印章为发票行为，即属票据之伪造。被盗用印章者，因非其在票据上签名为发票行为，自不负发票人之责任，此项绝对的抗辩事由，得以对抗一切执票人。”

发展阶段。在此首先就意思表示之成立与生效说明之。

按意思表示指一个人将其法效意思表示出来之行为。因此一个意思表示在其表意人将其法效意思表示出来时即为成立。至于其生效则尚系于其一般及特别生效要件之成就。一般生效要件皆为法定，而特别生效要件则有法定或意定两种情形。一般生效要件中最基本者为意思表示之到达。特别生效要件中法定者，例如要物契约或约款之要物要件的满足（押租金或定金之约定）；[①]意定者例如对于意思表示附以期限或条件。

由于一个意思表示之成立要件与生效要件在满足上常有先后，而依私法自治原则，一个人原则上并无义务，对于他人为意思表示或为契约之缔结，所以在自己之意思表示因到达而生效前，表意人原则上可以不具理由，撤回其意思表示（“民法”第 95 条第 1 项但书）。是故，缔约当事人得不具理由，在要约或承诺到达前，撤回其要约或承诺，或变更其内容。[②] 唯承诺内容之变更，如构成将要约扩张、限制或为其他变更而承诺者，视为拒绝原要约，而为新要约（第 160 条）。至于意思表示到达生效后，是否尚得撤回，系于表意人在表示时是否事先保留撤回权而定（第 154 条第 1 项但书）。撤回已成立而尚未生效之意思表示，原则上

① 关于要物契约之要物要件的安排，有规定为成立要件者，例如关于使用借贷之定义，“民法”第 464 条规定：“称使用借贷者，谓当事人一方以物交付他方，而约定他方于无偿使用后返还其物之契约。”关于消费借贷之定义，“民法”第 474 条第 1 项规定：“称消费借贷者，谓当事人一方移转金钱或其他代替物之所有权于他方，而约定他方以种类、品质、数量相同之物返还之契约。”有规定为生效要件者，例如在本次民法债编修正中经删除之第 465 条规定“使用借贷，因借用物之交付，而生效力”。第 475 条规定“消费借贷，因金钱或其他代替物之交付，而生效力”。该两条规定即为典型的以要物作为生效要件的规定。其他除押租金（“最高法院”1976 年台上字第 156 号判例）、定金外，还有一些经判例予以肯认之要物的约定。例如“最高法院”1976 年台上字第 1300 号判例要旨称：“代物清偿为要物契约，其成立仅当事人之合意尚有未足，必须现实为他种给付，他种给付为不动产物权之设定或转移时，非经登记不得成立代物清偿。如仅约定将来应为某他种给付以代原定给付时，则属债之标的之变更，而非代物清偿。”同院 1989 年台上字第 1753 号判例要旨称：“选择之债，谓于数宗给付中，得选择其一以为给付之债；任意之债，谓债务人或债权人得以他种给付代替原定给付之债。选择之债，在特定前，数宗给付处于同等地位以待选择，非予特定，债务人不能为给付，债权人亦不能请求特定之给付。任意之债，其给付物为特定，代替给付仅居于补充地位而已，故债务人有代替权时，债权人只得请求原定之给付；债权人有代替权时，债务人应为原定之给付。选择权之行使，以意思表示为之，即生效力。代替权之行使，则为要物行为，代替之意思虽已表示，若未同时提出代替物；其债之标的仍为原定给付。”

② “司法院”1935 年 5 月 25 日院字第 1278 号解释：“当事人约定之契约须用一定方式者，在未完成方式前，依法应推定为不成立，当事人自得变更其要约或承诺。”（《“司法院”解释汇编》第三册，1989 年版，第 1105 页）

无须理由。此与撤销已生效之意思表示,除在为赋予债务人以悔约权,而规定得在契约生效后任意撤销的情形外,原则上应以其意思表示有错误、受诈欺或胁迫之瑕疵("民法"第 88 条、第 92 条),或在赠与,应以其受赠人有忘恩行为或其赠与人嗣后有经济困难为理由者("民法"第 408 条第 1 项、第 416 条、第 418 条),不同。另在要约与承诺已结合为契约后,纵使其发展阶段仅是成立而尚未生效,因契约属双方行为,其当事人之一方已不再得片面撤回其意思表示,使该契约复归于不成立。

2. 法律事实对于成立或生效要件之归属

由于法律行为之发展阶段有成立与生效之分,所以与法律行为之发展有关的要件亦区分为成立要件与生效要件。是故,关于法律行为之规范,必须按法律事实之存在特征安排其在要件上之归属。例如与法效意思之形成或表示行为之有无有关者,宜规划为成立要件。当其不具备因根本无意思表示时,所以应论为意思表示或契约不成立。与之类似者为:当事人未参与,或未经其法定代理人允许而参与意定法律关系之形成的情形。例如无权代理、无权处分、限制行为能力人未经允许而为单独行为或订立契约。在这种情形下,其法律行为本当论为未成立,唯"民法"除将其单独行为规定为无效外(第 78 条),原则上将之规定为接近于未成立的效力状态:效力未定(第 79 条、第 118 条、第 170 条、第 171 条)。反之,就法效意思表示后,与意思表示或契约有关之规范上有意义的积极或消极事由,宜规划为生效要件,以定该要件具备或不具备时,该意思表示或契约的效力。不过,就同一种法律事实,现行法对其该当之要件属性的规范有时也不尽一致。例如"民法"第 73 条虽规定,法律行为,不依法定方式者,原则上无效,而同法第 166 条却又规定,契约当事人约定其契约须用一定方式者,在该方式未完成前,推定其契约不成立。[①] 亦即关于契约之方式,"民法"在该两条分别规定为效力要件与成立要件。一般说来,"民法"倾向于利用效力规定,规范各种不符合或违反法律之法律行为的效力。其典型之一般规定,例如"民法"第 71 条规定违反强行法(强制或禁止之规定);第 72 条规定违背公序良俗;第 73 条规定不依法定方式之法律行为,无效;第 74 条规定法院得因利害关系人之声请,撤销暴利之法律行为,或减轻其给付。

---

① 将违反"方式"之法律行为规定为无效的意义为:承认其已因法效意思之表示而成立,从而留下事后可能补救该"方式"欠缺,而生效的契机。例如"民法"第 166 条之一第 1 项规定:"契约以负担不动产物权之移转、设定或变更之义务为标的者,应由公证人作成公证书。"从而该项所定契约未经公证者,依"民法"第 73 条本当无效。然依"民法"第 166 条之一第 2 项,"未依前项规定公证之契约,如当事人已合意为不动产物权之移转、设定或变更而完成登记者,仍为有效"。亦即未经公证之"方式"欠缺,事后因履行而补正。

四、契约之缔结

(一)契约之两造构造

契约具有交换性或对价性紧张关系的两造结构。基于两造结构之存在,确保经依契约原则合意之意思表示的内容能够符合双方的利益。特别是在交换的契约关系,双方更是可以在交换中创造供需双方的剩余,以增进总福利。假使该两造的结构所提供之市场机制,由于缔约双方具有关系企业意义下之关系,或其间之经济地位不对等而失效,以致经由契约不再能够获得正确之交换的结果,公权力机关便必须介入,以补偿市场机能之不足。这是关系"企业法"、"劳工法"、"消费者保护法"、"公平交易法(竞争法)"等所以介入关系企业、劳工、消费、定型化契约及竞争关系的理由。该介入限制了契约自由原则。当市场失效波及国家的税捐利益,国家便会干预关系人交易之移转订价,以确保其交易条件符合营业常规,正确呈现税捐客体之有无及其数额。[①] 依所得税法调整关系企业间之移转订价的结果,虽不变更关系企业间相关交易之对价关系,但因不合营业常规之交易而受损害之从属公司,得依公司法第 369 条之四,向控制公司及使其为不利经营之控制公司负责人请求赔偿其损害。

(二)要式行为、要式契约与诺成行为

法律行为按法律对其有无方式的要求,可区分为要式行为与诺成行为。要式行为应具备之方式,在大多数的情形下是书面要式,[②]少数为一种仪式或应有

---

① 为因应可能发生于关系企业间之不合营业常规的安排,"所得税法"第 43 条之一规定:"营利事业与国内外其他营利事业具有从属关系,或直接间接为另一事业所有或控制,其相互间有关收益、成本、费用与损益之摊计,如有以不合营业常规之安排,规避或减少纳税义务者,稽征机关为正确计算该事业之所得额,得报经'财政部'核准按营业常规予以调整。"因其需报经"财政部"核准后,始得按营业常规予以调整,所以尚不能算是常态的稽征方式。反之,"财政部"于 2004 年 12 月 29 日依所得税法第 80 条第 5 项订定《营利事业所得税不合常规移转订价查核准则》。据该查核准则对于关系企业间不合常规移转订价之查核,属于常态查核。

② 关于书面之要式,有称为应使用文字者("民法"第 3 条、第 531 条),有称为字据者("民法"第 422 条),有称为书面者("民法"第 554 条:经理权;第 558 条:代办商之权限;第 730 条:终身定期金契约之订立;第 760 条:不动产物权契约之要式性;第 904 条:债权质之设定;第 1007 条:夫妻财产制契约之订立、变更或废止;第 1050 条:两愿离婚;第 1079 条:收养子女;第 1080 条第 2 项:收养之终止;第 1174 条:继承权之抛弃)。

证人（“民法”第 982 条），或应经公证（“民法”第 166 条之一）。要式行为如不具备法定之方式，除法律另有规定者外，原则上无效（“民法”第 73 条）。[①] 至于当事人双方互相表示意思一致时，无论其为明示或默示，契约即为成立者（“民法”第 153 条），称之为诺成契约。

要式行为或要式契约所要求之方式，以法律为基础者为法定方式，[②]以契约为基础者为意定方式。“法律行为，不依法定方式者，无效。但法律另有规定者，不在此限。”（“民法”第 73 条）所谓法律另有规定之情形，例如“民法”第 422 条后段规定“未以字据订立者，视为不定期限之租赁”，这可称为非绝对的要式行为。[③] 要式规定之目的通常在于预警与存证。因此，履行通常可治愈要式欠缺所造成之瑕疵。例如“民法”第 166 条之一的规定“契约以负担不动产物权之移转、设定或变更之义务为标的者，应由公证人作成公证书（第一项）。未依前项规

---

① 至于不具意定方式者，“推定其契约不成立”（“民法”第 166 条）。

② 关于契约或单独行为之法定的方式规定，详请参考本书，四 § 1 注（五）、（六）。

③ “不动产之租赁契约，其期限逾一年者，应以字据订立之，未以字据订立者，视为不定期限之租赁，‘民法’第四百二十二条定有明文。故未明定租赁期限之租地建屋契约，得依契约之目的，解为定有一年以上之租赁期限者，仍以已订有书面之土地租赁契约为限。”（“司法院”公报第 32 卷第 11 期，第 51 页：“最高法院”1990 年台上字第 1531 号民事判决）因为一年以下之“租赁契约在法律上并无必须订立字据之规定，自不容上诉人以未经订立字据，主张未与被上诉人发生租赁关系，不负给付租谷之义务”（《“最高法院”判例要旨》上册，1983 年版，第 247 页：“最高法院”1948 年台上字第 6762 号判例）。关于不定期租赁的租赁期限应该多长，就未订有书面者，“最高法院”1970 年台上字第 2633 号民事判决虽称“不定期之土地租赁，不受‘民法’第四百四十九条第一项所定租赁契约之期限不得逾二十年之限制”（《台湾地区裁判类编（民事法）》第 12 册，正中书局 1976 年版，第 317 页），但除非另有“有利于承租人之习惯”，否则，仍应解释为“各当事人得随时终止契约”（“民法”第 450 条第 2 项、第 315 条后段），唯其“终止租约，须受‘土地法’第 103 条规定之限制”（“最高法院”1990 年 7 月 20 日台上字第 1531 号判决）。就订有书面而未定有期限者，“最高法院”1996 年台上字第 2108 号民事判决认为应依契约之目的，解释其存续期间：“本土地之租赁契约以承租人自行建筑房屋而便用之为其目的者，非有相当之期限不能达其目的，故当事人虽未明定租赁之期限，依契约之目的探求当事人之真意，亦应解为定有租至房屋不堪使用时为止之期限，唯应受‘民法’第四百四十九条第一项之限制而已。‘最高法院’1941 年渝上字第 311 号著有判例。依上开判例意旨，订有书面之租地建屋契约而未明定租赁期限者，其租赁期间应至房屋不堪使用时为止。但应受‘民法’第四百四十九条第一项租赁期限不得逾二十年之限制。二十年期满，若有‘民法’第四百五十一条规定情形，应视为不定期限继续契约，至房屋不堪使用时始消灭，自不待言”（“司法院”公报第 39 卷第 3 期，第 47 页）。在书面契约后来依“民法”第 451 条规定而转为不定期租赁的情形，究应与书面或口头之不定期租赁契约同视？应与口头者同视，盖就不定期续约的部分双方并无订立书面契约。否则，“民法”第 449 条第 1 项关于租赁之最长期限的规定意旨尽失。

定公证之契约，如当事人已合意为不动产物权之移转、设定或变更而完成登记者，仍为有效(第二项)”。该条第 2 项并非“民法”第 73 条但书所称的特别规定，而是关于方式欠缺之治愈的规定。[①] 然要式规定之目的如不仅在于预警与存证，而且还有公示的意义时，则其要式之欠缺便不得以履行治愈之。例如“民法”第 982 条关于结婚方式之规定。[②] 所以，男女如不完全践行该条所定之法定方式，而在事实上经营相当于婚姻之共同生活，纵使所缺者仅是结婚登记，依然不能生结婚之效力。

“民法”第 166 条规定，契约当事人得约定其契约须用一定方式。此即意定之契约方式。在该契约之缔结上倘当事人事后未依该约定之方式，“在该方式未完成前，推定其契约不成立”。由此可见，意定方式之不完成，与“不依法定方式”的效力不同。

当事人就契约之缔结为方式之约定者，实务上认为其约定之效力仅及于该次缔约，而不及于其续约。[③] 关于契约方式之约定，当事人得并约定其方式之目的，于其目的以其他方式达成时，实务上认为该契约之缔结虽不具约定之方式，亦无碍于该契约之成立。[④]

---

① 详请参考本书，第四章第一节不动产契约之要式性。

② “民法”第 982 条规定：“结婚应以书面为之，有二人以上证人之签名，并应由双方当事人向户政机关为结婚之登记。”该条规定之要式有先后两部分：以书面为之，并有二人以上证人之签名的部分为成立要件；由双方当事人向户政机关为结婚之登记的部分为生效要件。有疑问者为：结婚双方于缔结书面结婚契约并经二人以上证人签名后，有无义务协力完成结婚登记，使生结婚效力。应采否定的见解。此无法定生效要件与意定停止条件之不同。在法定生效要件，当事人得自由决定，是否使生效要件成就；而在意定停止条件所构成之生效要件，当事人不得以不正当行为，阻其条件或促其条件成就(“民法”第 101 条)。

③ “司法院”1935 年 5 月 25 日院字第 1278 号解释：“当事人就已成立之约定一定方式契约，欲延长其有效期间者，双方倘无更须以一定方式订立之表示，其延长即于双方意思合致后发生效力。”(《“司法院”解释汇编》第三册，1989 年版，第 1105 页)

④ “最高法院”1939 年沪上字第 110 号判例：“契约当事人约定其契约须用一定之方式者，在该方式未完成前，推定其契约不成立，固为‘民法’第一百六十六条所明定。但当事人约定其契约须用一定之方式，有以保全其契约之证据为目的者，亦有为契约须待方式完成始行成立之意思者，同条不过就当事人意思不明之情形设此推定而已，若当事人约定其契约须用一定方式，系以保全契约之证据为目的，非属契约成立之要件，其意思已明显者，即无适用同条规定之余地。”(《“最高法院”判例要旨》上册，1983 年版，第 84 页)。相同看法，另见“最高法院”1981 年台上字第 306 号民事判决(《“最高法院”民刑事裁判选辑》第 2 卷第 1 期，第 50 页)。

(三)要约之概念及其拘束力

所谓要约，指当事人一方向他方所作，愿意以所表示之法效意思的内容，与他方成立契约关系的表示。依"民法"第 94 条或第 95 条，要约之意思表示原则上于相对人了解或到达时生效。此时，如无"民法"第 154 条第 1 项但书所定之保留，要约人即因要约而受拘束(同条第 1 项前段)，不再得变更或撤回要约之内容。在该要约拘束力存续期间，只要再经受要约人承诺，即可依该要约之内容成立契约关系。依"民法"第 95 条，在非对话之要约到达前；依第 154 条第 1 项但书，在受要约人承诺前，要约人得撤回其要约。撤回要约之通知，在前者，必须与要约之通知；在后者，必须与承诺之通知，比赛哪一个先到达。撤回要约之通知先到达者，始能生撤回之效力。

(四)要约拘束力之存续期间

不论受要约人之受要约机会的取得，系有偿或无偿，要约之拘束力皆有其依法律或依意思表示所定之一定的存续期间。其以法律规定为依据所定之期间为法定的存续期间，由要约自定者为意定的存续期间。关于要约之存续期间法律并无直接规定，而以在一定之期间内无承诺，为要约失其拘束力的事由。例如"民法"就分对话与非对话之要约规定："对话为要约者，非立时承诺，即失其拘束力"(第 156 条)，"非对话为要约者，依通常情形可期待承诺之达到时期内，相对人不为承诺时，其要约失其拘束力"(第 157 条)。["最高法院"1995 年台上字第 2617 号民事判决："上诉人于 1990 年 11 月 28 日函被上诉人提出变更为自动排挡车，并延长交车期限之新要约，核其性质，乃就原约定关于买卖标的物之规格及交车期限为更新之新要约。上开关于变更规格部分之新要约并未定有承诺期限，系属非定有承诺期限之要约，故该要约之效力，应依'民法'第一百五十七条之规定。至判断'依通常情形可期待承诺之达到时期内'一节，应斟酌要约到达相对人之期间，相对人考虑承诺之期间及承诺到达要约人之期间等因素；而其中'相对人考虑承诺之期间'更应斟酌相对人之属性。本案被上诉人为政府机关为一公法人，依'审计法施行细则'第六十一条规定，变更车辆规格必须通知审计机关查核同意后始得办理。此为上诉人所明知，故被上诉人于收受上诉人变更规格之要求，经内部有关单位会签意见后，于 1990 年 12 月 21 日函'审计部'征求同意，并副知上诉人。虽'审计部'于处理本案时，延至 1991 年 5 月 3 日始函复同意变更，究其原因，乃上诉人所提资料不足，'审计部'要求补提佐证资料，而上诉人迟至 1991 年 4 月底始予补正。则'审计部'于同年 5 月 3 日函复同意变更汽车规格，被上诉人于 1991 年 5 月 8 日即函复上诉人表示同意改交自动排挡车，难谓被上诉人有何拖延；是被上诉人系于依通常情形可期待承诺之达到时期之内为承诺意思表示，应可认定，此部分上诉人之新要约并无失其拘束力之可言。此时，交付自动排挡车之契约其标的物及价金均合致，契约当然成立并有效。"]此外，"要约定有承诺期限者，非于期限内为承诺，失其拘束力"（第158条）。

要约除会因受要约人错过存续期间不为承诺，而失其效力外，也会因其拒绝，而失去拘束力（第155条）。其拒绝有直截了当由受要约人对于要约人为拒绝之表示者，也有因承诺迟到，或因受要约人将要约扩张、限制或为其他变更而为承诺，而视为拒绝者（第160条）。在迟到或变更要约内容而为承诺的情形下，因受要约人有以原要约之内容，或变更后之要约内容与要约人缔结契约之意思，因此在这两种情形下，皆将受要约人之表示视为新要约（第160条），改由要约人决定，是否愿与受要约人成立以该新要约之内容为内容之契约关系。

关于非对话之意思表示的生效，由于"民法"采到达主义，因此迟到之意思表示，例如承诺就有可能发生"按其传达方法，通常在相当时期内可达到而迟到"，亦即发生按通常情形应不会迟到而迟到的情形。在这种情形下，既在政策上决定采到达主义，便只好将之认定为迟到。唯因该承诺之通知本来应该不会迟到，所以或者为举证上的需要，或者为消除表意人之未迟到的错误认知或期待，"民法"于该情形为要约人可得而知时，课其应向相对人即发迟到之通知的对己义务。[①] 要约人怠于为该通知者，该承诺即视为未迟到（第159条）。台湾地区于1999年4月21日修正债法时，在该条将通知义务的要件，由"承诺之通知，按其传达方法，依通常情形在相当时期内可达到而迟到者，要约人应向相对人即发迟到之通知"。修正为"承诺之通知，按其传达方法，通常在相当时期内可达到而迟到，其情形为要约人可得而知者，应向相对人即发迟到之通知"。亦即在要件上，由客观说，改采主观说。

要约生效的结果，使要约人受拘束，在其拘束力的存续期间承担由履约或准备履约所需费用之升高而构成之一定的财务风险；受要约人因得自由决定是否承诺，而取得一定之财务上的利益。若要约人同意延长要约之承诺期限，将放大要约人之财务风险，增加受要约人之财务利益。是故，要约人可能只有在受要约人同意对其支付一定之对价的情形下，始愿意延长要约之拘束力期间。收取对

---

① 法律所定之义务多为对他义务，其违反的效力通常为损害赔偿，但也有一些法定义务属于对己义务，亦即义务人对于自己所负之义务。此种义务之违反不引起义务人之损害赔偿义务，而引起失权效果。是故，如其与发生中之权利有关，多称之为消极要件。例如买受人违反"民法"第356条所定之通知义务。

价延长要约之拘束力期间的交易，学说上与实务上称为选择权的买卖。该对价习称为权利金。选择权交易的特征为：其买方在缔结选择权买卖契约时，还不准备立时决定，买进或卖出该选择权交易之标的商品，而希望在约定期间内或约定期日才决定是否买进或卖出，以双方事先约定之价格及数量购买或出售约定之标的。选择权之效力特征即为要约拘束力之特征：选择权购买人（受要约人）得在约定之期间内自由决定，是否向卖出选择权者，按约订价格购入或卖出约定数量之约定标的。约定得选择购入者，为购入选择权；约定得选择卖出者，为卖出选择权。唯在特定当事人间之一个选择权交易中，就同一约定标的，仅能为购入选择权或卖出选择权的约定，不能同时为购入选择权及卖出选择权的约定。选择权之交易主要流行于市场价格飘忽不定、行情涨跌无常之外国货币（外汇）、期货[①]及股票的买进或卖出。选择权的买方希望能够透过选择权交易，转嫁约定标的之行情涨跌的风险。然难道选择权的卖方就不怕风险？不然。不过，选择权的卖方可以透过避险交易控制该风险，力求该风险所造成之避险损失低于其卖出该选择权时所收之对价（权利金），以博取选择权交易之利益。为防止选择权交易出现重大债务不履行的危机，关于选择权交易的财经管制法规通常课收取权利金，卖出选择权的一方，从事避险交易：在购入选择权时，事先自第三人融资买入约定标的，以筹措必要约定标的，在选择权人选择购入时，卖出其购入之约定标的，将所得价金返还因融资对第三人所欠之贷款；在卖出选择权时，事先自第三人融物卖出约定标的，以筹措必要现金，在选择权人选择卖出时，购买其卖出之约定标的，将购买之约定标的返还因融物对第三人所欠约定标的物。因该避险交易所生费用或交易损失，系卖出选择权者为准备履行其选择权义务所负担之避险费用或准备履约的费用。该费用有减少履约费用或风险的意义，同为选择权交易损益计算上的减项。将权利金与上开避险费用相加减所得余额，即为在避险交易下，选择权交易之损益。如果卖出选择权者未为避险交易，而后来选择权人决定行使选择权时，则以购入选择权为例，卖出选择权者在依约定价格将约定数量卖给选择权人时，其收取之卖出对价全部等于：该约定标的按约定价格计算之价金，加上在缔结选择权买卖契约时，所收前述选择权之买卖价金（权利金）。卖出选择权者负担之履约费用为：向市场按履约时之行情购入约定

---

① 期货交易与选择权交易虽皆具有在一定期间后方始履行的特征，但仍有不同。在期货交易中，双方皆已决定，按约定价格及数量，为约定标的之买卖。只是其清偿期定在所约定之将来的期日；反之，在选择权交易中，双方所交易者首先仅是一方以一定数额之价金（习称为权利金）为对价，向他方购买选择权。依选择权交易取得选择权者，在约定期间内或约定期日，尚可自由决定，是否以约定价格向卖出选择权者，购买约定数量之约定标的。

数量之约定标的所支付之价金及交易费用。将前述对价全部与该履约费用相减所得余额，即为卖出选择权者之选择权交易的损益。在避险交易下，因避险交易之损益所构成之选择权交易的损益，与在未为避险交易下，因选择权购买人行使选择权产生之履约费用所构成之选择权交易的损益间具有替代性：有避险交易下之避险交易损失，即无未为避险交易下履约交易之损失；无避险交易下之避险交易损失，即有未为避险交易下之履约交易的损失。二者为履行或为准备履行选择权交易这种双务契约之债务，卖出选择权者负担之费用或损失。是故，在权利金收入构成之所得的计算上，未为避险交易时，其履约交易损失既为选择权交易之损益的减项，则有为避险交易时，其避险交易损失自亦当是选择权交易之损益的减项。

按要形成一个选择权的交易市场，其标的之供需必须有一定的形势。在需求方面是：因为买方对于市场趋势有一定之看涨或看跌的判断，但基于风险的考量还不想就匆忙进场下单。不过，又担心，在犹疑中错失机会。因此，希望借由选择权交易，让自己可以稳当、无风险地在将来自由决定，以自己当下认为划算的价格买进或卖出一定数量之契约标的。在供给方面是：市场既然有此需求，便有事业提供该选择权，供人购买，以赚取权利金。其供给之商品便是以选择权形态存在之风险的承担。根据该风险的大小与该选择权之存续期间的长短精算权利金的数额。在选择权交易中，选择权之买受人以权利金购买机会，避开投资风险。支付之权利金为其为该投资机会所冒之全部风险；至于选择权出卖人则因收取权利金（权利买卖之价金），而为买受人担负风险。出卖人为争取投资人向自己，而不向与自己有竞争关系之别的出卖人，购买选择权时，开出之权利金（权利买卖之价金）的高低决定其选择权的竞争力。正像各种买卖，在市场竞争的制约下，卖方并不能漫天要价。

当将这种选择权证券化，以方便该选择权之流通，该选择权即以“认购（售）权证”的态样表现出来。认购（售）权证本身虽是有价证券，但其标的商品并不当然必须是证券，也可以约定以农业产品或工业原料为标的商品。只是证券，特别是股票，因其本身既是投资标的，又具有行情走势难以捉摸的特征，乃成为认购（售）权证之常见的标的商品。

为防止金融诈欺或因疏于避险而引起金融风暴，对于任何远期金融商品之发行，其目的事业主管机关莫不以法令要求其发行人，采取维护交易安全的控管措施。其控管方法，有要求备置发行准备者，例如信托受益凭证之发行；有要求其发行取得之对价的收支应设置专户，依法收支运用者，例如礼券、储值卡。认购（售）权证之发行论诸实际为选择权的买卖，具有远期金融商品的特征。其发行使持有人对于发行人享有权利，但无义务，将来在约定之期日或期间，以约定之价格，对发行人买进或卖出一定数量之约定商品或证券。为确保发行人之履行能力，在认购权证（持有人有买进选择权），发行人应视市场行情，预为准备标的商品或证券，以在必要时，供持有人买进；在认售权证（持有人有卖出选择权），发行人必需视市场行情，预为准备现金，以在必要时，买进持有人决定卖出之标的商品或证券。在以证券为标的商品的情形下，其准备的方法不外乎：为认购权证之履行，在适当价位，融资买进约定之标的证券，以备妥足够证券，卖给选择权证持有人决定买进之标的证券；为认售权证之履行，在适当价位，融券卖出约定之标的证券，以备妥足够现金，购买选择权证持有人决定卖出之标的商品或证券。在该准备履行之证券交易中，融资或融券的证券商[认购（售）权证之发行人]以其利用融资或融券，购得之股票或卖得之价金，以及与该融资或融券市值一定比例之保证金为担保，确保其因融资或融券对于贷与资金或证券者所负之债务。同理，在认购（售）权证之发行，亦当以发行收入（权利金收入）及发行人为准备履行，而以融资或融券方式从事之证券交易取得之股票或现金所构成之避险部位为其担保，或充为认购（售）权证之发行准备，担保发行人所负履行认购（售）权证的债务。在认购（售）权证之持有人行使选择权时，其发行人得以其自持有人取得之价金或标的证券偿还对其贷与资金或证券者所负之债务，以取回质押于该贷与人之担保品，并以该担保品偿还其因持有人行使选择权而对持有人所负之债务。

这当中发行人必须在该权利金提供之价差空间，从事避险操作，以确保其履行选择权义务后，最后还能获利。其操作机制大致为：在认购权证的发行，于发行后，当标的证券（股票）涨价接近或超过约定之履约价格时，发行人必须（融资）买进取得标的证券（股票）备偿；反之，跌价超过约定之履约价格时，可以置之不理，盖在这种情形下，认购权证持有人不会行使选择权，按约定之履约价格购入约定数量之标的证券（股票）。在认售权证的发行，在发行后，当标的证券（股票）跌价接近或超过约定之履约价格时，发行人必须融券卖出标的证券（股票）取得现金备偿；反之，涨价超过约定之履约价格时，可以置之不理，盖在这种情形下，认售权证持有人不会行使选择权，按约定之履约价格售出约定数量之标的证券（股票）。在认购权证，发行人融资购进以避险之标的股票，在购进后如有涨价，因为持有人得选择，以低于市价之约定价格向发行人购买，所以，该涨价利益归持有人；反之，发行人融资购进之标的股票如果跌价，该跌价损失归融资购进之发行人。在认售权证，发行人融券卖出标的股票，而卖出后跌价时，虽可获得跌价利益，但因持有人得选择，以高于市价之约定价格卖给发行人，该跌价利益归持有人；反之，发行人融券卖出标的股票后，如果涨价，该涨价损失归融券卖出之发行人。这是发行人为认购（售）权证之履行准备，而从事避险证券交易时，为何通常会遭受证券交易损失的道理。发行人为何愿意担负该稳输不赢的角色？因为可将该风险可能造成之损失控制在权利金收入范围内，博取权利金减除避险损失后之剩余利益。

为防止认购（售）权证发行人操纵标的证券（股票）的行情，“财政部”证券暨期货管理委员会就标的证券（股票），除规定发行人“持有数额以风险冲销策略所需者为限，至多并不得超过认购（售）权证发行单位所代表之标的股票股数”外，“发行认购（售）权证之证券商，于该认购（售）权证存续期间内，除基于风险冲销之需求而买卖之标的股票外，其自营部门不得另外自行买进卖出该标的股票；发行前自营部门已持有之标的股票，亦应转入风险冲销策略之持有数额内一并计算”①。基于该规定，就认购（售）权证之标的股票，发行人不得从事与准备履行其选择权债务或避险所需以外的买卖。这在制度上，确保认购（售）权证之发行与发行人买卖标的证券（股票）间的事务关联，彰显标的证券（股票）之交易发生损失时，该损失构成认购（售）权证发行权利金之成本或费用的事实，不会与交易标的虽相同，但非为避险所从事之其他证券交易的所得或损失发生混淆，以致发生：在有与认购（售）权证之避险有关之证券交易所得时，依“所得税法”第 4 条之一主张免征所得税，而在有与认购（售）权证之避险无关之证券交易损失时，主张以该证券交易损失充为认购（售）权证之发行权利金的费用。

（五）要约拘束力之保留

与要约拘束力在期间上之延长不同者为，要约拘束力之保留。“民法”第 154 条第 1 项规定：“契约之要约人，因要约而受拘束。但要约当时预先声明不受拘束，或依其情形或事件之性质，可认当事人无受其拘束之意思者，不在此

---

① 针对上述避险或履约准备的操作，台湾地区“财政部”证券暨期货管理委员会于 1997 年 6 月 12 日曾以(1997)台财证（二）字第 03294 号函规定：“二、兹依‘证券商管理规则’第十九条第一项但书规定，订定证券商因发行认购（售）权证避险需要而持有所发行认购（售）权证标的股票之数额限制如下：(一)证券商发行认购（售）权证并自行从事风险管理者，得依风险冲销策略之需求持有所发行认购（售）权证之标的股票，不受‘证券商管理规则’第十九条第一项后段‘其持有任一公司所发行有价证券之成本总额，并不得超过其资本净值之百分之二十’限制。唯其持有数额以风险冲销策略所需者为限，至多并不得超过认购（售）权证发行单位所代表之标的股票股数。(二)前述证券商因发行认购（售）权证持有之标的股票，仍应受‘证券商管理规则’第十九条第一项前段‘证券商除由金融机构兼营者依银行法规定外，其经营自行买卖有价证券业务者，持有任一公司股份之总额不得超过该公司已发行股份总额之百分之十’限制。(三)发行认购（售）权证之证券商，于该认购（售）权证存续期间内，除基于风险冲销之需求而买卖之标的股票外，其自营部门不得另外自行买进卖出该标的股票；发行前自营部门已持有之标的股票，亦应转入风险冲销策略之持有数额内一并计算。”

限。"该项但书所规定者即是要约拘束力之保留。当要约之拘束力经此保留,该要约是否还有拘束力?这要看要约人如何预先声明不受拘束,亦即视其保留者为何而定。如果所保留者为在要约到达后,承诺前之撤回权,则该要约还是一个有效的要约。盖只要受要约人在要约撤回前为承诺,还是可以成立契约关系。不过,必须注意如果在撤回要约之通知到达前,受要约人对于要约人为承诺之表示,会发生双方所为效力相反之意思表示的交错问题。该问题之可能的解决观点为"采先到达说",以先到达之通知为准,撤回要约之通知先于承诺到达者,契约不成立;承诺之通知先于要约之撤回到达者,契约成立。这是贯彻到达主义的看法。然鉴于在交错之意思表示,要证明各该意思表示之到达的先后,在举证上有一定之困难,而要约人既为保留撤回权,且受要约地位之利益,原则上为无偿取得之利益,没有过度勉强其成立契约之价值,所以不论何者后来先到达,皆应直接论为契约不成立。这可从比较形式的观点立论,认为在保留要约之撤回权的情形,只要有意思相反之交错的意思表示,便因双方意思表示之内容不一致,而不成立契约。论诸实际,等于以撤回要约通知之发出先于承诺之到达为标准。这可称为交错冲突说。衡诸交易安全与要约之真正保护的需要,以及要约人本来即可先将其保留之程度,扩大至该范围,当以交错冲突说为妥。在实务上,此为保留之撤回权范围的解释问题。

保留撤回权固为要约拘束力之保留的主要态样,但还有其他修正类型,例如为考虑供货能力,而附上存货无多,欲购从速等以存货所及为供货极限的要约,或附上价格变动或交易条件的变动不另通知的要约,或甚至声明承诺应经要约人确认方始有效的限制。在保留变动价格或其他交易条件之权限的情形,其变动权限如受交易习惯或诚实信用原则之限制,有该保留之要约还有其要约之拘束力的意义。反之,如果其保留之权限包括可事后任意变更要约之内容,则该要约之表示经此保留后,已渐趋向于要约引诱发展。保留承诺应经要约人确认始生效力者,亦同。

"民法"第 154 条第 2 项关于"货物标定卖价陈列者,视为要约;价目表之寄送,不视为要约"的规定,属于一种默示的意思表示。由于默示的意思表示,其有无及内容,容易引起争议,所以,该项利用拟制的方法杜绝争议。其拟制之存在面的考量为,在货物标定卖价陈列的情形,要约对象虽不特定,但有机会承诺者原则上维持在单一的情形,是故,以之为要约,不至于发生一物二卖的情事。反之,在价目表之寄送,其对象为复数,容易发生承诺者超出价目表之寄送者的履行能力,而引发各种债务不履行的情事。鉴于价目表之寄送,视为非要约,而价目表之寄送即是一种典型的广告,由此可见,立法者原则上无意以广告为要约之表示方法的规范立场。是故,只有在立法者在法律中明文规定一定之广告具有要约效力的情形下，广告才有要约的效力。例如悬赏广告（“民法”第164条）。

“消费者保护法”第22条虽规定“企业经营者应确保广告内容之真实，其对消费者所负之义务不得低于广告之内容”，但广告中之表示还是非要约，充其量仅具有相当于契约一般约款的效力。当消费契约成立时，与该交易有关之广告的内容始因构成契约内容的一部分而产生拘束力。唯正如一个人不因预拟契约一般约款而有缔约义务，广告人并不因刊登广告而有与看到广告者缔约之义务。是否缔约，广告人还是享有决定权。不过，广告人如果与消费者缔结以其广告标的为交易客体之契约，则关于消费者利益之保护，其广告内容所示之交易条件将成为其与消费者缔结之契约的最低条件。其规范机制相当于团体协约之于劳动契约：相对于团体协约中之协议，具体劳动契约之约定对于劳工比较有利时，适用劳动契约中之约定；比较不利时，适用团体协约中之协议。

有疑问者为：为广告之企业经营者，要如何除去“消费者保护法”第22条所定之广告效力，以阻止其成为消费契约之内容的一部分或保护消费者之最低标准。应在缔结与该广告有关之消费契约前，对消费者事先声明：该广告之内容将不成为正要缔结之消费契约内容的一部分或保护消费者之最低标准。消费者如因该声明而不愿与为广告之企业经营者缔结与该广告有关之消费契约，对于因此所生缔约费用之损害，得以该企业经营者之声明显然违反诚实及信用方法为理由，依“民法”第245条之一第1项第3款，对其请求赔偿。此为缔约上过失之损害赔偿请求权。

以招标为契约之缔结方法时，招标者原则上在招标公告中已明确表示交易之标的，至其价金或报酬则待于经由投标确定。其确定方法应在公告中明示：在买进时，以出价最低者得标；在卖出时，以出价最高者得标。[在工程之承揽的招标中，有时招标人在一个招标案中，分别为数个单位之工程招标，并要投标人在一个标封中对于各单位工程分别订定承揽报酬而为投标，并以对各单位工程要价最低者为得标。在此种招标案中，如果招标人在招标文件中事先表示一个投标人最多可得标之件数，便可能引起如何开标与决标，以在一投标人要价最低之件数超过最多可得标件数时，决定其得标之工程。这在实务上可能有四个不同的开标与决标的方式：(1)按投标公告中所载标案之编号顺序，依序开标，并于一个投标人得标满最多可得标之件数时，将其以下标案之投标视为无效标，不再参与竞标。(2)在开标时，将各标案随机编号，依序开标，并于一个投标人得标满最多可得标之件数时，将其以下标案之投标视为无效标，不再参与竞标。(3)在开标时，将全部标案分别先以要价最低者为标准，开出准得标人。而后在有一准得标人之得标数超过最多可得标之件数时，由招标人选取其中对自己最有利的标案至投标人最多可得标之件数，并为决标。该准得标人之其余投标视为无效标，由下一要价最低者递补。在该选择中，招标人至少还可考量，相关各标之次得标人之要价的高低。(4)在开标时，将各标案全部先以要价最低者为标准，开出准得标人。而后在有一准得标人之得标数超过最多可得标之件数时，由投标人选取其中对自己最有利的标案至投标人最多可得标之件数，由招标人决标。该准得标人之其余投标视为无效标，由下一要价最低者递补。上述开标方式，以第三种最有利于招标人。鉴于招标之目的在使招标人以最有利的条件发包工程，所以应以第三种开标方式最为合乎招标意旨。]在有该明示的情形下，招标者在投标公告中之招标的表示为一种要约，投标者之投标的表示为承诺。[①] 反之，如在招标公告中，招标者保留单方决定是否与出价最低或最高者缔约之权利者，其招标公告仅具要约诱引的意义。投标者之投标的表示为要约。在招标公告中如未为前述保留时，其招标究为要约或要约诱引应经由解释定之。原则上应解释为要约。

(六)承诺之概念及其效力

所谓承诺，指当事人一方(受要约人)向他方(要约人)所作，愿意以所受要约之法效意思的内容，与他方成立契约关系的表示。当事人互相表示意思一致者，无论其为明示或默示，契约即为成立(“民法”第 153 条)。

关于承诺，除一般之意思表示外，“民法”还肯认一些特殊的类型，例如依习惯或依其事件之性质，或要约人于要约当时，预先声明承诺无须通知者，在相当期时内，有可认为承诺之事实时，其契约为成立。此即意思实现(第 161 条)。在这种情形下，承诺只需要有法效意思，而不需要有到达于要约人之承诺的表示行为。[②] 另在一定前提下，纵使是既无法效意思及表示行为之沉默也可以构成相当于承诺之意思表示。例如“民法”第 386 条规定：“标的物经试验而未交付者，买受人于约定期限内，未就标的物为承认之表示，视为拒绝；其无约定期限，而于出卖人所定之相当期限内，未为承认之表示者亦同。”第 387 条规定：“标的物因试验已交付于买受人，而买受人不交还其物，或于约定期限或出卖人所定之相当期限内不为拒绝之表示者，视为承认(第一项)。买受人已支付价金之全部或一

---

① “最高法院”1995 年 7 月 21 日台上字第 1821 号民事判决：“上开公告已明示以超过底价最高者得标，应属要约，投标出价最高者，即为承诺，该标售性质上为买卖，其买卖契约是否成立，应以标售人与应买人之意思表示是否一致为断。”

② 在意思实现固不需要有到达于要约人之承诺的表示行为，但仍非根本不需要表示行为。在缔约当事人处于面对面的情形下，因无直接对于要约人表示承诺之障碍，应无意思实现的适用余地。在当面之疑似为意思实现的情形下，其所涉者事实上可能是意思表示之为明示或默示的问题。例如医疗机构二话不说对于急诊病人提供医疗服务。

部，或就标的物为非试验所必要之行为者，视为承认（第二项）。”[①]

（七）契约内容的必要之点

基于私法自治原则，私人事务原则上应由私人自己或委托代理人或传达人[②]表示其意思，以依其意思表示决定其规范内容。当事务涉及两个人以上，该事务自当由他们共同以意思表示决定之。由当事人全体以意思表示所作之共同决定，有各种不同之称呼。例如协约[③]、协议[在“民法”中，协议通常用作动词，例如“民法”第 425 条之一第 2 项，第 824 条第 2 项，第 826 条第 2 项，第 876 条第 1 项，第 1002 条第 1 项，第 1055 条第 1 项、第 2 项，第 1120 条；“强制执行法”第 60 条。用作名词者例如“政府采购法”第 25 条第 5 项规定：“共同投标厂商应于投标时检附共同投标协议书。”第 87 条第 4 项规定：“意图影响决标价格或获取不当利益，而以契约、协议或其他方式之合意。”“土地法”第 30 条之一“依协议补偿之”。]、合同、[现行法以合同称呼相当于契约之协议的规定不多。例如“海上捕获条例”第 7 条第 3 款、第 4 款，“中国国际商业银行条例”第 3 条：“中国国际商业银行总管理处设于台湾地区台北市，得于国内外设分支行，或与其他银行订立代理合同或汇兑契约。”唯大陆地区倒是主要以合同称呼各种协议。在台湾地区，合同与契约还有一个相约成俗的区别，即契约用以指称对向的合意，合同用以指称同向的合意。例如“最高法院”1968 年台上字第 2557 号民事判决：“‘民法’第八十七条第一项之规定，在对于财产上之行为，除于无相对人之单独行为不适用外，不仅于有相对人之契约等，皆得适用，即于合同行为，有时亦得适用。盖合同行为之各当事人间，虽非相对人，但因须有二人以上，而其间亦得通

---

① “行政法院”1971 年判字第 49 号判决：“本件被告官署就查获原告账册逐一列表与其开立发票详予核对，统计迟开发票凡一二四件，迟开之时间不等，纵如原告辩称其买卖为试验性之特种买卖，依‘民法’第三八七条规定所请‘出卖人所定之相当期限内’，显难谓为相当。被告官署复认其与台湾省统一发票办法第二条之规定不合，原决定官署亦认原处分予以补征营业税及营利事业所得税，核与营业税法第二十九条及所得税法第一一五条第一项规定，均无不合。”“出卖人所定之相当期限内”除涉及出卖人关于拟制买卖契约成立的效力外，亦涉及出卖人应于何时开立发票之税捐利益。该判决之意旨为，在交付买卖标的物之试验买卖，出卖人所定承认之相当期限过长者，在营业税法及所得税法上，将予缩短。

② “最高法院”1995 年 5 月 31 日台上字第 1374 号民事判决：“按契约之成立，固以当事人互相表示意思一致为要件，但所谓互相表示意思一致，并不限于当事人间直接为之，其由第三人为媒介而获致意思表示之一致者，仍不得谓契约并未成立。”

③ 协约主要用于国际协约及劳工法中之团体协约，其共同特征为有对于第三人之效力。例如台湾地区“专属经济海域及大陆礁层法”第 11 条第 2 项规定：“……国际协约……”“工会法”第 5 条第 1 款、第 35 条第 2 项，团体协约法。

谋虚伪表示，故实际上必须作如此解释，始能防止债务人假托设立各种社团，而避免财产之扣押。”（《台湾地区裁判类编（民事法）》第 10 册，正中书局 1976 年版，第 419 页）不过这种区分在实务上已不再那么明确。不但同向之合意有契约与合同混称者，例如“最高法院”1929 年上字第 1675 号判例“订立合同文据，并非合伙契约成立之要件”（《“最高法院”判例要旨》上册，1983 年版，第 309 页）。亦有对向之合意称为合同者，例如租地合同（“最高法院”1958 年台上字第 43 号判例），田房押款合同（“司法院”1931 年 2 月 7 日院字第 434 号解释之二），和解合同（“最高法院”1950 年台上字第 108 号民事判决）。]契约、合约[1]。其中以契约之称呼最为常见。习惯上以契约作为其共通的称谓。[2] 从而契约也被定义为当事人双方一致之意思表示。是故，“民法”第 153 条第 1 项规定：“当事人互相表示意思一致者，无论其为明示或默示，契约即为成立。”契约须以当事人互相表示意思一致而成立。所谓一致通常系指对于必要之点之表示一致而言。然在当事人关于必要之点尚未有一致之意思表示时，双方得否约定契约已成立。[3] 这虽应采否定的见解。但双方关于契约已成立之约定可能受到缔约上过失有关规定或诚信原则的保护，认为在这种情形下，双方互有义务，继续从事协商，以获得一致之意思表示。其不能获得一致之意思表示者，可诉请法院以裁判的方式定其约定之内容。这便是商务上习称为协议之协议（agreement to agree）。此外，

---

① 合约虽非最常用的用法，但还是有相当多之重要法规用之。例如“电业法”第 114 条、“商业会计法”第 59 条第 1 项、“大众捷运法”第 13 条第 5 项、“民用航空法”第 48 条第 1 项、“审计法”第 60 条。

② 为兼顾合同与契约，从中文的使用习惯，当可主张以合约作为其共通之上位概念。然鉴于契约自由、契约原则在学说上与实务上已属普遍使用的用语，似乎不宜为求周全，而再事更张。契约原则早在“最高法院”1929 年上字第 2638 号判例即已论及：“使用流水之权利，除能证明历来确有使用之事实，得为其用水权取得之原因外，自应以契据为凭。但契据所载之用水权必以其有正当权源始为有效，若其所载并无权源可据，或无特别原因，而任意限制他人之使用者，则依契约原则，自不发生效力，而第三人亦不受该契约之拘束。”（《“最高法院”判例要旨》上册，1983 年版，第 377 页）至于契约自由原则法律虽无明文规定，但仍已是实务上广为引用的原则。

③ “最高法院”1998 年台上字第 1346 号民事判决：“唯查被上诉人否认上诉人签名时，借据金额栏为空白之事实，而依通常情形，借贷之当事人应先就借贷之金额、利息等必要之点，互相表示意思一致，始书立借据并交付借款，其未先谈妥借贷金额即书立金额栏空白之借据，乃例外之事实，上诉人就此有利于己之例外事实，依‘民事诉讼法’第二百七十七条规定，应负举证之责。”然纵使上诉人就前开事实能为举证，该消费借贷契约，是否即为成立？在契约的缔结上，在这里有当事人就契约标的未为约定，或虽为约定但不明确的情事。此为隐藏之意思不一致的问题。当这些不一致达到不适当由法院以裁判加以补充的程度，应论为契约不成立。

尚必须注意以下两点：

第一，当事人互相表示一致之意思的范围必须符合同条第2项之规定，亦即首先涵盖该契约必要之点，其次为对于非必要之点，当事人已经表示意思者，亦必须有一致的意思表示，契约方始成立。至于非必要之点，未经表示意思者，无碍于契约之成立。[①] 这个部分必要时，应先以与该契约有关之任意规定及强制规定补充之；[②]经该补充而还有非必要之点，无明文规定，且当事人对之意思不一致时，当事人得声请法院依其事件之性质以裁判定其规范之内容。[③] 第二，"民法"第153条只是关于契约之成立的规定，而非生效的规定。然何谓必要之点？

关于契约的必要之点，[④]实务上就买卖契约认为："买卖契约以价金及标的物为其要素，价金及标的物，自属买卖契约必要之点。"[⑤]"定金收据业已表明买受人为被上诉人，并表明买卖之标的物及总价金，对于买卖必要之点（要素）即意思表示一致，依'民法'第一百五十三条第二项、第三百四十五条第二项规定，两

① "末查当事人对于必要之点意思表示一致，而对于非必要之点未经表示意思者，推定其契约为成立，关于该非必要之点，当事人意思不一致时，法院应依其事件之性质定之，'民法'第一百五十三条第二项定有明文。故两造及其兄弟纵未就有关细节达成协议，倘该细节系属非必要之点，依上开条项规定，亦应推定其契约成立，上诉人非不得依备忘录之约定而为请求，原审为相反之认定，并有未合。"（"最高法院"1995年5月31日台上字第1374号民事判决）

② 虽然几乎所有契约之内容皆经由与该契约有关之任意规定及强制规定的补充，但还是认为契约以当事人双方所表示之法效意思的内容为其内容。同时所谓契约或法律行为无效所指者亦是：该契约或法律行为不生以所表示之法效意思的内容为其内容的效力，该无效之契约或法律行为还是可能发生一些法定的效力。例如损害赔偿义务（"民法"第113条）。

③ "最高法院"1991年12月6日台上字第2685号判决："原审既认'系争契约仅就买卖标的物及价金而为约定，应解为两造系将其作为将来订立本约之张本，并未就房屋品质、完工期限、房屋及基地所有权所占整栋大楼之比例及其保存登记或移转登记之事项、车位之确实位置，加以确定'……被上诉人既本于预约，请求上诉人订立本约，则本约之内容应具体而确定，原审就此应行使阐明权，命被上诉人为适当之声明及陈述，上诉人如对之有所争执，则事实审法院即应就调查证据之结果，依'民法'第一百五十三条第二项后段规定，按事件之性质，就当事人不一致之内容确定之，期本约之内容合法、可能而确定。"

④ 所谓必要之点，"民法"第153条第2项前段所称者为法定的必要之点。此外，经当事人认为重要，亦应有一致之意思表示者为意定的必要之点。衡诸契约自由原则中之契约内容的自由，意定的必要之点之约定自为法律所容许。"最高法院"1995年9月13日台上字第2295号民事判决："苟当事人间，除标的物及价金外，尚约定将买卖价金之清偿时、清偿地或其他交易上之重要事项列为'必要之点'者，衡诸契约自由原则，应非法所不许。"

⑤ 《"最高法院"判例要旨》上册，1983年版，第80页："最高法院"1951年台上字第1482号判例。

造间该房地之买卖契约自属已有效成立。至其他非必要之点如付款方式、过户程序、税金负担等两造既无特别约定自应依法律规定为之，不能因此而谓买卖尚未成立。”[①]“广名公司依上诉人之授权，代理出售系争房地与被上诉人，双方就标的物及其价金互相同意，广名公司并代理收取定金，本件买卖契约业已成立甚明。至于付款方法及交屋条件，并非买卖契约必要之点，当事人如无约定，亦可依照法律规定办理。”[②]

就合建房屋认为：“观之两造所订契约书之内容，既就上诉人提供土地予被上诉人兴建三楼集合住宅之事，而对‘土地坐落、房屋分配、押金给付及退还、土地过户、税金负担、违约罚则’等契约必要之点，均有具体之约定，其契约即已合法成立。至契约非必要之点而未于契约上明白记载之房屋形态、建材及设备等项，依证人即建筑师事务所职员李宗信之证言，已足以认定两造间有意思表示之合致。”[③]

就租赁契约认为：“租赁为当事人约定一方以物租与他方使用收益，他方支付租金之契约，故租赁必要之点自为租赁物与租金二者，此二者意思表示缺乏一致，其契约即难认为成立。”[④]“订立基地租赁契约，提供其土地为通路用地，双方当事人对于契约内容必要之点意思一致，仅于非必要之拆除竹篱一点略有争议，纵该契约书未经上诉人（即承租人）及其法定代理人盖章，且与定期一年以上租赁契约之法定程式未符，究不能谓不定期之租赁契约未成立。”[⑤]

就使用借贷认为：“使用借贷为债权契约之一种，仍须当事人就一方无偿以物贷与他方使用，他方允于使用后返还其物等契约必要之点，互有合致之意思表示，该项契约始能成立，此观‘民法’第一百五十三条、第四百六十四条之规定自明。”[⑥]

就保证认为：“保证只须保证人对债权人表示为保证债务之本旨，契约即为成立。至保证责任之范围如何，期限若干，应否履行对保手续，除当事人有以之

① 《“最高法院”民刑事裁判选辑》第 9 卷第 4 期，第 32 页：“最高法院”1988 年台上字第 2479 号民事判决。

② “最高法院”1990 年 7 月 16 日台上字第 1468 号判决。

③ “最高法院”1993 年 5 月 10 日台上字第 1046 号判决。

④ 《台湾地区裁判类编（民事法）》第 3 册，正中书局 1976 年版，第 417 页：“最高法院”1954 年台上字第 1098 号民事判决。

⑤ 《台湾地区裁判类编（民事法）》第 1 册，正中书局 1976 年版，第 873 页：“最高法院”1951 年台上字第 1754 号民事判决。

⑥ “最高法院”1996 年台上字第 3034 号民事判决。

为契约成立之要素外，均于保证责任之存在不生影响。”[①]

归纳前述关于一些债权契约之种类的见解，可以发现，一般以各该契约类型之主要给付义务为当事人应获得一致之意思表示的必要之点。对此，有时“民法”并以明文针对个别之有名契约规定之。例如“民法”第345条第2项规定：“当事人就标的物及其价金互相同意时，买卖契约即为成立。”唯法律有时在法定之一定情况下，也容许部分必要之点，由意思表示以外之讯息补充之。例如“民法”第346条第1项规定：“价金虽未具体约定，而依情形可得而定者，视为定有价金。”[②]同条第2项还规定：“价金约定依市价者，视为标的物清偿时、清偿地之市价。但契约另有订定者，不在此限。”按该规定之内容，在该项所定情形尚不能说当事人关于价金根本没有一致的意思表示。只是其所约定者为法律上认为已可以接受之得确定[③]的内容而已。再如铁路运送规则第6条第2项规定：“承运时，客货运运价及杂费尚未确定者，先按概数计收。”唯关于报酬给付之数额，当事人倘以得以确定之概数约定之，则后来如其报酬，因非可归责于债务人之事由，超过概数甚巨，法律可能因此赋予报酬义务人，相当于情事变更时之契约调整权。例如“民法”第506条规定：“订立契约时，仅估计报酬之概数者，如其报酬，因非可归责于定作人之事由，超过概数甚巨者，定作人得于工作进行中或完成后，解除契约(第一项)。前项情形，工作如为建筑物或其他土地上之工作物或为此等工作物之重大修缮者，定作人仅得请求相当减少报酬，如工作物尚未完成者，定作人得通知承揽人停止工作，并得解除契约(第二项)。(唯)定作人依前两

① 《台湾地区裁判类编(民事法)》第3册，正中书局1976年版，第336页：“最高法院”1954年台上字第845号民事判决。

② 实务上亦肯认订购数量得确定的契约。例如“最高法院”1969年台上字第77号民事判决：“上诉人等填送之订购单，既已指定订购之数量、单价及总金额，即已具备要约之条件，被上诉人在订购单上注明‘接受登记’等字样，交还各上诉人时，即系对其要约而为承诺。虽实际可得购买之数量尚未确定，但上诉人等于订购单内既陈明愿遵照预售须知第九点订(定)，是实际所得购买之数量，乃将来可得确定之状态，只俟订购日期届满确定后算明而已，两造玉米之买卖，应认被上诉人于上诉人填送订购单注明接受登记交还与上诉人等之时，双方意思表示业因合致而成立。”(《台湾地区裁判类编(民事法)》第11册，正中书局1976年版，第17页)

③ “契约之标的，固以自始确定为必要，但依其情形可得确定者，亦应解为自始确定。”(《台湾地区裁判类编(民事法)》第7册，正中书局1976年版，第251页：“最高法院”1962年台上字第2446号民事判决)所以，“债之标的，于债之关系成立时，如根本无可确定，则其内容即属不能实现，其法律行为固属无效。但如有可得确定之方法，而于履行债务时，债之标的已得确定，则其法律行为仍属有效”(《“最高法院”民刑事裁判选辑》第2卷第1期，第84页：“最高法院”1981年台上字第1044号民事判决)。由此可见，关于契约客体之确定性，实务上只要求到得确定的程度。

项之规定解除契约时，对于承揽人，应赔偿相当之损害(第三项)。”

(八)预约与本约

关于契约之缔结，相对于要式或要物规定只有成立或生效与否，本当无预约或本约之别。盖依“民法”第153条，在当事人之意思表示一致，且其表示之意思的范围达于该条所定之程度时，契约应即成立。而所成立之契约无所谓预约或本约之别。① 然我国实务上还是一般的肯认预约之契约类型。就法律意见的引导而论，这不是一个好的榜样。

然为何外国司法实务上亦有经由法官造法肯认预约的情形？从其实例可见，其肯认之预约类型莫不是为了补充因为要式或要物规定所造成之法律漏洞，而不得不引入之权宜的论点。这特别发生在有偿的消费借贷上。因为传统上将消费借贷当成无偿契约规划其规范内容，并在其要物的规定上，未将有偿与无偿之消费借贷分别规定。其结果，即便在有偿的情形，亦因将之规定为要物契约或赋予贷与人撤销权，而一概肯认贷与人之悔约权：容许其事后任意撤销契约，使契约溯及的失其效力，或以契约尚未生效为理由，拒绝履行契约。这种规定显然不能满足有偿消费借贷在授信规划上的交易需要。② 于是，在要物的消费借贷契约，于履行生效前，实务上试图利用预约的理论，赋予以契约为基础之规范上的拘束力。由于该预约的观点足以规避要物规定的适用，所以预约的肯认其实已改变了“民法”关于有偿消费借贷契约的要物规定，从而具有修正法律明文规

① “最高法院”1996年1月25日台上字第165号民事判决：“当事人互相表示意思一致者，无论其为明示或默示，契约即为成立，‘民法’第一百五十三条第一项定有明文。又租赁契约为诺成契约，虽当事人间非不得就租赁物及租金之范围先为拟定，成立预约以为将来订立本约之张本。唯当事人间如已就租赁契约必要之点即租赁物与租金互相表示一致，其租赁契约即为成立，不能因尚未订立书面契约，认其仅属预约之性质。”

② 关于有偿之消费借贷契约，“民法”第475条之一第1项规定：“消费借贷之预约，其约定之消费借贷有利息或其他报偿，当事人之一方于预约成立后，成为无支付能力者，预约贷与人得撤销其预约。”亦即纵使肯认有偿之消费借贷契约之预约的效力，仍赋予贷与人不安的撤销权。该撤销权的规范意义与“民法”第265条所定之不安抗辩权类似，但效果强一些。至于消费借贷之预约，其约定之消费借贷为无报偿者，准用第465条之一之规定。贷与人有悔约权。不过，要注意该条所定之悔约权的屏障作用远低于要物要件。盖依“民法”第465条之一，使用借贷预约成立后，预约贷与人固得不具理由，不负债务不履行责任，撤销其约定。但预约借用人已请求履行预约，而预约贷与人未即时撤销者，不在此限。亦即贷与人于借用人请求履行预约时，如不即时撤销该预约，其撤销权消灭。这虽符合形成权之一般的规范模式(“民法”第257条、第361条参照)，但与法律应赋予无偿债务契约之债务人以悔约权的规范目的不尽相符。

定之内容的意义，属于一种法律补充。这应在预约理论的提出时必须注意到的。唯在本次“民法债编”修正时，已将消费借贷之要物的要件，自生效要件修正为成立要件。[①]

然是否在非要式或非要物契约即可基于契约自由原则上，要求肯认预约之缔约方式？自“民法”第153条的规定论，这种要求可谓欠缺法律保护要件。盖只要当事人一致之意思表示已符合该条之规定，契约即已成立，究竟称之为预约或本约，从契约之成立的观点论，并无两样。在这时，如有非必要之点尚待协议，亦应依该条规定处理，并不因将之称为预约或本约而稍有不同。反之，当事人如因尚有一些事项未谈妥，致对于本约之签订有所犹疑，其应采之保护安排当非预约，而是保留在一定要件下或无条件的解除权。因为契约只要签订，不论称为预约或本约，当事人皆有履约的义务，至于尚未有一致之意思表示的部分，事后当事人如不能获得协议，只得请求法院以裁判的方法定其内容，并不得以不能获得协议为理由，主张契约未成立或无效。

今司法实务上既然一般的肯认预约之类型，迁就之，应将之当成一种例外的缔约方式。是故，关于预约之缔结，除了还要必须满足“民法”第153条所定之要件，亦即当事人就必要之点应有一致之表示外，当事人同时还要必须明示这只是一个预约，本约待他日再为缔结。[②] 唯当事人纵使将所定之契约名为“不动产预定买卖契约书”，但当事人之一方如已履行该契约，该契约仍应论为本约。[③] 在法律有要式之规定的情形下，其预约亦应具备要式，预约方始成立，原则上不得

---

① 关于要物的要件究竟应定为要物契约之成立要件还是生效要件，不仅仅是单纯之立法技术的问题。规定为成立要件的意义为，缔结要物契约而不备要物要件，等于是根本未缔约；反之，规定为生效要件，纵使尚未满足要物要件，其缔约活动仍有其规范上的意义。盖契约仍然成立，只是其生效尚待于要物要件之具备。从在限制行为能力人未经其法定代理人之允许而订立契约，或在无权代理，“民法”第79条、第170条都将之规定为效力未定观之，在价值判断上，这种效力应该还是比较一贯的看法。至于以债务人履行债务作为债务契约之生效要件虽看似矛盾，但却是要物契约在规范上为赋予债务人以悔约权所必需的规范设计，不足为奇。

② “最高法院”1995年9月13日台上字第2295号民事判决：“买卖契约之成立，固应以标的物及价金之意思表示一致为其‘必要之点’，唯买卖‘预约’，亦非不得就标的物及价金之范围先为拟定，作为将来订立‘本约’之张本，但不能因此即认买卖‘本约’业已成立。”（本院1972年台上字第964号判例）

③ “最高法院”1995年5月18日台上字第1213号民事判决：“两造所订契约，虽名为‘不动产预定买卖契约书’，但并无将来订立买卖本约之约定。其对买卖价金、土地面积均已有约定，双方将来可据此履行，上诉人并已给付定金及全部买卖价金完毕，自属本约而非预约。”

以不具备要式之预约作为要式规定之脱法行为，而只得于认为要式规定已不合时宜，构成漏洞时，方可基于法律漏洞之补充，容许所谓之预约。另法定之要式，依其规定如非绝对之要式行为，从而其不遵守，依法容许转变其内容后发生效力者，则不备该方式之契约，亦不论为预约。[①]

五、悔约

意思表示后，在不同的阶段，当事人之一皆可能后悔，例如(1)在要约表示后到达前，撤回尚未生效之要约（“民法”第95条第1项但书）。(2)要约人依其于要约时保留之撤回权，在受要约人承诺前撤回其要约（“民法”第154条第1项但书）。(3)在无偿契约，债务人基于法律容许悔约之规定，在履行前[②]不备任何理由，撤销已生效之契约（“民法”第408条第1项、第465条之一、第475条之一第2项）。[关于赠与之任意撤销及其例外，“民法”第408条规定：“赠与物之权利未移转前，赠与人得撤销其赠与。其一部已移转者，得就其未移转之部分撤销之（第一项）。前项规定，于经公证之赠与，或为履行道德上之义务而赠与者，不适用之（第二项）。”关于使用借贷预约之撤销，“民法”第465条之一规定：“使用借贷预约成立后，预约贷与人得撤销其约定。但预约借用人已请求履行预约而预约贷与人未即时撤销者，不在此限。”关于消费借贷预约之撤销，“民法”第475条之一规定：“消费借贷之预约，其约定之消费借贷有利息或其他报偿，当事人之一方于预约成立后，成为无支付能力者，预约贷与人得撤销其预约（第一项）。消费借贷之预约，其约定之消费借贷为无报偿者，准用第四百六十五条之一之规定（第二项）。”由以上规定，可归纳出，无偿契约才有悔约权的基本原则。](4)当事人依其在缔约时保留之解除权，在契约履行前解除契约。[在缔约时保留之解除权的显著案例为：解约定金之约定。由于“民法”第249条第2款、第3款规定，

---

① “当事人互相表示意思一致者，无论其为明示或默示，契约即为成立，‘民法’第一百五十三条第一项定有明文。又租赁契约为诺成契约，虽当事人间非不得就租赁物及租金之范围先为拟定，成立预约以为将来订立本约之张本。唯当事人间如已就租赁契约必要之点即租赁物与租金互相表示一致，其租赁契约即为成立，不能因尚未订立书面契约，认其仅属预约之性质。”(《“最高法院”民事裁判书汇编》1996年第23期，第80页：“最高法院”1996年度台上字第165号民事判决)

② “按解约定金，系以定金为保留解除权之代价，定金付与人固得抛弃定金，以解除契约；定金收受人亦得加倍返还定金，以解除契约。唯此项解除须于相对人着手履行前为之，相对人已着手履行时，则不得再为此项解除权之行使。”(“最高法院”1995年5月18日台上字第1213号民事判决)

除当事人另有规定外:“二、契约因可归责于付定金当事人之事由,致不能履行时,定金不得请求返还。三、契约因可归责于受定金当事人之事由,致不能履行时,该当事人应加倍返还其所受之定金。”所以引起疑问,在有定金之约定及授受的情形下,双方当事人是否各得,以负担与定金等额之赔偿义务为代价,任意解除契约。“最高法院”倾向采肯定说。该院 1983 年台上字第 85 号民事判决:“解约定金,系以定金为保留解除权之代价,定金付与人固得抛弃定金,以解除契约,定金收受人亦得加倍返还定金,以解除契约,唯此项解除须于相对人着手履行前为之,相对人已着手履行时,则不得再为此项解除。”实务上为避免该疑义引起之困扰,在定金之约定及授受时,最好明白约定,该约定是否为解约定金。在约定为非解约定金时,应并约定该定金数额为债务不履行时之最低或最高赔偿额,以避开非解约定金之约定与“民法”第 249 条第 2 款、第 3 款规定间的冲突。](5)在继续性的劳务契约,当事人,特别是劳务债权人方得不具理由终止契约(“民法”第 511 条、第 514 条之九、第 549 条)。

在法律行为从事后,表意人在上述情形所以得后悔,其在契约原则下的理由为:在单独行为,于表示后生效前,该意思表示对于表意人尚无拘束力,所以表意人得自由改变其主意。这种问题也可能发生于承诺的情形。由于要约或承诺之撤回通知皆必须同时或先于其欲撤回之要约或承诺的通知,因此,在具体情形可能发生,撤回通知之到达在要约或承诺到达之后,但按其传达方法,通常在相当时期内应先时或同时到达,且其情形为相对人可得而知者。在这种情形下,“相对人应向要约人即发迟到之通知”。否则,该要约或承诺之撤回通知,视为未迟到(第 162 条、第 163 条)。在该两条规定之情形下,其通知之对己义务的要件,与第 159 条关于承诺通知之迟到一样,皆自客观说改为主观说。

在契约之缔结,除非受要约人为受要约地位之取得,亦即为要约之拘束力,对于要约人付出对价,否则,该地位所具利益之取得,即属一种无偿取得。应容许要约人保留撤回权,在其因承诺而实现前,撤回之。这种撤回权的赋予,与无偿之债的债务人,在履行前之撤销权的肯认类似。上述情形,表意人原则上不为其事后撤回或撤销其意思表示之悔约行为而对相对人负损害赔偿责任。至于纵为有偿契约,其履行前之解除权的保留,则为有限度的容许缔约人以约定的方法保留悔约权,以避免过度扩张自己的债信。保留举除权者是否应为其解除契约而负损害赔偿责任,视双方事先之约定而定。至于在劳务契约上,其劳务债权人原则上固得任意终止契约,但应为其终止,对于劳务债务人负损害赔偿责任或负原来约定之报酬的给付义务。其负原来约定之报酬的给付义务者,得主张将劳务债务人因免给付义务所得之利益或应得之利益,自其所得请求之对待给付(报酬)中扣除(类推适用"民法"第267条但书、第487条但书、第216条之一)。[①] 另在终止承揽契约时,定作人如有因未完成之工作而受利益,承揽人除有"民法"第511条所定之损害赔偿请求权外,是否亦有"民法"第179条所定之不当得利返

① "最高法院"2003年4月11日台上字第738号民事判决:"按承揽人承揽工作之目的,在取得报酬。'民法'第五百十一条规定工作未完成前,定作人得随时终止契约,但应赔偿承揽人因契约终止而生之损害。因在终止前,原承揽契约既仍属有效,是此项定作人应赔偿因契约终止而生之损害,自应包括承揽人已完成工作部分之报酬及其就未完成部分应可取得之利益,但应扣除承揽人因契约消灭所节省之费用及其劳力使用于其他工作所可取得或恶意怠于取得之利益,始符立法之本旨及公平原则。"何谓"未完成部分应可取得之利益",在承揽契约应指约定之报酬。就该"未完成部分应可取得之利益"之有无及数额的待证事实,主要应在于承揽人有无得节省之费用及得扣除之所得或利益。因该待证事实所该当之要件为承揽人之请求权的消极要件,所以应由定作人负举证责任。至于承揽人方应举证之待证事实(约定报酬)因以承揽契约之约定为证据方法,原则上不生举证的困难。唯"最高法院"1987年8月21日台上字第1758号民事判决略谓:"按'民法'第五百十一条但书规定之损害赔偿范围,依法文所示,应解释为支付已为工作部分之报酬,及赔偿就承揽人未完成部分可取得之利益。又同法第二百十六条第二项规定:'依通常情形或依已定计划、设备或其他特别情事,可得预期之利益,视为所失利益。'被上诉人承揽系争工程,总价款为一千六百五十万元,因上诉人任意终止契约,而无从完成,依通常情形其可预期之利益,参照'财政部'核定之1983年营利事业各业同业利润标准表之规定,以其净利益百分之十一计算,应为一百八十一万五千元。被上诉人请求上诉人赔偿此项消极之损害并加给法定迟延利息,并无不合……末查本件承揽契约既非当事人之一方因可归责于他方之事由致不能给付,而仍请求他方为对待给付,自无'民法'第二百六十七条但书所谓应由所得请求之对待给付中扣除因免给付义务所得利益或应得利益规定之适用。又'财政部'每年均就营利事业各种同业,核定利润标准,作为课征所得税之依据,其核定之同业利润标准,系依据各业抽样调查并征询各该业同业公会之意见而为核定(参见'所得税法'第八十条规定),可谓依统计及经验所定之标准。原审采为依通常情形,被上诉人承揽系争工程可得预期之利益之计算标准,据以核算其损害额,尚属允当。"在定作人任意终止契约时,据承揽人同业利润标准核算承揽人之损害额,应限于消极损害(所失利益)的部分,尚未及于承揽人为准备履行承揽工作所生费用构成之积极损害,例如为购买或租用工程机械、购买材料、雇用工人、购买工程保险等支付之费用或负担之债务。该判决所依据者为间接证据。在该见解下,规定劳务债权人在任意终止契约时,应负损害赔偿责任,或应适用损益相抵原则,负原来约定之报酬的给付义务,在结果上及举证责任的分配上,会有重要出入。

还请求权，并分别适用其消灭时效期间？"最高法院"持肯定见解。[①]

六、契约关系发展之四阶段

契约关系之发展可分成四个阶段：成立阶段、生效阶段、届清偿期及履行阶段。在要物契约该四个阶段应同时发生，规定以债务人履行债务为要物之债的生效要件。不过，一般而言，为安排其对应之规范事宜，不但在债之规范的设计上有成立要件、生效要件、清偿期及债之履行的规定，而且为循序准确规范各该阶段之重要事项，适应个别案件之实态，以及说明上的方便，通常将之分别规定，[②]少有以法律规定其中二者应同时发生的情形，以提供契约关系在形成上所需要之适当的规范环境，避免发生不适合干预私法自治的情事。但这不表示在个别的债务关系中，当事人不得透过约定，使各阶段同时发生。

---

① "最高法院"1983 年台上字第 247 号民事判决："查承揽人依'民法'第五百十一条规定，得请求定作人赔偿之损害，系包括因定作人随时终止契约而生之积极损害及消极损害而言。故承揽人就未完成之工作所应得之报酬扣除因免为给付所得之利益，是为契约终止所失利益，固应于'民法'第五百十四条第二项所定一年期间内请求赔偿，兹上诉人所请求者被上诉人之土地因上诉人之施工而增加之利益，应予返还。两请求权之成立要件，各基于不同之原因事实，保护之法益，亦相互参差。被上诉人纵得依'民法'第五百十四条第二项规定主张时效利益而拒绝赔偿上诉人所受损害，就其所受利益而言，则因契约之终止，原有法律上之原因，其后已不存在，依'民法'第一百七十九条后段之规定，仍属不当得利。原判决谓上诉人于逾越'民法'第五百十四条第二项所定一年期间后，又依不当得利之规定，请求被上诉人返还所受之利益为不合，就被上诉人是否受有利益，未予详查，遽为上诉人不利之认定，自有可议。""民法"第 197 条第 2 项规定："损害赔偿之义务人，因侵权行为受利益，致被害人受损害者，于前项时效完成后，仍应依关于不当得利之规定，返还其所受之利益于被害人。"自该项规定观之，"民法"显然倾向于让不当得利返还请求权不受与其竞合之其他请求权之消灭时效期间的影响。

② 例如"民法"第 95 条规定："非对话而为意思表示者，其意思表示，以通知达到相对人时，发生效力。但撤回之通知，同时或先时到达者，不在此限(第一项)。表意人于发出通知后死亡或丧失行为能力，或其行为能力受限制者，其意思表示，不因之失其效力(第二项)。"依该项规定，非对话之意思表示成立于表示时，生效于通知达到相对人时。因基于该规定，意思表示之成立与生效时点不同，方始给该项但书及第 2 项取得规范上之存在空间。此为关于单独行为之规定。又"民法"第 153 条规定："当事人互相表示意思一致者，无论其为明示或默示，契约即为成立(第一项)。当事人对于必要之点，意思一致，而对于非必要之点，未经表示意思者，推定其契约为成立，关于该非必要之点，当事人意思不一致时，法院应依其事件之性质定之(第二项)。"此为关于契约成立的基础规定。以前述规定为基础，开展与法律行为之成立与生效有关之的规范体系。

(一)成立阶段与生效阶段

成立阶段与生效阶段在事理上虽不是不能同时发生，而且在具体案件中，如无生效之障碍事由，当事人也常约定契约在成立时即生效，但由于规范上或规划上的需要，在具体契约可能有法定[①]或意定(例如附始期或附停止条件)之生效要件。是故，法律原则上不宜一般规定契约在其成立时生效，以免干预私人之契约自由，剥夺当事人依个案情况进行规划的可能性，或引起该等规定与契约意定之生效要件冲突的情事。

关于赠与契约之缔结，"民法"第 406 条原规定："赠与，因当事人一方以自己之财产为无偿给予他方之意思表示，经他方允受而生效力。"该规定有将成立阶段与生效阶段规定在同一时点的问题。这种规定除妨碍当事人为相异约定之可能性外，并与无偿契约应予债务人(赠与人)悔约权的"要物要件"相冲突，过早限制了关于该悔约权的规划余地外，显然亦阻碍了实务上对于生效要件之作用的

---

① 法定生效要件之主要规定方式如下：(1)有以在一定要件满足时"发生效力"定之者，例如"民法"第 94 条规定："对话人为意思表示者，其意思表示，以相对人了解时，发生效力。"第 95 条第 1 项前段规定："非对话而为意思表示者，其意思表示，以通知达到相对人时，发生效力。"这适用于单纯之法定生效要件的情形。(2)有以在一定要件满足时"始生效力"定之者，例如关于限制行为能力人订立之契约的效力，"民法"第 79 条规定："限制行为能力人未得法定代理人之允许，所订立之契约，须经法定代理人之承认，始生效力。"关于无权处分同法第 118 条规定："无权利人就权利标的物所为之处分，经有权利人之承认始生效力(第一项)。无权利人就权利标的物为处分后，取得其权利者，其处分自始有效。但原权利人或第三人已取得之利益，不因此而受影响(第二项)。前项情形，若数处分相抵触时，以其最初之处分为有效(第三项)。"这适用于法定效力障碍事由事后除去的情形。(3)有以一定要件未满足时"不生效力"定之者，例如关于第三人与债务人订立之免责的债务承担契约，"民法"第 301 条规定："第三人与债务人订立契约承担其债务者，非经债权人承认，对于债权人不生效力。"关于提单或其他文件上之免责文句的记载，同法第 649 条规定："运送人交与托运人之提单或其他文件上，有免除或限制运送人责任之记载者，除能证明托运人对于其责任之免除或限制明示同意外，不生效力。"关于旅运票、收据或其他文件上免责文句之记载，第 659 条规定："运送人交与旅客之票、收据或其他文件上，有免除或限制运送人责任之记载者，除能证明旅客对于其责任之免除或限制明示同意外，不生效力。""民法"第 301 条所定情形，其实与前述"始生效力"同属效力障碍事由事后除去方始生效的类型。另第 649 条、第 659 条所定者其实是成立的问题。关于效力要件的规定，不论以"始生效力"、"不生效力"或其他方式定之，其意义皆是：假定无其他效力障碍事由存在时，于该条所定要件满足时，其效力方始发生，或不发生。

正确认识。[①] 该条于 1999 年 4 月 21 日经修正为“称赠与者，谓当事人约定，一方以自己之财产无偿给予他方，他方允受之契约”。修正后之条文内容，在赠与之定义上，仅就赠与契约之缔结，亦即仅就其成立予以规定，而不涉及其生效。该修正使赠与契约之成立阶段与生效阶段取得区分之可能性而虽看似妥当，但因其规定内容有可能解释为：以无偿移转赠与物为赠与契约之成立要件，亦即将赠与契约之履行行为规定为其成立要件，而与“民法”第 408 条的规定发生冲突。比较妥当的措辞为：“称赠与者，谓当事人约定，一方负义务，将自己之特定财产无偿给予他方，他方允受之契约。”以在让与之债的定义中，彰显其债务契约原则上只使债务人负给付义务，而不使债之标的因该债务契约之缔结，即移转为债权

---

① 例如“最高法院”1951 年台上字第 1496 号判例：“赠与契约之成立，以当事人以自己之财产，为无偿给予他方之意思表示，经他方允受为要件。此项成立要件，不因其赠与标的之为动产或不动产而有差异。唯以动产为赠与标的者，其成立要件具备时，即生效力。以不动产为赠与标的者，除成立要件具备外，并须登记始生效力。此就‘民法’第四百零六条，与第四百零七条之各规定对照观之甚明。故‘民法’第四百零七条关于登记之规定，属于不动产赠与之特别生效要件，而非成立要件，其赠与契约，苟具备上开成立要件时，除其一般生效要件尚有欠缺外，赠与人应即受其契约之拘束，就赠与之不动产，负为补正移转物权登记之义务，受赠人自有此项请求权。”(《“最高法院”判例要旨》上册，1983 年版，第 240 页）此为“最高法院”一贯之见解。请参见“最高法院”1956 年台上字第 849 号民事判决(《台湾地区裁判类编（民事法)》第 4 册，正中书局 1976 年版，第 171 页)、“最高法院”1957 年台上字第 413 号民事判决(《台湾地区裁判类编（民事法)》第 4 册，正中书局 1976 年版，第 356 页)、“最高法院”1959 年台上字第 1129 号民事判决(《台湾地区裁判类编（民事法)》第 5 册，正中书局 1976 年版，第 691 页)、“最高法院”1966 年台上字第 147 号民事判决(《台湾地区裁判类编（民事法)》第 9 册，正中书局 1976 年版，第 19 页)、“最高法院”1968 年台上字第 3341 号民事判决(《台湾地区裁判类编(民事法)》第 10 册，正中书局 1976 年版，第 613 页)、“最高法院”1997 年 1 月 10 日台上字第 90 号民事判决。其中“最高法院”1959 年台上字第 1129 号民事判决并明白以“民法”第 406 条排除掉“民法”第 407 条之规定的规范作用：“虽不动产赠与，依‘民法’第四百零七条之规定，在未为移转登记前其赠与不生效力。唯赠与契约之成立系以当事人以自己之财产为无偿给予他方之意思表示，经他方允受为要件，并不因其赠与标的为动产或不动产而有差异。此观‘民法’第四百零六条之规定自明，故‘民法’第四百零七条关于登记之规定仅属不动产赠与之特别生效要件。”在成立要件及生效要件的区分下，只要生效要件未满足，当事人之一方即不得对他方有履行上的请求，但还是容易引起一个疑惑，即一个已成立而未生效的契约对于当事人究竟有何实益？其实益为当事人应受其内容之拘束，各皆再不得以单方行为改变之。唯双方仍不得以“不正当行为阻其或促其（生效）条件之成就”(“民法”第 101 条)。然即便如此，各当事人却无义务使其成就。在法定之要物要件的成就上特别更当如此。盖要非如是，该法定之要物要件立成具文。所以，以已成立之契约在内容上对于当事人已有拘束力，不得再为内容之变更为理由，认为其当事人已可据之对于相对人请求“补正”法定之要物要件所构成之特别生效要件是没有道理的。

人所有。[①] 其次约定之标的应为特定财产，而不可泛称为财产，以符合债之标的应当“（得）确定”的要件。

（二）生效阶段与履行阶段

依事务发展之通常顺序观之，一方面债之契约必须在成立生效后，始有履行可言；另一方面，只要成立生效，债务人即负履行义务。因此，契约之成立、生效阶段与履行阶段本有先后之别。不过，仍应注意：关于债务之履行的规范尚有清偿期的问题。如不能依约定、法律规定，或依债之性质或其他情形定一笔债务之清偿期，则该债务即成为未定清偿期之债。在这种情形下，其债权人虽得随时请求清偿，债务人亦得随时为清偿（“民法”第 315 条）。但债务人纵不自动随时为清偿，亦不负迟延责任。给付无确定期限者，债务人必须于经债权人催告请求给付，而未为给付，始自受催告时起，负迟延责任。其经债权人起诉而送达诉状，或依督促程序送达支付命令，或为其他相类之行为者，与催告有同一之效力。另该催告定有期限者，债务人自期限届满时起，始负迟延责任（“民法”第 229 条）。然正如缔约当事人往往约定：契约之成立阶段与生效阶段同时发生；当事人也常常约定，在契约生效当时应即为履行。此即现金现货契约（das Handgeschäft）。[②] 有疑问者为当事人得否约定以债务人将来履行债务为“停止条件”，或法律得否规定以债务人履行债务为其生效要件？

---

① 唯仍必须注意这种规定方式并没有将债之契约在效力上的特征表现出来。按债之效力仅是使债务人对于债权人负为一定给付之义务；使债权人对于债务人有请求一定给付之权利。债权人权利之实现尚待于债务人履行其义务。该条关于赠与契约之定义的内容与赠与之履行行为的内容不易区别。

② 现金现货契约与要物契约不同，现金现货契约之类型特征在于当事人双方约定在契约生效时即为履行，而要物契约之特征则在于法定以履行为生效要件。要之，在生效与履行间二者有先后之别。前者先生效，后履行；后者先履行，才生效。然在该两种契约类型中，因其生效与履行先后之间仅有法律上一秒钟之隔，所以容易引起区别上的疑惑。唯其区别仍非无意义。盖一方面契约必须生效，当事人对于他方始得为履行契约之请求；另一方面在现金现货契约中，于契约成立、生效时，通常即是双方依契约应为履行时，亦即在履行的请求上具有现时性。反之，在要物契约中，其履行时点法律不但往往规定在将来，而且其不履行，原则上不构成债务不履行。要物契约的规范依据原则上应是法律；如是契约，则因在要物契约履行前，其债务人并无履行，以使契约发生效力的义务，从而使该要物（生效）要件的约定形同附以随意条件。是则，该契约因附以债务人得任意决定，是否使之成就之随意的停止条件，而可论为不成立。关于现金现货契约（das Handgeschäft）请参考 Esser，Schuldrecht，2. Aufl.，1960，S. 7，9。

契约约定以债务人履行债务为“停止条件”，其所附之条件称为“随意条件”[①]，在这种情形下，因至少债务人方尚未表示决意缔结契约，以负担债务的意思，所以应论为契约尚未成立。[②] 同理，法律原则上也不规定以债务人履行债务为契约之法定的“生效要件”。唯法律如例外为此种规定，该种契约即为学说上与实务所上称之“要物契约”，其作用虽与“任意撤销权”类似，同样是赋予债务人

① 与附随意条件类似而不同者，有“利率选择权(Interest Rate Options)、股价选择权(Equity Options)、国外利率、股价、商品之选择权”、汇率选择权[金融业务参考1996年6月第17页：“中央银行外汇局”1996年1月29日(1996)台央外柒字第0212号；金融业务参考资料1998年10月第7页：“中央银行外汇局”1998年5月27日(1998)台央外柒字第0401008号函]、“期货选择权”(“财政部”公报第32卷第1608期第33350页：“财政部”1994年8月20日台财税字第831600330号函)、“店头市场外币选择权交易(OTC Currency Options)、店头市场外币利率选择权交易(OTC Interest Rate Options)”(“财政部”公报第32卷第1608期第33350页：“财政部”1994年8月20日台财税字第831600330号函)等关于选择权的交易。这些交易之共同特征为系关于将来商品或货币之交易，且约定买方以一定数额之权利金为代价自卖方购入选择权(Optionsrecht)。后来买方选择不履约时，由买方向卖方支付权利金结账；反之，买方选择履约时，除前述买方应向卖方支付权利金外，由卖方向买方支付清算利差、汇差或价差(“财政部”公报第32卷第1608期第33350页：“财政部”1994年8月20日台财税字第831600330号函)。在房屋之中介买卖的实务上，中介公司要求相对人于交付小订金后始得审阅买卖契约的做法。由于买方在审阅后，决意不买，请求退还小订金时，并无须任何理由；反之，决意要买时，卖方有义务依所提供审阅之买卖契约卖与买方。所以，此种缔约方式会引起与赋予买方购入选择权相同的效果，只是并不以该小订金为代价。该小订金之收受对于卖方之利益与“押瓶费”类似，盖后来买方如果决定不购买，仍得返还买卖契约书，请求退还小订金。

② “最高法院”1966年台上字第214号民事判决：“附停止条件之法律行为，于条件成就时发生效力，‘民法’第九十九条第一项定有明文。唯其条件仅依债务人(即因条件成就而受不利益之当事人)片面之意思表示者(学理上谓之随意条件)，应属无效。”(《台湾地区裁判类编(民事法)》第9册，正中书局1976年版，第33页)附随意条件之契约依该判决要旨之见解应论为无效。从附停止条件之法律行为原则上应以已成立为前提观之，固以论为无效为妥，但从契约之成立，以当事人有意受其意思表示之拘束为前提观之(“民法”第154条第1项)，当以论为契约尚未成立为妥。

以“悔约权”，但其作用机制不尽相同。[①] 是故，要物契约限于法定，缔约当事人并不得经由合意，将其拟缔结之契约，约定为要物契约。这与当事人就拟缔结之契约，得意定为要式，亦即应循一定之方式缔结者，不同（“民法”第166条）。

悔约权之赋予通常规定于无偿契约。［是否赋予无偿契约之债务人以悔约权为立法政策的问题，赋予悔约权的道理为：将无偿的许诺定位为介于“社交或应酬约定”与“意思表示”间的表示。从而给予介于“有拘束力”与“无拘束力”间的效力。在意思表示之制度的建构上，“社交或应酬约定”与“意思表示”间的区别在于法效意思之有无。所谓介于“有拘束力”与“无拘束力”间的效力指债务人缔约后虽可自由决定是否履行债务，但其如为履行，该无偿契约仍为不当得利法上合格之法律上原因。基于此种考量，“民法”第408条第2项规定：“前项规定，于经公证之赠与，或为履行道德上之义务而赠与者，不适用之。”盖经公证者，其赠与之法效意思应已明确，此为以“要式”替代“要物”的规定。容许此种替代的道理在于认为：要物与要式同有提醒表意人慎思及存证的作用。但还是必须注意要物的作用强于要式，要物规定还有无偿债权比较不值得保护的看法为其基础。为履行道德上之义务而赠与者，不得玩笑置之。法律行为违反要式规定的瑕疵有时得以其履行治愈之，例如“民法”第166条之一第2项规定：“未依前项规定公证之契约，如当事人已合意为不动产物权之移转、设定或变更而完成登记者，仍为有效。”但也有不能以履行行为治愈其要式欠缺之瑕疵者，例如事实婚不能治愈法律婚要件之欠缺。“民法”第982条规定：“结婚应以书面为之，有二人以上证人之签名，并应由双方当事人向户政机关为结婚之登记。”违反该条规定之男女，即便长期过着与一般夫妻类似之同居生活，亦不能因此取得法律婚的效力。至于“曾依户籍法为结婚登记，有户籍登记簿誊本为证(者)，固可推定其已结婚，然若有证据以资证明其未有公开之仪式及二人以上证人之法定结婚要件

---

① 将无偿契约规定为“要物契约”或赋予债务人“任意撤销权”，二者虽同样具有让债务人得任意悔约的作用，但在实际的适用上，其作用机制还是有些差异。在规定为要物的情形下，债务人只要不履行债务，即可达到悔约之目的，不必对于债权人之履行上的请求有任何回应，其沉默无违反诚信原则或被拟制为一定内容之意思表示的疑虑。反之，在赋予债务人“任意撤销权”的情形下，因涉及形成权之行使，不免有其权利之行使是否违反诚信原则，以及该撤销权是否与一般形成权一样，可由相对人催告或请求其行使，而于撤销权人不应催告或请求而有所表示时，得解释为撤销权消灭的问题。这次“民法”修正，删除第465条“使用借贷，因借用物之交付而生效力”之要物要件，而改于增订第465条之一中规定“使用借贷预约成立后，预约贷与人得撤销其约定。但预约借用人已请求履行预约而预约贷与人未即时撤销者，不在此限”。该修正即属以任意撤销权取代要物要件之做法。其但书之规定，具有“撤销权人不应催告或请求而有所表示时，撤销权即消灭”的意义。将前述一般形成权之规定（“民法”第257条、第361条）内容适用于债务人在无偿契约之悔约权并不适当。

时,非不得推翻其推定"("司法院"公报第 40 卷第 7 期第 106 页:"最高法院"1995 年台上字第 829 号民事判决)。对于该推定之事实有争议时,"依'民事诉讼法'第二百七十七条规定……应由否认之一方就所主张未经举行结婚公开仪式及二人以上之证人之形式要件举证证明之。倘不能举证以证实其主张之事实为真实,则他方就其抗辩事实即令不能举证或所举证据尚有疵累,亦应驳回该否认之当事人之请求"("最高法院"1996 年 11 月 8 日台上字第 2534 号民事判决)。依 2007 年 5 月 23 日修正后之"民法"第 982 条,结婚虽不再需要公开仪式,但需要有经两人以上签名作证之书面结婚契约。结婚登记之后,当事人之一方同样可能通过质疑该书面结婚契约之真正,动摇结婚登记之效力。这通常发生在假结婚之事后否认的情形。]例如赠与、使用借贷、消费借贷。关于赠与、使用借贷、消费借贷之悔约权的赋予,现行"民法"本来主要采要物要件,唯这次修正已全盘翻改为以任意撤销权,[①]作为赋予债务人以"悔约权"的方法。该修正自其修正理由及修正内容观之,并不妥适。

七、特别生效要件

生效要件有普遍适用于一切债务关系之一般的法定生效要件,适用于一定种类之债务关系的法定特别生效要件,以及仅适用于特定债务关系之意定的特别生效要件。生效要件之规定或约定使契约之成立阶段与生效阶段之区分更明白地显示出来。

(一)法定的特别生效要件

1. 关于不动产赠与之要物的特别生效要件

"民法"第 407 条原规定:"以非经登记不得移转之财产为赠与者,在未为移转登记前,其赠与不生效力。"

该条规定后来经删除,改以扩充"民法"第 408 条之任意撤销权代之。关于赠与之任意撤销及其例外,修正后之"民法"第 408 条规定:"赠与物之权利未移转前,赠与人得撤销其赠与。其一部已移转者,得就其未移转之部分撤销之(第

---

① 从"民法"第 464 条及第 474 条观之,"民法债编"本次修正后对于使用借贷与消费借贷看似还采要物契约的规定方式,以要物为成立要件之一,保护债务人,使其因要物要件,而在履行前不负债务。然因"民法"第 465 条之一及第 475 条之一分别肯认使用借贷与消费借贷之预约的效力,而使前述要物规定形同具文。其结果修正后之使用借贷与消费借贷的悔约权便必须借助于任意撤销权。

一项)。前项规定,于经公证之赠与,或为履行道德上之义务而赠与者,不适用之(第二项)。"[①]

关于不动产赠与,"民法"第407条本来规定:"以非经登记不得移转之财产为赠与者,在未为移转登记前,其赠与不生效力。"实务上称之为不动产赠与之特别生效要件。该条规定所以被删除的理由为"赠与为债权契约,于依'民法'第一百五十三条规定成立时,即生效力。唯现行条文规定,以非经登记不得移转之财产为赠与者,须经移转登记始生效力,致不动产物权移转之生效要件与债权契约之生效要件相同,而使赠与契约之履行与生效混为一事。为免疑义,爰将本条删除"。[②] 唯关于契约之成立与生效,任何债权契约"于依'民法'第一百五十三条规定成立时,(并不一定)即生效力",是否生效还视法律或契约对之是否另附以生效要件而定;关于契约之生效与履行,经法律规定以债务人履行债务为其生效要件,固属罕见,然如是规定正是不动产赠与契约之所以为要物契约的要件所在,且亦为法律赋予无偿契约之债务人以悔约权的标准手段之一。

2. 关于使用借贷之要物的特别生效要件

"民法"第464条规定:"称使用借贷者,谓当事人一方以物交付他方,而约定他方于无偿使用后返还其物之契约。"此为使用借贷之立法定义。依该定义,贷与人需将借用物交付借用人,使用借贷契约方能成立。一个未成立之契约,按理并不能因如其成立时之债权人请求履行,而债务人未为撤销或回应,而产生拘束力。必须是一个已成立而无效的契约,方始可能因履行而补正当初导致其无效之瑕疵("民法"第166条之一第2项参照)。

---

① 赠与之无偿契约纵以赠与人(债务人)履行债务为其生效要件,或赋予赠与人在履行前得任意撤销其赠与之权利,履行前之赠与契约仍为已成立,且不背于法律之禁止规定的契约。此与"民法"第205条规定者不同。该条规定"约定利率,超过周年百分之二十者,债权人对于超过部分之利息,无请求权"。依该条规定,由于贷与人就超过法定限额之利息无请求权,所以债务人事后如为超过限额之利息的给付,构成不当得利。此与无偿契约因履行而生效者不同。类似问题亦存在于违反法定方式之契约的履行。无效契约之履行本来属于无法律上原因之给付,构成不当得利,但法律如有明文规定,违反法定方式之契约因履行而生效(例如"民法"第166条之一),则因该给付治愈该契约之法定方式之欠缺的结果,该给付仍属有法律上原因之给付。唯仍应注意无效契约与成立而尚未生效之契约的法律地位并不相同。前者必须有法律关于治愈其无效原因之例外的特别规定始能转为有效;而后者则仅需要有满足其生效要件之法律事实。

② 将"民法"第407条之修正理由与"民法"第464条及第474条修正后之内容对照观之,立法者似乎认为仅宜将要物要件规定为成立要件,而不宜规定为生效要件。其实以之为生效要件不但在规范的安排上可更为活泼,而且能更清楚地彰显要物要件作为赋予悔约权之手段的功能。

“民法”第465条原规定:“使用借贷,因借用物之交付而生效力。”该条为以要物(履行)为生效要件的规定。该条规定后来配合第464条之前述修正而被删除,改以增订预约的规定代之。[①] “民法”第465条之一规定:“使用借贷预约成立后,预约贷与人得撤销其约定。但预约借用人已请求履行预约而预约贷与人未即时撤销者,不在此限。”[②]第465条之一的增订与第464条之前述修正间其实是矛盾的。按将履行所构成之要物要件规定为成立要件,本来应当是强于规定为生效要件的手段。然经例外的肯认使用借贷之预约的结果,使第464条中关于要物之成立要件等于具文。

3. 关于消费借贷之要物的特别生效要件

“民法”第475条原规定:“消费借贷,因金钱或其他代替物之交付而生效力。”该条规定后经删除,改以增订预约的规定代之。“民法”第475条之一规定:“消费借贷之预约,其约定之消费借贷有利息或其他报偿,当事人之一方于预约成立后,成为无支付能力者,预约贷与人得撤销其预约(第一项)。消费借贷之预

---

① “最高法院”1996年10月18日台上字第2396号民事判决:“当事人订立之契约,究为本约或系预约,应就当事人之意思定之,当事人之意思不明或有争执时,应通观契约全体内容是否包含契约之要素,及得否依所订之契约即可履行而无须另订本约等情形决定之。”“最高法院”以“得否依所订之契约即可履行,而无须另订本约等情形”作为预约与本约之区别标准的看法与“民法”第153条之规定意旨显不相符。盖在契约之缔结上,关于其成立,双方一致之意思表示如果尚未涵盖依该条规定应涵盖之范围,该契约即未成立,无所谓在尚未涵盖时,先定预约,课相对人订立详细本约之义务。实务上如有此种约定,其关于订立本约之义务部分应无拘束力。唯在这种情形如有定金之授受,其效力为何?本次修正后之“民法”第248条规定:“订约当事人之一方,由他方受有订金时,推定其契约成立。”所以当事人应仍得以关于应合意之点,双方意思表示尚未一致为证据,推翻该推定之事实。然如果认为一致之意思表示已涵盖应涵盖之范围,则其所谓先定预约,再定本约的合意,等于是不坚持就已表示之非必要之点应经合意,契约方始成立。如是则其后来如就非必要之点另有合意,该合意对于已成立之契约的意义为新增补充约款。然仍无所谓新增补充约款后之契约为本约,先前订立之契约为预约。反之,在这种情形倘双方就非必要之点不能获致协议,应声请法院依其事件之性质定之(“民法”第153条第2项)。

② 这种规定可能的道理有两点:或者认为预约贷与人之撤销权,应与一般形成权一样,因相对人(借用人)(定相当期间)请求行使而不行使时,消灭;或者认为基于双方先前不具要物要件之借贷的合意,在借用人再次以请求履行预约的方式,请求确认时,贷与人有义务积极表示,其不表示者,应做有利于借用人之解释。这种见解自形成权之行使的角度观之,固不无道理,但自对于无偿契约所以为要物规定之实质的考量观之,在制度的协调上则显然格格不入。

约，其约定之消费借贷为无报偿者，准用第四百六十五条之一之规定（第二项）。”[①]

本次“民法”修正所以将第465条及第475条删除的理由为：“台湾地区‘民法’规定之使用借贷，通说认系要物契约，于当事人合意外，更须交付借用物始能成立。唯依现行法本条（第四百六十四条/第四百七十四条）及次条合并观察，易使人误认为使用借贷/消费借贷为诺成契约，而以物之交付为其生效要件。”该修正理由对于要物契约之定义显有误解。按所谓要物契约本来就以债务人履行债务为其成立要件或生效要件，以使用借贷及消费借贷为例，在该认识下，于将“民法”第464条及第465条/第474条及第475条合并观察时，使用借贷及消费借贷应论为要物契约。从体系的观点看，在这种情形下不得分别将前述规定拆开来，单独以第464条或第474条为依据，认为使用借贷及消费借贷是诺成契约。将使用借贷及消费借贷之要物性按第464条及第465条/第474条及第475条，分别加以规定的道理为：划分契约之成立阶段与生效阶段，以便必要时得以之为基础，进一步给予细致的规范。[②]

配合删除该要物之生效规定，本次民法修正分别将要物要件建入使用借贷及消费借贷之定义中[③]：“民法”第464条自“称使用借贷者，谓当事人约定，一方以物无偿贷与他方使用，他方于使用后返还其物之契约”，修正为“称使用借贷者，谓当事人一方以物交付他方，而约定他方于无偿使用后返还其物之契约”。第474条自“称消费借贷者，谓当事人约定，一方移转金钱或其他代替物之所有权于他方，而他方以种类、品质、数量相同之物返还之契约”，修正为“称消费借贷者，谓当事人一方移转金钱或其他代替物之所有权于他方，而约定他方以种类、

---

① 消费借贷契约有利息或其他报偿之约定者，为有偿之消费借贷契约，而当初关于消费借贷之规范计划以无偿为出发点，将之规定为要物契约。因此，该要物规定对于有偿之消费借贷契约便不适合。这是现行“民法”中关于消费借贷契约之要物规定所以必须利用预约加以调整的道理所在。唯必须注意如无明文规定肯认此种预约之效力，而任由司法机关在实务上予以补救，则该补救属于法官造法的活动。

② 利用将法律行为之成立要件与生效要件分别安排的技巧，“民法”第95条第1项首先规定：“非对话而为意思表示者，其意思表示，以通知达到相对人时，发生效力。但撤回之通知，同时或先时到达者，不在此限。”以提供同条第2项之规范安排的基础：“表意人于发出通知后死亡或丧失行为能力，或其行为能力受限制者，其意思表示，不因之失其效力。”

③ 将要物要件规定于契约定义，等于将之建入成立要件中。亦即以债务人履行契约为成立要件。当以要物要件作为契约之成立要件，其预约之存在余地应较以之为生效要件为难。盖在以之为生效要件的情形下，在履行前，至少其成立是没有问题的。从而必须迂回安排者仅剩生效的问题。反之，如以要物要件为成立要件，在其满足前，契约尚未成立；既尚未成立，当事人自享有决定是否缔约的权利。

品质、数量相同之物返还之契约(第一项)。当事人之一方对他方负金钱或其他代替物之给付义务而约定以之作为消费借贷之标的者,亦成立消费借贷(第二项)”。问题是删除了要物之生效规定,将之转为成立要件,以维持其要物性,使前开关于使用借贷及消费借贷之预约的规定更为突兀。盖预约在这里事实上是对于要物规定的脱法行为,其肯认为一种法律补充,今既将要物之生效规定,转为要物之成立要件(“民法”第 464 条或第 474 条),即无在立法阶段毫无保留地肯认使用借贷及消费借贷之预约,容许以预约规避要物规定之适用的道理(第 465 条之一或第 475 条之一)。①

(二)意定的特别生效要件

1. 附停止条件

意定的特别生效要件主要有停止条件及始期。条件指将来是否发生尚不确定之一定事件。约定以该不确定之事件在将来之成就为特定法律行为发生效力之要件者,该条件即为该法律行为之停止条件(“民法”第 99 条第 1 项)。

在停止条件成就前,附以该停止条件之法律行为固不发生效力。但虽附以停止条件,但已具备一般生效要件之法律行为在法律上并非全无效力。“民法”第 99 条第 1 项规定该法律行为于条件成就时,发生效力之意义,仅是在条件成

① “民法”第 153 条规定:“当事人互相表示意思一致者,无论其为明示或默示,契约即为成立(第一项)。当事人对于必要之点,意思一致,而对于非必要之点,未经表示意思者,推定其契约为成立,关于该非必要之点,当事人意思不一致时,法院应依其事件之性质定之(第二项)。”依该条规定,契约之缔结原无本约与预约之别,只要关于必要之点,当事人互相表示意思一致,且对于非必要之点,未经表示意思必须一致,即推定其契约为成立。对于双方尚未表示之非必要之点,当事人事后如不能有一致之意思,应借助于与该契约有关之任意规定或法院之裁判补充该部分之契约内容。反之,当事人如表示契约先成立,但一部分约款留待他日再议,则该契约事实上并未成立。在这种情形下,当事人后来对于留待再议的事项如果不能获得协议,当事人并不得声请法院依其事件之性质定之。盖“他日再议”的意思为当事人要自己经由合意决定其内容,而不愿借助于与该契约有关之任意规定或法院之裁判补充该部分之契约内容。而缔约双方基于契约自由,无获致合意的义务。是故,对于依双方已表示之意思应合意之点,双方后来如不能获致合意,契约即不成立。在此意义下,可说天下虽大,但原则上并无预约容身之地(Esser, Schuldrecht, 2. Aufl., 1960 Karlsru-he, § 16, 1)。只有要物契约之规定在适用上已不合时宜,不能满足交易上之规范需要,构成法律漏洞时,始有不得不利用预约补充该漏洞,排除该要物规定之适用的必要性与妥当性。要之,必须认识到:主张以预约为一定之法律效力的依据时,其主张涉及法律漏洞之补充,已非单纯之法律解释。基于该认识,本次“民法”修正,在第 464 条及第 474 条分别将要物要件规定为使用借贷及消费借贷之成立要件后,随即增订第 465 条之一及第 475 条之一肯认使用借贷及消费借贷之预约效力,显然自相矛盾。

就尚不发生以该法律行为所含之法效意思为内容之效力。但其在条件成就时能取得之期待利益仍受法律之保护。例如"附条件之法律行为当事人,于条件成否未定前,若有损害相对人因条件成就所应得利益之行为者,负赔偿损害之责任"(第 100 条)。"因条件成就而受不利益之当事人,如以不正当行为阻其条件之成就者,视为条件已成就。因条件成就而受利益之当事人,如以不正当行为促其条件之成就者,视为条件不成就。"(第 101 条)

2. 附始期

附始期之法律之行为,于期限届至时,发生效力("民法"第 102 条第 1 项)。"附始期之法律行为当事人,于始期未届至前,若有损害相对人因始期届至所应得利益之行为者,负赔偿损害之责任。"("民法"第 102 条第 3 项准用第 100 条)

八、要式或要物契约与预约

基于契约自由中之方式自由,在契约之缔结上,就契约内容论,只要当事人双方获得合致之意思表示的范围达到"民法"第 153 条所规定的程度,契约即为成立,原则上无须践行一定之方式。至于履行在债务契约则是契约成立、生效以后的事情。只有在例外的情形下,为提醒缔约人慎重行事,为保存与缔约有关之证据方法,法律始对于一些契约类型规定应依法定方式为之。这些方式首推书面[字据("民法"第 422 条)、文字("民法"第 531 条)],其次为公证,[以公证作为一种法定之方式为本次民法债编修正始引入之新制度。新增之"民法"第 166 条之一第 1 项规定:"契约以负担不动产物权之移转、设定或变更之义务为标的者,应由公证人作成公证书。"依"民法债编施行法"第 36 条第 1 项但书:"'民法'第一百六十六条之一施行日期,由'行政院'会同'司法院'另定之。"自该条于 1999 年 4 月 21 日修正公布迄今已逾 10 年,而尚未公布其施行日期。这是立法不顾社会条件以致窒碍难行的典型。当初如先修正为应以书面为之,而不上纲至以公证的方式为之,当可先导正"以负担不动产物权之移转、设定或变更之义务为内容"之债务契约应以书面为之,以在声请不动产物权之移转或设定登记时,向地政机关检具用以证明相关权利关系的文件。2009 年 1 月 23 日删除"民法"第 760 条原规定:"不动产物权之移转或设定,应以书面为之。"该条删除后,与不动产物权之移转或设定有关的法律行为,不论是债权行为或物权行为皆无明文之书面方式的要求。取而代之者为:"土地登记规则"第 34 条第 1 项第 2 款所定之"登记原因证明文件"。依同规则第 40 条第 1 项,"声请登记时,登记义务人应亲自到场,提出国民身份证正本,当场于声请书或登记原因证明文件内签名,并由登记机关指定人员核符后同时签证"。另同规则第 41 条规定"登记原因证明文件及同意书经依法公证、认证者"(第 2 款)或"登记原因证明文件经依法由地政士签证者"(第 4 款),声请登记时,当事人得免亲自到场。由此可见,除登记机关指定人员之签证及公证人之公证外,地政士之签证亦与公证有同等效力。单纯为"登记原因证明文件"之作成,不论是经删除之"民法"第 760 条的原规定或土地登记规则之上述规定,皆不能取代关于其原因关系之书面的要式规定。对其原因关系要求书面的意义为:必须有该书面证明之原因关系存在,不动产物权之权利人始有义务,移转或设定其不动产物权于他人。公证之方式对于要物或类似于要物之行为在机能上有时有替代性。例如第 408 条规定:"赠与物之权利未移转前,赠与人得撤销其赠与。其一部已移转者,得就其未移转之部分撤销之(第一项)。前项规定,于经公证之赠与……不适用之(第二项)。"反之,法律有时规定要物行为亦即履行,可治愈公证方式之欠缺。例如"民法"第 166 条之一第 2 项规定:"未依前项规定公证之契约,如当事人已合意为不动产物权之移转、设定或变更而完成登记者,仍为有效。"不过,这种用来替代之行为的规定,不是以典型之要式或要物的方式表现出来。又"民法"第 425 条第 2 项规定"未经公证之不动产租赁契约,其期限逾五年或未定期限者,不适用",同条第 1 项关于买卖不破租赁原则对于承租人之保护规定,以及第 513 条第 3 项规定"前两项之抵押权登记,如承揽契约已经公证者,承揽人得单独声请之"等关于公证之规定的强度虽未至要式,亦即未至"如不遵守,契约即无效"的程度。但已有遵守一定方式,始提供保护或方便的意味。在此意义下可将之称为"准要式行为"。]再次为应有一定数目(例如两人以上)之证人("民法"第 982 条)。至于"民法"第 982 条后段规定"并应由双方当事人向户政机关为结婚之登记"亦可归类为结婚之法定方式的组成部分。此与"民法"第 982 条修正前第 2 项规定"经依户籍法为结婚之登记者,推定其已结婚"的意义不同。不依法定方式之法律行为原则上无效("民法"第 73 条)。[①] 其例外有依法改变其内容而使之有效者,[②]有后来可因履

---

① 未满足契约方式之效力究应如何?依"民法"第 73 条,所违反者为法定方式者,契约无效;依"民法"第 166 条,所违反者为约定方式者,推定其契约不成立。契约不成立与契约无效之效力在结果上虽然基本相同,但其发展仍有不同。盖"契约不成立"可予推定,而"契约无效"则不得以推定的方式规定之。在约定方式之违反,因有保留依当事人之真意加以认定之余地与必要,所以应规定为"推定其契约不成立";在法定方式之违反,因当事人之真意不能替代法定方式之遵守,所以应规定为"契约无效",以贯彻法定方式之规定的意旨。

② 例如"民法"第 422 条规定:"不动产之租赁契约,其期限逾一年者,应以字据订立之,未以字据订立者,视为不定期限之租赁。"

行而依法转为有效者。[①]

法律规定以债务人履行债务为债务契约之成立要件或生效要件者，该契约为要物契约。将一个契约类型规定为要物契约，对于当事人固有远逾于要式规定的介入，但因其所以为如是规定之目的通常在于赋予无偿契约之债务人以悔约权，使债务人决定是否缔约之自由可以保留至最后一秒钟。是故，在无偿契约，要物规定对于唯一因该契约而负义务之债务人的契约自由，论其实际并无限制作用。

如果法律对于系争契约有要式或要物的要求，则双方意思表示获致合意的范围纵然已达"民法"第 153 条所定之程度，契约还是不成立或不生效力。其中要式要件可介入在成立阶段，而要物要件可介入在成立或生效阶段。关于契约之缔结，本来无预约或本约之区分的实益。[②] 然倘法定之要式或要物的规定有不合时宜的情形，致不能满足交易上之规范需要，而构成漏洞，则学说上与实务上会尝试利用所谓无须具备该要式或要物要件即可成立或生效的预约，补充该漏洞以规避之。

---

① 例如"民法"第 166 条之一规定："契约以负担不动产物权之移转、设定或变更之义务为标的者，应由公证人作成公证书(第一项)。未依前项规定公证之契约，如当事人已合意为不动产物权之移转、设定或变更而完成登记者，仍为有效(第二项)。"在该条第 1 项所定情形下，如无第 2 项之规定，其履行所移动之财产利益，将因所履行者为以无效之法律行为为依据之债务，构成不当得利。从而在其给付时，明知无给付之义务，符合非债清偿之要件者，依"民法"第 180 条第 3 款给付者不得请求返还。不过，这些皆因第 166 条之一第 2 项之规定而不再构成问题。此即履行可治愈法定方式之欠缺的规定。然履行并不皆可治愈法定方式之欠缺，可治愈之情形原则上以法律有明文规定者为限。例如事实婚不能治愈法律婚之法定方式的欠缺。

② "最高法院"1997 年 2 月 20 日台上字第 461 号民事判决："唯查：'预约'既为可与'本约'并存之另一种'契约'形态(参见：本院 1972 年台上字第 964 号、1981 年台上字第 1474 号等判例)，倘因该'预约'(契约)而负'债务'之当事人，有债务不履行之情事，他方当事人(债权人)即非不得依'债务不履行'之相关规定，对之请求损害赔偿。本件上诉人系以：伊向被上诉人购买系争土地，订立'小订协议书'，同时给付定金五百万元后，被上诉人不履行契约，经催告仍置之不理，抑且为'二重买卖'，将系争土地所有权移转登记于他人，对伊已陷于给付不能，伊自得请求被上诉人赔偿'债务不履行'所生之损害云云(见：第一审卷 4、5 页)，为请求被上诉人赔偿损害之张本。虽上诉人所主张该'小订协议书'之性质为'本约'非'预约'之法律见解，为原审所不采；但法院就原告(上诉人)所主张起诉原因之事实判断其法律上之效果，原可不受原告所述法律上见解之拘束(参见：本院 1937 年渝上字第 350 号、1954 年台上字第 607 号等判例)。纵两造间所签立之上开'小订协议书'，仅属原审所认定之'预约'，非'本约'。然依前揭说明，'预约'亦为'契约'之一种，如有不履行情事，自无从排斥权利人依'债务不履行'之法则所得行使之权利。"在本件判决所示情形下，该判决意旨虽仍肯认预约之类型，但自结果论，将当事人具体之约定称之为"预约"或"本约"已无任何效力上的差异。此所以说，肯认预约一事，在正当的情形下是多此一举；反之，在不正当的情形下，则提供脱法行为之论理基础，徒增困扰。

其中之着例是：肯认附有利息之消费借贷的预约为有效。[①] 由于预约事实上规避要式或要物之明文规定，因此要式或要物规定如无因不合时宜，而构成漏洞的情形，不得以预约规避之。附有利息之消费借贷的预约所以会被接受，其理由为此种消费借贷非无偿契约，不当给予因无偿，始赋予债务人之悔约权。

第二节　论代理

一、代理之概念

代理，指一个人（代理人）以他人（本人）之名义，与相对人从事的法律行为。该法律行为称为代理行为。因该法律行为而发生之法律行为法上的法律关系称为代理关系。代理行为限于法律行为，不含单纯之事实行为。法律行为必含一个以上之意思表示，并可能以事实行为为其生效要件。例如动产物权之让与契约（物权契约），以动产之交付为生效要件，而在各种交付方法中，占有改定或指示交付固为法律行为。但现实交付则为单纯的事实行为（“民法”第 761 条）。

代理关系，以代理行为之名义人为基础，归属于本人与相对人（“民法”第 103 条）。代理人并非该代理关系的当事人。因为以名义人为基础，归属代理关系，所以，如果本人并未对代理人授予代理权，则虽仍以本人为代理关系之当事人，但另设无权代理及表见代理制度，视情形规定恰如其分之效力。代理行为视其内容，可以是负担行为/债权行为，或处分行为/物权行为。

无权代理之处分行为应与无权处分清楚区别。二者虽皆是处分行为，但前者，以本人（他人）之名义为之；而后者，以自己之名义为之。前者，视情形依无权代理或表见代理的规定（“民法”第 170 条、第 171 条、第 107 条、第 169 条、第 1003 条第 2 项）；而后者，视情形依无权处分或善意取得的规定（“民法”第 118 条；第 759 条之一第 2 项、第 948 条、第 801 条）决定其效力。

如何以本人之名义，从事代理行为？一般要求，应表明代理意旨，遵守显名主义。表明代理意旨的意义在于使相对人认识，与其为意思表示或受意思表示

---

① “民法”第 475 条之一第 1 项规定：“消费借贷之预约，其约定之消费借贷有利息或其他报偿，当事人之一方于预约成立后，成为无支付能力者，预约贷与人得撤销其预约。”依该项规定，有偿之消费借贷的预约贷与人原则上不得撤销，从而等于否定了第 474 条关于消费借贷是要物契约的规定。

者，是代理人，而非本人；遵守显名主义的意义在于使相对人认识，真正为当事人者，另有其人，即本人。关于代理意旨之表明，并不要求以明示的方法，为代理意旨之表示。只要其表示，依交易习惯已足以默示表明代理意旨即可。[①] 是故，据附随情况已足以认识实际为表示之人，系以代理之意思，为他人为意思表示时，仍构成代理行为，代理人不与本人成为该代理行为之共同行为人。["最高法院"1952 年台上字第 764 号民事判例："代理人为本人发行票据，未载明为本人代理之旨而签名于票据者，应自负票据上之责任，固为'票据法'第六条所明定，唯所谓载明为本人代理之旨，票据法并未就此设有规定方式，故代理人于其代理权限内，以本人名义盖本人名章，并自行签名于票据者，纵未载有代理人字样，而由票据全体记载之趣旨观之，如依社会观念，足认有为本人之代理关系存在者，仍难谓非已有为本人代理之旨之载明。"是故，"系争本票发票人栏以该公司名义盖该公司名章，并紧接其后盖其印章，虽未载明代理人字样，唯由该票据记载之方式，依一般社会观念衡之，已足认其与该公司之间有代理关系存在，尚难谓非有为本人代理之旨之记载，自非共同发票人。"("最高法院"1992 年台抗字第 374 号民事判决)同理，"公司之法定代理人在支票发票人栏除盖用公司名章及其私章外，

---

① "最高法院"1940 年上字第 762 号民事判例："所谓默示之意思表示，系指依表意人之举动或其他情事，足以间接推知其效果意思者而言，若单纯之沉默，则除有特别情事，依社会观念可认为一定意思表示者外，不得谓为默示之意思表示。"默示主要指涉其意思表示之方法，尚待于推论受意人始能认识所表示之法效意思的内容。纵使如此，该意思表示要发生效力，于非对话的情形，原则上依然必须到达于相对人，始能发生效力("民法"第 95 条第 1 项前段)。默示意思表示具有之特征与意思实现虽有交集，但不完全重合。其不同为：在以意思实现所为之承诺，在未到达要约人时即已生承诺之效力。而一般之默示的意思表示则仍须到达受意人，始生效力。"民法"第 161 条第 1 项所以针对意思实现规定："依习惯或依其事件之性质，承诺无须通知者，在相当期时内，有可认为承诺之事实时，其契约为成立。"其重点在于："承诺无须通知"，而非以默示的方法为意思表示。盖若无该项所定情形，纵系默示的意思表示，依然必须到达，始成其为意思表示。"最高法院"2007 年度台上字第 2749 号民事判决："依习惯或依其事件之性质，承诺无须通知者，在相当时期内，有可认为承诺之事实时，其契约为成立，'民法'第一百六十一条第一项定有明文。此即学说上所谓之意思实现，乃依有可认为承诺之事实，推断有此效果(承诺)意思。意思实现以客观上有可认为承诺之事实存在为要件，有此事实，契约即为成立。而有无此事实，应依具体情事决定之。"该判决意旨后段所论述者是默示意思表示的特征，而非意思实现的特征。"最高法院"1954 年台上字第 454 号民事判例："系争基地之房屋，被上诉人与原所有人某甲间之租赁关系，虽因其租赁物即房屋全部，因不可归责于双方当事人之事由，灭失而消灭，然某甲于被上诉人在系争基地重新建筑房屋，不唯并无反对之表示，且受领其地租有年，是双方既有租用基地建筑房屋合致之意思实现，自难谓其租赁契约未经成立。"该判例所论述者更清楚的不是意思实现的情境。另系争土地之用益及租金之支付，究系关于租赁契约之缔结的明示或默示表示，亦有讨论余地。

又签名于其上者，究系以法定代理人之身份，代理公司签发支票，抑自为发票人，而与公司负共同发票之责任，允依支票全体记载之形式及社会一般观念而为判断。又支票既系由发票人签发一定之金额，委托金融业者于见票时，无条件支付与受款人或执票人，则所谓社会一般观念，自应斟酌金融实务上，发票人在金融机构设立支票存款账户之情形，及一般使用支票与收受支票者之认知"（"最高法院"2008 年台上字第 665 号民事判决）。]例如本人家中之帮佣向社区中日常用品店为本人购买家庭日常生活所需之用品时，虽未对于出卖人表明代理意旨，遵守显名主义，依附随情况相对人如已能认知该帮佣系为其主人购买，则仍可构成代理。为保护本人之私法自治权，该代理之肯认仍以本人确有对于其帮佣授予代理权为限。①

如果代理人在从事代理行为时，未遵守显名主义，对相对人揭露本人的姓名或名称，致相对人不能知本人究竟为谁，这是否还能构成代理，引起疑问？首先有一种情形是：代理人虽不方便告知相对人本人为谁，但已表明代理意旨。在这种情形下，如果相对人还是愿意与代理人从事该代理行为，则该代理行为依然有效。由于人人债信可能不同，从债权之确保而论，这对于相对人自有一定程度之不利。因此，这种代理，原则上在本人之属性对于相对人不重要时，方始可能被本人接受。例如在现金现货买卖的情形。不过，倘是还有债务不履行、瑕疵担保、积极侵害债权的情事发生，致相对人有对于本人请求给付的必要，而代理人还是不告知相对人本人为谁时，有谓代理人应准用无权代理的规定（"民法"第 110 条），对于相对人视情形，负履行利益或信赖利益之赔偿责任。② 唯比较合理的规范应是：在这种情形下，使代理人像在居间及行纪的情形一样，③负本人的义务与责任。

---

① Larenz/Wolf, Allgemeiner Teil des Bürgerlichen Rechts, 9. Aufl., München 2004 § 46 Rn. 44.

② Larenz/Wolf, Allgemeiner Teil des Bürgerlichen Rechts, 9. Aufl., München 2004 § 46 Rn. 40.

③ "民法"第 575 条规定："当事人之一方，指定居间人不得以其姓名或商号告知相对人者，居间人有不告知之义务（第一项）。居间人不以当事人一方之姓名或商号告知相对人时，应就该方当事人由契约所生之义务，自己负履行之责，并得为其受领给付（第二项）。"第 588 条规定："行纪人得自为买受人或出卖人时，如仅将订立契约之情事通知委托人，而不以他方当事人之姓名告知者，视为自己负担该方当事人之义务。"

二、代理之类型

以代理人是否同时为本人与自己，或为双方为代理行为做标准，可区分出自己代理及双方代理。基于契约之两造构造及防止利益冲突[①]的考量，“民法”第106条规定：“代理人非经本人之许诺，不得为本人与自己之法律行为，亦不得既为第三人之代理人，而为本人与第三人之法律行为。但其法律行为，系专履行债务者，不在此限。”亦即不论是意定代理或法定代理，原则上皆禁止自己代理或双方代理。[②] 因为“民法”第106条禁止双方代理之规定，乃在保护本人之利益，所以“纵有违反，仅属无权代理行为。如经本人承认，亦得发生效力，并非当然无效”（“最高法院”1997年台上字第3834号民事判决）。[③] 必待本人拒绝同意，方始确定不生效力。[④]

代理依其代理权之规范基础，可分为以法律为依据之法定代理及以授权行为为依据之意定代理。以法律为依据者，例如父母对于未成年子女（“民法”第1086条第1项）、配偶间就日常家务之代理（“民法”第1003条第1项）。

代理依其系为本人发出或接受意思表示，可区分为表意代理及受意代理。表意代理亦称为主动代理，受意代理亦称为被动代理。授予代理权时通常固同

---

① “最高法院”民事判决1995年台上字第401号：“再按‘民法’第一百零六条规定双方代理之禁止，系防止利益冲突，保护私权之任意规定，纵有违反，乃属无权代理行为，如经本人事后认诺，亦得发生效力，并非当然无效。”

② “最高法院”1976年台上字第840号民事判例：“‘民法’第一百零六条关于禁止双方代理之规定于意定代理及法定代理均有其适用。”

③ “最高法院”1996年台上字第106号民事判决：“禁止双方代理旨在保护本人之利益，依‘民法’第一百零六条前段规定，代理人经本人许诺，得为双方代理之法律行为。禁止双方代理之规定，既非为保护公益所设，自非强行规定，如有违反，其法律行为并非无效，经本人事后承认，仍生效力。”

④ “最高法院”1998年台上字第948号民事判决：“系争房屋买卖契约虽因两造原同一法定代理人林灯未经本人许诺，为双方代理而有瑕疵，唯双方代理乃属效力未定之行为，并非无效，必待本人拒绝同意，方始确定不生效力。”

时授予表意代理权及受意代理权。[①] 不过，在具体情形中，有可能只授权其中之一。有疑义时，除法律另有规定或另有交易习惯外，应解释为同时授予表意代理权及受意代理权。接受以他人为受文者之公文书的送达，系属意思表示之收受。在表意人或其代理人或传达人认识，其对之为送达之人并非本人时，受送达人之身份可能是表意人之传达人，亦可能是受意人之受意代理人或传达人。以之为表意人之传达人者，表意人得自由选任。其意思表示必须传达至受意人，始因到达而发生效力；以之为受意代理人或传达人者，必须收受文书者自己先有其是受意人之代理人或传达人的表示，表意人不得代为委任。此外，在表意人明知自称为受意代理人者无代理权，而对其为意思表示的情形（“民法”第 171 条），这固属无权代理。但该文书只需事实上到达受意人即可发生效力，无须有受意人之承认。[②] 这与表意之无权代理须待于本人承认，方始发生效力者不同。盖在这种情形下，该所谓之无权受意代理人实际上只是表意人之传达人。在非对话意思

① “行政程序法”第 71 条规定：“行政程序之代理人受送达之权限未受限制者，送达应向该代理人为之。但行政机关认为必要时，得送达于当事人本人。”关于行政程序之委任，本人如未将代理人指定为送达代收人，该条规定“送达应向该代理人为之”，有点超过。规定为：“送达得向该代理人为之”，应当已足。“行政程序法”第 73 条第 1 项规定：“于应送达处所不获会晤应受送达人时，得将文书付与有辨别事理能力之同居人、受雇人或应送达处所之接收邮件人员。”以该项所定之人为表意人之传达人固无不妥，但规定以之为补充之受送达人，创设法定受意代理权，则不尽合理。

② 有疑问者为：“税捐稽征法”第 19 条规定：“为稽征税捐所发之各种文书，得向纳税义务人之代理人、代表人、经理人或管理人以为送达；应受送达人在服役中者，得向其父母或配偶以为送达；无父母或配偶者，得委托服役单位代为送达（第一项）。为稽征土地税或房屋税所发之各种文书，得以使用人为应受送达人（第二项）。对公同共有人中之一人为送达者，其效力及于全体（第三项）。”此为以法律规定法定受送达权人，属于法定被动代理权。在该条规定中，纳税义务人之代理人、代表人、经理人或管理人是否有送达代收权，视纳税义务人对其授权之内容而定。应受送达人在服役中者，如已成年，其父母已非法定代理人，原则上不再有法定送达代收权。至于对于配偶为送达，应视该文书所涉事项是否为日常家务而定（“民法”第 1003 条第 1 项）。所涉事务如非日常家务，不得规定其配偶当然为其受意之法定代理人。规定“委托服役单位代为送达”，应解释为以之为传达人。该文书于服役单位实际交付给受意人时发生送达效力。这符合代理或传达事理的规定。不动产使用人可能为无权占有人，其利益与所有人不尽一致，规定使用人为应受送达人，欠缺存在基础。至于规定“对公同共有人中之一人为送达者，其效力及于全体”，则属于送达之拟制，亦不合理。“司法院”释字第 663 号已解释该项规定违宪：“‘税捐稽征法’第十九条第三项规定，为稽征税捐所发之各种文书，‘对公同共有人中之一人为送达者，其效力及于全体’。此一规定，关于税捐稽征机关对公同共有人所为核定税捐之处分，以对公同共有人中之一人为送达，即对全体公同共有人发生送达效力之部分，不符宪法正当法律程序之要求，致侵害未受送达之公同共有人之诉愿、诉讼权，与‘宪法’第十六条之意旨有违，应自本解释公布日起，至迟于届满两年时，失其效力。”

表示之送达，负载意思表示之媒体只要到达受意人或其代理人或二者之信箱即为送达；反之，只送达传达人者，不论是送达何方之传达人，皆尚待该传达人将文书送达至受意人或其代理人或二者由其收受，或置于他们的信箱，始为送达。

代理依其得由一个代理人，或应由数个代理人或全体代理人为之，可区分为单独代理或共同代理。“民法”第168条规定：“代理人有数人者，其代理行为应共同为之。但法律另有规定或本人另有意思表示者，不在此限。”[①]此为共同代理原则。[②] 这亦适用于表见代理。[③] 父母为其未成年子女之法定代理人（“民法”第1086条第1项）。关于该代理权之行使亦有是否应共同行使之共同代理的问题。对此，“民法”第1089条规定，对于未成年子女之权利义务，除法律另有规定外，由父母共同行使。父母之一方不能行使权利时，始由他方行使之（第1项）。亦即采共同行使原则。[④] 父母对于未成年子女重大事项权利之行使意思不一致时，得请求法院依子女之最佳利益酌定之（第2项）。这虽符合父母平权的原则，但规定原则上应共同行使，是否切合实际，显有疑问。合理的规定应是：“父母对于未成年子女之权利义务，除法律另有规定外，得由父或母单独行使（第一项）。父或母对于他方就未成年子女之权利义务的行使有不同意思时，得提出异议，经异议而不能获得协议时，得请求法院依子女之最佳利益酌定之（第二项）。”亦即采单独行使为原则，共同行使或其他方法为例外。以免把例外当原则，一方面徒增父母间对于未成年子女之权利义务的行使或负担的紧张；另一方面可能滞延必须以未成年子女之名义对第三人为意思表示的时机，以致发生丧失时效利益的情事。

---

① 例如“民法”第556条规定：“商号得授权于数经理人。但经理人中有二人之签名者，对于商号，即生效力。”此为关于代理权之法定限制。其限制得对抗第三人。反之，如为对于代理权之意定的限制，则不得对抗善意第三人（“民法”第107条、第557条）。

② “最高法院”1939年上字第1532号民事判例：“合伙之事务约定由合伙人中数人执行者，不唯其内部关系，依‘民法’第六百七十一条第二项应由该数人共同执行之，即‘民法’第六百七十九条所规定之对外关系，依‘民法’第一百六十八条，亦应由该数人共同为代理行为，若仅由其中一人为之，即属无权代理行为，非经该数人共同承认，对于合伙不生效力。”

③ “最高法院”1995年台上字第2345号民事判决：“代理人有数人者，其代理行为，应共同为之，‘民法’第一百六十八条定有明文。是在共同代理之情形，如其代理行为未由全体代理人共同为之，即属无权代理行为。代理人有数人者，其代理行为既应共同为之，则其中一人单独为代理行为，自不生表见代理之问题。”

④ 孙森焱：《民法债编总论》上册，2004年1月修订版，第94页。

三、次代理及其基础关系

本人授权代理人，得以其名义与第三人为法律行为，并使该法律行为直接对自己发生效力，显示本人对于代理人之信赖。基于该信赖关系，代理权之行使具有高度的属人性。是故，有疑义时，代理权不得移转。常见的是：代理人基于该代理权，授权他人代其以本人之名义从事约定之法律行为。此即次代理或复代理。在具体情形中，代理人得否为次代理权之授予，本人可能有明示的表示。这在实务上常见于当事人与律师之委任状中，明白约定受任律师得选任复代理人。在无明示之表示的情形，亦可能通过默示的表示或契约之解释而认为代理人得为次代理权之授予。基于代理之信赖性，其解释应以本人的利益为准；有疑义时，并应解释为代理人不得为次代理之授权。

代理人为行使其代理权，以履行其依与本人之基础关系所负的债务时，如使用他人协助其与相对人为法律行为，代理人究竟将该他人使用为传达人或代理人尚有予以分辨的必要。其区别不得单纯以该他人是否自称为代理人，而必须参酌具体情况，例如该他人是否有独立决定法效意思的内容或为表示之决意的权限，抑或只是依代理人之指示办事。如属后者，则该他人应只是代理人之传达人，而非其次代理人。

在多数代理人的情形下，如代理人间有上下位的关系，构成代理与次代理之关系时，关于代理行为之从事并不必须由代理人及次代理人共同为之。依情形可能由代理人或次代理人单独为之。其单独为之者，如有重复的情形，其不一致可能产生前后意思表示冲突的问题。这是在选任次代理人时必须避免的情事。次代理的授权通常由代理人本于其代理权为之。但也有可能由本人自己参与选任有代理人及次代理人之层次关系的复数代理人。这比较多地出现在诉讼代理的情形。在由代理人本于其代理权为次代理之授权的情形下，其代理权必须包含该权限。否则，其次代理之授权部分即因逾越代理权限而构成无权代理。[①]次代理的代理权，可能与代理人所享有者同其范围，也可能较小，但不能较大。在使用次代理人时，代理人可能退出代理关系，也可能以上层代理人的地位继续

---

① 与之类似者为复委任。因为委任为具有相当程度之属人性的劳务契约，所以，关于复委任，“民法”第537条首先规定：“受任人应自己处理委任事务。但经委任人之同意或有习惯或有不得已之事由者，得使第三人代为处理。”而后在第538条规定：“委任人违反前条之规定，使第三人代为处理委任事务者，就该第三人之行为，与就自己之行为，负同一责任（第一项）。受任人依前条之规定，使第三人代为处理委任事务者，仅就第三人之选任及其对于第三人所为之指示，负其责任（第二项）。”

留在该代理关系中。究竟如何，视具体约定之情形而定。有疑义时，应解释为不退出。其有约定或表示退出代理关系者，其约定或表示不得违反其所以为次代理之授权的基础关系之意旨或诚信原则。例如其所以为次代理之授权的基础关系是雇佣关系者，身为雇用人之代理人不得因对其受雇人授予次代理权而主张自己退出该代理关系，而后在不能知谁是本人时，要身为次代理人之受雇人单独对于相对人负无权代理的责任。盖在雇佣关系中，雇用人如对于受雇人授予代理权，亦必求其法律效力要直接及于雇用人，以确保其经营利益。

在有次代理人的情形下，在代理权之行使或其基础关系之债务的履行上，次代理人究竟只是代理人对于本人履行债务时之履行辅助人，或次代理人自己像次受任人与委任人的关系一样（“民法”第 537 条、第 538 条第 2 项、第 539 条），独立与本人成立代理关系，或甚至取代代理人的地位，仅剩次代理人与本人有代理关系。[①] 有疑义时，这些都是留待契约解释的问题。[②] 然不论次代理人是否取代代理人成为系争代理事务之唯一的代理人，次代理人在从事代理行为时皆必须以本人名义为之，而不是以代理人之名义为之，而后再经由代理人将该代理行为之法律效力归属于本人。盖一个代理行为要成其为代理行为，必须以本人之名义为之，始能将其法律效力直接归属于本人。是故，纵使次代理人之所以愿意为次代理人，在代理人与次代理人间必有其内部的基础关系，但形之于外，为使次代理人为本人从事之代理行为能够直接对于本人发生效力，从而与相对人建立直接的法律关系，次代理人对外不能以代理人之代理人，而只能以本人之代理人的地位出现。在次代理人从事代理行为时，代理人便可能因此隐而不彰。于是，如果发生无权代理，谁应对相对人负赔偿责任？引起疑问。

如无次代理权，次代理人应负无权代理之赔偿责任，固言之成理。但相对人明知有次代理之情事，且次代理人确实自代理人受有代理权之授予的情形，如因主代理权不存在，而发生无权代理时，对于该赔偿责任的归属有无影响：代理人或次代理人，或二者皆应负无权代理之赔偿责任？在次代理，因仅次代理人表明代理意旨，以本人的名义与相对人从事代理行为，代理人实际上可能不表现在该

---

① 此种辗转的契约关系之典型为承揽运送。承揽运送的任务为：以自己之名义，为他人之计算，使运送人运送物品而受报酬（“民法”第 660 条第 1 项）。亦即为托运人选任适当之运送人并使其为本人运送货物。与之类似的情境为：“民法”第 537 条但书规定，受任人经委任人之同意或有习惯或有不得已之事由，得使第三人代为处理委任事务。在这种情形下，受任人不再自己处理委任事务，而使第三人代为处理委任事务，并仅就第三人之选任及其对于第三人所为之指示，负其责任（“民法”第 538 条第 2 项）。

② Soergel-Schultze—v. Lasaulx, Kommentar zum BGB, 11. Aufl., Stuttgart 1978, § 167 Rz. 55, 60.

代理行为中。所以，代理人可能对相对人主张：其并非代理人，实际为代理人者为其次代理人。是故，应就该无权代理行为对相对人所致损害负责者，应只有次代理人。

如果相对人仅与次代理人，而不与代理人接触，则次代理人应对相对人就代理行为对于本人之效力的信赖负责。亦即次代理人应就次代理权及主代理权之欠缺负责。盖次代理之效力系于主代理之效力。自次代理行为之外部形式观之，这虽言之成理，唯若自其相关连之具体情况观之，该主张之贯彻便可能不尽合理。[①] 盖实际上如果仅代理人直接由本人受代理权之授予，次代理人与本人根本未曾见面，且除次代理人系受代理人之指示，而充当次代理人，依代理人安排之意思表示的内容与相对人为代理行为外，相对人亦明知该作业实情时，该代理行为如因号称为本人者，事实上是冒他人之名委任代理人与相对人从事该代理行为，这是否构成无权代理？如果构成无权代理，是在哪个层次发生无权代理？[②] 代理人或次代理人，或二者皆应负无权代理责任？

在冒名的情形下，冒名者并非以他人之名义从事法律行为。该委任契约存在于冒名者，而非被冒名者与上述之代理人间。在号称之本人（冒名者）与该代理人间有代理权之授予者，亦为有效之授权。授权人为该冒名者，而非被冒名者。代理人事后如能够指认冒名者为谁，则就委任事务之处理，便有一个经证明为存在之真切的本人，从而代理人基于该委任而与相对人从事代理行为时，本来亦不构成无权代理。只是后来代理人不能为相对人指认本人为谁时，相对人得主张以该被冒名者为本人，使该代理行为具有无权代理的外观。在这种情形下，有认为代理人及次代理人应共同负责。[③] 唯假设次代理人与代理人之关系是在经济上依附于代理人之受雇人，而非经济上有独立性之受任人，则要次代理人连带负责，显有未妥。盖在这种情形，仅代理人因委任事务而自冒名者受有报酬，次代理人仅自代理人支领薪资，论诸实际，与冒名者并无交易关系。何况，有时仅代理人才有机会接触到本人，次代理人仅与代理人有直接之业务上的接触。

---

① Flume, Allgemeiner Teil des Bürgerlichen Rechts, Zweiter Band: Das Rechtsgeschäft, Berlin 1979, 2. Aufl., § 49 5.

② 各层次之代理人从事代理行为时，有表明代理意旨，让相对人明了其多层次之代理关系者，关于代理权之欠缺，应分别按其欠缺的层次判断，并归属其无权代理责任。亦即次代理人只就次代理权之欠缺，而不就主代理权之欠缺负无权代理责任（Müchener Kommentar zum BGB/ Thiele, Allgemeiner Teil, 2. Aufl., München 1984, § 167 Rn. 75; Larenz/Wolf, Allgemeiner Teil des Bürgerlichen Rechts, 9. Aufl., München 2004 § 49 Rn. 30）。

③ Soergel-Schultze—v. Lasaulx, Kommentar zum BGB, 11. Aufl., Stuttgart 1978, § 167 Rz. 59.

因此,实际上可能只有身为雇主之代理人有机会取得事后为指认冒名者为谁所需之资讯;而身为受雇人之次代理人,实无能为力。在一般的代理,代理人只对于相对人负责其与本人间之代理关系确实存在;在次代理,要次代理人除就其与代理人间之次代理关系外,还要就代理人与本人间之代理关系,担保其真正,在次代理之基础关系是雇佣契约的情形,其妥当性有待检讨。何况,在次代理,次代理人在从事代理行为时,所以自称为代理人,非为次代理人自己之利益,而系为将该代理行为之法律效力直接归属于代理人指示之本人,乃卷入代理关系中。这些全因现行代理制度没有正式肯认代理之次代理制度,使代理人之次代理人没有其应有的法律地位,以致为遵守代理制度之外部形式的要求,导致次代理人应替"代理人",为本人之真正负担保责任。

例如就雇主(代为向电信事业声请电话之服务业)甲自己亲自接案,接受客户乙之委任,而以其受雇人丙为代理人,以该客户乙之名义,与相对人丁(电信事业)从事代理行为,而后发现该客户乙系被另有其人之戊所冒名,以乙之名义,为该委任契约之缔结及代理权之授予,以致丙以乙之名义,与丁从事之代理行为,在事后甲及丙不能指认冒名者戊确实为谁时,成为无权代理。丁在向冒乙之名的客户戊履行该代理行为所生之债务后,丁在向乙请求给付服务报酬时,乙以另有其人冒其名义缔约为理由,否认其为该契约之当事人并拒绝付款。于是丁依"民法"第 110 条,以丙系该代理行为之无权代理人为理由,对丙请求赔偿其因乙不给付服务报酬所受之损害。就该案件台湾高等法院 2001 年度上易字第 369 号民事判决:电信事业胜诉,该受雇人丙应对电信事业丁,赔偿冒乙之名,与甲缔结委任契约者积欠之电话费。台湾"高等法院"2001 年上易字第 369 号有下述重要论点。

一、"经查:(一)被上诉人(按:即次代理人)虽系里奇公司之员工,未与客户实际接触,向上诉人申办客户所声请之电话,均由里奇公司法定代理人张某瑜及其妻陈某美提供客户身份证、印章由其办理等事情,固据证人黄某维、张某瑜结证属实(见原审卷第 67 页反面、本院卷第 88 页),唯被上诉人申办系争电话时,系以其为方某萍代理人之身份(按:即被冒名者)为声请,并于声请书之代理人栏内,载明其姓名住所,虽于声请书上所载联络电话为里奇公司当时之联络电话,为上诉人所不争,然该电话号码仅系作为上诉人与被上诉人连系之用,尚难仅凭该电话号码为里奇公司所使用,即遽认系争电话为里奇公司代理声请,况遍查系争声请书所载全部文字,并未记载任何有关里奇公司为代理人之意旨,自不得认里奇公司为代理人,被上诉人系以方某萍代理人申办系争电话,应堪认定。(二)被上诉人受雇之里奇公司法定代理人张某瑜亦证称:被上诉人在伊公司受雇半年多,其工作内容包括去电信局办电话装机的业务(见本院卷第 59～60 页)等语。”简评：里奇公司之作业形态是否为电信事业在该销售阶段之常态。如非常态，类此公司之存在利基为何？如系常态，谁应当是该公司之客户的常态代理人？不就是该与客户有见面机会之雇主吗？怎么会是与该公司之客户根本未谋面之该公司的员工呢？所以，合理的解释充其量为：其员工应只是配合该电信公司关于电话之声请作业的要求，而充当为该声请电话之委任契约的次代理人或传达人，里奇公司则是代理人。相对于委任人，该员工则是债务人里奇公司为履行债务而利用之使用人或代理人（“民法”第224条：履行辅助人）。另文书必须以签名决定其表意人。如何得以签名栏以外之非签名的记载作为认定该员工系代理人的证据方法？其次，关于系争电话声请案，因该员工并未参与相关法效意思之形成，是其所为其实也可以定性为其雇主里奇公司关于该声请案的传达人。

二、该判决还表示：“经查：（一）系争声请书上所载客户方某萍之户籍地址固为错误之××市×××路××段×××××号××××××，号码五六七七声请书之代理人签章栏并未签章，唯被上诉人既于声请时提出方某萍之身份证及印章，表明代理方某萍申装系争电话，而于系争声请书填载方某萍之姓名、身份证号码，已足确定声请人为何，纵上诉人未发现××市×××路××段××××× 号五楼之地址系错误而不存在，然此疏失于通常情形，非当然发生本件损害之结果，自非损害发生之共同原因，难谓此疏失与损害之发生或扩大有因果关系；又联单号码五六七七声请书代理栏内并无代理人签名，唯该声请作业并非书面审查，系被上诉人亲自至上诉人营业处交付该声请书并提出身份证件核对无讹后始予核准，而系争电信契约并非要式行为，仅意思表示合致后即成立，纵无填写该声请书，亦因被上诉人以方某萍之代理人与被上诉人就系争电信契约之订立达成意思表示一致，契约即成立生效，要与上开声请书代理人栏未签名无关，况本件损害之发生，系因被上诉人无权代理所致，该签名之有无，非损害发生或扩大之共同原因，亦无因果关系。被上诉人之辩解，尚无足取。”简评：电信契约纵非要式行为，但电信事业既要求交付该声请书作为作业的基础，即应按书面契约认定其相关之法律事实。此外，也不得就该声请书上的记载作割裂的引用。次代理人在上开声请书代理人栏既未签名，如何认定其为（次）代理人？如仅因其亲自临柜，也可认定其为代理人里奇公司之传达人。

三、该判决并表示：“装机地点不以声请人之住所为限，该地点既系被上诉人代理本人所指定，上诉人仅须于该址完成装机并经该址所在之人受领，即已履行给付义务完毕，尚难以本人未到场签收及上诉人未要求本人到场以核对身份，遽认系本件损害发生或扩大之共同原因。被上诉人所辩，委无足取。”简评：关于本人资料之正确性之确认的疏失，就次代理人方，该判决认定为引起损害之应负责事由，而就相对人方，该判决则认定为“难谓此疏失与损害之发生或扩大有因果关系”。关于因果关系之有无的论断有双重标准，岂不矛盾。电话之装机声请及据该声请而成立之法律行为仅是一个债权契约。该债权契约尚待于履行方始可能造成系争之电话费未为缴交所构成之债务不履行的损害。该法律关系要发展至履行阶段，电信事业在履行上应被认定为已与本人或其有受领权人见过面。既然见过面，并为履行，怎么还可质疑代理权之有无，或纵使代理人无代理权，又怎么还可主张其尚未承认该无权代理行为？电信事业既然接受此种装机之声请方式，应有足够经验认识此种装机纠纷之发生的可能性，从而应为必要之注意，以资防范。岂可以反正出事，得请求为该装机之声请递件之人赔偿，而漫不经心。相较于根本未参与接案之工读的受雇人，电信事业有更充分的经验与机会，防止系争债务不履行事件的发生，而竟不为。是其请求赔偿，在损害之归属上，亦与损害之就近防止原则有违。此外，本件申装电话案系于 1995 年 12 月 5 日由次代理人代理诉外人（即自称被冒名者）方某萍与电信事业订立系争电信契约，申装系争电话，而直自 1996 年 11 月至 1997 年 1 月始有该期间之电信费共 762901 元未缴。这当中双方有约一年的期间服务与缴费正常相安无事。而今在缔约并圆满履行约一年后，始出而主张该契约之缔结有被冒名，以致构成无权代理的情形，并对当初代理声请人，请求无权代理之损害赔偿责任。参诸“民法”第 451 条的规定，这合理吗？

在这个案件中，丙事实上并未见过冒乙之名者。而只是承甲之指示，以次代理人的地位，以乙的名义，与丁从事电话服务契约之缔结。值得探讨的是，如果这是一件有权代理案件，丙之代理权从何而来，由谁对其授予？该代理权事实上之授予流程为：冒乙之名者先授予代理权给甲，而后甲再转授权，亦即次授权给丙。这是典型之次代理的情形。该次代理人在这里之法律地位系独立于甲之经济活动单位，或系依附于甲之履行辅助人？如丙系有如委任关系中之受任人，独立于甲之经济活动单位，则丙以独立之次受任人的地位从事代理行为，执行业务；如系依附于甲之履行辅助人，则其所谓次代理人，其实只是“民法”第 224 条意义下债务人之履行辅助人。[①] 关于债之履行，履行辅助人有故意或过失时，债务人应与自己之故意或过失负同一责任。此为一种债务不履行责任。因为履行辅助人不是债务人，所以履行辅助人在债务之履行上纵有过失，对于债权人亦不负债务不履行责任。在此，要受雇之履行辅助人，为其只是依指示而从事之次代理行为，负无权代理责任，显不合理。特别是在这种电话声请业务之常态作业为

① 在这里，次代理人从事次代理行为，一方面是辅助履行代理人对于委任人所负之代理声请电话的债务；另一方面是辅助履行代理人与相对人间由于缔约上之业务接触所生之法定债务。

电信事业所明知的情形，更不该对于次代理人请求无权代理的损害赔偿。何况，所以造成损害的直接行为已是该因无权代理行为而发生之债务的履行行为。在区分债权行为（负担行为）与物权行为（履行行为）之基本体制上，债之发生行为的代理应与债之履行行为的代理分别对待。在该债务之履行所涉之行为，该次代理人并未参与。是故，纵认为次代理人应为代理权之不存在，负无权代理的责任，亦应仅限于直接因代理行为发生之债如果无效时，相对人所受之损害，而不及于因该债务之履行所生之损害。在为该债务之履行所成立之契约关系，电信事业已不再以甲或丙为代理人或次代理人。如何能要其为后续之契约负无权代理责任？特别值得思考的是：即便原债务契约是一个因无权代理而缔结之契约，双方当面授受给付，是否即是等同于承认？

四、拟制的代理权

有人既非本人之法定代理人，亦非由本人授予代理权，而系由法律拟制其为本人关于一定事务之代理人。例如遗产管理人、遗嘱执行人及破产管理人。其代理权可称之为拟制的代理权。所以规定此种拟制的代理权，有因为一时不知继承人为谁或在哪里，以致本人不明者，例如遗产管理人。有因为被继承人有意剥夺其继承人（继承事故发生后之本人）关于遗产之管理处分权，法律从而尊重被继承人之最后意愿者，例如遗嘱执行人。有因为法律在一定情况下（宣告破产），有意剥夺本人（破产人）关于一定范围内之事务（破产财团）的管理处分权者，例如破产管理人。因法律有意剥夺本人之管理处分权者，法律规定本人不得任意解任、撤回或限制代理人之拟制的代理权。兹分述之：

“继承开始时，继承人之有无不明者，由亲属会议于一个月内选定遗产管理人，并将继承开始及选定遗产管理人之事由，向法院报明。”（“民法”第 1177 条）所以遗产管理人并非由继承人选任。而如有继承人，遗产管理人就遗产所从事者，其实是继承人之事务。是故，“民法”第 1184 条规定：“第一千一百七十八条所定之期限内，有继承人承认继承时，遗产管理人在继承人承认继承前所为之职务上行为，视为继承人之代理。”

“遗嘱人得以遗嘱指定遗嘱执行人，或委托他人指定之。”（“民法”第 1209 条第 1 项）遗嘱执行人固非由继承人选任，但其有管理遗产，并为执行上必要行为之职务。于是，引起其因该项职务所为之行为，是否为继承人之代理的疑义。[①]

---

① 德国学说上采否定见解者，请参考 Larenz/Wolf，Allgemeiner Teil des Bürgerlichen Rechts，9. Aufl.，München 2004 § 46 Rn. 60f.。

就此，"民法"第1215条第2项规定："遗嘱执行人因前项职务所为之行为，视为继承人之代理。"另有疑问者为：继承人得否解除遗嘱执行人之委任，撤回或限制其代理权？就此，司法实务上采否定的见解。[①]

在破产的情形中，破产管理人就破产事务之处理亦有类似的问题。破产管理人并非由破产人选任，而是法院于为破产宣告时，选任破产管理人（"破产法"第64条）。唯债权人会议得就债权人中另为选任破产管理人（同法第83条第2项）。因此，如以破产管理人为破产人之代理人，亦涉及拟制：将破产管理人因执行其职务所从事之法律行为，视为其为破产人从事之代理行为。唯破产法并无该拟制的规定。

五、不属于代理之其他为他人的行为

为他人从事法律行为，固为代理之重要特征，但还有不属于代理之其他为他人的行为。例如：(1)传达，因只将本人或代理人已决定之法效意思，并基于其愿为表示的决定，将其法效意思的信息传递给相对人，而不参与法效意思的形成或表示的决定，所以不是以代理人的地位，基于代理权，为本人从事意思表示。[②]将本人之意思表示传递第三人者，称为表示的传达；将第三人之意思表示传递本人者，称为受信的传达。传达人在受信上的地位固有若本人或代理人之信箱。但因传达人在空间上不一定一直在本人或代理人之左右，是故，必须传达人依其

---

① "最高法院"1998年台上字第1723号民事判决："亲属会议，非有三人以上之出席，不得开会，非有出席会员过半数之同意，不得决议；亲属会议会员，于所议事件有个人利害关系者，不得加入决议，'民法'第一千一百三十五条、第一千一百三十六条定有明文。经查本件被继承人陈某深既以自书遗嘱指定王陈某珠、钟某英、徐某雄三人为遗嘱执行人，以杜继承人为己利而违遗嘱人之意思，又以自书遗嘱将遗产赠与法人清泉奖学会董事会、香兰基金会、生前部属职员及特定亲属。则该遗嘱之执行即与继承人有重大利益冲突。况遗嘱执行人有管理遗产并为执行上必要行为之职务；遗嘱执行人因前项职务所为之行为，视为继承人之代理，'民法'第一千二百十五条定有明文。显见遗嘱执行人之改选与否，与继承人均有个人之利害关系。故陈某仁召开亲属会议，而由与决议事项有重大利害关系之继承人陈某仁、王陈某完、廖陈某香共同参与决议解除遗嘱执行人王陈某珠、钟某英、徐某雄三人之职务，并另选任陈某仁为遗嘱执行人之行为，显与'民法'第一千一百三十六条之规定有违，其决议依法自属无效。"

② "最高法院"1966年台上字第854号民事判决："股东委托他人出席股东会应出具委托书，固为'公司法'第一百七十五条第一项所明定，但此项规定仅于股东委托代理人出席股东会时，始有其适用。若股东亲自出席股东会，而将己领得之选票嘱人代为填写被选人姓名并将其投入票柜，显系利用他人为传达意思之机关或系'民法'上代理权之授与，究与'公司法'第一百七十五条第一项所规定之情形不同，除有特别约定外，并无上开法条之适用。"

与本人或代理人之关系(例如同居人或受雇人)及其接受该信息之地点,依通常情形可期待其已处于让本人或代理人可得而知传递之意思表示内容的空间位置时,方可认定该意思表示已到达。亦即应加计相当之在途期间。[①] 如经过相当之在途期间而事实上犹未送达,则构成传达之意思表示迟到的情事。如受意人在发现传达迟到之情事,而怠于将该情事通知表意人,则该意思表示视为在预期其可传达至受意人时到达。[②] 该拟制之实益影响意思表示之迟到的有无,或是否在除斥期间或时效期间内为形成权或请求权之行使的认定。(2)冒名而为法律行为。冒名者使相对人误以为自己就是所冒之名者本身,而与相对人从事法律行为,且相对人亦信以为真。在冒名的情形,论诸实际,表意人系为自己,而非为其冒名之人从事法律行为。是故,其所为并非代理行为。在这种情形,相对人固然可能会有人之资格的错误("民法"第 88 条第 2 项),但就当事人同一性而论,并无错误。不过,如果相对人明知,对其为表示者使用他人的姓名,而不知表意人系以冒名之意图,使用他人的姓名,则可能将该冒名行为解释为代理行为。从而构成无权代理行为,应依无权代理的规定定其效力。[③] 区别冒名与代理之重要的制度设计为:在代理,要求代理人于从事代理行为时,表明代理意旨,遵守显名主义。然一方面由于同名同姓者多,另一方面一个人常有本名与字号或笔名、艺名等,所以要以姓名确实辨识一个主体之同一性,有一定的失误可能性。有疑义时,还要必须借助于其他附随情况,以便指认。(3)间接代理。这指代理人以自己之名义,为本人与相对人从事法律行为。间接代理虽是为本人,但因间接代理人系以自己之名义从事法律行为,所以其法律效力先及于间接代理人。必须待间接代理人将其自相对人取得之权利移转本人时,本人始能取得因间接

---

① Larenz/Wolf, Allgemeiner Teil des Bürgerlichen Rechts, 9. Aufl., München 2004 § 46 Rn. 81.

② "非对话而为意思表示者,其意思表示,以通知达到相对人时,发生效力。"("民法"第 95 条)亦即非对话之意思表示的生效原则上采到达主义。意思表示是否到达,除法律有特别规定,例外加以拟制外,应就诸事实认定之。只要事实上未到达,即不生效力。唯意思表示之通知,有时在按其传达方法通常可达到之相当时期内未到达而迟到。这时该意思表示虽因未到达而不生效力,但按其传达方法,本来不会迟到者,受意人应向表意人即发迟到之通知。怠于为该通知者,其非对话而为之意思表示即视为未迟到("民法"第 159 条、第 162 条)。亦即拟制为在按其传达方法通常可达到之相当时期内到达。

③ Larenz/Wolf, Allgemeiner Teil des Bürgerlichen Rechts, 9. Aufl., München 2004 § 46 Rn. 54ff..

代理产生之权利（“民法”第541条参照）。[①] 同理，也必须本人自间接代理人承担因间接代理产生之义务时，本人始负担该义务。(4)授予处分权。授予处分权和授予代理权的相似之处在于：同样是由本人授予他人以权限，管理自己之事务。不同者为：在授予处分权，虽不移转拟处分之标的之所有权或其他财产权于被授权人，但被授权人得以自己之名义处分该标的，并使该处分行为之效力直接及于授权人，从而使该标的移转或设定负担于第三人。反之，在授予代理权，被授权人得以授权人（本人）之名义与第三人从事代理行为，并使该代理行为之效力直接及于本人。此即直接代理。假如被授权人以自己，而非授权人（本人）之名义与第三人从事代理行为，该代理行为之效力将直接及于被授权人，而非本人。此即间接代理。是否亦可授权他人，以自己（被授权人）之名义与第三人从事负担行为，使授权人因此对于第三人负债务？应采否定的见解。[②] 盖一方面，此种授权使相对人不能自被授权人之表示认知债务人是被授权人或授权人，有碍于交易安全；另一方面，授权人如果真有由被授权人为其从事直接对其发生效力之负担行为的意思，已有代理制度可满足其交易需要。是故，其否定不造成法律漏洞，没有通过肯定，予以补充的规范需要。(5)信托。称信托者，谓信托人为管理或担保之目的，将财产权移转于受托人。该财产权，即信托财产，自信托人之其他财产分离，构成特别财产。在信托，与在间接代理或在上述授予处分权的情形一样，受托人以自己之名义，为信托人或受益人从事法律行为。是故，纵使信托系为信托人或受益人之利益而成立，受托人依然不是代理人，其从事之法律行为亦非代理行为。信托与委任在这方面之不同为：在委任，委任人可能授予受任人以代理权，以为委任事务之处理，从事必须之法律行为，但也未必授予代理权；在信托，因为信托财产已移转于受托人，所以，为处理以信托财产为基础之事务，必须从事法律行为时，受托人只须以自己的名义为之。在受信托财产之移转后，为信托事务之处理，信托人对于受托人无再授予代理权之需要。受托人虽然是信托财产之所有人，但如果受托人违反信托意旨，滥用其受托人之权利，而为相对人所明知者，则与滥用代理权的情形一样，其就信托财产与相对人从事之法

---

① “最高法院”1983年台上字第4720号民事判例：“受任人本于委任人所授与之代理权，以委任人名义与他人为法律行为时，固直接对委任人发生效力；若受任人以自己之名义与他人为法律行为，因而为委任人取得之权利，则须经受任人依‘民法’第五百四十一条第二项规定，将其移转于委任人，委任人始得径向该他人请求履行。前者，因法律行为发生之权利义务，于委任人及该他人之间直接发生效力；后者，则该他人得以对抗受任人之事由，对抗委任人，二者尚有不同。”

② Larenz/Wolf, Allgemeiner Teil des Bürgerlichen Rechts, 9. Aufl., München 2004 § 46 Rn. 53.

律行为依然无效。另信托财产虽已移转于受托人，其债权人还是不得以其非因该信托关系发生之债权就信托财产声请强制执行。反之，受托人受破产宣告者，信托人就信托财产得行使取回权。[①] 信托和授予处分权不同者为：在信托，因授权处分之标的(信托财产)之所有权或其他财产权已移转于受托人，所以受托人以自己之名义从事之处分行为的效力直接及于受托人，而不及于信托人或受益人；在授予处分权的情形，因授权处分之标的之所有权或其他财产权并未移转于被授权人，所以被授权人虽以自己之名义从事该处分行为，但其效力仍直接及于授权人，而非及于被授权人。(6)居间。“称居间者，谓当事人约定，一方为他方报告订约之机会或为订约之媒介，他方给付报酬之契约。”(“民法”第 565 条)居间人原则上无以委托人之名义与相对人缔约之权限。所以，居间既非直接代理，亦非间接代理。唯委托人如指示居间人不得以其姓名或商号告知相对人，且“居间人不以当事人一方之姓名或商号告知相对人时，应就该方当事人由契约所生之义务，自己负履行之责，并得为其受领给付”(“民法”第 575 条第 2 项)。这时，居间人之所为等于间接代理是：以自己之名义与相对人缔结债务契约，并负履行之义务。由之所生权利义务先归属于居间人，而后再依其与委托人之基础关系，将权利移转于委托人，并向委托人请求给付报酬(“民法”第 568 条)，如有特约，并得请求偿还为处理该居间事务所发生之费用(“民法”第 569 条)。在“民法”第 575 条第 2 项所定的情形，居间人事实上已越过居间之通常业务，而进入行纪的业务。盖在典型的居间，居间人并不与相对人从事法律行为，而只“为他方报告订约之机会或为订约之媒介”。

六、代理权之授予行为及其基础关系

(一)代理权之授予行为及其基础关系是两个关系

代理权之授予行为指本人将代理权授予代理人之行为。其授予之结果，使代理人取得以本人之名义，与相对人从事可直接对于本人发生效力之代理行为的权限，但代理人并不因此有为本人从事，以该代理权为基础之代理行为的义务。在代理人为该代理行为前，本人亦不因该代理权之授予，即与预计为该代理行为之相对人者，发生法律关系。是故，代理权之授予虽紧接契约类型，规定于

---

① Larenz/Wolf, Allgemeiner Teil des Bürgerlichen Rechts, 9. Aufl., München 2004 § 46 Rn. 67.

民法债编第二节债之发生中，但并非债之发生原因，而仅单纯是代理权之授权关系。[①] 至于本人为何授予代理权及代理人为何有义务为本人从事代理行为，取决于本人与代理人间之基础关系。

典型的基础关系有：委任、雇佣及承揽。这些是基础的劳务之债。当为委任事务、雇佣职务或承揽工作之履行，受任人、受雇人或承揽人有从事法律行为之必要时，委任人、雇用人或定作人可能对其授予代理权。但是否有代理权之授予，仍应视具体情形之约定定之，不得一概而论。授予代理权时，受任人、受雇人或承揽人得以直接代理的方式；未授予代理权时，仅得以间接代理的方式，[②]从事为履行其债务所必需从事之法律行为。是否有授予代理权，在雇佣关系，如受雇人所从事者，系其为执行雇佣职务通常所必需之法律行为，则有疑义时，应认为受雇人有受代理权之授予，得以雇用人之名义为之。[③]

法律虽肯认法人之权力能力及行为能力，但因法人并无相同于自然人的血肉之躯，一切行为最终皆必须借助于自然人。法人与其在法律行为之从事上所借助之自然人间的基础关系，有些是前述不属于其法人组织之建构的委任、承揽或雇佣；有些是属于其法人组织之建构的董事、监察人，或理事、监事等机关。自然人以法人名义从事法律行为之权限，在该自然人不属于法人之组织建构者，称为代理权；属于法人之组织建构者，称为代表。[④] 从自然人以他人名义从事法律行为而论，代表与代理并无不同。但从该自然人与法人在组织上之关系而论，在法人法上却有重要的意义。在为法人从事法律行为者，属于法人之组织建构的情形，因为在组织上该自然人视为该法人之组织的一部分，所以其权限虽受有犹如组织体之器官之组织性质的限制，但除此而外，其权限范围原则上是概括的。

---

① 关于代理权之授予行为不是债之发生原因，请参考王泽鉴：《债法原理》第一册（基本理论/债之发生），作者自刊，1999 年 10 月增订版，第 328～329 页。

② “最高法院”1983 年台上字第 4194 号民事判决：“委任与代理不同。委任系委任人与受任人间之契约行为。受任人处理委任事务得以自己名义为之，仅其为委任人取得之权利，应移转于委任人而已。代理则为对外关系，代理人必须以本人名义与第三人为法律行为，而其法律效果直接对于本人发生效力。”

③ “最高法院”1957 年台上字第 1248 号民事判决：“上诉人之供应组以‘关于员工日用品之购运供应分配事项’为执掌，而诉外人彭某林为上诉人供应组干事，专司购货供应事项，则彭某林于上开执掌范围内，以上诉人名义订购货品，自应直接对上诉人发生效力。”

④ “最高法院”1985 年台上字第 2014 号民事判例：“代表与代理固不相同，唯关于公司机关之代表行为，解释上应类推适用关于代理之规定，故无代表权人代表公司所为之法律行为，若经公司承认，即对于公司发生效力。”

(二)代理权授予行为之独立性与无因性

当肯认代理权授予行为系一独立于本人所以为授权之基础关系的行为时，该授权行为固取得其独立的存在性。但二者并非毫无关连。然其关连究竟如何？首先受关注者为：代理权授予行为的效力是否系于该基础关系？此即代理权授予行为之有因性或无因性的问题。这应分从代理之内部关系及外部关系立论。在本人与代理人间之内部关系，基础关系既然是本人所以授予代理人代理权，及代理人所以有义务，为本人从事代理行为之法律上原因。在有基础关系，且其内部授权行为(约款)就代理权之有无及范围有明确之表示时，代理权之发生及存续自应按该基础关系定其有无及范围。所以，对于已授予之代理权，本人事后得为限制及撤回(“民法”第 107 条)。即便在代理权所由授予之法律关系存续中，亦得撤回之。盖为履行基础关系之债务，纵使有为法律行为之必要，债权人并不一定授予代理权，实务上亦可由债务人以间接代理的方式为之。此外，代理权之消灭，亦依其所由授予之法律关系定之(第 108 条)。这可谓代理权之授予行为在内部关系上的有因性。反之，在本人与相对人之外部关系，由于相对人并不一定知悉本人与代理人之基础关系的内容及范围或其他足以影响其效力之事由，所以，为保护与代理行为有关之交易安全，除非相对人明知或可得而知授权行为之意思表示有瑕疵、代理人无代理权或其代理权已被撤回或受有限制(“民法”第 169 条但书、第 107 条但书)，或代理人有滥用代理权的情事，并不适合使本人与代理人间之基础关系的效力影响到代理行为之效力。此即代理权之授予行为在外部关系上的无因性。① 要之，关于代理权之授予行为之有因性或无因性的问题，应分别就其内部关系与外部关系论断，不适合一概而论。基于代理权之授权行为对于其基础关系的无因性，只要一个代理行为系在代理权范围内所为，即使代理人在该代理行为之从事，有违反其基于与本人间之内部关系对于本人所负之义务，亦即有滥用代理权的情事，该代理行为依然有效(“民法”第 107 条)。唯倘相对人明知代理人有滥用代理权之情事，则该代理行为应论为无权代理，依无权代理的规定定其效力：本人得承认该代理行为(“民法”第 170 条)；不过，相对人于本人承认前，不得撤回该代理行为(“民法”第 171 条)。至于相对人如仅是因过失而不知代理人有滥用代理权之情事，则该代理行为依然

---

① 关于代理权之授予行为之无因性，请参考王泽鉴：《债法原理》第一册(基本理论/债之发生)，作者自刊，1999 年 10 月增订版，第 326 页以下；孙森焱：《民法债编总论》上册，作者自刊，2004 年 1 月修订版，第 90～91 页；Larenz/Wolf，Allgemeiner Teil des Bürgerlichen Rechts，9. Aufl.，München 2004 § 46 Rn. 138。

有效。

本人如因此受有损害，得以代理人违反其基于内部关系所负之义务为理由，依积极侵害债权有关规定（"民法"第227条），对于代理人请求损害赔偿。[①] 该滥用代理权之行为系与相对人通谋而为者，本人得依"民法"第184条第1项后段或第2项之侵权行为的规定，对于相对人请求损害赔偿。[②]

（三）如何授权

1. 以意思表示为之

"民法"第167条规定："代理权系以法律行为授与者，其授与应向代理人或向代理人对之为代理行为之第三人，以意思表示为之。"依该条规定，代理权之授予属于需要相对人之意思表示。其相对人为：代理人或代理人将对之为代理行为之第三人。代理人固为特定，但代理人将对之为代理行为之第三人则可能不特定。其为特定者，该表示为典型之外部授权，仅相对于该第三人；其为不特定者，即是相对人不特定之意思表示，相对于一切第三人，生授予或确认授予代理权于代理人的效力。后一情形所指者应当是：本人以公开的方法，表示其已将代理权授予特定之代理人。该公开的表示，论诸实际仅在于公开确认其已对于代理人授予代理权。在该公开表示前，本人如尚未对代理人授予代理权，该表示本身是否具有独立授予代理权的效力？其法律依据为何？该表示固可独立授予代理权，但其依据应是"民法"第169条前段所构成之表见代理：由自己之行为表示以代理权授予他人，对于第三人应负授权人之责任。盖在该公开表示前，如无内部授权在先，通告不足以在本人与代理人间创设有基础关系支撑的代理权。因为该代理权之授予，以表见事实为基础；其效力，以法律为依据。所以，德国学说上认为该公开之表示是一个准法律行为。[③]

"授与代理权之意思表示不以明示为限，如依表意人之举动或其他情事，足以间接推知其有授权之意思者，即发生代理权授与之效力。"（"最高法院"1943

---

① Larenz/Wolf, Allgemeiner Teil des Bürgerlichen Rechts, 9. Aufl., München 2004 § 46 Rn. 139ff..

② Larenz/Wolf, Allgemeiner Teil des Bürgerlichen Rechts, 9. Aufl., München 2004 § 46 Rn. 141ff. (144).

③ 德国民法第171条有关于以对外公开告知的方法授予代理权的规定。请参考 Larenz/Wolf, Allgemeiner Teil des Bürgerlichen Rechts, 9. Aufl., München 2004 § 48 Rn. 6ff.。

年上字第 5188 号民事判例)。[①] 该判例肯认除明示外,亦得以默示的方法,为代理权之授予。将受雇人任命为经理人者,原则上即授权该经理人以代理权,就其担任经理人之商号或其分号或公司的事务,得以商号或公司的名义签名,从事法律行为("民法"第 553 条、第 554 条第 1 项;"公司法"第 31 条第 2 项)。唯该商号或公司如非以买卖不动产为营业,其经理人,除有书面之授权外,对于不动产,不得买卖,或设定负担(第 554 条第 2 项、第 3 项)。然雇用人对受雇人授予代理权的方法,并不以将其任命为经理人为限。受雇人为执行其日常职务,有必要与雇主之顾客从事法律行为者,应认为其雇用与职务之课予,含有授予代理权的意思表示。[②]

2. 内部授权或外部授权

关于代理权之授予态样,以本人向之为授权表示者为代理人或代理人对之为代理行为之第三人为标准,可区分为内部授权及外部授权。在内部授权,因不是对于代理人对之为代理行为之第三人为之,所以第三人在与自称为本人之代理人者从事法律行为时,应意识到与其为代理行为者可能无代理权。亦即与他人之代理人为法律行为,其法律行为有可能因该代理人无代理权而效力未定。所谓效力未定指:无权代理行为经本人承认前,对于本人不发生效力("民法"第 170 条第 1 项)。

3. 代理权之授予行为的要式性

依契约(法律行为)自由原则,代理权之授权行为原则上无方式上的限制。这通常指无须以书面的方式为之。唯倘代理行为系书面的要式行为,其书面的要式规定,对于代理权之授权行为是否亦有其适用,使其授权行为亦成为要式行

---

① "最高法院"1955 年台上字第 1132 号民事判决:"系争土地业经被上诉人合法买受,办毕所有权移转登记。后交与其姊耕种,其姊再出租与上诉人。然出租人既非所有权人,又未受所有权人委托,则其出租显与原所有人无涉。复因出租人未将其所收受之租金转给被上诉人,是其出租亦非以被上诉人之名义与上诉人所为之代理行为,从而被上诉人对第三人亦不负授权人之责任。"本判决的意旨为:贷与人同意将土地以使用借贷的方式,让借用人耕作者,其同意不包含对于借用人授予代理权,以贷与人名义,将贷与物出租第三人。借用人如以贷与人名义与第三人缔结租赁契约,构成无权代理。唯事实上借用人得以其对于贷与物之用益权为基础,以自己名义,将贷与物出租第三人。只是除该租赁契约不能对抗所有人外,还有可能因此构成贷与人得终止该使用借贷契约的事由。

② "最高法院"1957 年台上字第 1563 号民事判决:"某甲果属上诉人店员,在订立本件买卖契约以前尚未解雇,但究非上诉人选任之经理人,非当然有代理上诉人米厂订立买卖契约之权限。如未经上诉人为代理权之授与,亦无'民法'第一百六十九条规定之情形时,则某甲与被上诉人订约之行为,即难令上诉人负其责任。"本号判决意旨显然背离行业之交易需要。

为，引起疑问。

法律就一定种类之法律行为有书面要式之规定时，该要式规定之拘束力是否及于其他法律行为，素来引起疑问。常见之疑问为：委任事务所需法律行为之书面要式规定，是否及于其处理权或代理权之授予行为？关于代理行为之书面要式规定是否及于代理权之授予行为？关于物权行为之书面要式规定是否及于其债权行为？[①] 这些是肯认授权行为之独立性，或区分物权行为及债权行为，而法律仅就其中一部分行为有书面要式规定时，可能引起之法律适用的问题。为贯彻书面要式规定之规范目的，避免其因为书面要式规定不周全，而致明文之书面要式规定丧失其功能，形同具文，上述情形都有自法律体系之一贯性的观点，目的性扩张书面要式规定之适用范围的必要。

是故，意定代理之授权行为，固非要式行为（“最高法院”1997 年台上字第 1736 号民事判决）。唯因此认为“纵代理行为依法应以书面为之，但授与此种行为之代理权，仍不必用书面”（“最高法院”1988 年台上字第 248 号民事判决），并不妥当。关于法律对委任事务所需之法律行为有书面要式规定，其处理权或代理权之授予行为是否亦应以书面为之？“民法”第 531 条已有明文规定：“为委任事务之处理，须为法律行为，而该法律行为，依法应以文字为之者，其处理权之授与，亦应以文字为之。其授与代理权者，代理权之授与亦同。”值得检讨的是，其后段关于“其授与代理权者，代理权之授与亦同”的规定，是否应一般的适用于各种代理权之授予，而不限于委任。从而在体系上应规定于“民法”第 167 条，并调整其文字如下：“代理权系以法律行为授与者，其授与应向代理人或向代理人对之为代理行为之第三人，以意思表示为之。代理行为，依法应以文字为之者，其代理权之授与，亦应以文字为之。”其理由为：规定于第 167 条，原则上适用于一

---

① “最高法院”1985 年台上字第 1374 号民事判决：“不动产物权移转之契约，虽以书立契据为必要之方式，而关于买卖不动产之债权契约，则本为不要式行为，若双方就不动产之标的物及价金互相同意，即不能谓其买卖之债权契约尚未成立。本院著有 1931 年上字第 1207 号判例。至于本院 1942 年上字第 3256 号判例，系就不动产物权之移转或设定行为应践行之方式而为阐释。”这个问题后来亦波及委任关系之要式性。例如“最高法院”2002 年台上字第 1563 号民事判决：“为委任事务之处理须为法律行为，而该法律行为依法应以文字为之者（如不动产物权之移转或设定），其处理权之授与，固应以文字为之。唯买卖契约为债权契约，无须以文字为之，则委任处理该事务之委任契约，自亦毋庸以文字为之。受任人因处理该委任事务而负担必要债务者，自得请求委任人代其清偿，此观‘民法’第五百三十一条、第五百四十六条第二项规定自明。”当认为物权契约之书面要式性对作为其原因之债权契约无适用性时，关于物权行为之书面要式规定的警示及存证功能便即丧失。关于这个问题，后来虽有“民法”第 166 条之一第 1 项规定：“契约以负担不动产物权之移转、设定或变更之义务为标的者，应由公证人作成公证书。”显然并没有获得厘清。

切代理权之授权行为;反之,规定于第 531 条,首先只适用于委任契约。对于其他契约之适用,尚待于类推适用或目的性扩张等法律补充的论述。而所以应有第 531 条扩张书面要式规定之适用范围的理由为:不为扩张适用,该书面要式规定将因该处理权或代理权之授予行为之无须书面要式而丧失功能。盖不具书面要式之处理权或代理权之授予行为一旦有效,[①]便可以本人之名义,从事需要书面要式的行为。于是,该书面要式对于本人在从事该书面要式行为时之警示及存证的功能,因而失效。

4. 授权书

无权代理行为对于本人虽效力未定,但相对人却应受其意思表示的拘束。这对于该相对人自属不利。是故,特别是在相对人系自代理人受意思表示时,相对人应得请求代理人出示证明其代理权之凭证,[②]以求自保。代理人如不因相对人之请求,而出示证明,相对人得拒绝与该自称为本人之代理人者从事系争的代理行为。在代理行为系契约行为的情形,因为相对人本无缔结契约的义务,所以相对人拒绝与该代理人缔约或从事缔约协商,不致引起法律责任。但在代理人对相对人以本人名义为单独行为的情形,其效力当如何?自有疑义。这在形成权之行使,为除斥期间之遵守;在请求权之行使,为消灭时效期间之遵守,以及关于给付迟延与否之认定,皆有重要意义。代理人不出示代理权之凭证,债务人固得拒绝给付,而不陷于给付迟延,但后来代理人如能补正其在从事代理行为时,代理权已存在之证明,则仍以其从事代理行为时为准,认定形成权之除斥期间是否经过、请求权之时效期间是否已完成。

(四)代理权的范围

代理权的范围,在法定代理固由法律定之,但在意定代理,其代理权之范围则不全然由本人在授权行为中界定。例如经理人之代理权的范围,依"民法"第 553 条第 1 项及第 554 条第 1 项首先是概括的;其次,依同条第 3 项得将经理权

---

① "最高法院"1998 年台上字第 2709 号民事判决:"'民法'第五百三十一条所谓其处理权之授与,亦应以文字为之(包括处分不动产应特别授权之情形在内)者,乃委任人与受任人内部间契约上应行具备之形式,并非受任人必须交付他造当事人之书证,此与同法第一百六十七条所称代理权之授与,因本人之意思表示即生效力,无须一定之方式者不同,是以纵代理行为依法应以书面为之,而授与代理权则不必用书面,不得谓应以书面为代理权之授与方为合法,或为其代理权授与范围之唯一依据。"

② "最高法院"1980 年台上字第 2594 号民事判决:"代理权之授与,虽因本人向代理人为意思表示即生效力,无须一定之方式,但代理人代理本人与第三人为法律行为时,仍应就其代理权之存在为相当之证明,方足以资保护交易之安全。"

限于管理商号事务之一部或商号之一分号或数分号。依第556条通过授权于数经理人的方法，使各经理人不能单独从事代理行为，至少经理人中必须有二人之签名，对于商号，始生效力。另除以买卖不动产为营业之商号经理人外，非有书面之授权外，经理人对于不动产，不得买卖，或设定负担(第554条第2项)。“经理权所受限制，除第五百五十三条第三项、第五百五十四条第二项及第五百五十六条所规定外，不得以之对抗善意第三人。”(第557条)[①]亦即上述规定之经理权的限制，无“民法”第107条的适用。

缔约之代理权是否及于与其履行有关之法律行为的代理权？“最高法院”就诉讼上和解之买卖，采肯定之见解。[②] 唯这一般的应不适用于继续性契约。

(五)代理权之消灭与撤回

代理权原则上因其授权代理期间之经过、解除条件之成就、授权目的之达成或确定不能达成、代理人自始拒绝接受授权或事后抛弃授权、本人撤回授权、本人所以授权之基础关系消灭、本人或代理人经宣告破产而消灭。此外，本人或代理人死亡或丧失行为能力者，除契约另有订定或因委任事务之性质不能消灭者外(“民法”第550条)，代理权亦原则上消灭。

---

① “最高法院”1994年台抗字第74号民事判决：“按经理人就所任之事务，视为有代商号为原告或被告或其他一切诉讼行为之权，此观‘民法’第五百五十五条之规定自明。此项规定于公司之经理人并未排斥适用，是公司经理人就其所任事务权限范围内之事项，固有代表公司应诉之权限，唯如为诉讼标的之法律关系非为其所任事务权限范围内之事项，则无此权限。”关于公司经理之权限范围，“最高法院”1978年台上字第2732号民事判例认为：“公司经理人有为公司为营业上所必要之一切行为之权限，其为公司为营业上所必要之和解，除其内容法律上设有特别限制外，并无经公司特别授权之必要，此为经理权与一般受任人权限之不同处。”唯关于债务之承认及履行，“最高法院”1994年台抗字第74号民事判决认为：“依‘公司法’第三十一条规定，经理人之职权，除章程规定外，并得依契约之订定。再抗告人系主张相对人应赔偿伊不能返还借用股票之损害二百万元及利息，就此项巨额债务之承认及履行，对于相对人公司之经营似难谓非重要事项。依该‘公司章程’第二十二条前段规定，该公司经营方针及其他重要事项，‘以董事会决之’；第二十六条则规定，该公司设总经理一人，并无得不经董事会决议径行处理公司重要事项之规定，则本件债务之承认及履行，是否属总经理……之职权范围，尚非无疑。”由于经理之代理权限的范围实务上容易引起疑问，所以在重要契约之缔结，最好要以授权书厘清其代理权限之有无及范围。

② “最高法院”1980年台上字第3199号民事判决：“诉讼上之和解，系一面基于私法上之法律关系以止息争执为目的，而生私法上效果之法律行为。一面又以终结诉讼为目的，而生诉讼法上效果之诉讼行为。故诉讼代理人在特别授权下所成立之诉讼上和解，其就私法方面观之，即为和解契约之代理人。本件和解时出卖房地之上诉人代理人，若无明示仅赋予代理人以订约之权限，则其相关之出卖人权利义务，要不得谓其于定约之后，即无代理之权。”

代理权之授予行为虽具有无因性，但在代理人与本人间之内部关系上，不但"代理权之消灭，依其所由授与之法律关系定之"。[①] 而且原则上"代理权，得于其所由授与之法律关系存续中，撤回之"。（"民法"第108条）

在代理权所由授予之法律关系存续中，本人原则上所以得任意撤回代理权的理由为：代理具有为本人处理事务的性质。如系单纯为本人处理事务，是否继续由代理人代理从事其事务之处理所需之法律行为，自当容由本人事后随时依其考量决定，以符合其情事发展上的需要。只要其事后认为不适合再由代理人处理，原则上即可随时撤回其已授予之代理权。至于本人是否应为事后之任意撤回，对于代理人提供补偿，应基于其内部关系决定之。唯在代理权之撤回，所撤回者不是其授权行为，也不是以其授权行为有瑕疵为理由，而是尚未行使的代理权。是故，其撤回的效力有若终止，并不使当初已授予之代理权溯及的归于消灭。因此，在撤回前，代理人所为之代理行为依然是有权的代理行为。其效力不因该代理权事后被撤回而受到影响。与代理权之撤回对应者为：代理人抛弃代理权。由于代理人并无行使代理权的义务，所以纯就代理之授予关系而论，代理人并无自始为拒绝或事后为抛弃的必要。唯若顾及代理人与本人间之基础关系，代理人如不欲受代理权之授予，便有对于本人为代理权之授予的拒绝或抛弃的必要，以免发生基础关系之债务不履行的情事。[②]

本人如要使其已授予之代理权溯及至授权时起消灭，并不能通过"民法"第108条所定之撤回权的行使达到目的，而必须在其代理权之授予行为上，有得撤销之事由，始能依相关规定撤销其代理权之授予行为，以使该代理权溯及的失其效力。唯本人如以意思表示有错误为理由，依第88条之规定撤销意思表示，则除其撤销之原因，为受害人明知或可得而知者外，表意人对于信其意思表示为有效而受损害之相对人或第三人，应负信赖利益之损害赔偿责任（"民法"第91条）。该撤销的意思表示，于本人对于代理人之内部授权，应向代理人；于本人对

---

① Flume, Allgemeiner Teil des Bürgerlichen Rechts, Zweiter Band: Das Rechtsgeschäft, Berlin 1979, 2. Aufl., § 51 4.

② Flume, Allgemeiner Teil des Bürgerlichen Rechts, Zweiter Band: Das Rechtsgeschäft, Berlin 1979, 2. Aufl., § 51 3. 在委任人委托受任人为其垫款购买货物的情形，受任人可能因为认为以间接代理的方式向第三人购买，要比以直接代理的方式购买，对自己之费用偿还请求权比较有保障，从而不愿意接受代理权之授予，以避免应依委任人之指示，以直接代理的方式购买。盖以间接代理的方式垫款购买，在委任人偿还代垫费用前，受任人可保有代购货物之所有权，以便必要时，通过留置权或同时履行抗辩，确保自己的债权。是否有同时履行抗辩的适用，视是否认为货物的移转与交付请求权与垫款返还请求权间有类似于货物与价金之对价性的交换关系，从而将"民法"第264条关于同时履行抗辩的规定，类推适用于垫款购买货物的情形。

于相对人之外部授权，应向相对人为之。不论是向代理人或向相对人为撤销之表示，皆不使撤销后之法律效力有所不同。如代理人已为代理行为，该代理行为固将转为无权代理行为，应依无权代理的规定定其效力。但相对人得否据表见代理的规定以为对抗？应采否定的见解，以贯彻授权行为之撤销的效力。[①] 相对人因此所受之损害，应依“民法”第 91 条对于本人请求赔偿。[②] 肯定与否定之见解可能造成之利益的差异为：据表见代理的规定，得请求约定之给付；据“民法”第 91 条只能请求赔偿信赖利益。这时，代理人如无过失，不但不依“民法”第 110 条，对于善意之相对人，负损害赔偿之责；自己如受有信赖利益的损害，亦得向本人请求赔偿。如以受诈欺或胁迫为理由，撤销授予代理权之意思表示，其与因错误而撤销之效力的不同在于：在以受诈欺或胁迫为理由而撤销者，不负赔偿责任。唯因“民法”第 92 条但书规定：“诈欺系由第三人所为者，以相对人明知其事实或可得而知者为限，始得撤销之。”以及第 2 项规定：“被诈欺而为之意思表示，其撤销不得以之对抗善意第三人。”使得被诈欺而为意思表示者，为撤销其意思表示，最后可能必须依错误之规定。“民法”第 92 条但书中所定明知或可得而知其事实之相对人，在内部授权指代理人；在外部授权指代理人将对之为意思表示之人。

有依所由授权之法律关系的性质，代理权不得撤回者。[③] 例如本人甲对于代理人乙负有债务，而对于丙享有债权。甲为清偿对乙所负之债务，而授权代理人乙，以本人甲之名义，向甲之债务人丙收取债权，并以收回之款项抵销甲对乙所负之债务。该代理权之授予，因兼有为代理人乙之利益，而非纯为本人甲处理事务，所以依其性质，授权后不得由甲任意撤回。

“最高法院”并认为，“代理权因本人或代理人一方之死亡而归于消灭”[④]。

---

① 认为表见代理可能受适用者，例如 Larenz/Wolf, Allgemeiner Teil des Bürgerlichen Rechts, 9. Aufl., München 2004 § 47 Rn. 35; Palandt/ Heinrichs, Bürgerliches Geseta-buch, § 167 Rn. 3.

② Flume, Allgemeiner Teil des Bürgerlichen Rechts, Zweiter Band: Das Rechtsgeschäft, Berlin 1979, 2. Aufl., § 52 5 c).

③ Larenz/Wolf, Allgemeiner Teil des Bürgerlichen Rechts, 9. Aufl., München 2004 § 47 Rn. 51ff.; Flume, Allgemeiner Teil des Bürgerlichen Rechts, Zweiter Band: Das Rechtsgeschäft, Berlin 1979, 2. Aufl., § 51 2, § 53.

④ “最高法院”2000 年台上字第 222 号民事判决：“代理权仅使代理人所为代理行为之法律上效果直接归属于本人之法律上地位或资格而已，故代理权本质并非权利，自不得为继承之标的，而代理权因本人或代理人一方之死亡而归于消灭。本件授权人郑某某既已死亡，则上诉人之代理权亦因郑某某之死亡而消灭。上诉人将该代理权误为债权，主张被上诉人应继承该债务，并授权上诉人出卖系争土地云云，显有误会。”

这固与"民法"第550条规定:"委任关系,因当事人一方死亡、破产或丧失行为能力而消灭。"之意旨相当。唯在具体情形,仍应注意该条但书规定:"契约另有订定或因委任事务之性质不能消灭者,不在此限。"特别是在代理权之授予,主要系为代理人之利益的情形,此种代理权不但不得由本人任意撤回,在代理人死亡的情形亦应例外得由其继承人继承。比较稳当的规定应当是:代理权原则上因代理人死亡或丧失行为能力而消灭。[①] 但依该法律关系之性质,为代理人之利益,应由其继承人或法定代理人代行该代理权者,不在此限。反之,代理权原则上不因本人之死亡或丧失行为能力而消灭。不过,如无急迫情事,代理人应等待继承人或法定代理人之指示。[②] 盖如是,始符合本人及代理人双方的利益。因本人破产而致与破产财团有关之财产的代理权消灭的理由为:关于破产财团本人已无管理处分权,从而亦不能授权他人代理其为管理或处分。[③] 是故,与不属于破产财团之财产有关之代理权并不因本人破产而当然消灭。至于代理人破产者,代理权所以消灭乃因其不再适合为他人之代理人。[④]

七、代理之效力

(一)直接及于本人

代理人于代理权限内,以本人名义所为之意思表示,直接对本人发生效力。于应向本人为意思表示,而向代理人为之者,亦同("民法"第103条)。依该规定,该法律行为是本人之法律行为。不但由之发生之权利与义务,而且该法律行为之当事人的地位皆归属于本人。当中,代理人有为意思表示者,该意思表示视为本人所为;有受意思表示者,于其到达代理人时视为到达本人。此与到达受意传达人时,尚须视是否已实际传达至本人而定,不当然视为到达本人者,不同。

---

① Flume, Allgemeiner Teil des Bürgerlichen Rechts, Zweiter Band: Das Rechtsgeschäft, Berlin 1979, 2. Aufl., § 51 8.

② Larenz/Wolf, Allgemeiner Teil des Bürgerlichen Rechts, 9. Aufl., München 2004 § 47 Rn. 74ff.; Flume, Allgemeiner Teil des Bürgerlichen Rechts, Zweiter Band: Das Rechtsgeschäft, Berlin 1979, 2. Aufl., § 515f..

③ Flume, Allgemeiner Teil des Bürgerlichen Rechts, Zweiter Band: Das Rechtsgeschäft, Berlin 1979, 2. Aufl., § 51 7.

④ Larenz/Wolf, Allgemeiner Teil des Bürgerlichen Rechts, 9. Aufl., München 2004 § 47 Rn. 72f.; Flume, Allgemeiner Teil des Bürgerlichen Rechts, Zweiter Band: Das Rechtsgeschäft, Berlin 1979, 2. Aufl., § 51 8.

(二)对于代理人之效力

代理人从事之代理行为如属有权代理,代理人并不因该代理行为之从事,而享有或负担源自该代理行为的权利或义务。这亦应类推适用于复代理之无权代理责任。盖在复代理,复代理人事实上常为代理人之受雇人,复代理人之代理是真正的,其所代理之人实质上为代理人,只是形式上必须以本人之名义从事代理行为,以致在外观上使复代理人自己亦成为本人之代理人。除非复代理人冒称为代理人之复代理人,否则,复代理之所以成为无权代理,事实上常因主代理关系不存在于代理人与本人间。而就该代理关系,复代理人基于其与代理人之雇佣或信赖关系,无从或不便查考其真正。

这应含可构成表见代理的情形。唯代理人所为者如系无权代理,且本人拒绝承认,则代理人对于善意相对人应负损害赔偿责任(“民法”第 110 条)。有疑问者为,本人后来虽为承认,但相对人为征得本人之承认,而依“民法”第 170 条催告本人确答是否承认,所发生之费用,是否得请求代理人赔偿?该费用虽因无权代理而发生,但尚与为确认有无代理权相当,为维系后续法律关系之发展的顺利,以采否定说为宜。

此外,以未经认许其成立之外国法人的名义与他人为法律行为者,该代理人就该法律行为,应与该外国法人负连带责任(“民法总则施行法”第 15 条)。这是真正代理人应为代理行为与本人负连带责任的特例。类似的问题也存在于以非法人团体或法人之筹备处的名义从事代理行为的情形(“民法”第 681 条)。

(三)本人及代理人对缔约上过失的责任

在缔约中,缔约当事人间已有一个法定的债务关系。在利用代理人缔约的情形,同样认为本人才是缔约当事人,关于缔约上保护义务的履行,缔约代理人只是本人之履行辅助人。所以,也只有本人以债务人的地位,就其代理人之缔约上过失,对于缔约相对人引起之损害负赔偿责任。[①] 唯代理人(履行辅助人)还是可能以行为人的身份,依侵权行为的规定对于相对人所受之固有利益上的损害负赔偿责任。

(四)代理人之能力

代理系由代理人以本人之名义,为本人从事可直接对本人发生效力之法律

---

① Larenz/Wolf, Allgemeiner Teil des Bürgerlichen Rechts, 9. Aufl., München 2004 § 46 Rn. 153.

行为。因为代理行为之效力直接归属于本人而非代理人，且意定代理人系由本人选任，所以在代理行为之从事，代理人只需具有限制行为能力，而无须具备完全的行为能力，本人即得将其选任为自己之代理人（“民法”第 104 条）。至于限制行为能力是否足以胜任本人授权代理人从事之法律行为，本人在授予代理权时应自为斟酌，并自己负担其风险。设该仅具有限制行为能力之代理人后来确实不能胜任其工作，并因而使本人受到损害时，本人得否以该代理之基础关系（雇佣关系）系经其法定代理人允许为理由，请求法定代理人负赔偿责任？应采否定的见解。盖选任限制行为能力为代理人者，既享有较低工资之利益，应自知势必冒较高之风险。

（五）代理行为之瑕疵

代理行为与一般法律行为一样，可能会有影响其效力之瑕疵。代理行为究竟有无瑕疵，例如在意思表示时，有无错误、受诈欺或胁迫，或是否在无意识或精神错乱中（“民法”第 75 条），究竟应就代理人或本人之情境决之？这应视代理行为之法效意思由谁形成及由谁决定对相对人表示而定。其由代理人形成法效意思或决定表示者，其形成或决定之瑕疵的有无，应就诸代理人的情境决之；[①]反之，其由本人形成或决定者，应就诸本人的情境决之。[②] 是故，“民法”第 105 条规定：“代理人之意思表示，因其意思欠缺、被诈欺、被胁迫，或明知其事情或可得而知其事情，致其效力受影响时，其事实之有无，应就代理人决之。但代理人之代理权系以法律行为授与者，其意思表示，如依照本人所指示之意思而为时，其事实之有无，应就本人决之。”

---

① “最高法院”1963 年台抗字第 6 号民事判例：“当事人知悉和解有无效或得以撤销之原因之时期，原不以其和解当时是否到场为据，故如非和解当时所得而知之原因，则纵令当事人本人在场，亦应从其实际得知之时起算。苟为和解当时已得知之原因，则虽本人未到场而委任代理人为和解，其知悉与否，按之‘民法’第一百零五条规定，亦当就代理人决之，当事人不得以其本人未得知而主张从本人知悉之时起算。”

② “最高法院”2001 年台上字第 4 号民事判决：“使用人系为本人服劳务之人，本人借使用人之行为辅助以扩大其活动范围，与本人借代理人之行为辅助者类似，且使用人为本人所为之意思表示，即为本人之意思表示，故使用人为本人所为之意思表示，因其意思欠缺、被诈欺、被胁迫或明知其事情，或可得而知其事情，致其效力受影响时，宜类推适用‘民法’第一百零五条规定，其事实之有无，应就使用人决之，但其意思表示，如依照本人所指示之意思而为时，其事实之有无，应就本人决之。”

八、无权代理

(一)无权代理之概念

除代理人未受代理权之授予,而以本人名义从事代理行为外,逾越代理权限而为代理者,亦构成无权代理。[①] 代理人逾越代理权限而为代理行为,其系因代理权事后受到限制而发生者,这与代理权遭撤回的情形一样,代理人都是先受有系争范围之代理权的授予,而后才被限制。在这种情形,“民法”第 107 条规定:“代理权之限制及撤回,不得以之对抗善意第三人。但第三人因过失而不知其事实者,不在此限。”亦即将之当成表见代理规范。这与自始全无代理权,而为无权代理者不同。此外,无权代理还包括不得代理之行为的代理。例如婚约,依“民法”第 972 条,应由男女当事人自行订定。[②] 此种无权代理行为之效力应为无效,而非仅是效力未定。[③] 离婚之协议亦同,不得代理。有疑问者为,在不得代理之法律行为,本人得否以他人为其意思表示之传达人。这固应采肯定的见解,但在实务上仍应注意传达与代理的分际。[④]

---

① “最高法院”2000 年台上字第 1011 号民事判决:“‘民法’第一百七十条所谓无代理权人,不仅指代理权不存在者而言,有代理权而逾越其范围者,亦包含在内。故代理人逾越代理权所为之法律行为,非经本人承认,对于本人不生效力。”(参见本院 1934 年上字第 3888 号判例)

② “最高法院”1940 年上字第 1193 号民事判例:“‘民法’第九百七十二条所称婚约,应由男女当事人自行订定,并非专指男女当事人已成年者而言,未成年人订定婚约依‘民法’第九百七十四条之规定,虽应得法定代理人之同意,然此不过规定未成年人自行订定婚约,以得法定代理人之同意为要件,非认法定代理人有为未成年人订定婚约之权。”

③ “最高法院”1944 年上字第 1723 号民事判例:“婚约应由男女当事人自行订定,‘民法’第九百七十二条定有明文,其由父母代为订定者当然无效。且婚约为不许代理之法律行为,纵令本人对于父母代订之婚约为承认,亦不适用关于无权代理行为得由本人一方承认之规定,如由当事人双方承认,应认为新订婚约。”

④ “最高法院”1940 年上字第 1606 号民事判例:“两愿离婚,固为不许代理之法律行为,唯夫或妻自行决定离婚之意思,而以他人为其意思之表示机关,则与以他人为代理人使之决定法律行为之效果意思者不同,自非法所不许。本件据原审认定之事实,上诉人提议与被上诉人离婚,托由某甲征得被上诉人之同意,被上诉人于订立离婚书面时未亲自到场,唯事前已将自己名章交与某甲,使其在离婚文约上盖章,如果此项认定系属合法,且某甲已将被上诉人名章盖于离婚文约,则被上诉人不过以某甲为其意思之表示机关,并非以之为代理人,使之决定离婚之意思,上诉理由就此指摘原判决为违法,显非正当。”

(二)无权代理之效力

无权代理行为，其属于单独行为者，无效；属于契约者，效力未定。逾越代理权限从事单独行为，且为相对人所明知者，该无权代理行为，无效，[①]不构成表见代理。

1. 效力未定：系于本人之承认

无权代理行为系由无权代理人，未经本人之授权，亦无法定代理权，而擅自以本人之名义，与相对人为之。该行为违反私法自治原则，对于本人自当没有拘束力。然无权代理行为系契约行为者，基于缔约经济上的考量，并不将其规定为无效，而容留本人通过承认或拒绝承认，以事后参与的方式，最后决定该无权代理行为之效力：无权代理行为，在本人承认时，溯及于行为时发生效力；在拒绝承认时，即确定的对于本人不生效力。[②] 因该无权代理行为之效力尚取决于本人之承认与否，所以称其为效力未定。法律对于本人得为承认之时限，除有相对人在催告中所定之期限的限制外，尚受该代理行为所涉法律性质的制约，例如在保险契约之被保险人方的无权代理，至迟必须在保险事故发生前承认。[③]

事前授予代理权与事后承认无权代理行为，虽皆可使系争代理行为对于本人发生效力，但其生效所依据之法律事实及规范基础皆有所不同，法院在认事用

---

① "最高法院"1982 年台上字第 1180 号民事判决："仅为上诉人公司之经理，虽经上诉人之授权，有代理公司签发支票之权限，唯其以上诉人公司名义签发支票应以公司业务上所需要，始得为之。如吴东伯以上诉人公司名义签发支票，非为公司业务上所必需，且为相对人所明知者，自难认其发票行为对于上诉人发生效力。"

② "最高法院"1996 年台上字第 963 号民事判例："无代理权人以代理人之名义所为之法律行为，系效力未定之法律行为，固得经本人承认而对于本人发生效力。唯本人如已为拒绝承认，该无权代理行为即确定的对于本人不生效力，纵本人事后再为承认，亦不能使该无权代理行为对于本人发生效力。"

③ "最高法院"2003 年台上字第 2009 号民事判决："查系争保险契约均系诉外人陈焰文未经上诉人事前同意，由诉外人陈焰文擅自以上诉人名义投保，并非以其为上诉人之代理人为上开行为，显与'民法'第一百七十条第一项关于无权代理规定之要件不符，亦难认得成立无权代理。纵认系无权代理，本件上诉人系于保险事故发生后，始知悉诉外人陈焰文擅自订定系争保险契约之情，系争保险契约所保险之不可预料及不可抗力之保险事故，已于上诉人行使其承认权前即已发生，则系争保险契约即因所拟保险之不可预料及不可抗力事故已不存在，而不生效力，上诉人得行使承认之标的行为即不存在，故上诉人事后之承认亦不发生任何效力。"

法上不得因其法律效力相同，而不予分辨。[①]

2. 相对人之保护

(1)定期催告承认

为缓和相对人因无权代理行为效力未定所受之不利，相对人得定相当期限，催告本人确答是否承认，如本人逾期未为确答者，视为拒绝承认（“民法”第 170 条第 2 项）。

(2)承认前主动撤回

上述情形，其相对人于本人未承认前，并得撤回之，以阻止该无权代理行为因本人之事后承认而发生效力。承认、拒绝承认或撤回皆属形成权之行使，其表示一旦因到达他方而发生效力，即不再可以挽回。[②] 相对人在为法律行为时，明知代理人无代理权者，不得撤回（“民法”第 171 条），而只得依“民法”第 170 条第 2 项，定相当期限，催告本人确答是否承认。

(三)无权代理对相对人之赔偿义务

若本人未为代理权之授予，则该代理行为之从事成为无权代理。如本人不愿为承认，则除非法律另有规定（“民法”第 169 条：表见代理；“民法”第 107 条：代理权之限制及撤回，不得以之对抗善意第三人），否则，原则上相对人只能对于无权代理人请求赔偿，而不能对本人请求履行代理行为中所约定之本人的债务。依“民法”第 110 条，相对人固得请求赔偿损害，但不得请求约定之给付。唯其得

---

① “最高法院”2006 年台上字第 2282 号民事判决：“按民事诉讼采不干涉主义，凡当事人所未声明之利益，不得归之于当事人，所未提出之事实及证据，亦不得斟酌之，此观‘民事诉讼法’第三百八十八条规定自明。因此，除法律别有规定外，不得斟酌当事人未提出之事实，此为辩论主义之当然结果。……又有权代理须本人有授与代理权之行为，授与代理权，依‘民法’第一百六十七条规定，应向代理人或向代理人对之为代理行为之第三人，以意思表示为之。而依‘民法’第一百七十条第一项规定，无代理权人以代理人之名义所为之法律行为，经本人承认者，固对本人发生效力。唯承认系对于已经存在之法律行为补正授权行为之欠缺，并非事后授与代理权，故无权代理行为，经本人承认而补正欠缺者，与曾授与代理权之有权代理，本质上仍有不同。查本件被上诉人系主张经上诉人事前授权，而向某银行香港分行借款，似未主张‘民法’第一百七十条第一项之情形，乃原审援引该条项规定，认上诉人已承认上开借款，并将该利益归之于被上诉人，殊有斟酌被上诉人所未主张事实之违法。”

② “最高法院”1996 年台上字第 963 号民事判例：“无代理权人以代理人之名义所为之法律行为，系效力未定之法律行为，固得经本人承认而对于本人发生效力。唯本人如已为拒绝承认，该无权代理行为即确定的对于本人不生效力，纵本人事后再为承认，亦不能使该无权代理行为对于本人发生效力。”

请求赔偿之损害究为信赖利益或履行利益？有显然认为系信赖利益者；[①]亦有显然认为系债务不履行的赔偿责任者。鉴于在无权代理，无权代理人已与相对人协议出具体的契约条款，且其意思表示一致之范围已达到可成立契约的程度，所以在本人不愿承认无权代理行为，致其终局归于无效时，相对人得对于无权代理人自由选择请求信赖利益或履行利益的赔偿。唯因“民法”第110条所规定者为无权代理行为无效时，无权代理人之损害赔偿责任，所以相对人不得依该条规定，请求无权代理人履行约定之给付。[②] 关于债务不履行责任，在无权代理行为中，有违约金之约定，且该违约金之约定有损害赔偿额之预定性质者，其债务不履行责任之量的范围应受该违约金预定额数的限制。[③]

---

① “最高法院”1956年台上字第691号民事判决：“公司负责人违反‘公司法’第二十三条（‘现行法’第十六条第一项）之规定，以公司名义为保证，依‘司法院’大法官会议议决释字第59号解释，其保证行为应属无效。则上诉人除因被上诉人之无权代理所为之法律行为而受有损害，得依‘民法’第一百十条之规定请求赔偿外，要无仍依原契约主张应由被上诉人负责保证责任之余地。”

② 关于无权代理人之责任，德国民法第179条有较具体之规定可供参考：“以代理人身份缔结一件契约者，如不能证明其代理权，且本人拒绝承认该契约时，应对相对人依其选择，负履行或损害赔偿之义务（第一项）。代理人不知代理权之欠缺者，他只就相对人因信赖其代理权所受之损害负赔偿义务，但不超过相对人在契约有效时享有之利益的数额（第二项）。相对人明知或可得而知该代理权之欠缺者，代理人不负责任。代理人之行为能力受有限制者，代理人亦不负责。但代理人经其法定代理人允许而为代理者，不在此限（第三项）。”按无权代理属于缔约上过失的态样之一，依德国民法关于缔约上过失之规范原则：过失之缔约人有故意，且契约协商已至双方意思表示一致之程度者，过失人应负履行或履行利益的给付义务。反之，如仅有过失者，则仅负不高于履行利益之信赖利益的损害赔偿义务。该条第1项、第2项为该原则之体现。另因无权代理之责任属于信赖责任，所以只要相对人无对于表见事实之信赖，或其信赖因过失而不值得保护，该信赖责任的要件即不具备。所以，该条为第3项之无责任的规定。“民法”第110条规定：“无代理权人，以他人之代理人名义所为之法律行为，对于善意之相对人，负损害赔偿之责。”该条未对责任的内容及范围加以规定失之笼统。实务上要为正确的适用需要论述的工作较多。此外，该条规定，只要是善意之相对人即得请求赔偿，较诸“民法”第107条及第169条有考虑“因过失而不知其事实”的但书规定，在归责之价值判断上亦不尽一致。

③ “最高法院”1996年度台上字第2072号民事判决：“无权代理人之责任，系基于‘民法’第一百十条之规定而发生之特别责任，相对人依该条规定请求损害赔偿，不得超过相对人因契约有效所得利益之程度。是在原契约中如就契约债务履行不能或不为履行等应给付违约金有特别约定，且该约定之违约金属损害赔偿额预定性质者，相对人向无权代理人请求之赔偿额自应以该预定额数为限，不得变更请求履行或不履行之损害赔偿。”

九、表见代理

"'民法'第一百六十九条所规定者为表见代理，所谓表见代理乃原无代理权，但表面上足令人信为有代理权，故法律使本人负一定之责任，倘确有授与代理权之事实，即非表见代理，无该条之适用。"("最高法院"1973年台上字第782号民事判例)表见代理为以表见事实为基础所拟制的代理权，属于信赖保护的态样之一。其建构的理论依据为：(1)本人引起一定之表见事实；(2)相对人对于该不真实之表见事实的信赖无过失；(3)基于对该表见事实之信赖，相信自称为本人之代理人者，有其所称之代理权；(4)从而与该自称为本人之代理人者从事代理行为。

(一)态样

1. 作为：积极表示

关于表见代理，"民法"第169条规定："由自己之行为表示以代理权授与他人，或知他人表示为其代理人而不为反对之表示者，对于第三人应负授权人之责任。但第三人明知其无代理权或可得而知者，不在此限。"其前段规定，本人虽无授予他人以代理权之意思，而却有积极之作为：表示以代理权授予他人。该作为引起之表见事实，自然可能使第三人信以为真，从而与该他人为代理行为。[①] 在这种情形，与"民法"第86条所定心中保留的情形一样，其授予代理权之意思表示，自当不因之无效。

2. 不作为：不否认

"民法"第169条后段规定，本人虽无授予他人以代理权之意思，而在知道他人表示为其代理人时，却有消极之不作为：不为反对之表示。该不作为引起之表

---

① "最高法院"2008年台简上字第20号民事判决："按表见代理乃系无代理权，而在外观上足使第三人信其为有代理权之事实，本人因而应负授权人责任，旨在衡平本人之利益与社会交易安全。准此，公司负责人将签名、用印及接洽事务等公司一切事务之代理权授予他人，就其内部授与签发票据代理权，纵欠缺以书面为之，既有因自己之行为为表见代理之事实，则本于票据为无因证券、流通证券，并依举重以明轻之法理，应认仍有'民法'第一百六十九条前段关于表见代理规定之适用，以维护票据之流通及交易之安全。本件为发票人之上诉人不能证明执票人取得票据，系出于恶意或重大过失，自应依票据文义负发票人责任。"

见事实，自然可能使第三人信以为真，从而与该他人为代理行为。[①] 在这种情形，本人所以应负授权人之责任的理由在于：每一个参与交易者，依诚信原则皆被课以义务，应协力共同防止表见事实之发生，以避免真伪不分，确保交易安全。对于表见事实的存在及信赖，主张本人应负表见代理之责任者，应负举证责任。[②] 因为表见代理是建立在信赖保护的原则上，所以第三人明知自称为代理人者无代理权或可得而知时，因其非因基于信赖该表见事实而为该代理行为，或其信赖有过失，所以不构成表见代理。这时该代理行为应依无权代理的规定定其效力。

3. 限制或撤回代理权

除"民法"第 169 条规定者外，属于表见代理之基础态样尚有"民法"第 107 条所定，代理权之限制及撤回的情形。[③] 在这种情形，因为代理人曾受有代理权之授予，所以本人如未将代理权之限制及撤回通知可能与代理人从事代理行为之第三人，而致第三人非因过失而不知该代理权已受有限制或经撤回时，就善意第三人信赖该代理权的继续存在，而与代理人从事之法律行为，自应负授权人的义务，不得以该代理权之限制或撤回，对抗善意第三人。"'民法'第一百六十九条关于表见代理之规定，唯意定代理始有适用，若代表或法定代理则无适用该规定余地。"("最高法院"1990 年台上字第 2012 号民事判例)所以，一对夫妇之于一个小孩之相处或共同生活，即使让第三人看来有如亲子，如该夫妇自居为该小孩之法定代理人，并以该小孩的名义从事法律行为，该外观引起之亲子关系的信

① "最高法院"1981 年台上字第 1041 号民事判例："上诉人明知朱某等表示为其代理人，以其名义订购系争货物，而未为反对之表示，致被上诉人信以为上诉人公司所购买，将检收校对单及统一发票上买受人记载为上诉人，并将货物送至上诉人工厂交付。按诸'民法'第一百六十九条规定，系争货物纵非上诉人所买，上诉人亦应负授权人之责任。至上诉人所称系争货款已由朱某签发支票支付，因支票未兑现，被上诉人始转向上诉人请求一节，查支票乃无因及流通证券，系争货物，纵曾以朱某之支票为付款方式，亦不能因此即谓系争货物为朱某所购买而与上诉人间无表见代理关系，遂使上诉人借以解免其授权人之责任。兹朱某签付之支票既不能兑现，则被上诉人本于买卖关系，诉请上诉人给付货款及其法定迟延利息，即无不当。"

② "最高法院"1979 年台上字第 1081 号民事判例："'民法'第一百六十九条所谓知他人表示为其代理人而不为反对之表示者，以本人实际知其事实为前提，其主张本人知此事实者，应负举证之责。"

③ "最高法院"1981 年台上字第 3515 号民事判例："'民法'第一百六十九条规定之表见代理，系为保护第三人而设，本人如有使第三人信以为其有以代理权授与他人之行为，而与该他人交易，即应使本人负授权人责任，而此项表见代理人者，原系指代理人虽无代理权，而有可使人信其有代理权之情形而言，与'民法'第一百零七条所定代理权之限制及撤回之情形无关。"

赖仍然不足引为相对人关于该夫妇对于该小孩有法定代理权之表见代理的依据。公司或其他法人之董事或理事在习惯上虽常被称为公司或法人之法定代理人或法定代表人，然因为其实他们还是经过选任，所以具有意定代理或代表之实质。是故，选任如有无效或其代表权如有事后受限制或撤回的情事，其无权或逾越权限之代理如该当表见代理的要件，亦会构成表见代理。[①]

本人给予代理人代理权授权书，通常具有对于代理人表示或证实表示授予一定范围之代理权的意思。所以，本人如无授予代理权之意思，而给予代理权授权书，则其所为属于“由自己之行为表示以代理权授与他人……对于第三人应负授权人之责任”。此为以本人自己之积极行为构成表见代理的情形。唯因表见代理的制度源自信赖保护的原则，所以第三人如明知本人无授予代理权之意思，而给予该代理权授权书，或可得而知者，对该第三人仍不构成表见代理(“民法”第169条但书)。该代理权授权书应由本人签名，并基于自己之自由意思交付给代理人。否则，不但不构成代理权之授予，也不构成表见代理。盖本人并未通过代理权授权书之交付，使人信其有对该授权书所载代理人授予代理权之表见事实。交付代理权授权书，视情形可能是对书面上所载代理人授予代理权的意思表示，也可能仅是一个准法律行为。如该代理权授权书上之签名者不否认该书面表示含有所载之授权的法效意思，则该代理权授权书的授受是一个意思表示；否则，只是一个准法律行为，[②]其授予代理权之法律效力，以该代理权授权书的授受构成之表见事实为基础，以法律，而非以意思表示为依据。

此外，在代理权消灭或撤回时，本人如未收回先前给予之代理权授权书，该代理权授权书依然构成引起第三人信赖代理人继续享有代理权之表见事实。第三人如基于该信赖而与该代理权已消灭或经撤回之代理人为代理行为时，该无权代理行为仍然可能构成表见代理。本人不得以代理权之限制及撤回对抗善意第三人。但第三人因过失而不知其事实者，不在此限(“民法”第107条)。是故，“民法”第109条规定：“代理权消灭或撤回时，代理人须将授权书，交还于授权者，不得留置。”实务上认为具有与代理权授权书类似作用者为：将印章交与他人保管。这是“民法”第3条第2项之规定的后遗症：“如有用印章代签名者，其盖

---

① Larenz/Wolf, Allgemeiner Teil des Bürgerlichen Rechts, 9. Aufl., München 2004 § 48 Rn. 5.

② Larenz/Wolf, Allgemeiner Teil des Bürgerlichen Rechts, 9. Aufl., München 2004 § 48 Rn. 11f..

章与签名生同等之效力。"[①]司法实务上就本人纵无授予代理权之意思，而单纯将印章交付他人，是否即构成"由自己之行为表示以代理权授与他人"之表见事实，依"民法"第169条，对于第三人应负授权人之责任，见解并不一贯。时而在判例中采否定说，认为："台湾地区人民将自己印章交付他人，委托该他人办理特定事项者，比比皆是，倘持有印章之该他人，除受托办理之特定事项外，其他以本人名义所为之任何法律行为，均须由本人负表见代理之授权人责任，未免过苛。"[②]时而又无视于该判例，而改采肯定说，[③]认为："收据、契约书内之印章为真正时，印章名义人应对该收据、契约书负责，纵该收据、契约书由他人代为立据，除有确切反证外，仍应推定由印章名义人授权而为之。"("最高法院"1983年台

① 关于印文的无权使用，可分成以下三种类型：(1)擅自使用保管之印章；(2)盗盖印章；(3)盗刻可以乱真之印章或印文。前两种情形，其共同点为：印文是真的，但盖用该印文者无权盖用。其不同点为：第一种情形，该印章基于其所有人之意思而为他人占有，从而他人取得擅用的机会。第二种情形，他人固非基于印章所有人之自由意思而取得擅用的机会，但系因其过失而使盗用成为可能。至于第三种情形，印章所有人就其印文被擅用并无过失。在上述三种情形，其印文之擅用的损失究竟应归印文所有人或相对人？亦即是否应构成表见代理？第一种情形应归印文所有人，第三种情形应归相对人。至于第二种情形，如采损害之防止的就近原则，应归印文所有人；如采交易危险之分散的观点，可能认为应归相对人，而后由相对人利用保险分散该危险。这特别应适用于该伪造之印文使用于商业文件的情形。关于以物之占有为基础之善意取得制度，"民法"第948条首先规定："以动产所有权或其他物权之移转或设定为目的，而善意受让该动产之占有者，纵其让与人无让与之权利，其占有仍受法律之保护。"而后就盗赃遗失物之恢复请求权，于第949条规定："占有物如系盗赃或遗失物，其被害人或遗失人自被盗或遗失之时起，二年以内，得向占有人请求回复其物。"第950条规定："盗赃或遗失物，如占有人由拍卖或公共市场或由贩卖与其物同种之物之商人，以善意买得者，非偿还其支出之价金，不得回复其物。"自上述规定可归纳出：动产的权利人基于自由意思引起表见事实者，第三人原则上得依善意取得规定，自该表见事实表征之权利人，善意受让该动产之权利；非基于自由意思引起表见事实者，第三人原则上不得依善意取得规定，自该表见事实表征之权利人，善意受让该动产之权利。关于无权使用印文而引起之损害的归属，上述规定可作为规范规划上的参考。

② "最高法院"1981年台上字第657号民事判例："由自己之行为表示以代理权授与他人者，对于第三人应负授权人之责任，必须本人有表见之事实，足使第三人信该他人有代理权之情形存在，始足当之……台湾地区人民将自己印章交付他人，委托该他人办理特定事项者，比比皆是，倘持有印章之该他人，除受托办理之特定事项外，其他以本人名义所为之任何法律行为，均须由本人负表见代理之授权人责任，未免过苛。原审徒凭上诉人曾将印章交付与吕某之事实，即认被上诉人就保证契约之订立应负表见代理之授权人责任，自属率断。"

③ 在此，印章名义人应证明者为，该印文系经他人盗盖。这是肯认独立于名义人而存在之印文对于签名之替代性，可能产生之盗盖印文的风险。或谓印文之名义人较诸相对人，容易防止印文的盗盖，所以相对人如系无过失之善意第三人，纵使印文系盗盖，其名义人仍应负表见代理的责任。唯在盗盖印文的情形，相对人有无应受保护之信赖？仍非无疑。

上字第3309号民事判决）

相对人为对于本人请求，依表见代理的规定负授权人的责任，必须证明自己从代理人为代理行为之意思表示起，至自己为承诺之意思表示时止，无明知或可得而知代理人无代理权的情事（“民法”第169条），亦即对于表见事实之信赖无过失。[①]

（二）效力：负授权人的责任

无权代理，而有本人“由自己之行为表示以代理权授与他人，或知他人表示为其代理人而不为反对之表示者”，对于第三人应负授权人之责任。但第三人明知其无代理权或可得而知者，不在此限（“民法”第169条）。对于第三人应负授权人之责任，即是表见代理的效力。其效力内容与“民法”第86条关于心中保留所定者类似：皆是负以意思表示之内容，而非以与该意思表示之内容相当之利益的赔偿责任，为其义务的内容。所不同者为：在心中保留，以表意人自己之意思表示；而在表见代理，以表见代理人之意思表示定其义务的内容。[②]

（三）相对人应为表见代理之主张

本人“由自己之行为表示以代理权授与他人，或知他人表示为其代理人而不为反对之表示者”，对于第三人应负授权人之责任，如前述。唯在诉讼上，须经相对人主张该条所定表见代理之责任，并经证明其该当事实存在，法院始得依该条规定判决，本人对于第三人应负授权人之责任。[③]

有疑问者为：当依“民法”第169条或第107条，相对人得对于本人请求负授权人之责任时，善意相对人得否不为该请求，而依“民法”第110条，转向无权代理人，请求其负损害赔偿之责。应采否定的见解。盖在这种情形，表见代理人较

---

① Larenz/Wolf, Allgemeiner Teil des Bürgerlichen Rechts, 9. Aufl., München 2004 § 48 Rn. 15.

② 在心中保留或表见代理，就其法律效力，学说上虽以信赖责任称之，但其责任并不以损害赔偿，而以拟制其意思表示有效为其内容。Canaris, Vertrauenshaftung, im deutschen Privatrecht, München 1971, S. 419, 457ff..

③ “最高法院”1963年台上字第1719号民事判例：“由自己之行为表示以代理权授与他人者，对于第三人应负授权人之责任，固为‘民法’第一百六十九条前段所明定，唯必须该第三人以有表见之事实，系有权代理为理由，主张表见代理行为，应对本人发生效力，非得由法院任意为当事人主张其效果。”

诸相对人，相形无辜。①

十、无权代理与无权处分

(一)基础原则相同：私法自治原则

依私法自治原则，关于私人事务的规范，应由私人自己决定其法律关系之发生、变更与消灭。除国家不得对之为不必要之限制外（“宪法”第 23 条），他人亦不得违反妨碍或在法律无特别为法定代理之规定的情形，擅自代为决定或处分。无法定代理权，亦未经授予代理权，而以本人名义代为法律行为者，构成无权代理；未经授予处分权，而以自己名义处分他人之权利者，构成无权处分。无权代理与无权处分同为未经授权，而介入他人事务。在法律行为法上，其效力极其量只能是效力未定，以至于少保留本人或有权利人之事后参与的机会，贯彻私法自治原则。事后参与的方法为：对于无权代理行为或无权处分行为，事后通过承认或拒绝承认，决定其效力。

(二)构成要件之不同

无权代理与无权处分虽同为未经授权，而介入他人事务，但其构成要件及法律效力仍有不同。在构成要件上，无权代理行为应以本人之名义为之，至于所从

---

① 德国联邦法院（BGHZ 61，59，69；BGH JZ 1983，389）认为，在成立表见代理的案件中，应当不再考虑德国民法第 179 条第 1 项所定之无权代理人的责任。有重要的注解书（Thiele，Müchener Kommentar zum BGB，Allgemeiner Teil，2. Aufl.，München 1984，§ 167 Rn. 62；其余注解书另见 Larenz/Wolf，Allgemeiner Teil des Bürgerlichen Rechts，9. Aufl.，München 2004 § 48 S. 897，Anm. 42）亦赞同该见解。不过也有不同的看法，认为在可能成立表见代理的情形，因为相对人在依表见代理的规定，对本人请求负授权人的责任时，法院可能认为不构成表见代理；反之，在其依无权代理的规定，对无权代理人请求赔偿损害时，法院可能认为因已构成表见代理，而不得再成立无权代理。相对人因此陷入进退两难。从而主张应当让相对人有一个选择权，自由选择，或依表见代理的规定，对本人请求负授权人的责任；或舍表见代理，而依无权代理的规定，对无权代理人请求赔偿损害（Larenz/Wolf，Allgemeiner Teil des Bürgerlichen Rechts，9. Aufl.，München 2004 § 48 Rn. 33）。该见解与德国联邦法院之见解的不同在于：相对人如果不想冒表见代理之主张可能不成立的风险，可以选择依无权代理的规定，对无权代理人请求赔偿损害。该见解在形式上固然对于相对人有利，但对于表见代理之无辜的代理人并不公平。该进退两难的困境，在诉讼技术上应可利用预备之诉的合并解决：以本人及代理人为共同被告，以先位声明，请求本人负授权人的责任；以备位声明，请求代理人负无权代理的责任。此种预备之诉，具有不同于一般预备诉讼的特色：以先位声明及备位声明向之请求的当事人不同。

事之法律行为可包含负担行为(债权行为)与处分行为(物权行为)。这与无权处分应以自己名义,且从事之法律行为限于处分行为者,不同。这当中不要将无代理权,而以本人名义从事之处分行为,误为无权处分。[①]

(三)相同的法律效力

在无权处分中,无权利人以自己名义,从事处分行为,处分他人之权利;而在无权代理中,代理人以本人名义,从事代理行为。上述无权从事之行为事前未经有权利人或本人通过授权无权利人或代理人从事,以参与该以法律行为为基础之法律关系的形成,违反私法自治原则,所以应让有权利人或本人有以承认,事后参与的机会。是故,"民法"第 118 条第 1 项规定,无权处分行为,经有权利人之承认始生效力。第 170 条第 1 项规定,无权代理行为,非经本人承认,对于本人,不发生效力。归纳之,即皆规定为效力未定之法律行为。

基于信赖的保护,正如对于无权代理,有表见代理的制度保护善意信赖表见事实,而与代理人为法律行为者;对于无权处分,[②]亦有善意取得制度保护善意信赖登记或占有之表见事实,而与登记簿上所载之权利人或占有人为法律行为者。在满足善意取得要件的情形,一样有受让人是否得不主张善意取得,而依无权处分有关规定的问题。应采否定的见解。

---

① "最高法院"1981 年度台上字第 2160 号民事判决:"纵有代理权,而与第三人为法律行为时,非以本人名义为之者,亦不成立代理。又虽与第三人为法律行为时,未明示其为代理人;而如相对人按其情形,应可推知系以本人名义为之者,固难谓不发生代理之效果,即所谓之'隐名代理'。唯如代理人当时系以自己之名义而为。即非以代理人之资格而为,已甚明显者,仍不能认其为代理他人而为。再无权代理或表见代理,除欠缺代理权外,非具备代理其他之要件,不能成立。故无代理权,又非以他人代理人名义而与第三人为法律行为者,当不发生无权代理因本人承认而对本人发生效力,或使本人负表见代理授权人责任之问题。至无权利人就权利标的物,以自己名义与第三人立买卖后,纵经有权利人之'承认',尚难因此而谓有权利人已变为该买卖契约之订约当事人(但负有使出卖人履行出卖人义务之义务),相对人仍不得径行对之为履行之请求。"

② "最高法院"2002 年台上字第 2369 号民事判决:"'土地法'第四十三条所谓登记有绝对效力,系指土地之登记名义人与真正权利人不同一,为保护因信赖登记而取得权利之第三人而设,将登记事项赋予绝对真实之公信力,故第三人信赖登记而取得土地权利时,不因登记原因之无效或撤销而被追夺,唯此项规定,并非于保护交易安全之必要限度以外剥夺真正之权利,如在第三人信赖登记而取得土地权利之前,真正权利人仍得对于登记名义人主张登记原因为无效或撤销,提起涂销之诉,故上开土地法之规定于第三人自无处分权之登记名义人善意受让土地时,始有适用,如非自无权处分人受让土地,自不得适用上开规定。"

(四)不同的法律效力:无保护相对人之规定

比较"民法"第118条与第170条及第171条的规定,引起疑问:为何关于无权处分,无相当于第170条第2项及第171条之规定,让权利之受让人得催告有权利人承认无权处分或让受让人主动撤回其在该无权处分行为中之承诺的意思表示;关于无权代理,无相当于第118条第2项、第3项之下述规定:"无权利人就权利标的物为处分后,取得其权利者,其处分自始有效。但原权利人或第三人已取得之利益,不因此而受影响(第二项)。前项情形,若数处分相抵触时,以其最初之处分为有效(第三项)。"

按在将处分行为规定为无因行为的情形,单纯观察无权处分行为,对于因该处分行为而受让权利者而言,处分行为是使受让人纯获法律上利益的行为,所以,"民法"第118条第1项将无权处分规定为效力未定,待有权利人之承认始生效力,并不使受让人因有权利人之形成权(承认权)的存在遭受不利。从而无利用定期催告,或容其主动撤回,以尽速结束该形成权造成之效力未定状态的规范需要。

(五)无权行为人地位的继承性

基于私法自治原则,从事涉及他人利益的事务,视事务之性质需要有来自该他人之处分权或代理权的授权。如无该授权,其所为即是无权处分或无权代理所构成之无权行为。由于该无权行为依法使该无权行为人处于一定之法律地位。该地位可称为无权行为人之法律地位。

"民法"第118条第2项规定:"无权利人就权利标的物为处分后,取得其权利者,其处分自始有效。"在有权利人继承无权处分人时,或在无权代理发生后,本人继承无权代理人时,该项规定是否应予类推适用?此即被继承人就继承人之财产与第三人为无权处分或无权代理者,其无权行为人地位在概括继承时之继承性的问题。

例如甲之被继承人乙在生前未经甲授权,将甲之财产价卖于丙,并为履行。在甲对丙表示拒绝承认前,乙死亡。甲如未为抛弃继承,[①]事后得否通过对丙表示拒绝承认,否认乙丙间所从事之法律行为的效力?

甲之被继承人乙未经甲授权,就甲之财产与丙从事买卖,并为所有权之移转者,如乙以甲的名义为之,则该买卖契约及移转买卖标的之契约皆是无权代理。

---

① 甲如在乙生前已表示拒绝承认者,固可断绝甲在乙死亡后,是否得拒绝承认的问题。但仍会另行引起乙因无权处分行为无效而对丙所负债务不履行责任之继承的问题。

如乙以乙自己的名义为之，则该买卖契约为他人之物的买卖，移转买卖标的之契约为无权处分。这些法律行为，除他人之物的买卖之效力不因未经甲授权而受影响，可完全有效外，[①]其他法律行为在乙生前，都是效力未定的行为：待甲承认，始生效力；或待甲拒绝承认，而终局的失其效力。

有疑问者为，在乙死亡，甲继承乙后，甲是否还得拒绝承认？亦即该等效力未定之契约是否因乙之死亡，而终局的不待于甲之承认而发生效力，结束其效力未定的状态？该疑问来自于"民法"第 118 条第 2 项规定："无权利人就权利标的物为处分后，取得其权利者，其处分自始有效。但原权利人或第三人已取得之利益，不因此而受影响。"按该项规定者为：无权利人就权利标的物为处分后，取得其权利者，[②]而非有权利者，事后继受无权利人之义务，其处分自始有效。因此，要以"民法"第 118 条第 2 项为依据，认定乙从事之无权处分或无权代理行为，不待于甲之承认，即自始有效，必须类推适用或目的性扩张适用该项规定至有权利人继承无权利人的情形。

按"民法"第 118 条第 2 项所以规定："无权利人就权利标的物为处分后，取得其权利者，其处分自始有效。"有其诚实信用原则意义下之法伦理的基础。然该伦理基础，在无权利人继承有权利人时，固然存在，但在有权利人继承无权利人时，并不存在。盖"民法"第 118 条第 2 项所以为如上的规定，系基于无权利人在取得权利时，如果拒绝承认，有前后行为不一致，违反自诚信原则具体化下来之出尔反尔禁止原则（venire contra factum proprium）。[③] 是故，尚不得将该项

---

① "最高法院"2002 年 3 月 7 日台上字第 379 号民事判决："纵有未经当时全体共有人之同意，但依'民法'第八百一十九条第二项共有物之处分，固应得共有人全体之同意，唯买卖并非处分行为，郭水标与上诉人之被继承人陈木林及陈土水以共有土地为买卖标的，所订系争卖渡字之债权契约似非无效，缔约当事人间仍应受其拘束。兹被上诉人果已因继承而取得系争土地之所有权，则上诉人请求其履行出卖人之义务，为土地所有权之移转，是否亦非法所不许，即滋疑义。乃原审未遑详查审认，遽谓郭水标出卖系争土地为无权处分，其所订立之系争卖渡字对被上诉人不生效力，而为上诉人不利之判决，已嫌速断。"该判决如果指明，共有人未经其他共有人之同意，而以自己名义就共有物为买卖，该买卖是他人之物的买卖。而基于债务契约之效力在主体上的相对性，他人之物的买卖并不因其以他人之物为买卖标的物而无效。在分别共有，各共有人得无须其他共有人之同意，自由买卖者为其应有部分，而非共有物。

② "最高法院"1942 年上字第 2898 号民事判例："被上诉人甲于丙生前，将丙之田产让与被上诉人乙为业，纵令当时系无权处分，但其后甲已因继承丙之遗产，而取得此项田产之所有权，依'民法'第一百十八条第二项之规定，其处分即属自始有效。"

③ Esser, Schuldrecht, 2. Aufl., 1960 Karlsruhe, § 34 6 b："违反诚信，拒绝同意。"

规定类推适用至有权利者事后继承无权利人的情形。这不仅适用于无权处分，[①]亦适用于无权代理。

“民法”第118条第2项前段规定：“无权利人就权利标的物为处分后，取得其权利者，其处分自始有效。”该项规定应可类推适用于无权代理人继承本人的情形，盖该无权代理人事后继承本人时，依诚信原则也应当同意以该无权代理行为之内容作为其间之法律关系的内容。

无权处分人取得其无权处分之权利后死亡者，其继承人应受“民法”第118条第2项规定之拘束。[②] 在有权利人继承无权利人时，即便在概括继承的情形，有权利人固然以继承人的地位，承担被继承人之债务，但该债务并不自动实现，尚待于债务人之履行。即使在概括继承的情形，遗产债务也应先就遗产取偿，遗产不足清偿时，继承人始负候补的清偿责任。这时，特别是在有权利人因继承而可能导致债务超过资产的情形，更会对有权利人之债权人引起利害的问题。盖如有“民法”第118条第2项之类推适用，则在无权行为系处分行为的情形，会使系争财产之处分自始有效，于该处分行为原来生效时，归属于受让人。从而在强制执行或破产程序中，继承人之其他债权人不得就该财产声请强制执行或参与分配。

必须注意的是：甲如不承认乙之无权处分或无权代理，乙对于丙可能有损害赔偿责任。该责任有可继承性。只要甲（权利人）未抛弃其对于无权利人乙之继

---

① “最高法院”下引判例采不同的见解：“系争房屋就令如上诉人所称，系因上诉人出国往加拿大经商，故仅交其母某氏保管自行收益以资养赡，并未授与处分权，但某氏既在上诉人提起本件诉讼之前死亡，上诉人又为某氏之概括继承人，对于某氏之债务原负无限责任，以‘民法’第一百十八条第二项之规定类推解释，应认某民就该房屋与被上诉人订立之买卖契约为有效，上诉人仍负使被上诉人取得该房屋所有权之义务，自不得借口某氏无权处分，请求确认该房屋所有权仍属于己，并命被上诉人回复原状。”（“最高法院”1950年台上字第105号民事判例）

② “最高法院”2006年4月6日台上字第635号民事判决：“按共有物之处分、设定、负担应得全体共有人之同意，‘民法’第八百十九条第二项定有明文。共有人如未经全体共有人之同意，将共有物全部或一部交付他人为事实上处分或变更，乃为无权处分行为，其效力未定。若他共有人予以追认或他人事后取得共有物之全部或取得除交付其使用之共有人以外之其余共有人应有部分时，依‘民法’第一百十八条规定之法理，该无权处分之共有人即不得主张其行为不生效力。系争四四〇地号土地原为陈重宝与嘉大公司共有，应有部分各二分之一，陈重宝未得嘉大公司同意被上诉人前手谢进淼兴建之系争寺庙越界建筑使用系争四四〇地号土地，固属无权处分行为，唯嘉大公司嗣已将系争土地应有部分二分之一移转予被上诉人，陈重宝之继承人即不得再主张陈重宝无权处分行为不无效力。”该判决中所谓“将共有物全部或一部交付他人为事实上处分或变更”，是否已至发生处分效力的程度，从而构成无权处分，尚有疑问。

承，甲将继承乙对于丙因无权处分或无权代理而负之损害赔偿责任。然因为该赔偿责任并不以原来约定之给付为内容，所以，丙并不得通过请求恢复原状，请求甲承认乙所从事之无权处分或无权代理。无权利之被继承人在死亡前如已无权的移转其无权移转之标的物于受让人，则另引起继承人得否拒绝承认，主张原来之移转行为无效，请求返还该标的物，而改以金钱为赔偿方法，填补受让人所受之损害？"最高法院"采否定的见解。[①]

十一、空白文书之授权

有时一个人在一份未完成之文书上签名，并将之交付给他人，并授权其得在授权范围填入空白部分，使其成为一份完整的文书。最为常见的例子为：债务人为担保一定债权之目的，将一份其已签名而未记载发票日期之本票交付债权人，并授权债权人在将来载入日期使其成为一张记载完全的本票。交易上习称其为票保。本票所以具有担保的意义不在于其有像权利质权一样之优先受偿权，而在于"票据法"第 123 条规定："执票人向本票发票人行使追索权时，得声请法院裁定后强制执行。"从而相较于其他债权，容易就本票债权声请强制执行。

债权人所以要债务人以此种方法签发本票之目的在于规避关于本票之时效期间的规定。虽然"民法"第 147 条规定："时效期间，不得以法律行为加长或减短之，并不得预先抛弃时效之利益。"但在实务上并未曾质疑该空白本票之授权的效力。其理由当在于：该本票债务在签发时对于双方而言皆尚属或有债务，必须债务人陷于给付迟延，债权人为声请强制执行的需要才发生，也在那时债权人始得依授权载入发票日期，使其成为完全记载的本票。是故，该规避实质上并没有延长该本票之时效期间。

这样的授权类似于代理权之授予。所以，有疑义时，可类推适用关于代理的

---

① 除前引"最高法院"1950 年台上字第 105 号民事判例外，类似见解，另见"最高法院"2002 年 11 月 28 日台上字第 2379 号民事判决："按买卖为债权契约，与移转所有权之物权契约不同，出卖人对于出卖之标的物，不以有处分权为必要。原审认定系争土地系由曾石琴出卖予上诉人，则曾石琴即负使上诉人取得系争土地所有权之义务；其于 1974 年 6 月 25 日将系争土地办理所有权移转登记予上诉人，纵有无效之原因，唯曾石琴死亡后，系争土地已由其继承人全体继承而为公同共有，而依'民法'第一千一百四十八条前段规定，其继承人全体应承受曾石琴所负移转系争土地所有权于上诉人之义务，故不生给付不能之情形。被上诉人既为曾石琴之继承人，则其本于系争土地所有权，请求上诉人涂销系争土地所有权移转登记，难认有保护之必要，不应准许。"

规定。[①] 可能类推适用之规定主要在关于诈欺及胁迫之规定。至于如果被授权人违反指示在空白处填入非经授权之内容时，该如何？过去德国实务上认为签名人得依错误的规定撤销其意思表示，但该见解已不为德国联邦法院所维持。目前认为如相对人不知被授权人违反指示填入空白的情事，签名者还是应为违反其指示而被完成之文书的内容负责。盖签名于空白文书者既然自甘冒其认识之空白文书的风险，而签名并为交付，便应就第三人对该空白文书的信赖负责。[②]

第三节　情事变更：契约基础之欠缺或丧失

一、前言

契约将会如所缔结之内容履行之。此即契约应予遵守的原则（pachta sunt servanda）。该原则主宰着契约法。在缔结契约时，缔约双方莫不从自己与他方皆会履行其分别因之负担的义务，要非如是，他们也就不会缔结该契约了。然该期待不必然实现。最常见者为标的未如期履行、物有瑕疵或在缔约后灭失。此外，还可能进一步发展到损害他方之固有利益构成积极侵害债权（不完全给付）。对于这些情形，"民法"利用与给付迟延、瑕疵给付、给付不能及积极侵害债权（不完全给付）等债务不履行的有关的规定视具体情况，分配双方分别所当负担的危险。由这些规定可见，债务人原则上只为可归责于自己之债务不履行（"民法"第226条、第227条之二、第230条）及物的瑕疵（"民法"第360条），负填补履行利益的责任。换言之，依契约应予遵守的原则，债务人并不负无论如何、不计一切代价完成履行之给付的义务。双方如果不满意于"民法"中上述关于契约风险之一般的分配规定，双方还可以利用担保责任或条件的约款来加重或减轻债务人

① Larenz/Wolf, Allgemeiner Teil des Bürgerlichen Rechts, 9. Aufl., München 2004 § 48 Rn. 35.

② Larenz/Wolf, Allgemeiner Teil des Bürgerlichen Rechts, 9. Aufl., München 2004 § 48 Rn. 36ff..

的责任。[①]

关于债务之履行障碍，除了上述可能预想的情形外，还可能出乎预料之外，由于契约目的已因履行以外的事由，而达到或不能达到，致该契约之履行转为无意义，[②]例如失物广告刊登前，物已寻获；兽医到达前，病猫已愈或已死。另也可能因缔约当事人在缔约时，有意或无意的以一定情事之不存在、存在或继续存在为其缔约之出发点，而后来该情事发生意想不到的变化，以致契约之履行无意义、需费过巨，从而其依原约定内容给付之请求在个别案件中可能构成权利滥用，违反诚信原则。该情事变更即德国学说上所称之契约基础之欠缺或丧失。[③]台湾地区实务上称用来处理情事变更的观点为情事变更原则。契约应予遵守的原则以情事变更原则为其内在的牺牲的限界。

情事变更原则是一个比较具有争议性的法律原则。其缘由倒不是因为情事变更原则不符诚信原则，而是其构成要件及法律效力，尚有针对个别案件之情

① 担保责任(Garantiehaftung)指不论可归责与否，一概皆应为给付之可能负责。该责任之负担的规范基础可能是法律，亦可能是当事人间之约定，或义务人之许诺。以法律为基础者例如在种类之债，债务人所负之获取危险("最高法院"1993 年 3 月 19 日台上字第五七〇号判决)；亦可能是当事人间之约定，例如在他人之物或将来之物的买卖，买卖双方约定出卖人应负获取危险(Beschafungsgefahr)。获取危险的负担亦可能以契约之目的或附随情况，特别是债务人就其已知之履行困难的沉默为其认定基础。在债务人应负获取危险的情形，债务人事后原则上不得援引契约基础丧失(情势变更原则)、基础错误、无期待可能性(Unzumutbarkeit)、牺牲限界(Opfergrenze)主张免责，而这些免责事由即便在种类之债之法定担保责任的情形，仍有适用。在此意义下，获取危险可谓是在一般给付危险(Leistungsgefahr)之上再予加强的担保责任。因义务人之许诺者，例如出卖人关于买卖标的物品质之保证。请参考 Esser, Schuldrecht, 2. Aufl., 1960, S. 96, 207f., 488. 担保责任通常加重义务人之责任。条件的约款指将契约的效力系于尚未确定将来是否发生的情况。不论其约定为停止条件或解除条件，条件之约定皆意味着：当事人不愿为将来不确定之事件可能产生的影响负责。从而条件的约款具有减轻债务人之责任的意义。

② 关于由于契约目的已因履行以外的事由，而达到或不能达到，致该契约之履行转为无意义的情形，究应构成给付不能、受领不能或情事变更，值得探讨。例如为观看游行而租下旅馆面向预定为游行路线之大马路的客房者，后来因重病住院而不能观看，或因游行临时取消无游行可看时，其结果虽都是不能达契约目的。但前者论为受领不能，其不利益由债权人负担(Köhler, Unmöglichkeit und Geschäftsgrundlage bei Zweckstörungen im Schuldverhältnis, 1971, S. 129)；后者论为契约基础嗣后丧失，其不利益经由解除归于债务人(出租人)。Soergel-Teichmann, Kommentar zum BGB, 11. Aufl., 1986, § 242 Rz. 199ff.。唯其适用应限于：旅馆经营者于缔约时，曾因将举行游行，而提高前述房间之租金者，应负担游行取消之风险，容许承租人不负赔偿义务，解除契约；反之，旅馆经营者如无因之而提高房租，游行取消之风险应由承租人负担。

③ Esser, Schuldrecht, 2. Aufl., 1960, S. 384f..

况，予以类型化或具体化的必要。契约基础之欠缺或丧失学说在德国之发展经过情形，值得参考。兹简介如下：

契约应予遵守的原则与情事变更原则（契约基础之欠缺或丧失）在德国法制史上互有消长。契约基础之欠缺或丧失理论的前身为 die Lehre von der clausula rebus sic stantibus。其意旨为："任何契约关系之存续依其意旨系于缔约时存在且其存在经当事人认为在将来不会改变之关系或情况的存续。"该关系或情况如有重大变更，以致契约目的不能达成，则对于该契约之拘束便随之丧失。盖在此限度该契约并不为其当事人所欲。该学说之问题比较少地存在于其实务上的操作，而比较多地存在于其理论表达的宽度。因之，情事变更原则到 18 世纪末便渐退让给契约应予遵守的原则。在德国民法上虽有关于情事变更原则之实践的零星规定（例如德国民法第 321 条关于不安抗辩、第 610 条），但并没有因之将情事变更原则定为一般规定。①

后来 Windscheid 发展出前提说（die Lehre von den Vorausset-zungen），以说明情事变更的问题。他认为在情事变更中所称情况（die Umstände）之发生或不发生的前提为界于动机（das Motiv）与合意条件（die Bedingung）间的中间阶段。动机只是缔约人在缔约时，个人要利用该契约追求之目的的构想，因其未经纳入意思表示中，所以，对于契约效力不具规范上的意义。反之，条件则属于意思表示的内容，以一定情况之发生或不发生作为该意思表示（契约）之效力的发生或消灭的要件。而情事变更中所称情况之发生或不发生固为该契约效力之所系，但缔约双方并未将之约定为契约内容。然倘其存在出乎意料，因之而受到不利的一方，便不会愿意缔结该契约。由于表意人在这种情形并无真实的法效意思，所以在进一步满足必要之法安定性的要件时，即可不受其意思表示的拘束。从而可称该前提为未发展的条件（eine unentwickelte Bedingung）。前提说与前述学说同样的有因其可适用之案型涵盖过广，而妨碍契约效力之安定性的疑虑。②

鉴于前述学说上所提出关于情事变更原则之要件的表达有涵盖过广的疑虑，德国实务上认为一时尚不宜将德国民法中关于情事变更之零星的规定一般化。从而在其类推适用上亦采取比较保守的立场。然即便如此，还是认为德国民法第 610 条关于消费借贷之不安撤销权（相当于台湾地区"民法"第 475 条之一）应可适用于一切授信契约，第 626 条关于雇佣契约遇重大事由之终止权（相当于台湾地区"民法"第 489 条）及第 723 条关于合伙人遇有非可归责于自己之

① Soergel-Teichmann，aaO.（Fn 2），§242 Rz. 203.

② Soergel-Teichmann，aaO.（Fn 2），§242 Rz. 204f..

重大事由之退伙权(相当于台湾地区"民法"第686条)的规定应可类推适用于继续性契约。在这些情形外，德国帝国法院有时按契约之性质，试依德国民法第157条[①]经由解释探讨是否因情事变更而有终止权。在德国，第一次世界大战对于物资之供应及币值之维持的影响，使情事变更在实务上之考量的重要性大大升高。这当中，帝国法院开始时虽稍有迟疑，但还是将经济不能与事实上同视。在战争的影响中，物质的供应有时可能，有时不能，因此有所谓暂时不能的论点。不过，帝国法院后来扬弃了暂时不能，而自RGZ 99,115,116的判决改从诚信原则依德国民法第157条、第242条导出在给付与对待给付不相当时不准强制执行的见解；在RGZ 100，129的判决中，就供货契约于双方皆要维持契约之效力时，帝国法院甚至肯认供货方得请求提高价金。这开启了情事变更原则之另一重要的调整内容，不再限于解除或终止契约。第二次世界大战后，在RGZ 103，328判决中，帝国法院第一次以契约基础因给付与对待给付之等价关系根本滑动而丧失作为给付义务消灭的理由。从此，契约基础变更成为考量情事变更的决定性观点(der Gesichtpunkt)。这对于物的债务人及金钱的债务人皆有适用。[②]

为使契约基础变更与动机或契约内容有所区别，并使该观点在实务上可以操作，长期以来德国学者致力于其具体化或要件化的工作。在1921年Oertmann将契约基础定义为：契约基础指"法效意思所立基之某种情况，对其存在或在将来发生或不发生的看法，有一方在缔约时已表达出来，并为他方认识其重要性，且无异议；或是双方对之有共同的看法者"。该定义后来经BGH(德国联邦法院)稍加修饰使用之：契约基础"指当事人之法效意思所立基之某种情况，关于其存在或将来发生或继续存在，虽未提升为本来之契约内容，但在缔约时已是表露之双方共同的，或他方已认识且无异议之一方的看法"。该见解一般的，除有前述要件外延涵盖过于宽广的问题外，还受到以下批评：就一方已表示，而他方未为异议的情形，等于将之论为契约内容的一部分，此与契约内容的界定原则不符；另如就某一将来之重要情况的存在，双方在缔约时如皆因不疑其不会有意外的变更，而未曾思及于此，则后来其纵有变更，势因当初双方不疑有他，而不论

---

① 德国民法第157条规定："契约之解释应斟酌交易习惯，如诚实与信用所要求者般为之。"该规定与台湾地区"民法"第98条之规定类似，但不尽相同。该条规定："解释意思表示，应探求当事人之真意，不得拘泥于所用之词句。"该两条规定同样提供法院介入意思表示或契约的机会。所不同者为：依德国民法第157条，法院可以斟酌交易习惯，依诚实与信用的要求，解释契约在规范上当有之内容，而依台湾地区"民法"第98条，则只能以真意之名行之，不能诉诸诚信原则之规整作用。

② Soergel-Teichmann，aaO.(Fn 2)，§242 Rz.206.

为契约基础之丧失。以 Oertmann 前述见解为基础的见解，主要以缔约人之主观上的看法为标准定义契约基础。所以学说上称之为主观的契约基础说或主观说。[①]

针对主观的契约基础说，有德国学者主张应去除其不适合之主观因素，从而提出客观契约基础说或客观说，认为：契约基础应指"一切情况或关系，其存在或继续存在，于缔约时为其契约内容、目的及经济上意义之前提要件者，且不论当事人是否思虑及此，必须如此，该契约始根本可能具有意义或有用，以及在整体之法秩序的意义下可显示其妥当的形象"。[②]

与德国之发展情形不同，在本次（自 2000 年 5 月 5 日施行）债编修正时，增订"民法"第 227 条之二以一般规定的形式，明文肯认情事变更原则。[③] 该条除于第 1 项规定："契约成立后，情事变更，非当时所得预料，而依其原有效果显失

---

① Soergel-Teichmann, aaO. (Fn 2), §242 Rz. 208. 主观说主要以 Windscheid 及 Oertmann 为代表（Larenz, Geschäftsgrundlage und Vertragserfüllung, 3. Aufl., 1963, S. 5ff.).

② Soergel-Teichmann, aaO. (Fn 2), §242 Rz. 209. 客观说主要以 Kaufmann, Krückmann 及 Locher 为代表（Larenz, aaO. (Fn 8), S. 11ff.).

③ 关于情事变更原则，最近几年来在公私法皆有通过立法加以承认的做法。例如针对授予利益之合法行政处分，"行政程序法"第 123 条第 4 款规定"行政处分所依据之法规或事实事后发生变更，致不废止该处分对公益将有危害者"，得由原处分机关依职权为全部或一部之废止。但原处分机关对受益人因信赖该处分致遭受财产上之损失，应给予合理之补偿（同法第 126 条第 1 项）。针对行政契约，第 147 条规定："行政契约缔结后，因有情事重大变更，非当时所得预料，而依原约定显失公平者，当事人之一方得请求他方适当调整契约内容。如不能调整，得终止契约（第一项）。前项情形，行政契约当事人之一方为人民时，行政机关为维护公益，得于补偿相对人之损失后，命其继续履行原约定之义务（第二项）。第一项之请求调整或终止与第二项补偿之决定，应以书面叙明理由为之（第三项）。相对人对第二项补偿金额不同意时，得向行政法院提起给付诉讼（第四项）。"依前开规定，如有情事变更的情形，在授予利益之合法行政处分，原处分机关得给予补偿，而废止该处分之全部或一部；在行政契约行政机关得于补偿相对人之损失后，命其继续履行原约定之义务。换言之，行政机关这一方得以给予补偿的方式，废止原处分或继续原约定的关系，不需要先经法院之裁判，以定其往后之效力。另在行政契约，就当事人欲以情事变更为理由，请求调整或终止契约，"行政程序法"第 147 条第 1 项并未规定行政机关非以诉的方式为之不可。唯"行政诉讼法"（1998 年 10 月 28 日修正）第 203 条还是明文规定："公法上契约成立后，情事变更，非当时所得预料，而依其原有效果显失公平者，行政法院得依当事人声请，为增、减给付或变更、消灭其他原有效果之判决（第一项）。为当事人之行政机关，因防止或免除公益上显然重大之损害，亦得为前项之声请（第二项）。前两项规定，于因公法上其他原因发生之财产上给付，准用之（第三项）。"依前述说明，该条规定将主要适用于人民想要以情事变更为理由，主动请求法院为增、减给付或变更、消灭其他原有效果之判决的情形。该条规定内容与"民法"第 227 条之二所定者大致相同。由之可见，情事变更原则已是民事法及行政法共认的法律原则。

公平者,当事人得声请法院增、减其给付或变更其他原有之效果。”并于同条第 2 项规定:“前项规定,于非因契约所发生之债,准用之。”从此,情事变更原则不但有该条第 1 项为其明文依据,而且其适用范围并依同条第 2 项扩及非契约关系。然由于该条并未对于何谓情事变更及何谓变更其他原有之效果详予规定,所以关于情事变更原则之适用,在实务上还待于法院给予适当之具体化。

二、契约之内容不得任意变更

契约应予遵守,在契约缔结后,不但当事人双方各皆不得片面改变契约之内容,而且基于约定内容之正确性的推定,法院如无像生计困难、[①]补偿之相当性、[②]暴利行为、[“民法”第 74 条第 1 项规定:“法律行为,系乘他人之急迫、轻率或无经验,使其为财产上之给付,或为给付之约定,依当时情形显失公平者,法院得因利害关系人之声请,撤销其法律行为,或减轻其给付。”依该项规定,利害关系人欲向法院声请撤销其法律行为,或减轻其给付,除其给付或给付之约定必须依当时情形显失公平外,尚须其约定系乘他人之急迫、轻率或无经验而获致。由此可见,该项规定同样推定:当事人双方经由合意所约定之内容的正确性。“最高法院”实务上认为本条不适用于无偿行为(赠与)(同院 1953 年台上字第 651 号民事判决)、身份行为(两愿离婚契约)(同院 1939 年上字第 107 号判例)。但适用于侵权行为之和解(同院 1953 年台上字第 256 号民事判决):“被上诉人待字闺中,上诉人以不正当方法实施奸污后,企图免除刑责而与被上诉人订立和解契约,其赔偿被上诉人新台币一万八千元纯系由于上诉人之自愿,既非事出急迫、轻率或无经验,亦难谓有显失公平之处。”此外,“民法”第 74 条所规定之撤销

---

① 法院基于经济困难之考量,在债之履行上一般得许债务人于无甚害于债权人利益之相当期限内,分期给付,或缓期清偿(第 318 条)。就侵害身体健康之财产损害赔偿,关于给付时期,“法院得因当事人之声请,定为支付定期金。但须命加害人提出担保”(第 193 条第 2 项)。这亦是一种分期给付。此外,损害非因故意或重大过失所致,而其赔偿将重大影响义务人之生计者,法院得依职权减轻其赔偿金额(第 218 条)。以上规定与既存之债的履行有关。又在侵权行为法上,于无行为能力人、限制行为能力人及其法定代理人皆无过失时,法院“因被害人之声请,得斟酌行为人及其法定代理人与被害人之经济状况,令行为人或其法定代理人为全部或一部之损害赔偿”(第 187 条第 3 项);于受雇人与雇用人皆无过失时,“法院因(被害人之)声请,得斟酌雇用人与被害人之经济状况,令雇用人为全部或一部之损害赔偿”(第 188 条第 2 项)。以上规定与衡平责任有关。

② 关于违约金,基于补偿之相当性的衡量,债务已为一部履行者,法院得比照债权人因一部履行所受之利益,减少违约金(第 251 条);约定之违约金额过高者,法院得减至相当之数额(第 252 条)。

权，须以诉之形式向法院请求为撤销其行为之形成判决，始能发生撤销之效果，仅于给付之诉讼中主张行使此项撤销权，以之为抗辩（同院1980年台抗字第174号民事判决），作为攻击防御方法，尚不生撤销之效力，其法律行为仍不因此而失其效力（同院1980年台抗字第174号民事判决）。与"民法"第74条类似之规定为同法第572条的规定："约定之报酬，较居间人所任劳务之价值，为数过巨失其公平者，法院得因报酬给付义务人之请求酌减之。但报酬已给付者，不得请求返还。"］情事变更[①]等法定事由亦不得经利害关系人或当事人声请，基于衡平考量，[②]撤销其法律行为或增、减其给付。[③]

三、情事变更之概念

"民法"第227条之二第1项规定之情事变更所指者究竟为何？归纳该项规定"契约成立后，情事变更，非当时所得预料，而依其原有效果显失公平者"。所

---

① "民法"第227条之二规定："契约成立后，情事变更，非当时所得预料，而依其原有效果显失公平者，当事人得声请法院增、减其给付或变更其他原有之效果(第一项)。前项规定，于非因契约所发生之债，准用之(第二项)。"此为关于情事变更原则之一般规定。关于不动产租赁租金增减请求权，"民法"第442条规定："租赁物为不动产者，因其价值之升降，当事人得声请法院增减其租金。但其租赁定有期限者，不在此限。"此为关于情事变更原则最具代表性之具体规定。

② 在债法上，基于衡平原则，法院得介入于私法自治活动者尚有：(1)解释法律行为或补充其漏洞，例如在法律行为之从事或契约之缔结上，法院不但可以经由法律行为之解释，认定表意人之真意("民法"第98条)，而且关于非必要之点，当事人于契约缔结时未表示意思，而缔约后，当事人意思又不一致者，在裁判上法院应依其事件之性质定其内容("民法"第153条第2项)。(2)在法定之债，当事人就对待给付不能获致"协议时，得请求法院定之"(第425条之一第2项)。(3)债权(终身定期金)之衡平的延续，例如关于终身定期金契约，"民法"第733条规定"因死亡而终止定期金契约者，如其死亡之事由，应归责于定期金债务人时，法院因债权人或其继承人之声请，得宣告其债权在相当期限内仍为存续"；关于消灭之契约关系的恢复，"民法"第527条规定，出版契约关系，虽因著作未完成前，著作人死亡，或丧失能力，或非因其过失致不能完成其著作而消灭，但如出版契约关系之全部或一部之继续，为可能且公平者，法院得许其继续，并命为必要之处置。(4)关于催告诉权，例如"民法"第518条第2项规定："出版人依约得出数版或永远出版者，如于前版之出版物卖完后，怠于新版之重制时，出版权授与人得声请法院令出版人于一定期限内，再出新版。逾期不遵行者，丧失其出版权。"关于撤销诉权，例如"民法"第244条规定，法院得因债权人之声请而撤销诈害债权之行为。

③ "最高法院"1954年度台上字第544号民事判决要旨称："标的物及其价金，为买卖契约成立之要素，苟经互相同意，双方均应受其拘束。纵契约成立后，价金有时涨落，亦于既成立之契约不生影响，不得任由当事人之一方，请求增加或减少其价金。"唯这不表示在缔约后发生情事变更时，当事人不得声请法院调整对价关系或甚至判准解除或终止契约关系。

谓情事变更应具有三个特征:(1)发生在契约成立后;(2)非当时所得预料;(3)依其原有效果显失公平。第一个特征之意义在于界定变更之有无的时间指标,第二个特征之意义在于归属风险,第三个特征之意义在于衡量,变更之情事是否已影响到原有效果之维持的妥当性。这是与情事之实质有关的规定,亦即其变更必须足以影响到原有效果之维持的妥当性,始成其为情事变更。就情事变更,"最高法院"2000 年 7 月 6 日台上字第 1529 号民事判决曾将之定义为:"情事变更原则,系指法律行为成立当时为其行为之环境或基础之情况有所变动而言,例如物价、币值之涨贬等是。"此为从其属于"行为之环境或基础之情况"的直接描述,其实质建立在"基础情况"之根本性的意义。这些都是偏重于情事之客观因素的观察。[①]

情事变更在契约法上所涉及之问题为:契约基础之欠缺或丧失。所谓因情事变更,法院应为增减给付或变更其他原有效果之判决者,以法律行为成立后,因不可归责于当事人之事由致情事变更,非当时所得预料,而依原有效果显失公平为要件。情事变更为双方当事人在订约时所预见,[②]或其契约之意旨本来即在于博取此种经济风险之利益者,[③]无情事变更原则之适用。此外,情事变更原则亦得以特约明示排除其适用,当事人如于法律行为成立时,即已预见情事将有变更,并对于应如何调整给付已有约定者,自无情事变更原则之适用。[④]

---

① 相当于情事变更的问题,在德国法以契约基础之欠缺或丧失(Fehlen und Wegfall der Geschäftsgrundlage)称之。在各种情事中,究竟哪些情事可以论为契约基础,从而其欠缺或丧失具有法律上的意义,足以构成调整给付或消灭该契约关系的事由。这个问题光从有哪些情事发生变更观察并不能获得答案。而必须兼从该情事之发生,是否使坚要债务人继续履行契约变得过分,违反诚信原则判断之。

② "最高法院"1950 年度台上字第 1025 号民事判决。"最高法院"1950 年度台上字第 1485 号民事判决要旨称:"两造订立租赁契约时,物价正在上涨,为显著之事实,则双方当事人对于将来经济之波动不能谓无预见,而该租约第九条乃竟载租期以八年为限,限满之日应将全部建筑物并装修楼屋一切归还业主,不得索建筑费,限内承租人如无发生短欠其他变更违法事故,业主不得半途要挟增加租金,并逐搬收回情事等字样。是上诉人明知将来情事纵有变更,亦愿放弃增租之权利,至为显然。况被上诉人出资建筑房屋,限满即须将建筑物无条件交与上诉人,而限内每月约纳之租金一千二百五十元仅属约内权益之小部分,故就全部之权利义务言之,无论情事如何变更,而依原有效果亦不致显失公平。"

③ 例如期货、证券、远期外汇、选择权之交易等("期货交易法"第 3 条,"期货交易税条例"第 1 条、第 2 条)。关于股票,"最高法院"2000 年 11 月 30 日台上字第 2712 号民事裁定要旨称:"末查股票价格本会波动,乃众所周知之事实,上诉人另依情事变更原则请求法院依职权为增加给付,亦无可采。"

④ "最高法院"1997 年 4 月 30 日台上字第 1364 号民事判决、"最高法院"1995 年 3 月 31 日台上字第 760 号民事判决。

物价与币值为一事之两面，当物价有波动，币值即随之低落。然币制改革所包含之通用货币的贬值，原则上肯认为构成情事变更，[①]而物价高涨实务上则不一定认为等于情事变更。必须其上涨幅度达到一定程度，致仍照原定之数额给付，事实上显失公平者，始可论为情事变更。[②] 是故，不得以物价指数为认定是否发生情事变更的唯一标准。[③] 在具体个案中，有时引起所涉情事究系币值贬值或物价高涨之区辨的问题。[④]

情事变更原则属于基于衡平理念，针对个案，在发生经济剧变时所设的救济制度。[⑤] 情事变更之事实，只要在法律行为成立后，事实审言辞辩论终结前发

---

① "最高法院"1955 年台上字第 852 号民事判决。

② "最高法院"1956 年台上字第 519 号民事判决要指称："系争押租金，自昭和十五年即 1940 年交付以还，每年物价均有波动，币值亦随之低落，此种情事之变更即非可归责于当事人之事由所致，亦非当时所能逆料，如仍照原额返还，事实上显失公平，依照诚实信用原则，债权人自得请求增加给付。"同院 1980 年台上字第 606 号民事判决要旨称："查 1973 年 6 月间政府限价之钢筋，已达每吨八千二百元。至同年底之限价，则高涨至每吨一万四千五百元(见当时市场行情表)。足证因能源危机，引致钢筋暴涨，早在 1973 年 6 月以前。当年因各国废铁限制出口，台湾地区市场缺货，被上诉人在此情况下，取得原料困难，无法继续如限交货，自属不可归责于被上诉人之事由。其价格之高涨，亦为订约时所不可预料。如就未交付之钢筋，仍照原订价格每吨四千六百元、四千七百元，及六千六百六十元不等计算给付价款，显失公平！被上诉人依其在第一审提起反诉时上诉人与诉外人南丰钢铁公司于 1976 年 9 月所订钢筋买卖价格每吨八千九百元计算其差价，请求增加给付，尚称合理。"后一判决要旨以后来相对人与第三人所合意之价格为公正价格，调整争议当事人间之对价关系。

③ "最高法院"1955 年台上字第 1362 号、1958 年台上字第 415 号民事判决。

④ "最高法院"1955 年台上字第 1078 号民事判决："上诉人某甲支出之必要费用系新台币，而其时新台币已经发行，旧新台币与新新台币有一定之比率，上诉人某甲请求上诉人某乙依起诉时之添建价值为标准，偿还新台币，自系依物价之高涨情形，请求增加给付。唯台湾物价虽有高涨，究非完全基于新台币贬值之原因，此种情事变更，依一般观念，尚难遽认为如依原有效果显失公平，即无复原后办理'民事诉讼法补充条例'第十二条之适用。"

⑤ "最高法院"2000 年 7 月 6 日台上字第 1529 号民事判决："(情事变更)原则之订定，乃系基于衡平之理念，对于当事人于法律行为当时不可预见之情事，或其他为法律事实之基础或环境，发生剧变所设之救济制度。"

生，法院即应依职权公平裁量。[①] 所以，债之关系如已消灭，[②]或在确定判决后已依判决履行者，[③]即不再有情事变更原则的适用。［“最高法院”1982 年台抗字第 166 号民事裁定：“共有物之分割，经分割之形成判决确定者，即生共有关系终止及共有人各自取得其分得部分所有权之效力，再审被告因确定判决而取得分得部分之所有权，自不因其后地价调整而获不当得利，其依确定判决给付再审原告之补偿金，既已依法提存而生清偿效力，再审原告亦不得以嗣后地价调整援用情事变更原则，请求增加给付。”相同见解另见同院 1982 年台上字第 32 号民事判决。］

有疑问者为，给付迟延或受领迟延是否构成情事变更原则之适用的消极要件。［情事变更如果直到因此而受到不利者迟延后方始发生，则不论是给付迟延或受领迟延，皆无正当理由容许迟延之一方引用情事变更原则，主张权利。相同见解请参考 Larenz, aaO. S. 139. 对于在迟延的情形，情事变更原则是否有适用，“最高法院”实务上虽有不一致的见解，但在其历来之判决中显然倾向于从下

---

① “最高法院”1997 年 4 月 30 日台上字第 1354 号民事判决：“法律行为成立后，因不可归责于当事人之事由，致情事变更非当时所得预料，而依其原有之效果显失公平者，法院应依职权公平裁量为增、减给付或变更其他原有效果之判决，‘民事诉讼法’第三百九十七条第一项定有明文。又此情事变更之事实，只须在事实审言辞辩论终结前发生，法院即应依职权公平裁量为增、减给付或变更其他原有效果之判决，毋庸由当事人另行起诉。原审认法院因情事变更依职权公平裁量为增、减给付及变更其他原有效果之判决，乃形成判决，应由当事人另行起诉，所持法律见解显有违误。”

② “最高法院”1966 年台上字第 1005 号民事判决：“所谓法律成立后，因情事变更依原有效果而为给付显失公允，当事人得请求为增减给付之判决，系指债之关系未因清偿或其他行为而归消灭之情形始得为之。否则，即无请求增减给付之可言。两造间系争借款之债，既已不存在，则上诉人犹复请求按物价指数计算请求增加给付，显属无可准许。”情事变更原则对于债之关系已因清偿或其他行为而归消灭者原则上固无适用，但系争情事如果自始即已发生，亦即有契约基础自始欠缺的情形，或双方利用该契约所要达到之目的，在双方履行后始因情事变更而不能达成者，情事变更原则应当还是有其适用为妥。肯定的见解请参考 Larenz, aaO. (Fn 8), S. 134ff. 。“民法”第 227 条之二规范之情事变更并不包含自始之契约基础欠缺的情形。这有其逻辑上的理由。盖自始存在者，不是变更，而是错误。因之，自始之契约基础欠缺，必要时应依“民法”第 88 条的规定，以撤销的方法寻求救济。

③ 确定判决后履行前，有情事变更之情事者，仍有情事变更原则之适用。“最高法院”1951 年度台抗字第 21 号民事裁定要旨：“非常时期‘民事诉讼法补充条例’第二十条第二项所称之情事变更，与复员后办理‘民事诉讼法补充条例’第十二条所称之情事变更，意义相同，故情事变更发生于确定判决之事实审言辞辩论终结后者，即为该确定判决之既判力所不及，‘司法院’院字第二七五九号解释所示，确认给付义务存在或命债务人给付之判决确定后，给付债务消灭前，情事变更，法院自得为增减之判决云云，自不因非常时期民事诉讼法补充条例之废止而影响其适用。”

述的观点立论：所谓“不可归责于当事人之事由致情事变更者，系指其情事变更非因可归责于当事人之事由所致而言，与原有债务之迟延履行是否可归责于债务人无涉”（“最高法院”1952 年台上字第 1406 号判例）。其实自该判例中所陈述的意见，尚不能导出情事变更原则是否可适用于迟延的情形。盖该意见仅是表达情事变更与迟延之归责事由应分别认定而已。］在情事变更之事实发生在债务人给付迟延中的情形，“最高法院”有认为无碍于情事变更原则之适用者，[①]亦有认为给付迟延中发生情事变更者，无情事变更原则之适用。[②] 其见解并不一致。至于在受领迟延中如发生情事变更，该院实务上有认为仍得依该原则请求增加给付者，［“复员后办理‘民事诉讼法补充条例’第十二条所定为增加给付之判决，系以法律行为成立后因不可归责于当事人之事由，致情事变更非当时所得预料，而依其原有效果显失公平为要件，至当事人于原契约之履行有无迟延责任，仅可为公平裁量之一种资料，与上述要件无关。”（“最高法院”1951 年度台上字第 1191 号民事判决）所以，“房屋租金如因纸币贬值经济情事变更，具备复员后办理‘民事诉讼法补充条例’第十二条增加给付之要件者，则上诉人对于此项租金，虽有迟延受领情事，亦属别一法律关系，受诉法院仍应为增加给付之判决”（“最高法院”1951 年度台上字第 551 号民事判决）。债务虽不因债权人受领迟延而消灭（“最高法院”1951 年度台上字第 1191 号民事判决），但“在债权人迟延中，债务人无须支付利息”（“民法”第 238 条）。“债务人应返还由标的物所生之

---

① “最高法院”1952 年台上字第 1406 号判例“复员后办理‘民事诉讼法补充条例’第十二条所称不可归责于当事人之事由致情事变更者，系指其情事变更非因可归责于当事人之事由所致而言，与原有债务之迟延履行是否可归责于债务人无涉。故互负对待给付之一方迟延履行，而由他方终止契约时，对于他方固应赔偿因契约不履行所生之损害。然他方之对待给付，亦应依情事变更之法则，公平裁量增、减数额，以扣算一方实际所受之损害。”相同见解另见同院 1953 年台上字第 120 号、1996 年台上字第 1892 号民事判决。是故，纵使债务人有给付迟延的情形，同院 1980 年台上字第 3860 号民事判决认为：“查上诉人间之买卖成立于 1968 年，被上诉人与杨良训之买卖成立于 1972 年，讼争土地早由被上诉人使用，事隔约十年，地价剧涨，有上诉人提出之地价证明书可稽，而物价波动，逐年上升，亦为公知之事实，倘依原约定价格给付所余价款，似有显失公平之情形，上诉人行使同时履行抗辩权并请求增加给付，自非无据。”

② “最高法院”1980 年台上字第 2743 号民事判决：“依契约……上诉人应于契约成立后二十日内除去系争房地之抵押权负担，将所有权移转登记所需文件交付被上诉人，并协同向地政事务所办理所有权移转登记，被上诉人则于办理所有权移转登记后给付第一期款二十八万元，于房地全部点交后再给付尾款二十五万元。是为履行契约而应先为给付者，为上诉人（出卖人）而非被上诉人（买受人）。乃上诉人迭经被上诉人催告，仍不履行契约，有被上诉人提出之存证信函可稽。虽事隔年余，物价上涨，但此乃上诉人迟延给付之结果，殊无‘民事诉讼法’第三百九十七条第一项规定之适用。”

孳息或偿还其价金者，在债权人迟延中，以已收取之孳息为限，负返还责任。”（“民法”第 239 条）至于危险负担是否因此移转，并无明文规定。鉴于在债权届清偿期后，纵使债权人有受领迟延之情形，债务人亦应随时准备使自己处于得为给付之状态，是故，在这当中债务人不大可能取得因货币贬值可能产生之利益。这在情事变更原则的适用上应予斟酌。]亦有认为不可者。[“最高法院”1993 年 9 月 3 日台上字第 2154 号判决：“查被上诉人与上诉人之父……（就）分割共有物事件成立诉讼上和解，其和解内容第一项约定：两造愿就共有系争土地予以分割，其分割方法，于紧接成功路部分（即共有物靠南部分）任由被上诉人指割二十八坪，分为其所有，其超过被上诉人持分面积部分，由被上诉人以每坪七万五千元补偿（之）……嗣被上诉人自和解成立后，迭再请求上诉人协同被上诉人办理分割登记，上诉人拒不履行，并将被上诉人签发寄给上诉人之支票（即补偿款八十八万四千八百十三元）退还，致被上诉人无法取得上诉人之协议而遭云林县斗南地政事务所驳回其分割登记之声请等情，业据被上诉人提出支票影本及斗南地政事务所通知影本各一份为证。迄 1991 年 11 月间，被上诉人始于台湾省政府公报 1988 年冬字第 51 期，发现声请人逾期未检具协议书者，应依法院判决意旨及有关图说，以重测前地籍图至实地测定界址点位钉立界标，再以重测后地籍图调制之复丈原图测取分割界址点，计算面积后，办理分割登记，并将登记结果通知有关权利人。被上诉人依据该规定将补偿款提存于台湾云林地方法院（1991 年存字第 411 号提存通知书）清偿，随即声请办理分割登记完毕。据此尚难认为被上诉人有违反诚信原则情事。反观上诉人始终未协同被上诉人办理分割登记，履行和解条件，自难令被上诉人负因迟延履行所生地价上涨之结果。而查‘民事诉讼法’第三百九十七条固规定，法律行为成立后，因不可归责于当事人之事由致情事变更，非当时所得预料而依原有效果显失公平者，法院应依职权公平裁量为增减给付或变更其他原有效果之判决。唯该条之前提条件，必须因不可归责于当事人之事由致情事变更，非当时所得预料者始可。查被上诉人之未能即时给付补偿款，乃因可归责于上诉人不协同办理分割登记所致。又物价波动，逐年上升，乃众所周知之事，上诉人难谓非当时所得预料，均与前开法条情事变更原则未合，上开法条应无适用之余地。况诉讼上和解与确定判决有同一之效力，上诉人于取得和解笔录后，如被上诉人不履行，可持该和解笔录为执行名义径向法院声请强制执行，岂有手持和解笔录不声请强制执行，而迟至十三年后，始以情事变更为由，请求增加给付，要难认为有理由。”]

情事变更原则主要适用在金钱之债。例如因消费借贷、[①]消费寄托、[②]租赁、[③]合伙关系[④]所负之债务。得以情事变更为理由，请求增加给付者不限于对待给付，亦可及于担保金之追加，[⑤]金钱担保之返还债务[⑥]或甚至非基于契约之不当得利的返还义务。[⑦] 此种债务如因战事关系，物价高涨，币制贬值致依其原有效果显失公平者，得声请法院斟酌此等事由，命为增加给付之判决。究竟有无

---

① "最高法院"1950 年台上字第 103 号民事判决要旨："金钱借贷之法律行为成立后因战事关系，物价高涨，币制贬值依其原有效果显失公平者，系与复员后办理'民事诉讼法补充条例'第十二条之规定相当。此外，对于各该借款之利息请求权之行使，并因战争避往他方者，应认为有同条例第七条所定之情形，原审斟酌此等事由，命为增加给付之判决，难谓不合。"

② "最高法院"1953 年台上字第 355 号民事判决要旨："存款苟具备上开条例(复员后办理'民事诉讼法补充条例'第十二条)适用之要件者，即得为增加给付，不因其为定期与活期而有差异。"

③ "最高法院"1950 年台上字第 2 号民事判决要旨："1933 年至 1945 年以后，一般物价按银元计算，均有上涨，系属显著事实。上诉人即承租人与被上诉人即出租人间，在 1933 年所订租约及其后续订之租约，早经期满，而承租人继续使用原租房屋，出租人对于租金又有增加之意思表示，按诸物价上涨情形，自不能仍照十余年前之租额计算租金。"

④ "最高法院"1956 年台上字第 872 号民事判决。

⑤ "最高法院"1956 年台上字第 1045 号民事判决要旨："租赁契约成立后，租金额因情势变更增加若干倍，而抵偿租金之担保金仍系立约时支付者，该担保金亦应依同一比例增加之，业经'司法院'院解字第三四八九号解释在案。此项解释既以租金额因情事变更而增加为其前提要件，故必须租金额之增加确系因情事变更所致(例如纸币贬值、物价暴涨)，且依一般观念，认为如依原有效果显失公平者，始足当之。"

⑥ "最高法院"1950 年台上字第 1006 号民事判决要旨："转典权设定后，因法币贬值，经济情事变更，如依其原有转典价回赎典物，显失公平，上诉人之请求增加给付转典价，自为复员后办理'民事诉讼法补充条例'第十二条之所许。唯其请求增加之数额，应由法院斟酌交付时与回赎时社会经济变更情状，予以裁判。"同理，"法律行为成立后，因不可归责于当事人之事由，致情事变更，非当时所得预料，而依其原有效果显失公平者，法院应公平裁量，为增、减给付或变更其原有效果之判决。本件所收之押金，于租约终止后，迄未返还，值此社会经济情况变更急剧之际，若以原额返还，不能谓非显失公平，因而判令增加五百倍返还，于法并无违背"(同院 1950 年台上字第 26 号民事判决)。盖押金为以金钱为内容之让与担保。在此种担保，习惯上认为担保权人得就押金为使用收益，并以其孳息作为其所担保之主债务之对待给付的一部分。是故，情事变更可能在当事人双方引起利益的推移，从而有情事变更原则的适用。

⑦ "最高法院"1953 年台上字第 1236 号民事判决："不当得利成立时，所受之利益及所受之损害，以后因币制变更为新台币，其数额应如何折合新台币计算，应斟酌与此有关之一切情事，公平裁量定之，不得以刑事案件执行追缴赃款完毕时之物价指数为唯一标准。"

情事变更的情事发生，应就个案之主观情况认定之。[①]

四、情事变更之法律效力

关于情事变更之法律效力，“民法”第227条之二第1项规定：“当事人得声请法院增、减其给付或变更其他原有之效果。”对于同一个问题，“民事诉讼法”第397条第1项规定：“法院应依职权公平裁量，为增减给付或变更其他原有效果之判决。”[②]归纳之，其效力有两个特点：(1)行使上应以诉的方式为之；(2)得声请之内容为：增、减其给付或变更其他原有之效果。

(一)应以诉的方式为之

所以，当事人之间的法律关系并不因情事变更而自动，或因当事人之一方对于他方为请求即生调整的效力：增、减其给付或变更其他原有之效果。欲以之为理由调整既存之法律关系的内容者，必须声请法院以裁判的方式为之。要之，这是一种应以诉的方式行使的形成权。其在诉讼上之主张，除主动以诉为请求外，尚得以抗辩权之行使的方式为之。有疑问者为：法院得否未经当事人声请，而主动依职权公平裁量？[③] 唯“最高法院”采得在诉讼外主张的看法。认为“此项情

---

① “最高法院”1951年台上字第221号民事判决：“法律行为成立后，因不可归责于当事人之事由，致情事变更，非当时所得预料，而依其原有效果显失公平者，应就各案情形依其主观之观念，为增减给付之判决。”

② 如果没有此种规定，要得到与该规定相同之效力，必须以诚信原则为其规范基础。因之，德国学者认为：“德国民法第二百四十二条(诚信原则)不但有确保债务依计划履行，而且有配合改变之情事，调整其给付关系的功能。”[Soergel-Teichmann, aaO. (Fn 2), §242 Rz. 202]

③ “最高法院”1982年台上字第386号民事判决：“‘土地法’第八十三条规定：编为某种使用地之土地，于其所定之使用期限前，仍得继续为从来之使用，讼争土地内一部分，虽经编为道路用地，但在未经政府因辟路而征收以前，自仍得充作原建房屋基地之用。至于‘民事诉讼法’第三百九十七条所谓依职权裁量，应在当事人诉之声明增减之范围内为之，上诉人未在事实审法院主张因情事变更而请求增加给付，原审未予斟酌，并不违法，自不得以此作为上诉第三审之原因。”本判决前段还涉及有无情事变更的问题。

事变更原则之规定，乃私法上之原则，当事人于诉讼外或诉讼上为主张，均无不可”[①]。当事人只要在诉讼前已对于相对人为调整给付，或为变更其他原有之效果的请求，则后来以之为诉讼标的之判决准予调整者，“最高法院”认为其调整得溯及，自在起诉前为调整之意思表示时起算。[②] 此外，债权人以情事变更为理由，主张债务人应增加给付，而债务人仍依原定数额为给付之提出或提存者，不生依债务之本旨提出或提存给付的效力。[③] 依该见解，在诉讼外对于相对人为调整之请求，于后来法院就情事变更之主张，为有理由之判决时，并非全无规范效力。

(二)效力内容

其得声请之内容，前述条文分别规定为：“增、减其给付或变更其他原有之效果”及“为增减给付或变更其他原有效果之判决”。“民法”及“民事诉讼法”分别使用之文字虽略有不同，但尚属配合其主词而分别所作之必要的调整，论其内容并无差异。其中“增、减其给付”属于受干扰之公平对价关系的恢复，固然明显，至于“变更其他原有之效果”所指者为何，则不尽明了。有谓“非使法律行为失其效力，仅系使原有法律效果有所更异，如延期给付之类。上诉人竟执以拒绝履行

---

① “最高法院”1996 年 3 月 7 日台上字第 482 号民事判决要旨：“法律行为成立后，因不可归责于当事人之事由，致情事变更非当时所得预料，而依原有效果显失公平者，法院应依公平裁量，为增减给付或变更其他原有效果之判决，‘民事诉讼法’第三百九十七条定有明文。此项情事变更原则之规定，乃私法上之原则，当事人于诉讼外或诉讼上为主张，均无不可。其于诉讼上主张者，不论以诉为请求，抑以抗辩权行使，皆为法之所许。究不能因其规定于‘民事诉讼法’中，遂谓当事人要求增加给付，非以诉之方式为之不可。按如给付与订约时之社会经济状况相差甚巨，债务人依原约定为给付，对债权人显失公平，其情事变更又非当事人于订约时所得预料者，即有情事变更原则规定之适用，此际，如债务人仍依原约定为给付或提存，自难认已依债务本旨为履行。”

② “最高法院”1997 年 4 月 30 日台上字第 1364 号民事判决要旨：“又房屋或土地出租人，依‘民法’第四百四十二条提起请求增加租金之诉，如起诉前之租金并未按原约定租额付清，则法院准许增加之判决，得自出租人为调整租金之意思表示时起算。故起诉前未为此项意思表示者，即不得溯及请求调整，本院著有 1959 年台上字第 521 号判例。”

③ “最高法院”1951 年台上字第 497 号民事判决要旨：“上诉人于 1947 年 4、5 月间，仅携带旧台币五千元至被上诉人家，当时因旧台币贬值故被上诉人不收。上诉人明知被上诉人所不收之数额，于 1948 年 1 月又向法院提存本利旧台币七千九百二十元，被上诉人当然不肯具领。两造债之关系成立时的 1944 年 3 月间之社会经济状况，与上诉人提出给付及提存时之社会经济状况比较，相差甚巨，自难认上诉人已依债务本旨提出给付或提存，而生清偿之效力。”

赠与契约，自无可取”[1]。由此观之，似乎认为自始应排除因情事变更而声请撤销或解除赠与契约的可能。然实务上有可能发生无论如何调整其给付内容皆难以恢复公平者，这时，利用解除或终止契约，以结束其间之债的关系便成了最后的脱困方法。前述“变更其他原有之效果”宜解释为包括利用解除或终止这种可能变更其原有效果的方法。

按情事变更的结果虽尚未使给付转为不能，但使原来约定之给付与对待给付之关系因此受到重大扭曲，一方受不相当之损失，他方得不预期之利益，[2]以致非经调整显失公平者，应由法院因当事人之声请而公平裁量，为增加给付或变更其他原有效果之判决，以调整其间之对价关系。[3] 使因情事变更对于契约标的之价格的冲击，不致引起：其不利益由当事人之一方独自负担，其利益由一方独享的情事。唯其调整不得简单按物价折合，命为给付。[4] 盖简单按物价折合，命为给付，其结果等于是要债务人负担因情事变更所致之全部的不利益。该调整与根本无视于情事变更，不为调整，正相对立。过犹不及，皆有不当。

是故，情事变更所影响者为对价关系之公平者，法院“应依客观之标准，审酌一方因情事变更所受之损失，及他方因情事变更所得之利益，暨其他实际情形，

---

① “最高法院”2000 年 4 月 7 日台上字第 786 号民事判决要旨：“次查‘民事诉讼法’第三百九十七条规定，法律行为成立后，因情事变更，法院应依职权公平裁量为增减给付或变更其他原有效果之判决。所指变更其他原有效果，并非使法律行为失其效力，仅系使原有法律效果有所更异，如延期给付之类。上诉人竟执以拒绝履行赠与契约，自无可取。”

② “最高法院”1950 年台上字第 46 号、“最高法院”1953 年台上字第 830 号、“最高法院”1953 年台上字第 1347 号民事判决。

③ “最高法院”1951 年台上字第 1759 号民事判决要旨：“复员后办理‘民事诉讼法补充条例’第十二条关于增加给付之规定，原为法律行为成立后因不可归责于当事人之事由致情事变更，其当事人一方因此受不相当之损失，他方得不预期之利益所设之调和办法，故当事人间之法律行为具备上开条例所定增加给付之要件，法院为增加给付之判决时，关于增加给付之数额，应斟酌情事变更有关各事项（如物价高涨、纸币贬值）及因情事变更当事人一方所受不相当之损失，他方因此所得不预期之利益，彼此间之相互关系如何，以为其公平裁量之重要基础。”

④ “最高法院”1950 年台上字第 191 号民事判决：“法院依复员后办理‘民事诉讼法补充条例’第十二条规定为增加给付之判决，应公平裁量。即应斟酌社会经济变更有关各事项，及当事人间一方因此所得不预期之利益，以及他方因此所受不相当之损失之程度为之，不得以某一种物价之指数为唯一标准，亦不得以物价折合为给付。”由于“承租人向出租人所交押金为旧台币，贬值特速，非两造所得预料，因此以原币返还，显失公平。原判认为应增加给付，即无不当。又货币贬值后，一般社会均应负担其损失，故增加给付不能完全与物价成为正比”（同院 1950 年台上字第 289 号民事判决）。相同见解另见“最高法院”1954 年台上字第 293 号，1951 年台上字第 963 号、第 1861 号民事判决。

以定其增减给付之适当数额，非可全以物价"[①]或物价指数[②]之变动为依据。应当事人诉之声明，依职权裁量，增减或变更之裁量，只要合于诚实信用原则，即非当事人所得任意争多论寡。[③]

唯情事变更所冲击者如不限于对价关系之公平，或根本不能调整出对于双方皆尚可接受的对价关系或契约内容，则依诚信原则该契约关系便无以为继。这时候只好容许其当事人声请法院以判决的方法，消灭该债之关系。这等于以形成判决，解除或终止系争契约。[④]

---

① "最高法院"1996年4月25日台上字第866号民事判决："法院于适用'民事诉讼法'第三百九十七条之'情事变更原则'，为增减给付之判决时，除应斟酌是否具备'因不可归责于当事人之事由，致情事变更非当时所得预料，依其原有效果显失公平'之法定要件外，尚应依客观之标准，审酌一方因情事变更所受之损失，及他方因情事变更所得之利益，及其他实际情形，以定其增减给付之适当数额，非可全以物价变动为根据。"相同见解另见同院1955年台上字第1008号、1956年台上字第462号民事判决、1957年台上字第1617号、1959年台上字第1681号、1995年11月17日台上字第2715号民事判决。是故，如仅以土地之涨价为其衡量准据，"最高法院"认为尚嫌速断(同院1984年台上字第2195号民事判决)。

② 所谓物价变动，可能专指单一货物之价格的变动，也可能泛指，指标性货物加权计算所得之物价指数的变动。"最高法院"1950年台上字第484号民事判决要旨："法律行为成立后，因不可归责于当事人之事由，致情事变更，非当时所得预料而依其原有效果显失公平者，法院为增减给付之判决时……非应绝对以物价波动之指数为标准。"所以，"不容谓与当时物价不合，漫指为不当"("最高法院"1950年台上字第990号民事判决)，"应依客观之公平标准，审酌一方因情事变更所受之损失，他方因情事变更所得之利益，及其他实际情形，以定其增加给付之适当数额"("最高法院"1977年台上字第2975号判例)。

③ "最高法院"1960年台上字第1407号民事判决要旨："法律行为成立后，因情事变更，依原有效果显失公平者，法院适用'民法'第二百十九条为增减给付或变更其他原有效果之判决时，并无一定标准之限制。倘其增减或变更，合于诚实信用原则，即非当事人所得任意争多论寡。"相同见解另见同院1961年度台上字第499号民事判决。"最高法院"1968年2月13日，1968年民、刑庭庭长会议决议"'民事诉讼法'第三百九十七条规定，因情事变更法院应依职权公平裁量，为增减给付或变更原有效果之判决。所谓依职权裁量应在当事人诉之声明增减之范围内为之"。所以，"上诉人未在事实审法院主张因情事变更而请求增加给付，原审未予斟酌，并不违法，自不得以此作为上诉第三审之原因"("最高法院"1982年台上字第386号判例)。

④ 在德国，二次大战以后，有劳动契约已显然因情事变更而无法继续的情形，例如工厂炸毁或陷于东区。于是引起其相关之劳动契约是否因该情事变更之发生而不待于终止之通知，便当然终止，或是还须经终止之表示，方始终止的疑义。这在雇主事实上有难以为终止之通知的情形固可采肯定的看法，唯原则上仍应有终止之表示。请参考 Larenz, Geschäftsgrundlage und Vertragserfüllung, 3. Aufl., 1963, S. 140f.。

第四章

要式行为

第一节　不动产契约之要式性

在这里所称不动产契约指以不动产或以对于不动产权利为标的之契约，包括债权契约与物权契约。不动产债权契约，指“以负担不动产物权之移转、设定或变更义务为标的”之契约（“民法”第166条之一）；[①]不动产物权契约，指“以不动产物权之移转或设定为内容”之契约。因为有“民法”第760条规定“不动产物权之移转或设定，应以书面为之”，所以不动产物权契约应依法定方式，一向无疑问。有疑问者为不动产债权契约是否“因之”亦应以书面为之。所以有是否“因之”亦应以书面为之的问题，源于价值体系之一贯性的要求。亦即当立法者决定不动产物权契约应以书面为之于先，其若不同时要求不动产债权契约亦应以书面为之，则该不动产物权契约应以书面为之的规范意旨将不能达成，[在“为委任事务之处理，须为法律行为，而该法律行为，依法应以文字为之”的情形，仅要求“其处理权之授与”，而不要求“其授与代理权，亦应以文字为之”，会造成与之类似的问题。“最高法院”1969年台上字第312号民事判决：“‘民法’第一百六十七条所称之代理权，与同法第五百三十一条所称之处理权不同，盖代理权之授与，因本人意思表示而生效，无须一定方式，纵代理行为依法应以书面为之，而授与此种行为之代理权，仍不必使用书面。”（《台湾地区裁判类编（民事法）》第11册，正中书局1976年版，第58页）“最高法院”1969年台上字第1607号民事判决亦同此见解（《台湾地区裁判类编（民事法）》第11册，正中书局1976年版，第

① 关于不动产之债权契约尚可包括两个重要的用益债权类型：租赁及使用借贷。唯必须注意，在本次增修之“民法”第422条之一规定：“租用基地建筑房屋者，承租人于契约成立后，得请求出租人为地上权之登记。”依该规定基地租赁与基地地上权已无大异。

278 页）。盖在这种情形，只要代理权之授予无须以书面为之，“民法”第 531 条关于处理权应以书面为之的规定不但即可能成为具文，而且会引起一个矛盾的现象，即在委任事务的处理，其法律行为以本人名义为之者，无须书面授权，而不以本人名义为之者，反须书面授权。关于这个问题，在本次债编修正中，于“民法”第 531 条后段，业经增订为：“其授与代理权者，代理权之授与亦同。”像这类问题所以不能经由法院利用法律解释或法律补充解决，皆肇因于实务上关于体系思维的欠缺或否认。］从而构成矛盾，产生法律漏洞。[①]

一、方式自由与要式机能

为使当事人能最大限度行使其私法自治权，由之引申之契约自由原则肯认缔约者之方式自由。基于契约自由原则中之方式自由，就契约之缔结，当事人原则上得以任何方式为之，不但书面或口头[②]皆可，而且原则上也不必践行任何仪式。然法律或契约有时基于其他规范目的的考虑，对于某些契约｛关于书面的方式，债权之有名契约方面的规定，例如终身定期金契约应以书面为之（第 730 条）；人事保证契约，应以书面为之［“民法”（新）第 756 条之一第 2 项］。然关于旅游，“民法”（新）第 514 条之二虽规定“旅游营业人因旅客之请求，应以书面记载左列事项，交付旅客”，但因该规定之意旨仅在于课旅游营业人以义务，因旅客之请求，而提供一定之书面资料，所以旅游契约并不因该规定而成为要式契约。旅游营业人如违反该规定是否构成解约之事由，宜采肯定的见解。当然也不无可能将旅客之请求解释为：使该契约转为要式行为之旅客的单方行为。唯如此

---

① 这个漏洞的认识或发现以价值体系之一贯性的肯认为前提。对于价值体系之一贯性要求如无共识，关于该漏洞之存在的认知即无共识，这是为什么无共同之法律方法也会导致无共同之法律见解的道理。关于法律体系思维之一贯性要求详请参考黄茂荣：《法学方法与现代民法》，作者自刊，2006 年 4 月增订 5 版，第 593 页以下及 Larenz, Methodenlehre der Rechtswissenschaft, 5. Aufl., 1983 S. 319ff. 关于价值判断矛盾之说明。

② “最高法院”1981 年台上字第 453 号民事判决：“不动产抵押权之设定，固应以书面为之。但设定不动产抵押权之债权契约，并非要式行为。若双方就其设定已互相同意，则其设定抵押权之一方，自应负使他方取得该抵押权之义务。又口头设定抵押权时，若为有偿行为，当不因债务人以后为履行义务，补订书面抵押权设定契约及办理抵押权设定登记，而使原有偿之抵押权设定行为变为无偿行为。”（《“最高法院”民刑事裁判选辑》第 2 卷第 1 期，第 217 页）单独行为原则上同样也享有方式自由。“最高法院”1984 年台上字第 1517 号民事判决：“‘民法’第三百五十六条第一项规定买受人通知义务，仅将受领物有瑕疵之事实，具体指明瑕疵之所在通知于出卖人为已足，其方法以口头或书面均无不可，无须特别方式，为易于证明，通常以挂号信为之。”（《“最高法院”民刑事裁判选辑》第 5 卷第 1 期，第 217 页）

解释不但对于旅客并不有利，而且也有使一个本来已经成立之契约，因当事人一方事后之方式要求，而又转为未成立的悖理情事。物权契约方面的规定，如“民法”第760条规定“不动产物权之移转或设定，应以书面为之”。此为关于不动产物权契约之要式的规定。第904条规定：“以债权为标的物之质权，其设定应以书面为之，如债权有证书者，并应交付其证书于债权人。”此为关于一般债权质之设定的要式规定。第904条之规定的理由主要为：配合物权之公示的要求。盖债权为无体财产，不经文件化不能将之有体化，以提供对之准占有的物质基础。就此而论，不要求先将债权以债权证书有体化，再容其就之设定权利质权是不够的。亲属关系方面的规定，例如夫妻之冠姓应以书面约定，并向户政机关登记（“民法”第1000条第1项）；夫妻财产制契约之订立、变更或废止，应以书面为之（第1007条）；两愿离婚，应以书面为之，有两人以上证人之签名并应向户政机关为离婚之登记（第1050条）；收养子女，应以书面为之（第1079条第1项）；收养之终止，应以书面为之（第1080条第1项）。关于债权人会议可决之和解契约，“破产法”第47条规定：“和解经债权人会议可决时，应订立书面契约，并由商会主席署名，加盖商会钤记。”其中关于商会主席署名，加盖商会钤记的意义相当于公证，同为该和解契约之法定要件之一。“强制执行法”第107条第2项规定：“管理人将管理之不动产出租者，应以书面为之，并应经执行法院之许可。”该规定究属于相关不动产租赁之要式规定，或属于破产管理人之权限的限制？宜解释为属于权限的限制。盖该方式的要求以表意人之身份，而非单以其法律行为之种类为基础。｝或单独行为特别规定或约定应按一定的方式为之，以他律或自律的限制缔约人之方式自由。此即契约或法律行为之法定或意定方式。有法定方式之要求的契约或单独行为［法定方式的要求有时以单方之意思表示，而非以契约为规范对象，例如“社员表决权之行使，除章程另有限制外，得以书面授权他人代理为之”（“民法”第52条第3项）；关于变更章程之决议得以“全体社员三分之二以上书面之同意”代之（“民法”第53条）；关于复利，除应满足“利息迟付逾一年后，经催告而不偿还”之要件外，并应事先以书面约定之（“民法”第207条第1项）；关于经理人对于不动产之买卖或设定负担的授权应以书面为之（第554条第2项）；关于代办商对于负担票据上之义务或为消费借贷或为诉讼的授权应以书面为之（第558条第3项）；在基地租赁，关于房地优先承买权之通知应以书面为之［“民法”（新）第426条之二第2项］；关于耕作地改良事项及费用数额，承租人应以书面通知出租人［“民法”（新）第461条之一第1项］。关于委任事务处理权之授予，“民法”（新）第531条规定：“为委任事务之处理，须为法律行为，而该法律行为，依法应以文字为之者，其处理权之授与，亦应以文字为之。其授与代理权者，代理权之授与亦同。”关于继承之抛弃，应于知悉其得继承之时起两个月内以书面向法院为之，并以书面通知因其抛弃而应为继承之人（“民法”第1174条第2项）。非讼事件法第82条规定，在“公司解散命令事件，股东声请法院准其退股及选派检查人事件，其声请应以书面为之”。基于利益冲突的考量，“信托法”第35条第1项第1款规定：“受托人除‘经受益人书面同意，并依市价取得者’外，不得将信托财产转为自有财产，或于该信托财产上设定或取得权利。”]称为要式契约或要式行为。不论是依法律或依契约要求契约或单独行为之从事应践行一定的方式，其意旨主要皆在于经由仪式或书面的庄严方式，达到警示及存证之目的。关于要式行为之规范的规划应守住该规范意旨。[①]

二、要式要求的着力点

在交易关系的发生与发展，由于台湾地区“民法”将与之有关之法律行为区分为债权行为与物权行为，因此关于某一交易关系，当政策上认为有必要利用要式规定警示或存证时，引起该要式规定应仅适用债权行为或物权行为，或对于二者皆应有适用的疑问。这个疑问特别表现在不动产交易上。此即不动产之法律行为的要式问题。

（一）现行法上的规定

不动产契约之法定要式为不动产交易法制上的重要问题，一向为实务上和学说上所重视。现行法采物权行为要式（“民法”第760条），而债权行为诺成的规定形态。

关于不动产交易的要式规定，实务上采应仅适用于物权行为的看法。这固有“民法”第760条之明文规定为其依据，并为“最高法院”所肯认，但却是一个大有疑问的规定与实务。盖物权行为的任务在于履行债务人因债权行为所负之债务，其从事除履行所要满足之债务外，基于物权契约之无因性，在交易之利害的权衡上一切都已太迟，对于债务人在债权契约之缔结过程中的疏忽，并不能提供任何补救。是故，将要式要求规定于物权行为，而不规定于债权行为，其不能达

① 关于法律行为之从事应依法定方式的要求，学说上虽然也常将之认系对于契约自由中之方式自由的限制，但也有学者例如 Esser 认为其实不是对于方式自由的限制，而只是针对私法自治时之两个典型的弱点（不清楚及太匆促），所设之必要的要件而已（Esser, Schuldrecht, 2. Aufl., 1960, S. 25）。

到警示与存证机能，以维护交易公平与安全是显而易见的。[①] 如果有这样的认识，要发现与“民法”第 760 条有关之法律漏洞并不困难。[②]

关于不动产交易的要式规定，采应仅适用于物权行为的看法不但使其物权行为之要式要求等于具文，[③]而且显然连带地拖累了“民法”第 407 条关于不动产赠与之法定要物的规定。在“民法”第 760 条的大环境下，实务上首先认为“民法”第 407 条所规定者为不动产赠与之特别生效要件。然后提出仅备“一般生效要件”，而未备“特别生效要件”的赠与契约也能够生效的观点，认为在这种情形受赠人可以请求赠与人协力成就特别生效要件。这可说是对于生效要件及要物

---

① 债权行为的机能，使其债务人负有义务从事为履行其债务所需之物权行为，而物权行为之机能则在于产生系争权利在归属上之移转或负担之设定的结果。表面上看来好似物权行为的后果比较严重，因此要式的规定应以之为规范对象。其实不然。盖依物权行为移转或设定之结果，如无债权契约为其基础，该移转或设定利益的受领人应依不当得利之规定，返还其受领之利益；反之，只要债权行为有效，其债权人即可请求相对人履行其依债权契约所负之债务，从事为履行该债务所必需之物权行为，并保有基于该物权行为受领之利益。由此可见，关于不动产物权之移转或设定，债权行为比物权行为更具重要性。是故，在“民法”将法律行为区分为债权行为及物权行为的前提下，如基于政策上之考量，拟将与不动产物权之移转或设定有关的法律行为规定为要式行为，并只要对于债权行为及物权行为中之一规定为要式行为，则其要式规定应以债权行为为规范对象，以确保当事人关于法律关系之形成，可以较大限度符合要式规定的规范意旨：当事人经深思熟虑，确有意形成该新的法律关系。当然，情况如果容许，可进一步要求其履行行为，亦应遵守一定的方式，以确保官方记录与履行后所形成之法律关系的状态相符。

② 以不动产或对于不动产之权利为标的之契约，向来被认为对于契约当事人有重大利益，因此“民法”除了对于不动产物权契约有要式性的规定外(第 760 条)；在不动产债权契约方面，对于不动产租赁契约其期限逾 1 年者，有应以字据为之(第 422 条)；对于买卖不破租赁原则，有未经公证之不动产租赁契约，其期限逾 5 年或未定期限者，不适用之的限制(第 425 条第 2 项)；对于不动产之出卖或设定负担或租赁其期限逾 2 年者，有应以特别委任为之的要求(第 534 条)；对于经理人有非经书面之授权，就不动产，不得买卖，或设定负担的限制(第 554 条第 2 项)。第 760 条所定之物权契约的原因行为(债权契约)与这些债权契约相比，前者所涉利益深于后者，举轻以明重，前者更当规定为要式行为，以促其当事人谨慎将事，并保存适当之证据方法，在必要时证明其契约关系之有无及其内容。这是第 760 条所定之物权契约的原因行为(债权契约)应定为要式行为之另一个体系上的理由。

③ “最高法院”1992 年 10 月 9 日台上字第 2339 号判决：“唯查缔结不动产买卖之债权契约，并非要式行为，若双方就其移转之不动产及价金业已互相同意，则其买卖契约即为成立，此观之‘民法’第三百四十五条第二项之规定自明，并不因契约写在何种纸张甚或仅有口头约定而受影响。本件买卖契约书所载之土地标示甚为清楚，而价金部分，其每坪单价既以被上诉人向亚洲信托公司承购之单价为准，亦甚明确。似此情形，能否谓两造当事人就买卖标的物及其价金尚未意思一致，殊非无疑。”

契约[①]之极大的误解。当事人万万也无基于一个虽成立，但尚未生效之契约请求相对人协力成就特别生效要件的权利。然这些，长期以来都经"最高法院"以判例加以肯认。[②] 其结果，现行法关于不动产物权行为之要式规定，对于不动产交易关系之有无及其内容的厘清，几乎全无作用。是故，关于不动产契约之法定要式的规定有重予规划的必要。

① 事务按其与债务之履行的关系可区分为：(1)与履行无关之行为或自然事件；(2)履行的准备行为例如排除导致法律不能或主观不能的障碍；(3)债务之履行行为。与履行无关之行为或自然事件，可约定为条件，关于该条件的成就或不成就，当事人并无积极促使其成就或不成就的义务，而仅不得以不正当行为影响之，否则，拟制其条件不成就或成就("民法"第101条)；与履行有关之准备行为或履行行为不得约定为条件，如约定为条件之内容，该契约论为附以"随意条件"，未成立；法定以债务之履行为条件之内容者，该契约论为要物契约，赋予债务人以悔约权。如有随意条件的约定或要物契约的规定，其发展障碍不应纳入债务不履行的规定范畴，应直接依随意条件或要物契约有关规定处理；反之，如无随意条件的约定或要物契约的规定，只要系争事务属于履行之准备或履行本身，其发展障碍皆应纳入债务不履行的规定范畴，按是否有可归责之事由，论其责任或不利益在当事人之间的归属("民法"第225条、第226条、第230条)。

② "最高法院"1951年台上字第1496号判例："赠与契约之成立，以当事人以自己之财产，为无偿给予于他方之意思表示，经他方允受为要件。此项成立要件，不因其赠与标的之为动产或不动产而有差异。唯以动产为赠与标的者，其成立要件具备时，即生效力。以不动产为赠与标的者，除成立要件具备外，并须登记始生效力。此就'民法'第四百零六条，与第四百零七条之各规定对照观之甚明。故'民法'第四百零七条关于登记之规定，属于不动产赠与之特别生效要件，而非成立要件，其赠与契约，苟具备上开成立要件时，除其一般生效要件尚有欠缺外，赠与人应即受其契约之拘束，就赠与之不动产，负为补正移转物权登记之义务，受赠人自有此项请求权。"(《"最高法院"判例要旨》上册，1983年版，第240页)该判例所持见解使"民法"第407条顿成具文。该判例不但误解了契约成立与生效之区别，而且也未认识像该条规定在无偿契约之意义。按契约成立时，当事人并无促使生效要件成就之义务。即便在生效要件以条件的形态表现出来，就该条件当事人所负之义务，亦仅限于不得以不正当的方法促其成就或阻止其成就而已("民法"第101条)。这纵使于附法定之随意条件的情形亦然。只要生效要件一日不充分，系争法律行为即不生效力。另在赠与，"民法"之所以为第407条之规定，其意义本在于提供赠与人悔约的机会。盖受赠人之取得受赠利益，属于无偿的利益，因此除非以书面为之，在履行前，应予赠与人以悔约权。

(二)修正规定

这次民法债编修正,参考德国民法第 313 条,[①]引入"民法"第 166 条之一关于不动产债权契约应经公证的要式规定,该条规定:"以负担让与或设定不动产物权之义务为标的之契约,应由公证人作成公证书(第一项)。未依前项方式订立之契约,如已完成不动产物权移转或设定登记者,仍为有效(第二项)。"这可认系以立法的方法补充前述漏洞的尝试。[②] 至此,关于不动产之移转或设定的法律行为,不论是物权行为或债权行为已皆规定为要式行为。

三、修正规定引起的问题

唯该条规定仍引起一些疑问:(1)在要式种类的选择上,越过单纯的书面,规定应以公证的方法为之,其必要性与妥当性为何?(2)债权行为违反强制公证之规定者,其效力为何?(3)于债权行为不成立或无效时,地政机关如何能为系争土地之移转或设定登记?(4)第二项规定如何能治愈债权行为在法定方式上之欠缺?(5)第一项关于强制公证之法定方式的规定得否以此种债权契约之预约规避之?(6)既有第二项规定,第一项规定还有无意义?(7)第二项规定对于该条施行前已缔结,而尚未履行之契约是否亦有适用性?兹分述之:

(一)要式类型之选择

在规范手段的安排上,与"民法"第 166 条之一有关之要式类型,除公证外,

① 德国民法第 313 条规定:"一个契约使当事人之一方负让与,或受让对于不动产之所有权的义务者,须由公证人作成公证书。一个不依该方式缔结之契约如已为移转之合意,并登记于土地登记簿者,全部有效。"该条第一句本来仅规定让与义务的部分,而不及于受让义务,直至于 1973 年 5 月 30 日通过,于 1973 年 7 月 1 日生效之修正始并将受让义务课以强制公证的义务。至于法院中关于不动产契约之和解是否可取代该条规定之公证,在德国,依德国民法第 127(a)条应采肯定的见解。该条规定:"公证人之公证得以在法院之和解时,将意思表示记明于依民事诉讼法之规定所作之笔录中,替代之。"(Soergel-Manfred Wolf, Kommentar zum BGB, 11. Aufl., 1986, § 313 Rz 1)该规定的见解,值得采行。然容许记明于笔录之法院前的和解,替代公证书的规定或观点仍不宜误用为,可利用法院前之和解补正强制公证之欠缺。盖这种做法容易诱引当事人,根据不遵守强制公证之契约,起诉或请求和解。这有碍于法的安定与和平。

② 从过去"最高法院"关于"民法"第 407 条所持一贯见解,以及这次干脆将该条删除的做法可以发现:事实上台湾地区民事法学说上与实务上皆尚未发展至能够正确掌握与要式要求有关之制度的精神及其运转机制。

至少还有书面可供选择。比较公证与单纯的书面，公证之警示与存证能力固然较高，[①]但其配套要求（例如公证人之普及程度）和遵守成本亦较高，到时候会不会因为公证人之数量不足或索费过高，以致窒碍难行，尚待观察。就此，民间业者的反应较为悲观。倘若因此事实上多借助于该条第 2 项，而非第 1 项规定之方式，以完成交易，则该条一开始便将不动产交易之债权契约的要式，升高到公证的结果，就会变成是将实务逼回原点：物权行为要式，而债权行为不要式。倘真如此，关于政策手段之必要性与妥当性的规划，"民法"第 166 条之一的规定将来应可作为重要的检讨案例。

（二）债权行为违反强制公证之效力为何

强制公证为一种法定方式，其违反之可能规划的效力为：(1)不成立；(2)无效；(3)效力未定。然依"民法"第 73 条，当论为无效。[②] 有疑问者为"民法"第 166 条之一第 2 项算不算是第 73 条但书所称"法律另有规定"的情形。[关于不动产债权契约之缔结，除"民法"第 166 条之一外，尚有其他法律对之加以规定。"民法"第 166 条之一与这些规定间的关系为何？关于法定方式，后者是否为"民法"第 73 条所称"法律另有规定"的情形，不适用前者之规定。例如"不动产经纪业管理条例"第 22 条第 1 项第 6 款规定"下列文件应由经纪业指派经纪人签章：六、不动产租赁、买卖契约书"。该条所定方式对于"民法"第 166 条之一所定方式有无替代性，引起讨论。按"不动产经纪业管理条例"第 22 条第 1 项第 6 款与

---

① 公证与单纯的书面方式间，从其警示与存证能力观之，固有一定程度之替代性。但公证还是能够提供一些单纯的书面不能提供之功能。例如协助当事人正确将其真意完整地表示出来，确实遵守强行规定，避免无效事由（辅导功能）。此外，强制公证也使不动产交易的监督转为容易，方便提供土地政策与财税政策之制定与推动上的资讯基础。至于强化监督可能减少不动产之交易频率，尚非引入强制公证之本来的目的（Soergel-Manfred Wolf, Kommentar zum BGB, 11. Aufl., 1986, § 313 Rz 3）。

② 在不成立、无效及效力未定三种可能规划的效力中，现行法就法定方式的违反原则上采无效说（"民法"第 73 条），就约定方式的违反采不成立说（"民法"第 166 条）。由于造成方式之违反的缘由，应理解为不单纯属于当事人一方之事由，且在这种契约，双方皆尚未依法定方式为意思表示，是故，不能为缔约经济之考虑，先拘束住一方，将其效力规定为效力未定，只待当事人之另一方的承认即可使该契约发生效力。至于在能确认其方式之违反，确系因一方之（阻挡性的）事由时，阻挡相对人一起完成缔约方式之一方，是否应负缔约上过失之责任，或甚至依诚信原则不得主张该契约因方式欠缺而无效或不成立，属于另一个问题。请参考 Larenz, Allgemeiner Teil des Deutschen Buergerlichen Rechts, 1980 S. 376ff.; Werner Flume, Allgemeiner Teil des Buergerlichen Rechts, Zweiter Band, Das Rechtsgeschaeft, 3. Aufl., 1979, § 15 Ⅲ 4 c) dd), ee), d).

“民法”第 166 条之一第 1 项之规范功能各别：一个在于确保经纪交易合法，一个在于确保契约之成熟的自治机能，二者不能互相取代。是故，不动产租赁、买卖契约书，纵已由经纪业指派经纪人签章，仍应依“民法”第 166 条之一第 1 项办理公证，始具备其应具备之法定方式。或谓如是则经纪人依前述规定所作之签章岂非全无意义。不是全无意义，而是仅具不动产经纪业管理条例所能赋予之意义。请参考黄立：《“民法”第 166 条之一的法律行为形式问题》，1999 年 8 月 21 日在民法研究会第十五次学术研讨会发表之论文，第 7 页。]

由于契约“无效”，在规范上属于一种终局的评价，所以概念上有相当于死而不能复生的认识。然鉴于无效的论断终究还只是属于法律规定在效力上的一种设计，不一定尽符自然现象，是故，并不宜过度进行概念性的比拟。因此，有提出所谓“可补正之无效”的无效类型说明之，以提供“民法”第 166 条之一第 2 项所定法律关系之发展余地。这可称为“可补正之无效说”。在此限度，第 166 条之一第 2 项所提供之补正余地，具有“民法”第 73 条但书所称“法律另有规定”之情形的意义。

另一种看法为：方式之欠缺一直是一个可补正的或继续发展的缔约过程。在意思表示尚未具备法定方式前，该表示只是因为未完成法定方式，而等于尚未表示，亦即尚不成立，从而不能发生约定内容之效力，而非已因违反强制规定而被终局评价为“无效”。这可称为“方式未完成说”或“契约未成立说”。[①]

关于违反强制公证规定之不动产交易的债权行为，不论采“可补正之无效说”或“方式未完成说”、“契约未成立说”，在补正前或完成其方式的成立要件前，当事人不得依该契约对于相对人请求给付的效力状况是相同的。由于该效力之相同，常引起一个看法，甚至认为一个已成立而未生效之契约与一个无效契约在法律上的地位是一样的。其实将二者的效力如是比较不但没有意义，而且容易忽略一个已成立而未生效之契约的正面价值：例如就契约内容而言，此种契约对于当事人是有拘束力的。任何一方在成立后未经他方同意，并不得再任意变更其内容。此外，此种契约地位亦可作为期待权之规范基础，受法律之保护。例如“民法”第 100 条规定：“附条件之法律行为当事人，于条件成否未定前，若有损害

---

① “民法”第 166 条规定：“契约当事人约定其契约须用一定方式者，在该方式未完成前，推定其契约不成立。”关于约定之契约方式的遵守该条即采“方式未完成前”，而非“约定方式之违反”的观点，从而“推定其契约不成立”。关于契约方式的规定，这是比较合乎发展实情的规定内容。

相对人因条件成就所应得利益之行为者，负赔偿损害之责任。”①

不过，在法定方式之违反，其法律责任不是因为期待权之侵害而发生，而是因为当事人有一方关于不遵守法定方式有故意或过失，或甚至以诈欺或其他不正当的方法阻止双方遵守法定方式的规定，以致契约因之无效或不成立。在这种情形有故意、过失、诈欺或使用不当方法的一方事后在程序中是否得以方式欠缺为理由主张契约无效，或其相对人得否因此对其依缔约上过失的规定请求信赖利益或履行利益的赔偿，或甚至依诚实信用原则请求约定之给付引起疑问。

法定方式之欠缺发生在缔约时，所以对之如果可以按当事人过失之有无课其责任，则该情事可论为一种缔约上过失。有疑问者为：一个法律行为是否应遵守一定之法定方式，属于大众可以探知的事实。一方之不知得否归咎于他方？关于法定方式之规定如有“对他方之询问，恶意隐匿或为不实之说明”或“其他显然违反诚实及信用方法”的情形，当可分别依其情形认定其有恶意、故意或过失，依新增“民法”第 245 条之一第 1 项第 1 款或第 3 款之规定，认其应“对于非因过失而信契约能成立致受损害之他方当事人，负赔偿责任”。依该规定得请求赔偿之损害的范围，原则上固限于信赖利益，[按基于缔约之商谈，并不产生缔约请求权。依契约自由原则双方皆享有自由决定是否缔约的权利。因此依缔约上过失的规定所得请求赔偿之损害，原则上限于信赖利益，以经由赔偿，将受害人之利益，恢复至与未为该契约之缔结时相同的状态。信赖利益通常包括缔约费用、准备履约之费用、准备受领给付之费用。至于因缔约而放弃之其他不能兼得之缔约机会，是否得以机会成本的地位论为缔约费用，值得探讨。肯定之，则缔约费用事实上可能接近于或甚至超出履行利益。然学说上即便肯定受害的一方，可以请求其因放弃其他不能兼得之缔约机会所受的损害，在其损害大于履行利益的情形，也都认为受害人所得请求赔偿之信赖损害不得超过履行利益。盖否则，买受人因缔约所冒之危险，将没有理由地又被免除(Soergel-Hefermehl, Kom-

---

① “最高法院”1980 年台上字第 3986 号判例：“附条件之法律行为当事人于条件成否未定前，若有损害相对人因条件成就所应得利益之行为者，负损害赔偿责任，‘民法’第一百条固定有明文。然此种期待权之侵害，其赔偿责任亦须俟条件成就时，方始发生。盖附条件之法律行为，原须俟条件成就时始得主张其法律上之效果，在条件成否未定之前，无从预为确定以后因条件成就时之利益，如其条件以后确定不成就，即根本无所谓因条件成就之利益。”(《“最高法院”判例要旨(1927—1988 年)》上册，第 43 页)“民法”第 95 条规定：“非对话而为意思表示者，其意思表示，以通知达到相对人时，发生效力。但撤回之通知，同时或先时到达者，不在此限(第一项)。表意人于发出通知后死亡或丧失行为能力，或其行为能力受限制者，其意思表示，不因之失其效力(第二项)。”该条第 1 项前段，关于意思表示之成立阶段与生效阶段的区分提供了第 1 项但书及第 2 项规定的存在基础。

mentar zum BGB, 11. Aufl., 1986, §125 Rz 30)。对于履行利益之请求权与对于信赖利益之请求权相同,都是属于利益的请求权,亦即都是金钱的请求权,而非对于原来之给付的履行请求权(kein Anspruch auf specific performance)。关于因方式欠缺而无效之债权契约与缔约上过失的责任,详请参考 Werner Flume, Allgemeiner Teil des Buerger-lichen Rechts, Zweiter Band, Das Rechtsgeschaeft, 3. Aufl., 1979, §15 Ⅲ 4 c) aa); Mao-zong Huang, Umfang des Schadensersatzanspruchs bei culpa in contrahendo, 1974, S. 86.]但在特别情形例如恶意或故意使他方不遵守法定方式,还是得例外请求履行利益之赔偿或甚至请求履行该无效之契约。[①] 此外,在因过失而未遵守法定方式的情形,倘能证明如无过失,当事人双方应会遵守法定方式缔约时,依德国通说的见解,有过失的一方应负履行利益之赔偿责任,值得参考。盖在这种情形,原则上契约内容已经谈妥。其中关于"如无过失,当事人双方应会遵守法定方式缔约"之要件

① 参与缔约之一方明知法律对于系争契约有法定方式之要求,而在相对人不知此情的情形下,恶意诈欺对方,或故意使之与自己缔结一个不遵守该法定方式之契约时,该契约虽然因不完成法定方式而无效,但该为恶意诈欺者对其相对人,应负与其所承诺者相同之责任。唯其相对人如为该请求,自己亦应负对待给付之义务。其结果,当事人间在履行后之法律关系与系争契约有效无异。不过,仍不得因此认为,不完成法定方式之契约因当事人之一方就其方式有恶意诈欺而有效(Werner Flume, Allgemeiner Teil des Buergerlichen Rechts, Zweiter Band, Das Rechtsgeschaeft, 3. Aufl., 1979, §15 Ⅲ 4 c) cc),而是以法定之给付请求权为依据[Claus-Wilhelm Canaris, Die Vertrauenshaf-tung im deutschen Privatrecht, 1971, §25 (S. 274ff.)]。在这种情形,认为是德国民法第 125 条,关于法定方式之规定的适用,受到同法第 242 条,关于诚信原则之规定的限缩者,其结果等于承认该方式欠缺之契约有效。反之,认为还是以缔约上过失为依据者,以因契约协商所生之法定之债的关系为其规范基础。其作为发展的依据为存在于德国民法第 116 条(相当于台湾地区"民法"第 86 条)(Mao-zong Huang, Umfang des Schadensersatzanspruchs bei culpa in contrahendo, 1974, S. 121ff.; Esser, Schuldrecht, Bd. Ⅰ: Allgemeiner Teil, 4. Aufl., 1970, S. 39; Flume, Allge-meiner Teil des Buegerlichen Rechts, 2. Bd.: Das Rechtsgeschaeft, 1965, S. 281; Larenz, Lehrbuch des Schuldrechts, 1. Band: Allgemeiner Teil, 10. Aufl., S. 117)或第 463 条(相当于台湾地区"民法"第 360 条)中之法律思想。依第 116 条,意思表示不因心中保留而无效;依第 463 条,出卖人故意吹嘘事实上不存在之品质,或故意隐瞒存在之瑕疵者,买受人对于出卖人得请求履行利益之赔偿(Soergel-Hefermehl, Kommentar zum BGB, 11. Aufl., 1986, §125 Rz 31)。此外,在个别案件,倘有当事人之一方误导他方相信系争契约无法定方式之规定,且他方基于对该前行为的信赖,而有不能恢复之重大投资时,还有认为根据出尔反尔之禁止(das Verbot des venire contra factum proprium),可以依德国民法第 242 条,正当化他方请求履行因方式欠缺而无效之契约的权利[Soergel-Hefermehl, Kommentar zum BGB, 11. Aufl., 1986, §125 Rz 32; Claus-Wilhelm Canaris, Die Vertrauenshaftung im deutschen Privatrecht, 1971, §27(S., 295f., 300)]。

的要求在于确保：有过失的一方在契约内容之同意上，并无匆促的情事，从而方式规定之保护功能已经达成。[①]

由于“民法”第 113 条规定：“无效法律行为之当事人，于行为当时知其无效，或可得而知者，应负回复原状或损害赔偿之责任。”于是，引起不动产债权契约因违反“民法”第 166 条之一关于公证之义务而无效时，在行为当时知其无效的一方，对于无过失的他方应否依该条规定，负恢复原状或损害赔偿之责任，以及该责任之法律性质为何的问题。

按恢复原状虽为不当得利与损害赔偿之债的共同目标，[②]但该条既将恢复原状与损害赔偿并列，其关于恢复原状之规定的意旨当在于指不当得利或相当于“民法”第 259 条意义下之恢复原状。于行为当时知契约无效的一方履行契约

---

① Mao-zong Huang, Umfang des Schadensersatzanspruchs bei culpa in contrahendo, 1974, S. 123f..

② “民法”第 179 条规定：“无法律上之原因而受利益，致他人受损害者，应返还其利益。虽有法律上之原因，而其后已不存在者，亦同。”此为不当得利之返还内容与范围之基础规定。按所谓返还受领之利益的极致便是：返还所受领之原来的利益，亦即返还自他人移动过来之利益的原形。在不能返还该原形利益时，始以返还其价额代之（“民法”第 181 条但书）。不能恢复原状，则代以返还价额，并非将不当得利之恢复原状的债务，转为损害赔偿之债。这种转换关系应限于因可归责于返还义务人致不能返还原形利益的情形（“民法”第 226 条）。这些都是“回复原状”之给付的特征。又将“民法”第 259 条所定各款恢复原状的义务加以归纳、分类亦可明白显示，其实该条规定只是前述不当得利规定之重申而已：“一、由他方所受领之给付物，应返还之。二、受领之给付为金钱者，应附加自受领时起之利息偿还之。三、受领之给付为劳务或为物之使用者，应照受领时之价额，以金钱偿还之。四、受领之给付物生有孳息者，应返还之。五、就返还之物，已支出必要或有益之费用，得于他方受返还时所得利益之限度内，请求其返还。六、应返还之物有毁损、灭失，或因其他事由，致不能返还者，应偿还其价额。”其中第 1 款、第 4 款为原形利益之返还；第 2 款、第 3 款为以价额返还不能以原形利益返还之用益利益；第 6 款为不能返还原物时，其价额之返还；第 5 款为费用之减除。这些与不当得利之全部规定相较，不同之处主要仅在于无相当于“民法”第 182 条之规定：“不当得利之受领人，不知无法律上之原因，而其所受之利益已不存在者，免负返还或偿还价额之责任（第一项）。受领人于受领时，知无法律上之原因或其后知之者，应将受领时所得之利益，或知无法律上之原因时，所现存之利益，附加利息，一并偿还，如有损害，并应赔偿（第二项）。”从而也不需要第 183 条之规定：“不当得利之受领人，以其所受者，无偿让与第三人，而受领人因此免返还义务者，第三人于其所免返还义务之限度内，负返还责任。”至于损害赔偿之债，更是明白规定赔偿损害，以恢复原状为原则（“民法”第 213 条）。在“经债权人定相当期限催告后，逾期不为回复”（第 214 条），或“不能回复原状或回复显有重大困难”时，债权人始得请求以金钱赔偿其损害（第 215 条）。由此可见恢复原状确为不当得利与损害赔偿之债的共同目标。请参考王泽鉴：《“民法”第一百一十三条规范功能之再检讨》，载《民法学说与判例研究》第四册，作者自刊，1983 年版，第 55 页以下（第 58、60、62、63 页）。

者，除非认为其给付，属于“非债清偿”，依“民法”第180条第3款“不得请求返还”，所以只有该方负有义务，返还因无效契约之履行所取得之利益。否则，该恢复原状的义务，除因“民法”第182条第1项之规定，依法免除者外，皆应返还，不受双方主观要件的影响。此外，自“民法”第259条关于解除契约之恢复原状的义务内容观之，除有“民法”第180条第4款所定不法原因之给付的情形外，“民法”第113条所定情形之规范，亦应朝无“民法”第182条第1项规定之适用的方向发展。[①] 而依不遵守法定方式而无效之契约所作之给付，当还不至于被论为不法原因之给付。唯“最高法院”认为：“契约无效……(在)法律上(虽)当然且确定的不生效力，(但限于)其当事人于行为当时，知其无效或可得而知者，(始)应负回复原状或损害赔偿之责任。至契约之解除，乃就现已存在之契约关系而以溯及的除去契约为目的，于契约解除时，当事人双方均有回复原状之义务，故契约无效与契约解除，性质上并不相同。”[②]其结果，乃导出“无效之法律行为，有利害关系者，(固)均得主张之。但以无效为原因，请求回复原状时，以有回复原状请求权者为限”[③]。以上见解虽有“民法”第113条为其依据，但仍与“民法”关于不当得利之规定的基本精神相违。

至于无效法律行为之当事人中，于行为当时知其无效，或可得而知者，对于无过失的当事人，依“民法”第113条规定所负损害赔偿之责任，应属于缔约上过

---

① 苟采此见解，关于恢复原状之义务，“民法”第113条所定者当与“民法”第259条所定者，没有大异。倘不采此见解，不但恢复原状义务之有无，而且其范围皆可能会有出入。关于第113条与第259条间之适用关系，在第二个观点下，其取舍在诉讼法上的意义，“最高法院”1996年8月2日台上字第1642号民事判决认为：“按契约无效，乃法律上当然且确定的不生效力，其当事人于行为时，知其无效或可得而知者，应负回复原状或损害赔偿责任。与契约解除，乃基于法定或约定原因，就现已存在之契约溯及的予以除去，当事人双方均有回复原状之义务，自不相同。唯上诉人在原审就被上诉人原先主张解除契约，请求回复原状，嗣易以契约无效请求回复原状，既未异议，且原审认其诉非变更而为裁判，依‘民事诉讼法’第463条准用第258条关于‘法院以诉为非变更或无追加之裁判，不得声明不服’之规定，上诉人自不得据为上诉之理由。上诉论旨，复就原审取舍证据、认定事实、解释契约之职权行使，指摘其为不当，声明废弃原判决，难认为有理由。”

② 《“最高法院”判例要旨》上册，1983年版，第49页：“最高法院”1960年台上字第1597号判例；同此见解另见“最高法院”1996年8月2日台上字第1642号民事判决。

③ 《台湾地区裁判类编(民事法)》第11册，正中书局1976年版，第43页：“最高法院”1969年台上字第268号民事判决；同此见解另见《台湾地区裁判类编(民事法)》第9册，正中书局1976年版，第541页：“最高法院”1967年台上字第167号民事判决。

失所造成之损害的赔偿责任，[①]应以信赖利益为其赔偿范围。倘欲以当事人之一方于行为当时，明知系争契约将因不备法定方式而无效为理由，对其课以超过信赖利益以上之责任，则尚须有更进一步之构成要件事实存在。该要件既不为“民法”第113条规定所包括，欲以之为基础进行类型化，发展之恐不尽妥。

关于法律行为无效之恢复原状或损害赔偿，由于(1)在无效行为系债权行为时，基于该行为所作之给付，得依不当得利之规定请求返还，以恢复原状（“民法”第179条至第183条）；[②](2)在给付行为本身亦无效时，其给付人不论于给付时是否知其无效或可得而知，均得基于其所有权、占有权或其他权利请求返还；(3)

---

① “民法”第247条第1项与同法第113条之规定因最后皆以契约无效为其要件，所以可能构成竞合。唯因第247条第1项系针对自始给付不能而为规定，而第113条则系泛对一切不能之情形规定之，因此，在其法律效力互无排斥性的情形，应解释为第113条适用之范围包括第247条第1项规定之对象。对此，“最高法院”1998年6月12日台上字第1396号民事判决认为：“按‘民法’第二百四十七条第一项所定契约因标的不能而无效之缔约上过失责任，与同法第一百十三条所定无效法律行为之当事人责任，二者法定要件未尽相同，且第一百十三条既编列于民法总则编而规定，其适用之范围，自应涵摄所有无效之法律行为在内，而兼及于上开契约因标的不能而无效之情形。是契约因以不能之给付为标的而无效者，当事人除得依‘民法’第二百四十七条第一项主张缔约上之过失责任外，亦无排除适用同法第一百十三条规定之余地。”

② 因无效契约之履行，而发生财产利益之移动自始或嗣后无法律上原因，构成不当得利时，其与一般不当得利案件相较所需之特别考量在于，得否准用关于解除契约之规定：(1)排除“民法”第182条第1项关于“不当得利之受领人，不知无法律上之原因，而其所受之利益已不存在者，免负返还或偿还价额之责任”之规定的适用，亦即等于将因契约之履行而受领之给付一概论为在受领时不知无法律上之原因；(2)该契约如为双务契约准用“民法”第264条至第267条之规定（“民法”第261条）。关于契约无效，这是为何在不当得利之一般规定外，还需要像“民法”第259条及第261条之规定的道理所在。第259条之规范功能在于克服，因移转之财产利益事后丧失，致不当得利返还请求权实际上跟随消灭，第261条在于克服一方因所受利益经认定为不存在，而免负给付义务时，却还可对于他方请求返还自己之给付的不妥情事。这个问题在契约之解除，因有“民法”第259条及第261条之规定，而基本上不存在。然在契约自始无效或因撤销而无效时，因无得适用该两条规定之明文规定，而有“民法”第113条、第114条之规定，致使“民法”第259条及第261条之准用，倍增说明上的困难。关于这个问题德国民法实务上利用“结算余额说”(die Saldotheorie)说明之。依该说的观点，在双务契约，基于给付与对待给付在经济上之关连，各该给付之受领人就其受领之给付的返还义务，分别负给付危险。因此，当事人之一方只要后来有不能返还所受领之给付的情形，在不能返还之限度，其自己之不当得利的返还请求权亦随同减缩，值得参考。详请参见 Esser, Schuldrecht, 2. Aufl., 1960, S. 821ff.。

此外，给付人如更受有损害，亦得依“民法”第 247 条、[①]第 245 条之一、第 184 条等关于缔约上过失或侵权行为的规定请求损害赔偿。是故，“民法”第 113 条有无存在必要备受怀疑。[②]

(三)债权行为之要式欠缺时地政机关如何登记

“土地登记规则”第 34 条第 2 款规定声请登记，应提出登记原因证明文件。应提出之文件欠缺者，登记机关固应以书面叙明理由，通知声请人于接到通知书之日起 15 日内补正(同规则第 50 条第 2 款)。其“逾期未补正或未照补正事项完全补正者”，登记机关应以书面叙明理由及法令依据，驳回登记之声请(同规则第 51 条第 1 项第 4 款)。今有疑问者为，该规则第 34 条第 2 款所定之“登记原因证明文件”究指不动产物权契约或债权契约？自该款规定之文义观之虽似指

---

① 关于自始给付不能，“最高法院”虽在前引 1998 年台上字第 1396 号民事判决中认为：“第一百十三条既编列于民法总则编而规定，其适用之范围，自应涵摄所有无效之法律行为在内，而兼及于上开契约因标的不能而无效之情形。是契约因以不能之给付为标的而无效者，当事人除得依‘民法’第二百四十七条第一项主张缔约上之过失责任外，亦无排除适用同法第一百十三条规定之余地。”但在同院 1980 年台上字第 3293 号民事判决中，却不同时引用“民法”第 419 条第 2 项规定，“赠与撤销后，赠与人得依关于不当得利之规定，请求返还赠与物”，而单纯以“法律行为经撤销者，视为自始无效，‘民法’第一百十四条第一项定有明文，依此规定，法律行为经撤销后，应溯及法律行为成立时失其效力”为理由，认为“如当事人双方于法律行为成立后，曾互为给付，在撤销后，应互负回复原状之义务”(《“最高法院”民刑事裁判选辑》第 1 卷第 4 期，第 52 页)。姑不论债各关于有名契约之规定是否为民法总则关于契约之一般规定的特别规定，“最高法院”置具体规定于不顾，专引民法总则最为一般之规定的说理方式，显然不妥。另其既以“民法”第 114 条为依据，则准用同法“民法”第 113 条之结果，何来“如当事人双方于法律行为成立后，曾互为给付，在撤销后，应互负回复原状之义务”。要导出该效力原则上必须准用“民法”第 259 条。又附带一言者为在该判决中，“最高法院”还认为“在该项赠与契约经撤销后，上诉人自得请求被上诉人涂销以该赠与为原因之所有权移转登记，以回复赠与契约成立前之原状，乃竟请求被上诉人就系争土地为所有权移转登记，自为法所不许”。倘该案件上诉人，亦即赠与人依“民法”第 419 条第 2 项之撤销权所得撤销之行为仅及于赠与之债权行为，而不及于其履行行为(移转系争土地所有权之物权行为)，则其原状之恢复，必须经由一个由受赠人向赠与人移转之反向的所有权移转行为，而不能直接请求受赠人涂销以该赠与为原因之所有权移转登记。反之，倘赠与人依该项规定撤销之行为并及于其履行行为(移转系争土地所有权之物权行为)，则其原状之恢复，应直接经由请求受赠人涂销以该赠与为原因之所有权移转登记。请参考王泽鉴：《“民法”第一百十三条规范功能之再检讨》，载《民法学说与判例研究》第四册，作者自刊，1983 年版，第 62、63 页。

② 请参考黄茂荣：《民法总则》，植根法学丛编编辑室 1982 年 9 月版，第 1109 页。

债权契约,但实务上指物权契约,亦即俗称之公契。[①] 从"民法"将债权行为及物权行为加以区分,将物权行为规定为无因行为,将土地登记规定为不动产物权行为之构成分(生效要件)而论("民法"第758条),在这里应指以对于不动产物权之移转或设定为标的之物权契约为妥。至于该规则所以将不动产物权契约(公契)称为登记原因证明文件,当系配合土地登记中关于登记原因之记载栏位而来。

在此背景下,于土地登记实务上,在登记声请书中虽有登记原因之记载的要求,但地政机关为登记行政之目的,并无须审查其声请登记之原因行为(债权行为)之有无及其效力,而只需在物权行为的层次,审查当事人间有无移转或设定不动产物权的合意,亦即只要审查有无与声请登记之内容对应之物权行为。这是正确的实务作业。土地登记作业只要按此规则作业,在债权行为无效时,实务上地政机关自当还是能够依当事人之声请("土地法"第73条),为系争土地之移转或设定登记,并无因不动产债权行为不成立或无效,以致地政机关不能为系争土地之移转或设定登记的问题。而这正是"民法"将法律行为区分为债权行为及物权行为的意旨之一。是故,基于无效之债权行为所作之物权行为及移转登记还是有效的。唯除非法律另有特别规定:履行行为可治愈债权行为之法定方式的欠缺。否则,债务人[②]还是可以依不当得利之规定请求返还因该履行行为所移动之财产利益。民法债编增修条文第166条之一第2项即属"履行行为可治愈债权行为之法定方式的欠缺"之特别规定。

(四)物权行为可治愈其债权行为之要式欠缺

不动产债权行为未经强制公证者,即未完成法定方式,依"民法"第73条,除法律另有规定外,无效。然为何不动产债权行为之履行行为能治愈其无效?按法律之所以规定"以负担让与或设定不动产物权之义务为标的之契约,应由公证

---

① 黄立:《"民法"第一百六十六条之一的法律行为形式问题》,1999年8月21日在民法研究会第十五次学术研讨会发表之论文,第8、9页:"土地登记规则"第34条第2款所定之"登记原因证明文件也指公契。虽然从字面上而言,似乎也可以指债权契约。不过若指债权契约,则将与物权契约的无因原则相抵触,因此登记原因证明文件应该并非指债权契约,而指物权契约"。

② 在这里得请求返还者为债务人,而非清偿人。清偿人因清偿所作之给付的法律关系,应依清偿人与债务人间之内部关系定之。该内部关系可能在清偿时即已存在,也可能因系争清偿行为方始发生。前者例如清偿人因受债务人之托而为清偿,后者例如清偿人就系争债务以第三人的身份为清偿。至于履行辅助人清偿的情形,其清偿人仍为债务人,倒是就该清偿,履行辅助人与债务人间的法律关系,同样应依履行辅助人与债务人间之内部关系定之。

人作成公证书”，其目的在于：(1)提醒当事人，系争契约对于他们的重要性；(2)提供相对可靠之证据方法，证明契约之有无及其内容。

当这些目的已经达成或无虞受到危害时，从规范目的决定法律规定之适用范围的观点，即不再需要依要式规定，将未完成法定方式之法律行为论为未成立或无效。[①] 于债权行为未完成要式规定而未成立或无效，而当事人嗣后已自愿履行的契约者，即属于这种情形。盖在这种情形，当事人已以较之公证更为正式的方式，利用履行行为，确认其债权法上的协议。[②] 关于当事人是否有从事系争交易之意愿及其内容究竟为何，其认定已无堪忧的疑虑。因此，不再需要该法定要式(公证)可能提供之保护。此为规范功能论的观点。盖规范目的既已达成，自不再有必要斤斤计较其方式要求是否受到严格遵守。唯即便如此，在实务上与学说上还是可见相当在意如何圆满衔接前后之法律关系的发展。基于前述道理，“民法”第166条之一第2项规定：“未依前项规定公证之契约，如当事人已合意为不动产物权之移转、设定或变更而完成登记者，仍为有效。”[③]此即不动产物权行为治愈其债权行为在法定方式上之欠缺的能力。

关于不动产物权行为对于其债权行为之法定方式欠缺是否有治愈能力，否定说的论点主要为：违反法定方式之不动产债权行为，无效；而一个欠缺有效原因行为之履行行为只是不当得利的发生事由，不能治愈其原因行为之欠缺，提供其给付结果之法律上原因。肯定说的主要论点为：违反法定方式之不动产债权行为，其实只是尚未完成应完成之法定方式，在其完成前，并无所谓强制规定之

---

① 在古老的法律，由于认为一定之法定方式即是其相关之法律行为的效力基础(Geltungsgrund)，因此，法律行为不具备法定方式时，其方式之欠缺事后不能以履行行为治愈或补正之。然现代法对此已有不同的认识，以为法律行为之效力基础在于“合意”(der Konsens)，而不在于方式。方式只是用来确保及公示法律行为之核心，亦即“意思表示”(die Willenserklaerung)。是故，不但法定方式之瑕疵是可以补正或治愈的，而且方式瑕疵之引用有时也可被论为违反诚信原则。其结果，实务上也可能依据因方式欠缺而无效之契约，获得胜诉。唯即便如此，原则上法定方式还是一个法定之效力要件，其欠缺通常会导致系争法律行为不能发生约定之效力(Esser，Schuldrecht，2. Aufl.，1960，S. 25)。

② Werner Flume，Allgemeiner Teil des Buergerlichen Rechts，Zweiter Band，Das Rechtsgeschaeft，3. Aufl.，1979，§15 Ⅲ 4 c) aa).

③ 依“民法”第166条之一第2项规定，所谓以履行行为治疗不动产债权契约之法定方式的欠缺，仅以让与人一方之履行为已足，即便在双务契约并不要求其相对人亦应完成履行行为。这在让与人方之利益的保护实有不足。假定受让人于受领给付后，不为对待给付，应容许让与人不待于解除契约，依不当得利的规定请求返还其给付。关于这个问题详请参考Werner Flume，Allgemeiner Teil des Buergerlichen Rechts，Zweiter Band，Das Rechtsgeschaeft，3. Aufl.，1979，§15 Ⅲ 4 c) ff)，d)。

违反的问题，所以该不动产债权行为也无所谓因违反法定方式而无效的情事，当事人双方一直可以在既有之合意的基础上向前发展，只要后来完成法定方式或满足其他法定之成立及生效要件，即可发生效力。然所满足者，如非本来之法定方式，而系其他法定之成立及生效要件，则相对于该法定方式之欠缺，有相当于方式之替代或方式欠缺之治愈的情事。

然纵使从不备法定方式，不动产债权行为即无效之无效说出发，"民法"第166条之一第2项之规定其实也不是即无转圆的容身余地。不过，这时必须从诚实信用原则导出之信赖保护或恶意抗辩立论，认为在履行后，[①]主张契约无效违反诚信原则。这个看法虽也能言之成理，但与原始之法定方式的考量在衔接上比较疏远、迂回。比较直接的观点其实还是在于：履行时关于物权行为之书面行为，以及履行本身所涉之财产利益的立时移动，皆应已能够达到警示当事人及将相关法律关系之内容存证的功能。

(五)债权契约之强制公证得否以预约规避之

第1项关于强制公证之法定方式的规定，得否以不备法定方式之债权契约的预约规避之？在合理的认识下，其答案应该是否定的。[由于当事人双方约定之内容，如未达于"民法"第153条规定之程度，其约定即不成立契约。而其倘达于该程度，则所成立之契约本无所谓"预约"与"本约"之区别。所以"契约虽名为房屋(或土地)预定买卖契约书，但买卖之坪数、价金、缴付价款、移转登记期限等，均经明确约定，并无将来订立本约之旨，且依该契约约定之内容即可履行而无须另订本约(者)，系争契约为本约而非预约"("最高法院"1995年6月9日台上字第1434号民事判决)。在当事人之缔约实务上所以有所谓"预约"与"本约"之分，其有意义之缘由，或因系争契约尚未满足法定方式或要物要件，或因未满足约定方式，而希望就契约实体内容的部分先予约定，待他日才补行要式或要物

---

① 当事人之一方于缔约时恶意诈欺相对人，使其误信系争契约之缔结无须践行法定方式，或怂恿相对人不遵守法定方式，以致双方因此不依法定方式缔结契约者，事后如以法定方式欠缺为理由，对其相对人主张契约无效，其主张构成权利滥用。于是，当事人有可能依因法定方式之欠缺，而本来无效或尚未成立之契约，依诚信原则请求有责之相对人履行契约。关于法定方式欠缺之主张的禁止，后来更进一步扩张到考量双方关系后来之发展，是否已使其再为主张，有违诚信原则。这已与信赖保护或信赖责任有关(Staudingers Kommentar zum BGB, Weber, Kommentar zum BGB, 11. Aufl., 1961, §242 D56, 421ff.)。关于在欠缺法定方式之法律行为，应依诚实信用原则之法律伦理上的必要性，以当事人一方之恶意作为请求权之立论要素，对之课以信赖责任的详细讨论，请参考 Claus-Wilhelm Canaris, Die Vertrauenshaftung im deutschen Privatrecht, 1971, §25。

的要件。其缘由若果在于此，该契约本当无效（"民法"第73条）、不生效力（"民法"第475条）或不成立（"民法"第166条），而非已成立一个可请求相对人缔结本约之预约。是故，在实务上，必须系争契约为法定之要式契约或要物契约，肯认该契约之预约的效力才有其意义。然因其预约效力之肯认，势必使关于该契约之要式或要物规定成为具文，因此，必须该契约之要式或要物规定，已因时空之变迁，而不合乎时宜，构成法律漏洞，应经由预约之肯认加以补充，其预约之肯认方始允当。其着例为与银钱业间，或有偿的消费借贷之要物规定。但切不可因此种例外补充法定要物规定之实务，认为一切要式或要物规定皆可利用预约规避其适用。不过，仍然必须注意：台湾地区实务上对于要式行为之制度的精神比较欠缺认识。倾向于认为对于一切契约皆可为预约之缔结。这从民法债编本次下述两个条文之增修亦可获得印证：第465条之一"使用借贷预约成立后，预约贷与人得撤销其约定。但预约借用人已请求履行预约而预约贷与人未即时撤销者，不在此限"。第475条之一规定："消费借贷之预约，其约定之消费借贷有利息或其他报偿，当事人之一方于预约成立后，成为无支付能力者，预约贷与人得撤销其预约（第一项）。消费借贷之预约，其约定之消费借贷为无报偿者，准用第四百六十五条之一之规定（第二项）。"]盖纵使肯认当事人得为此种预约，该预约一样的应解释为要式行为，亦即同样应经公证，否则未成立或无效。其道理为，要非如是，民法债编增订条文草案第166条之一第1项之规定势成具文。此为从体系的观点，目的解释的结果。在此必须附带注意者为，预约与本约之区别不在于契约内容，而在于当事人想要利用不备法定方式之预约规避法律对于本约之法定方式的规定。此种规避约定之效力为何？系于其所规避之规定的贯彻是否构成法律漏洞，亦即该债权契约之要式要求，是否已被认为不合时宜。如然，则为规避该要式规定所作之预约，应肯认为有效；否则，应认为该未完成法定方式之契约，尚不成立或无效。是故，要式行为之预约的效力究当如何，尚非可一概而论，必须视该要式规定是否已不合时宜而定。

要之，预约为规避要式或要物规定的标准手段。是否容许以预约规避不动产债权契约之强制公证的规定，系于该强制规定是否有过当之处，从而构成法律漏洞，[①]应容许以预约的方法规避之。是故，除非认为将其要式要求，越过单

---

① 法律漏洞中之漏洞为假借自容器或渔网的观念。以之与和花有关之容器相比拟，在花瓶，为盛水，瓶底不得有洞；在花盆，为排水，盆底应该有洞。以之与渔网相比拟，其网目的大小，同样取决于其目的，依其目的量之，过大，则有违反计划的漏网之鱼；过小，则有竭泽而渔之忧。是故，预约之容许与否，应取决于其规避之要式或要物规定的必要性与妥当性。关于法律漏洞及其补充的方法详请参考黄茂荣：《法学方法与现代民法》，植根法学丛书编辑室增订五版，2006年4月版，第547页以下。

纯之书面，升高至强制公证有不当之处，否则，关于得否以预约规避不动产债权契约之强制公证的疑问，应采否定的见解。唯将来实施的结果，倘发现强制公证陈义过高，[①]窒碍难行，仍非无以书面之预约替代公证，以补充其漏洞的可能。

(六)强制公证及其欠缺的治疗规定是否矛盾

债权行为之法定方式的欠缺既得以其履行行为治愈之，该法定方式的强制规定还有无意义？引起疑问。从契约之履行，一切顺利时之结果立论，固可认为在“民法”第166条之一，既有第2项规定，其第1项规定便无多大意义。但如从其履行，可能不顺利的观点立论，不难发现：如无有效之债权契约，当事人将互不得对于相对人请求履行契约。从而以履行行为治愈该不动产债权行为之法定方式的欠缺一事，只能顺乎双方事后的意愿。是故，纵有“民法”第166条之一第2项的规定，其第1项规定还是有重大意义。

简单来说，第2项所构成的规范状态，再糟也只是与目前“民法”第760条及第758条所规定的情形相当：[②]为不动产物权行为之移转或设定，无须有书面之债权行为，而只需有书面之物权行为及移转或设定登记。然仍不可忽略该条第1项之下述作用与效力：当事人如果遵守强制公证规定，可提高不动产交易之可信度，减少轻率的交易和真假难辨的交易纠纷；如果不遵守，未将该债权行为公证，则当事人之任何一方皆不得请求相对人履行契约，以移转或设定对于不动产之物权。

---

① 有无必要如第166条之一第1项所示，将“以负担让与或设定不动产物权之义务为标的之契约”的方式一下子提高到应以公证书这种特定种类之书面的程度，以及在短时间内现有公证人之服务能量，是否能够满足该项规定所创造出来之市场需求，在1999年8月21日于政治大学举办之民法研究会第十五次学术研讨会中，深受民间相关业者的关心与质疑。

② “民法”第758条规定：“不动产物权，依法律行为而取得、设定、丧失及变更者，非经登记，不生效力。”第760条规定：“不动产物权之移转或设定，应以书面为之。”该两条规定分别为关于不动产物权行为之生效要件及要式性的规定。鉴于要式性首先涉及者为契约之成立的问题，而登记则属于生效要件，所以该两条规定之适当规定顺序，应为先要式规定（“民法”第760条），而后生效规定（“民法”第758条）。

四、"民法"第 166 条之一之客体的适用范围

(一)地的适用范围

关于地的适用范围之问题,在此指该条规定所适用之不动产契约,其标的是否限于台湾地区之不动产;以台湾地区之不动产为标的之契约在国外缔结者,是否不受本法之适用。从该条规定之意旨在于警示与存证立论,其规范当以人的思虑为其关心的重点。是故,作为契约客体之不动产是否在台湾地区,便非其适用范围之决定上的重要之点。重要者应为当事人是否约定以本法为其准据法。[①] 唯即便如此,当作为契约客体之不动产在台湾地区,为本地交易秩序及法律和平之维护,还是应该要求以本法为其准据法,适用该条规定为妥。然纵使不动产债权契约应以本法为其准据法,还有一个问题,即其公证是否得由外国公证人依台湾地区法为之? 这是一个应在立法政策的层面决定的问题。原则上以采否定说为妥。[②]

(二)事的适用范围

"民法"第 166 条之一第 1 项规定:"契约以负担不动产物权之移转、设定或变更之义务为标的者,应由公证人作成公证书。"依该项规定一个契约只要以负

---

① 关于债权契约之准据法,"涉外民事法律适用法"第 6 条第 1 项首先规定:"法律行为发生债之关系者,其成立要件及效力,依当事人意思定其应适用之法律。"亦即原则上依当事人的意思定之。唯"当事人意思不明时,同国籍者依其本国法;国籍不同者,依行为地法;行为地不同者,以发要约通知地为行为地;如相对人于承诺时不知其发要约通知地者,以要约人之住所地视为行为地(第二项)。前项行为地,如兼跨两国以上或不属于任何国家时,依履行地法(第三项)"。关于法律行为方式之准据法,"涉外民事法律适用法"第 5 条第 1 项规定:"法律行为之方式,依该行为所应适用之法律。但依行为地法所定之方式者,亦为有效。"至其履行之物权行为依同条第 2 项"其方式依物之所在地法"。

② 对于这个问题:"关于德国不动产之移转的合意,基于历史上的诸多理由,不得由外国公证人公证之。"(Gerhard Kegel, Internationales Privatrecht, 5. Aufl., 1985, S. 370)值得参考。

担不动产物权[1]之移转、设定或变更之义务为其标的,即应由公证人作成公证书。[2] 其中移转,主要指有偿与无偿之让与之债,例如买卖[3]与赠与;设定主要指以用益物权[4]或担保物权之设定为标的的用益或授信之债;[5]变更主要指上述让与之债、用益或授信之债之内容的变更,以及以不动产物权内容之变更义务为标的之债。以上义务之客体必须具体。[6] 至于给付对象则不限于契约相对人,亦可包括向第三人给付之契约。[7]

由之延伸出来,除前述债权或债务之移转、承担属于“民法”第 166 条之一第 1 项之规范对象外,[8]以不动产物权之移转、设定或变更义务为客体之预约[9]或选择权(Optionsrecht)的买卖、[10]约定合伙人或股东之一以不动产物权出资之合

① “民法”第 166 条之一第 1 项虽适用于以不动产物权之应有部分,但不适用于以其成分为标的之债权契约。请参考 Soergel-Manfred Wolf, Kommentar zum BGB, 11. Aufl., 1986, § 313 Rz 12。

② “民法”第 166 条之一第 1 项明文虽以契约为其规范对象,但还是应类推适用于以负担不动产物权之移转、设定或变更义务为其标的之单独行为。例如悬赏广告、设立财团法人之捐助行为。至于是否适用于以负担不动产物权之移转、设定或变更义务为其标的之公法契约,值得考量。基于国家机关之行为的公信力,固可免该公法契约之公证义务,但仍应以书面的方式为之(“行政程序法”第 139 条、第 140 条)。请参考 Soergel-Manfred Wolf, Kommentar zum BGB, 11. Aufl., 1986, § 313 Rz 37ff.。

③ 建筑承揽契约与土地之购买或交换义务混合成一个契约者,有“民法”第 166 条之一的公证义务。例如委建或合建契约。请参考 Soergel-Manfred Wolf, Kommentar zum BGB, 11. Aufl., 1986, § 313 Rz 46。

④ 不动产之用益债权契约,例如租赁、使用借贷,本来皆无“民法”第 166 条之一的适用,盖其原来非以“负担不动产物权之移转、设定或变更之义务为标的”。然因本次增订之同法第 422 条之一规定“租用基地建筑房屋者,承租人于契约成立后,得请求出租人为地上权之登记”,所以基地租赁应有“民法”第 166 条之一的适用。

⑤ 请参考 Soergel-Manfred Wolf, Kommentar zum BGB, 11. Aufl., 1986, § 313 Rz 53。

⑥ 所谓客体必须具体指应移转、设定之不动产物权所属的不动产必须确定而言,不得以任一不动产物权为标的。唯已达于得确定之程度者,在此应认为已具体。请参考 Soergel-Manfred Wolf, Kommentar zum BGB, 11. Aufl., 1986, § 313 Rz 11。

⑦ 请参考 Soergel-Manfred Wolf, Kommentar zum BGB, 11. Aufl., 1986, § 313 Rz 30。

⑧ 请参考 Soergel-Manfred Wolf, Kommentar zum BGB, 11. Aufl., 1986, § 313 Rz 14f., 40。

⑨ 请参考 Soergel-Manfred Wolf, Kommentar zum BGB, 11. Aufl., 1986, § 313 Rz 28。

⑩ 请参考 Soergel-Manfred Wolf, Kommentar zum BGB, 11. Aufl., 1986, § 313 Rz 27。

伙契约或设立公司之合资契约及以返还或移转不动产物权为内容之一的退伙契约、[①]直接负有或间接基于事实上之强制(例如违约金或中介费用偿还义务之约定)而负有不动产物权之移转或取得义务的中介契约、[②]上述应经公证并经公证之契约的全部或一部之解除协议[③]等亦皆应有强制公证规定之适用。

就特定不动产之物权经由约定，课其所有人以除特定人外，不得移转之消极的或反面的义务(negative Verpflichtung)[④]时，是否因其如为移转，其移转对象有特定性，而即将之与积极的或正面的义务(positive Verpflichtung)同视？在课以反面义务的情形，鉴于其最后是否不得不移转于该特定人，还系于义务人有无不得不移转之经济需要。因此其强制公证之适用，尚应以义务人之经济状况是否如此窘迫为断。[⑤]

以上契约其应经公证者、其代理权之授予行为以及所以为授权之基础关系例如委任契约是否亦必须经公证？民法债编本次修正后第 166 条之一对之并无

---

① 购买合伙或公司之股份，无"民法"第 166 条之一第 1 项规定之公证义务，纵该合伙或公司之资产以不动产为主亦然。合伙或公司解散时，其剩余不动产物权悉依合伙或公司法规定按其股份分配者，无须依"民法"第 166 条之一公证，然如有超出该规定之分割上的约定者，则有公证义务。请参考 Soergel-Manfred Wolf, Kommentar zum BGB, 11. Aufl., 1986, § 313 Rz 49。

② 请参考 Soergel-Manfred Wolf, Kommentar zum BGB, 11. Aufl., 1986, § 313 Rz 31, 51。

③ 请参考 Soergel-Manfred Wolf, Kommentar zum BGB, 11. Aufl., 1986, § 313 Rz 43f.。

④ 现行法关于反面义务的规定，在法律层次出现于"银行法"第 30 条及第 126 条。"银行法"第 30 条规定："银行办理放款、开发信用状或提供保证，其借款人、委任人或被保证人为股份有限公司之企业，如经董事会决议，向银行出具书面承诺，以一定财产提供担保，及不再以该项财产提供其他债权人设定质权或抵押权者，得免办或缓办不动产或动产抵押权登记或质物之移转占有。但银行认为有必要时，债务人仍应于银行指定之期限内补办之(第一项)。借款人、委任人或被保证人违反前项承诺者，其参与决定此项违反承诺行为之董事及行为人应负连带赔偿责任(第二项)。"此种承诺，实务上称之为反面承诺。违反该承诺，同法第 126 条有进一步关于刑事责任的规定："股份有限公司违反其依第三十条所为之承诺者，其参与决定此项违反承诺行为之董事及行为人，处三年以下有期徒刑、拘役或科或并科新台币一百八十万元以下罚金。"该反面承诺最后有使借款人、委任人或被保证人，将一定之财产提供担保的义务。当该财产为不动产，依上述说明，"民法"第 166 条之一关于强制公证的规定对之应有适用。

⑤ 本来与不动产物权之移转有关之消极义务的课予，并不受强制公证的限制。例如只约定土地所有人不得将特定之不动产移转他人，或约定不参与标购特定之不动产，或甚至约定不得将特定不动产移转于特定人皆还无须公证。然就特定不动产，课以除对特定人外不得移转之消极义务时，如果义务人在经济上有不得不为移转之需要，则因该消极义务之课予，在实际上与课予积极之让与义务无异，所以还是例外应经公证始可(Soergel-Manfred Wolf, Kommentar zum BGB, 11. Aufl., 1986, § 313 Rz 24)。

明文规定。与之最为相关之"民法"第 531 条规定:"为委任事务之处理,须为法律行为,而该法律行为,依法应以文字为之者,其处理权之授与,亦应以文字为之。其授与代理权者,代理权之授与亦同。"该条虽仅以文字这种比较简单之要式为其规范对象,然举轻以明重,该条应可目的性扩张,适用至强制公证的规定。亦即"为委任事务之处理,须为法律行为,而该法律行为,依法应经公证者,其处理权之授与,亦应经公证。其授与代理权者,代理权之授与亦同"。所以,在这种情形,就基础关系及代理权之授予部分如未经公证,[①]则纵使所从事之代理行为经公证,该经公证之代理行为仍应论为无权代理行为,依无权代理的规定论断。这时本人之承认的单方行为是否应经公证?贯彻"民法"第 531 条之规范意旨应采肯定的见解。[②] 唯后来本人如亲自从事该不动产债权契约之履行行为,则其履行行为对于该不动产债权契约之方式欠缺的治愈效力可及于其代理权之授予上的方式欠缺。[③]

---

① 由于委任关系之处理权和代理关系之代理权的授予是可以分开的两回事,且现行法为提高代理行为之效力的安定性,就代理权之授予采无因说,与其基础关系互相独立。结果在具体案件有可能发生处理权与代理权之授权的有无及范围不一的情形。当有这种情事发生,且其中之一经公证,而另一未经公证时,其未经公证的部分是否会构成法定方式的欠缺?按授予处理权者固不一定授予代理权。但其间处理权之授予已经公证者,只要其代理权并未超出该处理权之范围,从本人利益之保护的观点论,当无再要求亦将该代理权之授予公证的必要;反之,代理权之授予已经公证者,通常固同时会将处理权之授予一起公证,但如果还是有仅就代理权之授予公证的情形,其代理权之授予的公证,不使处理权之授予的公证成为多余。盖代理权之授予规定所要规范者主要为代理之外部关系,亦即本人与相对人之关系,是故,不能从代理权之授予,推论本人亦已有处理权之授予的意思。因此,在这种情形,处理权之授予的公证还是不能免[Soergel-Manfred Wolf, Kommentar zum BGB, 11. Aufl., 1986, § 313 Rz 32ff. (32)]。

② 就因代理权之授予未经公证,而代理行为已经公证的情形,德国有学者依德国民法第 182 条第 2 项认为,本人之承认无须公证(Soergel-Manfred Wolf, Kommentar zum BGB, 11. Aufl., 1986, § 313 Rz 35)。德国民法第 182 条第 1 项、第 2 项规定:"一个契约或一个向他人表示之单方行为的效力系于第三人之同意者,该同意之表示或拒绝应向当事人双方为之(第一项)。同意之表示无须该法律行为所定之方式(第二项)。"鉴于该条本来应是针对第三人之同意的规定,而在无权代理行为,本人之承认是否可论为第三人之同意的行为,显有疑问。何况,在这种情形,如果无须经公证,该公证规定关于本人是否愿负担让与或受让义务之警示与存证的规范功能,显然不能实现于本人。

③ Soergel-Schultze-v. Lasaulx, Kommentar zum BGB, 11. Aufl., 1986, § 167 Rz 11. "依'民法'第三百十三条第二句,经由处分行为可治愈方式欠缺应也适用于代理权之授与。盖代理权之授与的要式仅以债权契约之要式为依据,而债权契约之要式欠缺已治愈。然帝国法院之判决(RGZ 110, 321)采不同的看法。"

至于以移转或取得不动产物权之法定义务为其内容之契约的确认、[①]行使自上述应经公证并经公证之契约所发生之形成权[②]等,虽与不动产物权之债的确认有关,或足以消灭或变更对于不动产物权之债,然因其以法律[③]为基础,该契约或单独行为还是无须公证,以避免强制公证的方式要求在债之关系的发展上,无限度地泛滥开来。

(三)时的适用范围

"民法"第 166 条之一之规定对于该条增订施行前,已缔结而尚未履行之契约是否亦有适用?这涉及法律之溯及效力的问题。

按除法律另有容许溯及效力之规定外,法律行为之成立或生效要件应依行为时法,定之。一个依行为时法已成立、生效的契约,事后原则上不得依该契约成立或生效后之法律,使之复归于不成立或无效。所以"民法"第 166 条之一关于强制公证的规定,对于该条增订施行前,已生效而尚未履行之契约原则上应不适用。[④] 唯为避免过长期间有不同之法定方式方面的平行规定,当可考虑规定:在新法施行后经一定期间,尚未履行之契约,包括在该期间内已生效但尚未履行、附始期而尚未届至或所附停止条件尚未成就之契约,其当事人应依新法补正其法定方式。[⑤]

本次民法债编修正于 1999 年 4 月 21 日,而依"民法债编施行法"第 36 条第 2 项规定,本次民法债编修正条文及本施行法修正条文自 2000 年 5 月 5 日才开

---

① 请参考 Soergel-Manfred Wolf, Kommentar zum BGB,11. Aufl. ,1986, § 313 Rz 42。

② 请参考 Soergel-Manfred Wolf, Kommentar zum BGB, 11. Aufl. , 1986, § 313 Rz 41f. 。

③ 请参考 Soergel-Manfred Wolf, Kommentar zum BGB,11. Aufl. ,1986, § 313 Rz 40。

④ "在德国法,方式规定被当成实体法之规定处理。所以其如果不被遵守,违反方式规定所从事之法律行为自始无效(nichtig)(§ 125 BGB)。将此种规定适用于在过去从事之法律行为,我们将之看成一种特别有疑义之效力的溯及联结。在英美法,方式规定大都当成程序法上之规定。……在美国大部分的州之诈欺法认为其规定仅与救济程序有关,而不影响一个口头契约之效力,唯仍使之成为不能强制执行(之契约)。……虽有谓立法机关可以制定仅影响强制执行之救济或用来证明之证据方法的法律。……但在早期关于新方式规定之时间效力范围的判决中,德州最高法院即已认定立法者不应意图,利用要求从事不可能之事,来间接摧毁一个存在中的权利。"(Gunter Kisker, Die Rueckwirkung von Gesetzen, 1963, S. 150ff.)

⑤ 关于法定方式,"在时间方面,原则上应适用不动契约缔结时有效之方式规定……其例外规定有 1980 年 2 月 20 日之证书变更法(Beurkundungsaenderungsgesetz)。其第一条,依其意旨溯及适用于在该法 1980 年 2 月 27 日生效前缔结之契约。对于该溯及效力实务上不认为有宪法上的疑虑"(Soergel-Manfred Wolf, Kommentar zum BGB, 11. Aufl. , 1986, § 313 Rz 6)。

始施行，其间有一年多一点的过渡期间。是故，即便规定自修正条文施行日起，不动产债权契约，不论缔结于施行前或施行后，其未履行者皆应适用“民法”第166条之一关于强制公证的规定，在实务上当也不至于引起调适的困难。

第二节　婚姻之形式要件

为明确认定婚姻关系之有无，就婚姻之成立或生效，规范上常有方式要件上的要求，将之规定为要式行为。此为法律对于结婚之法效意思之表示方法的限制。按其规定之方式可区分为仪式婚主义及登记婚主义。其中所谓登记有以申报定之者。在采仪式婚主义，结婚仪式之遵守通常规定同时为婚姻之成立与生效要件；在采登记婚主义，婚姻登记或申报通常规定为婚姻之生效要件，至其成立要件，亦即双方结婚意思之合致，可能存在于申报登记前，也可能包含于申报登记中。

关于婚姻之成立或生效，规范上如无方式要件的要求，学说上有认为此种结婚制度采事实婚主义者。其实应认为系采同居婚主义。盖事实婚与法律婚应属于法律对于男女长期同居生活之规范上的评价。其经法律承认为婚姻者，评价为法律婚；其不为法律承认者，评价为事实婚。当对于婚姻之成立或生效，规范上无方式要件的要求，则只要适婚男女有结婚之一致的意思表示，其婚姻即为法律所肯认之婚姻，应评价为法律婚，而非仅是事实婚。是故，事实婚之类型应仅存在于法律对于结婚之缔结或生效，有要式规定，而在事实上发生男女有长期同居生活关系，但无有效之婚姻关系的情形。从而有是否对于法律所不承认之事实婚提供保护的特殊问题。然不论采仪式婚主义、登记婚主义或同居婚主义，婚姻之缔结皆需要当事人间关于结婚意愿之一致的意思表示。

关于结婚，当对于结婚之缔结或生效，采仪式婚主义或登记婚主义，在事实上即有可能发生当事人间仅有结婚要式规定之遵守，而无长期同居生活关系之事实，或只有长期同居生活关系，而无遵守要式规定之结婚的情形。在第一种情形，有婚姻之形式，而无婚姻之实质，有名无实为一种形式意义下之婚姻；在第二种情形，有婚姻之实质，而无婚姻之形式，有实无名为一种实质意义下之婚姻。①

① 在此所谓之形式意义下之婚姻或实质意义下之婚姻的区别类似于形式意义下之法律或实质意义下之法律间的区别。前者之共同特征为具有法律或宪法规定之方式，后者之共同特征为具有事实面或事物法则的基础，从而有来自于存在之当为要求的基础。

二者皆非正常。有名无实，最后可构成离婚之事由（“民法”第1052条第2项）；[①]有实无名，其延伸之结果，在一定之要件下法律有予规范的必要。例如关于事实婚存续中之扶养义务或其终止时之赡养义务或赔偿义务。婚姻之形式与实质的要件事实分别属于契约之缔结与履行的层次。此与结婚行为之诺成或要式的要件事实皆属于契约之缔结层次者不同。是故，当引用婚姻之实质作为当事人间有无婚姻关系之认定依据时，有以事后事实证明过去事实的问题。唯在以登记或申报作为婚姻之成立或生效要件的情形，其登记之声请或申报之提出，相对于婚姻之缔结通常虽有先后之别，但纵使当事人在声请登记或提出申报前，无婚姻之缔结行为，其登记或申报也不会因之无效。盖其声请或申报中含有结婚之合意。是故，在登记或申报前有无结婚之合意，在实务上所影响者主要为结婚之时间点：结婚于声请登记或申报时，或结婚于事实上获致结婚之合意时？这

① 关于配偶之一方不能人道是否构成诉请判决离婚之法定事由，“最高法院”1940年台上字第1913号判例要旨称：“夫妻之一方有不治之恶疾者，依‘民法’第一千零五十二条第七款之规定，他方固得随时请求离婚，唯一方于结婚时不能人道而不能治者，非同条款所谓不治之恶疾，他方仅得依‘民法’第九百九十五条于知悉其不能治之时起，三年内请求撤销结婚。”此为司法实务上所采之一贯见解。直至1985年6月3日修正公布之民法亲属编，就裁判离婚之原因，为应实际需要，参考各国立法例，增设“民法”第1052条第2项，明定：“有前项以外之重大事由，难以维持婚姻者，夫妻之一方得请求离婚。但其事由应由夫妻之一方负责者，仅他方得请求离婚。”而就不能人道是否得为判决离婚之法定事由，“最高法院”于该院1990年5月18日台上字第1040号判决认为：“查婚姻乃一男一女之两性结合，以组织家庭，共同生活为目的。故有足以破坏共同生活或难以维持共同生活之情事发生，允宜许其离婚以消灭婚姻关系。1985年6月3日修正公布之民法亲属编，就裁判离婚之原因，为应实际需要，参考各国立法例，增设‘民法’第一千零五十二条第二项，明定有同条第一项以外重大事由，难以维持婚姻者，亦得请求离婚。是对于家庭生活之美满幸福，有妨碍之情形，即得认其与此之所谓难以维持婚姻之重大事由相当。上诉人一再主张，被上诉人因前述小脑退行性病变，导致肢体障碍、言语迟钝，此属遗传性疾病，无法治愈，且随时间而恶化，现已四肢瘫痪，不能人道，不能维持婚姻生活云云……自属对于判决之结果有影响之重要攻击防御方法，本院前次发回意旨，已指示对此应详予调查审认。乃原审遽以被上诉人所罹患者，非属于不治之恶疾，且因患此病，处境堪怜，正需配偶照顾为由，认其不符‘民法’第一千零五十二条第二项所定之离婚原因，遂为上诉人败诉之判决，自嫌速断。上诉论旨，执以指摘原判决违背法令，求予废弃，非无理由。”该见解并于“最高法院”1995年1月12日台上字第39号民事判决获得肯定：“婚后不能人道，已形成难以维持婚姻之重大事由者，当事人非不得依‘民法’第一千零五十二条第二项规定请求离婚。”此外，“最高法院”于1994年4月19日举行之1994年第四次民事庭会议记录亦称：“结婚后因车祸受伤致不能人道者，尚难认系‘民法’第一千零五十二条第一项第七款所定不治之恶疾。唯如不能人道已形成难以维持婚姻之重大事由者，得依同条第二项之规定诉请离婚。”由是可见，“最高法院”基本上已经肯认不能人道为“民法”第1052条第2项所定之重大事由。

在税法及继承上皆有重要意义。[①]

关于结婚之要式要件，亲属法在 1985 年 6 月 3 日修正时，虽增订“民法”第 982 条第 2 项：“结婚，应有公开仪式及两人以上之证人(第一项)。经依户籍法为结婚之登记者，推定其已结婚(第二项)。”[②]但关于结婚的缔结，并没有因此改采登记婚主义。盖如采登记婚主义，婚姻登记属于结婚之必要条件；[③]反之，如继续采仪式婚主义，婚姻登记属于结婚事实之(推定的)充分条件。而依该条第 2 项规定，婚姻登记仅是当事人曾为结婚之法律上事实推定的基础，尚容许当事人提出本证推翻该推定为存在之事实。[④]

关于该推定规定，含有两个问题：第一，其所谓推定为已结婚，系指推定“有

---

① 按依“所得税法”第 15 条第 1 项，纳税义务人之配偶……有前条各类所得者，应由纳税义务人合并报缴；依“民法”第 1144 条，配偶有相互继承遗产之权，而配偶关系始于结婚行为生效之时。

② 关于两愿离婚，“民法”第 1050 条有类似于结婚之方式上的规定：“两愿离婚，应以书面为之，有二人以上证人之签名并应向户政机关为离婚之登记。”其与结婚之要式规定不同者为，两愿离婚不但为应以书面为之的要式行为，而且该两人以上之证人应于离婚协议书上签名。此外，并以向户政机关为离婚之登记为其成立与生效要件。此与依“民法”第 982 条第 2 项，结婚登记仅是结婚事实之推定基础者不同。依第 1050 条前开规范意旨，在要件之安排上，离婚登记对两愿离婚的意义，类似于债务契约中之要物行为的要物要件。因之，“最高法院”1986 年 5 月 27 日、1986 年第九次民事庭会议决议要旨称：“两愿离婚，须具备书面，二人以上证人之签名及办理离婚户籍登记三项要件，始生效力，为修正‘民法’第一千零五十条所特别规定。当事人两愿离婚，只订立离婚书面及有二人以上证人之签名，而因一方拒不向户政机关为离婚之登记，其离婚契约尚未有效成立，他方自无提起请求协同办理离婚户籍登记之诉之法律依据(1986 年台上字第 894 号裁定)。”

③ “最高法院”1967 年台上字第 1634 号民事判决：“书立结婚证书或户籍登记，均非结婚要件。”

④ “最高法院”1995 年台上字第 829 号民事判决：“结婚，应有公开之仪式及二人以上之证人；经依户籍法为结婚之登记者，推定其已结婚，‘民法’第九百八十二条定有明文。两造曾依户籍法为结婚登记，有户籍登记簿誊本为证，固可推定其已结婚，然若有证据以资证明其未有公开之仪式及二人以上证人之法定结婚要件时，非不得推翻其推定。”唯“倘当事人一方否认此一推定之事实，依‘民事诉讼法’第二百七十七条规定自应由否认之一方就所主张未经举行结婚公开仪式及两人以上之证人之形式要件举证证明之。倘不能举证以证实其主张之事实为真实，则他方就其抗辩事实即令不能举证或所举证据尚有疵累，亦应驳回该否认之当事人之请求”(“最高法院”1996 年 11 月 8 日台上字第 2534 号民事判决)。

公开仪式及二人以上之证人”,[①]或并含双方有结婚之意思的合致。第二,如系推定“有公开仪式及二人以上之证人”,其反证涉及消极事实之证明,亦即欲否认已结婚之推定事实者,应为消极事实之证明,这是否合乎证据法则。第一个问题,应认为并推定双方有结婚之意思的合致。从而对于推定为已结婚之事实有不同意见之当事人,得举证双方无结婚之一致的意思表示,例如证明当时双方所做之表示原为通谋虚伪之意思表示,亦即原属假结婚,来反证推翻。换言之,可用以反证推翻该项推定者,并不限于无公开仪式及二人以上之证人的消极事实。另纵该消极事实有难以举证的困难,在其困难之极,亦仅是使该推定之效力接近于拟制,尚无违反证据法则的问题。盖在关于婚姻之规范的规划上,关于结婚行为之有无的举证责任或认定标准,立法者本来即可在举证责任的分配与结婚事实之有无的拟制间选择其规范手段。

关于公开仪式目前并无法定仪式,主要应依当地之习俗为之[②]并符合公开的要求。[③] 但喜帖之寄送不包含在内。[④]

再则谁有任为证人的资格以及该两证人所要证明之事项为何?关于证人资格法律并无特别之明文规定,解释上应指:只要是当年在该结婚仪式进行时在场,且有行为能力者皆可充任,无须具备其他积极要件。[⑤] 唯司法实务上对之又

---

① “最高法院”1995 年 4 月 13 日台上字第 829 号民事判决:“按结婚,应有公开之仪式及二人以上之证人;经依户籍法为结婚之登记者,推定其已结婚,‘民法’第九百八十二条定有明文。两造曾依户籍法为结婚登记,有户籍登记簿誊本为证,固可推定其已结婚,然若有证据以资证明其未有公开之仪式及二人以上证人之法定结婚要件时,非不得推翻其推定。”

② 关于结婚之公开仪式,“司法院”1933 年 2 月 18 日院字第 859 号解释称:“‘民法’第九百八十二条所谓结婚公开之仪式,及二人以上之证人云者,在结婚仪式未规定以前,无论其依旧俗或依新式,但使其举行结婚仪式系属公然,一般不特定之人均可共见,即为公开之仪式。”对此,“最高法院”1995 年 7 月 7 日台上字第 1689 号民事判决亦持类似见解:“‘民法’第九百八十二条第一项所谓结婚应有公开仪式,系指结婚当事人应行定式之礼仪,使不特定人得以共闻共见,认识其为结婚为已足。至所行之仪式,无论旧俗新式,只需依当地之习俗为之即可,并不以其举行之地点,系在私人住宅抑酒楼餐厅,或在门口有无张灯结彩而有所区别。”

③ “最高法院”1967 年台上字第 1634 号民事判决:“‘民法’第九百八十二条规定,结婚应有公开之仪式及二人以上之证人,所谓结婚之公开仪式,无论依旧俗或新式,必须为一般之不特定人所共见,始为公开。”

④ “最高法院”1942 年台上字第 135 号判例:“结婚并不以书立婚帖为要件,被上诉人与甲结婚曾有公开之仪式,及二人以上之证人,业经原审据乙丙等之证言予以认定,不容以婚帖未经当事人签名盖章,指其结婚为无效。”

⑤ “最高法院”1962 年台上字第 551 号判例,“‘民法’第九百八十二条所谓结婚应……有二人以上之证人,只需有行为能力在场亲见而愿证明者为已足,不以证婚人为限”,也“不必载明于婚书”(“司法院”1933 年 2 月 18 日院字第 859 号解释)。

加上“愿负责证明当事人之结婚是否出于俩愿之人，始属相当”的要件，其道理为何，并不明白。[①] 其证言所要证明之事项，应为有公开仪式及尚有证人1名。至于当事人有无结婚之意思是否亦在其证明事项的范围内，值得探讨。就这个部分证人所能证明者应限于间接事实，而不能直接证明当事人结婚意思之有无。盖犹如庄子所言：“子非鱼，焉知鱼之乐?”证人非结婚当事人，焉知当事人结婚意思之有无。所以，其能提出之证言，当限于可用来推论其意思之有无的间接事实。

2007年5月23日“民法”第982条修正为：“结婚应以书面为之，有二人以上证人之签名，并应由双方当事人向户政机关为结婚之登记。”即关于婚姻之缔结改采登记生效主义，于登记日生效。为配合民俗，结婚通常在假日举办，而办理结婚登记之户政机关因假日而不办公，实务上容许提前在3日内先办结婚登记，但仍以实际结婚日为登记日。这有如附始期及附停止条件之登记，登记在预定之始期届至当日，有以书面缔结结婚契约，并经两人以上证人在该契约上签名时生效。[②]

依“民法”第982条，为产生一个有效婚姻，首先结婚双方应以书面缔结结婚契约，并有两人以上证人在结婚契约上签名；双方应共同向户政机关为结婚之登记，缺一不可。户政机关办理结婚登记，除结婚当事人双方应在场外，并应有经

① “最高法院”1995年4月27日台上字第1947号刑事判决：“依‘民法’第九百八十二条规定：结婚，应有公开之仪式及二人以上之证人。所谓证人，须在场亲见，而愿负责证明当事人之结婚是否出于俩愿之人，始属相当，故单纯在场观礼或赴宴之人，自非此所指之证人。”按“除法律别有规定外，不问何人，于他人之诉讼，有为证人之义务”（“民事诉讼法”第302条）。所谓法律别有规定，主要指有第307条第1项所定得拒绝证言之事由，而无第308条第1项所定不得拒绝证言之事由。“证人不陈明拒绝之原因、事实而拒绝证言，或以拒绝为不当之裁定已确定而仍拒绝证言者，法院得以裁定处新台币3万元以下罚锾。”（第311条）是故，结婚时在场观礼或赴宴之人，得否以不愿作证为由，拒绝作证，衡诸“民事诉讼法”前开规定，非无疑问。

② “内政部”2009年1月13日台内户字第0980006364号函：“按‘民法’第982条规定：‘结婚应以书面为之，有2人以上证人之签名，并应由双方当事人向户政机关为结婚之登记。’依上开规定，结婚须由双方当事人向户政事务所办妥结婚登记后始生效力。至当事人向法院结婚公证处声请公证而未经户政机关办妥结婚登记，因未符合上开‘民法’之规定，其婚姻关系并未成立。又考量登记婚推动以来民众迭有反映依传统习俗结婚仪式当日又须办理结婚登记往返奔波十分苦恼，且户政同仁例假日轮值之辛劳，经本部廖部长与‘法务部’王部长协调后，业于2008年12月1日修正发布‘户政事务所办理结婚登记作业规定’（以下简称作业规定），嗣后当事人除于结婚登记当日亲至户政事务所办理结婚登记者外，如结婚登记当日适逢假日，可于结婚登记日前3个工作日内向户政事务所办理结婚登记，并指定结婚登记日。合先叙明。”

两人签名为证之结婚证书为凭。设办理结婚登记后,有一方质疑该结婚证书之真正,并经证明时,该婚姻虽经登记仍将因此丧失效力。

结婚当事人者中只要有一人为台湾地区之人民,“民法”第 982 条对其结婚行为即有适用。[①]

第二节 两愿离婚之方式

关于两愿离婚之方式“民法”第 1050 条规定:“两愿离婚,应以书面为之,有两人以上证人之签名并应向户政机关为离婚之登记。”解析之,两愿离婚包含四个要件:离婚之合意、以书面为表示方法、有两人以上证人之签名及向户政机关为离婚之登记。其中书面及两人以上证人之签名可论为要式规定,向户政机关为离婚之登记可论为生效要件。[②]

有疑问者为证人之资格及应于何时签名于离婚协议书上。对此,法律并无明文规定。关于证人之资格,司法实务上认为证人无须与当事人素相熟识。[③]关于签名时点,不但无须于书据作成同时为之,[④]而且不限于协议离婚时在场之人,始得为证人,唯必须是亲见或亲闻双方当事人确有离婚真意之人。[⑤] 不过,就离婚当事人签署离婚协议书时不在场者,是否适合充为证人,“最高法院”时而

① “司法院”1936 年 2 月 22 日院字第 1434 号解释:“婚姻成立之要件,应依当事人各该本国法,如台湾地区人民与外国人结婚,具有公开之仪式及二人以上之证人,在台湾地区‘民法’,即可认为合法,毋庸向何种机关提出何项书证。”

② “最高法院”1997 年 2 月 14 日台上字第 425 号民事判决:“两造离婚依‘民法’第一千零五十条规定,应以书面为之及有二人以上证人之签名外,并应向户政机关为离婚之登记,始发生离婚之效力。倘当事人仅订立两愿离婚书面契约及有二人以上证人之签名,但未经向户政机关为离婚登记者,则离婚契约尚未有效成立,其婚姻关系自仍属存在。”

③ “最高法院”1939 年上字第 353 号判例:“‘民法’第一千零五十条仅规定两愿离婚应以书面为之,并应有二人以上证人之签名,并无证人须与当事人素相熟识之限制,故签名于离婚书面之证人,纵与当事人素不相识,两愿离婚之效力亦不因此而受影响。”

④ “最高法院”1953 年台上字第 1001 号判例:“两愿离婚书据关于证人之盖章,依‘民法’第一千零五十条之规定,既未限定须与书据作成同时为之,则证人某某等之名章,纵为离婚书据作成后声请登记前所加盖,亦不得执是而指为与法定方式不合。”同样见解,另见“最高法院”1966 年台上字第 2165 号民事判决。

⑤ “最高法院”1979 年台上字第 3792 号判例:“‘民法’第一千零五十条所谓二人以上证人之签名,固不限于作成离婚证书时为之,亦不限于协议离婚时在场之人,始得为证人,然究难谓非亲见或亲闻双方当事人确有离婚真意之人,亦得为证人。”

又采应该在场的见解。[①]

鉴于是否决意离婚，其当事人常随一定之情境而反反复复，随时而异，随境变迁，因此，实务上需要适当的证据方法，用以证明双方当事人确有真正之一致的离婚意思。[②] 从而不但当事人，而且证人在协议书上之签名皆宜要求在一个场合先后签署，不宜迁延一段时日，始陆续完成。盖非如是，不足以由证人证明当事人在当时是否确有离婚之一致的意思。又因证人之签证在于证明其所见所闻，所以，其签名不得由他人代签（“最高法院”1980 年台上字第 105 号民事判决）。另作证并非意思表示，是故，表示后，自不能撤回（“最高法院”1980 年台上字第 2430 号民事判决）。

由于依修正后之“民法”第 1050 条关于离婚方式的规定，向户政机关为离婚之登记为其生效要件，因之，在双方依该规定向户政机关办理离婚登记前，其离婚协议尚不生效，当事人之任何一方皆不得据之，对于他方有所请求，包括请求为离婚登记，[③]或依离婚协议书中之约定请求为其他给付。[④]

---

① “最高法院”1980 年台上字第 968 号民事判决：“虽证人之签名不限于作成离婚证书时即刻为之，但该以后补签名之证人，必须于离婚当事人两造离婚时在场，直接见闻离婚当事人两造有离婚之合意，并愿负责证明者，始足当之。倘事后签名于协议离婚书内之证人，于离婚当事人两造离婚时，并不在场，既不知两造间有无离婚之合意，自不能充任证人，而可在协议离婚书上签名证明离婚当事人两造合意离婚。”同样见解另见“最高法院”1981 年台上字第 2903 号民事判决、“最高法院”1982 年台上字第 4694 号民事判决。

② “最高法院”1981 年台上字第 1588 号民事判决：“两愿离婚书面上二证人之签名，乃在证明证人签名当时双方当事人离婚意思之真正。而二证人之签名又为两愿离婚之法定必备要件。故两愿离婚，于两方当事人协议离婚时，并未立即生效，必待二证人签名于离婚书后，两愿离婚之效力始发生。亦即必须二证人签名于离婚书时，双方当事人尚有离婚之意思，两愿离婚之要件始具备而发生效力。如两证人于事后签名于离婚书时，当事人之一方，已无离婚之意思，则两愿离婚之要件仍未具备，自无发生效力之可言。”

③ “最高法院”1988 年台上字第 288 号民事判决：“修正‘民法’第一千零五十条规定：‘两愿离婚，应以书面为之，有二人以上证人之签名并应向户政机关为离婚之登记。’依此规定，向户政机关为离婚之登记，为两愿离婚成立要件之一。上诉人所提出台北市松山区调解委员会调解成立之调解书，虽具备离婚之书面及二人以上证人签名等要件，但两造既未向户政机关为离婚之登记，其离婚即尚未有效成立。上诉人持该调解书请求被上诉人协同办理离婚登记，自属于法无据。”

④ “最高法院”1996 年 12 月 20 日台上字第 3020 号民事判决：“两造就两愿离婚虽已具备书面、二人以上之证人之签名，但因未向户政机关为登记，其离婚要件即有欠缺，离婚契约尚未有效成立。至于与离婚契约联立之系争不动产归属之契约，既为两造就离婚后系争不动产归属之约定，该契约显系以离婚生效为停止条件，两造间离婚契约既未有效成立，停止条件自未成就，从而两造间就系争不动产归属之分配契约，自难认已生效，被上诉人自无依协议书移转系争房地之义务。”

第五章

电子商务契约

第一节　电子商务契约与电子签章

一、电子商务之概述

(一)电子商务之概念

近年电信与电脑网络的发展提供了一种崭新的电子交易方式。其特征为在电信与电脑网络上，交易双方可利用数位的电子信号，传递交易信息，以从事广告、契约之缔结，或甚至契约之履行，包括资讯之提供、智财权授权、交付、移转及以转账的方法为价金或报酬之给付。虽然迄今并未在立法上利用有权解释，[①]对于电子商务给予立法定义，但法律条文中已使用到电子商务(electronic Commerce，e-Commerce)这个用语("电子签章法"第1条)。其所指称者为利用前述传递信息之方法从事之商务活动。[由于通用货币之给付，无物之瑕疵的问题，所以，银行业务特别适合以数位信息之传递的方法从事交易。是故，台湾地区已有银行开办电子银行业务。配合此种业务之交易规范上的需要，"财政部"于1999年5月26日以台财融字第88725263号函颁有"银行业务个人电脑银行业务及网络银行业务服务契约范本"。该范本第2条第1款将"个人电脑银行业务"(PC Banking)定义为：指客户端电脑经由银行专属网络或加值网络与银行

① 唯一使用到电子商务之法规为网际网络传输电子计算机统一发票试办作业要点第1条规定："因应电子商务发展，便利营业人以电子计算机开立统一发票并利用网际网络传输，特订定本作业要点。"

电脑连线，无须亲赴银行柜台，即可直接取得银行所提供之各项金融服务。第2条第2款将"网络银行业务"(Network Banking)定义为：指客户端电脑经由网际网络与银行电脑连线，无须亲赴银行柜台，即可直接取得银行所提供之各项金融服务。]电子商务消费者保护纲领中将电子商务定义为："指透过电子网络所进行有关商品或服务之广告、行销、供应、订购或递送等各项商业活动。"因为该纲领并未表明其制定依据，所以其位阶应认定为仅属行政规则。

基于电子信息之上述特色，引申出电子商务之下述特征：(1)以电子信息为其缔约之表示方法；(2)以电子信息为其履行方法：移转权利之意思表示(法律行为)或交付电子商品(事实行为或法律行为)的方法。[①] 这主要适用于可数位化之财产或权利。例如著作权、债权。

(二)电子商务的类型

为进一步了解电子商务，可依各种标准将之分类。例如依其当事人之属性可区分为：事业对事业(B2B)或事业对消费者(B2C)之电子商务。[②] 该区分之意

---

① 以电子方法交付电子商品究竟是事实行为或法律行为，其论断视交付之电子商品是否具有权利地位而定。不具权利地位者，单纯之交付的事实行为即可达到履行之目的。这时双方不从事以一定权利之移转为内容的物权行为或准物权行为。反之，如具权利地位者，则其交付之事实行为是移转该权利之物权行为或准物权行为的生效要件。准物权行为指可直接使对于一定无体财产之权利发生得、丧、变更的行为。所以称之为"准"，乃因其标的之无体性，准用关于有体物之规定或概念。

② 所谓事业指独立的、继续的从事一定之经济活动的组织。独立之特征用以与受雇相区别，继续之特征用以与一时贸易相区别。一个事业之经营成果归属于其组织成员(例如独资资本主、合伙人、股东)者为以营利为目的，论为营利事业。不归属于其成员者为非营利事业。非营利事业复按其照顾之族群在属性上的开放程度，区分为公益或私益团体。唯在税法上，只要是非公益团体，即论为营利事业。此外，关于公益团体之认定，依现行税捐法的规定，除必须满足公益团体之前述实质要件外，并需满足"民法"及税捐法规定之形式要件。亦即依民法总则之规定设立为财团法人，遵守相关税捐法之规定。例如"十三、教育、文化、公益、慈善机关或团体，符合'行政院'规定标准者，其本身之所得及其附属作业组织之所得"("所得税法"第4条第1项第13款)。"所得税法"所称"教育、文化、公益、慈善机构或团体，系以合于民法总则公益社团及财团之组织，或依其他关系法令，经向主管机关登记或立案成立者为限"("所得税法"第11条第4项)。"依法登记设立为财团法人组织且符合'行政院'规定标准之教育、文化、公益、慈善、宗教团体及祭祀公业。"("遗产及赠与税法"第16条第3款、第20条第3款)"一、业经立案之私立学校及学术研究机构，完成财团法人登记者，其供校舍或办公使用之自有房屋。二、业经立案之私立慈善救济事业，不以营利为目的，完成财团法人登记者，其直接供办理事业所使用之自有房屋。三、专供祭祀用之宗祠、宗教团体供传教布道之教堂及寺庙。但以完成财团法人或寺庙登记，且房屋为其所有者为限。"("房屋税条例"第15条第1款至第3款)

义在民商分立之立法例，可谓自然明了。然在民商合一的立法例，例如台湾地区民事法，对于这两种商务关系，除了有购买方是否受消费者保护法，或销售双方是否受公平交易法之适用的差异外，原则上适用同一套规定。

在电子商务之营运，B2B还是比较容易开展的领域。盖其所涉者首先为交易成本的降低，以节流，属于经营合理化的努力，其成败因素比较容易掌握。反之，B2C的推展则涉及较多外部因素。[①] 特别是零星交易相对人的寻弭、身份之确认与征信，以及如何使缔约人在网络上所作之意思表示有法律上的拘束力。

依各事业在网络上所从事之业务内容可区分为：(1)通信网络服务（电子邮件）；(2)电脑处理设备之（分时）租用服务；(3)信息之提供或资料库使用服务；(4)电子商品：智财权、保险及金融商品；(5)金融服务：存提款、转账、储值卡；(6)电子签章。经营该等业务之事业称为：通信网络或电脑设备之提供者（der Netzbetreiber）、资讯资料库信息提供者（der Datenbankanbieter）、智慧财产权之授权使用者，以及其他商品或服务之提供者、金融服务之提供者、金钥之发行、认证机构。行销之学说上与实务上将之归纳为“资讯流”、“物流”与“金流”。在这里必须注意，除电信业者就其提供之通信服务收取通信费外，电脑、通信网络提供者自己常常并不与其使用者发生商品或服务之有偿交易的契约关系，而只是单纯的、无偿的对于不特定之大众提供上网及联网的服务。[②] 然其营运经费何所自？来自于广告。

（三）电子商务的规范需要

以电子方法传递信息并不自今始，只是方法有传统与现代之别。传统的例如：电话、电报、电传打字或电传拷贝传递之信息；现代的例如：以电子邮递或其他电子资料之交换的方法传递信息。以现代方法传递信息之特征为：(1)优点：迅速、低成本、无远弗届；(2)缺点：有容易窜改、否认及归属的问题；(3)容易形成不利于消费者之轻率、急迫及无经验的情境。如何克服其缺点，以发挥其优点，使电子信息能够充为适当之缔约或履行工具，是相关法制亟待研究发展的课题。

前述所谓现代的方法，主要指基于近年电信与电脑网络的发展，所提供之崭

---

① 与之对应，因此有学者按在网络上缔约之复杂程度，将之区分为所谓简单的网络缔约（Simple web contracting）及复杂的网络缔约（Complex web contracting）。请参考 Santiago Cavanillas/Martníez Nadal, ESPRIT Project 27028, Electronic Commerce Legal Issues Platform, Contract Law, Deliverable 2.1.7, p.7.

② Claus D. Müller-Hengstenberg, Nationale und internationale Rechtsprobleme im Internet, NJW 1996, S.1779.

新的电子交易方式。其特征为交易双方在电信与电脑网络上,[①]利用数位的电子信号,传递交易信息,从事广告、契约之缔结,或甚至契约之履行。包括资讯之提供、无体财产之授权、移转[②]及以转账的方法为价金或报酬之给付。其信息之传递方法包括但不限于"电子资料交换"(EDI:electronic data interchange)、电子邮件(E-mail:electronic mail)、电报(telegram)、电传打字(telex)或电传拷贝(telecopy)。[③]

比较电子商务与传统商务的表示方法,其主要区别存在于交易信息的传达方法:利用数位的电子信号,传递交易信息。此为与表示方法或传达有关的问题。电子商务契约在缔约上之法律问题或规范上的需要基本上由此而生。首先是在规范上接纳电子信号的传递作为表示方法,其次为该表示方法的法律性质定位。[④] 这当中还涉及利用设备为意思表示[利用设备为意思表示或受意思表示,早期最先大量发生在利用自动贩卖机为交易。在这种情形中,首先是出卖人在自动贩卖机将"货物标定卖价陈列",视为要约("民法"第 154 条);其次为消费者对自动贩卖机为承诺之表示。至此,尚可将消费者按键取货的行为论为以意思实现的方法承诺,而无碍于买卖契约之缔结(Larenz,/Wolf, Allgemeiner Teil des Bürgerlichen Rechts, 9. Aufl., C. H. Beck München 2004, § 29, 23; §

---

① 电子商务所使用的网络,主要固为电信、电脑网络。但在有线电视发达后,互动式电视;电话技术进步后,互动式电话等都有可能被利用为电子商务之数位交易信息的传送工具。See Elizabeth S. Perdue in Thomas J. Smedinghoff, Online Law, 1996, p. 81.

② 可以在电脑网络上利用数位电子信号之传递履行的契约,须以无体财产或金钱为其标的。无体财产由于无物之瑕疵的问题可能构成之困扰,特别适合于在网络上从事交易。金钱在债权之客体上的分类虽划归种类之物,但因金钱大部分通常存于银行,从而因以对于银行之金钱债权的形态存在,而转为无体财产。这是金钱债务之履行得利用电信电脑网络转账为之的制度基础。关于无体财产之交易,其与专利权、著作权有关者通常以授权使用的方法为之,比较少利用移转的方法。其法律手段在债权层次的区别,相当于租赁与买卖;在履行的层次为授权与移转。唯授权与租赁并不尽相同。约略可说租赁为关于有体财产之用益的授权;而授权则可兼用于有体财产与无体财产。无体财产在授权上之特征为:只要为其效力所及,就授权范围不受时间与空间之限制,当事人间有几乎无限制之形成可能性。特别是可以在同一时空对于不同之相对人为同一内容之授权。

③ 所谓 EDI 指利用协议标准将资讯格式化,而后从电脑至电脑所作之资讯的电子传送[UNCIT-RAL Model Law on Electronic Commerce Article 2 (b)]。上述传递方法虽主要与电子有关,但近年的发展除在输出端可能利用到光学的方法外,在传送过程中由于光纤之采用,光学方法的利用也有后来居上之势。

④ Anne-Catherine Hahn, Vertragsschluß im Internet: Ausgewählte Fragen in Rechtsfragen der Informa-tionsgesellschaft herausgegeben von Prof. Dr. Thomas Hoeren und Robert Queck, S. 163.

30, 1f.)。不过,就其履行行为的部分,卖方关于移转买卖标的物之所有权的意思如何表示,并如何受相对人之意思表示,便不易有圆满的说明。是故,有必要直接肯认自动贩卖机系其设置者之表示机关的延长,能为意思表示,以及受意思表示,以直接说明其设置者与消费者间之缔约及履行关系。]或受意思表示的问题。

由于不能在电子文件上手写签名,而签名却是认定表示意愿之有无及归属书面意思表示的事实基础。所以,如何克服电子文件之签名上的困难,成为电子商务是否能够普遍流行的首要关键所在。再则,鉴于电子文件之变造的方便性,如何防止电子文件因技术性的事由发生传递错误,[①]或因来自于当事人或第三人的伪造、变造而有真假的争议,以确保及证明电子文件之内容的真实,较之书面文件亦显得特别迫切。[②] 归纳之,电子信息之基本问题为:(1)突袭的防止;(2)防伪的措施;(3)法定书面之替代;(4)电子错误与诈欺。

为规范资讯及通信服务,以配合电子商务之运作,除各国皆倾向于以立法的方式为之外,联合国国际贸易法委员会亦研拟电子商务模范法(UNCITRAL Model Law on Electronic Commerce),建议各会员国参照,以制定互相调和之相关的内国法。为之,德国亦制定了资讯及通信服务法(Informations-und Kommuni-kations-dienste-Gesetz-IuKDG),以规范与资讯及通信服务有关法律关系

---

① 传递错误即是"民法"第 89 条所称之传达错误。依该条规定"意思表示,因传达人或传达机关传达不实者,得比照前条之规定,撤销之"。但仍以"其错误……非由表意人自己之过失者为限"(第 88 条第 1 项但书)。因"民法"第 91 条规定:"依第八十八条及第八十九条之规定撤销意思表示时,表意人对于其意思表示为有效而受损害之相对人或第三人,应负赔偿责任。但其撤销之原因,受害人明知或可得而知者,不在此限。"倘表意人因此对于相对人或第三人为赔偿,其是否得对于担任传递任务之电信网络事业求偿,值得探讨。由于提供此种传递服务之加值网络(VANs)所从事之典型的交易往往是:传递之信息的价值远超过加值网络业者就其提供之业务所收取之费用,因此,加值网络契约大都有一般的免责约定,除直接损害外,不予赔偿。例如为取得替补给付所增加之费用,或因传递错误致丧失交易机会而减少之收益(所失利益),不予赔偿。类似之免责约定亦常见于线上服务契约(Online Service Agreements)中。请参看 Larry M. Zanger in Thomas J. Smedinghoff, Online Law, 1996, pp. 438～439, 442。另即便是直接损害,其赔偿责任亦得约定以一定之数额,或数额上限限制之。此为违约金对于赔偿数额原则上具有之定限的作用。是故,当事人约定债务人不履行债务时,应支付违约金者,除当事人另有规定外,违约金"视为因不履行而生损害之赔偿总额"("民法"第 250 条前段;"最高法院"1997 年 6 月 6 日台上字第 1790 号民事判决)。

② 变造之疑虑也存在于电子资料之储存上。这个问题如果不能获得适当之解决,会影响到电脑中储存之资料的证据价值。请参考 Helmut Redeker, Geschäftsabwicklung mit externen Rechnern im Bildschirmtextdienst, NJW 1984, S. 2394。

之架构性条件。[①]

二、意思表示及其归属

(一)概说

契约之缔结,由缔约人双方互以意思表示为之。二者中先对他方表示:愿以自己所表示之法效意思的内容为内容,[②]与相对人(受要约人)成立契约关系者为要约人;其所作之表示为要约。就他人对于自己所作之要约为愿意以所受要

① 德国资讯及通信服务法之立法体例深具特色。该法第 11 条,除第 11 条规定该法之施行日期外,其余各条分别规定一个子法。是故,该法可称为由数个子法构成之法律。其中第 1 条规定"远距服务利用法"(Gesetz über die Nutzung von Telediesten,简称为 Teledie-stegesetz—TDG),第 2 条规定"远距服务资料保护法"(Gesetz über den Datenschutz bei Telediesten,简称为 Telidieste—datenschutzgesetz—TDDSG),第 3 条规定"数位签章法"(Gesetz zur digitalen Signatur,简称为 Signaturgesetz—SigG),第 4 条规定"刑法(之配合)修正条文"(Änderung des Strafgesetzbuches),第 5 条规定"行政秩序法(之配合)修正条文"(Änderung des Gesetzes über Ordnungswidrigkeiten),第 6 条规定"有害少年文字散布法(之配合)修正条文"(Änderung des Gesetzes über die Verbreitung jugendgefährdender Schriften),第 7 条规定"著作权法(之配合)修正条文"(Änderung des Urheber rechtsgesetzes),第 8 条规定"价格标示法(之配合)修正条文"(Änderung des Preisangabengesetzes),第 9 条规定"价格标示法施行细则(之配合)修正条文"(Änderung der Preisangabenverordnung),第 10 条规定以第 8 条为依据之价格标示法施行细则部分修正条文得基于价格标示法第 1 条之授权以施行细则改变之,以使之回归适用统一的施行细则。第 3 条规定之"数位签章法"再细分为 16 条。第 1 条规定制定目的及竞合问题;第 2 条规定关于数位签章、认证机构、金钥之认证及电子邮戳之定义;第 3 条规定本法之主管机关;第 4 条规定认证机构之许可;第 5 条规定金钥证书之发给,为确保数位签章之正确性;第 6 条规定认证机构对于金钥声请人之教示义务;第 7 条规定金钥证书应记载之内容;第 8 条规定金钥之停用;第 9 条规定电子邮戳;第 10 条规定采取之安全措施及金钥之发行的记录;第 11 条规定认证机构停业、声请破产宣告或和解时应即时通知其主管机关;第 12 条规定认证机构之资料保护义务;第 13 条规定主管机关对于认证机构之监督与管理,以确保其遵守本法及其施行细则之规定;第 14 条规定技术元件之要求;第 15 条规定外国认证机构之认证的效力;第 16 条规定联邦政府为执行第 3 条至第 15 条之规定得以施行细则制定必要之比较详细的规定。由以上简介可见,德国法对于利用远距通信或资讯从事电子商务做了比较周详之配合的立法安排,值得参考。关于德国资讯及通信服务法的说明请参考 Stefan Engel-Flechsig,/Frithjof A. Maennel/Alexander Tettenborn, Das neue Informations-und Kommunikationsdienste-Gesetz, NJW 1997, 2981ff.。

② 所谓以表示之法效意思的内容为内容成立契约关系,其实所指者,首先是其契约关系之发生,依当事人之意思表示。至其契约之具体内容,最后还受任意规定之补充,强行规定之补充与规整,并不完全由缔约当事人通过协议决定之。

约之内容为内容与相对人(要约人)成立契约关系者为承诺人。其所作之表示为承诺。倘其以协商的方法缔约,则双方互为要约人与承诺人。只是以自己表示之内容引诱他人,对于自己为要约者,其表示为要约诱引。其与要约之主要区别为:欠缺受所表示之内容拘束的法效意思。就以上与缔约有关之事项,电子商务并无两样,所不同者为其表示方法。以下兹从意思表示的概念及其表示方法说明电子商务在缔约上之特征及其规范需要。

(二)意思表示

1. 意思表示之概念

称意思表示,指将法效意思表示出来之行为。解析之,包含两个要素:法效意思及表示行为。所以,原则上如欠缺该要素之一,即不成其为意思表示。不过,现行法规定有各种例外之情形。例如心中保留,无法效意思("民法"第 86 条);意思实现,无到达于要约人之承诺的表示行为("民法"第 161 条);沉默,无法效意思及表示行为("民法"第 170 条第 2 项:逾期未为确答者,视为拒绝承认;第 386 条:标的物经试验而未交付者,买受人于约定期限内,未就标的物为承认之表示,视为拒绝;第 387 条:标的物因试验已交付于买受人,而买受人不交还其物,或于约定期限或出卖人所定之相当期限内不为拒绝之表示者,视为承认)。在沉默的情形,因表意人根本未为表示,是故,其意思表示以拟制的方法规定其为存在。[①]

2. 法效意思或缔约意思

为契约之缔结,原则上表意人在表示时,必须有使自己因其表示,而负其表

① 立法者在引用拟制之立法技术时,通常固以"视为"表现之,但亦有直接将拟制之事实规定为存在,而不以"视为"明示其为拟制为存在之事实者。例如"民法"第 86 条前段就心中保留规定:"表意人无欲为其意思表示所拘束之意,而为意思表示者,其意思表示,不因之无效。"类似者为"民法"第 169 条前段就表见代理规定:"由自己之行为表示以代理权授与他人,或知他人表示为其代理人而不为反对之表示者,对于第三人应负授权人之责任。"唯该两条规定所引用之制度还是略有不同:前者,拟制意思表示存在,以借助法律行为本身之效力赋予应有之效力;后者,立基于信赖责任的法律思想,利用课本人以授权人之责任的方法,对于相对人提供保护。这种保护本来应该是责任性的,但在表现代理所赋予之效力事实上却为:代理行为直接对于本人发生效力("民法"第 103 条),而非履行利益之损害赔偿责任。是故,"最高法院"1955 年台上字第 1424 号判例认为:"'民法'第一百六十九条系为保护善意第三人而设,故本人有使第三人信以为以代理权授与他人之行为而与之交易,即应使本人负其责任。又此本人责任系指履行责任而言,并非损害赔偿责任,故本人有无过失在所不问。"

示所定内容之义务的意思，亦即应有法效意思(Rechtsfolgewille)[①]或缔约意思。然究竟是其"表示"，或是立于其后之"意思"，使其负有义务，素有争议。此即关于意思表示应采表示说(Erklärungstheorie)或意思说(Willenstheorie)的问题。[②] 此外，在表示时表意人是否应有表示意识(das Erklärungsbewußtsein)或表示意思(die Erklärungswille)至今亦无定论。[③] 所谓无表示意识而作表示，指表示者不知其动静在当时之情境，他人通常已会将之理解成意思表示，例如在拍卖场，以交易习惯上可能被理解为应买之手势，与朋友打招呼时，其手势虽不具应买之表示意识，还是会被认定为构成应买表示。盖非如是，拍卖场之拍卖的交易秩序与法的安定性将难以维持。然即便认为不需要表示意识，还是不能没有行为意思(der Handlungswille)。盖如无行为意思，该动静已非行为，不得作为法律效力之归属依据。同理，因伪造之表示对于名义上之表意人而言，根本无行

---

① 表示出来之法效意思究竟应涵盖多广？为契约之成立，依"民法"第153条第2项，当事人对于必要之点，意思一致，而对于非必要之点，未经表示意思者，推定其契约为成立。后来关于该非必要之点，当事人意思不一致时，应声请法院依其事件之性质定其内容。此外，约定之契约内容，特别是在其该当于有名契约之类型时，还应受其强行规定之规整与任意规定之补充(Soergel-Hefermehl, Kommentar zum BGB, 11. Aufl., 1978, Rz 19 vor §116)。

② 关于意思表示的规范，台湾地区"民法"与德国民法一样，并未偏采表示说或意思说。首先就意思之有无及内容之认定采表示说，不拘泥于当事人所用之词句，依社会通念、交易习惯，解释意思表示，探求当事人之真意，以认定其在规范上当有之内容。因此，其认定之结果，与当事人事实上所持之意思便可能不一致。为缓和该规范上与事实上之内容的差距，"民法"另许以意思表示有错误，或因受诈欺或胁迫而为意思表示为理由，撤销其意思表示。换言之，在该等撤销之规定，兼采意思说。准以当事人心中事实上主观存在之意思与依其表示解释为客观存在之意思不一致为理由，撤销其意思表示(Soergel-Hefermehl, Kommentar zum BGB, 11. Aufl., 1978, Rz 11 vor §116; Larenz, Allgemeiner Teil des deutschen Bürgerlichen Rechts, 5. Aufl., München, 1980, S. 300ff.)。

③ Esser, Schuldrecht, 2. Aufl., 1960, S. 20. 认为需要有表示意识之著名学者有Enn-Nipperdey, Staudinger-Coing, Canaris, Wieacker，认为不需要者有Larenz, Bydlinski, Flume(Soergel-Hefermehl, Kommentar zum BGB, 11. Aufl., 1978, Rz 12 vor §116)。

为存在，亦不论为本人之意思表示。①

关于意思表示之有无及其内容的认定，学说上所以渐有不以表示意识为其要件，并不全然仅是基于实用性的考量，同时也因为：法律为实现其规范功能，必须以一个人形之于外之行为，依社会通念、按交易习惯，所能客观认知之意思，而不能以隐藏于心中之意思为基础，认定其法效意思；此与心理学上应以一个人内心事实上存在之意思为探讨对象者不同。是故，与表示意识相结合之内心的法效意思不适当作为意思表示的重要成分，适当作为意思表示之重要成分者为行为人之行为意思。至于该行为所表示之法效意思在规范上的内容该当为何，应参酌其附随情况及交易习惯，客观认定之。② 此为意思表示之解释的问题。③ 其结果，在无表示意识之意思表示，其表意人如不欲为其所拘束，应将其关于意思表示之存在的错误，论为关于其内容之错误，以表示内容有错误为理由，撤销其意思表示。④

① Soergel-Hefermehl, Kommentar zum BGB, 11. Aufl., 1978, Rz 16 vor §116. 冒名而为意思表示，所涉法律行为之态样并不能一概而论。有只是名义的称谓不同，而双方就主体资格皆无误认者。例如亲自冒名投宿于旅馆、冒名就医或未表明代理意旨以非自己之名义为意思表示的情形。与之类似者为以笔名投稿，而不对于报社表明，该名义仅是笔名的情形。在这些情形中，表意人并不因使用非本人之本名，而引起当事人之同一性，或非以自己之名义为意思表示的问题。在相对人因表意人表明代理意旨，而明知表示者非为该代理关系之本人的情形，如表意人未经授予代理权，或代理权经限制或撤回而越权代理者，其所为首先定性为无权代理，而后再视具体情况论其是否该当于表见代理之规定。其未经授予代理权或代理权经限制或撤回为相对人所明知或可得而知者，不构成表见代理（“民法”第169条、第107条）。关于冒名之意思表示，“最高法院”1964年台上字第1343号民事判决要旨称：“法人之代表机关冒名营私，除与之为法律行为之相对人明知其情，可类推适用‘民法’第八十六条但书规定，视该行为乃代表机关个人之行为者外，原应解为法人本身之行为。且单独之虚伪表示，基于‘民法’第八十六条但书规定而无效时，为保护交易安全计，尤应类推适用‘民法’第八十七条第一项但书规定，认其无效不得以之对抗善意第三人，此等‘民法’关于法律行为之规定，于票据行为，并不排斥其适用。”然由于该判决中所示之机关为自然人，而所冒名者为法人，因之，并无将该机关误认为该名义所指之本人的可能。是故，所示法律事实可能该当之法律类型应为无权代理或无权代表，与心中保留或通谋意思表示无涉。

② 按一个表示行为所以有传递意思的能力，即在于其表示依习惯具有一定之客观意思的内容。因之，基于私法自治的精神，虽当以表意人事实上怀有之主观的意思为其法效意思之内容，但该事实上存在之主观的意思在法律行为法上的考量仍应限于，在该主观意思与其表示之规范上的内容不一致而有错误时，肯认表意人之错误为一种意思的瑕疵，表意人事后得据以撤销其意思表示，尚不宜以该主观意思的内容作为其表示在规范上可以生效的内容。

③ Soergel-Hefermehl, Kommentar zum BGB, 11. Aufl., 1978, Rz 16ff. vor §116.

④ Soergel-Hefermehl, Kommentar zum BGB, 11. Aufl., 1978, Rz 49. vor §116.

(三)表示方法之种类:对话、非对话或网络通信之意思表示

关于意思表示之分类,可为不同之目的,按不同的标准分类之。例如按其表示方法,可区分为对话与非对话之意思表示;按其是否需要相对人,区分为须相对人与无须相对人之意思表示;按法律是否规定其应遵守一定之方式,可区分为要式行为与诺成行为。

在书面的意思表示,其与口头之意思表示最重要的不同为:交易习惯上,为文据之书写者,不即愿意以该文据之内容为意思表示。因此,不能由表示的本身认识表示意愿及表意人。是故,必须借助于签名,证明系争意思表示之意愿及其表意人。一份未经签名之文件,其属于依法律应以文字为之者,不成其为文件,因有"民法"第3条第1项之规定,固无疑义。但以未经签名之书面,从事诺成契约之意思表示者,该契约是否成立,非无疑义。对此,"最高法院"采肯定的看法。① 依该见解,"民法"第3条第1项关于文件应经本人亲自签名的规定,等于只适用于依法律之规定,有使用文字之必要的情形。② 这与"民法"第166条的规范意旨是否相符,值得探讨。按该条规定:"契约当事人约定其契约须用一定

---

① "最高法院"1942年上字第692号判例:"'民法'第三条第三项规定之适用,以依法律之规定有使用文字之必要者为限,本件两造所订和解契约,本不以订立书面为必要,自难以和约内仅有某甲一人签名,即指为不生效力。"(《"最高法院"判例要旨》上册,1983年版,第5页)"最高法院"1953年台上字第823号民事判决(《台湾地区裁判类编(民事法)》第2册,正中书局1976年版,第607页)亦采相同的看法。另关于分割遗产之阄书,"最高法院"1984年台上字第4052号判例也认为:"继承人协议分割遗产,原非要式行为,故就遗产之分割方法,于继承人间苟已协议成立,纵令有继承人漏未在阄书加盖印章,于协议之成立,并不发生影响。"(《"最高法院"判例要旨(1927—1988年)》上册,第563页)唯在这种情形,当事人间是否有系争契约应以书面缔结的合意,从而该契约依"民法"第166条应认为尚未成立,值得探讨。除另有交易习惯外,原则上宜采肯定的见解。

② "最高法院"1942年上字第3256号判例:"不动产物权之移转或设定,应以书面为之,此项书面得不由本人自写,但必须亲自签名或盖章,其以指印、十字或其他符号代签名者,应经二人签名证明,否则法定方式有欠缺,依法不生效力。"(《"最高法院"判例要旨》上册,1983年版,第6页)

方式者，在该方式未完成前，推定其契约不成立。”[1]

签名可谓是书面文件要发生效力，并使之归属于特定人的重要要件。关于如何签名，实务上常常以盖章或按指印代替签名，只要印章为真正，其盖章与签名即生同等之效力。[2] “最高法院”亦一般认为只要“以文字书写，且……足以表示为某特定人之姓名”即可。[3] 但有些情形法律规定不得以盖章[4]或按指印代替

① 即便如此，此种契约在印花税法上还是不构成书面凭证。“行政院”1969 年判字第 512 号判决：“按印花税为凭证税，唯就书面作成之凭证，始有贴用印花税票之可言，此依‘印花税法’第一条、第六条、第十九条第一项各规定观之，殊为明白。本件原告发售之所载有‘运送契约’之飞机票，经本院函准‘交通部’1969 年 6 月 6 日交航五八〇六一〇二九五号函复，此种飞机票，旅客于购得后，无须在该飞机票任何页上签名及盖章，即可凭以使用，参照‘民法’第三条之规定，显难认为原告与旅客间有书面之旅客运契约之订立。又原告提出之飞机票据本中，其 1291D 一种所载‘运送契约’虽对于旅客伤亡及行李损失赔偿额有所订定，但并未经‘交通部’核准，另一种 1292 所载‘运送契约’中有关行李之赔偿额，虽与另案核准备查之内容相符，但其数额系引用《华沙公约》第二十二条第二款之规定，并非特别订定。是原告所发售之飞机票附载‘运送契约’，既非书面契约，又不得视同书面契约，按之首开说明，应无贴用印花税票之余地。”(《台湾地区裁判类编(民事法)》第 16 册，正中书局 1976 年版，第 814 页)

② “最高法院”1966 年台上字第 1412 号民事判决：“上诉人既自认本票上之印章为真正，依‘民法’第三条之规定，其盖章与签名即生同等之效力，无须另有见证人见证，亦无须于文件上捺盖指印。”(《台湾地区裁判类编(民事法)》第 9 册，正中书局 1976 年版，第 243 页)这号判决要旨没有考量盗用真正印章的问题。

③ “最高法院”1982 年台上字第 4416 号民事判决：“签名云者，于文书亲署姓名，以为凭信之谓。虽关于支票上之签名，因法律上并未规定必须签其全名。是故，仅签其姓或名，即生签名之效力。且所签之姓名，不以本名为必要，签其字或号，或雅号、浑号、笔名、艺名，均无不可。但除以盖章代之者外，要必以文字书写，且能辨别足以表示为某特定人之姓名者，始足当之。”(《“最高法院”民刑事裁判选辑》第 3 卷第 4 期，第 5 页)

④ “最高法院”1997 年台上字第 921 号民事判决：“遗嘱之内容通常均涉及重要事项，利害关系人每易产生争执，为确保遗嘱人之真意，并防止事后之纠纷，‘民法’乃规定遗嘱为要式行为，必须依一定方式为之，始生效力(‘民法’第一千一百八十九条)。关于代笔遗嘱，同法第一千一百九十四条更(特别规定)应由见证人全体及遗嘱人同行签名，遗嘱人不能签名者，应按指印代之，见证人则特别规定须以签名为之，排除同法第三条第二项盖章代签名，第三项以指印、十字或其他符号代签名，在文件上经二人签名证明等(普通规定)方式之适用。”(《司法周刊》第 859 期)“最高法院”1961 年台上字第 574 号民事判决亦采相同见解。

签名。[1] 在得以印章代签名的情形，其用印得由机器为之。[2] 用以证明他人"以指印、十字或其他符号代签名者"，其签名只得以签名的方式为之。[3] 另文件之签名有一定位置之要求，以明其签名效力所及之范围。[4] 这在严格之要式行为特别明显。[5]

近年基于网络通信技术的研发及通信网络的建置，已发展出电子信息之表示方法。对于利用电子信息所作之意思表示，"民法"尚无明文规定。电子信息之表示方法究竟应归类于对话或非对话之意思表示之一，或应独立于该两表示方法之外另成立一个表示方法？至目前为止的发展，各国立法例皆倾向于基本上将之归类于非对话的意思表示，而后在一些特别的情形排除其作为一定之事

---

① "最高法院"1965 年台上字第 1198 号民事判决："票据上之签名，得以盖章或画押代之，为'票据法'第六条所明定，是票据法并无得以指印签名之规定，故在票据上捺指印者，不生签名之效力。"(《台湾地区裁判类编(民事法)》第 8 册，正中书局 1976 年版，第 660 页)

② "财政部"1980 年 8 月 15 日台财钱第 19989 号函："依据'法务部'1980 年 7 月 30 日法六十九律字第一〇九八号函称：'民法'第三条第一项第二项规定：'依法律之规定，有使用文字之必要者，得不由本人自写，但必须亲自签名。''如有用印章代签名者，其盖章与签名生同等之效力。'查印章并无一定之形式，以机器印录方式(facsimile)签章，其印版自属印章之一种。又印章委由他人代盖，并无不可。故在印制债券时委由印制人以机器印录方式签章，自与亲自签章同具法律上之效力。"(《金融业务法规辑要》下册，1990 年 3 月版，第 1161 页)

③ "司法院"1939 年 8 月 3 日院字第 1909 号解释："订立移转或设定不动产物权之书面，以十字代签名者，依'民法'第三条第三项，既以经二人在该书面上签名证明，为与签名生同等效力之要件，则证明者二人，亦仅签十字时，立书面人之以十字代签名，自不能与签名生同等之效力。唯法律行为法定方式之欠缺，并非不许补正，一经补正，该法律行为即为有效。"(《"司法院"解释汇编》第三册，1976 年 6 月版，第 1503 页)然签名如容许补正，会影响到该文件之成立或生效日。如不容许补正，则当以签名日为其成立或生效日。

④ 自签名所在位置决定之签名效力所及范围，在直书的情形，通常指签名所在本行之上部分，以及该行之右方各行，包括以骑逢证明其连续之前面各页。与在横书的情形，通常指签名所在本行之左部分，以及该行之上方各行，包括以骑逢证明其连续之前面各页。在前述范围内有插入或增删字者，除应在插入、增删处签名外，并应在该行上记载插入、增删字数。按此标准，可见台湾地区公、私文书将日期记载于签名后的书写习惯是不尽得当的。然习惯既已如此，紧接签名后之日期的记载自应肯认为该签名效力所及。

⑤ "最高法院"1979 年台上字第 3779 号判例："在票据上记载禁止背书转让者，必由为此记载之债务人签名或盖章，始生禁止背书转让之效力，此就'票据法'第三十条第二项及第三项各规定观之甚明(依同法第一百四十四条规定，各该项规定准用于支票)，未经签名或盖章者，不知其系何人为禁止背书转让之记载，亦与票据为文义证券之意义不符。本件支票背面虽有'禁止背书转让'之记载，但却未经为此记载者签名或盖章，尚难谓可生禁止背书转让之效力。支票为文义证券(形式证券)，不允债务人以其他立证方法变更或补充其文义。"(《"最高法院"判例要旨》上册，1983 年版，第 6 页)"最高法院"1983 年台上字第 3408 号民事判决亦采相同见解(《"最高法院"民刑事裁判选辑》第 4 卷第 3 期，第 9 页)。

项的表示方法。唯今不但关于何谓对话与非对话之意思表示，而且关于何谓网络通信之意思表示，“民法”对之皆无定义，只在第94条及第95条分别规定对话与非对话之意思表示的成立及生效要件。因此，关于对话、非对话及网络通信之意思表示所指者究竟为何，以及网络通信之意思表示的成立与生效要件，一定的程度皆尚待探究。

分析对话与非对话在存在上之基本特征可得，最典型之对话应是“当面说”；反之，非对话则是“书面传讯”。在对话之意思表示，因为是当面说，即说即到，所以原则上无归属及到达的问题；在非对话之意思表示，因为是书面传讯，所以发信后，待于传递方始可能到达，所以有归属与到达的问题。在对话之意思表示虽无归属与到达，但却有了解的问题；反之，在非对话之意思表示虽有归属与到达的问题，但却无了解问题。然不论是对话或非对话之意思表示皆可能因冒名，[①]而发生归属的问题。

在对话之意思表示，所涉之了解问题，除非表意人明知相对人有听觉障碍，否则，其了解自当亦以一般人“可了解”为准。如非以一般人“可了解时”为标准，而以受话人实际了解状况为标准，考虑其听觉之收讯情形，则第94条所定之“了解时”，具有以“到达”为要件类似之意义。唯在实务上不容易客观验证。

认定非对话之意思表示的到达，原则上以投入相对人之信箱时，或以投入后依交易习惯通常可预期其开取时为其到达时，而不以相对人实际阅信时为准。

在非对话之意思表示，因传达需要一定之时间，且关于其发生效力，第95条采到达主义，所以，除另有不同之特约外，关于非对话之意思表示，其意思表示之成立与生效应不在同一时点，而有一段时间之间隔。由于该时间之间隔，使非对话之意思表示的发展状态有处于“成立而未生效”之阶段的可能。于是，提供两个重要之规范可能性：在非对话之意思表示，通知达到相对人前，表意人来得及以撤回的方法阻止其发生效力(第95条第1项但书)；表意人于发出非对话之意思表示通知后死亡或丧失行为能力，或其行为能力受限制者，其意思表示，不因之失其效力(第95条第2项)。该规定对于意思表示之成立与生效问题之认识

① 冒名属于一种通俗的，尚非法典中之制式的用语。冒名主要指两种情形：未经表白而使用非本名，或未经授权而使用他人名义从事代理行为。前者虽无当事人之同一性的问题，但可能有当事人资格之错误，如涉及处分他人之物的情事，其所为属于无权处分；如仅涉及负担行为，因应负义务者为表意人，不因之产生效力障碍，不过，对于当事人之资格有错误者，得视情形以错误或受诈欺为理由，撤销其意思表示。后者所涉及者不论是负担行为或处分行为，皆属于无权代理。

有重要意义。[①]

在对话之意思表示，其传达的媒体最原始时为空气；在非对话之意思表示，则为信差。后来演变为：前者，利用有线或无线电话；后者，利用电报、传真或电子邮件、录音带、录影带等新兴媒体传达信息。上述新兴传达方法在对话或非对话上的归类，分别按其功能类似于当面说或书面传讯的程度而定。其中将有线或无线电话类比于当面说，固有空间上的差异，造成些许辨识上的困难，然由于每人各有音色，在辨识上之争议尚不太大；倒是在非对话之意思表示，将电报、传真、电子邮件、录音带或录影带等新兴媒体类比为书面之表示方法，使非对话之意思表示固有之归属的问题，倍增认证的难度。

"民法"第3条规定："依法律之规定有使用文字之必要者，得不由本人自写，但必须亲自签名(第一项)。如有用印章代签名者，其盖章与签名生同等之效力(第二项)。如以指印、十字或其他符号代签名者，在文件上，经二人签名证明，亦与签名生同等之效力(第三项)。"该条规定之意旨首先固为：法定应以书面为之的文据应由本人签名，但论其功能，则在于利用签名将以书面所作之意思表示归属于一定之签名者。鉴于依当事人一方之意思或双方之协议，选择以书面的方式表示其意思时，同样会有书面所作之意思表示的归属问题，因此，该条规定应类推适用于意定的文件。[②]

签名一事，在以电报、传真或电子邮件、录音带、录影带等新媒体传达讯息的情形产生难题。其中电报由于有电信局介入，担负类似于传统信差的机能，其归属原则上较无疑义。传真，当其以影像传送因有接近于一般信函的外观，虽然易于伪造，但通常还能满足经常有交易来往者间之信息的传递需要。电子邮件，因其非以影像而以文字传送，其内容易于变造，且因寄信人不能为传统之签名，以

① 按一个意思表示在发生上，其发展可分为未成立、成立；成立后又可能有无效、效力未定、生效等不同的效力状态。不论是未成立或虽成立而无效或尚未生效，在债务契约，其债权人皆尚不能对于债务人据之有所请求。是故，很容易误以为虽成立而无效或尚未生效之意思表示与未成立之意思表示的法律地位完全相同。其实不然。"民法"第95条第1项但书及第2项的规定最适合来说明：已成立而未生效之意思表示的法律地位或其对于法律关系之发展的意义。另已成立而无效的意思表示，除得为损害赔偿之债的要件事实外("民法"第113条)，有时法律亦规定其无效得因履行而治愈。例如"民法"第166条之一规定："契约以负担不动产物权之移转、设定或变更之义务为标的者，应由公证人作成公证书(第一项)。未依前项规定公证之契约，如当事人已合意为不动产物权之移转、设定或变更而完成登记者，仍为有效(第二项)。"

② "最高法院"1953年台上字第823号民事判决："和解契约并非要式行为，当事人之意思表示一经一致，双方即应受其拘束，自不因其所作字据未经签名、盖章或以指印、十字等以代签名而受影响。"

表示其愿意受哪些信息拘束，其归属问题更大。至于录音带或录影带尚可作为经签名之文据的附件处理。于是，如何克服电报、传真或电子邮件之签名的困难，界定该签名所涵盖之表示的范围，防止签章之内容受到窜改，成为电报、传真或电子邮件，特别是电子邮件，是否得用为非对话意思表示之传达方式的关键。

为克服该困难，除需要有对于与表示内容、表意人、表示日期有关资料之存证的可靠加密、解密技术外，并需要针对电子签章①及其法律地位，制定特别法律以资配合。② 如果没有针对前述相关事项的立法，网络通信倒不是因之即根本不得作为意思表示的方法，而是如果当事人之一方就是否接受以网络通信作为意思表示的方法、③就有无表示或其内容有所争议时，将难有适当的方法来证

---

① “机关公文电子交换作业办法”第9条规定：“机关公文电子交换之收、发文程序，应采电子认证方式处理，并得视需要增加其他安全管制措施。”其中最起码之要求为电子认证的要求，请参考综合所得税网际网络结算申报作业要点、营利事业所得税网际网络暂缴申报作业要点、网际网络传输电子计算机统一发票试办作业要点。关于视需要增加其他安全管制措施，详请参考金融机构办理电子银行业务安全控管作业基准中的规定。依该基准交易面之安全需求可包括讯息隐秘性、讯息完整性、讯息来源辨识、讯息不可重复性、无法否认传送讯息、无法否认接收讯息等方面。应视网络类别及交易类别决定其必要性，并在交易面之安全设计及管理面配合采取适当安全需求防护措施。为保障系统安全，唯有经授权之客户得以存取系统资源，并降低非法者入侵之可能性。

② 将利用网络通信所为之意思表示或缔结之契约与依传统方法表示之意思表示或缔结之契约互相比较，其区别不在于其内容，而在于其表示方法。从而因该区别导出一些特别之规范上的需要。由于利用网络通信传递之电子信息容易否认、伪造、变造，因此其规范重点首先应置于其归属与防伪上。此所以在与电子商务有关之制度的建置，首先为数位签章(电子签章)，其功能类似于印鉴证明，可证明电子文件之制作人；其次为收发的证明，其功能相当于双挂号，可证明投递之有无及收发日期、时刻；最后为电子信函内容之存证，其功能相当于存证信函。以上事务的管理，犹如印鉴证明及邮递业务，应由收发信人以外之第三机构遵守一定之可靠的作业程序为之，以确保其正确、安全、可靠。因之，为使网络通信成为一个可靠之表示方法，在有疑义时，并为法院所信赖，除了必须有经济、成熟之加密，解密的软、硬设备外，并必须有依一定之设置规范，组织之认证机构提供前述关于文件制作人、文件收发、文件内容之认证、存证的服务。

③ 按一个人纵使设有电子信箱，但不一定天天按时开取，因之，在以电子邮件作为意思表示的方法尚未成为交易习惯之前，当事人欲以电子邮件作为表示方法时，应先有双方同意以之为表示方法的协议。其间，立法固有助于其推广并排除一些疑义，但立法之内容仍非可无视于电子邮件在交易活动中一般实际利用之情形。此为当为的规定应有对应之存在基础的要求问题。

明，从而危及其交易安全。[①] 此外，在法律对于一定之法律行为有书面之要式规定时，利用网络通信所作之表示，是否论为各该规定所定之书面的一种，亦需要以正面或负面表列之规定方式予以厘清。[②]

为使非对话之意思表示能够到达相对人，还有应向哪一个地点送达，以及将信函置于何处，即可认定为已送达的问题。除当事人间另有约定外，原则上信函应向相对人之住所、营业所或事务所为送达。无住所者，或依具体情形可认为应向居所送达者，应以居所为送达处所。至于在何种情形应向营业所或事务所，或向分营业所或分事务所送达，同样应视具体情形认定之。例如与分营业所或分事务所之交易关系有关的意思表示应向分营业所或分事务所送达。唯事后如发生"表意人非因自己之过失，不知相对人之……居所者，得依'民事诉讼法'公示送达之规定，以公示送达为意思表示之通知"（"民法"第 97 条）。不过，当有上述相对人之居所不明时，拟以电子邮件的方式为公示送达，尚须立法配合。不是通过法律解释或补充所能解决的。

至于相对人设有语音信箱或电子文件信箱者，表意人是否当然得以之为受信地址？原则上应采应经相对人明示或默示的事先同意为妥。唯除非另有表示方法之限制上的协议，否则，纵未经事先同意，如果事实上相对人已经由该渠道获悉意思表示之内容，还是会生送达之效力。在这种情形，不能以电子邮件以进入受意人之电子信箱为理由，认为非对话之意思表示当然已因到达而生效。

当意思表示有传达上之必要，就有传达机关或工具之资格及传达错误的问题。关于传达机关的资格，法律并无限制规定，只要经表意人利用为传达媒体，当其为人，不论其是否为专业邮递机构，或有无行为能力，皆无不可。此外，即便是动物（例如信鸽、信犬）或无生命之物（例如弓箭、遥控飞机）亦可利用为传达工具。当传达有误，依错误有关规定办理（第 89 条）。

（四）意思表示之归属原则

意思表示与其他法律事实一样，有对于主体之归属问题。归属的结果将据

---

① 利用网络通信缔结契约、履行债务，所从事之商务活动习称为电子商务（electronic Commerce, e-Commerce）。请参考黄茂荣：《电子金融商务契约》，载《植根杂志》第 16 卷第 3 期，第 97 页以下；《电子商务契约的一些法律问题》，载《植根杂志》第 16 卷第 6 期，第 249 页以下；《电子商务上之不公平竞争》，载《植根杂志》第 16 卷第 9 期，第 367 页以下。

② 书面要式的规范目的在于存证者，原则上只要网络通信能满足存证之需要，便有将之等同于纸上文件所必需之存在基础。反之，如其规范目的兼在于预警，则网络通信必须有进一步之提醒表意人慎重决定的作业步骤，始能达到与纸上文件相同的机能。在法律规定意思表示应以公证的方式为之的情形，网络通信不能取代公证。

以决定以该法律事实为基础之法律关系的当事人。意思表示之归属的原则为:(1)自然归属原则:出于谁口,即归属于谁。这适用于:口头之意思表示。(2)法定归属原则:签名、盖章或画押。这适用于:书面意思表示之归属。

然由于“民法”第3条第1项规定:“依法律之规定有使用文字之必要者,得不由本人自写,但必须亲自签名。”引起一个疑问,该项规定是否亦适用于:(1)意定应以书面为之的契约;(2)双方偶然以书面的方法为契约之书立的情形。前者固当采肯定的见解,但后者如不能将其偶然以书面的方法为契约之书立,解释为以默示的方式约定契约之方式(“民法”第166条),则其不完全之书面契约的书立,可能被认定为只是已成立之口头契约之备忘录的记载性质。亦即只是已成立之契约的记录,而非系争契约之缔结行为。[①]

以上系指由本人自己为意思表示的情形。如由代理人代为意思表示,则必须根据代理的规定,以意思表示之名义人定其归属对象。这在对话的意思表示为出之于代理人之口,直接归属于本人;在非对话意思表示为,在代理人表明代理意旨,遵守显名主义的前提下,归属于代理人为其签名、盖章或画押之人。

三、电子的意思表示

(一)概念

所谓电子的意思表示,指以电子信息为表示方法之意思表示。这特别指通过电脑电信网络传递电子文件所作之意思表示。由于电子信息在传递时先被利用电脑记录下来,而后才借助于电脑将电子信号转成人类能够阅读的文字,并最后记录在收信人管领之电子储存媒体中。所以,如是传递之电子信息具有文件性格。当其被接受为意思表示的方法,应准用与文件有关之规定决定其生效及归属。唯基于当事人间之数位落差的考虑,欲以电子文件为意思表示的方法,或取代纸本书面,必须事先取得相对人的同意。

---

① 对此,“最高法院”1942年上字第692号判例认为:“‘民法’第三条第三项规定之适用,以依法律之规定有使用文字之必要者为限,本件两造所订和解契约,本不以订立书面为必要,自难以和约内仅有某甲一人签名,即指为不生效力。”“最高法院”1983年台上字第931号民事判决将之引申为:“查私文书经本人按指印者,推定为真正,为‘民事诉讼法’第三百五十八条所明定,其得推定为真正之私文书,非不得作为证据之用。至‘民法’第三条,系就法律行为依法律之规定有使用文字之必要者,使用文字时,其应具之条件。若非法律规定必要使用文字者,当事人所任意作成之书据,纵未具备该条规定之条件不得遽认为无效而谓其无证据力。”该见解虽非不能自圆其说,恐与当事人之期待不符。

（二）以电子信息缔结契约之一般问题

1. 以设备为意思表示或受意思表示

在借助于电脑电信网络从事交易的情形，有时当事人的一方完全借助于电脑电信设备，从事与交易有关之债务层次的意思表示，并为履行。这涉及借助设备为意思表示或受意思表示的问题。

2. 法效意思之有无

其表示有时论为广告，有时论为要约诱引，有时论为要约，有时论为承诺，有时论为因履行而从事法律行为。究竟为何？皆视具体情况而定。当论其为广告，通常认为广告主在广告中并无法效意思。现行法仅在悬赏广告，肯认其为一种意思表示的方法。

3. 相对人之特定或不特定

当其论为意思表示，原则上必须有特定之相对人。有疑问者为：如有人在网际网络将数位商品标价陈列，让其收信人可看、可听、可试用，则该电子信息是否与将实体物品标价陈列相同从而构成要约？依“民法”第154条第2项，这应采肯定的见解。这时该意思表示之相对人为不特定。不过，在这种买卖，应类推适用“消费者保护法”第19条，对于消费者提供像访问买卖的保护。

4. 电子文件之特征与电子签章

由于电子记录之复制的方便性，使电子文件具有事后容易捏造、否认、变造的特征。又因其与文件一样，与制作人间并无自然之归属上的关联，所以同样必须借助于法定的方法（签名、盖章或画押），定其归属，明其从事一定之意思表示的意志。然以电子形式存在之文件如何签名、盖章或画押？这主要借助于电子签章。

5. 交易记录之保存

电子通信最容易发生交易之有无及其内容如何的争议。因此，在电子商务关系，关于交易信息之来往，双方皆有义务保存相关记录，以作为发生争议时证明相关事实的证据方法。［关于记录之保存义务，个人电脑银行业务及网络银行业务服务契约范本第16条规定：“双方应保存所有含数位签章之电子讯息及经由网络所提供相关电子讯息之记录，并应确保记录之真实性及完整性。客户如未保存者，推定以银行所保存之记录为真正（第一项）。银行对前项记录之保存，应尽善良管理人之注意义务。保存期限至少为五年（第二项）。”

关于交易之核对的协力义务，电子讯息错误之处理“个人电脑银行业务及网络银行业务服务契约范本”规定第9条规定：“客户应于每次使用服务后，核对其结果有无错误。如有不符，应于使用完成之日起××日内（此空白填载日不得少于四十五日)通知银行查明(第一项)。银行应于每月对客户以平信寄送上月之交易对账单(该月无交易时不寄)。客户核对后如认为交易对账单所载事项有错误时,应于收受之日起××日内(此空白填载日不得少于四十五日)通知银行查明(第二项)。银行对于客户之通知,应即进行调查,并于通知到达银行之日起××日(此空白填载之日期不得超过三十日)内将调查之情形或结果覆知客户(第三项)。”]必要时,并有配合查对的协力义务。[①]

在电子讯息发生错误时,应当如何补救,目前银行在实务上的态度显然较为消极。认为:“电子讯息因不可归责于银行之事由而发生错误时,银行不负更正责任,唯银行同意提供必要之协助。”[②]

四、网络通信之数位签章及其认证

(一)印鉴与数位签章

当以文件为表示方法,因为文件之存在,于空间上独立于其表意人,所以,事后必须利用文件上之签名,除将该文件所载之意思表示归属于签名者外,并正式彰显签名者愿以文件上所载内容为其法效意思之内容。在以纸张为意思表示之载具的文件,只要证明签名真正,其签名与文件内容间之关连原则上可依交易习惯认定之,少有事后否认签名者曾为该表示,或否认文件内容之完整性的问题。苟有疑问,通常存在于签名之真正或文件之变造上。在台湾地区由于法律允许以盖章代签名,导致交易习惯上,主要利用盖章表征文件之归属。因之,常常因印章之盗用、伪刻或印文之伪造,而引起文书之伪造的争议。为解决该争议,实

① 个人电脑银行业务及网络银行业务服务契约范本第10条规定:“客户利用本契约之服务,如其电子讯息因不可归责于银行之事由而发生错误时,银行不负更正责任,唯银行同意提供必要之协助。但因可归责于银行之事由而发生错误时,银行应负责更正。”关于交易之核对的协力义务,电子讯息错误之处理个人电脑银行业务及网络银行业务服务契约范本规定第9条规定:“客户应于每次使用服务后,核对其结果有无错误。如有不符,应于使用完成之日起××日内(此空白填载日不得少于四十五日)通知银行查明(第一项)。银行应于每月对客户以平信寄送上月之交易对账单(该月无交易时不寄)。客户核对后如认为交易对账单所载事项有错误时,应于收受之日起××日内(此空白填载日不得少于四十五日)通知银行查明(第二项)。银行对于客户之通知,应即进行调查,并于通知到达银行之日起××日(此空白填载之日期不得超过三十日)内将调查之情形或结果覆知客户(第三项)。”

② 个人电脑银行业务及网络银行业务服务契约范本第10条规定:“客户利用本契约之服务,如其电子讯息因不可归责于银行之事由而发生错误时,银行不负更正责任,唯银行同意提供必要之协助。但因可归责于银行之事由而发生错误时,银行应负责更正。”

务上发展出印鉴证明的制度。

鉴于电子文件为一种利用光、电、磁技术所作之表意符号的记录，目前尚不方便以手写的方法在其上签名。因此，必须利用手写签名以外的方法始能将之归属于其表意人。复因电子文件本身有易于伪造、[①]变造、[②]割裂，以及其当事人事后容易否认、不认账的特性，所以其替代手写签名之签章方法的功能必须超出书面上之签名，才能在电子商务，使收信人能够认识文件来源的真确性、信息的完整性、通信之不可否认性以及其文件之内容和签名，以满足法律及业务上之要件。为满足该交易需要，科技上发展出数位（编者注：大陆称"数据"）签章及电子邮戳的技术。如无可靠之数位签章及电子邮戳的技术，电子文件之证据价值会大为降低，[③]从而影响到电子商务的运转。

数位签章的发行，除在文件来源之证明上，有与印鉴证明制度类似的功能外，尚可证明文件之内容在签章后是否有变更。该证明能力与台湾地区另有之存证信函的邮递制度相近。要之，数位签章具有接近于印鉴证明及存证信函结合起来之功能。所不同者为，数位签章不一定内建受信回报功能及由数位签章之发行机构代当事人存档一份的服务。从而数位签章只能证明其电子文件之内容在签章后有无变造，而不能证明其内容本身。然由于数位签章本身已具有查对其签章之文件内容是否与原件相符的机能，由第三人（数位签章之发行机构）存档的需求从防伪的考量论，便不像存证信函迫切。至于存证信函之双挂号的回执机能，其建入对于电子商务之交易安全的提高是有帮助的。

由于回报功能及由第三人代为存档一份尚非意思表示之必要的方式，所以，

---

① "'刑法'第 200 条之伪造文书罪，指无制作权不法制作者而言，若自己之文书，纵有不实之记载，要难构成本条之罪。"（《"最高法院"判例要旨》下册，1983 年第 5 版，第 277 页："最高法院"1958 年台上字第 365 号判例）唯因"刑法处罚行使伪造私文书罪之主旨，重在保护文书公共之信用，非仅保护制作名义人之利益，故所伪造之文书，如足以生损害于公众或他人，其罪即应成立，不问实际上有无制作名义人其人，纵令制作文书名义人系属架空虚造，亦无妨于本罪之成立"（《"最高法院"判例要旨》下册，1983 年版，第 276 页："最高法院"1942 年上字第 1505 号判例）。

② 所谓文书之变造指无权更改而非法涂改而言。"最高法院"1957 年台上字第 1110 号判例之一："'刑法'第二百十三条登载不实罪，与同法第二百十一条变造公文书罪之区别，前者为有权登载而故意登载不实，后者为无权更改而非法涂改。"（《"最高法院"判例要旨》下册，1983 年版，第 282 页）

③ 请参考 Anne-Catherine Hahn，Vertragsschluß im Internet：Ausge-wählte Fragen in Rechtsfragen der Informationsgesellschaft herausgegeben von Prof. Dr. Thomas Hoeren und Robert Queck，S. 161f.。

在实务上如有此需要，必须以法律[①]或以契约将之规定为一定电子商务之文件的生效要件[②]或法定证据方法。如以之为生效要件，其意义等于不以该电子文件到达相对人时生效，而例外的以"相对人回报该文件已到达之通知"到达发信人时生效。[③] 盖关于非对话之意思表示，例如书面之表示的生效时点，"民法"第

---

① 关于证券之买卖的委托，现行实务上虽有类似规定，但显然尚未充分将之规范化，成为一种法定的要件或要求。例如台湾证券交易所股份有限公司证券经纪商受托契约准则第11条规定："证券经纪商受托买卖，除属规定以专柜竞价者外，应按委托书记载事项依序逐笔由电脑终端机输入证券交易所电脑主机，经接受后列印买卖申报回报单；于成交后列印成交回报单，并即'制作证券交易法'第八十六条规定之买卖报告书于成交当日通知委托人。"证券商营业处所买卖有价证券使用电脑连线设备契约第4条规定："甲方与乙方'柜台买卖服务中心'电脑连线之交易终端机、委托回报列表机及成交回报列表机应装置于其柜台买卖营业处所。"

② 关于到达之可能争议的解决方法，有学者认为与其借助于到达之拟制，不如由发信人自己事后发函，向收信人求证到底到达没有。例如 Anne-Catherine Hahn, Vertragsschluß im Internet: Ausge-wählte Fragen in Rechtsfragen der Informa-tionsgesellschaft herausgegeben von Prof. Dr. Thomas Hoeren und Robert Queck, S. 153. 唯要使其求证能够奏效，还需要规定收信人对于发信人之求证有回应的义务。然如果真要如此规定，何不当初即规定或约定收信人有回报之义务。

③ 这样的要求或安排的意义主要在证据方面的明确性及对等性。如有回报的安排，其契约之缔结会比较明确是自明的。至于其对等性则在于：使受要约人能自要约人获得要约人已收到承诺之通知的证据。如不建入回报机能，由中立之第三者保存相关交易记录亦是一个可行的方法。请参考 Santiago Cavanillas/Martníez Nadal, ESPRIT Project 27028, Electronic Commerce Legal Issues Platform, Contract Law, Deliverable 2.1.7, p.9。关于收信之回报，联合国国际贸易法委员会建议之电子商务模范法(UNCITRAL Model Law on Electronic Commerce)第14条规定："在电子资料信息发送时或之前，或在该电子资料信息中，其发信人已要求或与收信人协议该电子资料信息之收受应予回报者，本条第二项至第四项适用之(第一项)。发信人未与受信人协议应以特定方式或特定方法回报者，回报得由受信人以足以使发信人知悉该电子资料信息已收到之(a)任何自动的或其他通信方法，或(b)受信人之任何行为为之(第二项)。发信人曾表示该电子资料信息之到达以收到回报为条件者，该电子资料信息在收到回报前视为未到达(第三项)。发信人未曾表示该电子资料信息之到达以收到回报为条件，且发信人在指定或合意之期间内，或无指定或合意之期间，而在相当期间内未收到回报者，发信人(a)得通知受信人，表示未收到回报及指定回报应收到之相当期间；及(b)在(a)款所定期间内未收到回报者，自通知受信人时起，该电子资料信息视为未曾发送，或得行使任何可能之权力(第四项)。发信人收到受信人之受信回报者，推定系争电子资料信息已为受信人收到。自该推定不导出该电子资料信息与收到之信息相同(第五项)。收信之回报陈述系争电子资料信息符合协议之，或设定之应用标准所定之技术要件者，推定哪些要件业经符合(第六项)。除非系与电子资料信息之发送或收受有关，本条规定不规范可能自该电子资料信息或自其收受之回报所可能导出之法律效力(第七项)。"

95 条第 1 项规定，原则上“以通知达到相对人时，发生效力。但撤回之通知，同时或先时到达者，不在此限”。所以约定电子文件所作之意思表示“以相对人回报该文件已到达之通知到达时生效”者，可谓为附以停止条件，[①]将“民法”第 95 条第 1 项规定之生效时点，向后推迟至回报通知到达时。如仅规定或约定证明意思表示之有无的法定证据方法，则不影响该意思表示的生效时点。以规定为法定证据方法，而不规定为生效要件为妥。盖如是，对于意思表示之生效制度的冲击较少。

(二)数位签章与电子金钥

为制作数位签章，以签署电子文件，在实务上发展出电子金钥。所谓数位签章(digital signature)，指由电脑，而非由笔产生之具有签章机能的证明方法。[②]利用较为专门之技术用语，可将之描述为：数位签章为一串位元组。该位元组为利用单向之杂凑函数，从一笔电子文件产生之信息摘要。该信息摘要接着经利

---

① 法律行为附以停止条件或始期，其效力类似。附以停止条件者，“于条件成就时，发生效力”(“民法”第 99 条第 1 项)；附以始期者，“于期限届至时，发生效力”(“民法”第 102 条第 1 项)。然停止条件与始期还是有区别的。对之，“最高法院”1996 年 5 月 30 日台上字第 1202 号民事判决固认为：“按期限系当事人约定以将来确定事实之到来，决定其法律行为效力发生或消灭之一种附款，与条件乃当事人约定以将来客观上不确定事实之成就与否，决定其法律行为效力发生或消灭之附款，并不相同。又附有停止条件之法律行为，固于条件成就时发生效力，但该条件如自始不能成就者，即应解为其法律行为无法律上效力之可言(参阅本院 1933 年上字第 1130 号判例意旨)。”(《“最高法院”民事裁判书汇编》1996 年第 24 期，第 19 页)但其间之区别在实务上亦时有争议。例如“最高法院”1998 年 3 月 19 日台上字第 564 号民事判决认为：“契约当事人之一方因他方迟延给付而定期催告其履行时，同时表明如于期限内不履行，契约即解除，系附有停止条件之解除契约之意思表示，如他方当事人未依限履行，则条件成就，即发生解除契约之效力，无须另为解除契约之意思表示。”而同院 1988 年台上字第 2207 号民事判决认为：“法律行为之附停止条件，系指该法律行为效力之发生，系于客观的不确定的将来之事实。本件被上诉人对于上诉人交付价金之义务，于双方订立物料订购合约时即已发生，仅不过约定于台湾省水利局估验完毕或复验通过，将工程款拨付被上诉人时，被上诉人即应给付百分之九十之货款或百分之十之尾款。故台湾省水利局之验收及拨付工程款之时，乃被上诉人履行给付货款之期限届至，并非其给付货款义务之停止条件成就，原审认为停止条件。而为上诉人不利之判决，不无违误。”(《“最高法院”民刑事裁判选辑》第 9 卷第 4 期，第 1 页)然原则上应认为只要系争事实将来发生与否尚系于人之意志或不测之自然事实即应论为条件。必如是也才有随意条件这一条件类型的存在余地。

② “个人电脑银行业务及网络银行业务服务契约范本”第 2 条第 4 款将“数位签章”(digital signature)定义为：除法律另有规定外，指银行及客户将传送电子讯息所附经双方认同之电子识别码或符号视为当事人一方之签名，用以确认讯息发送者之身份。

用公开金钥(public-key)[1]的演算法及发信人之私密金钥(private-key)[2]将之加密。收信人拥有发信人之公开金钥者能够精确地认定:(1)该位元组所构成之数位签章是否系利用与签章者之公开金钥对应的私密金钥所产生;(2)自该位元组产生后该信息是否经更改。[3]

关于数位签章并不尽可以望文生义。首先必须注意数位签章并非手写签名之数位化的影像,更不是打字的签名。由于数位签章导自电子文件本身,所以同一个人利用同一个金钥,为内容不同之电子文件所作之每一个数位签章是不一样的。是故,文件之任何更改,皆会产生不同的数位签章。发信人在发信后如果更动其已发送之电子文件的内容,该文件在更改后与原来所附之数位签章即不会吻合。基于数位签章相对于特定电子文件之独特性,数位签章除与手写签名一样,可以用来标识一笔文件的作者外,并能借以证实当事人后来提出之电子文件是否即为当初该数位签章所据以制作或签署之电子文件。该电子文件之同一性的认证功能有助于确保电子信息之安全。该功能系手写签名所无。在此限度,数位签章优于手写签名。[4] 数位签章虽能认证电子文件之内容是否同一,但不能认证其内容究竟为何。如要认证其内容为何,必须另有针对电子文件之全部内容的存证作业。这不是电子签章在设计上本来具备的功能。

然因电子金钥与印鉴一样,系自其所有人分离的存在物件,所以有可能遗失、被窃,从而引起盗用的问题。此外,电子金钥也可能被违法复制,而产生类似于盗刻印章的情事。

(三)电子金钥之认证

为使电子金钥在商务活动上能够成为有用的工具,除了在技术上必须能够做到,利用金钥所作之签名可证明该文件之来源的真确性、信息的完整性、通信之不可否认性,以及满足关于其文件之内容和签名等业务上及规范上的需求外,在服务上并且必须有公正的认证机关或机构提供金钥的发行与公开金钥的公示

---

① 个人电脑银行业务及网络银行业务服务契约范本第 2 条第 6 款将“公开金钥”(public key)定义为:指一组具有配对关系之数位资料中,用以对电子讯息加密,或验证签署者身份及数位签章真伪之数位资料。

② 个人电脑银行业务及网络银行业务服务契约范本第 2 条第 5 款将“私密金钥”(private key)定义为:指一组具有配对关系之数位资料中,由签章制作者保有之数位资料,该数位资料系作电子讯息解密及制作数位签章之用。

③ See Lorigean G. Oei in Thomas J. Smedinghoff, Online Law, 1996, pp. 43～44.

④ See Lorigean G. Oei in Thomas J. Smedinghoff, Online Law, 1996, pp. 44～45.

服务，[①]以确保与公开金钥对应之私密金钥声请人的确实身份。[②] 此外，在法制上也必须发展出适当的法规就电子金钥之认证、发行、公示、使用、信赖的权利、义务与责任[③]加以规范，以将之法制化。[④] 在其法制化之前，从事电子商务者只好依靠契约来满足其规范上的需要。

是故，为在电子文件上从事数位签章，发信人通常必须先向凭证机关或机构登录，[⑤]以取得"一对公开……私密金钥"(public-private key pair)。其中之私密金钥由发信人秘密私藏(这相当于产生印鉴之印章)，并用以产生数位签章(这相当于利用印鉴盖出之印文)；公开金钥则利用将之登录于线上资料库、登录中心或其他适当处所的方法公之于世。该经数位签章之信息的收信人可进入该登录中心取得公开金钥。其签章过程为：发信人先跑一个电脑程式，以自该拟发送之电子文件产生一笔信息摘要或其杂凑函数值。然后该程式复利用发信人之私密金钥，将取得之信息摘要加密。该加密后之信息摘要即为该电子文件之专属的数位签章。发信人将该数位签章附于该拟发送之文件，发送给意中的收信人。[⑥]

---

① 利用经公正的认证机关或机构认证之金钥制作之数位签章，在事实之证明上可享有一些法律上之推定的好处。私人间利用未经认证机关或机构认证之金钥制作之数位签章，固不享有前述推定之好处，但不因此意味着利用该未经认证之数位签章制作之电子文件无效。只是后来当事人间如有一方否认文件之真正，将引起证明上的重大困难。请参考 Santiago Cavanillas/Martníez Nadal, ESPRIT Project 27028, Electronic Commerce Legal Issues Platform, Contract Law, Deliverable 2.1.7, p. 22, 25.

② Santiago Cavanillas/Martníez Nadal, ESPRIT Project 27028, Electronic Commerce Legal Issues Platform, Contract Law, Deliverable 2.1.7, pp. 16～19.

③ 关于责任之规范需要，不但对于认证机关或机构，而且对于所有利用数位签章从事商务活动者而言，主要皆存在于其责任之肯认与限制的问题。其限制的方法在质的方面，例如限于在特定地点、特定期间所从事之特定业务，或限于不能证明自己没有过失的情形；在量的方面，可限于直接损害，或对于单一交易或全部交易之赔偿总额。鉴于实务上这些限制责任的规划多倾向于限制认证机关或机构之责任，而将损害推到相对人。这在相对人是消费者时特别不公，也特别无助。是故，利用给予认证特许的机制，由所有提供认证服务者共同捐输，设置一个共同基金填补由之发生之损害的一部分，应是比较适当的做法。请参考 Santiago Cavanillas/Martníez Nadal, ESPRIT Project 27028, Electronic Commerce Legal Issues Platform, Contract Law, Deliverable 2.1.7. pp. 30～36(36)。

④ See Lorijean G. Oei in Thomas J. Smedinghoff, Online Law, 1996, p. 43.

⑤ 个人电脑银行业务及网络银行业务服务契约范本第 2 条第 7 款将"凭证"定义为：指由凭证机构以数位签章方式签署之资料讯息，用以确认凭证声请者之身份，并证明其确实拥有一组相对应之公开金钥及私密金钥之数位式证明。该凭证之登录的作用有如印鉴证明之声请与登录，可以由于公正第三者之介人，而使利用系争私密金钥及公开金钥制作与核对之数位签章具有公信力。

⑥ See Lorigean G. Oei in Thomas J. Smedinghoff, Online Law, 1996, p. 45.

利用金钥制作数位签章附于电子文件后传送之，虽可以克服电子文件之前述签名的问题，但传递之电子文件如有机密性、发送日期之敏感性或禁止散布的利益，则必须进一步针对实际需要，分别采取加密（encryption）、[①]电子邮戳（Date/Time Stamping）［一个意思表示之表意时在法律上常有重要意义。与契约之缔结有关者，例如何时为要约，要约自何时起有拘束力；何时承诺，承诺是否有迟到的情事；何时为要约或承诺之撤回；电子标单之传递，是否在投标截止收件前到达；在私密金钥持有人挂失其私密金钥时，有争议之数位签章到底发生在挂失前还是挂失后（Santiago Cavanillas/Martníez Nadal, ESPRIT Project 27028, Elec-tronic Commerce Legal Issues Platform, Contract Law, Deliverable 2.1.7, p.39）。此外，在契约的履行上，例如买卖标的物之瑕疵的通知是否在“民法”第356条所定之期间内，时效之中断或完成等。基于表意时在交易上之重要性，在电子文件之传送，除签名外，何时传送亦属法律上重要之点。为满足该交易上的需要，为电子邮递发展出电子邮戳以资配合。或谓电子文件之发送日期可以简单地由发信人自己打上，或由电脑自动附上其系统时间解决之。然鉴于不但文件作者可以容易倒填或后押日期，而且电脑之系统时间也容易人为地加以操纵，所以由作者或由系统提供的日期不够独立、超然到可供为证明之用。是故，发送日期对于当事人重要时，有由第三人提供电子邮戳的必要。所谓电子邮戳，指对于一笔文件、电子签章或证书所作，经数位签章的一套符号，以描述日期、时间以及将该套符号附于信息摘要上之人或组织的身份资料。电子邮戳的制作方法为：利用包含杂凑函数之电脑软体，产生一笔电子文件之信息摘要，然后该软体将该信息摘要传送给第三人之电脑并自动请求其给予附上电子邮戳。该第三人之电脑随即递回一套电子邮戳的符号，供附于该信息摘要上。为确保该电子邮戳之不可变造性，提供电子邮戳之服务者，应每隔一段时间，例如一分钟，视业务繁忙情形而定，越忙当越短，将其收自不同客户之全部信息摘

---

① 电子文件之加密的方法为：利用金钥先将电子文件以数位的方法签章，而后利用一个快速的、惯用的加密演算法及限用一次之密钥，将附有电子签章之可读得电子文件加密。如何在一个不安全的网络上，秘密的、事先的使发信人与收信人能够共用限用一次之密钥，为惯用之加密方法长久以来存在之问题。为解决该问题，可利用收信人之公开金钥将该限用一次之密钥本身也加密，并将该加密后之金钥附于该经数位签章的文件，传送给收信人。其结果，收信人在收到信息时，可使用自己的私密金钥，先将该限用一次之密钥解密，而后再利用该限用一次之密钥，将所收到之文件及其电子签章解密。由于该限用一次之密钥经加密后始发送，且将该经电子签章之电子文件解密的金钥只能使用一次，所以发信人不用操心，事先将密钥寄给收信人是否会引起安全问题（See Lorigean G. Oei in Thomas J. Smedinghoff, On-line Law, 1996, p.56）。

要一起杂凑成一个共同的杂凑值,称之为共同的效力记录。该记录应公告于适当之媒体上。从而任何人如要求证特定信息摘要之制作期日,可以查阅电子邮戳及其共同效力记录(See Lorigean G. Oei in Thomas J. Smedinghoff, Online Law, 1996, pp. 57～58)。]或数位水印(Digital Watermarks)[①]的措施。

(四)冒用数位签章

在非面对面,且为口头以外之非对话的意思表示,由于相对人不能自表示本身认识该意思表示所当归属之人,因之,引起意思表示之归属的问题。以电子资料信息之传递所作之"电子意思表示",亦同。[②] 为存证电子文件之表意人及其

---

① 电子签章之目的在于确保当事人间关于系争文件之传送的有无及其内容,加密之目的在于防止电子文件本身之秘密的泄漏,电子邮戳之目的在于明确其发送之时、日。而数位水印之目的则在于防止收信人未经发信人授权之散布。这主要用于交付之著作物、营业或技术资料的保护。数位水印之制作方法同样是利用加密的技术:首先利用 Steganography 这种资讯安全的技术,将辨识用之信息完全散布在一件数位化之视听作品中。该辨识用之信息称为数位水印。该数位水印中之辨识信息可包含该作品之作者、作品来源、购买者及其他供应者认为有必要建入之任何信息。借助于这些信息,供应者可轻易证明未经其授权而散布之赝品的来源。由于必须利用密像术的金钥始能阅读该辨识用之信息,且正像纸上之水印,非破坏该水印所附着之数位作品,不能将水印除去,所以,数位水印对于盗版的吓阻甚有助益(See Lorigean G. Oei in Thomas J. Smedinghoff, Online Law, 1996, pp. 57～58)。

② 关于电子资料信息的归属,联合国国际贸易法委员会建议之电子商务模范法第 13 条规定:"一件电子资料信息如为发信人自己所发送,则为发信人之电子资料信息(第一项)。就发信人及受信人间而言,一件电子资料信息应论为发信人之信息,倘(a)其系由发信人关于该电子资料信息之有权代理人;或(b)系由发信人或其代理人设计之资讯系统自动作业,发送之(第二项)。就发信人及受信人间而言,受信人得将一件电子资料信息认定为属于该发信人,并基于该假定以定其行止,若(a)为确认该电子资料信息是否属于发信人,受信人已适当地依循了发信人事先为该目的同意之程序;或(b)所以造成受信人收到该电子资料信息之结果,系因一个人基于其与发信人,或基于其与发信人之代理人的关系,使其得以接触发信人用以证明电子资料信息为其信息的方法(第三项)。第三项不适用于(a)受信人同时自发信人收到通知,称该电子资料信息不是发信人的,且有相当的时间为因应的措施;或(b)在第三项(b)所定之情形,受信人知悉,或如其已尽相当之注意或使用任何协议之程序应会知悉该电子资料信息不是发信人的(第四项)。一件电子资料信息如系或应认定为系属于发信人,或受信人得基于该假定以定其行止,则在发信人与受信人间,受信人得将其收到之电子资料信息,认定为就是发信人要对其发送者,并基于该假设,以定其行止。但受信人知悉或如其已尽相当之注意或使用任何协议之程序应会知悉,该传递导致收到之电子资料信息有错误者,受信人无此权限(第五项)。受信人得将收到之每一件电子资料信息当成一件分开的电子资料信息并基于该假设,以定其行止。但其系复制另一件电子资料信息,且受信人知悉或如其已尽相当之注意或使用任何协议之程序应会知悉,该电子资料信息系一复制文件者,不在此限(第六项)。"这是一个复杂的问题,值得在立法上详予规定。

表示之内容，引入数位签章的制度。[1]

由于数位签章与手写签名不同，而和印章一样，属于在空间上可脱离其所属之主体存在的身份证明方法。其结果数位签章与印章一样存在被他人冒用的风险。当其被冒用，首先必须定性者为：其意思表示之名义人究竟为谁？被冒用者或冒用者？这在法律行为法上的意义为：冒用者在其相对人之认识中，究竟是以自己之名义或以他人之名义从事法律行为？如认为系以他人之名义从事，则所涉及者为无权代理与表见代理；[2]如认为以自己之名义，则该法律行为与被冒用者无涉。这时，如涉及被冒名者之权利的处分，则属于无权处分的问题。

在网络上从事电子商务契约之缔结时，当事人原则上不面对面，因此缔约人对于相对人之身份的认识悉凭相对人提供之资讯。[3] 是故，在相对人冒名上网缔约的情形，固不一定可认为相对人已表明代理意旨，但总是可以认为其已遵守显名主义，表示该意思表示之名义人为被冒名者。从而电子签章之冒用，原则上应论为以被冒用者之名义从事法律行为，首先应论为无权代理，而后视情形认定是否构成表见代理，使被冒名者负授权人的责任。[4]

关于表见代理"民法"第 169 条规定："由自己之行为表示以代理权授与他人，或知他人表示为其代理人而不为反对之表示者，对于第三人应负授权人之责任。但第三人明知其无代理权或可得而知者，不在此限。"依该规定表见代理有两个态样：其一为本人自己表示以代理权授予他人，另一为本人知他人表示为其

---

① 关于数位签章在权利交易上的问题，请参考 Alexander Ronagel, Digitale Signaturen im Rechts-verkehr, NJW-CoR 1994,96ff.。

② 请参考 Anne-Catherine Hahn, Vertragsschluß im Internet: Ausgewählte Fragen in Rechtsfragen der Informa-tionsgesellschaft herausgegeben von Prof. Dr. Thomas Hoeren und Robert Queck, S. 157f.。在这种情形，行为人以他人之名义为意思表示，应类推适用代理之规定。其无代理权者构成无权代理，除非有可信其有代理权之表见事实，否则，行为人应对于相对人负赔偿责任("民法"第 110 条)。

③ 反之，缔约时，当事人面对面的情形，相对人可能因不知有冒名的情形，而认为其所面对者即为缔约当事人，而非仅是为他人缔约之代理人。例如甲冒乙之名投宿于宾馆时，宾馆经营者原则上当认为甲即是乙，而不认为乙另有其人。于是，在这种情形，冒名并不引起代理的问题。

④ Helmut Redeker, Geschäftsabwicklung mit externen Rechnern im Bildschirmtextdienst, NJW 1984, S. 2393. 在这里当得类推适用表见原则及其相关之规定。唯 Helmut Redeker 认为，鉴于家属，特别是小孩子之冒用，对于家长而言防不胜防，所以其表见责任之归责应考虑适度减轻。

代理人而不为反对之表示。[1] 前者积极引起，后者消极引起表见事实，使相对人误以为无权代理人享有代理权。然即便在消极引起表见事实的情形，也以本人“知他人表示为其代理人”为要件。此与本人仅因过失而使他人取得其数位签章的情形相比，虽同有客观上引起表见事实的共通性，但第一种情形主观上之可归责性显然较强。在第二种情形，由于本人仅因过失，而使冒名者取得其数位签章，所以其具体的要件事实与“民法”第 169 条所定者，尚不尽相当。因之，对于类似的情形，亦即就印鉴证明之冒用，实务上采应由本人交付，始构成表见代理的看法。[2] 是故，得否经由类推适用或目的性扩张该条之适用范围，亦将之论为

---

① 关于无权代理及表见代理请参看 Elizabeth S. Perdue in Thomas J. Smedinghoff, Online Law, 1996, pp. 91～92. 其关于美国法所叙述之内容与台湾地区“民法”第 169 条所定者相近。

② “按‘民法’第一百六十九条规定之表见代理，系为保护第三人而设，本人如有使第三人信以为其有以代理权授与他人之行为，而与该他人交易，即应使本人负授权人责任。”（“最高法院”1997 年 12 月 18 日台上字第 3749 号民事判决）然“持有他人之物者，该物非必由他人所交付，故持有他人之土地所有权状，契约及印鉴证明书等，不能径认为该土地所有权状等，均系该他人所交付之物，亦即不能径认为该他人已表示将代理权状授与该持有人之表见代理行为”（《台湾地区裁判类编（民事法）》第 10 册，正中书局 1976 年版，第 325 页：“最高法院”1968 年台上字第 2128 号民事判决）。唯倘“房、地所有权状、印鉴证明及印鉴章（等系由本人：被上诉人）交付诉外人孙文彬，由孙文彬持向上诉人借款并设定系争抵押权。而孙文彬系执业代书，受委任办理抵押权设定登记，为其业务范围，系争抵押权设定登记并仅须检附前述证件及盖用本人印鉴章，即可办妥登记。似此情形，能否谓被上诉人之行为尚不足使上诉人误信其有对孙文彬授以代理权，而有表见代理之情形，非无研求之余地”（“最高法院”1997 年 12 月 18 日台上字第 3749 号民事判决）。不过，因“‘民法’第一百六十九条所谓知他人表示为其代理人而不为反对之表示，系指知他人表示为其代理人而与相对人为法律行为时，原应即为反对之表示，使其代理行为无从成立，以保护善意之第三人，竟因其不为反对之意思表示，致第三人误认代理人确有代理权而与之成立法律行为，应自负授权人之责任者而言。（是故，）如于法律行为成立后知其情事而未为反对之表示，对业已成立之法律行为已不生影响，自难令负表见代理人之责任。又由自己之行为表示以代理权授与他人者，对于第三人应负授权人之责任，必须本人有表见之事实，足使第三人信该他人有代理权之情形存在，始足当之”（“最高法院”1995 年 8 月 31 日台上字第 2222 号民事判决）。

表见代理，非无疑问。[①] 退一步，是否得对于有过失之被冒名者课以缔约上过失的责任？因被冒名者与相对人间根本无缔约关系，所以要对之课以缔约上过失的赔偿责任，还是有困难的。这犹如在一般的无权代理，当其不构成表见代理，仅无权代理人应对于善意之相对人负赔偿责任（"民法"第 110 条），本人并不负责。不过，私密金钥如系因其所有人寄托他人保管而被受托人盗用，私密金钥所有人对于善意第三人应负信赖责任。其基础要件为：一方引起表见事实，他方信赖该表见事实，并为一定之法律行为。

五、利用电子信息之要件

电子信息[②]固有传递法效意思的能力，唯基于在参与交易者间，可能存在有数位落差，所以关于数位电子信息之规范，首先必须决定：(1)在什么要件下，得以电子信息为表示方法；(2)此种信息之表示方法在规范上应等同于哪种传统的表示方法；(3)是否将之定性为一种法律文件，以满足依法律应以书面为之的方

---

① 关于因过失而致数位签章为他人冒名使用而应负责的情形，美国统一商法典之修正草案拟增订："(1)收信人如已遵守约定之安全程序，而且基于该程序得推论该信息来自经显示为发信人者，或(2)冒名者与被冒名者有一种关系，该关系使冒名者取得进入，并使用被冒名者用以标明系争信息为其自己之信息的方法。"此为以发信人方之过失，使第三人取得冒用机会构成之表见事实为理由，课以表见代理责任的规定。该建议如被接受，在某些情形一个人即可能为一个未经其授权之信息所拘束。例如，一个受雇人或前受雇人进入一个公司之 E-mail 系统，及取得其密码，从而擅自发出号称来自该公司之总裁的信息，则该公司即便无任何过失，亦可能因此应为该信息所拘束"(See Elizabeth S. Perdue in Thomas J. Smedinghoff, Online Law, 1996)。关于因过失而使他人取得数位签章的情形是否构成表见代理，在德国民法中因其学说上与实务上肯认过失造成之表见代理(die Anscheinsvollmacht)，所以采肯定的见解。请参考 Anne-Catherine Hahn, Vertragsschluß im Internet: Ausgewählte Fragen in Rechtsfragen der Informa-tionsgesellschaft herausgegeben von Prof. Dr. Thomas Hoeren und Robert Queck, S. 159. 唯 Flume 认为这是没有道理的，适当的效力应是依循缔约上过失之一般规定，在仅有过失的情形，只对本人课以信赖利益之赔偿义务(Flume, Allgemeiner Teil des Bürgerlichen Rechts, Zweiter Band, Das Rechtsgeschäft, 2. Aufl. ,1979, S. 832ff.)。

② 个人电脑银行业务及网络银行业务服务契约范本第 2 条第 3 款将"电子讯息"(Electronic Message)定义为：指银行或客户经由电脑及网络连线传递之讯息。

式要求。①

基于电子信息之存在特征:用以传递电子信息之媒体能与纸本一样,保存其传递之信息,所以在各国立法例的发展上,倾向于肯认其为一种文件,认为数位的电子信息属于相当于非对话之书面的表示方法。② 至于是否得利用其为意思表示的方法,以及其是否得替代纸本书面满足法定书面方式的要件规定,基于可能存在之数位落差,尚不得一概而论。③

为确保交易安全,并防止交易相对人因为数位落差而遭受不利,有当事人之一方事后对于以电子文件作为表示方法或替代法定纸本书面提出争议,关于电子文件之利用,电子签章法作了一些法定要件的规定。首先是,当事人之一方欲以电子信息为表示方法者,事先应经相对人同意(“电子签章法”第 4 条第 1 项)。意思表示依法令规定应以书面为之者,如其内容可完整呈现,并可于日后取出供

---

① 在税法实务上,在一定的要件下,已容许利用网际网络传输电子统一发票。此为实务上肯认电子文件之书面资格的重要例子。为之,“财政部”订定网际网络传输电子计算机统一发票试办作业要点。其规范内容如下:一、为因应电子商务发展,便利营业人以电子计算机开立统一发票并利用网际网络传输,特订定本作业要点。二、买卖双方营业人具备左列条件者,得向所在地主管稽征机关声请以网际网络传输电子计算机统一发票(以下简称电子发票):(一)依政府凭证管理中心之规定声请身份认证,取具身份凭证者。(二)经核准使用电子计算机统一发票者。(三)最近三年内无逃漏营业税及营利事业所得税,且无积欠各项税捐者。(四)最近两年度之营利事业所得税系委托会计师查核签证或经核准使用蓝色申报书者。三、经稽征机关核准使用电子发票之营业人于传输发票予买受人时,应插入身份凭证磁片以进行电子发票传输作业。四、卖方营业人于完成传输电子发票后,如须办理“作废”者,应执行电子发票作废程序,并经买方营业人确认。五、买方营业人于完成接收电子发票后,如须办理“进货退出”者,应执行电子发票进货退出程序,并经卖方营业人确认。六、营业人应将电子发票储存于媒体档案,并依税捐稽征法及税捐稽征机关管理营利事业会计账簿凭证办法有关规定保存;稽征机关进行调查如须营业人提供相关电子发票记录档案或列印电子发票内容,该营业人应负责免费提供。七、本要点未规定事项,悉依相关法令规定办理。归纳该要点之规定内容,可见“身份凭证”(第三点)、电子文件之来往记录(第六点)及来往文件之收受的确认作业为其基本的规定要项。唯较之事业间之电子商务的信息来往,税务凭证之来往还是比较单纯。盖其侵入的诱因较小,发生作业障碍时之恢复可能性较高。

② 利用电子资料之处理设备接受意思表示时,其表示应论为非对话之意思表示(Helmut Redeker, Geschäftsabwicklung mit externen Rechnern im Bildschirmtextdienst, NJW 1984, S. 2390f.)。该论断之直接的意义为意思表示之到达、生效及其证明。

③ 一般来说,在德国那些应经公证之的要式行为,不得以电子的方式为之。请参考德国民法第 518 条第 1 项、第 780 条、第 781 条。

查验者，经相对人同意，得以电子文件为之(同条第2项)。[①] 此为以电子文件替代法定文据之要件的规定。唯得依法令或行政机关之公告，排除前两项规定之适用或就其应用技术与程序另为规定。但就应用技术与程序所为之规定，应公平、合理，并不得为无正当理由之差别待遇(同条第3项)。

“电子签章法”第4条之规定所涉者主要为数位落差的考量，其意旨主要在于电子表示方法之容许。在同法第9条第1项还有一个类似于第4条第2项的规定。其差异为：第9条第1项所定者其实系是否容许以电子文件替代法定之纸本书面，只是其含混仅就签名或盖章加以规定，使之隐而不彰而已。盖如无文件之制作，即没有需签名或盖章的场合。[②] 至于第4条第2项所规定者为：在须经相对人同意外，另增以电子文件替代法定纸本文件之客观要件(其内容可完整呈现，并可于日后取出供查验)。因为担心以电子文件替代纸本文件，可能尚有不适切的情形，第9条第2项规定：“前项规定得依法令或行政机关之公告，排除其适用或就其应用技术与程序另为规定。但就应用技术与程序所为之规定，应公平、合理，并不得为无正当理由之差别待遇。”其意旨与第4条第3项同。在该两项规定的情形，即使当事人同意还是不得以电子文件为表示方法。

为防止事后发生关于电子文件是否真正的争议，同法第10条规定：“以数位签章签署电子文件者，应符合下列各款规定，始生前条第一项之效力：一、使用经第十一条核定或第十五条许可之凭证机构依法签发之凭证。二、凭证尚属有效并未逾使用范围。”

此外，同法第5条第1项还规定：“依法令规定应提出文书原本或正本者，如

---

① 例如为防止当事人之一方事后主张“电子讯息不具书面或签名要件”，个人电脑银行业务及网络银行业务服务契约范本第17条约定：“双方同意依本契约交换之电子讯息，其效力与书面文件相同，双方就所生之任何纠纷，于审判、仲裁、调解或其他法定争议处理程序中，均不得主张该电子讯息不具书面或签名要件而归于无效或不成立(第一项)。于前项之审判、仲裁、调解或其他法定争议程序中，双方同意相关之讯息推定以银行保存之电子讯息记录证明之。银行不得拒绝提供(第二项)。”

② 然是否有文件之制作而无须签章的情形？按表意人所以以文字为意思表示的方法，可能基于法定或意定之要式要求，也可能纯出于当事人一方为表示时之一时的单方意思。不论是何种情形，其以文件为意思表示的方法其实皆有是否愿为意思表示及意思表示之归属问题。解决该问题的方法即是：签章。然因“民法”第3条第1项仅针对依法律之规定，有使用文字之必要者，规定得不由本人自写，但必须亲自签名。乃引起一个疑问：在非法定之文据的制作，是否需要表意人之签章始成其为意思表示？对此，“最高法院”1942年台上字第692号判例认为：“‘民法’第三条第三项规定之适用，以依法律之规定有使用文字之必要者为限，本件两造所订和解契约，本不以订立书面为必要，自难以和约内仅有某甲一人签名，即指为不生效力。”该见解是否妥当，值得检讨。

文书系以电子文件形式作成，其内容可完整呈现，并可于日后取出供查验者，得以电子文件为之。但应核对笔迹、印迹或其他为辨识文书真伪之必要或法令另有规定者，不在此限。"第6条规定："文书依法令之规定应以书面保存者，如其内容可完整呈现，并可于日后取出供查验者，得以电子文件为之（第一项）。前项电子文件以其发文地、收文地、日期与验证、鉴别电子文件内容真伪之资料讯息，得并同其主要内容保存者为限（第二项）。第一项规定得依法令或行政机关之公告，排除其适用或就其应用技术与程序另为规定。但就应用技术与程序所为之规定，应公平、合理，并不得为无正当理由之差别待遇（第三项）。"该两条为关于以电子文件取代原本或正本作证或保存的规定。

由以上规定可见，电子文件之引用的问题，最后集中到电子签章。

六、电子商务契约之缔结

（一）概说

在电子商务契约之缔结，原则上循要约与承诺之模式为之。唯其意思表示之传达，利用电信、电脑网络为之，而不利用自然人作为传达人。此外，有时当事人之一方也常常以电脑接受要约、表示承诺，或甚至履行契约。[①] 这时引起利用机器作为意思表示之工具是否可行的疑问。这个问题在过去针对自动贩卖机[②]之缔约与履行上的需要，已经被肯定为：无碍于相关意思表示的成立与生效。[③]

---

① 肯定见解请参看 Elizabeth S. Perdue in Thomas J. Smedinghoff, Online Law, 1996, p. 82; Tobias H. Strömer, Online-Recht, 2. Aufl., 1999, S. 107."其要件为：电脑之引用系基于操作者之意思，从而由电脑产生之表示应当成操作者自己之意思表示，归属于该操作者。"

② 只要装有货物且无故障，自动贩卖机之陈列应论为以存货为限之要约（Vorratsschuld）；在荣誉书报摊陈列报纸、杂志，并由购买者自己投钱取货者，亦同（Soergel-Heinrich Lange/Hefermehl Kommentar zum BGB, 11. Aufl., 1978, §145 Rz 7）。

③ Rechtsanwalt Dr. Markus Escher, Gassner Stockmann & Kollegen, München, http:// www. Gassner. De/escher/zvi-txt. html, S. 4."网络商务之基本问题比较少地存在于网际网络缔约之效力上，而比较多地存在于其契约之缔结的可证明性上。"此外，是否能满足法定之方式要求也是一个问题。例如满足消费者信用法之方式要求。

台湾地区并无质疑其意思表示之成立或效力的案例。[1] 同理，在利用电子资料或信息交换系统对于他人传递信息时，应可解释或推定：[2]当事人已表示在将来有意以该系统作为其法效意思之表示方法，或认识到依诚信原则及交易习惯，其表示会被理解为意思表示。[Anne-Catherine Hahn, Vertragsschluß im Internet: Ausgewählte Fragen in Rechtsfragen der Informa-tionsgesellschaft herausgegeben von Prof. Dr. Thomas Hoeren und Robert Queck, S. 150ff.. 利用电脑所作之表示在意思表示之定性上的障碍主要存在于：像利用电脑程式自动反应而为要约的情形。例如设定在存货低于一定数额时即自动向供应商发出一定数量之订货要约。在这种情形表意人究竟有无法效意思，引起疑问。有谓纵无具体的法效意思，但对于电脑设备之使用者而言，基于信赖保护的考量，至少可论为有规范上的意思表示。以信赖保护为基础，考量一个表示当有之法律效力或法律属性，可能在损害赔偿法上从规范的信赖责任，也可能在法律行为法上从规范的意思表示立论。其切入的法效体系不同。例如"民法"第110条就

---

① 电子商务契约有一些公法上及私法上之规范上的不确定性。其私法上之不确定性，例如契约在何时于何地缔结，错误、无权代理或冒名表示之效力该当如何？当立法的进度不能满足这些在契约关系的缔结中所发生之不确定性的规范需要时，缔约当事人首先应利用事先缔结之"电子资料交换协议"(EDI agreements)，预为规范后来利用电子资料交换所作之交易，不得已时才依赖执行法律之机关，特别是司法机关之在适用上的调适，以使与之有关之传统的、抽象的法律概念能适合于新生事物之规范需要(Santiago Cavanillas/Martníez Nadal, ESPRIT Project 27028, Electronic Commerce Legal Issues Platform, Contract Law, Deliverable 2.1.7, p. 1)。

② 按就意思表示，除法律有法定方式之限制外，表意人虽本有方式自由，得以交易习惯或协议使用之方式为之。然因利用电子资料信息作为法效意思之表示方法，尚属新创，实务上存有疑问，所以其采行，需要有权机关之肯认，以提高其法的安定性。对之，联合国国际贸易法委员会建议之电子商务模范法第11条规定："在契约之缔结上，除当事人另有协议外，一个要约及要约之承诺得以电子资料信息的方式表示之。电子资料信息使用于一个契约之缔结时，不应只因为电子资料信息经用于该目的，而否认该契约之效力或可执行性(第一项)。本条规定不适用于下列情形……(第二项)。"该条第1项中关于"除当事人另有协议外"之规定即系"推定"之一种规定方式，已基本上肯认电子资料信息可作为法效意思之表示方法。唯鉴于电子资料信息的功能，特别是与书面之制作的警告功能有关部分，尚不充分，所以，还有像该条第2项，以负面表列的方式，排除一部分类型之适用的必要。该规定与"电子签章法"第4条之下述规定不同："经相对人同意者，得以电子文件为表示方法(第一项)。依法令规定应以书面为之者，如其内容可完整呈现，并可于日后取出供查验者，经相对人同意，得以电子文件为之(第二项)。前两项规定得依法令或行政机关之公告，排除其适用或就其应用技术与程序另为规定。但就应用技术与程序所为之规定，应公平、合理，并不得为无正当理由之差别待遇。"后者(第4条)考虑当事人间之数位落差，规定以电子文件为表示方法，或替代书面，事先应经相对人同意。

无权代理人之责任规定："无代理权人，以他人之代理人名义所为之法律行为，对于善意之相对人，负损害赔偿之责。"属于从规范的信赖责任；而"民法"第 86 条就心中保留规定："表意人无欲为其意思表示所拘束之意，而为意思表示者，其意思表示，不因之无效。但其情形为相对人所明知者，不在此限。"属于从规范的意思表示立论。]例如关于契约之缔结，利用为要约、承诺；关于意思表示或契约效力之发生或存续，利用为意思表示之撤回、撤销，或契约之解除、终止及其他形成权之意思表示的方法。[①] 在这种情形所送出之信息或传达如有错误，同样得以意思表示有错误为理由撤销之。[②] 唯传达之意外错误的风险仍由发信人负担。发信人"对于信其意思表示为有效而受损害之相对人或第三人，应负赔偿责任。但其撤销之原因，受害人明知或可得而知者，不在此限"（"民法"第 91 条）。[③] 至于他人故意操纵所为之信息的变造或伪造，原则上不属于发信人应负担之风险。此种意思表示之瑕疵不属于"民法"第 89 条所定之传达错误。[④]

在契约的缔结上，基于契约自由原则，任何人原则上皆无与他人缔约的义务。是故，受要约人对于要约并无回应的义务。然鉴于在电子商务，双方皆有确认其间是否有意思表示来往之交易上的需要，所以，在可怀疑是否有来自于可探知之相对人，特别是受要约人有无承诺之意思表示时，有依诚实信用原则，课收信人对于他方发求证通知的义务。另在电子商务关系，处于受要约人地位之销售方，如有承诺义务，或依具体情形于拟拒绝承诺时，对于要约人负有拒绝承诺

---

① 关于可利用电子资料处理设备（EDV-Anlage）为工具，接受要约并为承诺，及其要约之拘束力期间的问题请参考 Helmut Redeker, Geschäftsabwicklung mit externen Rechnern im Bildschirmtext-dienst, NJW 1984, S. 2391f.; Santiago Cavanillas/Martníez Nadal, ESPRIT Project 27028, Electronic Commerce Legal Issues Platform, Contract Law, Deliverable 2.1.7, p. 2.

② Helmut Redeker, Geschäftsabwicklung mit externen Rechnern im Bildschirmtext-dienst, NJW 1984, S. 2392; Anne-Catherine Hahn, Vertragsschluß im Internet: Ausgewählte Fragen in Rechtsfragen der Informa-tionsgesellschaft herausgegeben von Prof. Dr. Thomas Hoeren und Robert Queck, S. 162f..

③ 该风险仍然是有限度的，亦即发信人仅就收信人之信赖利益，而不就履行利益的损害负赔偿责任。唯在这种情形，发信人也可以选择不撤销契约，而负履行义务。当其做第二种选择时，在该意思表示有传达错误一事，可能永远隐而不彰。这是基于私法自治原则、信赖原则及交易安全的保护，为因错误或欠缺表示意识而为之意思表示所规划出来之弹性的规定。请参考 Franz Bydlinski, Erklärungsbewußtsein und Rechtsgaschäft, JZ 1975, 1ff. (4f.)。

④ 请参考 Anne-Catherine Hahn, Vertragsschluß im Internet: Ausgewählte Fragen in Rechtsfragen der Informa-tionsgesellschaft herausgegeben von Prof. Dr. Thomas Hoeren und Robert Queck, S. 156f.。

之通知的义务,[①]则受要约人如不将要约信息不明确之情事通知要约人,在当事人间便可能引起契约是否依要约之内容成立的争议。由于在这种情形,传达之电子信息是否因不明确,而无从承诺,非经收信人通知,发信人无从知悉,所以应课收信人以通知义务。然其怠于通知者,究应只课以缔约上过失之赔偿责任,或应视为承诺,认为当事人间仍以要约人可证明之要约内容为其内容,成立系争电子商务契约?(参考“民法”第387条)[②]原则上应以课缔约上过失之赔偿责任为妥。盖既根本不知相对人之意思表示的内容,自无从拟制契约按意定之内容成立。在电子商务,纵使销售方拒绝承诺电子要约是一种例外的情形,但除依特约或交易习惯,[③]得以意思实现之方式承诺外,还是不宜将单纯之沉默论为承诺。反之,在得以意思实现之方式承诺的情形,[④]销售方欲拒绝承诺者,应对于要约

---

① 现行法中关于对要约不为拒绝之表示,即视为承诺之规定,最典型者例如“民法”第530条规定:“有承受委托处理一定事务之公然表示者,如对于该事务之委托,不即为拒绝之通知时,视为允受委托。”另第387条第1项虽有类似之规定:“标的物因试验已交付于买受人,而买受人不交还其物,或于约定期限或出卖人所定之相当期限内不为拒绝之表示者,视为承认。”但该规定具有意思实现之具体规定的意义,而非单纯关于拒绝承诺之通知义务。

② 关于电子讯息之接收与回应,个人电脑银行业务及网络银行业务服务契约范本第4条规定:“一方接收他方任何电子讯息,若无法辨识其内容时,视为自始未传送。但可确定客户身份时,银行应将内容无法辨识之事实通知客户(第一项)。银行接收含数位签章之电子讯息后,应对数位签章进行检核,并将检核或处理结果通知客户(第二项)。”

③ 关于意思实现,“最高法院”1954年台上字第454号著有判例:“系争基地之房屋,被上诉人与原所有人某甲间之租赁关系,虽因其租赁物即房屋全部,因不可归责于双方当事人之事由,灭失而消灭,然某甲于被上诉人在系争基地重新建筑房屋,不唯并无反对之表示,且受领其地租有年,是双方既有租用基地建筑房屋合致之意思实现,自难谓其租赁契约未经成立,依‘民法’第四百二十五条之规定,此项租赁契约,对于向某甲受让其基地所有权之上诉人,仍继续存在。”(《“最高法院”判例要旨》上册,1983年版,第250页)

④ 关于意思表示,意思实现之要素特征为有法效意思,而无对于要约人之表示行为。其与表示行为相当之事实仅止于客观上“有可认为承诺之事实”存在(“民法”第161条)。由于在意思实现,有客观上“可认为承诺之事实”存在,所以尚非单纯之沉默,只是没有将该可认为承诺之事实通知于要约人而已。然正因为没有通知,要约人就是否有承诺一时便会处于不明的状态。是故,在以通讯方便、快速为其特征之电子商务,为提高其交易安全,宜规定:销售方欲拒绝承诺者,应对于要约人为拒绝承诺之通知。

人为拒绝承诺之通知。[①] 前述问题也可辅以将受信之回报规定或约定为所受信息之生效要件的方式规范之。这种规定比较稳当。[②]

利用电子讯息表示法效意思，原则上虽为非对话之意思表示，[③]但基于电子讯息在送达上的即时性，其发送后是否还有依"民法"第95条第1项但书之撤回

---

① 关于这个问题，"个人电脑银行业务及网络银行业务服务契约范本"第5条规定："如有下列情形之一，银行将不执行任何接收之电子讯息：一、有相当理由怀疑电子讯息之真实性或所指定事项之正确性者。二、银行依据电子讯息处理，将违反相关法律、命令之规定者。三、银行无法于账户扣取客户所应支付之费用者。四、客户有第十八条第二项所述情形之一者(第一项)。银行不执行前项电子讯息者，应同时将不执行之结果通知客户，客户受通知后得以电话向银行确认(第二项)。"唯受要约人如为客户方，而非销售人方，则纵使其承诺得以意思实现的方式为之，其单纯的沉默亦不应解释为承诺。请参考 Anne-Catherine Hahn, Vertragsschluß im Internet: Ausgewählte Fragen in Rechtsfragen der Informa-tionsgesellschaft herausgegeben von Prof. Dr. Thomas Hoeren und Robert Queck, S. 152。

② 以网络传递信息者，其错误或障碍的风险究应由发信人或收信人负担，应按其事由之归属定之。例如由于收信人方之收信设备的欠缺引起者，应由收信人负担；显然由公共传输网络中断或障碍而引起者，应由发信人负担(Tobias H. Strömer, Online-Recht, 2. Aufl., 1999, S. 111)。盖公共传输网络在此应论为发信人之传达人。而传达错误属于表意人方应负责之事由。关于传达错误，"民法"第89条规定："意思表示，因传达人或传达机关传达不实者，得比照前条之规定，撤销之。"从而表意人依第89条之规定撤销意思表示者，与依第88条之规定撤销的情形一样，"对于其意思表示为有效而受损害之相对人或第三人，应负赔偿责任。但其撤销之原因，受害人明知或可得而知者，不在此限"(第91条)。这个问题在德国法规定于德国民法第120条及第122条。德国民法"第一百二十二条清楚地规定，由第三人传达之意思表示应像表意人亲自所作之表示一样对待之。不正确之传达不排除意思表示对于表意人之拘束力；他应负担传达错误之风险。唯该意思表示因表示行为上有错误而依第一百十九条第一项得撤销，不过，依第一百二十二条带来一个赔偿义务之结果。依该条规定之法律思想，第一百二十条以他人之意思表示的传达为要件。为传达之第三人必须是表示上之工具。倘意思表示由代理人为之，则不再属于传达他人之表示，而是代理人自己之表示。其意思之瑕疵的处理悉依代理人自己之情况决之(第一百六十六条)……以电话所作之表示无第一百二十条之适用；而应依第一百十九条以错误为理由撤销之。然邮局将不正确之电报电文传达给收信人者，则属于第一百二十条规定之情形。如果错误之电报内容系由邮局先以电话毫无保留地通知之，则该不正确之表示已到达，纵使后来正确电文之电报经交付者，亦然。不过，依第一百二十条撤销时，依第一百二十二条第二项之赔偿义务在这种情形可能消灭"(Soergel-Hefermehl, Kommentarzum BGB, 11. Aufl., 1978, §120 Rz 1f.)。

③ Anne-Catherine Hahn, Vertragsschluß im Internet: Ausgewählte Fragen in Rechtsfragen der Informa-tionsgesellschaft herausgegeben von Prof. Dr. Thomas Hoeren und Robert Queck, S. 152ff..

的可能性，显有疑问。为厘清该疑问，实务上有以契约加以限制。[①]

(二)诺成或要式

关于契约之缔结，基于契约自由原则中之方式自由，原则上固无须践行一定之方式，亦即只要当事人双方之意思表示在"民法"第153条第2项所定之范围已经获得一致便可。此即诺成契约。唯现行法除对于一些契约类型规定，其缔结应遵守法定的方式外，[②]"民法"第166条还容许，契约当事人约定其契约须用一定方式。当有意定方式之约定，在该方式未完成前，推定其契约不成立。此为

---

① 关于电子讯息之撤回的限制，个人电脑银行业务及网络银行业务服务契约范本第6条规定："电子讯息系由银行电脑自动处理，客户发出电子讯息传送至银行后即不得撤回、撤销或修改。若电子讯息经由网络传送至银行后，于银行电脑自动处理中已逾银行服务时间时，银行应即以电子讯息通知客户，该笔交易将依约定不予处理，或自动改于次一营业日处理。"然所谓该笔交易"依约定不予处理"的意义究竟如何，值得推敲。要约之拒绝？如将"依约定不予处理"解释为要约之拒绝，则"自动改于次一营业日处理"所涉者为要约拘束期间之延长。这些在缔约上皆还在契约自由的范围内。值得注意者为关于"客户发出电子讯息传送至银行后即不得……撤销……"的约定限制了表意人依"民法"第88条、第92条，以意思表示有错误或被诈欺或胁迫为理由，撤销其意思表示的权利，是否可行？关于以错误为理由之撤销，其限制德国学说上与实务上采肯定之见解(Soergel-Hefermehl, Kommentarzum BGB, 11. Aufl., 1978, §119 Rz 73ff.)。按"民法"第88条为关于错误之撤销权的一般的任意规定。该条所定之撤销权不但可能为法律之特别规定，也可能由当事人之意思表示所明示或默示的限制或排除。由法律明示限制或排除者，例如"民法"第738条规定："和解不得以错误为理由撤销之。但有左列事项之一者，不在此限：一、和解所依据之文件，事后发现为伪造或变造，而和解当事人若知其为伪造或变造，即不为和解者。二、和解事件，经法院确定判决，而为当事人双方或一方于和解当时所不知者。三、当事人之一方，对于他方当事人之资格或对于重要之争点有错误，而为和解者。"由法律默示排除者，例如"民法"第386条、第387条关于试验买卖之标的物的拒绝承认或承认的拟制不得以有错误为理由撤销之。此外，也有认为依诚信原则，在投机性行为(bei spekulativen Geschäften)，基于风险负担之归属的观点，应禁止当事人之一方将应由其负担之风险利用错误之撤销转嫁于相对人。又在表意人就错误之发生有重大过失，且相对人因信赖该契约之有效已有切入其财产之投入，而该投入不能经由"民法"第91条所定有限之赔偿义务填补时，有认为依禁止出尔反尔的观点(unter dem Gesichtspunkt des venire contra factum proprium)，表意人不得利用撤销自契约脱身(Soergel-Hefermehl, Kommentarzum BGB 11. Aufl., 1978, §119 Rz 76)。

② 例如"民法"第166条之一第1项规定："契约以负担不动产物权之移转、设定或变更之义务为标的者，应由公证人作成公证书。"第422条规定："不动产之租赁契约，其期限逾一年者，应以字据订立之未以字据订立者，视为不定期限之租赁。"

约定之要式契约。[①] 在电子商务契约之缔结上，由于当事人以电子文件的方式为意思表示，于是引起其表示方法应定位为书面或非书面之表示的疑问。[②]

有谓以电子信息表示者，其信息事实上已文件化，只是其存在媒体不是纸张，以及电子符号容易变造、如有疏忽容易在储存中漏失而已。有谓在进一步利用确实的方法将之存证前，其实电子信息与口头之表示一样，在存在上是不持久的，因此，在其以确实可靠的方法存证前，其表示方法应暂定为与口头相当，待经以确实可靠的方法存证后，始宜肯任其书面的地位。第二种看法应当比较符合实际。此亦是：为何有些立法例，在证据方法上将未经以确实可靠的方法存证之电子文件，定位为见闻证据（der Augenscheinsbeweis）的道理。[③] 所谓以确实可

---

① 由于台湾地区法律在要式上的要求相对于其他立法例比较少，例如美国诈欺法有商品之销售，其价值超过 500 美元或其履行期间超出 1 年者，应以书面为之的规定（请参考 Elizabeth S. Perdue in Thomas J. Smedinghoff, Online Law, 1996, pp. 83, 96 footnote 30）。所以，关于电子文件是否能够满足法定书面要式的问题相对较少。然这并不意味着该问题根本不存在。请参考 Tobias H. Strömer, Online-Recht, 2. Aufl., 1999, S. 113。

② 在法律上是否肯认电子文件之文件地位，其在民事证据法上的意义为电子文件之证据资格与证据力的论断。详请参考 Anne-Catherine Hahn, Vertragsschluß im Internet: Ausge-wählte Fragen in Rechtsfragen der Informa-tionsgesellschaft herausgegeben von Prof. Dr. Thomas Hoeren und Robert Queck, S. 161f.; Tobias H. Strömer, Online-Recht, 2. Aufl., 1999, S. 107; Jörg W. Britz, Urkundenbe-weisrecht und Elektroniktechnologie, 1996, S. 25ff.. 由于诉讼法通常被论为由公法规定构成，不受契约自由原则的适用，因此关于电子文件之证据问题在法无明文规定的情形，只能求诸法院之心证。另即便定位为书面，亦不能取代应经公证之文书。

③ 详请参考 Anne-Catherine Hahn, Vertragsschluß im Internet: Ausge-wählte Fragen in Rechtsfragen der Informa-tionsgesellschaft herausgegeben von Prof. Dr. Thomas Hoeren und Robert Queck, S. 159ff.; Jörg W. Britz, Urkundenbeweisrecht und Elektroniktechnologie, 1996, S. 258ff.. "在见闻证据的范畴内，电子文件得充为证据方法是毫无困难的……与私文书一样，电子文件关于其真正、未经变造，尤其是其内容皆应受自由心证的适用……在此可讨论是否接受按电子签章程序制作之其他适格的表示方式。这当中，与亲自签名之功能的相当性为其考量的标准。至少在一些文件要求中具有决定性之警告功能，并不能为至目前为止所知之程序毫无疑问的实践。由于实体法上之要式规定原则上不适合类推适用，所以，探讨之结果可能不排除将来以立法的方法解决之需要。"关于书面要式之功能，除存证外尚有警告功能的看法，亦为美国法上之一般看法。例如 Elizabeth S. Perdue in Thomas J. Smedinghoff 在其所著 *Online Law*, 1996, p. 96 footnote 29 称："要求签署书面的理由通常被引用者有二层：(1)书写及签名的行为被认为是熟思且认真的，从而可确保一个当事人会给予系争事件以适当地考虑，及(2)相对于一个人之记忆或证言，一份经签名之文件的证据可被认为比较可信，从而比较无诈欺之疑虑。"

靠的方法存证，在此指：除储存外，尚必须以数位签章[①]或甚至包括电子邮戳的方式传递电子文件。

必须注意实体法上关于文据之要式规定的目的，除存证外，有时尚有促请表意人注意系争意思表示之重要性的警告功能。鉴于在电子文件之制作，有时其情境就像口头表示一样，了无遮拦。是故，在相关制度之规范的规划上，尚有针对各种电子商务之具体情形分别以立法的方式加以规定的必要。[②] 例如将事业在电信网络对于消费者从事之买卖，定性为邮购买卖，以使消费者"得于收受商品后七日内，退回商品或以书面通知企业经营者解除买卖契约，无须说明理由及负担任何费用或价款"("消费者保护法"第19条)。

(三)要约诱引、要约与承诺

在电子商务活动中，首先是销售方在电脑通信网络上散布关于其销售之商品或服务的信息，可能包括其商品或服务之品质、性能的叙述，品质担保，付款方法及其他交易条件，解除契约之事由与解除时之恢复原状的义务。这些事项可

---

① 要使电子信息取得相当于纸上文件的地位，除了必须将之储存记录外，并应附以数位签章。储存记录的作用在于，以相当于纸上文件的形态，将电子信息有体化；附以数位签章的作用在于将该电子信息归属于特定应为之负责的主体。关于信息之有体化，使之具有规范上要求之文件形式的要件，为因应通信科技的进步，美国 New Hampshire court 就电报曾提出下述说明："操作员利用来书写要约或承诺之钢笔尖，究竟系一支插于一般笔管之一英寸长的钢笔尖，或系系于千里长之铜线上，是无所谓的。在各该案例中，一定之意思皆利用置于钢笔尖之手指传送到纸上。虽然在一个案例中使用普通墨水，而在另一案例中使用一种称为电气之比较微妙之液体。但这并不造成任何区别，它们都执行相同的任务。"其他法院后来虽也有将电报，录于磁带、传真、电脑磁碟片上的磁性记录等认定为符合诈欺法所定之文件的要件，但基于交易客体之重要性上的差异，还是有针对个别情况，差别对待的必要。比较允当的做法是，要求采取可以获得信赖之储存措施。详请参考 Elizabeth S. Perdue in Thomas J. Smedinghoff, Online Law, 1996, pp. 84～85 及其引注。

② 例如将之定性为"消费者保护法"第19条意义下之邮购，使购买者如为消费者且为消费目的而为购买时，可享受该条所定之特别保护："得于收受商品后7日内，退回商品或以书面通知企业经营者解除买卖契约，无须说明理由及负担任何费用或价款。"(第1项)"契约经解除者，企业经营者与消费者间关于回复原状之约定，对于消费者较'民法'第二百五十九条之规定不利者，无效。"(第3项)此外，并将事业在网络上，关于其销售之货物或劳务，对于不特定人所作之陈述界定为广告，使其为广告内容之真实负责("消费者保护法"第22条)。唯在将之定性为邮购的情形，必须注意有一些在网络上销售之商品，具有其性质易于败坏，其瑕疵易于发现的特征。例如经由网络呼叫之外送食品。在这种情形，前述收受商品后七日内随时得不具理由退货的规定，至少其期间可能太长。另在像食品这种经常重复消费，需要消费者一再指名购买始能生存、获利之商品的销售，"消费者保护法"第19条所定，不以商品有瑕疵为必要之解除权，可能亦非保护消费者利益所必需。

能以契约一般条款的方式表现出来，将之标准化，以降低因个别协商可能引起之交易成本，发挥网际商务之效率。到此阶段销售人之所为在法律上定性为利用广告，诱引不特定的对象，按所广告之约款内容对其要约。

因为在网络上对于不特定人散布关于自己行销之商品或服务的信息为一种广告，所以除关于广告之规制规定对其有适用性外，还必须注意“消费者保护法”第 22 条规定：“企业经营者应确保广告内容之真实，其对消费者所负之义务不得低于广告之内容。”唯广告并不因该条规定而成为要约。[①] 它对于消费契约之意义仅是：契约如果成立，对消费者所负之义务不得低于广告之内容。此外，鉴于在网络采购，消费者所面对之购买环境类似于邮购的情境，在收到货物前并不能就拟购之物品从事必要之检视，是故，消费者在网络购物，应准予类推适用“消费者保护法”第 19 条关于邮购之规定，容许其在“对所收受之商品不愿买受时，得于收受商品后七日内，退回商品或以书面通知企业经营者解除买卖契约，无须说明理由及负担任何费用或价款(第一项)”。销售人如有“违反前项规定所为之约定无效(第二项)。(另)契约经解除者，企业经营者与消费者间关于回复原状之约定，对于消费者较‘民法’第二百五十九条之规定不利者，无效(第三项)”。为使这个问题在规范上臻于明确，在电子商务契约有关法律之制定中有必要对此明文加以规定。

在依交易习惯，该广告作用所及之范围，广告人后来如与他人缔结与广告之商品或服务有关之契约时，其对消费者所负之义务虽然不得低于广告之内容(“消费者保护法”第 22 条)，但广告原则上仍仅是一种“要约诱引”，而非要约。[②] 前述广告亦有可能不仅是要约诱引，而已是要约，例如在网络广告中提供即时供

---

① 广告不得即论为要约的道理为：广告人没有办法控制因此所产生之履行上的风险，包括如期、如数、依广告之价格及条件。至于广告主事后真正愿意成交之数量与广告规模相比，如果显失均衡，应从不公平竞争行为的观点依公平交易法规范之。请参考 See Elizabeth S. Perdue in Thomas J. Smedinghoff, Online Law, 1996, p. 81：“一个销售人对大众广告其供销售之商品时，通常不认为该销售人正在要约，而只是在邀请他人对其要约。购买人回应一个广告，订购商品时，其所为始为购买之要约。直到购买人之要约经承诺前，其间并无契约。否则，销售人可能为其收到之订单所拘束，而这些订单所需之发货可能大大超过其供给能力。”

② Helmut Redeker, Geschäftsabwicklung mit externen Rechnern im Bildschirmtextdienst, NJW 1984, S. 2390f.：网络上之广告所以只宜论为要约诱引，而不宜论为要约，除了有存货限制上的考量外，因在网络上广告人并不一定认识可能之购买人，所以也有关于购买人之债信上的疑虑。

货的服务，让购买人即可在网络上下载其订购之商品的情形（影视带或电脑软体）。[①] 盖在网络世界之虚拟实境中，这种广告之散布实际上已非仅是“价目表之寄送”，而与“货物标定卖价陈列”无异，应“视为要约”（“民法”第154条第2项）。

要约与承诺之信息的传递方法是否必须同一。如无特别指定，应采否定的见解。要约或承诺可以分别以电子邮件（E-mail）、按滑鼠键（Mouseclicks）、传真（Fax）[②]或其他口头或书函的方式为之。[③] 至于各种不同之传递方法，是否能满足法定或意定之方式的要件，以及其到达时间与地点之认定应以何为标准，则是另一个问题。

在电子商务契约之缔结上，当事人间就具体之交易条件，原则上并不进行缔约上之协商。通常借助于一般契约条款将之标准化，以降低交易之协商成本、提

---

① See Elizabeth S. Perdue in Thomas J. Smedinghoff, Online Law, 1996, p. 82; Anne-Catherine Hahn, Vertragsschluß im Internet: Ausgewählte Fragen in Rechtsfragen der Informa-tionsgesellschaft herausgegeben von Prof. Dr. Thomas Hoeren und Robert Queck, S. 151f..

② 传真视传送者之意思，可能只是传送一份文件之拷贝供相对人参考，也可能是一个意思表示。当其为意思表示，有关于传真之要式、到达及证据方面的问题。这在德国法上的看法请参看 Peter Ebnet, Rechtsprobleme bei der Verwendung von Telefax, NJW 1992, S. 2985ff.(2989ff.)。即便接纳传真作为一种意思表示的方法，必须注意该表示首先极其量只是一个未经签名之文件（Peter Ebne, aaO. S. 2989），因此当双方对其真正有争议时，应由法院依自由心证判断其真伪。当对其到达如有争议，应由发信人证明确有发信，且其内容为完整可读。由发信人证明确有发信，在技术上固有可能，但要证明传达之内容完整可读，对于发信人则有困难。这个问题论诸实际只能利用收信人之回报确认之。是故，缔约人如拟以传真作为意思表示之表示的方法，则在法律只规定以到达（“民法”第95条第1项），而不规定以回报作为非对话之意思表示的生效要件时，有必要以约定的方法附以回报或其他足以确认到达及其内容的生效要件（Peter Ebne, aaO. S. 2991）。至于以传真传送之文件是否该当于书面的要式要件？学者认为德国学说上与实务上一般认为不该当于法定之书面的要件（Sebastian Henneke, Form-und Fristfragen beim Telefax, NJW 1998, 2194），而可能该当于意定之书面方式。盖源自法之安定性的法定方式不应仅基于衡平的考量，即原则上予以搁置不用，而应只有在意思表示因方式欠缺而无效，对于当事人造成不能负担之重时，始得依诚信原则，例外地排除其适用（Peter Ebne, aaO. S. 2990）。在意定之书面方式的遵守，由于关于方式之约定本身，一直有后约废止前约的可能，所以在具体案件难以一以贯之，尚须视具体情况认定之。

③ See Elizabeth S. Perdue in Thomas J. Smedinghoff, Online Law, 1996, p. 82.

高交易安全及效率，已如前述。因之，电子商务契约通常即是一种定型化契约。[①] 该契约中以一般契约条款约定的部分应受“民法”第 247 条之一的规范。其属于消费契约者，并有“消费者保护法”第 11 条以下关于定型化契约之规定的适用。关于定型化契约的规定，除应注意其公平之维护外，为使预拟之一般契约条款可认为已构成契约内容的一部分，应以显著的方式引用之，以使相对人能确知或有适当机会探知其内容。[②] 公平交易委员会并认为在“于预售屋买卖契约签订前未予交易相对人充分审阅契约书条款内容之机会（者），其交易手段有足以影响交易秩序之显失公平情事，违反‘公平交易法’第二十四条规定”[③]。在现代著作物的授权或网络交易中常利用之包装纸约款（shrinkwrap）或网站包装约款（webwrap），即属一种一般契约条款。[④]

承诺原则上固为一种需要特定相对人之意思表示，但在依习惯或依其事件之性质，或要约人于要约当时，预先声明承诺无须通知的情形，“民法”第 161 条例外允以一定足以客观表示承诺意思的行为承诺之。从而在相当时期内，有可

---

① See Elizabeth S. Perdue in Thomas J. Smedinghoff, Online Law, 1996, pp. 85～88; Claus D. Müller-Hengstenberg, Nationale und internationale Rechtsprobleme im Internet, NJW 1996, S. 1782. “鉴于在涉外关系上，法律情况很开放，所以在具体案件中宜以切合当地法律之清楚的契约约款定之，以至少达到一定程度之法的安定性。”而所谓契约约款在此只要依赖定型化契约中之一般约款。

② 关于契约之一般条款要如何才能成为定型化契约之内容，“消费者保护法”第 13 条第 1 项规定：“契约之一般条款未经记载于定型化契约中者，企业经营者应向消费者明示其内容；明示其内容显有困难者，应以显著之方式，公告其内容，并经消费者同意受其拘束者，该条款即为契约之内容。”同法第 14 条规定：“契约之一般条款未经记载于定型化契约中而依正常情形显非消费者所得预见者，该条款不构成契约之内容。”或虽“记载于定型化契约，（但）因字体、印刷或其他情事，致难以注意其存在或辨识者，该条款（亦）不构成契约之内容。但消费者得主张该条款仍构成契约之内容”（同法施行细则第 12 条）。又“定型化契约（所）记载（者，纵）经‘中央’主管机关公告（为）应记载之事项……仍有本法关于定型化契约规定之适用（第一项）。‘中央’主管机关公告应记载之事项，未经记载于定型化契约者，仍构成契约之内容（第二项）”（同细则第 15 条）。“本法所称定型化契约条款不限于书面，其以放映字幕、张贴、牌示或其他方法表示者，亦属之。”（“消费者保护法施行细则”第 9 条）同法第 13 条第 2 项并规定“前项情形，企业经营者经消费者请求，应给予契约一般条款之影本或将该影本附为该契约之附件”。此外，同细则第 11 条还规定：“企业经营者与消费者订立定型化契约前，应有三十日以内之合理期间，供消费者审阅全部条款内容（第一项）。违反前项规定者，该条款不构成契约之内容。但消费者得主张该条款仍构成契约之内容（第二项）。”

③ “行政院”公平交易委员会 1995 年 8 月 1 日公处字第 087 号处分书（“行政院”公平交易委员会公报 1995 年第 4 卷第 8 期，第 16 页）。

④ 关于包装纸约款（shrinkwrap）或网站包装约款（webwrap），请参考 See Elizabeth S. Perdue in Thomas J. Smedinghoff, Online Law, 1996, pp. 87～88.

认为承诺之事实时,其契约即为成立。例如打开附有包装纸约款之包装,可能解释为:以该包装纸约款中所载内容为内容,承诺授权契约。[①] 然在这种情形,消费者往往在收到货后才获知缔结之契约附有此种定型化一般约款。这种约款之附加究属于事后之附加,或属于附保留约款之承诺?如消费者系要约人,应论为附保留约款之承诺;如消费者系承诺人,应论为事后之附加。附保留约款之承诺等于是新要约,以消费者之开拆包装为承诺之意思实现("民法"第161条)。至于如系消费者承诺后之附加,其附加属于契约成立后,单方改变契约内容之表示,依契约原则[②]不生改变契约内容之效力。

在电子商务契约之缔结,时而不免发生传输错误的情事。此种风险原则上应由发信人负担。盖传达人为发信人之使用人或使用之工具。因数位信息之传送所使用之工具事实上常常不是自然人,而是自动化的电脑及通信设备,是故,如果双方为确保传递之安全与正确,事先订有一定之操作规定,则该风险之归属尚应考量,是否有一方当事人未遵守该规定。如有,则应归属于可归责之一方。[③]

在电子商务契约之履行,物的瑕疵担保为一个重要的问题。在此销售人除应担保其提供之货物于依第373条之规定危险移转于买受人时,无灭失或减少其价值之瑕疵,亦无灭失或减少其通常效用或契约预定效用之瑕疵外,并应担保其物于危险移转时,具有其所保证之品质("民法"第354条)。其间销售人在广告中所广告之品质应定性为第354条第2项所定保证之品质,以符合"消费者保护法"第22条之规定。有相反之意思者应以显著的方式将其意思表示出来。然应如何表示,其表示方始符合显著的要件,应就个案之具体情形认定之。通常要求应以特别显著之颜色,大一点的字体,在适当的位置表示出来。[④]

七、缔约上过失与积极侵害债权

在契约之债务关系的发展上,不但有习见之契约不履行的问题,也有缔约过

---

① See Elizabeth S. Perdue in Thomas J. Smedinghoff, Online Law, 1996, p. 82.

② 债之关系的成立,原则上需要一个契约,以符合私法自治原则的参与精神。唯为满足实务上之需要,法律仍定有一些例外的情形,例如票据行为、形成权之行使等皆以单方行为的方式为之。此外,契约原则也越来越多地受到信赖原则的排挤。详请参考 Esser, Schuldrecht, 2. Aufl., 1960, S. 19f.。

③ 关于电子存款之划拨,美国统一商法典第4(A)条即采此种观点。See Elizabeth S. Perdue in Thomas J. Smedinghoff, Online Law, 1996, p. 90.

④ See Elizabeth S. Perdue in Thomas J. Smedinghoff, Online Law, 1996, p. 88.

失，或不完全履行（积极侵害债权）的问题。①

在电子商务关系，当事人除可能因直接交易相对人有缔约上过失、不履行契约，或不完全履行而受损害外，尚有可能因金钥之失效而受到损害。如双方用以从事数位签章之金钥系由第三人提供，则还有该金钥提供者基于金钥之提供使用关系的赔偿问题。

由于电子商务尚属新生的交易方式，其中可能还有一些难测之交易障碍，是故，除关于其缔约上过失或积极侵害债权之损害赔偿责任的范围，有以特约加以限制的必要外，②金钥提供者，通常即金钥认证机构，就其金钥失效③引起之损害的赔偿，亦多以特约排除或在数额上予以限制。④ 其限制方式，与缔约上过失有关者首先为限于信赖利益，再则限于信赖利益中之积极损害，亦即限于“民法”第216条第1项所定之“所受损害”，不包括所失利益。为防止金钥被冒用可能引起之损失，认证机构应提供迅速有效之挂失或撤回使用的服务。其疏于配合者，应负冒用损失之赔偿责任。此为一种债务不履行责任。⑤

比较重要之缔约上过失的情形例如，金钥使用人疏于防范第三人之冒用，⑥

---

① 这主要含以下义务之违反。一、诚信义务：（一）协商义务与缔约义务；（二）主动告知或通知义务；（三）被动回应的义务；（四）意思实现。二、保护义务：（一）隐私权；（二）营业秘密。

② 因此，个人电脑银行业务及网络银行业务服务契约范本第14条约定：“双方同意依本契约传送或接收电子讯息，因可归责于当事人一方之事由，致有迟延、遗漏或错误之情事，而致他方当事人受有损害时，该当事人仅就他方之积极损害（不包含所失利益）及其利息负赔偿责任。”

③ 金钥失效之可能的情况包括以真为假，及以假为真。其中包括由侵入者造成的情形。以上情形如果可归责于金钥认证机构，该机构应对于签名名义人负赔偿责任。如不可归责于金钥认证机构，签名名义人得请求伪造者赔偿，如不知谁为伪造者，则签名名义人应自己承受该损失。请参考 Santiago Cavanillas/Martníez Nadal，ESPRIT Project 27028，Electronic Commerce Legal Issues Platform，Contract Law，Deliverable 2.1.7，p. 37.

④ See Lorigean G. Oei in Thomas J. Smedinghoff，Online Law，1996，pp. 50～51. 为克服金钥之管理或盗用可能引起之赔偿问题，金钥之发行或认证机构不但对于其发行之金钥提供挂失、申报停用的服务，而且自始限制所发行之金钥的有效期间（Lorigean G. Oei in Thomas J. Smedinghoff，Online Law，1996，pp. 52～53）。

⑤ Santiago Cavanillas/Martníez Nadal，ESPRIT Project 27028，Electronic Commerce Legal Issues Platform，Contract Law，Deliverable 2.1.7，p. 24.

⑥ Santiago Cavanillas/Martníez Nadal，ESPRIT Project 27028，Electronic Commerce Legal Issues Platform，Contract Law，Deliverable 2.1.7，p. 24.

致相对人遭遇损失。[①]

至于积极侵害债权之类型，其与电子商务有关者例如：因销售方提供之交易系统遭骇客侵入，而损及客户之权益；[②]销售方违反关于客户资料之保密义务，

① 授权及防范个人电脑银行业务及网络银行业务服务契约范本第 11 条规定："双方同意确保所传送至对方之电子讯息均经合法授权。双方同意于发现有第三人冒名或盗用授权使用者代号、密码或凭证声请识别码、私密金钥，或其他任何未经合法授权之情形，应立即以电话或书面通知他方停止使用该服务并采取防范之措施。银行接受通知前，对第三人使用该服务已发生之效力，除非银行故意或重大过失而不知系未经合法授权之电子讯息，银行不负责任。"冒名的损失究竟应由谁负担在银行实务上为一个颇值得研究的问题。如从存在于银行中的金钱，其所有权原则上皆属于银行出发，冒名者之所为应属于对于银行为诈欺，使其误信冒名者为真正之债权人，从而对其给付。亦即其加害对象首先应是银行，而非银行之客户。反之，如从冒名者之所为在于对于银行（债务人）行使被冒名者对于银行之债权，且银行因而对于冒名者，以清偿之意思而为给付出发，则该清偿给付对于被冒名者而言，属于其债务人（银行）对于第三人清偿的问题。其清偿只有在构成表见代理（"民法"第 169 条、第 107 条）或有"民法"第 310 条各款所定之情形之一时，对于被冒名者始有清偿效力。其中第 310 条第 2 款所定者（受领人系债权之准占有人者，以债务人不知其非债权人者为限，有清偿之效力），在债权之清偿上类似于债权之无权处分中之善意取得。被冒名者最后如应负担被冒名所发生之损失，其到底系依表见代理或依善意取得之道理，视冒名者于冒名时自居为债权人，或自命为债权人之代理人，以及银行对于与之交易之冒名者之身份的认识而定。此外，要构成表见代理，必须有关于表见代理之表见事实；要构成善意取得，同样必须有使银行相信，冒名者是系争债权之准占有人的表见事实。例如冒名者持有金融卡、信用卡或制作电子签章所需之金钥。唯这当中尚有其持有是否因真正权利人之交付或仅是由于其过失而失窃或遗失的问题。按让与物如系盗赃或遗失物，因其被害人或遗失人，自被盗或遗失之时起，2 年以内，得向占有人请求恢复其物。所以，如果被害人或遗失人在该期限内向占有人请求恢复其物，该占有人依"民法"第 801 条、第 949 条，不能善意取得该物之所有权。同理，"民法"第 310 条第 2 款所定对于债权之准占有人的清偿之效力，亦当受有相同之限制。亦即不适当单纯只因债务人在清偿时，不知准占有人为非债权人，即认为有清偿效力。盖善意取得或善意清偿皆系一种信赖保护的制度，而信赖保护至少应以真正权利人（或债权人）引起表见事实，及第三人（或债务人）因相信该表见事实而为投入（受让或清偿）为要件。关于信赖保护或信赖责任，详请参考 Claus-Wilhelm Canaris, Vertrauenshaftung im deutschen Privatrecht, 1971；黄茂荣：《附合或分离对所有权之归属的影响》注 66，收录于《民事法判解评释》（增订版），植根法学丛书编辑室 1985 年版，第 95 页。

② 关于资料安全，个人电脑银行业务及网络银行业务服务契约范本第 12 条规定："双方应确保电子讯息安全，防止非法进入系统、窃取、窜改或毁损业务记录及资料（第一项）。因第三人破解授权使用者代号或密码而入侵网络系统（黑客行为）所发生之损害，由银行负担其危险（第二项）。"

违约将之交付第三人,或因疏于保管而流露在外。[1]

由于金钥系由私密金钥持有者向金钥认证、发行机构声请而得,因此,关于金钥之使用,私密金钥持有者与金钥认证、发行机构间固有契约关系,但利用公开金钥确认电子文件之来源及其作者,以从事电子商务者,则只是该契约之第三人,与金钥认证、发行机构间并无契约关系。因之,该第三人如果因公开金钥之使用受到损害,而要对于金钥认证、发行机构请求赔偿会有规范依据上的困难。唯无论如何就其责任应采肯定的见解。盖非如是,整个数位签章系统在交易上的意义或被期待的功能,即被挖空。[2] 是故,在法律无明文规定课金钥认证、发行机构对于公开金钥使用人之责任前,宜以契约对第三人之保护效力[3]的理论为基础,肯认其负责。

八、简介电子签章法

按为电子商务之发展,电子签章(数位签章)为其重要配套基础制度之一。如无电子签章配合,不能可靠地认定电子文件的作者及其内容。此外,关于电子文件之法律地位,亦即是否具有与文据同等之效力,及其使用之限制也需要法律明文规定厘清之。因之,关于电子商务,电子签章法为其建制上首要的基础法案。目前台湾地区与电子商务有关之立法仅电子签章法已经“立法院”于 2000 年 11 月 14 日制定。该法计 17 条。其中第 1 条规定该法之制定目的及法律竞合问题。第 2 条规定用词定义。第 3 条规定该法主管机关为经济部。第 4 条第 1 项、第 2 项规定以电子文件为表示方法或替代法定书面的要式行为,应经相对人同意。文书系以电子文件形式作成,且其内容可完整呈现,并可于日后取出供查验者,得以电子文件替代原本或正本供查验(第 5 条)或保存(第 6 条)。第 7 条规定电子文件之发文时间及收文时间。第 8 条规定电子文件之发文地及收文

---

① 为规范利用电脑处理个人资料,以避免人格权受侵害,并促进个人资料之合理利用,定有电脑处理个人资料保护法。所以从事电子商务之业者,关于电子信息资料之处理,除应注意遵守该法之规定外,于有必要时,并应以特约的方式,针对个别需要约定之。例如关于保密义务,个人电脑银行业务及网络银行业务服务契约范本第 13 条规定:“双方应确保所交换之电子讯息或一方因使用或执行本契约服务而取得他方之资料,不泄露予第三人,亦不可使用于与本契约无关之目的,且于经他方同意告知第三人时,应使第三人负本条之保密义务。”

② Santiago Cavanillas/Martníez Nadal, ESPRIT Project 27028, Electronic Commerce Legal Issues Platform, Contract Law, Deliverable 2.1.7, p.30.

③ 关于契约对于第三人之保护效力,请参考 Esser, Schuldrecht, 2. Aufl., 1960, § 88 1.

地的认定基准。第 9 条规定:“依法令规定应签名或盖章者,经相对人同意,得以电子签章为之。”第 10 条规定签署于电子文件之数位签章的效力要件。第 11 条规定凭证机构之作业程序。第 12 条为罚则。第 13 条规定凭证机构终止服务时之补救措施。第 14 条规定:“凭证机构对因其经营或提供认证服务之相关作业程序,致当事人受有损害,或致善意第三人因信赖该凭证而受有损害者,应负赔偿责任。但能证明其行为无过失者,不在此限(第一项)。凭证机构就凭证之使用范围设有明确限制时,对逾越该使用范围所生之损害,不负赔偿责任(第二项)。”第 15 条规定依外国法律组织、登记之凭证机构,在国际互惠及安全条件相当原则下,经主管机关许可者,其签发之凭证与台湾地区凭证机构所签发凭证具有相同之效力。第 16 条规定本法施行细则,由主管机关定之。第 17 条规定本法施行日期,由“行政院”定之。兹择其中之要者简介如下:

该法第 2 条第 2 款将电子签章定义为:“指依附于电子文件并与其相关连,用以辨识及确认电子文件签署人身份、资格及电子文件真伪者。”第 3 款将数位签章定义为:“指将电子文件以数学演算法或其他方式运算为一定长度之数位资料,以签署人之私密金钥对其加密,形成电子签章,并得以公开金钥加以验证者。”依第 3 款之规定,数位签章系一种电子签章之制作的方法或程序。数位签章是多种可能之电子签章方法的一种。[①]

关于是否得以电子文件为意思表示,或替代本来依法应以书面为之的文件,该法第 4 条第 1 项、第 2 项规定经相对人同意时可以,但例外情形不可的原则。其例外的类型,采由“法律明定或经政府机关公告”之负面表列的规定方式。依第 5 条第 1 项规定:“依法令规定应提出文书原本或正本者,如文书系以电子文件形式作成,其内容可完整呈现,并可于日后取出供查验者,得以电子文件为之。但应核对笔迹、印迹或其他为辨识文书真伪之必要或法令另有规定者,不在此限。”依第 6 条第 1 项规定:“文书依法令之规定应以书面保存者,如其内容可完整呈现,并可于日后取出供查验者,得以电子文件为之。”第 10 条规定:“以数位签章签署电子文件者,应符合下列各款规定,始生前条第一项之效力:一、使用经

---

① 联合国国际贸易法委员会建议之电子商务模范法第 2 条就电子信息(Data message)、电子资料之交换(Electronic data interchange)、发信人(Originator)、收信人(Addressee)、媒介者(Intermediary)、资讯系统(Information system)加以定义。其定义事项与台湾地区审议中之电子签章法草案第 2 条的定义事项(电子文件、电子签章、加密、数位签章、私密金钥、公开金钥、凭证机构、电子认证、公开金钥凭证)不尽相同。前者的定义项目重在系统、信息、交换及相关当事人。后者的定义项目重在电子文件及与电子文件之制作有关之技术或作业面的项目。另请参考 Santiago Cavanillas/Martníez Nadal, ESPRIT Project 27028, Electronic Commerce Legal Issues Platform, Contract Law, Deliverable 2.1.7, pp.13～16.

第十一条核定或第十五条许可之凭证机构依法签发之凭证。二、凭证尚属有效并未逾使用范围。”至于文书之真正的问题，后来通过之第 10 条并无同条第 2 项草案的规定：“当事人依约定之安全技术、程序及方法所制作之电子文件，足以验证其内容真伪者，推定为真正。”唯这仍应是自明的道理。要之，依约定之安全技术、程序及方法制作、验证之电子文件，按其验证结果仅赋予推定为真正的效力，当事人尚得以举证推翻。电子签章，其系当事人依约定之安全技术、程序及方法制作，可资验证电子文件真伪者，固得替代签名或盖章，但其替代仍以事先经相对人同意者为限(第 9 条)。[①]

关于电子文件之发信时与到达时，该草案第 7 条原来规定：“电子文件以其完成传送时，为发文时间。以收受者得取出该项文件时，为收文时间。但当事人另有约定者，从其约定。”[②]其后段规定“以收受者得取出该项文件时，为收文时间”，与一般关于非对话意思表示之到达时的认定标准显不相符。鉴于“收受者得取出该项文件时”为一个第三人不能客观认证的时间，以之为电子信息之到达的认定标准并不适合。另鉴于电子信息有即发即至的特点，因此，除非设计由电

---

① 关于电子文件之规定的重心在于其法律地位之定性。是否属于文件，得否替代纸上文件满足法定书面要式的规定(电子签章法草案第 4 条)。其原本、正本之认定(草案第 5 条)以及文件之合格的保存方法(草案第 6 条)。如何签名(第 9 条)。联合国国际贸易法委员会建议之电子商务模范法中与之对应之规定为第 5 条“信息不应只因其系以(电子或光学的方法产生、发送、接收或储存之)资料信息的形式存在，而否定其法律效力或执行可能性”。第 6 条规定电子之资料信息可以该当于法定书面的方式要件。第 7 条规定数位签章可以替代法定之签名的要件。唯第 6 条及第 7 条皆容许以负面表列的方式规定非以纸上文件或签名为之不可的要式行为。关于原本规定于第 8 条。至于保存则规定于第 10 条。

② 关于发送或收受电子资料信息的时间与地点，联合国国际贸易法委员会建议之“电子商务模范法”第十五条著有详细的规定：“除非发信人与收信人另有约定，电子资料信息之发送发生在其进入发信人或其代理人之控制范围外的资讯系统时(第一项)。除非发信人与收信人另有约定，电子资料信息之收受时点，认定如下：(a)收信人为收信之目的有指定资讯系统者，其收信发生于(i)电子资料信息进入指定之系统时；或(ii)电子资料信息送至收信人之非经指定之资讯系统者，发生于该信息经收信人查询出来时。(b)收信人未指定资讯系统者，其收信发生于该电子资料信息进入收信人之资讯系统时(第二项)。纵使资讯系统所在位置可能不同于依第四项规定所认定该电子资料信息被收受的地点，第二项规定依然适用(第三项)。除非发信人与收信人另有约定，电子资料信息应认定为在发信人之营业所发出，而且在收信人之营业所收到。为本项之目的，于(a)发信人或收信人有多于一个之营业所时，以与系争交易有最密切关系之营业所为该营业所，或如无系争之交易，则以主营业所为该营业所；(b)发信人或收信人无营业所者，以其经常居住之处所为准(第四项)。本条规定不适用于下列情形……(第五项)。”该条第 5 项为一种负面表列的规定方式。在像电子文件这样包罗万象的规范对象，不易以一条原则规定适切规范一切可能之类型，所以必须借助于负面表列之例外规定修正之。

脑系统自动接收信息，否则，收信人实际开取电子信息时，必然迟于到达电子信箱时。是故，如何在到达后选取一个客观合宜的时点，实有必要。[①] 经设计由电脑系统自动接收信息者，宜论为即时到达；[②]其他情形或可统一以翌日中午到达。关于到达时之认定，在契约缔结之实务上的意义，主要表现于意思表示在生效前之得为撤回。[③] 对此该法第 7 条后来规定："电子文件以其进入发文者无法控制资讯系统之时间为发文时间。但当事人另有约定或行政机关另有公告者，从其约定或公告(第一项)。电子文件以下列时间为其收文时间。但当事人另有约定或行政机关另有公告者，从其约定或公告：一、如收文者已指定收受电子文件之资讯系统者，以电子文件进入该资讯系统之时间为收文时间；电子文件如送至非收文者指定之资讯系统者，以收文者取出电子文件之时间为收文时间。二、收文者未指定收受电子文件之资讯系统者，以电子文件进入收文者资讯系统之时间为收文时间(第二项)。"该条关于发文时间的规定与一般的原则相同，至于收文时间，第 2 项第 1 款的规定固尚属允当，但第 2 款的规定，将收文者未指定收受电子文件之资讯系统的情形等同于收文者已指定收受电子文件之资讯系统情形，只要电子文件进入收文者之资讯系统即为到达。这显然有点过早。适合的规定应是：以收文者取出电子文件之时间为收文时间。

关于发文地、收文地第 8 条规定："发文者执行业务之地，推定为电子文件之发文地。收文者执行业务之地，推定为电子文件之收文地(第一项)。发文者与收文者有一个以上执行业务之地，以与主要交易或通信行为最密切相关之业务地为发文地及收文地。主要交易或通信行为不明者，以执行业务之主要地为发文地及收文地(第二项)。发文者与收文者未有执行业务地者，以其住所为发文

---

① 请参考 Michael L. Ultsch, Zugansprobleme bei electronischen Willenserklärung, dargestellt am Beispiel der Eletronic Mail, NJW 1997, 3007ff. (3009); Anne-Catherine Hahn, Vertragsschluß im Internet: Ausge-wählte Fragen in Rechtsfragen der Informa-tionsgesellschaft herausgegeben von Prof. Dr. Thomas Hoeren und Robert Queck, S. 152ff.。

② Santiago Cavanillas/Martníez Nadal, ESPRIT Project 27028, Electronic Commerce Legal Issues Platform, Contract Law, Deliverable 2.1.7, p.3. 在受信地的认定上，"只要受信说被普遍适用，则 EDI 信息被认定为在何时到达要约人之伺服器，即应认为承诺就在那个时点到达要约人之影响范围内"。

③ 因"民法"第 95 条第 1 项规定："非对话而为意思表示者，其意思表示，以通知达到相对人时，发生效力。但撤回之通知，同时或先时到达者，不在此限。"所以，非对话之意思表示在到达相对人前，表意人得随时不具理由撤回之。另请参考 Elizabeth S. Perdue in Thomas J. Smedinghoff, *Online Law*, 1996, p.83; Santiago Cavanillas/ Martníez Nadal, ESPRIT Project 27028, Electronic Commerce Legal Issues Platform, Contract Law, Deliverable 2.1.7, p.3.

地及收文地(第三项)。”①

为维护电子签章之验证的公信力,关于凭证机构之经营,第 11 条第 1 项规定:“凭证机构应制作凭证实务作业基准,载明凭证机构经营或提供认证服务之相关作业程序,送经主管机关核定后,并将其公布在凭证机构设立之公开网站供公众查询,始得对外提供签发凭证服务。其凭证实务作业基准变更时,亦同。”第 12 条规定:“凭证机构违反前条规定者,主管机关视其情节,得处新台币一百万元以上五百万元以下罚锾,并令其限期改正,逾期未改正者,得按次连续处罚。其情节重大者,并得停止其一部或全部业务。”

九、结论

电子商务所以势将成为将来之重要交易方式或通路,其理由在于现代电信电脑网络大幅提高了资讯、资金及货物之流通效率,缩短了供需双方在时间与空间上的距离或障碍,并降低契约之缔结、履行的成本。然由于供需双方之实境距离仍然存在,所以必须有一些配套的措施,弥补实境与虚境间的落差。

数位信息的强点在于:信息在电磁环境之闪电式的快速流通,程式化之自动记录、处理、储存、管理与应用的可能性,从而使一些烦琐之资料的管理工作可以经济有效地得到适当的解决,以满足营运、稽核及决策支援上的需要;弱点在于:不能确实面对面就实物进行协商。然即便网上交易好处说不尽,要使之成为可行的行销或采购通路,交易当事人之认证、数位签名以及数位文件之存证皆是电子商务之推行,在基础建设上必须克服的技术障碍。唯在其克服,必须特别注意该等认证、存证业之市场竞争机能的维护,不宜轻言将之规定为特许事业,授权独家经营,以便民间业者可以在竞争中,历练出建立电子商务运作环境的能力。

---

① 关于缔约地有建议沿袭维也纳国际商品买卖法公约所采的原则,即受信说(the recepton rule)。依该说的看法可确保“承诺发生在要约人收到该承诺的时与地”(Santiago Cavanillas/Martníez Nadal, ESPRIT Project 27028, Electronic Commerce Legal Issues Platform, Contract Law, Deliverable 2.1.7, p.2)。这个问题影响所及主要在于国际贸易契约之准据法。这在台湾地区规定于涉外民事法律适用法。该法第 5 条规定:“法律行为之方式,依该行为所应适用之法律。但依行为地法所定之方式者,亦为有效(第一项)。物权之法律行为,其方式依物之所在地法(第二项)。行使或保全票据上权利之法律行为,其方式依行为地法(第三项)。”第 6 条规定:“法律行为发生债之关系者,其成立要件及效力,依当事人意思定其应适用之法律(第一项)。当事人意思不明时,同国籍者依其本国法;国籍不同者,依行为地法;行为地不同者,以发要约通知地为行为地;如相对人于承诺时不知其发要约通知地者,以要约人之住所地视为行为地(第二项)。前项行为地,如兼跨两国以上或不属于任何国家时,依履行地法(第三项)。”

在克服契约之缔结上的认证、数位签名以及存证上的技术障碍后，任何交易客体只要能够数位信息化，不但可以在电脑电信网络上缔约，而且可以在其上履行。如是，便可以节省大量的交易成本，达到方便、省时、省费的效果。台湾地区之电子商务首先发达于证券、金融业良有以也。至于不能数位信息化之交易客体，由于不能在网上就实物协商，其网上之电子交易的推动就需要较多之周边制度的配合。例如交易客体的标准化。关于交易客体的标准化，有赖于相关产品之国家标准、商品检验、商品标示、品质保证，以及消费损害责任保险制度的建立与实行。

不论是能够或不能够数位信息化的交易客体，为提高其在网上交易之安定性，其交易条件之标准化是重要的。交易条件之标准化主要借助于定型化契约。在事业对于事业(B2B)之电子商务，由于不但双方的交易通常为长期的供应关系，而且双方拥有之资讯亦较相当，其所以利用网络环境从事电子商务，多是为了提高本来就有之交易关系的效率，所以原则上较无因改采电脑电信网络所构成之通路，而引起特别风险。反之，在事业对于消费者(B2C)之电子商务，则因为可能是第一次或甚至只是期待就有这么一次的交易，因此容易引发道德危险。是故，有必要针对消费者保护之特别需要予以规范。与之有关者主要为：是否将网上之销售定性为"消费者保护法"第19条所定之邮购，以及是否将事业在网上的表示论为一种广告，使之受各种广告之管制规定的规范。至于关于来自消费者的信用风险，应借助于消费者金融信用之管理制度防范、制裁。此外，为防止网上诈欺，有必要规定，事业基于网上交易通过网络转账收取之货款或报酬，在"消费者保护法"第19条第1项所定7日期间经过前，不得提领。

第二节　电子金融商务契约

一、电子金融商务概说

电子金融商务契约为电子商务契约[①]之具体类型。其特征表现在利用电子信息对于金融业者传递划拨转账的指示，以达到提款、存款、向第三人付款或自第三人收取债权的金融目的。由之并进一步发展出数位支票与数位现金。在提

① 关于电子商务契约之一般说明，请参阅黄茂荣：《电子商务契约的法律问题》，载《植根杂志》第16卷第4期，第1页以下。

款或存款的情形，其交易关系发生在金融机构与系统使用者间；在付款或收取债权，其交易关系主要发生在系统使用者及其商品或服务之交易相对人间，金融机构在该交易关系中之地位为第三人。故在此种交易关系，系争契约势必涉及第三人，若非"由第三人给付之契约"（"民法"第 268 条），即属"向第三人给付之契约或利益第三人契约"（"民法"第 269 条）。该金融机构所以愿意以第三人的地位介入他人间之交易关系，为他人付款、收取债权或记账，其道理为金融机构与该交易关系之当事人间至少一方有委任关系。对于金融机构与系统使用者间之关系而论，其中付款属于向第三人给付或利益第三人契约；收取债权属于委任契约。收取债权之目的之一如在于清偿委任人对于金融业者（受任人）之债务，则该收取债权之委托兼具"由第三人给付之契约"的特征。

电子信息之特征为迅速，所以电子金融商务之主要利益也存在于迅速所带来之方便与效率。此外，由于电子金融业务系利用电子信息之来往为之，在交易中就像其他转账交易一样可以省去现金之授受，从而降低钱财露白可能引起之危险。唯正像其他电子商务的营运，必须先能够克服其信息之传递的安全问题始有其技术上之可行性。所幸这些技术问题基本上已有适当之解决。目前剩下来之问题比较多的倒是：[①]为私法关系之规范，如何开立适当之技术规范或业务规范的要求，以对于利用电子金融服务者提供公平合理之保护，并防止滥用电子金融服务从事不法活动，[②]或滥用由之产生之资讯侵害客户之隐私权或业务秘密，[③]以维护使用者或消费者的正当利益；为公法关系之规范，有金融监理及税

① 鉴于电子货币之潜在的重要性及其对于货币政策、消费者保护和支付系统的含意，在 1995 年 11 月十大国(G－10)之央行总裁委托从事一系列与电子货币有关之特别争点的研究。其中与消费者保护、法律的执行、监理和跨界争点有关研究部分之结论认为，资讯的透明，财务的健全、技术的安全及其暴露于犯罪活动之可侵害性等为电子货币之成败的关键考虑所在。请参考 Security of Electronic Money reported by the Commuttee on Payment and Settlement Systems and the Group of Computer Experts of the central banks of the Group of Ten countryies, Basle, August 1996.

② 例如用来洗钱，请参考 Laura Edgar, Esprit Project 27028, Electronic Commerce Legal Issues Platform, Electronic Payment Systems, Deliverable 2.1.6, pp. 22～23.

③ "为规范电脑处理个人资料，以避免人格权受侵害，并促进个人资料之合理利用"，特制定有电脑处理个人资料保护法。因电子金融商务关系所收集之资料，其以电脑处理者，应受该法规定之适用。请参考 Laura Edgar, Esprit Project 27028, Electronic Commerce Legal Issues Platform, Electronic Payment Systems, Deliverable 2.1.6, pp. 23～24.

捐稽征的问题。[1]

二、电子金融商务

(一)电子金融商务

所谓电子金融商务，指利用电子资料交换作为金融信息之传递工具，所从事之金融商务活动。至于何谓金融商务除指与付款有关之业务外，主要指与"银行法"第3条所定银行业务有关之业务活动。[2] 当所涉电子金融商务属于该条所定之银行业务，其经营应经许可。[银行法所称银行，指依该法组织登记，经营银行业务之机构("银行法"第2条)。依同法第20条规定，该法所称银行分商业银行、储蓄银行、专业银行及信托投资公司四种。银行之种类或其专业，除政府设立者外，并应在其名称中表示之。银行之"主管机关：在'中央'为'财政部'；在省(市)为省(市)政府财政厅(局)"(同法第19条)。"各银行得经营之业务项目，由'中央'主管机关按其类别，就本法所定之范围内分别核定，并于营业执照上载明之。但其有关外汇业务之经营，须经'中央'银行之许可。"(同法第4条)此外，经营货币市场业务或信用卡业务之机构，亦应经"中央"主管机关之许可；其管理办法，由"中央"主管机关洽商"中央"银行定之(同法第47条之一)。在各种银行业务中最为基础者为"向不特定多数人收受款项或吸收资金，并约定返还本金或给付相当或高于本金"之存款业务(同法第5条之一)及办理放款、透支、贴现、保

---

① 由于电子信息之传递，除非特别去加以拦截，否则第三人难以认识其存在状态，于是在税捐之稽征上，引起销售之有无、销售地之认定的困难。这对于无体财产的线上销售，尤然。请参考 Laura Edgar, Esprit Project 27028, Electronic Commerce Legal Issues Platform, Electronic Payment Systems, Deliverable 2.1.6, p. 23.

② "银行法"第3条规定："银行经营之业务如左：一、收受支票存款。二、收受其他各种存款。三、受托经理信托资金。四、发行金融债券。五、办理放款。六、办理票据贴现。七、投资有价证券。八、直接投资生产事业。九、投资住宅建筑及企业建筑。十、办理国内外汇兑。十一、办理商业汇票承兑。十二、签发信用状。十三、办理国内外保证业务。十四、代理收付款项。十五、承销及自营买卖或代客买卖有价证券。十六、办理债券发行之经理及顾问事项。十七、担任股票及债券发行签证人。十八、受托经理各种财产。十九、办理证券投资信托有关业务。二十、买卖金块、银块、金币、银币及外国货币。二十一、办理与前列各款业务有关之仓库、保管及代理服务业务。二十二、经'中央'主管机关核准办理之其他有关业务。"这些业务中，其与金钱之给付、票券之交易、融资之保证有关部分，基于其给付内容与给付条件之标准化的可能性皆适合在电子通信环境运转，成为一种电子商务。自动柜员机之存、付款作业及金融卡、信用卡付款属于实务上已广为采行的电子金融业务。

证、承兑等授信业务(同法第5条之二)。至于在台湾地区境内设立外国银行,除"应经'中央'主管机关之许可,依'公司法'声请认许及办理登记,并应依第五十四条声请核发营业执照后始得营业(外)"(同法第117条),其"得经营之业务,(并应)由'中央'主管机关洽商'中央'银行后于第七十一条、第七十八条及第一百零一条第一项所定范围内以命令定之。其涉及外汇业务者,并应经'中央'银行之许可"(同法第121条)。关于发行电子货币是否属于银行业务中之存款业务的讨论请参考 Laura Edgar, Esprit Project 27028, Electronic Commerce Legal Issues Platform, Electronic Payment Systems, Deliverable 2.1.6, pp. 16～19. 关于此种业务之经营,在德国应经许可,请参考 Rechtsanwalt Dr. Markus Escher, Gassner Stockmann & Kollegen, München, http:// www. Gassner. De/escher/zvi-txt. html, Aktuelle Rechtsfragen des Zahlungsverkehrs im Internet, 1999/8/10, S. 10.]

(二)电子金融服务的种类

电子金融服务依其内容可分为下列数种:

1. 电子转账(Electronic Funds Transfers)

电子转账这一术语通常用来指称:利用电子通信,使资金从一个银行账户,移动到另一个银行账户之付款指示。按电子转账的功能,电子转账可分为贷项转账(credit transfers)与借项转账(debit transfers)。

贷项转账为一种付款指示:债务人为了清偿其对第三人所负之债务,利用对于银行所作之付款指示,授权付款银行依其指示,自债务人账户中将指定数额之资金转入该第三人(债权人)账户中。

借项转账为一种收款指示:债权人为了收取对第三人所享有之债权,利用对于银行所作之收款指示,授权收款银行依其指示,将指定数额自该第三人(债务人)账户转出,通常为借记其存款,并将因此取得之资金转入债权人之账户中,通常为贷记其存款。在这种情形债权人所以得为如是之指示,其依据为其债务人事先授权,债权人可以依该授权,直接向债务人之付款银行收取债权。借项转账指示常见于水费、电费、电话费、金融卡或信用卡之付款委托。由以上的说明可见,借项转账中债权人之收款指示其实也包含债务人之付款指示。其与贷项转账中之付款指示不同者为:在借项转账,债务人不直接对于其付款银行指示付款,而授权其债权人间接以借项转账的方式为之;反之,在贷项转账则由债务人直接对于其付款银行指示付款。不论是贷项转账或借项转账,只要不同银行间建有电子之通汇系统,该转账作业皆可在相同或不相同银行间为之。

为付款而做之电子转账包含五个典型的参与者:指示付款人(the originator

of the payment)、指示付款人之银行(the originator's bank)、转账系统(a funds-transfer system)、该付款之受益人(the beneficiary of the payment)及受益人之银行(the bene-ficiary's bank)。标准之转账的发展过程通常为:因一定之交易关系而对于他人负有金钱债务者,为清偿该债务,而对其来往银行发出一道付款指示,要其以该他人为受益人,利用将一定金额之款项存入受益人之银行账户中的方法,对受益人付款。

该转账的机能与支票类似,其机制的基础存在于付款人与其银行间之付款委托契约。因此,付款之转账指示中应包含:受益人之银行的名称与代号,受益人之姓名或名称,该款项将存入之受益人在受益人之银行的账号,应给付之金额及应付款之期日。

转账付款之作业流程为:指示付款人以电子信息传递一个付款指示给其付款银行,付款人之银行于收到该信息后,即为承诺并予处理,接着利用电子信息发送另一个付款指示给受益人之银行的方法,执行指示付款人之付款指示。受益人之银行为受益人之利益,收到并承诺该付款指示时,受益人之银行有义务向受益人给付该付款指示所载之金额,[①]其给付方法在电子转账通常为在受益人之账户存款科目中贷记该金额,从而完成该转账手续。

---

① 该义务究竟只是受益人之银行对于付款人之银行所负之义务,或也是对于受益人直接所负之义务,视该付款指示所构成之向第三人给付的契约有无利益第三人的意思而定。由于"民法"第269条规定:"以契约订定向第三人为给付者,要约人得请求债务人向第三人为给付,其第三人对于债务人,亦有直接请求给付之权(第一项)。第三人对于前项契约,未表示享受其利益之意思前,当事人得变更其契约或撤销之(第二项)。第三人对于当事人之一方表示不欲享受其契约之利益者,视为自始未取得其权利(第三项)。"关于利益第三人契约实务上容易忽略其应具有利益第三人之意思,否则,仅是一个向第三人给付之契约。其与利益第三人契约在效力上之区别为在单纯之向第三人给付之契约,要约人保留在债务人向第三人给付前,要约人得随时改变主意,指示债务人不对于第三人给付。不因第三人在受领给付前是否已向要约人或债务人表示欲享受其契约之利益而有所不同。准确地说,在单纯之向第三人给付之契约,于给付前无所谓有第三人得享受之利益。该区别之实益在于使要约人能有较长之犹疑期间。此于当事人之一方依法本来就享有犹疑利益之契约更显现其意义。例如赠与人依"民法"第408条第1项"赠与物之权利未移转前,赠与人得撤销其赠与。其一部已移转者,得就其未移转之部分撤销之"。今倘赠与人利用向第三人给付之契约履行赠与债务,则依"民法"第269条第2项之反面解释,在第三人(受赠人)就该向第三人给付之契约,表示享受其利益之意思后,赠与人不再得撤销该向第三人给付之契约,从而在赠与物之权利未移转前,赠与人即已不得撤销其赠与契约。此外,像在托运送人交付之买卖,出卖人基于价金债权之确保的考量,也有可能希望在运送人交付前保留随时指示其勿对受货人交货的权利。这些法律关系之形成的可能性皆会因"民法"第269条不适当区辨向第三人给付之契约及利益第三人契约而受到影响。

由之可见，一次转账付款包含两个付款指示：一个是付款人对于其银行之付款指示，另一个是付款人之银行对于受益人之银行的付款指示。对于银行之付款指示，并不即使被指示之银行因之对于受益人负付款的债务，而是于付款人之银行承诺该付款指示时，方使付款人之银行对于付款人（指示人）负有义务指示受益人之银行向受益人付款；同理，于受益人之银行承诺该付款指示时，方使受益人之银行对于付款人之银行负有义务向受益人付款。[①] 付款人之银行对于受益人之银行因该转账而生之债务原则上将利用银行间之交互计算清偿。计算后负有债务之一方究竟要如何处理，悉依双方之约定。

在这中间，转账系统除用来将付款指示从付款人之银行传递到受益人之银行外，还要从事两银行间之结算工作，以完成该转账的工作。[②]

2. 事业对事业之金融电子资料交换

当商务信息经数位化以电子传递、交换，该信息在收信端即有“电脑之可处理性”（computer-processability）。[③] 此为电子资料交换之属性及利益。事业对事业之“金融电子资料交换”（Financial EDI：electronic data interchange），由电子资料交换及电子转账结合而成。[④] 这是一个相当有力的商务工具。具体而

---

① 该承诺在向第三人给付之契约的意义，首先只发生在付款人之银行与受益人之银行间。但不一定使受益人之银行向受益人直接负有付款的义务。原则上受益人必须直到受益人之银行在受益人之账户存款科目中，贷记该笔款项，才使受益人终局的因该付款指示而受益。唯即便在这种情形，受益人一度已经取得之利益，还可能因为受益人之银行与受益人间关于错账更正权的保留而受到影响。在金融实务上要使一个金融机构对于受益人直接负给付的义务，在利用证券指示付款的情形，必须有该金融机构就该证券债务对于受益人为承兑的表示。例如“民法”第711条第1项规定：“被指示人向领取人承担所指示之给付者，有依证券内容而为给付之义务。”“票据法”第52条第1项规定：“付款人于承兑后，应负付款之责。”承兑之方式为“在汇票正面记载承兑字样，由付款人签名（第一项）。付款人仅在票面签名者，视为承兑（第二项）”（同法第43条）。“付款人虽在汇票上签名承兑，未将汇票交还执票人以前，仍得撤销其承兑。但已向执票人或汇票签名人以书面通知承兑者，不在此限。”（同法第51条）该但书所定者属于票据外行为足以影响票据效力之特例。

② See Thomas J. Smedinghoff in Thomas J. Smedinghoff, Online Law, 1996, pp. 106～108.

③ 关于“电脑之可处理性”，Thomas J. Smedinghoff 将之说明为：“(1)无须借助于人之处理或解释即可由电脑读取；(2)可以电子的方法储存及查询，以及(3)无须以人工再为输入或再加以格式化即可能为其他应用。”（Thomas J. Smedinghoff in Thomas J. Smedinghoff, Online Law, 1996, p. 109）

④ 在美国事业对事业之金融电子资料交换以 U. C. C. Article 4A 及与转账有关之其他规定规范之（See Thomas J. Smedinghoff in Thomas J. Smedinghoff, Online Law, 1996, p. 108）。

言，金融电子资料交换由一个电子传递之付款指示及汇款信息组成。汇款信息中包含付款之金额、该付款所要清偿之发货单(或发票)所载的货款(或报酬)、购买人之账号或其他在收到后，使出卖人能够自动处理并整合至卖方之应收账款电脑系统中的相关信息。①

解析之，一个典型的金融电子资料交换包含两个部分：付款指示及汇款信息。该两个信息之表示的相对人并不相同。付款指示首先以付款人(买受人)之银行为相对人。其间有付款委托之关系。倘受款人(出卖人)在同一银行没有账户，则为达到该付款之目的，付款人之银行必须对于受款人之银行发出付款指示。汇款信息以受款人为相对人，用以通知受款人，付款人将以转账的方法对其清偿应付账款。唯该汇款信息得以参与转账之银行为传达人，或以其他方法通知受款人，以便受款人能够在其应收账款之系统中处理之。由于前述信息皆以电子资料之交换的方式为之，所以皆能够利用电脑自动处理。金融电子资料交换除了有这些得以电脑处理之方便上的好处外，并可以使付款人所给付之款项几乎在给付之当时即记入受款人之账户中，而无须有任何等待，以减少在转账中之利息损失，提高资金之利用效率。这是金融电子资料交换及金融电子转账所以普受欢迎的道理。

3. 消费性电子转账

所谓消费性电子转账，指当事人一方为消费者之电子转账。在事业对于事业之电子转账之外，所以另立消费性电子转账的目的，在于对消费者给予特别保护。② 其保护之重点为减轻消费者关于电子签章或金融卡、信用卡之冒用的责

---

① 以电脑发送或收受信息，当至少一方以自动的，不由人在现场以参与操作的方式为之时，其信息之发送或收受，涉及由非自然人为表示或受领表示，或以非自然人为表示或受领表示之工具的问题。在近年配合现代科技引起之交易上的需要，这种表示方法已经承认为适格的方法。请参考黄茂荣：《电子商务契约的一些法律问题》，载《植根杂志》第 16 卷第 4 期，第 9 页以下。

② Rechtsanwalt Dr. Markus Escher, Gassner Stockmann & Kollegen, München, http:// www. Gassner. De/escher/zvi-txt. html, Aktuelle Rechtsfragen des Zahlungsverkehrs im Internet, 1999/8/10, S. 16：在利用信用卡之线上付款的规范，应考量欧体议会在 1997 年 5 月 20 日所发布，关于缔结远距交易契约之消费者保护的指令第 8 条。盖在 2000 年 6 月 4 日前，德国应将该指令转化于德国法中。该指令第 8 条规定，在信用卡遭冒用时消费者之更正请求权(das Stornierungsrecht eines Verbrauchers)。德国民法第 662 条、第 675 条关于委任之规定虽与该指令之规定内容相当。其要点为，在冒用的情形，其刷卡消费因欠缺持卡人之授权或指示，所以持卡人得不承认该笔消费账款，请求更正。但就在这中间，持卡人如有过失，持卡人还是应负损害赔偿责任一节，立法者尚须以明文规定加以厘清，以消除其与持卡人之更正权间的冲突。

任。使之仅负有限最高限额之责任，包括消费者就电子签章或金融卡、信用卡之冒用有过失的情形，亦然。[①]

4. 线上信用卡付款

利用信用卡作为购买货物或服务之支付工具已有相当长的历史。当利用电子信息的方法代替电话或书信来传递信用卡的号码及其他与支付有关之信息给出卖人，以进行交易，则此种线上信用卡付款的交易亦属于电子商务的一种。

在利用信用卡之交易，为确保商家对于消费者之债权，信用卡发卡机构对于特约商店，保证、担保[②]或承担[③]持卡人在信用额度内，利用信用卡消费之货款或报酬债务。因之，不论是面对面或线上利用信用卡作为支付工具进行交易，都受到一些基于信用卡之运作特征而产生的限制。例如手续费较高，不适宜低额或个人间之交易；有信用限额，在使用时销售人可能必须先征询发卡机构在交易当时的意见，从而不适合于高额交易；只有与信用卡发卡机构事先已签约、登记的特约商店始可能接受以信用卡作为支付工具；为了征信上之需要，信用卡以显名交易，容易造成关于持卡人之身份资料及消费习惯、消费金额等个人隐私性资料

---

① See Thomas J. Smedinghoff in Thomas J. Smedinghoff, Online Law, 1996, p. 110. 在涉及消费者之电子转账，为对于消费者提供较为有利之保护，美国特别制定《电子转账法》(Electronic Fund Transfer Act)。该法案要求电子转账系统的提供者，应给予消费者开始及定期的说明，并对消费者仅课有限的责任。该法案后来并以规则 E 补充之。依规则 E，消费者只要即时将未经其授权被他人冒用的情形报告于转账银行，其责任即应限于 50 美元。纵使消费者对于其电子签章之被冒用有过失也不得对其课以较高之责任，例如消费者在其金融卡上写上其密码并将之置于可能被他人发现的地方。其结果，除非消费者自己或授权他人使用其数位签章，消费者对于使用其数位签章所作之转账概不负责。

② Rechtsanwalt Dr. Markus Escher, Gassner Stockmann & Kollegen, München, http:// www. Gassner. De/escher/zvi-txt. html, Aktuelle Rechtsfragen des Zahlungsverkehrs im Internet, 1999/8/10, S. 11.

③ 究竟是保证、担保(die Garantie)或承担应视发卡机构与特约商店间之具体约定定之。约定为保证时，则如所约定者为连带保证，其效力与担保或承担相近。为使持卡人、发卡机构与特约商店三方，关于信用卡消费关系之履行或发展，可以有比较简约的说明与规范，以约定或论为担保契约或债务承担为妥。所谓担保契约，指担保人依担保委任人之委托，在担保事件发生时，即对于第三人(受益人)负一定金额之给付义务的契约。此种担保由银行提供者，称为银行担保(Bankgarantie)(Dr. Horst Tilch, Münchener Rechts-Lexikon, 1987, Band 2, S. 3)。如约定为一般保证，则对于特约商店不利，也不符合"信用委任"的旨意："委任他人以该他人之名义及其计算，供给信用于第三人者，就该第三人因受领信用所负之债务，对于受任人，负保证责任。"("民法"第 756 条)在信用委任，该条虽未明定委任人应负连带保证责任，但当以解释委任人所负者为连带保证责任，方符委任人应预付处理委任事务之费用及应负费用返还义务的原则("民法"第 545 条、第 546 条)。

的外泄。[1]

在非线上之信用卡付款，如前所述只有关于持卡人之身份证明及信用的问题。反之，在线上之信用卡付款，则进一步有销售方之信用问题。盖线上交易为一种无店铺销售，消费者不一定认识销售人，有可能发生来自于销售方之诈欺。此外，由于当初信用卡付款并非特别为网际网络上之线上交易而设计，且网际网络之规划也未特别注意其通信安全，所以在网际网络上从事以信用卡付款之交易，容易发生交易信息或信用卡卡号的资讯被第三者违法拦截，并加以滥用或冒用的情事。这使信用卡的冒用问题增多并转成复杂。[2] 同理，在线上交易中，由于没有销售人之当面的介入，当消费方事后否认其有系争之持卡消费行为时，亦会提高证明的难度。

为了使信用卡付款适合于线上交易，发卡机构必须自己或由第三人协助克服安全及赖账的问题。[3] 包括持卡人所担心之信用卡卡号在使用中被拦截，销售人所担心之冒用及事后否认等。[4] 这些问题与数位文件所遭遇者类似。是

---

① See Thomas J. Smedinghoff in Thomas J. Smedinghoff, Online Law, 1996, p. 110.

② See Thomas J. Smedinghoff in Thomas J. Smedinghoff, Online Law, 1996, p. 111; Laura Edgar, Esprit Project 27028, Electronic Commerce Legal Issues Platform, Electronic Payment Systems, Deliverable 2. 1. 6, p. 3.

③ Laura Edgar, Esprit Project 27028, Electronic Commerce Legal Issues Platform, Electronic Payment Systems, Deliverable 2. 1. 6, pp. 5～8.

④ 为了克服信用卡付款可能引起之安全及隐私之保护的问题，首先主要利用加密及电子签章的技术。如是，不但可避免信用卡卡号在交易中为第三人拦截，甚至连交易相对人亦可不让其知晓。至于消费资料则可不让发卡机构知晓。这种方法学者称为安全的信用卡付款(Secure Credit-Card Payment)，在美国已有许多银行及信用卡发卡机构发展出来，并予采用。例如美国 CyberCash 采用此种系统。其作业流程为:CyberCash 免费提供软体让消费者可以利用自己的电脑将其信用卡的资讯加密，购买时消费者将有关订购之信息附加上去，销售人又将其承诺之信息附加上去后，将之传给 CyberCash。CyberCash 于做必要之检查后，将该等信息传给信用卡结算中心。该结算中心处理后，将附上信用卡发卡机构保证付款或承担付款义务之电子收据传回销售人，于是该销售人与该消费者完成该交易。这样一个流程，自消费者敲下付款键起算，所花时间不超过一分钟。其间，由于消费者传递给销售人之信用卡卡号是经过加密的，所以销售人与黑客皆不能探知信用卡卡号之内容。(See Thomas J. Smedinghoff in Thomas J. Smedinghoff, Online Law, 1996, p. 111)。另一种做法是将销售商人组织起来，然后与一家处理信用卡服务之中心合作。欲在这些销售商购买之客户，在交易之前必须先将其信用卡卡号在该中心注册，以换取另一套号码。后来当其与参加该中心之销售商交易时，即得以该号码替代信用卡卡号从事交易，从而达到避免在线上交易使用信用卡卡号的保密目的。该系统的缺点为出卖人及买受人皆必须在同一中心注册。例如美国 First Virtual Holdingsh 采用此种系统(See Thomas J. Smedinghoff in Thomas J. Smedinghoff, Online Law, 1996, p. 112)。

故，其规格功能至少应为：(1)持卡人可以安全地将信用卡的信息，包括签章，提示于商家；(2)商家能够确认持卡人是真正之持卡人，且其提供之卡号是正确的；(3)商家将信用卡之信息包括签章续传给自己的银行；(4)银行将该信息再传给其客户之银行(发卡机构)，以取得其付款授权；(5)授权信息应循原路逆向再回传至该商家，以便该交易之完成。①

5. 电子支票

电子支票之存在形式及交付方法与纸上支票固有电子与书面之差异，但其功能与纸上支票是相同的。电子支票与一般电子文件一样，利用数位签章证明其来源之真正与内容之正确。此外，并确保发票人及背书人事后不得赖账否认其票据行为。电子支票虽亦委托银行或其他金融业者付款，但仍与电子转账不同。在电子转账因先有账可转，所以受款人在转账中可收到账款；反之，在电子支票，除非银行保付，否则，与纸上支票同样有跳票的问题。②

6. 数位现金

既有电子支票，自当可以有数位现金。③ 数位现金的使用依约定有可离线或限于线上支用者，④有可匿名或应具名使用者。离线与匿名使用，方便且隐秘，功能几与纸上现金相同。⑤ 这是货币之电子化或现代化的形式。伴随数位现金而来，除了有防伪、重复花费的问题外，还有货币金融行政管理及财务管理上的新冲击。其中重复花费为数位现金特有的问题。这与无记名支票付款时没有收回票据的情形类似，可能造成持票人重复请求付款的结果。

关于数位现金的初步认识可能会是：以电子符号储存于一定媒体的钞票或钱币。然究诸实际很快会发现原来是一种以电子符号记录之各种不同媒体的储

---

① See Thomas J. Smedinghoff in Thomas J. Smedinghoff, Online Law, 1996, p. 111.

② See Thomas J. Smedinghoff in Thomas J. Smedinghoff, Online Law, 1996, pp. 112～113.

③ 数位现金论诸实际与由发行银行保付之支票无异。当不考量透支授信融资的情形，客户必须先在银行有存款，且经圈存，不准再为其他目的动用时，始准该银行为该客户发行如其圈存存款所示数额之数位现金。

④ 限制线上支用之数位现金，其功能与电子转账无异，所不同者为因数位现金已经圈存于旁，在实际支用时不再有征信的问题。至于离线支用之数位现金，其与线上支用相同者为已圈存，不同者因离线的缘故，如再加上可匿名，则此种电子现金之发行已与钞票之发行无异，如何管理其发行准备将是一件特别重要的工作。

⑤ Laura Edgar, Esprit Project 27028, Electronic Commerce Legal Issues Platform, E-lectronic Payment Systems, Deliverable 2.1.6, pp. 8～11.

金簿。[①] 而其所以与传统储金簿不同者为,因其以数位符号记录且经过数位签证,所以可以更方便地在各种不同的场合,于不同事业间,为大小不同之债权债务,进行无实体之同行或跨行的会账工作。由于近年金融电脑化之发展,其实在金融业者间或甚至政府与金融事业间皆已利用电子资料信息的交换,处理账务,亦即早就利用数位现金结账。是故,所谓电子现金之推广,论诸实际仅是将之推广至个人,亦即非事业的阶层而已。

在信用卡付款已相当普遍的情形,为何还有数位现金发展的空间?主要理由在于晶片及电脑微小化后,使数位现金之数位签章及分散处理取得方便性及经济性的双重优势,能够满足小额、随时、随地与几乎任何交易对象,不像信用卡有年费、手续费、限于特约商店等重重限制。

相对于纸币,数位现金也享有优势,例如父母或金钱之赠与人可以利用数位现金之注记的附带功能,指定所给之数位现金的用途,例如仅可用来支付指定用途之账款。

数位现金固有其受欢迎的价值,然亦有随之而来之金融秩序的问题。包括谁得发行数位现金,数位现金之保护、伪造、遗失、使用的记录以及洗钱、[②]贩毒和恐怖主义者利用数位现金从事犯罪之防治等皆有其特别的问题。[③]

---

① Rechtsanwalt Dr. Markus Escher, Gassner Stockmann & Kollegen, München, http:// www. Gassner. De/escher/zvi-txt. html,, Aktuelle Rechtsfragen des Zahlungsverkehrs im Internet, 1999/8/10, S. 10. "电子现金与通用货币不同,不是由国家货币银行,而是由私人之信用机构发行。因此也不是德国联邦银行法第十四条所定之法定的支付工具。从而电子现金不得理解为现金(Bargeld),它只是利用将账簿中之金钱转变为电子现金(而具有接近于现金功能的支付工具)。"由于电子现金其实还不是现金,因此,以电子现金清偿金钱债务,论诸实际还只是一种间接给付的安排。利用电子现金(新债务)所要清偿之金钱的旧债务,必须等到该电子现金后来顺利入账后才因新债务之清偿,而归于消灭(德国民法第 364 条第 2 项;相当于台湾地区"民法"第 320 条)(Rechtsanwalt Dr. Markus Escher, Gassner Stockmann & Kollegen, München, http:// www. Gassner. De/escher/e-geld-txt. html, Bankrechtsfragen des Electronischen im Internet, 1998/8/10, S. 17)。

② Rechtsanwalt Dr. Markus Escher, Gassner Stockmann & Kollegen, München, http:// www. Gassner. De/escher/zvi-txt. html, Aktuelle Rechtsfragen des Zahlungsverkehrs im Internet, 1999/8/10, S. 12ff(13). "'刑法'第二百六十一条所定之洗钱罪,原则上以自组织性之犯罪取得之金钱为其构成要件要素。是故,在网际网络正常运转的商业行为中不会有洗钱之犯罪行为。从而无所谓有契约当事人之洗钱行为是否应课以刑罚的问题。比较多的问题是:为防止或发现洗钱之犯罪行为,于参与支付交易之金融业者给付创新之支付产品时,是否得对其课以洗钱法所定之银行的监督义务。"

③ See Thomas J. Smedinghoff in Thomas J. Smedinghoff, Online Law, 1996, pp. 113～117.

在数位现金，到底是谁与谁之间会由于数位现金之发行、使用、收受与兑现而发生法律关系？在借项转账(debt transfer)系统与数位现金系统，发行人与零售商间可能产生相当不同之契约关系。在信用卡系统或在将对于零售商之债务的清偿义务自消费者移转于第三人之系统中，发卡机构或第三人同意承担消费者对于零售商所负之债务，从而在发卡机构或该第三人与零售商间创造出一个直接的契约关系。在数位现金系统，不论其系以智慧卡(smart card)或以数位钱币(digital coins)为基础，有认为在第三人、货币发行人及零售商间所发生者，皆仅是偶然的契约关系。例如在可以多次使用之数位现金，[①]直到零售商想要将数位现金兑换成传统货币时，零售商与发行银行间才会发生显在的契约关系，否则零售商与发行银行间之契约关系即会隐而不彰。反之，在只可使用一次之数位现金，由于其受领人在收受后皆必须至银行提示，以确认其真伪，所以其间的契约关系在提示时会显现出来。[②]

三、转账之安全需求与冒名指示转账

电子信息之安全性系于信息来源之有无、真正、内容之完整以及相关密码之保密。其中关于来源之证明有双重意义，防止"以无为有，或以有为无"之耍赖的主张。为确保金融商务之通信的安全，主要利用加密及相关资料之辨识的技术；为使将来可能发生之争议能够适当获得证明，必须记账备查。然由于每一种安全技术之开发、采用皆涉及服务成本的高低与服务之反应时间的长短，从而影响到其财务或实行的可行性，而且记账在数位现金有时不符合当事人匿名交易之需要，[③]是故，还必须针对每一种电子金融商务的特征定其安全项目或等级的要求。目前比较习见之安全措施还多集中在电子资料之加密上。例如利用对称或

① 在多次使用之数位现金，其前后手关于数位现金之授受既类似于现金，便无不能兑现时之追索问题。唯所给付之数位现金如属伪造，则利用该伪造之数位现金清偿之债务即不因清偿而消灭。盖其用来清偿之给付不符合债务之本旨，从而不生清偿之效力。

② Laura Edgar, Esprit Project 27028, Electronic Commerce Legal Issues Platform, Electronic Payment Systems, Deliverable 2.1.6, pp. 10～12.

③ 记录特定人与电子金融商务有关之信息，对于厘清当事人间之法律关系固有正面意义。但有侵入客户隐私的缺点。请参考 Laura Edgar, Esprit Project 27028, Electronic Commerce Legal Issues Platform, Electronic Payment Systems, Deliverable 2.1.6, pp. 20～22.

非对称的金钥对于来往的电子资料信息加密，并附以数位签章。[①]

在电子金融交易，所来往之电子信息为金钱之提取、存储、收取、划拨，至关当事人之财产利益，因此，其电子信息安全之重要性显而易见。信息安全的技术主要仰仗者为加密及数位签章。例如在签发电子付款指示(electronic payment orders)，要银行将资金以电子的方法移转于受益人时，该指示往往附以数位签章，以便受到指示之银行能求证其权源及文件之完整性。在线上信用卡交易之加密，除为前述求证之目的外，还为确保信用卡卡号之保密。在电子现金则特别额外重视表示之内容中关于金额的正确性，亦即在电子现金信息之传递，其电子签章必须包含内容本身之存证，而非仅是证明传递之内容在签章后是否经修改而已。在电子支票，其电子签章之功能需求与电子现金相同，必须同时能够证明具体内容为何。[②]

为了能够确保转账安全，金融机构必须建立一套可靠之安全的转账程序，以确保转账作业及其记录之正确。有认为“为证明以客户名义对于银行所发之付款指示，如果银行与其客户协议一个安全作业程序，则银行收到之付款指示在下列情形将视为客户有效之指示，不论该付款指示是否经客户授权：如果(1)该安全程序是商务上用以提供对抗无权之付款指示的合理方法，以及(2)银行证明其善意的符合该安全程序收到该付款指示。例如一个客户之付款指示倘以数位签章签名，且该银行查证过该数位签章，则可认为该银行于依付款指示付款时，当已适当地为其所当为，纵使该付款指示事实上未经该客户授权，亦然”[③]。这与无权代理及表见代理之规定类似。依该见解，银行固应负责其使用之转账系统应符合商用之安全规格，但只要该转账系统符合商用之安全规格，其余之冒用风险即由客户负担。其实比较合理的处理当是：进一步确认冒用之事由究竟可归

---

① Laura Edgar, Esprit Project 27028, Electronic Commerce Legal Issues Platform, Electronic Payment Systems, Deliverable 2.1.6, pp. 14～16. 关于数位签章及电子资料信息之加密有关技术及其相关功能的说明，请参考黄茂荣：《电子商务契约的一些法律问题》，载《植根杂志》2000 年第 16 卷第 4 期，第 20 页以下。

② See Thomas J. Smedinghoff in Thomas J. Smedinghoff, Online Law, 1996, p. 117.

③ See Thomas J. Smedinghoff in Thomas J. Smedinghoff, Online Law, 1996, p. 108. 请参考美国统一商法典 U. C. C. Article 3 § 403。此为与举证责任有关的问题。发卡机构使用之安全系统愈可靠，关于信用卡冒用之举证责任便愈可能归客户负担。唯并不得利用契约一般约款将冒用的风险转嫁于持卡人。否则，其约款依德国契约一般约款法第 9 条第 1 项无效(Rechtsanwalt Dr. Markus Escher, Gassner Stockmann & Kollegen, München, http://www. Gassner. De/escher/zvi-txt. html, Aktuelle Rechtsfragen des Zahlungsverkehrs im Internet, 1999/8/10, S. 18)。这可供我们参考。

责于哪方当事人，其中因可归责于客户之事由引起之冒用损失固应由客户负担；[①]反之，因显然不可归责于客户之事由引起之冒用损失，还是应由银行负担为妥。盖由银行负担，一方面才能促进转账系统之安全性的提升，另一方面也只有银行才能将此种风险通过转嫁分散出去。

第三节　电子商务上之消费者保护

一、电子商务之概念

以电子方法传递信息并不自今始，只是方法有传统与现代之别。传统的例如：电话、电报、电传打字或电传拷贝传递之信息；现代的例如：以电子邮递或其他电子资料之交换的方法传递之信息。

近年电信与电脑网络的发展提供了一种崭新的电子交易方式，其特征为在电信与电脑网络上，交易双方可利用数位的电子信号，传递交易信息，以从事广告、契约之缔结，或甚至契约之履行，包括资讯之提供、智财权授权、交付、移转及以转账的方法为价金或报酬之给付。这主要适用于可数位化之财产或权利。然迄今法律并未对于电子商务给予有权解释。[②] 实务上将利用前述传递信息之方

---

① 客户自己使用数位现金消费时，其属于事后扣账者，所负之义务为费用的返还义务，其属于事先扣账者，则为圈存存款之转账。反之，数位钱包中之现金经冒用，而非自己使用者，客户虽不因支付而被扣账，但该冒用如只因其违反约定之注意义务，始可能发生，则利用与之相当之损害赔偿请求权的冲账，银行在经济上能够达到与客户自己使用时相同之扣账的结果(Rechts-anwalt Dr. Markus Escher, Gassner Stockmann & Kollegen, München, http:// www. Gassner. De/escher/zvi-txt. html,, Aktuelle Rechtsfragen des Zahlungsverkehrs im Internet, 1999/8/10, S. 15)。

② 唯一使用到电子商务之法规为网际网络传输电子计算机统一发票试办作业要点第1条规定："因应电子商务发展，便利营业人以电子计算机开立统一发票并利用网际网络传输，特订定本作业要点。"

法从事之商务活动，称为电子商务(electronic Commerce，e-Commerce)。[1]

数位信息的强点存在于迅速、低成本、无远弗届：信息在电磁环境之闪电式的快速流通，程式化之自动记录、处理、储存、管理与应用的可能性，从而使一些烦琐之资料的管理工作可以经济有效地得到适当的解决，以满足营运、稽核及决策支援上的需要；弱点在于不能确实面对面就实物进行协商。即便网上交易好处说不尽，然因电子信息有容易窜改、否认及归属的缺点，要使之成为可行的行销或采购通路，交易当事人之认证、数位签名，以及数位文件之存证皆属为电子商务之推行，在基础建设上必须克服的技术障碍。此外，在新交易方法的引进，难免由于交易双方对于新方法的资讯掌握程度的不同，而产生资讯不对称的情形，这在电脑电信网络的利用上，更有因此造成之数位落差的情况，导致容易形成不利于消费者之轻率、急迫及无经验的情境。如何克服其缺点，发挥其优点，以使电子信息能够充为适当之缔约或履行工具是相关法制亟待研究的问题。

二、消费者的数位落差及资讯不对称

电子商务可依其当事人之属性区分为：事业对事业(B2B)或事业对消费者(B2C)之电子商务。[所谓事业，指独立地、继续地从事一定之经济活动的组织。独立之特征用以与受雇相区别，继续之特征用以与一时贸易相区别。一个事业之经营成果归属于其组织成员(例如独资资本主、合伙人、股东)者为以营利为目的，论为营利事业。不归属于其成员者为非营利事业。非营利事业复按其照顾之族群在属性上的开放程度，区分为公益或私益团体。唯在税法上，只要是非公益团体，即论为营利事业。此外，关于公益团体之认定，依现行税捐法的规定，除必须满足公益团体之前述实质要件外，并需满足“民法”及税捐法规定之形式要件。亦即依“民法总则”之规定设立为财团法人，遵守相关税捐法之规定。例如“十三、教育、文化、公益、慈善机关或团体，符合‘行政院’规定标准者，其本身之所得及其附属作业组织之所得”(“所得税法”第 4 条第 1 项第 13 款)。“所得税

[1] 由于通用货币之给付，无物之瑕疵的问题，所以，银行业务特别适合以数位信息之传递的方法从事交易。是故，台湾地区已有银行开办电子银行业务。配合此种业务之交易规范上的需要，“财政部”于 1999 年 5 月 26 日以台财融字第 88725263 号函颁有“银行业务个人电脑银行业务及网络银行业务服务契约范本”。该范本第 2 条第 1 款将“个人电脑银行业务”(PC Banking)定义为：指客户端电脑经由银行专属网络或加值网络与银行电脑连线，无须亲赴银行柜台，即可直接取得银行所提供之各项金融服务。第 2 条第 2 款将“网络银行业务”(Network Banking)定义为：指客户端电脑经由网际网络与银行电脑连线，无须亲赴银行柜台，即可直接取得银行所提供之各项金融服务。

法"所称"教育、文化、公益、慈善机构或团体,系以合于'民法总则'公益社团及财团之组织,或依其他关系法令,经向主管机关登记或立案成立者为限。"("所得税法"第11条第4项)"依法登记设立为财团法人组织且符合'行政院'规定标准之教育、文化、公益、慈善、宗教团体及祭祀公业。"("遗产及赠与税法"第16条第3款、第20条第3款)"一、业经立案之私立学校及学术研究机构,完成财团法人登记者,其供校舍或办公使用之自有房屋。二、业经立案之私立慈善救济事业,不以营利为目的,完成财团法人登记者,其直接供办理事业所使用之自有房屋。三、专供祭祀用之宗祠、宗教团体供传教布道之教堂及寺庙。但以完成财团法人或寺庙登记,且房屋为其所有者为限。"("房屋税条例"第15条第1款至第3款)]B2C的推展涉及一些外部因素:[①]消费者的数位落差及资讯不对称。

数位落差指一个人实际所具之电脑电信方面的知识相对于其日常运用所需水平的差距。在电子商务,其影响所及首先是电子信息之接收、发送及其了解的能力。该能力决定缔约人或契约相对人在网络上所作之意思表示的法律上拘束力。针对数位落差,"电子签章法"第4条第1项、第2项规定,经相对人同意者,得以电子文件为表示方法,或以电子文件取代法令规定的书面。同理,同法第9条第1项规定,经相对人同意,始得以电子签章替代法令规定之签名或盖章。

资讯不对称影响缔约人是否能正确地形成意思表示的内容,以避免从事轻率的决定。这虽不是电子商务之特有的问题,但电子交易环境容易放大其效应。例如在电脑电信网络,一个事业能以相当低的费用,从事大量的广告。在纸本环境广告信函的成本不但高,而且由广告之事业负担;反之,在电子广告,不但费用低,而且占其成本之大部分的阅读及删除系由收信方负担。此即当今电子邮件垃圾所以泛滥的道理。这涉及是否至少将在网上对于不特定相对人散布的商业信息,在规范上定性为:广告、邮购或访问买卖。该定性决定消费者保护法与之相关之规定的适用("消费者保护法"第22条、第22条之一、第23条、第18条、第19条、第19条之一)。

---

① 与之对应,因此有学者按在网络上缔约之复杂程度,将之区分为所谓简单的网络缔约(Simple web contracting)及复杂的网络缔约(Complex web contracting)。请参考 Santiago Cavanillas/Martníez Nadal, ESPRIT Project 27028, Electronic Commerce Legal Issues Platform, Contract Law, Deliverable 2.1.7, p.7.

三、消费者保护

(一)保护的特别需要

事业在网际网络上为表示时,如非对于特定人为之,或虽对于特定人为之,但特定人为多数时,其表示由于大量性,往往会发生其表示究竟是广告与要约之混淆的问题。该问题类似于邮购价目表之寄送或访问买卖。这类问题如要仰仗于法院就具体个案加以认定,容易使消费者陷于效力不安定的惶恐之中。是故,利用法律明文加以规定极有需要。然在立法前,当如何?应朝向有利于消费者解释之:(1)事业在网际网络中所作之表示不属于意思表示,而有促销其商品或服务之意思者,应论为广告;(2)事业在网际网络中所作之表示属于意思表示,消费者并因而与该事业成立消费关系者,其交易应论为访问买卖或邮购买卖。

1. 网络广告

因为在网络上对于不特定人散布关于自己行销之商品或服务的信息具备广告的特征:对不特定人推介商品或服务,所以应定性为广告。是故,除关于广告之规制规定对其有适用性外,还必须注意,当论为广告,则广告人后来如与他人缔结与广告之商品或服务有关之契约,企业经营者有义务,确保广告内容之真实,其对消费者所负之义务不得低于广告之内容("消费者保护法"第22条)。[①]这虽不使广告因此成为要约,[广告不得即论为要约的道理为:广告人没有办法控制因此所产生之履行上的风险,包括如期、如数、依广告之价格及条件。至于广告主事后真正愿意成交之数量与广告规模相比,如果显失均衡,应从不公平竞争行为的观点依公平交易法规范之。请参考See Elizabeth S. Perdue in Thomas J. Smedinghoff, Online Law, 1996, p. 81."一个销售人对大众广告其供销售之商品时,通常不认为该销售人正在要约,而只是在邀请他人对其要约。购买人回应一个广告,订购商品时,其所为始为购买之要约。直到购买人之要约经承诺前,其间并无契约。否则,销售人可能为其收到之订单所拘束,而这些订单所

---

① 值得推敲者为,哪些在网际网络上协助事业广告者应负"消费者保护法"第23条所定之连带责任:"刊登或报道广告之媒体经营者明知或可得而知广告内容与事实不符者,就消费者因信赖该广告所受之损害与企业经营者负连带责任(第一项)。前项损害赔偿责任,不得预先约定限制或抛弃(第二项)。"

需之发货可能大大超过其供给能力。"]原则上仍仅是一种要约诱引，而非要约。[①] 但却使广告内容具有契约内容之最低基准的意义。这类似于一种特殊之契约一般约款。唯前述广告亦有可能不仅是要约诱引，而已是要约，例如在网络广告中提供即时供货的服务，让购买人即可在网络上下载其订购之商品的情形(影视带或电脑软体)。[②] 盖在网络世界之虚拟实境中，这种广告之散布实际上已非仅是"价目表之寄送"，而与"货物标定卖价陈列"无异，应"视为要约"("民法"第154条第2项)。

在电子商务契约之履行，物的瑕疵担保为一个重要的问题。在此销售人除应担保其提供之货物于依"民法"第373条之规定危险移转于买受人时，无灭失或减少其价值之瑕疵，亦无灭失或减少其通常效用或契约预定效用之瑕疵外，并应担保其物于危险移转时，具有其所保证之品质("民法"第354条)。其间销售人在广告中所广告之品质应定性为第354条第2项所定保证之品质，以符"消费者保护法"第22条之规定。有相反之意思者应以显著的方式将其意思表示出来。然应如何表示，其表示方始符合显著的要件，应就个案之具体情形认定之。通常要求应以特别显著之颜色，大一点的字体，在适当的位置表示出来。[③]

2. 网络邮购买卖

鉴于在网络采购，消费者所面对之购买环境类似于邮购的情境，在收到货物前并不能就拟购之物品从事必要之检视，是故，消费者在网络购物，应准予类推适用"消费者保护法"第19条关于邮购之规定，除"企业经营者为邮购买卖或访问买卖时，应将其买卖之条件、出卖人之姓名、名称、负责人、事务所或住居所告知买受之消费者"外("消费者保护法"第18条)，并应容许消费者在"对所收受之商品不愿买受时……于收受商品后七日内，退回商品或以书面通知企业经营者解除买卖契约，无须说明理由及负担任何费用或价款(第一项)"。销售人如有"违反前项规定所为之约定无效(第二项)。(另)契约经解除者，企业经营者与消费者间关于回复原状之约定，对于消费者较'民法'第二百五十九条之规定不利

① Helmut Redeker, Geschäftsabwicklung mit externen Rechnern im Bildschirmtextdienst, NJW 1984, S. 2390f.：网络上之广告所以只宜论为要约诱引，而不宜论为要约，除了有存货限制上的考量外，因在网络上广告人并不一定认识可能之购买人，所以也有关于购买人之债信上的疑虑。

② See Elizabeth S. Perdue in Thomas J. Smedinghoff, Online Law, 1996, p. 82; Anne-Catherine Hahn, Vertragsschluß im Internet: Ausgewählte Fragen in Rechtsfragen der Informa-tionsgesellschaft herausgegeben von Prof. Dr. Thomas Hoeren und Robert Queck, S. 151f..

③ See Elizabeth S. Perdue in Thomas J. Smedinghoff, Online Law, 1996, p. 88.

者，无效（第三项）”（“消费者保护法”第19条）。为使该问题在规范上臻于明确，在电子商务契约有关法律之制定中，有必要对此明文加以规定。上述规定，“于以邮购买卖或访问买卖方式所为之服务交易，准用之”（同法第19条之一）。

事业如无交易契约，而主动邮寄或投递之商品，应适用“消费者保护法”第20条：“未经消费者要约而对之邮寄或投递之商品，消费者不负保管义务（第一项）。前项物品之寄送人，经消费者定相当期限通知取回而逾期未取回或无法通知者，视为抛弃其寄投之商品。虽未经通知，但在寄送后逾一个月未经消费者表示承诺，而仍不取回其商品者，亦同（第二项）。消费者得请求偿还因寄送物所受之损害，及处理寄送物所支出之必要费用（第三项）。”这应亦适用于通过网络主动邮寄或投递之电子商品。

3. 契约一般约款

在电子商务契约之缔结中，当事人间就具体之交易条件原则上并不进行缔约上之协商，因此必须借助于一般契约条款将之标准化，以降低交易之协商成本、提高交易安全及效率。因之，电子商务契约通常即是一种定型化契约，[①]首先应受“民法”第247条之一的规范。其属于消费契约者并有“消费者保护法”第11条以下关于定型化契约之规定的适用。关于定型化契约的规定，除应注意其公平之维护外，为使预拟之一般契约条款可认为已构成契约内容的一部分，应以显著的方式引用之，以使相对人能确知或有适当时机探知其内容。［关于契约之一般条款要如何才能成为定型化契约之内容，“消费者保护法”第13条第1项规定：“契约之一般条款未经记载于定型化契约中者，企业经营者应向消费者明示其内容；明示其内容显有困难者，应以显著之方式，公告其内容，并经消费者同意受其拘束者，该条款即为契约之内容。”同法第14条规定：“契约之一般条款未经记载于定型化契约中而依正常情形显非消费者所得预见者，该条款不构成契约之内容。”或虽“记载于定型化契约，（但）因字体、印刷或其他情事，致难以注意其存在或辨识者，该条款（亦）不构成契约之内容。但消费者得主张该条款仍构成契约之内容”（同法施行细则第12条）。又“定型化契约（所）记载（者，纵）经‘中央’主管机关公告（为）应记载之事项……仍有本法关于定型化契约规定之适用（第一项）。‘中央’主管机关公告应记载之事项，未经记载于定型化契约者，仍构

① See Elizabeth S. Perdue in Thomas J. Smedinghoff, Online Law, 1996, pp. 85～88; Claus D. Müller-Hengstenberg, Nationale und internationale Rechtsprobleme im Internet, NJW 1996, S. 1782. “鉴于在涉外关系上，法律情况很开放，所以在具体案件宜以切合当地法律之清楚的契约约款定之，以至少达到一定程度之法的安定性。”而所谓契约约款在此只要依赖定型化契约中之一般约款。

成契约之内容(第二项)"(同细则第 15 条)。"本法所称定型化契约条款不限于书面,其以放映字幕、张贴、牌示或其他方法表示者,亦属之。"("消费者保护法施行细则"第 9 条)同法第 13 条第 2 项并规定"前项情形,企业经营者经消费者请求,应给予契约一般条款之影本或将该影本附为该契约之附件"。此外,同细则第 11 条还规定"企业经营者与消费者订立定型化契约前,应有三十日以内之合理期间,供消费者审阅全部条款内容(第一项)。违反前项规定者,该条款不构成契约之内容。但消费者得主张该条款仍构成契约之内容(第二项)。"]公平交易委员会并认为在"于预售屋买卖契约签订前未予交易相对人充分审阅契约书条款内容之机会(者),其交易手段有足以影响交易秩序之显失公平情事,违反'公平交易法'第二十四条规定"。[①] 在现代著作物的授权或网络交易中常利用之包装纸约款(Shrinkwrap)或网站包装约款(Webwrap)即属一种一般契约条款。[②]。

承诺原则上固为一种需要特定相对人之意思表示,但在依习惯或依其事件之性质,或要约人于要约当时,预先声明承诺无须通知的情形,"民法"第 161 条规定例外的允以一定足以客观表示承诺意思的行为承诺之,从而在相当时期内,有可认为承诺之事实时,其契约为成立。例如打开附有包装纸约款之包装,可能解释为承诺以该包装纸约款中所载内容为内容之授权契约。[③] 然在这种情形,消费者往往在收到货后才获知缔结之契约附有此种定型化一般约款。这种约款之附加究属于事后之附加,或属于附保留约款之承诺?如消费者系要约人,应论为附保留约款之承诺;如消费者系承诺人,应论为事后之附加。附保留约款之承诺等于是新要约,以消费者之开拆包装为承诺之意思实现("民法"第 161 条)。至于如系消费者承诺后之附加,其附加属于契约成立后,单方改变契约内容之表示,依契约原则[④]不生改变之效力。

4. 传输错误的风险

在电子商务契约之缔结,时而不免发生传输错误的情事。此种风险原则上应由发信人负担。盖传达人为发信人之使用人或使用之工具。唯因数位信息之

---

① "行政院"公平交易委员会 1995 年 8 月 1 日公处字第 087 号处分书("行政院"公平交易委员会公报 1995 年第 4 卷第 8 期第 16 页)。

② 关于包装纸约款(Shrinkwrap)或网站包装约款(Webwrap),请参考 Elizabeth S. Perdue in Thomas J. Smedinghoff, Online Law, 1996, pp. 87～88.

③ See Elizabeth S. Perdue in Thomas J. Smedinghoff, Online Law, 1996, p. 82.

④ 债之关系的成立,原则上需要一个契约,以符合私法自治原则的参与精神。唯为满足实务上之需要,法律仍定有一些例外的情形,例如票据行为、形成权之行使等皆以单方行为的方式为之。此外,契约原则也越来越多地受到信赖原则的排挤。详请参考 Esser, Schuldrecht, 2. Aufl., 1960, S. 19f.。

传送所使用之工具事实上常常不是自然人，而是自动化的电脑及通信设备，是故，如果双方为确保传递之安全与正确，事先订有一定之操作规定，则该风险之归属尚应考量，是否有一方当事人未遵守该规定。如有，该风险应归属于可归责之一方。[①]

5．系统风险

在金融交易有时会发生像信用卡或金融卡之冒用的情事。因冒用所生损失究竟应由持卡人或发卡银行负担？引起疑问。该问题应分别按所以导致冒用之事由分别论断。按导致冒用之事由分为：(1)持卡人委托他人保管卡片，致为受托人冒用；(2)卡片为第三人所窃，而被窃得者冒用，(3)卡片被伪造，而被伪造者冒用。第一种情形，持卡人应负信赖责任（“民法”第310条第2款）；第二种情形，依防止可能之就近原则，认为持卡人应负担损失；第三种情形，依企业危险之归属的观点，适宜认为发卡银行应负担损失。至其因此发生之费用可通过服务费或利息的调整分散给全部的持卡人。

（二）消保法之保护范围

消保法之保护范围在客体方面限于消费关系，在主体方面限于消费者及第三人。其中消费关系首先指事业（企业经营者）为供消费，而提供商品或服务；消费者为消费之目的，而就该商品或服务与该事业成立之法律关系。该商品或服务之提供不必是有偿的。事业为广告之目的而无偿提供的情形亦可构成受消费者保护法规范之消费关系。至于受保护之主体：除消费者外并含有权接近消费危险源（商品或服务）之第三人。然何谓消费者，除以消费为目的，而向系争商品或服务之提供者购买，从而成立交易关系者外，还包含经该购买者明示或默示同意，使用商品或接受服务者（“消费者保护法”第2条）。至于第三人则指有权接近系争商品或服务所构成之危险源，并因该危险而受损害之人。无权接近该危险源者，无消费者保护法之适用。[②]

---

① 关于电子存款之划拨，美国统一商法典第4(A)条即采此种观点。See Elizabeth S. Perdue in Thomas J. Smedinghoff, Online Law, 1996, p. 90.

② “最高法院”1999年台上字第2842号民事裁定：“按‘消费者保护法’第七条第一项或第二项所规定之商品制造者侵权责任，须商品有安全或卫生上之危险，致生损害于消费者或第三人之生命、身体、健康或财产。所谓消费者系指依消费目的而为交易、使用商品或接受服务之人；第三人则指制造者可预见因商品或服务不具安全性而受侵害之人。原审据以系争机器放置于工作场所，年仅一岁四个月之上诉人，其父母任其接近操作中之农业机械为判决之基础，认定上诉人非‘消费者保护法’第七条规定所指之第三人，并无违误。”

(三)金融卡之特殊问题

当今最为盛行之电子商务之一,可谓信用卡或金融卡。为其促销,发卡公司除正卡外,并容许声请人声请副卡供其亲朋使用,通常是正卡持有人之配偶或未成年子女使用。另也有容许未成年人声请信用卡或金融卡之正卡的情事。

关于副卡之发行,在其发卡契约之一般约款中,实务上除有关于正卡持有人就副卡持有人所负签账债务应负连带责任的约款外,并有关于副卡持有人对于正卡持有人所负签账债务应负连带责任的约定。后一连带责任的约定是否违反诚信原则("消费者保护法"第 12 条),值得研讨。[①]

按未成年人除已结婚者外,仅满 7 岁以上者,有限制行为能力("民法"第 13 条)。所谓有限制的行为能力指除纯获法律上之利益,或依其年龄及身份,日常生活所必需之意思表示外,限制行为能力人为意思表示及受意思表示,应得法定代理人之允许("民法"第 77 条)。其允许的态样有:(1)就拟为或拟受之意思表示而为允许;(2)就特定之财产允许限制行为能力人为处分之意思表示("民法"第 84 条);(3)就特定营业允许限制行为能力人独立营业。依前述规定未成年人声请信用卡或金融卡之正卡应经其法定代理人之允许。其允许的态样应属于在一定限额范围内容许未成年人从事赊账交易。此为从事以交易数额界定范围之意思表示的允许,而非以特定财产或营业界定范围之允许。是故,关于未成年之正卡应有授信额度的限制。

四、结论

电子商务所以势将成为将来之重要交易方式或通路,其理由在于现代电信电脑网络大幅提高了资讯、资金及货物之流通效率,缩短了供需双方在时间与空间上的距离或障碍,并降低契约之缔结、履行的成本。然由于供需双方之实境距离仍然存在,所以必须有一些配套的措施,弥补实境与虚境间的落差。

在事业对于消费者(B2C)之电子商务,由于数位落差或资讯不对称而可能引发道德危险。所以,有必要针对消费者保护之特别需要予以规范。与之有关者主要为是否将网上之销售定性为"消费者保护法"第 19 条所定之邮购,以及是否将事业在网上的表示论为一种广告,使之受各种广告之管制规定的规范。至于关于来自消费者的信用风险,应借助于消费者金融信用之管理制度,防范、制裁。

---

① 最高利息限额虽非信用卡或金融卡之特别问题,但发生情形最为普遍。在存款利率普降的背景下,其利率有需要特别加以适当管制。

第四节 电子商务上之不公平竞争

一、电子商务之概念及其特征

(一)电子商务之概念特征在于表示方法

近年电信与电脑网络的发展提供了一种崭新的电子交易方式,其特征为交易双方在电信与电脑网络上,[①]利用数位的电子信号,传递交易信息,以从事广告、契约之缔结,或甚至契约之履行,包括资讯之提供、无体财产之授权、移转及以转账的方法为价金或报酬之给付。因此,网际网络兼具媒体及卖场的功能。[②]其信息之传递方法包括但不限于"电子资料交换"(EDI:electronic data interchange)、电子邮递(E-mail:electronic mail)、电报(telegram)、电传打字(telex)或电传拷贝(telecopy)。[③] 实务上将利用前述传递信息之方法从事之商务活动,称为电子商务(electronic Commerce,e-Commerce)。[④] 唯迄今法律并未对于电

---

① 电子商务所使用的网络,主要固为电信、电脑网络。但在有线电视发达后,互动式电视;电话技术进步后,互动式电话也有可能被利用为电子商务之数位交易信息的传送工具。See Elizabeth S. Perdue in Thomas J. Smedinghoff, Online Law, 1996, p. 81.

② See Andrew R. Basile, Jr. in Thomas J. Smedinghoff, Online Law, 1996, p. 210.

③ 所谓 EDI 指利用协议标准将资讯格式化,而后从电脑至电脑所作之资讯的电子传送[UNCIT-RAL Model Law on Electronic Commerce Article 2 (b)]。上述传递方法虽主要与电子有关,但近年的发展除在输出端可能利用到光学的方法外,在传送过程由于光纤之采用,光学方法的利用也有后来居上之势。

④ 由于通用货币之给付,无物之瑕疵的问题,所以,银行业务特别适合以数位信息之传递的方法从事交易。是故,台湾地区已有银行开办电子银行业务。配合此种业务之交易规范上的需要,"财政部"于 1999 年 5 月 26 日以台财融字第 88725263 号函颁有"银行业务个人电脑银行业务及网络银行业务服务契约范本"。该范本第 2 条第 1 款将"个人电脑银行业务"(PC Banking)定义为:指客户端电脑经由银行专属网络或加值网络与银行电脑连线,无须亲赴银行柜台,即可直接取得银行所提供之各项金融服务。第 2 条第 2 款将"网络银行业务"(Network Banking)定义为:指客户端电脑经由网际网络与银行电脑连线,无须亲赴银行柜台,即可直接取得银行所提供之各项金融服务。

子商务给予有权解释。①

比较电子商务与传统商务之表示方法，其主要区别存在于交易信息的传达方法：利用数位的电子信号，传递交易信息。该传递方法的主要特征为快速、多变、无远弗届。传递方法的改变，使电子商务活动在表示及广告上具有特色，这不但影响到电子商务契约之缔结的规范，而且也引起其在消费者保护法、公平交易法及智财法上之特别的规范需要。关于电子商务契约之缔结所涉及者主要为在规范上接纳电子信号的传递作为意思表示方法，而与契约之缔结、消费者保护、不公平竞争共同有关者，则为该表示方法之定位。② 特别是当其与契约类型之定性有关，因之缔结之契约依情形可能被论为"邮购或访问买卖"；当其与商品或服务之促销有关，其表示将被论为广告，③从而应受与广告有关之规定的适用。前者主要规定于消费者保护法，["消费者保护法"第 2 条第 8 款、第 9 款规定："八、邮购买卖：指企业经营者以邮寄或其他递送方式，而为商品买卖之交易形态。九、访问买卖：指企业经营者未经邀约而在消费者之住居所或其他场所从事销售，而发生之买卖行为。"当一个买卖契约经定性为邮购或访问买卖，则依同法第 19 条规定："邮购或访问买卖之消费者，对所收受之商品不愿买受时，得于收受商品后七日内，退回商品或以书面通知企业经营者解除买卖契约，无须说明理由及负担任何费用或价款(第一项)。邮购或访问买卖违反前项规定所为之约定无效(第二项)。契约经解除者，企业经营者与消费者间关于回复原状之约定，对于消费者较'民法'第二百五十九条之规定不利者，无效(第三项)。"唯鉴于在网际网络上销售之商品有些易于败坏，是故，在以易于败坏之商品为标的之契约，如要容许购买人在一定期间内，不具理由解除契约，应缩短其犹疑期间。此外，就一些品质以标准化，或购买人已有购买经验之商品，是否还应适用"消费者保护法"第 19 条之规定，值得检讨。在这种情形宜使之回归适用物之瑕疵担保

① 唯一使用到"电子商务"之用语的法规为"网际网络传输电子计算机统一发票试办作业要点"第 1 条规定"因应电子商务发展，便利营业人以电子计算机开立统一发票并利用网际网络传输，特订定本作业要点"。

② Anne-Catherine Hahn, Vertragsschluß im Internet: Ausgewählte Fragen in Rechtsfragen der Informa-tionsgesellschaft herausgegeben von Prof. Dr. Thomas Hoeren und Robert Queck, S. 163.

③ 这是法律运转之机制的特征。当一个生活事实经涵摄于一定之法律概念，或归类于一定之类型下，以将之定性时，与该概念或类型有关之法规便形成一套法律规定，对之加以规范。所谓法网恢恢，疏而不漏的意味，由之可领略其中三昧。

的一般规定。]后者则除消费者保护法及公平交易法外,[①]尚有相当多的法律对之加以规范。散置于其他法律之广告方面的规定其实也大都与不实广告有关。[②] 然事业利用电子方法所传布之电子信息并不皆属于广告,也有广告以外之表示或给付。[③] 不过,不管其是否为广告,其表示皆是事业之重要的竞争方法,应受公平交易法之规范。另由于利用网际网络传递数位信息,无远弗届,不知不觉间即跨越国界,而商标、专利、著作权所受保护之空间,原则上限于授予该权利者之主权领域所及之范围,所以当传递之内容与商标、专利或著作权有关,即可能引起该等智财权之跨越国界的冲突或保护的问题。[④] 这个问题必须借助于双边或多边之国际条约或协定始能获得比较圆满的解决。[⑤]

(二)电子商务在公平交易法上之规范需要

公平交易法规范之事项主要分成两大类,即限制竞争与不公平竞争之禁止。

---

① 依"消费者保护法"第22条的规定:"企业经营者应确保广告内容之真实,其对消费者所负之义务不得低于广告之内容。"依同法第23条,"刊登或报道广告之媒体经营者明知或可得而知广告内容与事实不符者,就消费者因信赖该广告所受之损害与企业经营者负连带责任(第一项)。前项损害赔偿责任,不得预先约定限制或抛弃(第二项)"。关于不实广告,"公平交易法"第21条第4项除就广告媒体业,而且也就广告代理业规定:"广告代理业在明知或可得知情形下,仍制作或设计有引人错误之广告,与广告主负连带损害赔偿责任。广告媒体业在明知或可得知其所传播或刊载之广告有引人错误之虞,仍予传播或刊载,亦与广告主负连带损害赔偿责任。"

② 其他法律关于(不实)广告之规定散见于医师法、医疗法、药事法,化妆品卫生管理条例,食品卫生管理法,环境用药管理法,农药管理法,饲料管理法,动物用药品管理法,就业服务法,兽医师法,专利法,商标法等法规。至其所以加以规范之理由有:基于公序良俗之禁止、基于职业伦理之禁止、基于执业资格之禁止、基于保健的理由、基于不实广告之禁止者。详请参考郑优、单骥、黄茂荣、江炯聪:《公平交易委员会关于广告之规范政策与实务的检讨》,载《植根杂志》第15卷第9期,第426页以下。

③ 在网际网络上能够利用电子信息之传递提供之给付的内容,除数位产品(例如影、音、文字著作,电脑软体)之交付外,亦可利用来转账,从事关于各种权利之移转契约的缔结,以及履行债务。

④ See Andrew R. Basile, Jr. in Thomas J. Smedinghoff, Online Law, 1996, pp. 139, 220～221,252～253.

⑤ 一个经济或知识之后进国在参与此种国际条约时,在答应对于外国智财权提供保护的同时,必须注意争取建立价格与非价格之无差别待遇的实施原则,禁止在其境内滥用智财权。

限制竞争所涉事项为独占、结合、联合及垂直之价格与非价格的限制。[①] 不公平竞争所涉事项有以不当的方法抢客户、侵害他事业之业务秘密、从事足以造成混淆供应来源之仿冒、不实广告、损害他人营业信誉、违法之多层次传销、足以影响交易秩序之欺罔或显失公平的行为。[②] 此外，智财权基于其专用权之排他效力，构成对于市场竞争机能之重要的影响因素，所以不但智财权之侵害，而且智财权之滥用皆足以影响市场竞争机能。是故，公平交易法将之论为显失公平之竞争行为。至于依照著作权法、商标法或专利法行使权利之正当行为，虽可能造成限制竞争的结果，依同法第 45 条，“不适用本法之规定”。

前述公平交易法之规范事项中与电子商务关系较为密切者为不公平竞争行为之禁止的部分，特别是混淆供应来源之仿冒、不实广告、损害他人营业信誉及足以影响交易秩序之欺罔或显失公平的行为。归纳之，皆与欺骗性的陈述有关。唯其余部分并非绝无关系，只是不因其发生于电子商务而具有特色而已。所谓因其发生于电子商务而另具特色，指基于电子信息方便修改、便宜发送之特征，使其容易以假乱真、大量传播；此外，复因其不是面对面表示，而且在网际网络上辗转连接相传，容易诱使躲在网络中恶意中伤，或意图从事一些只要让每一个人上当一次即可的苟当。因之，以下拟仅以公平交易法中，与商标、营业名称、产品或服务表征、营业表征之仿冒、不实广告、损害他人营业信誉及足以影响交易秩序之欺罔或显失公平的行为等有关之规定，针对其在电子商务可能有之态样说明之。

---

① 独占规定于“公平交易法”第 10 条，结合规定于第 11 条至第 13 条、第 19 条第 4 款，联合规定于第 14 条至第 16 条、第 19 条第 4 款，垂直价格拘束之禁止规定于第 18 条，垂直之非价格拘束规定于第 19 条第 1 款、第 6 款，滥用市场地位规定于第 10 条、第 19 条第 2 款（差别待遇）。关于限制竞争行为或妨碍公平竞争行为之禁止，第 19 条第 6 款关于如有限制竞争或妨碍公平竞争之虞，事业不得从事“以不正当限制交易相对人之事业活动为条件，而与其交易之行为”的禁止规定具有概括规定的作用。

② 关于不公平竞争行为之禁止规定于“公平交易法”第 19 条第 3 款（以不当的方法抢客户）、第 5 款（侵害业务秘密），第 20 条（仿冒之禁止），第 21 条（不实广告），第 22 条（损害他人营业信誉），第 23 条（多层次传销之禁止态样），第 24 条（足以影响交易秩序之欺罔或显失公平之行为）。其中第 24 条属于不公平竞争行为之禁止的概括规定。关于不公平竞争行为之禁止，第 19 条第 6 款虽亦具有概括规定的作用，但与第 24 条相较，还是比较具体，盖其适用范围限于“以不正当限制交易相对人之事业活动为条件，而与其交易之行为”，而不若第 24 条，以事业之一切“足以影响交易秩序之欺罔或显失公平之行为”为其禁止规定之适用范围。

二、电子商务上之不公平竞争的态样

(一)仿冒

仿冒虽为过去关于商标权、专利权或著作权之侵害的习惯称法,但已不再为商标法、专利法或著作权法所沿用。关于商标权、专利权或著作权[①]之侵害,其共通之特征为未经商标权人、专利权人或著作权人之授权,[关于授权使用,“商标法”第26条规定:“商标专用权人得就其所注册之商品之全部或一部授权他人使用其商标(第一项)。”另商标质权在概念上虽为占有质,但在“质权存续期间,质权人非经商标专用权人授权,(还是)不得使用该商标”(同法第30条第2项)。“以专利权为标的设定质权者,除契约另有订定外,质权人(亦)不得实施该专利权”(“专利法”第6条第3项)。“著作权法”第37条规定:“著作财产权人得授权他人利用著作,其授权利用之地域、时间、内容、利用方法或其他事项,依当事人之约定;其约定不明之部分,推定为未授权(第一项)。前项被授权人非经著作财产权人同意,不得将其被授与之权利再授权第三人利用。”第41条规定:“著作财产权人投稿于新闻纸、杂志或授权公开播送著作者,除另有约定外,推定仅授与刊载或公开播送一次之权利,对著作财产权人之其他权利不生影响。”第56条规定:“广播或电视,为播送之目的,得以自己之设备录音或录影该著作。但以其播送业经著作财产权人之授权或合于本法规定者为限(第一项)。前项录制物除经主管机关核准保存于指定之处所外,应于录音或录影后一年内销毁之(第二项)。”]而为使用。[关于何谓使用,“商标法”第6条就商标之使用定义为:“本法所称商标之使用,系指为行销之目的,将商标用于商品或其包装、容器、标贴、说明书,价目表或其他类似物件上,而持有、陈列或散布(第一项)。商标于电视、广播、新闻纸类广告或参加展览会展示以促销其商品者,视为使用(第二项)。”关于服务标章之使用,“商标法”第72条第2项规定:“服务标章之使用,系指将标章用于营业上之物品、文书、宣传或广告,以促销其服务者而言。但使用于商品或其包装容器上有使人误认为系促销该商品者,不在此限。”至于专利法及著作权

① 著作权法所保护之著作的专用权,除著作权外,尚有无著作财产权或著作财产权消灭后之作品的制版权。就此,该法第79条规定:“无著作财产权或著作财产权消灭之文字著述或美术著作,经制版人就文字著述整理印刷,或就美术著作原件以影印、印刷或类似方式重制首次发行,并依法登记者,制版人就其版面,专有以影印、印刷或类似方式重制之权利(第一项)。制版人之权利,自制版完成时起算存续十年(第二项)。前项保护期间,以该期间届满当年之末日,为期间之终止。第一项登记之办法,由主管机关定之(第三项)。”

法则未就之加以定义。即使如此，仍可从专利法及著作权法关于专利权及著作权之权利范围的说明认识到其关于各该权利相当于其使用方面的看法。例如关于专利权之权利范围，专利法分就发明专利、新型专利、新式样专利规定如下：发明专利之"物品专利权人，除本法另有规定者外，专有排除他人未经其同意而制造、贩卖、使用或为上述目的而进口该物品之权（第一项）。方法专利权人，除本法另有规定者外，专有排除他人未经其同意而使用该方法及使用、贩卖或为上述目的而进口该方法直接制成物品之权（第二项）。发明专利权范围，以说明书所载之声请专利范围为准。必要时，得审酌说明书及图式（第三项）"（第 56 条）。关于新型专利，其"新型专利权人，除本法另有规定者外，专有排除他人未经其同意而制造、贩卖、使用或为上述目的而进口该新型专利物品之权（第一项）。新型专利权范围以说明书所载之声请专利范围为准。必要时，得审酌说明书及图式（第二项）"（第 103 条）。关于新式样专利，其"新式样专利权人就其指定新式样所施予之物品，除本法另有规定者外，专有排除他人未经其同意而制造、贩卖使用或为上述目的而进口该新式样及近似新式样专利物品之权（第一项）。新式样专利权范围，以图说所载之声请专利范围为准；必要时，得审酌创作说明（第二项）"（第 117 条）。归纳之，专利权之内容为专有"制造、贩卖、使用或为上述目的而进口该专利物品之权"。］专利权如为数人所共有，除共有人间另有特约，其授权应共同为之。先后之发明有再发明之关系，或有物品专利与方法专利之关系者，而再发明专利权人与原发明专利权人或制造方法专利权人与物品专利权人，就交互授权实施不能获致协议者，再发明专利权人与原发明专利权人或制造方法专利权人与物品专利权人得依第 78 条声请特许实施。[①]

鉴于智财权属于无体财产权，非经公示第三人无从认知，所以商标法、专利

① "专利法"第 61 条规定："发明专利权为共有时，除共有人自己实施外，非得共有人全体之同意，不得让与授权他人实施。但另有约定者，从其约定。"第 80 条规定："第二十九条再发明专利权人未经原专利权人同意，不得实施其发明（第一项）。制造方法专利权人依其制造方法制成之物品为他人专利者，未经该他人同意，不得实施其发明（第二项）。前二项再发明专利权人与原发明专利权人或制造方法专利权人与物品专利权人，得协议交互授权实施（第三项）。前项协议不成时，再发明专利权人与原发明专利权人或制造方法专利权人与物品专利权人得依第七十八条声请特许实施。但再发明或制造方法发明所表现之技术，须较原发明或物品发明具相当经济意义之重要技术改良者，再发明或制造方法专利权人始得声请特许实施（第四项）。再发明专利权人或制造方法专利权人取得之特许实施权，应与其专利权一并转让、信托、授权或设定质权（第五项）。"

法规定商标、[①]专利权[②]之授权使用，未经登记者不得对抗第三人。此外，为使社会大众或交易相对人认识，使用商标标示其商品者，可能仅是被授权人，商标法又规定“商标授权之使用人，应于其商品或包装容器上为商标授权之标示”（“商标法”第 26 条第 3 项）。

对于使用上之排他专用权，关于商标权[③]或著作权现行法皆有合理使用[④]之容许的规定限制之。著作权之强制授权、默示授权与合理使用类似，不同者为强制授权应先经声请主管机关许可，并给付使用报酬，始得使用，而默示授权与合理使用则除无须事先声请主管机关许可外，也不一定必须给付使用报酬。[⑤]

与仿冒有关的类型，在公平交易法规定于第 20 条。该条所保护之法益与商

---

① “商标法”第 26 条第 2 项规定：“前项授权应向商标主管机关登记；未经登记者不得对抗第三人。授权使用人经商标专用权人同意，再授权他人使用者，亦同。”同法第 30 条第 1 项规定：“商标专用权人设定质权及质权之变更、消灭，应向商标主管机关登记；未经登记者，不得对抗第三人。”

② “专利法”第 59 条规定：“发明专利权人以其发明专利权让与他人或授权他人实施，非经向专利专责机关登记，不得对抗第三人。”第 119 条规定：“新式样专利权人得就所指定施予之物品，以其新式样专利权让与他人或授权他人实施，非经向专利专责机关登记，不得对抗第三人。但联合新合新式样专利权不得单独让与或授权。”

③ “商标法”第 23 条规定：“凡以善意且合理使用之方法，表示自己之姓名、名称或其商品之名称、形状、品质、功用、产地或其他有关商品本身之说明，附记于商品之上，非作为商标使用者，不受他人商标专用权之效力所拘束（第一项）。在他人声请商标注册前，善意使用相同或近似之商标图样于且一或类似之商品，不受他人商标专用权之效力所拘束，但以原使用之商品为限；商标专用权人并得要求其附加适当之区别标示（第二项）。附有商标之商品由商标专用权人或经其同意之人于市场上交易流通者，商标专用权人不得就该商品主张商标专用权。但为防止商品变质、受损或有其他正当事由者，不在此限（第三项）。”第 1 项所定者相当于合理使用，第 2 项所定者为迁就先注册主义下，特别容许之竞合的使用，第 3 项所定者为商标之耗尽问题。简化之，三者还是可并称为商标之合理使用。商标之合理使用的容许属于商标专用权之消极的范围。

④ “著作权法”第 65 条规定：“著作之合理使用，不构成著作财产权之侵害（第一项）。著作之利用是否合于第四十四条至第六十三条规定或其他合理使用之情形，应审酌一切情状，尤应注意下列事项，以为判断之标准：一、利用之目的及性质，包括系为商业目的或非营利教育目的。二、著作之性质。三、所利用之质量及其在整个著作所占之比例。四、利用结果对著作潜在市场与现在价值之影响。”关于著作权之合理使用与默示授权，请参考黄茂荣：《著作权之合理使用与默示授权》，载《植根杂志》第 16 卷第 9 期。

⑤ “著作权法”第 69 条规定：“录有音乐著作之销售用录音著作发行满六个月，欲利用该音乐著作录制其他销售用录音著作者，经声请主管机关许可强制授权，并给付使用报酬后，得利用该音乐著作，另行录制（第一项）。前项声请许可强制授权及使用报酬之办法，由主管机关定之（第二项）。”但“依前条规定利用音乐著作者，不得将其录音著作之重制物销售至台湾地区管辖区域外”（第 70 条）。第 70 条所定者属于法定强制授权之授权地域范围的规定。

标类似，但非商标专用权，[①]而是与商品或服务之来源的表彰有关之表征。其与商品之表征有关者包括“以相关事业或消费者所普遍认知之他人姓名、商号或公司名称、商标、商品容器、包装、外观或其他显示他人商品之表征，为相同或类似之使用，致与他人商品混淆，或贩卖、运送、输出或输入使用该项表征之商品者”（第 20 条第 1 项第 1 款）。其与营业或服务之表征有关者，包括“以相关事业或消费者所普遍认知之他人姓名、商号或公司名称、标章或其他表示他人营业、服务之表征，为相同或类似之使用，致与他人营业或服务之设施或活动混淆者”（同条项第 2 款）。本条第 1 项前两款所保护者可归纳为：企业主体名称、[②]商品外观、[③]服务或营业表征。其共通之功能为标示商品或服务之供应来源。

同条项第 3 款虽禁止“于同一商品或同类商品，使用相同或近似于未经注册之外国著名商标，或贩卖、运送、输出或输入使用该项商标之商品”。而似与商标法益有关，然因台湾地区商标法关于商标之保护采注册主义，[④]在台湾地区根本

---

① “商标法”第 5 条规定：“商标所用之文字图形、记号、颜色组合或其联合式，应足以使一般商品购买人认识其为表彰商品之标识，并得借以与他人之商品相区别（第一项）。不符前项规定之图样，如经声请人使用且在交易上已成为声请人营业上商品之识别标识者，视为已符合前项规定（第二项）。”此为商标图样或文字在存在上应具标示能力的要求。

② 其侵害的态样例如在网页上使用他事业之名称、商标，而使他人误以为该商标即为该网页主人所有或经该商标权人授权使用。See Elizabeth S. Perdue in Thomas J. Smedinghoff, Online Law, 1996, p. 449.

③ “最高法院”1998 年 4 月 3 日台上字第 744 号民事判决：“‘公平交易法’第二十条第一项第一款所保护之商品容器、包装、外观，仅限于经长期使用而达到相关大众所共知，交易相对人以之作为区别商品来源之认定对象。即厂商用以区别商品来源之特征，须有显著性、独特性或辨识性，经该厂商长期使用于其商品上，使一般人一见该表征即知该产品为某特定厂商所产制，亦即商品之表征须具有表彰商品来源之功能，始足当之。”

④ 关于商标之保护，认为台湾地区商标法采注册主义的规范基础为“商标法”第 2 条规定：“凡因表彰自己营业之商品，确具使用意思，欲专用商标者，应依本法声请注册。”“商标自注册之日起，由注册人取得商标专用权。”（第 21 条第 1 项）既采注册主义，即产生优先权之承认的问题。所以“商标法”第 36 条首先规定：“二人以上于同一商品或类似商品以相同或近似之商标，各别声请注册时，应准最先声请者注册；其在同日声请而不能辨别先后者，由各声请人协议让归一人专用；不能达成协议时，以抽签方式决定之。”以解决就同一商标，在台湾地区有两人以上同时或先后提出声请注册的优先问题。其次在第 4 条规定：“声请人在与台湾地区有相互保护商标条约、协定或相互承认优先权之国家，依法声请注册之商标，于首次声请日翌日起六个月内向台湾地区声请注册者，得主张优先权（第一项）。依前项规定主张优先权者，应于声请注册同时提出声明并于声请书中载明在外国之申请日、声请案号数及受理该声请之国家。声请人应于声请之日起三个月内检送经该国政府证明受理之声请文件；未于声请时提出声明或逾期未检送证明文件者，丧失优先权（第二项）。”以解决就同一商标，在国内与国外有两人以上同时或先后提出声请注册的优先问题。

未经注册之“商标”，纵使著名，在法律上的地位亦不宜论为商标。盖商标之注册的声请手续简便，费用不多，政策上既决定采注册主义，原则上即不宜再承认未经注册的商标。[①] 是故，著名商标所以受保护，与同条项第 1 款、第 2 款所定的情形一样，悉因该表征已为“相关事业或消费者所普遍认知”，[②]从而第三人如有冒用即可能引起商品或服务之供应来源的混淆，以致损及交易相对人的交易利益或该表征之权利人的竞争利益。[③] 这是从不得欺罔，以维护公平交易秩序的观点立论发展出来的制度。要是纯从该表征之权利人的竞争利益出发，在其轻忽注册主义之遵守的情形下，并无大费周章以复杂的制度对其提供保护的意义。唯在采注册主义的情形，并非即无著名商标之保护问题。

按商标专用权之范围，限于“请准注册之商标及所指定之商品为限”（“商标法”第 21 条第 2 项）。为避免来自于有疑问之类似商品或近似商标的困扰，商标专用权人宜依“商标法”第 22 条第 1 项将“同一商标图样”声请注册为联合商标，“以（将该）同一商标图样，指定使用于类似商品，或以近似之商标图样，指定使用于同一商品或类似商品”；为防止商标之识别机能被稀释，商标专用权人宜依“商标法”第 22 条第 2 项将“同一商标图样”声请注册为防护商标，“以（将该）同一商

① 关于商标权之取得，即便在非采注册主义的国家，亦得办理商标之注册。在这种情形其注册的实益，美国主要在于：(1)为先用(priority)的举证，得主张以注册日为其开始使用该商标的日期；(2)方便其实行商标权、减轻其实行费用；(3)得向联邦法院起诉；(4)得请求律师费用及三倍于损害之赔偿；(5)得请求在海关禁止侵害其商标权之商品的进口；(6)在有些情形并得请求销毁该商品。See Andrew R. Basile, Jr. in Thomas J. Smedinghoff, Online Law, 1996, p. 215.

② “公平交易法”第 20 条第 2 项、第 3 项规定：“前项规定，于左列各款行为不适用之：一、以普通使用方法，使用商品本身习惯上所通用之名称，或交易上同类商品惯用之表征，或贩卖、运送、输出或输入使用该名称或表征之商品者。二、以普通使用方法，使用交易上同种营业或服务惯用名称或其他表征者。三、善意使用自己姓名之行为，或贩卖、运送、输出或输入使用该姓名之商品者。四、对于前项第一款或第二款所列之表征，在未为相关事业或消费者所普遍认知前，善意为相同或类似使用，或其表征之使用系自该善意使用人连同其营业一并继受而使用，或贩卖、运送、输出或输入使用 该表征之商品者（第二项）。事业因他事业为前项第三款或第四款之行为，致其营业、商品、设施或活动有受损害或混淆之虞者，得请求他事业附加适当表征。但对仅为运送商品者，不适用之。”该两项所定情形，为相当于表征之合理使用的规定，以缓和由于表征专用权之赋予，对于竞争者所引起之冲击。

③ “司法院”1995 年 1 月 6 日大法官会议释字第 370 号解释：“依‘商标法’第五十二条第一项、第三十七条第一项第十二款规定，商标图样相同或近似于他人同一商品或类似商品之注册商标者，利害关系人得声请商标主管机关评定其注册为无效，系为维持市场商品交易秩序，保障商标专用权人之权益及避免消费大众对于不同厂商之商品发生误认致受损害而设。”

标图样，指定使用于非同一或非类似而性质相关联之商品”。在声请为联合商标或防护商标之注册的情形，因声请人就同一商标图样，为同一目的声请为复数注册，所以同条第 3 项规定依“前二项商标声请注册时，其已注册或声请在先者为正商标；同时提出声请者，应指定其一为正商标”。

由于商标专用权之保护，在制度的设计上，原先即将之限于声请人选用之图样，指定之商品。[①] 所以即便有近似商标之使用禁止的规定，以保护注册商标，但还是不免有因他人使用相同商标于非同一或非类似，而性质相关联之商品，或甚至不相关联之商品，而致稀释商标识别力的情事。[②] 这在著名商标的情形特别明显。于是导出是否应扩大著名商标在商品类目上之保护范围的规范需要。针对该规范需要，乃引进“商标法”第 22 条第 2 项但书的规定：“著名商标不受商

① 在近似商标的案件，于图样或文字近似，且使用之商品类似的情形，在实务上虽有当事人以“行销通路不同”为理由，主张系争商标间在使用上无造成来源混淆之虞，从而不构成商标权之侵害。但“行政法院”1997 年 5 月 22 日判字第 1259 号判决认为：“商标在外观或观念上有无混同误认之虞，应以具有普通知识经验之商品购买者施以普通所用之注意为判断标准，不因商标使用于何种价位商品而有不同。原告以据以核驳商标使用于高价商品，即无混同性，尚无足采。”所谓通路不同，指因价格、经销商、销售对象等因素共同或分别所决定之商品流通渠道的差异。这是从商标的首要机能在于标识商品或服务之来源所导引出来的道理。可谓言之成理。该院除在该判决明白拒绝前述主张外，在其他判决（例如“行政法院”1996 年 10 月 24 日判字第 2561 号、1997 年 5 月 20 日判字第 1250 号、1997 年 6 月 26 日判字第 1565 号、1997 年 9 月 26 日判字第 2331 号、1997 年 10 月 3 日判字第 2400 号、1997 年 10 月 16 日判字第 2538 号、1999 年 1 月 21 日判字第 80 号判决）亦作成相同结论之裁判。在这些判决中，该院对该主张并未表示意见。唯在美国有认为，非著名之商标的权利人并不得禁止与其行销通路不同之业者使用近似之商标。例如因为批发市场与零售市场为不同之通路，所以认为在批发市场与零售市场使用近似之商标，不会造成混淆。不过，由于销售通路不同可造成之市场的区隔，在利用网际网络从事电子商务的情形，显已改观。在网络商务中，经由市场结构之扁平化，不但已使供应商、批发商，或零售商相对于消费者之关系的距离显著拉近，而不再有明确的区隔，而且在尚未按销售之商品或服务，将利用网站建立之卖场加以区隔成不同市场前，该销售通路可能就暂被泛称为电子通路，而纠缠在一起难以区分。是故，以通路不同为理由，主张无混淆之虞的看法，在电子商务暂时会有一些疑义。See Andrew R. Basile, Jr. in Thomas J. Smedinghoff, Online Law, 1996, pp. 219,221. 在商标的保护倾向于国际化的同时，一方面为保护消费者，另一方面为保留给后进国家有发展的机会，有必要加强产地之附注的标识，以缓和同一商标图样或文字在先进国家与后进国家间之注册或使用的冲突。盖同一品牌之汽车由不同国家或地区之工厂制造，对于消费者而言，其市场之评价可能还是有所不同。

② See Elizabeth S. Perdue in Thomas J. Smedinghoff, Online Law, 1996, p. 455.

品性质相关联之限制”。[①] 亦即一件商标只要经定性为著名商标，则不再有必要声请防护商标之注册。关于著名商标的保护，在此限度内有其必要。然为贯彻注册主义，任何商标在未经向台湾地区商标主管机关申准注册前，应认为尚无“商标法”第22条第2项但书所定之受保护的资格。至于是否得依公平交易法规定于第20条第1项第3款受保护，应从公平交易法该条规定的意旨立论：以该著名商标所构成之表征已为“相关事业或消费者所普遍认知”为其保护依据。不过，在这种情形其保护范围首先应不及于“商标法”第22条第2项但书所赋予之范围，亦即仍应受“商品性质之关联性”的限制。其次为，即便使用之商品与该著名商标指定使用之商品在性质相关联，但如非属于类似商品，仍不构成商标之近似的使用。[②]

在公平交易法上，仿冒虽主要对于混淆商品或服务之来源的事项加以规范，但传统上，仿冒则多用以指称未经授权而使用他人之智财权的情形。其与混淆有关而比较伤脑筋者为，一家从事电子商务的业者在来不及使其网页设计经由长期使用，累积到具有受“公平交易法”第20条所定之被保护的资格，亦即成为“相关事业或消费者所普遍认知”之网页设计前，该设计可能即为他事业所模仿。更糟糕者为：模仿者如果财大气粗，声势惊人，竟然后来居上，先于原创者，使该网页之表征成为“相关事业或消费者所普遍认知”之营业表征。这时原创者依同条第2项第4款虽得继续使用，但依同条第3项，该模仿者反得请求原创者附加适当表征，以避免混淆。为避免陷入此种窘境，网页原创者应利用著作权作为其

---

① “行政法院”1968年判字第219号判例：“‘商标法’第二条第六款后段所谓‘欺罔公众之虞’，须袭用他人夙着盛誉之注册商标，使用于非同一商品，而其性质相同或近似，易使人误认其商品为他人出品而购买者，始克当之。至同条第八款所谓‘世所共知’，系指台湾地区一般所共知者而言。”

② “行政法院”1997年10月23日判字第2576号判决：“按商标图样相同或近似于他人同一商品或类似商品之注册商标者，依‘商标法’第三十七条第一项第十二款规定固不得声请注册，唯如非使用于同一商品或类似商品者，则非本款适用范围。”盖商标专用权之范围，以商标图样及指定使用之商品两个因素定之。是故，所谓商标之近似的使用，其界定乃以图样是否近似及商品是否类似为准，必须有商标近似且商品类似的情事，始构成商标之近似的使用（“商标法”第62条）。

保护的工具。然困难的是，自从关于著作权的保护改采创作主义以后，[①]主管机关已不再接受著作权之注册登记，其结果，著作之原创者要主张其著作权，或多或少总是会遭遇到举证的困难。[②] 是故，为保护瞬息万变，拷贝、模仿容易而又迅速之网际网络上的电子著作，建置有公信力之电子著作的登录制度，［"为防止台湾地区出口之电脑程式相关产品涉及侵害著作权，并提供著作权人进一保护，台湾地区自1992年11月起实施'电脑程式相关产品出口管理制度'。该制度规定厂商输出含有电脑程式之电脑、列表机、电视游乐器等相关货品时，应向'国际贸易局'及商品检验局委托之财团法人资讯工业策进会申办输出许可证，并接受随机之比对检验。电脑程式著作权人如欲接受该制度之保护，可向资策会声请办理著作物之登录，并同时寄存著作样品，俾供出口签证及检验比对之用。资策会发现疑似侗权案件时，将通知登录之著作权人前往处理，以进一保障著作权人之权利。"（电脑程式相关产品出口管理制度作业规定）关于著作之登录，货品输出管理办法第21条之一规定："智慧局对出口货物附有之著作为特别监视者，得

---

① 著作权之取得，在台湾地区原采注册主义，"著作物以依著作权法注册者为有著作权，故著作权之被侵害，必须注册后方能提起著作权侵害之诉，此在'著作权法'第二十三条有明文限制，来电所称著作物在呈请注册中或注册前被人翻印、仿造等情，是被侵害者为通常之利益，尚非著作权，其诉请赔偿，自不适用该条之规定"（"司法院"1931年8月7日院字第530号解释）。唯"1985年7月10日修正公布之著作权法，对于国人之著作，已扬弃过去之注册主义，改采创作主义，故于第四条第一项（现行法为：'著作权法'第十条）明定著作人于著作完成时，享有著作权"（"最高法院"1995年2月16日台上字第304号民事判决）。"应受法律之保护，不以登记或注册完成为必要，亦不因登记或注册而推定著作权存在。"（"最高法院"1998年6月18日台上字第1413号民事判决）创作主义之规范基础为："著作权法"第10条规定："著作人于著作完成时享有著作权。但本法另有规定者，从其规定。"当采创作主义，著作人在著作完成时即自动取得著作权。在美国，著作之保护亦采创作主义，See Thomas J. Smedinghoff in Thomas J. Smedinghoff, Online Law, 1996, p. 137.

② 在美国，其著作权之保护虽亦采创作主义，但美国著作权署（the U. S. Copyright Office）不但接受著作权之登记，而且鼓励著作权之登记。"在美国办理著作权登记有下列好处：(1)建立关于该著作权之内容与范围的官方记录。(2)须先办理登记，著作权人始得提起侵害诉讼。(3)一件作品如果在发行后5年内办理登记，该登记可推定该著作权、在登记证书中所载事实（例如著作权人之姓名、第一次发行日期等）之效力或真正。由于这可减轻著作权人在诉讼上之举证负担，提高其取得对于侵害者之假处分的可能性，所以是重要的。(4)如果在侵害发生前，该有著作权之作品即已登记（或者在发行后3个月内即已办理登记，而侵害发生在发行后），则在与此种侵害有关之诉讼，著作权人可请求法定的损害（statutory damage）及律师费用之赔偿，否则，只得请求实际损害之赔偿。著作权人就其著作不论是否已办理登记，在其作品上皆可为有著作权之标示。该标示的意义在于使侵害者事后不得主张其侵害系出于不知情。"（Thomas J. Smedinghoff in Thomas J. Smedinghoff, Online Law, 1996, pp. 144～145）

受理著作权人或其代理人声请登录，对送样存放要求保护者，则须收取费用；其样品存放费用金额由智慧局定之(第一项)。前项样品存放费用之收取，应循预算程序办理(第二项)。”这是现行法中对于著作之登录加以规定的条文。]对于网际网络上的电子著作加以保护，应属当务之急。

关于智财权之侵害，在电子商务亦常发生于著作权。盖在网际网络上流通之信息，如涉及智财权之侵害或保护，在来源之分辨上固与商标、服务或营业表征有关，但在商品本身之保护上则通常与著作权有关。例如未经授权在网页或网站上使用他人受著作权保护之作品、擅自改作，或甚至将之供人下载。[①] 在网际网络上之著作权的问题不全然是侵害他人之著作权，有时也涉及关于著作之不实标示。例如以旧版本为新版本、就著作之真实作者为不实之表示、[②]使用他人著作中之人物。[至于著作之名称(Title)是否受保护，在著作权法上原则上应采否定的见解。至于其若已为“相关事业或消费者所普遍认知”，取得第二层意义，从而具有来源表征的能力，则可享有类似于商标之排他的专用权，或以相关大众普遍认知之商品、服务或营业表征的地位受到公平交易法的保护(同法第20条第1项第1款、第2款)。关于书名之模仿，“行政院公平交易委员会”曾表示下述意见：

“被处分人所办‘脑筋急转弯’为极为流行之口语，表示幽默问答之意，依‘公平交易法’第二十条第二项第一款之规定，以普通使用方法，使用商品本身习惯上所通用之名称，或交易上同类商品惯用之表征，或贩卖、运送、输出或输入使用该名称或表征之商品，不适用关于仿冒之规定乙节，查‘脑筋急转弯’此一名词虽亦有其他类似使用情形，然尚非已达同法第二十条第二项第一款所谓‘商品本身习惯上所通用之名称’之程度，此可从同类幽默式漫画问答集中使用‘脑筋急转弯’以外之名称可得知，例如七十二变、毒舌派等是。亦即‘脑筋急转弯’尚非成为该类书籍之通用名称，仅为该类书籍中某一出版社所用之书籍名称。因此，被处分人出版‘新脑筋急转弯’，自难认为有‘公平交易法’第二十条第二项第一款所定之不适用情形。是故本件被处分人以‘新脑筋急转弯’为出版物名称，已违反‘公平交易法’第二十条第一项第一款仿冒商品名称之规定；自应依同法第四十一条之规定限期命其停止或改正其行为。”(同会1992年7月8日公处字第

---

① See Elizabeth S. Perdue in Thomas J. Smedinghoff, Online Law, 1996, pp. 451～452.

② 就著作，其著作权人或经授权发行者可以不标示作者，而发行或广告之，但不得标示非真正之作者为其作者，包括在数人共同著作的情形，不得以非主要作者标示为主要作者。例如在影音著作，标示某明星领衔主演，而其实该明星并非主角。See Elizabeth S. Perdue in Thomas J. Smedinghoff, Online Law, 1996, p. 450.

007号处分书)为厘清该处分引起之一些疑义,“行政院公平交易委员会”于1992年8月5日作出公研释第039号解释称:“一、本会认定‘新脑筋急转弯’仿冒‘脑筋急转弯’违反‘公平交易法’第二十条第一项第一款之规定,系以‘脑筋急转弯’已达相关大众所共知之程度,而‘新脑筋急转弯’加上一‘新’字,除在名称上类似外,因其所采幽默式漫画问答集格式、书籍开本以及前页为问题、后页为答案之编辑形式等,亦与‘脑筋急转弯’相仿,整体综合观察结果,易令人误认二者有续集、系列关联,而产生商品混淆之情形,且‘脑筋急转弯’尚未成为该商品本身习惯上所通用之名称,故就整体而言,‘脑筋急转弯’仍具独特性,故予以保护。二、至于学科名称例如‘管理学’、‘材料工程学’……均已成为该学科之通用名词,例如一般人提及‘管理学’、‘材料工程学’时即知指某种学问,而不会误为某人专有或误为其他学问,亦即不致引起混淆误认,是以不论为‘管理学’、‘新管理学’、‘管理学新论’均为探讨‘管理学’此一知识之书籍,其作者不同之时,内容即不同,不应将之认为个人独享之书籍名称而加以过分保护。”除非其书另具有独特性,例如“○氏”管理学等,或有必要加以保护,否则,仅通指涉及某种学识之学科名称,既为大众所通用,应认系“公平交易法”第20条第2项第1款所称“商品本身习惯上所通用之名称。……故使用该通用名称,或在其上加‘新’、‘新论’等字,不应认为仿冒行为”。

归纳该号解释的见解可得,该会认为一件产品之名称(例如“脑筋急转弯”在尚未成为该商品本身习惯上所通用之名称前,应受保护)。鉴于对于书这种著作的认知或评价,与其所以为著作有关部分,关键者首先为其著作人,其次为其出版者究竟为谁,至于书名对于书的销路虽非绝无影响,但通常不利用著作权予以保护,盖其创作深度不够。而从来源之混淆的观点论,当书名附以作者已足以适当区隔,而无混淆之虞。See Thomas J. Smedinghoff in Thomas J. Smedinghoff, Online Law, 1996, pp. 184, 190; Elizabeth S. Perdue in Thomas J. Smedinghoff, Online Law, 1996, p. 452.]不过,在这种情形其所涉者应为不实广告的问题。[1]

(二)不实广告

关于不实广告,“公平交易法”第21条规定:“事业不得在商品或其广告上,或以其他使公众得知之方法,对于商品之价格、数量、品质、内容、制造方法、制造日期、有效期限、使用方法、用途、原产地、制造者、制造地、加工者、加工地等,为虚伪不实或引人错误之表示或表征(第一项)。事业对于载有前项虚伪不实或引

① See Elizabeth S. Perdue in Thomas J. Smedinghoff, Online Law, 1996, p. 451.

人错误表示之商品,不得贩卖、运送、输出或输入(第二项)。前二项规定于事业之服务准用之(第三项)。广告代理业在明知或可得知情形下,仍制作或设计有引人错误之广告,与广告主负连带损害赔偿责任。广告媒体业在明知或可得知其所传播或刊载之广告有引人错误之虞,仍予传播或刊载,亦与广告主负连带损害赔偿责任。"

在网际网络之电子商务上,不实广告可谓为其中最需要加以适当规范的项目。这个问题如果不能获得适当解决,电子商务之发展将极为困难。[①] 广义之不实广告的态样繁多,首先可分为不实广告、诱饵广告、推荐或见证广告、[②]攀缘广告、利用商品测试之广告。不实广告所涉事项主要为关于商品之成分内容、品质、附注、效用、疗效、品质担保、专利权、(著名)商标品、产地、制造者、制造方法、与价格有关事项等之不实陈述。攀缘广告又可称为比较广告,其下可分为依赖性的比较广告、批评性的比较广告、人身攻击的比较广告。[③]

(三)妨碍商誉

事业常见侵害他事业之营业信誉的行为,主要为散布不实谣言,例如寄送黑函、在座谈会中为竞争目的,从事偏离主题之不实的陈述或散发不实资料损及他事业之营业信誉["行政法院"1994 年 5 月 26 日判字第 1139 号判决:"公平交易委员会邀集业者代表举行之座谈会,并无当然排除'公平交易法'第二十二条规定适用之效力。是故业者于座谈会中之发言,是否违反该法条规定,仍应视该会所询事项是否与座谈会之目的相符,以及业者答询事项是否逾越该会所询事项之范围,而依个案情形具体认定之。"]。大量散布不实有损于他事业之信息本来不是一件容易的事,但在网际网络开通之后,这成为一件轻而易举的事情。[④] 是故,如何有效规范网际网络上之妨碍商誉的行为,将为今后电子商务之发展上的重要课题。

---

① See Elizabeth S. Perdue in Thomas J. Smedinghoff, Online Law, 1996, p. 450.

② 在影音都能在网际网络上传播的技术条件下,推荐或见证广告大为风行。在这个场合,观众常常容易忽略影像可以剪接,以及时空倒错的因素,以至于使用者见证之商品或服务的效果,在网际网络上可以变得很神奇。其中传播的信息如有不实,属于不实广告的典型案例。另一种与推荐或见证广告有关者为,推荐或见证者事实上并未如其广告所示般地使用或消费该商品,或因使用或消费该商品而获得其见证之效果,或虽有该效果,但广告主未经其同意,而播放其推荐或见证该商品或服务。See Elizabeth S. Perdue in Thomas J. Smedinghoff, Online Law, 1996, pp. 452~453.

③ 关于不实广告详请参考郑优、单骥、黄茂荣、江炯聪:《公平交易委员会关于广告之规范政策与实务的检讨》,载《植根杂志》第 15 卷第 9 期,第 426 页以下。

④ See Ruth Hill Bro in Thomas J. Smedinghoff, Online Law, 1996, p. 337.

关于损害他人营业信誉之禁止,“公平交易法”第22条规定:“事业不得为竞争之目的,而陈述或散布足以损害他人营业信誉之不实情事。”为保护事业之营业信誉,该条所谓“不实”,在解释上“只要行为人不能证明其所散布或陈述之事实为‘真实’,即认定为‘不实’”。[“行政法院”1996年12月2日判字第2926号判决:“按‘公平交易法’第二十二条规定:‘事业不得为竞争之目的,而陈述或散布足以损害他人营业信誉之不实情事。’其构成要件有三:(1)须有损害他人营业信誉之故意;(2)须为竞争之目的;(3)须陈述或散布足以损害他人营业信誉之行为。本案原告在未取得大汉企业社仿冒其产品前,即向威诚制模厂、义堡国际股份有限公司、传纳企业有限公司散布该社有仿冒原告商品之情事,致大汉企业社营业信誉受损,故原告之行为即该当‘公平交易法’第二十二条之构成要件,原告称即使在保护其智慧财产权之过程中,行为有所过当,然其行为亦不致该当‘公平交易法’第二十二条构成要件,系对法规有所误解。(五)按‘公平交易法’第二十二条解释上,为保护事业营业信誉,所谓‘不实’,只要行为人不能证明其所散布或陈述之事实为‘真实’,即认定为‘不实’。”See Ruth Hill Bro in Thomas J. Smedinghoff, Online Law, 1996, p. 338.]该条之适用以事业为竞争之目的,陈述或散布[散布重在于传播,与公然侮辱罪中之公然重在于“以不特定人或多数人得以共见共闻之状况为已足”者不同(“司法院”1940年7月5日院字第2033号解释)。唯二者适用之结果应无大异。对该解释后来大法官会议释以“司法院”1976年4月30日大法官会议释字第145号解释补充之:“本院院字第二〇三三号解释所谓多数人,系包括特定之多数人在内,至其人数应视立法意旨及实际情形已否达于公然之程度而定。应予补充释明。”该号解释理由书进一步说明:“本院院字第二〇三三号解释,既谓‘刑法分则中公然二字之意义,只以不特定人或多数人得以共见共闻之状况为已足’,则自不以实际上果已共见共闻为必要,但必在事实上有与不特定人或多数人得以共见或共闻之状况方足认为达于公然之程度。所谓多数人系包括特定之多数人在内,此观于该号解释及当时声请解释之原呈甚明。至特定多数人之计算,以各罪成立之要件不同,罪质亦异,自应视其立法意旨及实际情形已否达于公然之程度而定。本院上开解释,应予补充释明。”就诽谤罪,“刑法”第310条规定:“意图散布于众而指摘或传述足以毁损他人名誉之事者,为诽谤罪,处年以下有期徒刑、拘役或五百元以下罚金(第一项)。散布文字、图画犯前项之罪者,处二年以下有期徒刑、拘役或一千元以下罚金(第二项)。对于所诽谤之事,能证明其为真实者,不罚。但涉于私德而与公共利益无关者,不在此限(第三项)。”所以,在网际网络上散布足以损害他人营业信誉之不实情事,如果达到公然的程度,可能同时该当“刑法”第310条第2项之诽谤罪。“最高法院”1986年台非字第175号刑事判决认为:“‘刑法’第三百十条第二项之诽谤罪须行为人将足以毁损他人名誉之事，著为文字或绘成图画，散发或传布于大众始足当之，如仅告知特定人或向特定机关陈述，即与犯罪构成要件不符，本件依原确定判决认定之事实，被告颜某仅将妨害萧女名誉之事，函送主管机关彰化县政府教育局，系向特定机关为陈述，与散发或传布于不特定之大众者迥异，自与'刑法'第三百十条第二项之犯罪构成要件不符。"所以，在网际网络上散布妨碍商业信誉的信息要该当于'刑法'第三百十条第二项之犯罪构成要件，其障碍有二：(1)是否认定为散布于大众；(2)以电子信息的方式散布，是否被定性为以文字散布。如果该妨碍商誉之信息的散布系为竞争之目的，则鉴于这种情形原则上可同时该当"公平交易法"第37条第1项之规定，而该项规定的刑度与"刑法"第310条第2项大致相当："违反第二十二条之规定者，处行为人二年以下有期徒刑、拘役或科或并科新台币五千万元以下罚金。"所以，依"公平交易法"第37条第1项请求救济会比依"刑法"第310条第2项妥适。鉴于刑事实体法上禁止类推适用，针对在网际网络散布妨碍商业信誉之信息的行为，拟不经修法，直接适用"刑法"第310条第2项对之课以刑事责任，显然会有违反罪刑法定主义的疑义。]足以损害他人营业信誉之不实情事为要件。至于行为人之主观侵害意图，亦即以损害特定事业为其目的，是否为妨碍营业信誉的要件之一，法律虽无明文规定，但"行政法院"曾采肯定之见解。[①] 另足以妨碍他人营业信誉之信息在网际网络上的散布状态，有时不是自始即呈放射状的，而是由一个事业传递于另一个，而后才由该事业辗转单线下传于其他事业，或放射性的一下子传递给许多事业。就第一个事业而言，其所为是否得论为散布，值得探讨。在其能预见该信息可能以此种方式散布出去，而还是将该信息传布于特定人的情形，可论其有未必故意。唯如其确信收信人将会守口如瓶，则可能论为有认识之过失。[②] 不过，由于其间介入有他人之自主，且无意思联络之传布行为，在刑事法

---

① "行政法院"1997年12月18日判字第3152号判决："已先为专利受侵害求证及通知原告，显欠缺主观侵害意图，不足以认定该行为系以损害特定事业为目的。"

② 关于故意，"刑法"第13条规定："行为人对于构成犯罪之事实，明知并有意使其发生者，为故意(第一项)。行为人对于构成犯罪之事实，预见其发生，而其发生并不违背其本意者，以故意论(第二项)。"第1项所定者称为直接故意，第2项所定者称为间接故意，又称为未必故意。依该规定："刑法关于犯罪之故意，系采希望主义，不但直接故意，须犯人对于构成犯罪之事实具备明知及有意使其发生之两个要件，即间接故意，亦须犯人对于构成犯罪之事实预见其发生，且其发生不违背犯人本意始成立，若对于构成犯罪之事实，虽预见其能发生，而在犯人主观上确信其不致发生者，仍应以过失论。"

上要将之论为共同正犯，恐有疑义。[①] 倒是在侵权行为法上，这还是可能被论为共同侵权行为。盖共同侵权行为之成立，不以行为人间有意思联络为基础之主观上的关连为必要条件，[②]而以有行为作基础之客观上的关连为已足。只要各该行为与系争损害有相当因果关系，并为该损害之发生的共同原因即可。[③] 唯在网际网络损害他事业营业信誉之信息的传播，不但非官方人士或机构事后要证明，最初该信息究竟由谁发出会遭遇到困难，而且要指控最后发出者，所发出之内容为何，都可能遇到发信人一概否认的情事。这都是由于电子信息容易改作，事先若未在第三人处存证，即可能产生的困扰。

---

① 在此认识下，于前后行为人间无意思联络的情形，前行为人应不用为后行为人之行为负责，后行为人亦不用为前行为人之行为负责。这即便后行为人知有前行为，且利用该前行为的结果，亦然。盖散布不实信息所构成之犯罪行为或侵权行为的类型为状态犯（这与窃盗罪既遂后的状态类似），既遂后，他人并不能为事后之参加，此与在继续犯之犯罪类型，他人可以在犯罪行为继续中，陆续参加者不同。例如妨碍自由罪。

② 共同侵权行为虽不以行为人间，有意思联络为基础之主观上的关连为其成立上的必要条件，但如其有意思联络，则以该主观要件为基础，各行为人即应为全体行为人在该共同意思下所作之行为的损害结果负责，而不需要自己所从事之行为正是该损害之发生的共同原因。反之，在过失共同侵权行为，系争行为与损害间皆必须有相当因果关系。至于在准共同侵权行为（“民法”第 185 条第 1 项后段），系争行为虽无须经证明为有相当因果关系，但必须未经证明为无相当因果关系，始构成准共同侵权行为。

③ 关于共同侵权行为的成立要件，“最高法院”之判例原认为，加害人间应有意思联络，“若各加害人并无意思上之联络，只能由加害人各就其所加害之部分，分别负赔偿责任”（“最高法院”1931 年上字第 1960 号判例）。“最高法院”1966 年台上字第 1798 号判例更清楚地表示这种看法：“本件车祸系计程车与卡车司机驾驶不慎肇事，依‘司法院’第 2383 号解释，无共同过失之侵权行为，法院仅得就各该司机应负过失责任程度之范围内，令其与雇用人连带赔偿。”唯该见解后来经“司法院”1977 年例变字第一号变更判例变更为：“民事上之共同侵权行为（狭义的共同侵权行为即共同加害行为，下同）与刑事上之共同正犯，其构成要件并不完全相同，共同侵权行为人间不以有意思联络为必要，数人因过失不法侵害他人之权利，苟各行为人之过失行为均为其所生损害之共同原因，即所谓行为关连共同，亦足成立共同侵权行为。”“依‘民法’第一百八十五条第一项前段之规定，各过失行为人对于被害人应负全部损害之连带赔偿责任。”（“最高法院”1978 年台上字第 1737 号判例）该“行为关连共同”的要件实务上又称为“客观的共同关联性”。该“客观的共同关联性……必须损害之发生，及有责任原因之事实，二者之间有相当因果关系为其成立要件（始足当之）。如就其行为确能证明绝无发生损害之可能者，则行为与损害之间无因果关系，即难遽令负担共同侵权行为之连带赔偿责任”（“最高法院”1983 年台上字第 3128 号民事判决）。该见解经“最高法院”1995 年 4 月 7 日台上字第 798 号民事判决再予明确重申：“共同侵权行为，于行为人相互之间固不以意思联络为必要，但行为人仍须有侵权之行为，且其行为与损害之间须有相当因果关系，始应同负侵权行为损害赔偿责任。”

公平交易委员会肯认，事业为促销自己提供之商品或服务，在网际网络上从事之陈述为一种广告。如有不实，依“公平交易法”第21条及第41条处断。并以出资委刊者为不实广告之行为人。[①] 未受特定人或组织推荐，而在广告中冒称经其推荐者，构成不实广告，[②]只要广告内容确经广告主认可，广告主即应就该内容负责，不得以广告文案由他人设计为由，主张脱免从事不实广告之责任。[③]

事业于境外，在网际网络自己之网站上贴出启示，表示设籍于台湾地区境内之他事业侵害其专利权者，如有不实，“行政院”再诉愿委员会认为亦可构成公平

---

① “行政院公平交易委员会”1999年6月3日公处字第058号处分书：“查被检举之‘好好品保专业搬家’并未声请营利事业登记，而系争‘全球资讯网委托中介业——好好品保专业搬家页’广告系由蔡明月君出资制作、刊登，该广告所刊登之九支电话实际使用人亦为蔡君，故本案以蔡君为被处分人。”

② “行政院公平交易委员会”1999年6月3日公处字第058号处分书：“被处分人与新网公司签订合约，自1999年1月31日起，至2000年1月31日止，于该公司（新网）网际网络刊登‘全球资讯网委托中介业——好好品保专业搬家页’广告，宣称为‘崔妈妈服务中心推荐优良搬家公司’。唯台湾地区住宅暨社区服务协进会（崔妈妈服务中心）来函表示，该会自实施搬家公司推荐制度至今，从未接受‘好好品保专业搬家’之声请；又被处分人到会说明时，亦坦承其并非崔妈妈服务中心推荐之优良搬家公司。是系争广告所称‘崔妈妈服务中心推荐优良搬家公司’语句显与事实不符，被处分人所为应构成违反‘公平交易法’第二十一条第三项准用第一项之规定。”

③ “行政院公平交易委员会”1999年6月3日公处字第058号处分书认为：“被处分人于到会说明时（虽）辩称……（广告）均为新网公司人员设计、制作、刊登，那些内容我并不清楚……等语，（然）经查本会人员系于被处分人到会说明前一个半月（1999年3月15日）自新网公司网站列印系争广告；又，被处分人表示新网公司确有将设计、制作完成之系争广告列印给其看过；另，1999年1月15日被处分人（好好品保专业搬家）与新网公司签订之合约书中，载有‘1.……乙方（即被处分人）同意将其所属相关宣传资料登供甲方（即新网公司）代为设计制作Homepage（中文译为网页），并安排置于甲方网站中……3.甲方同意自1999年1月31日至2000年1月31日止，以每月新台币二千元收取网络硬碟租用费，全年共计新台币二万四千元计收。该项费用于签约时付订金新台币六千元，余款一万八千元于五页Homepage设计完成时付清。甲方同意提供虚拟主站20MB硬碟储存空间及赠送乙方Homepage设计五页……’字样。故被处分人该等说词尚无碍其于广告中为虚伪不实及引人错误表示之事实。”

交易法所禁止之妨碍商誉的行为。[①] 这种案件有两个特点值得特别重视：(1)侵

---

① "行政院"1999年8月5日台诉字第30274号再诉愿决定书："查公平会1998年10月27日公参字第八七〇四九七二一〇〇三号函，略以莫仕公司发布新闻稿及于网站上发布新闻稿之行为，仅系单纯陈述、说明已对再诉愿人提起专利侵害诉讼，其行为尚难认有促使他事业对再诉愿人断绝供给、购买或其他交易行为情事，或以胁迫、利诱或不正当方法，使再诉愿人之交易相对人与自己交易，尚难认有违反行为时'公平交易法'第十九条第一款及第三款规定情事；再诉愿人与莫仕公司为于同一市场之竞争事业，其发布新闻稿及网络上散布新闻稿自为竞争之目的，唯查莫仕公司于1997年2月3日分别于美国伊利诺伊州及加州对再诉愿人提起三件专利诉讼，故所陈述尚无不实。再者，再诉愿人于莫仕公司提出专利诉讼后，与该公司达成和解，支付赔偿金，并切结不得产销该公司专利产品，此有双方和解书可证，难认莫仕公司有违反行为时'公平交易法'第二十二条规定情事。莫仕公司于其网站上发布新闻稿之行为，系由上网者主动上网阅览，有别于主动寄发警告信函之积极行为。再者，莫仕公司系于自己之网站公布新闻稿，并未有台湾地区媒体刊登引用，再诉愿人所称电子买家新闻网页系设于美国之网站，且无证据显示该则新闻系由莫仕公司主动提供，而其内容亦包含访问再诉愿人及富士康公司之衡平报道，亦难认有行为时'公平交易法'第二十四条所称影响交易秩序之显失公平行为。本案在其他具体事证前，尚难认莫仕公司有违反行为时'公平交易法'第十九条第一款、第三款，第二十二条及第二十四条规定情事等语。核其内容，已就再诉愿人检举莫仕公司于网络上刊登新闻稿，指称再诉愿人侵害其专利权，有违反行为时'公平交易法'第十九条第一款、第三款，第二十二条及第二十四条规定情事，认未违反公平交易法之规定，似难谓对再诉愿人之权益不生影响。原决定以该会1998年10月20日公参字第八七〇四九七二一〇〇三号函系属单纯之观念通知，非行政处分，从程序上驳回其诉愿，有重行审酌必要，爰将原决定撤销，由原决定机关另为适法之决定。"这个案件有四点值得注意：(1)境外行为之管辖权；(2)借助上网者主动上网传布信息是否构成散布；(3)公平交易委员会以侵害行为发生于境外，以及系争信息系由上网者主动上网阅览，有别于主动寄发警告信函之积极行为为理由，作成不处分之决定；(4)公平交易委员会及其诉愿委员会认为公平交易委员会所作前述不处分之决定系属单纯之观念通知，非行政处分。对于检举案之不处分的决定是否属于行政处分，在该会素有争议。不肯认其为行政处分，其实体上之最大的疑问为：检举人将因此丧失请求行政救济的可能性。至于即便肯认其为行政处分时，是否将诉愿人之资格限制于有利害关系人之检举人，属于另一个问题。但也有肯认其为行政处分者，例如"行政院公平交易委员会"1996年12月28日公诉决字第123号诉愿决定书："按人民对'中央'或地方机关之行政处分，认为违法或不当致损害其权利或利益者，得提起诉愿，'诉愿法'第一条定有明文。行政机关对人民请求之事项，虽未为具体准驳之表示，但由其叙述之事实及理由之说明内容，如已足认其有准驳之表示，而对人民发生法律上之效果者，自难谓非行政处分（'行政法院'1988年判字第二〇五四号判决参照）。本件诉愿人主张关系人虎将公司不当寄发专利敬告信函，涉嫌违反公平交易法规定，向本会提出检举，案经本会调查，以公贰字第八四一一一二一一〇〇二号函复诉愿人，本案检举事项不成立之理由。此项函复影响诉愿人得受公平交易法保护之利益，参诸上揭法律规定及'行政法院'判决意旨，本会函复非事实陈述或意思通知，应属行政处分，得为诉愿之客体。"请参考黄茂荣：《公平交易法理论与实务》，植根法学丛书编辑室1993年初版，第560页以下。

害行为发生在境外;(2)不实信息之传布由他人自主入站浏览而完成。第一个特点,从境外行为对于境内市场之竞争机能的影响立论,只要其确有影响,并以境内事业为其影响对象,公平交易法对之即应有适用性,这在国际竞争法上是一个重要的问题;第二个特点,从在自己网站贴布告者之目的即在于期望他人入站浏览立论,贴布告自当论为一种散布行为。

(四)欺罔或显失公平之竞争行为

关于欺罔及不公平竞争行为之禁止,“公平交易法”第 24 条规定:“除本法另有规定者外,事业亦不得为其他足以影响交易秩序之欺罔或显失公平之行为。”该条并为关于不公平竞争行为之概括的禁止规定。

与欺罔有关之竞争行为,有一个类型与商品来源之标示有关。这又可分为三小类:(1)将自己之商品标示为他人之商品。(2)将他人之商品标示为自己之商品。(3)在委托制造不标示其制造者;在授权制造,不标示其授权者。[①] (4)组装商品,不标示其主要零组件之制造者。其中第一下位类型,传统上将之纳入仿冒的类型规范之。至于与之相反的情形,亦即将自己合法取得之他人的商品,标上自己的商标,作为自己之商品销售,是否构成欺罔,则有疑问。这个问题应与转售权的问题加以区别。假定供应商不同意该更改货源标示的做法,应认为购买者不得将购得之商品改变原来之商标,替换上自己之商标或除去商标转售之,否则,即构成不公平竞争。盖在这种情形,转售人之所为使其交易相对人一方面误以为转售者自己有能力生产该商品,另一方面使供应商因此不能获得本当属

---

① 关于这个问题,“商标法”第 26 条规定:“商标专用权人得就其所注册之商品之全部或一部授权他人使用其商标(第一项)。前项授权应向商标主管机关登记;未经登记者不得对抗第三人。授权使用人经商标专用权人同意,再授权他人使用者,亦同(第二项)。商标授权之使用人,应于其商品或包装容器上为商标授权之标示(第三项)。”“专利法”第 82 条规定:“发明专利权人应在专利物品或其包装上标示专利证书号数,并得要求被授权人或特许实施权人为之,其未附加标示者,不得请求损害赔偿。但侵权人明知或有事实足证其可得而知为专利物品者,不在此限。”

于他的商誉。[①] 第三小类与第四小类之不为标示所涉不公平竞争，同此道理。在委托制造应让制造商，在授权制造应让授权者，在零组件之供应的情形应让供应商，有权决定是否要求其交易相对人标示制造商、授权者或供应商。

另一个与商品或服务来源之标示有关之欺罔态样为，抢先将他人享有盛誉之名称或商标注册为自己在网际网络上之网域名称，[②]阻碍原表征所有人进入网际网络市场，争取交易之机会。[③] 这个问题可能与“公平交易法”第 24 条第 1 项第 3 款所定之著名商标的仿冒竞合。

（五）滥用智财权

关于智财权之法律问题，过去较为重视其保护，而忽略其滥用之禁止。基于

---

① See Elizabeth S. Perdue in Thomas J. Smedinghoff, Online Law, 1996, p454. 就这个问题，“行政院公平交易委员会”之诉愿委员会在 1997 年 4 月 18 日公诉字第 037 号诉愿决定书中，仅表示“行政院公平交易委员会”应对于这个问题，在系争检举案之处分书中明白表示其意见。但自己并未表示其见解：“查诉愿人前开补充检举书内容，除主张琴观公司就其自行生产之商品与所经销之商品使用同一商标，蓄意误导消费者认为此两批不同商品来源及产销主体是同一，已达使人误认程度，而有‘公平交易法’第二十一条第一项规定之违反外；同时主张琴观公司此举系意图搭便车，借其所称总代理之具知名度商品之名便利其销售自行生产之商品，足以影响交易秩序，显失公平，而有‘公平交易法’第二十四条规定之违反……原处分对诉愿人所主张‘公平交易法’第二十四条规定等节（未）……予以处理回复……即属未洽。”该案在诉愿发回原处分机关再为审理时，该会作出下述处分：“关于被处分人被检举涉嫌违反‘公平交易法’第二十四条规定部分：（一）按‘公平交易法’第二十四条虽明文规定，除本法另有规定者外，事业亦不得为其他足以影响交易之欺罔或显失公平之行为。然其所规范者之对象系具有商业竞争伦理非难性之不公平竞争行为，且适用之前提须该行为足以影响交易秩序，故对仅系商品标示不实之单一行为，自难以该条规定相绳。（三）复查被处分人虽曾平行输入并销售奈斯贝克公司‘十二片湿纸巾旅行包’，并于该产品上标贴记载‘台湾总代理：琴观股份有限公司’字样引人误认为检举人之总代理商，但被处分人该行为既经原处分认定其于‘被检举前已改正其违法行为，且当时系争商品于国内并无代理商，尚难认有严重损害竞争秩序情事’，而未予处分，该不处分亦经诉愿决定维持并告确定，自无再加以审理之必要。故仅单纯以琴观公司销售日本公司授权销售之‘NICE＋CLEAN’产品，尚难认定其违反‘公平交易法’第二十四条规定。”（“行政院公平交易委员会”1998 年 8 月 27 日公处字第 183 号处分书）

② See Andrew R. Basile, Jr. in Thomas J. Smedinghoff, Online Law, 1996, pp. 233～235.

③ “行政院公平交易委员会”2000 年 3 月 23 日公处字第 036 号处分书：“被处分人以相关事业或消费者所普遍认知之他人表征注册为网际网络网域名称，阻碍原表征所有人进入网际网络市场争取交易之机会，为足以影响交易秩序之显失公平行为，违反‘公平交易法’第二十四条之规定。”

智财权之排他效力，其滥用自可能导致妨碍竞争的结果，因此，智财权之滥用通常可归类于‘公平交易法’第24条所定显失公平之竞争行为。智财权之滥用的可能态样主要有：(1)主张事实上不存在的智财权，或其主张超过实际存在的范围。(2)滥发警告函，吓阻竞争。[①] (3)在授权时，对于交易相对人之事业活动加以不当之限制，包括授权范围之不当划分，次授权之不当禁止、平行输入之禁止，例如禁止经授权销售及使用者，对其购买人为使用上之次授权，以致发生购买者不得使用的矛盾情事，至于平行输入之禁止更是常见对于智财权及经济后进国或地区的歧视待遇，例如欧体会员国间不得禁止平行输入，而非会员国间则可以，[在欧体内，“依其会员国内国法受到保护之商标的权利人原则上不得利用各该保护之属地性，当其在一个会员国境内将一件商品带入市场，即不再得基于该商标权划分市场、区隔市场。受地域限制之商标的保护，在设籍于欧体外之事业(例如设于美国)将其商标权授权于两个欧体内之事业时(例如德国与意大利)，亦无适用性”(Wolfgang Fikentscher, Wirtschaftsrecht, Band I, Weltwirtschaftsrecht und Europäisches Wirtschaftsrecht, 1983, S. 630ff.)。另请参见Jörgen Holgersson, Judge of appeal, Former Director General, Swedisch Competition Authority, Parallel Imports and Competition-Effects of a court ruling. 该论文发表于“行政院公平交易委员会”于2000年6月20日举行之第二届国际学术研讨会。在该论文中Jörgen Holgersson指出欧体法院在Silhouette-Case之判决认为，与各个商品之分销权有关之商标权的耗尽为区域性的，而非全球性的。可以是仅在欧体区域内耗尽，而不同时在全球耗尽。亦即带有商标之商品，虽经其商标权人或经其授权之人销售于市场，但如其系销售至欧体外，在欧体内对于该特定商品该商标权还是不耗尽。以该见解为基础，提供了欧体内的事业，禁止其域外购买人或被授权人将带有其商标之商品平行输入至欧体内来。这样的规定，从贯彻商标权效力范围之属地主义的精神，强化商标

---

① “行政院公平交易委员会”1997年10月8日公处字第174号处分书：“按依‘公平交易法’第二十四条规定‘除本法另有规定者外，事业亦不得为其他足以影响交易秩序之欺罔或显失公平之行为’查本案被处分人于系争产品并未获有相关之鉴定报告或法院判决之情况下，即率尔对检举人之交易相对人径发侵害专利权之警告函行为，显然已逾专利法所保护正当行使权利之范围；另由本案检举人得否参与市场效能竞争之立场言之，姑不问其所提事证可否证明并无系争专利权侵害之情事，仅就其因被处分人不当之发函行为即足以断绝与其经销商之交易关系而言，该发函行为显具商业竞争伦理之非难性，并对竞争者构成显失公平之行为。”“行政院公平交易委员会”1999年6月29日公处字第073号处分书：“被处分人于委托律师发予竞争对手之交易相对人函中，指称竞争对手产品侵害其智慧财产权，却未事先通知可能侵害之制造商、进口商或代理商请求排除侵害，为足以影响交易秩序之显失公平行为，违反‘公平交易法’第二十四条规定。”

在其注册国之保护的观点立论，虽言之成理，但对于经济后进国而言，却因此对于在其领域内注册商标，寻求保护之跨国企业，提供从事不利于地主国之市场区隔的营运基础。盖市场经如此区隔的结果，降低了品牌内竞争的强度，迟缓新产品推出的时程，降低品质及服务水准，提高交易价格。然为何经济先进国认为值得这样做呢？其理由为这样可以压缩其海外投资或交易对象的市场范围，或在从事不利于海外之品质或售后服务的差别待遇时，不致暴露到国内市场来，减损其在国内市场之商誉。关于商标权之耗尽，德国商标法第 24 条规定："商标或业务标章之权利人无权禁止第三人，将该商标或业务标章使用于该权利人或经其同意者，在国内、欧体会员国境内，或在欧洲经济区域协约之签约国境内，销售之带有该商标或业务标章的商品(第一项)。商标或业务标章之权利人基于正当理由，关于该商品之后续营运，得异议该商标或业务标章之使用者，第一项规定不适用之(第二项)。"]而台湾地区自己则摇摆于禁止与容许之间，公平交易委员会认为可以，[①]而"著作权法"第 87 条第 3 款、第 4 款规定"三、输入未经著作财产权人或制版权人授权重制之重制物或制版物者。四、未经著作财产权人同意而输入著作原件或其重制物者"，视为侵害著作权或制版权。(4)程序之滥用，包括诉权、[与诉权之滥用有关者主要为，专利权人是否得不对于其竞争对手起诉，而只起诉其竞争对手之经销商。盖经销商在这种情形，可能由于无知识上与经济上之防御能力，或由于无防御动机，或由于其自己无法研判之防御风险，而放弃防御，接受以不再向原告指定之竞争对手进货为条件之和解，以致产生吓阻市场竞争机能的结果。]搜证、[搜证之滥用见于，在不难于市场购得原告所称违法证物的情形，声请对于可能之加害事业大张旗鼓，进行搜索。媒体在这种情形其实也不宜配合报道，以免不当妨碍他人商誉。关于搜索权之滥用，"行政院公平交易委员会"与"行政法院"的看法不同。例如"行政法院"1997 年 11 月 4 日判字第 2660 号判决认为：

"综上原告(专利权人)1992 年 11 月 18 日之告诉、搜索及扣押关系人及其经销商之鹿鼎字库产品为依照专利法行使权利之正当行为，且无行使权利过当之情形，依'公平交易法'第四十五条规定，应无该法之适用，被告认其违反'公平

---

① "行政院公平交易委员会"1992 年 4 月 22 日公研释第 003 号："一、真品平行输入与仿冒之构成要件不符，不违反'公平交易法'第二十条之规定。二、真品平行输入是否违反'公平交易法'第二十一条之规定，须视平行输入者之行为事实是否故意造成消费大众误认其商品来源为断。三、贸易商自国外输入已经原厂授权代理商进口或制造商生产者，因国内代理商投入大量行销成本或费用致商品为消费者所共知，故倘贸易商对于商品之内容、来源、进口厂商名称及地址等事项以积极行为使消费者误认系代理商所进口销售之商品，即所谓故意'搭便车行为'则涉及'公平交易法'第二十四条所定之'欺罔'或'显失公平'行为。"

交易法'第二十四条之规定尚有未洽，乃再审原告仍执陈词重复以前之主张，显与再审之要件不合。至于再审原告所诉'不确定法律概念'行政机关有'判断余地'、'公平交易法'第四十五条规定，依照专利法行使权利之正当行为不适用公平交易法之规定，其中'正当行为'属不确定法律概念，为竞争法主管机关再审原告专业判断之范畴，原判决未予尊重，与正当之准则不符乙节。关于行政机关对于'不确定概念'有'判断余地'，于台湾地区固为理论及实务上所同认。唯本件再审被告于1992年11月18日提出关系人侵害其专利权之告诉后，经检察官签发搜索票，由再审被告引领警方搜索、扣押。而此搜索、扣押为检警单位依据刑事诉讼法规定所为，乃系行使公权力行为，已非再审被告个人之行为。再审原告认再审被告为保护自己主张之专利权，逾越所必要之程度，为权利之滥用。不合'公平交易法'第四十五条规定'正当行为'之要件云云。显基于错误事实之认定，本院自得加以审查。而再审原告所引本院判例及'司法院'解释，系涉及专利审查及考试评分之争议，与本案行使专利权之情形迥然不同，并无援用之余地。则再审被告为保护其专利权提出告诉请求为停止侵害行为，乃系依法行使权利，即难指其为不当，或逾越正当范围。原判决就原处分及决定适用法规有无违误予以审查，系本于'行政法院'职掌所为。再审原告指原判决未尊重行政机关基于公平交易法之规定对于'正当行为'所为'判断余地'云云，无非法律上见解之歧异而已。"]保全程序之滥用。其中第一类，已有法律明文规定其为违法者，例如"专利法"第60条，有实务上已加以禁止者，例如滥发警告函，也有实务上的立场还待于逐案经由解释具体认定者。

在智财权应予保护声势高涨，且将侵害他人智财权的侵权行为入罪化的法规环境中，在广告中夸称自己事实上不享有之专利权①或著作权，以吓阻竞争者的不法行径时有所闻，因之，"专利法"第83条规定："发明专利权人或其被授权人或特许实施权人登载广告，不得逾越专利权之范围（第一项）。非专利物品或

① "行政院公平交易委员会"1996年12月28日公处字第200号处分书："按事业以广告或其他使公众得知之方法表示其专利权时，在行销上显然具有吓阻竞争者进入市场之作用，为避免该类广告造成不公平竞争，故在市场上从事竞争之专利权人表示其专利权时，应注意防止引人误认其专利权或专利权之范围，否则其关于专利之表示，即有虚伪不实或引人错误情事。"相同见解另见"行政院公平交易委员会"1997年3月7日公处字第028号处分书："按事业就仿冒之纠纷应循正当且合理之法律程序加以解决，尤不应在法院未判决前即刊登敬告启事，指涉特定事业切勿仿冒，并称正进行法律诉讼。即使最后判决结果确为仿冒，'公平交易法'第三十二条业已提供充分之损害赔偿保障。故如容认事业于法院未判决确定前任意刊登敬告启事，将导致事业利用仿冒诉讼之高度不确定性，刊登启事以取得较优于竞争对手优越竞争地位之行为，显已逾越正当权利行使之必要范围，系属'公平交易法'第二十四条所禁止之足以影响交易秩序之显失公平之行为。"

非专利方法所制物品，不得在物品或其包装上附加请准专利字样，或足以使人误认为请准专利之标示(第二项)。"公平交易委员会也将此论为不实广告，[①]违反"公平交易法"第 21 条。当这种广告以一种公开信的形态，对于特定人或不特定人发出时，实务上公平交易委员会将之论为违反同法第 24 条之显失公平的不公平竞争行为。[②] 盖其有阻绝竞争者与其交易相对人间之交易的作用，妨碍效能

① "行政院公平交易委员会"1993 年 11 月 24 日公处字第 083 号处分书："一、按'事业不得在商品或其广告上，或以其他使公众得知之方法，对于商品之价格、数量、品质、内容、制造方法、制造日期、有效期限、使用方法、用途、原产地、制造者、制造地、加工者、加工地等，为虚伪不实或引人错误之表示或表征'。为'公平交易法'第二十一条第一项所明定，故若广告中标示商品为专利品，但实际上专利案尚未取得专利权者，显系对商品品质为虚伪不实之广告，则有违首揭法条之规定。二、次按'专利案公告后，暂准发生专利权之效力'。'非专利物品或非专利方法所制物品不得附加请准专利字样，或足以使人误认为请准专利之标记。'为'专利法'第四十四条第一项及第七十四条后段所明定。又专利法施行细则第五十三条第二项(虽)规定：'发明、新型或新式样，经审定公告后，确定前，得于物品或包装上，附加暂准专利字样或公告号数。'(但声请人于审定应予专利后，声请至指定日期前暂缓公告者)……该专利案依'专利法'第四十四条第一项规定暂准发生专利权之效力(应自该指定日期起算。是故在该日期前亦不得附加暂准专利字样)。"相同见解另见"行政院公平交易委员会"1998 年 6 月 1 日公处字第 119 号处分书。

② "行政院公平交易委员会"1995 年 4 月 24 日公处字第 045 号处分书："按'公平法'第二十四条规定：'除本法另有规定外，事业不得为其他足以影响交易秩序之欺罔或显失公平之行为。'本案被处分人在其所寄发予检举人之可能交易相对人之信函中，未明确表示侵害其权益之事业名称、专利之范围及被侵害之具体事实，除与本会第八十七次委员会议就'事业径行发函他事业之交易相对人主张专利权是否违反公平交易法疑义乙案'有关'事业以竞争者侵害其专利权为理由，发函竞争者之交易相对人勿与该竞争者从事交易者，在该函中应明确表示其专利权之范围及该竞争者所为之具体侵害事实'之决议未合外，依'经济部中央标准局'就本案进行比对鉴定所获之结论看，被处分人对其新型第六九二二二号专利范围之主张，亦已逾越该项专利权保障之范围；又'专利法'第一百二十八条'明知为未经新型专利权人同意所制造之物品而贩卖，或意图贩卖而陈列，或意图贩卖而自国外进口者，处 6 个月以下有期徒刑、拘役或科或并科新台币三万元以下罚金'之规定，系以贩卖及意图贩卖而陈列者为规范对象，并未及于使用者，而本案被处分人在寄发予检举人产品之可能使用者之信函为上述条文之引述，有利用专利权专有排他之特性，造成他事业及使用者产生可能涉及刑事讼累之印象及恐惧心理，以达到排除竞争者之目的，此由被检举人屡以发函之方法排除竞争者之情形看，显见该效果之发生应亦不违背其本意；本案被处分人对其专利权范围之主张及专利权利之行使，均已逾越正当权利行使之必要范围，除造成市场不公平竞争外，并致市场竞争机能减损，系争行为核属对竞争者为显失公平之足以影响交易秩序之行为，故违反本法第二十四条之规定。"

竞争。[①] 当其表示方法经认定为兼有前述两种特征，该行为会被认定为同时违反前述两条规定。[②] 虽有专利权，而在事证未明情况下滥发警告函者，亦同。[“行政院公平交易委员会”1997年10月2日公处字第170号处分书：“专利权人为维护其专利权，于有合理之事证认为其专利权受侵害时，得以发警告函或提起诉讼方式，俾保障其权益；纵使嗣后该专利权被视为自始或嗣后不存在，并不影响专利权人在权利存续期间得行使之权利。唯专利权人不得悖于专利法上正当行使其权利之方法与范围，否则倘因而有妨碍市场之竞争秩序者，即应受公平交易法之规范，此即同法第四十五条规定之意旨……据查被处分人对竞争者之交易相对人等寄发存证信函，其均指称渠所有之新型五六四四八号、七一二八五号、四三九六三号等专利迩来遭部分不肖厂商侵害，信函中虽注明系争专利名称、字号并附有专利公报影本，唯尚未叙明其专利侵害之具体事实，致难认受信者得据为合理之判断……未经确认权利受侵害程序即径发警告函而足以影响交易秩序，核属违反‘公平交易法’第二十四条规定。”“行政院公平交易委员会”1997年10月8日公处字第174号处分书：“按依‘公平交易法’第二十四条规定：‘除本法另有规定者外，事业亦不得为其他足以影响交易秩序之欺罔或显失公平之行为’查本案被处分人于系争产品并未获有相关之鉴定报告或法院判决之情况下，即率尔对检举人之交易相对人径发侵害专利权之警告函行为，显然已逾专利法所保护正当行使权利之范围；另由本案检举人得否参与市场效能竞争之立场言之，姑不问其所提事证可否证明并无系争专利权侵害之情事，仅就其因

① “行政院公平交易委员会”1998年11月17日公处字第240号处分书：“按专利权之纷争涉及复杂之专业知识，故除非某产品业经权责机关认定侵害他人专利权，一般经销商、协力厂商或消费者实无法自行判断其所购买或贩卖之产品是否侵害他人专利权，准此，本会为避免事业寄发著作权、商标权或专利权警告函(敬告函)，逾越其保护自己权利之必要程度，不当影响市场交易秩序，订有‘行政院公平交易委员会’审理事业发侵害著作权、商标权或专利权警告函案件处理原则’之规范，其中规定数项依著作权、商标法或专利法行使权利之正当行为，并规定未践行该等正当行为之先行程序而径为寄发警告函(敬告函)者，涉有违反公平交易法相关规定。故本会对事业基于维护其著作权、商标法或专利法上之权利，而寄发警告函(敬告函)者，尚且审酌其保护权利之手段是否过当而论断是否违反公平交易法相关规定；举轻以明重，若事业为竞争之目的，借既有之专利纠纷，寄发警告函(敬告函)泛指或影射竞争者之其他产品亦涉有侵害其著作权、商标法或专利法之虞，造成其竞争者之经销商或协力厂商之恐慌而足以影响交易秩序者，毋庸待言，自有公平交易法相关条款之适用，合先叙明。”

② “行政院公平交易委员会”1997年9月15日公处字第153号处分书：“一、被处分人以使公众得知之方法就产品专利权范围为引人错误之表示，违反‘公平交易法’第二十一条第一项之规定。二、被处分人对蜡烛经销商及香烛店寄发宣传单，为足以影响交易秩序之欺罔及显失公平之行为，违反‘公平交易法’第二十四条之规定。”

被处分人不当之发函行为即足以断绝与其经销商之交易关系而言，该发函行为显具商业竞争伦理之非难性，并对竞争者构成显失公平之行为。次就足以影响交易秩序之要件而言，由检举人系争产品之行销体系观之，被处分人可谓系广泛向检举人之经销商寄发警告信函，且于信函中指明检举人有侵害其专利权之嫌，并告知各经销商勿续贩售该侵权产品，致该经销商纷纷请求退货还款及赔偿损失，此亦迫使检举人相对须采行因应措施。核上所述，应认被检举人所为，已合致'公平交易法'第二十四条所规定'足以影响交易秩序之显失公平行为'。""行政院公平交易委员会"1999年8月26日公处字第104号处分书："被处分人对竞争事业是否侵害其专利权，在未取得公正客观专利侵害鉴定之肯定结论，亦未获法院判决有专利侵害情事前，即对竞争事业之交易相对人寄发专利侵害警告信函，且未叙明专利权明确内容、范围及受侵害之具体事实，显有逾越权利正当行使范围之情事，为足以影响交易秩序之显失公平之行为，违反'公平交易法'第二十四条之规定。"]盖事业"对竞争事业是否侵害其专利权，在未取得公正客观专利侵害鉴定之肯定结论，同时亦未获法院判决有专利侵害情事，即对竞争事业之交易相对人寄发专利侵害警告信函，且未叙明其专利权明确内容、范围及受侵害之具体事实，["行政院公平交易委员会"1998年3月18日公处字第074号处分书："查专利法规定之专利权人权利侵害之救济方法，在刑事诉讼方面得提出告诉或自诉，在民事诉讼方面得提起损害赔偿之诉，并得于诉讼中为假扣押、假处分，其救济方法规定齐备，专利权人自可循此救济方法保护其权利；尤者，专利权人若选择寄发警告信函行为，只要符合权利正当行使范围，亦非公平交易法所禁。按专利权人于寄发警告函前，若已践行经法院一审判决认属专利权受侵害，或将系争标的物送请公正客观之鉴定机构鉴定，并取得侵害鉴定报告等确认程序，或于警告函内叙明其专利权明确内容、范围及受侵害之具体事实，使受信者得据以为合理判断，并于发函前已事先通知可能侵害之制造商请求排除侵害，皆属依专利法行使权利之正当行为。按观诸被处分人等于寄发警告函前所作成之侵害鉴定，非由依专利法规定公告指定之六十六家侵害鉴定机构所出具，爰系争专利侵害鉴定报告实难径认符合'公正客观'；复就系争专利为前开公告机构无法处理之项目或专利权人经委托前开公告机构鉴定遭拒绝之情形论，亦尚乏积极作为之举证。况被处分人等于其所发警告函中除略谓检举人产品涉及侵害其享有之新型第一一九三一二号'电脑主机之硬碟散热装置'专利权外，对于本身专利内容、范围与其遭受侵害之具体事实，均未明确表明，亦未并附前揭侵害鉴定报告，致受信者无从通过信函内容合理判断是否确有专利权侵害之情事，其有可能为免讼累，不论发函内容是否属实，均以停止销售来因应，其结果将不当造成检举人行销通路之阻塞，形成事业不公平竞争情事。准此，本案被处分人等之发函行为非属行使专利权之正当行为，另就本案检举人得否参与市场效能竞争之立场言之，因被处分人等不当之发函，已足以断绝与其经销商之交易关系，即有商业竞争伦理之非难性。爰(认为)被处分人等未经践行上述先行程序径为发警告函行为，足以影响交易秩序，核属违反‘公平交易法’第二十四条规定。”]显有逾越权利正当行使范围之情事，为足以影响交易秩序之显失公平行为，违反‘公平交易法’第二十四条规定”[①]。

此外，智财权人也常利用授权的机会，逾越其权利范围，要求被授权人承诺接受一些限制其事业活动的约款。当其与发明专利权之让与或授权有关，专利法对之做了一些禁止规定。[②]

三、侵害之法律责任

在网际网络上经营电子商务而有不公平竞争行为，致侵害他人之权利的情事时，其可能该当之类型可分为侵害商标权、侵害专利权、侵害著作权及违反公平交易法之规定。侵害商标权、侵害专利权、侵害著作权等所以构成侵害，主要因为未经授权而使用他人之权利，或虽经授权但超出授权范围而为使用。[③] 与之相反者为授权人有债务不履行或所授予之权利有瑕疵的情事。这不属于不公平竞争的问题。[有网际网络特色之债务不履行或瑕疵给付例如入口网站服务提供者(access provider)之电脑当机，以致断线，使经由该网站之内容(交易客体)提供者(content provider)在当机期间不能接受订购或不能对于其客户提供服务，或传递之信息发生位址上之误传，以致泄露了业务秘密。这些情形原则上固应依债务不履行、积极侵害债权，或瑕疵担保有关规定处理之，然鉴于传递费用，相对于因传递错误、迟延或不能所可能引起之损害，常常不成比例，因此，就前述情形可能导致之赔偿责任，在非故意的情形，必须有限制其责任数额的规定

---

① “行政院公平交易委员会”1998 年 3 月 18 日公处字第 074 号处分书。

② “专利法”第 60 条规定：“发明专利权之让与或授权，契约约定有下列情事之一，致生不公平竞争者，其约定无效：一、禁止或限制受让人使用某项物品或非出让人、授权人所供给之方法者。二、要求受让人向出让人购取未受专利保障之出品或原料者。”

③ 按商标权、专利权与著作权等智财权之专用权人以外之人使用各该智财权，应经其权利人之授权。而因智财权为一种无体财产权，所以其授权有可能在时间、空间、目的、范围与内容上加以限制。例如只可为研发之目的、为某一种级次之产品的制造、销售或使用在一定期间于一定之市场范围使用之。另其授权可能为排他的或非排他的授权，也可能准予次授权或不准予次授权。各种可能之限制堪谓形形色色，不胜枚举。然除非其限制自身矛盾或违反公平交易法，超出限制范围而为智财权之使用者，其所为构成对于智财权之侵害。

或约定，亦即应采最高数额之有限责任的规范方式，按每一事件限制其赔偿总额及个别案件之赔偿数额。“民法”下述关于运送之规定可供参考：第 638 条规定：“运送物有丧失、毁损或迟到者，其损害赔偿额，应依其应交付时目的地之价值计算之（第一项）。运费及其他费用，因运送物之丧失、毁损无须支付者，应由前项赔偿额中扣除之（第二项）。运送物之丧失、毁损或迟到，系因运送人之故意或重大过失所致者，如有其他损害，托运人并得请求赔偿（第三项）。”第 639 条规定：“金钱、有价证券、珠宝或其他贵重物品，除托运人于托运时报明其性质及价值者外，运送人对于其丧失或毁损，不负责任（第一项）。价值经报明者，运送人以所报价额为限，负其责任（第二项）。”第 640 条规定：“因迟到之损害赔偿额，不得超过因其运送物全部丧失可得请求之赔偿额。”]

（一）民事责任及其损害赔偿范围之计算标准

在权利的归类上，商标权、专利权与著作权皆属于一种支配权。在权利所及之范围内，他人不得介入其专用权。因此，因商标权、专利权与著作权之侵害所引起之请求权，除损害赔偿请求权外，尚有侵害之排除及侵害之防止请求权。①

为克服损害之举证的困难，吓阻对于商标权、专利权与著作权之侵害，其损害赔偿请求权规定具有共同之下述特色，容许以加害人因侵害行为所得之利益

---

① “商标法”第 61 条规定：“商标专用权人对于侵害其商标专用权者，得请求损害赔偿，并得请求排除其侵害；有侵害之虞者，得请求防止之（第一项）。有第六十二条第一款或第二款规定之情事者，视为侵害商标专用权（第二项）。商标专用权人依前二项规定为请求时，对于侵害商标专用权之物品或从事侵害行为之原料或器具，得请求销毁或为其他必要之处置（第三项）。”第 3 项所规定者属于侵害之除去的具体态样。至于第 2 项论诸实际本属于何谓侵害商标专用权之立法解释，但该项却以“拟制”的形式规定之，这不是一个妥当的立法技术。“专利法”第 88 条规定：“发明专利权受侵害时，专利权人得请求赔偿损害，并得请求排除其侵害，有侵害之虞者，得请求防止之（第一项）。专属被授权人亦得为前项请求。但以专利权人经通知后而不为前项请求且契约无相反约定者为限（第二项）。发明专利权人或专属被授权人依前二项规定为请求时，对于侵害专利权之物品或从事侵害行为之原料或器具，得请求销毁或为其他必要之处置（第三项）。发明人之姓名表示权受侵害时，得请求表示发明人之姓名或为其他回复名誉之必要处分（第四项）。本条所定之请求权，自请求权人知有行为及赔偿义务人时起，二年间不得使而消灭；自行为时起，逾十年者亦同（第五项）。”其中第 3 项、第 4 项所规定者属于侵害之除去的具体态样。

作为损害额，[①]配合该规定甚至规定其拟制最低销售份数（"商标法"第 66 条第 1 项第 3 款）。另有规定由法院或专家酌定一定之数额（"专利权法"第 89 条第 1 项第 3 款、"著作权法"第 88 条第 3 项）。此外，还有惩罚性赔偿的规定（"专利权法"第 89 条第 3 项、"公平交易法"第 32 条第 1 项）。[②]

1. 侵害商标权

在电子商务，由于交易相对人间所从事之交易方式为非面对面之交易方式，所以关于交易之商品或服务来源之标示愈显重要，在这当中商标之来源标识力扮演一个重要的角色。[③] 是故，在电子商务活动中除应注意保护自己之商标或服务标章外，[④]并应注意避免侵害他事业之商标或服务标章。[⑤]

关于侵害商标之民事责任，"商标法"第 61 条规定："商标专用权人对于侵害

---

① 例如"商标法"第 66 条第 1 项第 2 款、"专利权法"第 89 条第 1 项第 2 款、"著作权法"第 88 条第 1 项第 2 款、"公平交易法"第 32 条第 2 项。以加害人因加害行为所取得之利益为准之损害赔偿，其实系从不法准无因管理的观点所决定之利益的返还数额。将不法准无因管理论为不适法无因管理时，本人（亦即受害人）"仍得享有因管理所得之利益，而本人所负前条第 1 项对于管理人之义务，以其所得之利益为限"（"民法"第 177 条第 1 项）。本次债编修正增订该条第 2 项规定："前项规定，于管理人明知为他人之事务，而为自己之利益管理之者，准用之。"在该项增订后，于侵权行为案件，受害人已一般地可以主张，选择依不适法无因管理的规定，亦即以请求返还不法利益的方法，替代侵权行为之损害赔偿。这在损害赔偿法上是一个相当重要的变革。

② "消费者保护法"第 51 条亦有类似的规定："本法所提之诉讼，因企业经营者之故意所致之损害，消费者得请求损害额三倍以下之惩罚性赔偿金；但因过失所致之损害，得请求损害额一倍以下之惩罚性赔偿金。"

③ 在此商标泛指狭义之商标及服务标章。商标基于其来源之标识功能，延伸出品质的保障功能及其保护的需求。以经由商标之保护，使其专用权人愿意，为维护其商誉而维持其商品或服务之稳定的品质，使购买人关于该品质之期待不至于落空。然商标本身尚非品质担保之标示方法，因此，所谓商标之品质保障功能并非规范上的功能，而是交易认知上的功能。倒是事业对其制造或生产之特定规格产品给予一定商品名称者，利用该商品名称所作之标示，具有品质标示的意义。See Andrew R. Basile, Jr. in Thomas J. Smedinghoff, Online Law, 1996, p. 210.

④ 广义或商标法上所定之商标可分为狭义之商标及服务标章。鉴于商标之保护范围受其注册时指定使用之商品类别的限制。所以经营电子商务之业者在网际网络上所需要者究为商标或服务标章，值得注意。如果其在网际网络上从事数位商品之下载服务，则其从事之活动虽为数位商品之销售，但仍可定性为商品之销售，适用关于狭义商标之规定。是故，其经营者为保护其商标，或避免侵害他事业之商标，应检讨原注册之商标，是否能涵盖由于利用网际网络广告、销售、交货而扩大之活动范围。See Andrew R. Basile, Jr. in Thomas J. Smedinghoff, Online Law, 1996, pp. 214～215.

⑤ See Andrew R. Basile, Jr. in Thomas J. Smedinghoff, Online Law, 1996, p. 209.

其商标专用权者，得请求损害赔偿，并得请求排除其侵害；有侵害之虞者，得请求防止之（第一项）。有第六十二条第一款或第二款规定之情事者，视为侵害商标专用权（第二项）。商标专用权人依前二项规定为请求时，对于侵害商标专用权之物品或从事侵害行为之原料或器具，得请求销毁或为其他必要之处置（第三项）。"第66条规定："商标专用权人，依第六十一条请求损害赔偿时，得就左列各款择一计算其损害：一、依'民法'第二百十六条之规定。但不能提供证据方法以证明其损害时，商标专用权人，得就其使用注册商标通常所可获得之利益，减除受侵害后使用同一商标所得之利益，以其差额为所受损害。二、依侵害商标专用权者因侵害行为所得之利益。于侵害商标专用权者不能就其成本或必要费用举证时，以销售该项商品全部收入为所得利益。三、就查获侵害商标专用权商品零售单价五百倍至一千五百倍之金额。但所查获商品超过一千五百件时，以其总价定赔偿金额（第一项）。前项赔偿金额显不相当者，法院得予酌减之。商标专用权人之业务上信誉，因侵害而致减损时，并得另请求赔偿相当之金额（第二项）。前三项规定于依第六十七条请求连带赔偿时，准用之（第三项）。"

在网际网络上为使各个网站间有一个可以互相联络，首先有一个网址的设计与规划。唯因网址原来之表示方式为一串数字，这不方便记忆、使用，所以实务上乃发展出与该网址对应之网域名称，供为替代使用。鉴于网域名称由文字构成，有一定程度之标识能力，于是当网域名称除表示位址外，尚有表彰商品或服务之来源机能的情形，发生网域名称与商标或公司名称之竞合或冲突，以及对于网域名称是否应提供类似于商标之保护的问题。[①] 对此原则上采肯定的看法，一方面在网域名称之登录上采先来优先的原则；另一方面认为在网域名称已具有表彰商品或服务之来源机能的情形，对之赋予相当于商标或服务标章之保护。然只要无混淆之虞，商标专用权人并不能阻止他事业将与自己之商标或服务标章文字相同之文字登录为其网域名称。唯该商标或服务标章如为著名商标或服务标章，他事业即使销售与该商标或服务标章指定使用之商品或服务不同类之商品或服务，仍不得将与之相同之文字登录为其网域名称。[②] 违反之者，"行政院公平交易委员会"认为其将"阻碍原表征所有人进入网际网络市场争取交易之机会，为足以影响交易秩序之显失公平行为，违反'公平交易法'第二十四

① 网域名称固得享有商标或类似于商标之保护，但不能享有著作权之保护。See Thomas J. Smedinghoff in Thomas J. Smedinghoff, Online Law, 1996, pp. 143,232～233.

② See Andrew R. Basile, Jr. in Thomas J. Smedinghoff, Online Law, 1996, pp. 232～236.

条之规定”。[1] 除该会可依同法第 41 条对之课以罚锾外，并应负损害赔偿责任。在网域名称之侵害，当所侵害之网域名称已具有商标的地位，其侵害尚有商标法关于民事赔偿及刑事责任之规定的适用。从而就损害赔偿责任，可能发生“公平交易法”第 31 条、第 32 条与“商标法”第 61 条之请求权规范竞合的情形。

2. 侵害专利权

专利权纵非无所不在，但论诸实际，专利权依情形却与各种经济活动皆可能有所牵扯，这不但在电子商务亦然，而且由于电子商务尚为一种新生的交易形态，更可能产生一些其特有之专利的态样。例如关于界面(Interface)、通信协定(Communication Protocols)、资料压缩(Data Compression)、加密及安全程序(Encryption and Security Procedures)、电子销售系统(Electronic Sales Systems)、资讯处理及查询系统(Information Processing and Retrieval)等技术如有人依法取得专利权，[2]则在电子商务中倘有使用到该等技术之必要，便必须经由受让或授权取得其合法使用的权限。[可以在电脑网络上利用数位电子信号之传递履行的契约，须以无体财产或金钱为其标的。无体财产由于无物之瑕疵问题可能构成之困扰，特别适合于在网络上从事交易。金钱在债权之客体上的分类虽划归种类之物，但金钱因通常存于银行，以对于银行之金钱债权的形态存在，而转为无体财产。这是金钱债务之履行得利用电信电脑网络转账为之的制度基础。关于无体财产之交易，其与专利权、著作权有关者通常以授权使用的方法为之，比较少利用移转的方法。其法律手段在债权层次的区别，相当于租赁与买卖；在履行的层次为授权与移转。唯授权与租赁并不尽相同。约略可说租赁为关于有体财产之用益的授权；而授权则可兼用于有体财产与无体财产。无体财产在授权上之特征为：只要为其效力所及，就授权范围不受时间与空间之限制，当事人间有几乎无限制之形成可能性。特别是可以在同一时空对于不同之相对人为同一内容之授权。在其各种形成可能性中比较令人意外者为对于专利品购买人之转卖的限制。在专利品的买卖，专利权人基于其专用权虽有权，排除他人销售受其专利权保护之专利品，但一旦将特定专利品销售于他人，就该特定专利品其专利权当即消灭。此即“首次销售原则”(First-Sale Doctrine)，亦称为“耗尽原则”。该原则之意旨为，就特定专利品而言，专利之排他销售权仅适用于

---

① “行政院公平交易委员会”2000 年 3 月 23 日公处字第 036 号处分书：“被处分人以相关事业或消费者所普遍认知之他人表征注册为网际网络网域名称，阻碍原表征所有人进入网际网络市场争取交易之机会，为足以影响交易秩序之显失公平行为，违反‘公平交易法’第二十四条之规定。”

② See Andrew R. Basile, Jr. in Thomas J. Smedinghoff, Online Law, 1996, pp. 246～248.

该物之第一次销售，盖在第一次销售时，对于该物之专利权即耗尽。此外，纵使销售人与授权人间有不得再为次授权的约定，其限制亦不应及于向有权之销售人购买专利品者之转卖或使用权。因为这种限制与其原先之授权的意旨互相矛盾，违反诚信原则。目前实务上关于电脑软体之转让限制的宽容，是否超过其保护所必需值得观察、检讨。See Andrew R. Basile, Jr. in Thomas J. Smedinghoff, Online Law, 1996, p. 252.]否则，擅为使用即可能构成专利权之侵害。

其次，由于在网际网络上之商务活动跨越国界，而专利权与其他智财权一样，其空间之效力范围原则上限于授予专利权之国家或地区之主权所及的领域，所以在网络上侵害专利权之行为是否得认定为发生在该领域内，在实务上便极重要。以软体专利权之侵害为例，可能发生之情形例如：(1)销售人将受台湾地区专利权保护之软体，自台湾地区经由网际网络传送给境外之买受人，而当该买受人在境外将之安装于一定之设备中，供一定之使用时，倘该使用如发生于境内，会侵害到台湾地区境内之专利权，且该销售人自始诱引或明知其将为如是之使用者；(2)境外销售人将受台湾地区专利权保护之软体，自境外经由网际网络传送给境内之买受人，会侵害到台湾地区境内之专利权的使用，且该销售人自始诱引或明知其将为如是之使用者。这两种情形之侵害行为应皆可论为发生在境内，盖其专利劳务之提供地或使用地有一在境内。[①] 不过，自境外向境内传送者，尚必须注意系争专利权对于该份特定软体之拷贝，于境外是否已耗尽。

"专利权法"第 89 条规定："依前条请求损害赔偿时，得就下列各款择一计算其损害：一、依'民法'第二百十六条之规定。但不能提供证据方法以证明其损害时，发明专利权人得就其实施专利权通常所可获得之利益，减除受害后实施同一专利权所得之利益，以其差额为所受损害。二、依侵害人因侵害行为所得之利益。于侵害人不能就其成本或必要费用举证时，以销售该项物品全部收入为所得利益。三、法院嘱托专利专责机关或专家代为估计之数额(第一项)。除前项规定外，发明专利权人之业务上信誉，因侵害而致减损时，得另请求赔偿相当金额(第二项)。依前二项规定，侵害行为如属故意，法院得依侵害情节，酌定损害

---

① See Andrew R. Basile, Jr. in Thomas J. Smedinghoff, Online Law, 1996, pp. 252～253. 在营业税法上关于劳务之销售地是否在境内，有与之类似的问题。对此，"营业税法"第 4 条第 2 项第 1 款规定"销售之劳务系在台湾地区境内提供或使用者"，系在台湾地区境内销售劳务。例如将直升机租与外商，供在台湾地区境外使用("财政部"1988 年 9 月 17 日台财税字第 770661420 号函)，为佣金收入而代理外国国际运输事业在台湾地区售票之劳务("财政部"1988 年 11 月 18 日台财税字第 770592704 号函)。亦即劳务之提供或使用，只要有其一系发生在境内，即构成境内之销售。

额以上之赔偿。但不得超过损害额之二倍(第三项)。”[①]

3. 侵害著作权

关于著作权之保护采创作主义后,著作人就其著作自其创作时起即自动取得著作权,无须注册或在著作上加以标示。著作不论其负载或储存之媒体为何,不论其以传统的或数位的形式保存,只要其能再现、传递,并由人类直接或借助于设备间接感受,即得为著作权保护之客体。[②] 由于在网际网络从事任何活动皆可能与信息之拷贝、展示或散布有关,而该信息可能受著作权之保护,所以电子商务活动与著作权之保护息息相关。然而在网际网络,因为著作以数位的形式存在,所以其复制、窜改、散布能够以极低的费用,隐秘地达成。其结果,要在网际网络上保护自己之著作权极其费事。是故,有些著作人转以无偿的方式提供其著作,而另想办法寻找取得收入的来源。然这并未使著作权之保护在电子商务失去其关键的重要性。

著作财产权的主要内容有重制权(Reproduction Right)、[③]改作权(Adaptation Right)、[④]、散布权(Distribution Right)、公开表演(Public Performance

---

① 在“专利权法”第 89 条第 1 项第 2 款所定情形,即便容许自侵害人因侵害行为所得之利益,扣除其成本或必要费用,计算其应赔偿之金额,容许其扣除者亦当仅限于变动费用,盖对于专利权人而言,变动费用以外之费用并不因侵害而能获得节省,如果容许侵害人扣除变动费用以外之费用,就该费用,专利权人由于受侵害等于必须双重负担。在专利权之争讼金钱赔偿固然常常因数额庞大,而显得重要,但不得继续生产之禁制命令往往更具毁灭性的作用。See Andrew R. Basile, Jr. in Thomas J. Smedinghoff, Online Law, 1996, p. 251.

② See Thomas J. Smedinghoff in Thomas J. Smedinghoff, Online Law, 1996, p. 137.

③ 关于重制权,“著作权法”第 22 条规定:“著作人除本法另有规定外,专有重制其著作之权利(第一项)。著作人专有以录音、录影或摄影重制其表演之权利(第二项)。”何谓重制,“著作权法”第 3 条第 1 项第 5 款规定:“重制:指以印刷、复印、录音、录影、摄影、笔录或其他方法有形之重复制作。于剧本、音乐著作或其他类似著作演出或播送时予以录音或录影;或依建筑设计图或建筑模型建造建筑物者,亦属之。”

④ 何谓改作,“著作权法”第 3 条第 1 项第 10 款规定:“改作:指以翻译、编曲、改写、拍摄影片或其他方法就原著作另为创作。”同法第 6 条虽规定:“就原著作改作之创作为衍生著作,以独立之著作保护之(第一项)。衍生著作之保护,对原著作之著作权不生影响(第二项)。”但“著作人(还是)专有将其著作改作成衍生著作或编辑成编辑著作之权利。但表演不适用之”(同法第 28 条)。

Right)、公开展示(Public Display Right)。这些权利得以公开发表的权利概括之。[①] 其中所谓公开,在著作权法指对不特定人或特定之多数人为之而言。但家庭及其正常社交之多数人,不在此限(第 3 条第 1 项第 4 款)。在网际网络上不论仅是浏览,或下载、上载他人站上的信息或执行下载的程式,皆可能涉及使用他人之著作权。其使用态样从必然发生之重制到可能发生之散布、改作不一而足。所以必须从著作使用者的角度认识著作权之保护或侵害的问题。

首先应确认拟使用之信息,依其性质是否能取得著作权,此为可著作权性(Copyrightability)的问题。法令、公文、报道或陈述事实(Facts)之作品、单字、片语、标题[②]等皆无可著作权性。又依著作权法取得之著作权,其保护仅及于该著作之表达,而不及于其所表达之思想、程序、制程、系统、操作方法、概念、原理、发现。(同法第 10 条之一)[③]以事实作为素材构成之著作,例如电话簿、法规资料库,其"编排具有创作性者"固得以之为编辑著作保护之,但其保护之范围亦仅限于资料之选择、协调及安排所构成之表达上的创作部分,而不及于其搜集之资

---

① "著作权法"第 15 条第 1 项虽然规定"著作人就其著作享有公开发表之权利",但"表演人对既有著作之表演,以独立之著作保护之(第一项)。(唯)表演之保护,对原著作之著作权不生影响(第二项)"(第 7 条之一)。所谓公开发表,包括公开口述(指以言辞或其他方法向公众传达著作内容)("著作权法"第 3 条第 1 项第 6 款)、公开播送(指基于公众接收讯息为目的,以有线电、无线电或其他器材,借声音或影像向公众传达著作内容。由原播送人以外之人,以有线电或无线电将原播送之声音或影像向公众传达者,亦属之)(同条项第 7 款)、公开上映(指以单一或多数视听机或其他传送影像之方法于同一时间向现场或现场以外一定场所之公众传达著作内容)(同条项第 8 款)、公开演出(指以演技、舞蹈、歌唱、弹奏乐器或其他方法向现场之公众传达著作内容。以扩音器或其他器材,将原播送之声音或影像向公众传达者,亦属之)(同条项第 9 款)。其中表演与展示的区别在于表演由表演者按著作之内容演出,而展示则仅是原著之拷贝的显示。因此,原著之表演会衍生之新著作,而展示不会(同法第 7 条之一)。公开口述、公开演出属于表演,公开播送、公开上映属于展示。在表演之现场转播,其转播属于表演的一部分。反之,重播则为已存在之著作的展示。这个区别在表演是否属于公开的认定上有其意义。例如一个人在密室中对于家人或正常社交之多数人的表演,本来固非公开,但如将之现场转播,则其表演仍应论为公开。See Thomas J. Smedinghoff in Thomas J. Smedinghoff, Online Law, 1996, pp. 155～160.

② "著作权法"第 9 条规定:"下列各款不得为著作权之标的:三、标语及通用之符号、名词、公式、数表、表格、簿册或时历。四、单纯为传达事实之新闻报道所作成之语文著作。前项第一款所称公文,包括公务员于职务上草拟之文告、讲稿、新闻稿及其他文书。"该条第 1 款、第 2 款、第 5 款所规定之情形并非相关作品之不可著作权性,而是该等作品应属于公共领域(Public Domain),任何人皆得自由利用。See Thomas J. Smedinghoff in Thomas J. Smedinghoff, Online Law, 1996, p. 182.

③ See Thomas J. Smedinghoff in Thomas J. Smedinghoff, Online Law, 1996, p. 184.

料，即便该资料系编辑人首先发现者亦然。[①] 然一件由事实或法规资料构成之作品即使不受著作权之保护，仍可能受制版权之保护，他人还是不得任意以翻版的方法侵害其著作权。[②]

其次为系争信息本来虽具可著作权性，但可能因著作权期间已经过、著作权人抛弃其著作权，[③]或该著作属于立法机关制定之法律，行政机关制定之法规命令、行政规则、行政解释，司法机关所下之判解，各级政府机关之公文等，而成为公共领域中公众得自由利用的作品。[④]

当一件信息无前述所称情事，而有人对之有著作权，则其利用若非经明示授权，则只有在默示授权或合理使用的情形方得为之。[⑤] 否则，即构成著作权之侵害。

当一个人之所为构成“因故意或过失不法侵害他人之著作财产权或制版权者”，依“著作权法”第 88 条应负损害赔偿责任。其由数人共同不法侵害者，连带

① 这与“著作权法”第 7 条所规定者类似，但不相同。该条规定：“就资料之选择及编排具有创作性者为编辑著作，以独立之著作保护之(第一项)。编辑著作之保护，对其所收编著作之著作权不生影响(第二项)。”依该条规定所编辑之资料他人原来享有著作权，而电话簿或法规资料库中之资料则本来非著作权之标的。See Thomas J. Smedinghoff in Thomas J. Smedinghoff, Online Law, 1996, pp. 182～184.

② “著作权法”第 43 条规定：“著作财产权消灭之著作，除本法另有规定外，任何人均得自由利用。”但“无著作财产权或著作财产权消灭之文字著述或美术著作，经制版人就文字著述整理印刷，或就美术著作原件以影印、印刷或类似方式重制首次发行，并依法登记者，制版人就其版面，专有以影印、印刷或类似方式重制之权利(第一项)。制版人之权利，自制版完成时起算存续十年(第二项)。前项保护期间，以该期间届满当年之末日，为期间之终止(第三项)。”(第 79 条)此即制版权之保护规定。著作权法对于制版权提供与著作权相近之保护。例如同法第 84 条、第 87 条、第 88 条、第 90 条、第 90 条之一、第 95 条、第 103 条、第 113 条。

③ See Thomas J. Smedinghoff in Thomas J. Smedinghoff, Online Law, 1996, pp. 178～179.

④ “著作权法”第 9 条规定：“下列各款不得为著作权之标的：一、宪法、法律、命令或公文。二、‘中央’或地方机关就前款著作作成之翻译物或编辑物。五、依法令举行之各类考试试题及其备用试题(第一项)。前项第一款所称公文，包括公务员于职务上草拟之文告、讲稿、新闻稿及其他文书(第二项)。”唯论诸实际上述各款规定之情形并非不可著作权性的问题，而是这些著作应属于公共领域的问题。各级政府就其因公务而产生之著作是否得享有著作权之保护，为一件值得探讨的问题。See Thomas J. Smedinghoff in Thomas J. Smedinghoff, Online Law, 1996, pp. 179～180.

⑤ 关于著作权之合理使用与默示授权，请参考黄茂荣：《著作权之合理使用与默示授权》，载《植根杂志》第 16 卷第 9 期。

负赔偿责任（“著作权法”第 88 条第 1 项）。[①] “前项损害赔偿，被害人得依下列规定择一请求：一、依‘民法’第二百十六条之规定请求。但被害人不能证明其损害时，得以其行使权利依通常情形可得预期之利益，减除被侵害后行使同一权利所得利益之差额，为其所受损害。二、请求侵害人因侵害行为所得之利益。但侵害人不能证明其成本或必要费用时，以其侵害行为所得之全部收入，为其所得利益（第二项）。依前项规定，如被害人不易证明其实际损害额，得请求法院依侵害情节，在新台币一万元以上五十万元以下酌定赔偿额。如损害行为属故意且情节重大者，赔偿额得增至新台币一百万元（第三项）。”[②]

4. 违反公平交易法之规定

公平交易法中并无直接针对电子商务之规定，所以在具体情形，仍必须适用其中之一般规定，规范与电子商务有关之问题。归纳之，比较常见之违反类型为仿冒、不实广告、妨碍商誉、欺罔与显失公平之竞争行为、滥用智财权，已如前述。

就违反公平交易法规定之民事责任，该法第 31 条规定：“事业违反本法之规定，致侵害他人权益者，应负损害赔偿责任。”第 32 条规定：“法院因前条被害人之请求，如为事业之故意行为，得依侵害情节，酌定损害额以上之赔偿。但不得超过已证明损害额之三倍（第一项）。侵害人如因侵害行为受有利益者，被害人得请求专依该项利益计算损害额（第二项）。”第 2 项规定以加害人“所受利益”作为被害人之损害的计算基础，论诸实际已容许选择将“侵权行为”论为“不法无因

① 在著作权为数人共有者，其损害赔偿之请求，“著作权法”第 90 条的规定具有特色，有助于解决著作权人意见不一的情事：“共同著作之著作权人，对于侵害其著作权者，得各依本章之规定，请求救济，并得按其应有部分，请求损害赔偿（第一项）。前项规定，于因其他关系成立之共有著作财产权或制版权之共有人准用之（第二项）。”不过在这种情形，依“民事诉讼法”第 53 条第 1 款，各共有人还是得为共同诉讼人，一同起诉或一同被诉。

② “著作权法”第 88 条第 2 项、第 3 项规定之内容虽与美国法上所定者类似，但仍有差异。其不同主要存在于第 1 款与第 2 款之并行请求的可能性，以及提出第 3 款这种请求之要件。依美国法的规定，在未将加害人所得利益计入著作权人实际所受损害的前提下，著作权人得就二者并行请求。至于相当于第 3 款这种法定损害之赔偿的请求不但不得与前两款所定者并行请求，而且其请求以该著作权在法律所定期间内已注册者为必要。律师费用之赔偿的请求，亦同[17 U.S.C. §§ 412,504 (a)(b)and(c), 505]。See Thomas J. Smedinghoff in Thomas J. Smedinghoff, Online Law, 1996, pp. 160～162,165.

管理”。[1] 此种规定固宜适用于擅用他人之权利的情形，但是否可一般地适用于不法侵权行为还是值得探讨的。

(二)侵害之刑事责任

1. 侵害商标权

关于商标之侵害的刑事责任，“商标法”第62条规定：“意图欺骗他人，有左列情事之一者，处三年以下有期徒刑、拘役或科或并科新台币二十万元以下罚金。一、于同一商品或类似商品，使用相同或近似于他人注册商标之图样者。二、于有关同一商品或同类商品之广告、标内贴、说明书、价目表或其他文书，附加相同或近似于他人注册商标图样而陈列或散布者。”第63条规定：“明知为前两条商品而贩卖、意图贩卖而陈列、输出或输入者，处一年以下有期徒刑、拘役或科或并科新台币五万元以下罚金”。第65条规定：“恶意使用他人注册商标图样中之文字，作为自己公司或商号名称之特取部分，而经营同一或类似商品之业务，经利害关系人请求其停止使用，而不停止使用者，处一年以下有期徒刑、拘役或科新台币五万元以下罚金。公司或商号名称声请登记日，在商标声请注册日之前者，无前项规定之适用。”其中关于因使用近似商标而构成侵害的情形，是否宜与使用相同商标者同科，值得商榷。

2. 侵害专利权

关于专利权之侵害的刑事责任，就发明专利中之方法专利，“专利法”第124条规定：“未经方法发明专利权人同意使用该方法，致侵害其专利权者，科新台币三十万元以下罚金。”已朝向除罪化发展，这是合理的趋势。盖在智财权之侵害案件，其侵害事实之有无的认定，不但常处在灰色地带，而且究竟有无侵害之故意，亦难有一个确切的凭据。就新型专利，“专利法”第125条规定：“未经新型专利权人同意制造该物品，致侵害其专利权者，处二年以下有期徒刑、拘役或科或并科新台币十五万元以下罚金。”第126条规定：“未经新式样专利权人同意制造

---

[1] 所谓“不法无因管理”，指无管理他人事务之意思，而为自己之利益，将他人之事务当成自己之事务管理之。因其无管理他人事务之意思，所以不法无因管理并非真正的无因管理。另因其系为自己之利益而为管理，自然“违反本人明示或可得推知之意思”。故当不计较其无管理他人事务之意思，而对之准用无因管理之规定时，自当将之论为不适法无因管理。不适法无因管理之法律效力为：“本人仍得享有因管理所得之利益，而本人所负前条第一项对于管理人之义务，以其所得之利益为限。”(第177条第1项)以上的看法，已明定于同条第2项“前项规定，于管理人明知为他人之事务，而为自己之利益管理之者，准用之”。唯应注意，正如“公平交易法”第32条所示，在不法之不真正无因管理，本人得自由选择，究竟依不适法无因管理的规定或依侵权行为之规定请求给付。

该物品，致侵害其专利权者，处一年以下有期徒刑、拘役或科或并科新台币六万元以下罚金。”

3. 侵害著作权

对于著作权之侵害，除以重制之方法侵害他人之著作财产权[①]这个与其他智财权之侵害相同之态样外，尚有未经授权，亦不符合合理使用或默示授权的要件，而“擅自以公开口述、公开播送、公开上映、公开演出、公开展示、改作、编辑或出租之方法侵害他人之著作财产权”（“著作权法”第 92 条），[②]或依第 69 条规定利用音乐著作者，违反“著作权法”第 70 条，将其录音著作之重制物销售至台湾地区管辖区域外的情形。[③] 此为具有著作权之侵害特色的态样。

此外，“著作权法”第 87 条还设有侵害著作权或制版权之拟制的规定：“有下列情形之一者，除本法另有规定外，视为侵害著作权或制版权：一、以侵害著作人名誉之方法利用其著作者。二、明知为侵害著作权或制版权之物而散布或意图散布而陈列或持有或意图营利而交付者。三、输入未经著作财产权人或制版权人授权重制之重制物或制版物者。四、未经著作财产权人同意而输入著作原件或其重制物者。五、明知系侵害电脑程式著作财产权之重制物而仍作为直接营利之使用者。”配合该规定同法第 93 条第 3 款规定“以第八十七条各款方法之一侵害他人之著作权者”，“处二年以下有期徒刑，得并科新台币十万元以下罚金”。第 95 条第 3 款规定“以第八十七条各款方法之一侵害他人制版权者”，“处一年以下有期徒刑，得并科新台币五万元以下罚金”。

“著作权法”第 94 条规定：“以犯第九十一条、第九十二条或第九十三条之罪

---

① “著作权法”第 91 条规定：“擅自以重制之方法侵害他人之著作财产权者，处六个月以上三年以下有期徒刑，得并科新台币二十万元以下罚金（第一项）。意图销售或出租而擅自以重制之方法侵害他人之著作财产权者，处六个月以上五年以下有期徒刑，得并科新台币三十万元以下罚金（第二项）。”

② “著作权法”第 92 条规定：“擅自以公开口述、公开播送、公开上映、公开演出、公开展示、改作、编辑或出租之方法侵害他人之著作财产权者，处三年以下有期徒刑，得并科新台币十五万元以下罚金”。

③ 在这种情形，依“著作权法”第 93 条第 2 款得“处二年以下有期徒刑，得并科新台币十万元以下罚金。”

为常业者，处一年以上七年以下有期徒刑，得并科新台币四十五万元以下罚金。"①

侵害第79条规定之制版权（第2款）或违反第112条规定（第4款）者，"处一年以下有期徒刑，得并科新台币五万元以下罚金"（"著作权法"第95条）。

4．违反公平交易法之规定

不公平交易行为中经公平交易法规定对其课以刑事责任者有：(1)商标或其他商品或服务来源之表征的仿冒（第20条第1项）；(2)杯葛，无正当理由之差别待遇，以胁迫、利诱或其他不正当之方法抢竞争者之客户、获取他事业之产销机密、限制交易相对人之事业活动（第19条第1款至第3款、第5款、第6款）等限制竞争或妨碍公平竞争之行为；(3)违法损害他人信誉（第22条）。

其中违反第20条第1项规定及第19条所定情形，其防治手段采先行政后司法原则，必须先"经'中央'主管机关依第四十一条规定限期命其停止、改正其行为或采取必要更正措施，而逾期未停止、改正其行为或未采取必要更正措施，或停止后再为相同或类似违反行为"，始得分别依"公平交易法"第35条第1项"处行为人三年以下有期徒刑、拘役或科或并科新台币一亿元以下罚金"[因"公平交易法"第41条规定："公平交易委员会对于违反本法规定之事业，得限期命其停止、改正其行为或采取必要更正措施，并得处新台币五万元以上二千五百万元以下罚锾；逾期仍不停止、改正其行为或未采取必要更正措施者，得继续限期命其停止、改正其行为或采取必要更正措施，并按次连续处新台币十万元以上五千万元以下罚锾，至停止、改正其行为或采取必要更正措施为止。"所以，违反同法第20条规定者，事业尚负有行政责任。唯其刑事责任之科罚，依该法第35条第1项规定，采先行政后司法的原则，必须"经'中央'主管机关依第四十一条规定限期命其停止、改正其行为或采取必要更正措施，而逾期未停止、改正其行为或未采取必要更正措施，或停止后再为相同或类似违反行为者"，始负刑事责任。按"公平交易法"第10条、第14条、第19条、第20条第1项所定之构成要件中皆含有相当不确定的概念，例如"不公平之方法"、"不当之决定"、"无正当理由"、"其他滥用市场地位之行为"（第10条），"有益于整体经济与公共利益"（第14

① 著作权法以营利动机(Profit Motive)之有无为标准，将重制著作罪区分为非图利重制著作罪与图利重制著作罪，前者之刑度为"处六个月以上三年以下有期徒刑，得并科新台币二十万元以下罚金"，后者之刑度为"处六个月以上五年以下有期徒刑，得并科新台币三十万元以下罚金"（"著作权法"第91条）。此外，在同法第94条并另有常业犯之加重处罚的规定，其刑度为"处一年以上七年以下有期徒刑，得并科新台币四十五万元以下罚金"。从有最低刑度之规定而论，台湾地区的规定重于美国著作权法中的规定。See Thomas J. Smedinghoff in Thomas J. Smedinghoff, Online Law, 1996, p. 162.

条),"无正当理由"、"不正当之方法"、"不正当限制"、"妨碍公平竞争之虞"(第19条),"相关事业或消费者所普遍认知"(第20条)。是故,在具体案件,其法律事实是否该当于该等规定所含之不确定概念,难有明确无疑的认定,从而也降低了其伦理上之可非难性。因之,第35条及第36条规定在这种案件,其刑事责任之介入采先行政后司法,以缓和由之可能引起的争议。当采先行政后司法,其刑事责任之诉追是否应等待关于行政责任之行政处分确定时?就此,因"行政诉讼法"第12条规定:"民事或刑事诉讼之裁判,以行政处分是否无效或违法为据者,应依行政争讼程序确定之(第一项)。前项行政争讼程序已经开始者,于其程序确定前,民事或刑事法院应停止其审判程序(第二项)。"宜采肯定的看法。类似的问题,关于刑事诉讼,"刑事诉讼法"第297条规定:"犯罪是否成立或刑罚应否免除,以民事法律关系为断,而民事已经起诉者,得于其程序终结前停止审判。"关于民事诉讼,"民事诉讼法"第182条规定:"诉讼全部或一部之裁判,以他诉讼之法律关系是否成立为据者,法院得在他诉讼终结前,以裁定停止诉讼程序(第一项)。前项规定,于法律关系应由法院以外之机关确定其是否成立者准用之(第二项)。"第183条规定:"诉讼中有犯罪嫌疑牵涉其裁判者,法院得在刑事诉讼终结前,以裁定停止诉讼程序。"],或依同法第36条,处行为人2年以下有期徒刑、拘役或科或并科新台币5000万元以下罚金。唯这两种情形,非告诉乃论。反之,在违法损害他人信誉罪(第22条)的情形,依同法第37条规定虽无须先经行政处理,而得径处行为人2年以下有期徒刑、拘役或科或并科新台币五千万元以下罚金(第1项),但该罪,须告诉乃论(第2项)。"法人犯前三条之罪者,除依前三条规定处罚其行为人外,对该法人亦科以各该条之罚金。"(同法第38条)

第六章

悬赏广告

第一节　悬赏广告

悬赏广告在民法中，虽称不上是重要的法律类型，但因当今商务活动上常利用悬赏广告或优等悬赏广告为之，以及悬赏广告的规范可以简单凸显立法技术的重要性，所以其探讨还是深具理论与实务上的意义。其中首先是广告得否为意思表示的方法？自"民法"第154条第2项规定："货物标定卖价陈列者，视为要约。但价目表之寄送，不视为要约。"可谓原则上广告不是合格之意思表示的方法。只有在法律有特别规定，肯认其为意思表示之方法时，方得以广告为意思表示的方法。①

对于悬赏广告"民法"原有两条规定：(1)第164条："以广告声明对完成一定行为之人给予报酬者，对于完成该行为之人，负给付报酬之义务，对于不知有广告而完成该行为之人亦同(第一项)。数人同时或先后完成前项行为时，如广告人对于最先通知者已为报酬之给付，其给付报酬之义务，即为消灭(第二项)。"

---

① "消费者保护法"第22条规定："企业经营者应确保广告内容之真实，其对消费者所负之义务不得低于广告之内容。"由于为使该条对于缔结之契约产生效力，并不需要将广告定性为要约，而只需要将之解释为缔结之契约的基准内容即可：约定之约款对于消费者之利益，不得低于广告之内容。此种规范效力与劳动基准法之于劳动契约类似。但与契约一般条款不同。在契约一般条款，当其为契约内容之一部分时，契约内容正与契约一般条款相同，而不是不低于契约一般条款之内容。在该条规定之情形，有一棘手的问题：企业经营者要如何才能改变其广告之内容，使其不再受既往之广告内容的拘束？另同法第22条之一第1项规定："企业经营者对消费者从事与信用有关之交易时，应于广告上明示应付所有总费用之年百分率。"此为费用或利率之透明化的规定。有疑问者为，关于其透明化，要求以广告的方式为之是否妥当？妥当的做法应当是要求：给予信用提供者出具之书面的表示。

(2)第 165 条:"预定报酬之广告,如于行为完成前撤销时,除广告人证明行为人不能完成其行为外,对于行为人因该广告善意所受之损害,应负赔偿之责。但以不超过预定报酬额为限。"

基于该两条规定,关于悬赏广告之规范存有以下几个问题:(1)悬赏广告关系之成立行为究为契约或单独行为;(2)关于报酬请求权人应如何规定;(3)完成广告行为所获致之成果如何归属;(4)与其他规定(例如拾得人之报酬请求权或无因管理)间的竞合关系;(5)关于优等悬赏广告没有明文规定。本次修正针对前述问题,作了一些修正。兹分述之:

一、悬赏广告之成立行为究为契约或单独行为

(一)单独行为是否得为债之发生原因

关于以法律行为作为债之发生或其内容之改变的原因,台湾地区"民法"并无类似于德国民法第 305 条之规定:"为以法律行为建立一个债之关系或为改变一个债之内容,除法律另有规定者外,一个当事人间之契约是必要的。"此即契约原则。这是从依私法自治原则引申出来的下位原则。本于该规定所表彰之法律思想,依私法自治原则,以单独行为建立或改变两个以上当事人间之债的关系受到原则性的限制。盖关于私法自治事项之规范内容的形成,该事项之利益所涉及之人依私法自治原则,既然皆享有自治权,原则上自当由涉及之人共同决定。该决定定义为契约。其决定的方法为,以意思表示为之。在双方之意思表示的内容,在法律或当事人要求之范围,达于一致时,契约即为成立("民法"第 153 条)。

由之引申,单独行为得否为债务之发生原因的疑问。[①] 其道理何在?一方之单独行为原则上不得课相对人以义务,固属自明的道理,然为何,以单独行为对自己课以义务,原则上亦不可呢?其理由为:在这种情形表意人既不得同时课相对人以义务,则这种以单独行为为依据之债的关系,如果成立,势必为一种课自己以义务的无偿之债。而无偿之债即便在以契约为其依据的情形,原则上应赋予债务人以悔约权。举重以明轻,以单独行为作为依据之债,由于欠缺"合意"上的约束,其拘束力自当更形薄弱。必须法律另有明文规定,肯认其为债之发生原因时,方可。然其立法上之肯认还是必须有其适当予以肯认的实质理由,以自始否定其悔约权。否则,如一方面容许以单独行为负担债务,另一方面又容债务

① 在公法上,其法律关系之形成的基础原则上为行政处分,例外才以行政契约为依据。这与私法关系之形成依据有重要的不同。

人不具任何理由任意撤回或撤销其单独行为，则自意思表示之成立而论，与容许债务人从事附随意条件之意思表示无异。这是没有意义的。在德国经法律规定之重要的例外有：对于财团法人之捐助行为（德国民法第 80 条、第 82 条）及遗赠（德国民法第 1939 条及第 2147 条以下）、悬赏广告（德国民法第 657 条）。[①] 当以立法肯认上述单独行为得充为债之发生原因，债务人在其意思表示生效后，自然不再可以任意悔约。

以德国民法上述该三种例外规定所定之事例为例，其以单独行为作为债之发生的实质理由，应朝为何例外不许其悔约的方向探讨。参酌台湾地区“民法”第 408 条第 2 项后段关于“为履行道德上之义务而赠与者”，其赠与物之权利纵未移转，亦不得悔约，撤销其赠与[②]的规定，可以导出为何捐助行为这种单独行为得为债之发生原因。至于遗赠的道理应在于其为死因行为。在死因行为生效时，不但表意人已不再得为所谓之悔约的表示，而且如容其继承人悔约，其悔约正是违逆被继承人生前所作之遗赠的意思。[③] 而悬赏广告当采单独行为说，则因其并非纯粹之无偿之债。事实上相对人已先于广告主之报酬给付，投入于广告行为之完成。是故，立法者在本次采契约说时，亦将“民法”第 165 条修正规定为：“预定报酬之广告，如于行为完成前撤回时，除广告人证明行为人不能完成其行为外，对于行为人因该广告善意所受之损害，应负赔偿之责。但以不超过预定报酬额为限（第一项）。广告定有完成行为之期间者，推定广告人抛弃其撤回权（第二项）。”这皆在表征悬赏广告，不论将之定性为单独行为或契约，究诸实际皆非无偿的债务关系，不得任意悔约。

---

① Soergel-Manfred Wolf, Kommentar zum BGB, 11. Aufl., 1986, § 305 Rz 11.

② 民法债编修正后，“民法”第 408 条为关于赠与之悔约规定所在。这个看法在其修正理由的说明第二点明白地表示出来：“立有字据之赠与，间有因一时情感因素而欠于考虑时，如不许赠与人任意撤销，有失事理之平。为避免争议并求慎重，明定凡经过公证之赠与，始不适用前项撤销之规定，爰修正第二项。”至于以“现行条文规定以赠与物未交付前，赠与人始得行使撤销权，适用范围太过狭隘”为理由，将同条第 1 项所定之悔约的要件，自“赠与物未交付前”，修正为“赠与物之权利未移转前”，是否允当，值得检讨。盖在像土地之买卖契约，所有权之移转与土地之交付为不同之两个请求权，所以，已先交付，而未移转所有权之土地赠与，是否尚得任意撤销，还是有明白加以规定的意义。

③ 首先由“民法”第 1207 条规定：“继承人或其他利害关系人，得定相当期限，请求受遗赠人于期限内为承认遗赠与否之表示；期限届满，尚无表示者，视为承认遗赠。”可见遗赠之拘束力。自为继承人之利益的保护，第 1225 条规定仅于：“应得特留分之人……因被继承人所为之遗赠，致其应得之数不足（时），（始）得按其不足之数由遗赠财产扣减之。受遗赠人有数人时，应按其所得遗赠价额比例扣减。”可清楚显示遗赠对于继承人之继承权的优先性。

(二)契约说或单独行为说

关于悬赏广告关系之成立行为究为契约或单独行为,向有争议。这个问题的发生首先在于:就悬赏广告之债的发生及其内容,完成广告之行为者(以下称为行为人)究竟有无参与决定,以成立契约关系。如认为无参与决定,亦即采单独行为说,则单独行为可否为债之发生原因?如认为有参与决定,亦即采契约说,而行为人于行为时不知有广告,或为无行为能力人或限制行为能力人时,关于该契约之缔结如何说明?这些问题都各有其说理上的困难。① 第164条第1项原规定:"以广告声明对完成一定行为之人给予报酬者,对于完成该行为之人,负给付报酬之义务。对于不知有广告而完成该行为之人,亦同。"因依该项规定,不论完成广告之行为者,于行为时是否知悉有该悬赏广告,广告人对于完成该行为之人,皆负给付报酬之义务,从而其报酬请求权之发生欠缺在契约之缔结上所需之交互,有针对性的意思表示(要约与承诺)。"最高法院"所作与之有关之判决要旨有明指为契约者,②有隐而不彰者。③

单独行为说之立论依据为,既然不知有广告而完成该行为之人亦可取得报酬请求权,则悬赏广告之成立自具有单独行为的特征,有人"完成广告之行为"属于该报酬给付义务之"停止条件",而不是对于悬赏广告之要约的承诺。契约说的依据为,行为人以完成广告之行为的意思,完成广告之行为时,以意思实现的方式("民法"第161条)承诺该契约。在数人先后完成广告之行为时,这是所以规定,"由最先完成该行为之人,取得报酬请求权"的理论基础(最先完成说)。至于完成广告之行为者有无与广告人按广告之内容成立悬赏广告之关系的意思?这是必须就个案解释的问题。唯如采最先通知说,以先通知为完成广告之行为者取得报酬请求权的依据时,该通知才是承诺之意思表示。完成广告行为者对

---

① 在悬赏广告之法律关系的建构上,完成广告之行为者的意思所以容易受到忽略,其主要的原因可能在于,从"悬赏"望文生义,认为依其广告之内容所形成的法律关系必当有利于完成行为者。然究诸事实,除这不一定如此外,而且即便如此,本诸契约自由原则,其法律关系之形成及其内容的决定还是应保留给完成广告之行为者自治的空间。

② "'民法'第一百六十四条所谓完成一定行为,乃指完成广告人于广告内容所定之特定行为而言,如就广告内容所指特定行为未能完满完成,广告契约即未成立,广告人自无履行广告特定给付义务之可言。"(《台湾地区裁判类编(民事法)》第11册,正中书局1976年版,第419页:"最高法院"1969年台上字第2661号民事判决)

③ "最高法院"1930年台上字第1891号判例:"凡以广告声明对完成一定行为之人给予报酬者,对于完成该行为之人,应负给付报酬之义务,至完成该行为之人所用完成方法如何,是否利用时机或事出不意,苟非广告内特有声明,皆非广告人所应过问,盖此种债务之性质,本系仅就一定之结果给予报酬,原无须别具何项条件。"

于广告人为完成广告行为之通知，是否当然包含愿意以广告之内容与广告人成立悬赏广告的关系，依然是：必须就个别情形解释的问题。在承诺前，不但广告人之于行为人一直仅处于要约人的地位，行为人亦无承诺之义务。

最先完成或最先通知是决定悬赏广告报酬请求权之归属的可能标准。究竟以哪一个标准为妥？两说以契约说为当。盖悬赏广告并非如其名称所示一般，纯属对于行为人有利之行为。如不采契约说，广告人将可单方面决定与广告之行为有关之法律关系的形成。这显然与由私法自治原则延伸出来之契约原则不符。另自广告行为之完成，对于广告人之意义及法律关系之发展的明确性与法律和平的维护论，最先通知说亦较最先完成说妥当。不论采其中哪一说，皆肯定悬赏广告之契约的属性。在"民法"第 164 条第 4 项规定，"不知有广告而完成广告所定行为之人，准用"该条前三项规定后，使悬赏广告系属契约的定性更为单纯。盖既云准用，即表示该项规定之情形，要成其为契约尚有不尽其然的落差，但大可不必为些许例外之态样，混淆悬赏广告之类型本体的属性。

为比较清楚地将悬赏广告定性为契约，"民法"第 164 条第 1 项经修正为："以广告声明对完成一定行为之人给予报酬者，为悬赏广告。广告人对于完成该行为之人，负给付报酬之义务。"并将该项原规定之后段"对于不知有广告而完成该行为之人，亦同"。之规定移至第 4 项规定为"前三项规定，于不知有广告而完成广告所定行为之人，准用之"。[①] 该修正虽缓和了悬赏广告之单独行为的特征，但该修正是否已足以将悬赏广告之成立行为的类型定于一尊，尚有疑问。盖纵认为悬赏广告是要约，完成该行为还是不可即解释为：愿意依广告之内容承诺之表示。特别是当其行为之完成可能构成之法律关系，其他法律另有规定时，行为人并无义务依广告之内容调整或抛弃其权利。是故，关于是否承诺，完成该行为者尚可自为决定。为悬赏广告之契约关系的缔结，本次修正后之规定，虽然未明白赋予行为人表示是否承诺的机会，还是应解释为：完成广告之行为者，得自由决定是否与广告人依广告之内容成立悬赏广告的关系。由于广告中关于悬赏广告之法律关系之内容，行为人未参与决定，所以，要将悬赏广告之规范基础定性为契约，必需保留给行为人参与决定的机会。否则，悬赏广告关系的成立，在行为人方必涉及意思表示（承诺）之存在的拟制。在契约说的立证上，这涉及预

① "民法"第 164 条第 4 项，以准用的方式规定不知有广告而完成广告所定行为的情形，以提高同条第 1 项所定情形符合契约特征之纯度。然如考虑到最后事情都必须发展到行为人为请求报酬，而通知广告人的阶段，完成广告行为时，行为人是否知有广告就不再是那么重要了。倒是在数人先后完成广告之行为时，修正后同条第 2 项前段规定改"由最先完成该行为之人"，而不是由最先通知者，取得报酬请求权，反使其契约性质又复归于含糊。

设待证事实或论点为真的谬误。

由于在悬赏广告并无双方当事人有共同认识之缔约活动存在，所以将完成广告之行为论为"民法"第161条之意思实现，可能会与完成广告之行为者的意思不符。是故，为维护完成行为者之缔约自由，除非不缔约之意思表示违反诚实信用原则，否则，在推论以意思实现的方式为承诺的情形，必须以承诺人无相反之意思表示存在为前提。[①] 因此，要以意思实现为依据，论断悬赏广告构成之契约关系，最后必须可明确证明行为人有欲以意思实现承诺之意思表示。该表示最早应在于完成广告行为者，无保留地对于广告人，依广告之内容主张其报酬请求权或请求给付报酬时。因为直到这个时候，方可谓完成广告之行为者就是否

① 按受要约人不但无与要约人缔约之义务，而且不因受要约，而有义务在无意承诺时，对于要约人为拒绝承诺之意思表示。是故，在要约到达后，受要约人单纯之沉默原则上不构成默示之承诺。除非基于当事人双方既有之业务的往来关系，依诚实信用原则要约人得期待受要约人在无欲承诺时，应为拒绝之表示（关于试验买卖之承诺或承认请参考"民法"第387条）。因此，要约人并不能利用在要约中表示，受要约人如在要约到达后，不在要约中所定之期间内为拒绝承诺之表示，即视为承诺的方式，强课受要约人以回答之义务。为保护无经验之消费者的利益，应禁止事业对于消费者为如是之表示。意思实现属于无承诺之表示，但论为承诺以缔结契约之重要例子。由于意思表示原则上应包含两个要素：法效意思与表示行为。所以，意思实现属于承诺方式之一种例外。由于意思实现所作之表示，论其实际以"表见事实"（der Anschein）为基础，所以，只需要利用澄清的表示，即可清除意思实现所构成之承诺的表见事实。然受要约人在知悉其行为构成承诺之表见事实时，如不即对于要约人利用澄清，清除该表见事实，则其不作为后来会被论为承诺意思之确认（Willensbetätigung），从而其不作为转为承诺（Werner Flume, Allgemeiner Teil des Bürgerlichen Rechts, Zweiter Band, Das Rechtsgeschaefts, 3. Aufl., 1979, § 35 Ⅱ 3）。"倘有人主张一个契约因德国民法第一百五十一条所定之承诺的行为而发生，应举证该承诺所在，以及本来必须到达之承诺的表示为何不必要。依客观的观点，其行为方式应认定为承诺，而主张其欠缺法效意思者，应证明其欠缺。"（Soergel-Heinrich Lange/Hefermehl, BGB, 11. Aufl., 1978, § 151 Rz 26）Larenz 认为在这里，行为人在大多数的情形就其无承诺之意思应负举证责任，盖其行为初看之下，像是一个承诺之表示（Larenz, Allgemeiner Teil des Deutschen Bürgerlichen Rechts, 1980, S489）。该表见事实通常存在于受要约人之准备履行或从事履行行为、受领移转给付、消费或使用相对人之给付等以契约有效为前提，始得开展之行为中（Larenz, aaO., § 28 I）。意思实现虽非典型之意思表示，但同样适用意思表示之其他规定：意思表示之瑕疵（心中保留、错误、诈欺、胁迫）或当事人双方表示内容不一致（"民法"第153条）的规定，例如受要约人误要约人为要约而送来之物为己物，并消费之。在这种情形关于契约之缔结双方并无一致之意思。瑕疵在这里构成承诺之表见事实与"民法"第169条所定构成表见代理之表见事实具有类似的特征。不同者为，在表见代理之要件满足时，相对人得自由决定是否主张有表见代理，而在意思实现，受要约人固得以即时澄清的方法阻止意思实现之构成，但如错过澄清的机会，受要约人或要约人事后不一定能够自由主张是否构成意思实现，应受客观存在之表见事实的限制。

承诺,已明确表示其意思。从而关于悬赏广告契约之缔结,可认为当事人对于必要之点,已有一致之意思表示("民法"第153条)。如以"完成广告行为者,对于广告人依广告之内容,主张其报酬请求权或请求给付报酬"作为事后确认以意思实现为承诺之事实的存在,则完成广告行为者在完成该行为时是否知有广告,对于将悬赏广告的关系论为契约便不重要。盖在这种情形,其事后知悉已补正其事前之不知。

将悬赏广告关系之成立行为,论为契约或单独行为可能引起之延伸性的影响还有:完成广告行为者如为无行为能力人或限制行为能力人,其对于广告人是否亦能取得报酬请求权的问题。采契约说,认为不能;采单独行为说,认为能。盖在采契约说,为报酬请求权之取得,无行为能力人或限制行为能力人之所为,必须包括承诺的意思表示,而无行为能力人根本不能为意思表示,限制行为能力人应经其法定代理人之允许始能为意思表示;[①]在采单独行为说,为报酬请求权之取得,无行为能力人或限制行为能力人之所为,仅是该报酬请求权之取得的停止条件,而条件之成就,不以使该条件成就者,有行为能力为要件。

鉴于在悬赏广告,完成广告之行为者有些情形是无行为能力人或限制行为能力人。当采契约说,其利益之保护将遭遇说明上的困难。是故,最后如果还是决定采契约说,为迁就无行为能力人或限制行为能力人利益之保护上的需要,在完成行为者为无行为能力人或限制行为能力人时,该契约宜论为事实上契约。[②]

唯必须注意,不论采单独行为说或契约说,就完成之行为,最后是否依悬赏广告中所载款项与广告人发生法律关系,仍系于完成行为者之意思,并非一个人只要完成广告之行为,即应与广告人成立与悬赏广告中所载款项内容相同之法律关系。采单独行为说,其意义极其量亦只是使广告人对于完成广告行为者,负依悬赏广告中所载款项,给付报酬之义务;非经完成广告之行为者同意,并不能课其以任何义务。如采契约说,其成立更需完成广告之行为者之承诺的表示。经过以上的说明可见,如拟采契约说,其实只要将广告人所作之广告定性为要

---

① 或谓在这种情形得以悬赏广告对于完成行为者属于"纯获法律上利益"的行为立论,然姑不论悬赏广告对于完成行为之无行为能力人或限制行为能力人是否为"纯获法律上利益"的行为"民法"第77条但书规定之适用对象亦限于限制行为能力人。"无行为能力人,(应)由法定代理人代为意思表示,并代受意思表示。"(第76条)其自己所作之"意思表示,无效"(第75条)。

② 从德国学说上与实务上观之,事实上契约理论之发展可谓主要在于:为无行为能力人或限制行为能力人所缔结之无效契约,提供效力上的例外依据,以补救其已履行,但事后恢复不易或如以恢复的方法处理,其结果显不公平的情形。请参考黄茂荣:《行为能力》,载《植根杂志》第14卷第11期,第492页以下;Esser, Schuldrecht, 2. Aufl., 1960, S. 33.

约，并以行为人完成广告行为论为意思实现，以其通知加上请求报酬之表示作为发生在先之承诺的证实即可。因为事后之通知仅具证实发生在先之承诺的意义，所以，其承诺仍以完成广告之行为时，亦即意思实现时，为其承诺之时点。

二、如何规定报酬请求权之归属

由于悬赏广告以广告的方式为意思表示，且未限定以特定人为其相对人，所以其相对人自然是不特定之多数人。其结果，倘广告之行为由两个以上之人同时或先后分别完成，而依广告意旨仅一个人或其中之一部分人有报酬请求权时，即会引起如何规定报酬请求权人之认定的问题。

对于这个问题，“民法”第 164 条第 1 项首先规定“对于完成该行为之人，负给付报酬之义务”。依该规定只要“完成该行为”即有报酬请求权。然因同条第 2 项前段续规定“数人先后完成前项行为时，由最先完成该行为之人，取得报酬请求权”，使得因完成广告行为而取得报酬请求权者，限于最先完成该行为之人。① 在此意义下，以悬赏广告所作之要约，等于有“民法”第 154 条第 1 项但书规定之要约拘束力的保留。于有人完成广告之行为时，对于其他以后才完成广告之行为者，该要约失其拘束力。纵使最先完成广告之行为者，抛弃其报酬请求权或免除广告人给付报酬之义务者，②亦然。不过，最先完成广告之行为者，如非抛弃其报酬请求权或免除广告人给付报酬之义务，而是拒绝按广告内容与广

---

① 该规定与修正前之规定不同。该条第 2 项修正前原规定“数人同时或先后完成前项行为时，如广告人对于最先通知者已为报酬之给付，其给付报酬之义务，即为消灭”。亦即依第 1 项规定有报酬请求权者不限于最先通知者，而是每一个完成广告之行为者皆有报酬请求权，只是仅对于最先通知者为报酬之给付，始能终局消灭其给付报酬之义务。本次修正将可取得报酬请求权者，限于最先完成广告行为之人乍看之下好像可以使悬赏广告之报酬关系比较单纯，其实不然。盖最先完成广告行为之人究竟为谁一直有争议，证明不易，类似的问题亦存在于专利权之声请。对此，“专利法”第 27 条第 1 项规定：“二人以上有同一之发明，各别声请时，应就最先声请者准予发明专利。但后声请者所主张之优先权日早于先声请者之声请日时，不在此限。”亦即采先声请主义。如将先声请主义的意旨适用于悬赏广告，即应采先通知主义。采先声请主义或先通知主义的理由为，因声请或通知应向他人为之，所以其有无及何时事后如有争议，比较容易客观证明。

② 债权未经证券化者，债权人仅能通过向债务人为免除之表示，而不能通过抛弃的方法，消灭该债务。债权经证券化后，基于证券之文义性，几乎消除其债权人方之主体的相对性，成为单纯以其准占有来表彰其权利之归属的标的。因此，该证券债权已如动产般，得由其权利人径为抛弃，以脱离该债权债务关系。这时，经抛弃之证券成为无主物，其拾得者，即以证券持有人的地位，取得该证券所表彰之债权，而非因抛弃而当然免除其债务人之债务。

告人成立悬赏广告之契约关系，则其完成广告之行为，将因欠缺承诺之法效意思而不成其为具有承诺意义之意思实现。这时，该事实上最先完成广告之行为者应被论为不是最先完成广告之行为者。从而在其后完成广告之行为者，仍可能因在其他人间，最先完成广告之行为而与广告人构成悬赏广告之契约关系。

广告人如善意给付报酬于最先通知，而非最先完成该行为之人。该给付系对于第三人之清偿。关于对于第三人之清偿在哪种情形始能生清偿之效力，“民法”第310条有一般的规定。依“民法”第164条第3项，广告人给付报酬之义务，即为消灭。亦即可生清偿效力。因该项规定之构成要件内容与第310条不尽相同，所以可谓其系关于第三人清偿效力之新增类型的规定。[①] 依该规定广告人对于最先通知，而非最先完成该行为之人给付报酬，虽可生清偿效力，消灭其给付报酬之义务，但并不因此而使最先通知者取得报酬请求权。最先通知者因受领而取得之利益构成不当得利，应返还于最先完成该行为之人。问题是在实务上如何证明谁是最先完成该行为之人？这里所消灭者系“给付报酬之义务”，而非因悬赏广告及完成该广告之行为而发生之悬赏广告之债的关系本身。盖如连同悬赏广告之债的关系亦归于消灭，则因该悬赏广告所作之任何给付将因欠缺法律上原因而构成不当得利。这是“民法”第309条关于清偿之效力的规定，一般容易引起的误解。

在修正前，第164条第2项规定“数人同时或先后完成前项行为时，如广告人对于最先通知者已为报酬之给付，其给付报酬之义务，即为消灭”。该项并未明定究竟是最先完成者或是最先通知者取得报酬请求权。只是因其规定“对于最先通知者已为报酬之给付，其给付报酬之义务，即为消灭”，乃引起疑问：如对

---

① “民法”第164条第3项之规定的道理固类似于向债权之准占有人为清偿(“民法”第310条第2款)，但不尽相同。盖在这种情形，没有构成债权之准占有所必需之表见事实(占有表征无体债权之文件)。按无体财产必须先利用文件将之有体化始能对之占有。因其非对于权利本体占有，所以称之为准占有，以与对于权利本体之占有相区别。关于准占有，“民法”第966条第1项虽就其占有人定义为：“财产权，不因物之占有而成立者，行使其财产权之人，为准占有人。”但该定义并不准确，从而也不合理。妥当的定义应是：“财产权，不因物之占有而成立者，得以占有表征该财产之文件准占有之。基于该文件之准占有而行使其财产权之人，为准占有人。”在此所以称对于无体财产权(含债权)之占有为准占有，乃相对于有体物之占有，而非相对于有权占有而言。是故，准占有人非必为无权占有人。如其为无权占有人，自无权占有人取得权利或向其清偿债务者，必须是善意，始依信赖保护之相关规定受保护，例如动产所有权或质权之善意取得(“民法”第801条、第886条、第948条)或债务之善意清偿(“民法”第310条第2款)。纵为有权占有，但占有人越权处分占有物者，亦同。盖越权处分为无权处分，原则上应经权利人承认使生效力；因无权处分而受利益之转让者，如为善意，才依善意取得的规定，例外的取得受让之利益。

于后通知，但先完成者，给付报酬，能否消灭其给付报酬之义务？依该项规范意旨，终其究竟应该只有最先通知者才有报酬请求权；除非最先通知者抛弃其请求权，其他完成行为者依第1项所取得之报酬请求权，不但都有再消灭之可能，广告人如对其为清偿之给付，还是不能免除广告人对于最先通知者之给付义务。然由于第1项规定广告人“对于完成该行为之人，负给付报酬之义务”，所以只要广告人尚未对于最先通知者为给付，其他完成广告之行为者还是可以对于广告人请求给付报酬，其不因请求而为给付，一样会构成债务不履行；而如为履行，却会造成重复履行或后来再依不当得利之规定请求返还的不利或费用。悬赏广告之履行上的困扰于焉发生。

解析该困扰之所以发生在修正前：就报酬请求权人之认定的规定，“民法”第164条犹疑于“最先通知人”与“一切完成行为者”之间，没有对于非最先通知之完成行为者的报酬请求权作出明确的规定。

按在决定只课广告人以一次之报酬给付义务的前提下，如要将该请求权优先赋予最先通知者，且保留其他完成行为者之候补请求的机会，则应将其请求顺位的问题及解决方法规定清楚。为此目的第164条可规定为：“数人同时或先后完成前项行为时，由最先对于广告人或悬赏广告指定之人为通知者取得报酬请求权。最先通知者抛弃其报酬请求权时，该请求权视为自始由其他完成广告之行为者按其通知之先后依序递补。经其他完成广告之行为者定相当期限催告最先通知者行使其报酬请求权，而最先通知者逾期未为行使时，视为抛弃其给付报酬请求权。”不过，依目前该条第2项之规定，只有最先完成广告之行为者，能取得报酬请求权。不能以该条第1项为依据，认为在最先完成者放弃其报酬请求权时，尚可依序由完成在后者候补的取得报酬请求权。

为解决报酬请求权之归属的问题，本次债编修正将原第164条第2项修正为：“数人先后完成前项行为时，由最先完成该行为之人，取得报酬请求权；数人共同或同时分别完成行为时，由行为人共同取得报酬请求权。”较之原来的规定，这是比较进步的规定。配合第2项，增订第3项、第4项规定：“前项情形，广告人善意给付报酬于最先通知之人时，其给付报酬之义务，即为消灭(第三项)。前三项规定，于不知有广告而完成广告所定行为之人，准用之(第四项)。”该修正规定除以“完成广告行为”为决定报酬请求权之归属的唯一依据，不再兼顾“最先通知”的因素外，还规定“数人共同或同时分别完成行为时，由行为人共同取得报酬请求权”。

自悬赏广告的意旨在于对于完成广告行为者给付报酬以为奖赏而论，单以“完成广告行为”，而不兼顾“最先通知”作为报酬请求权之归属的依据，固言之成理，但舍明确之完成的通知，而以完成广告行为之意思实现，为承诺的方法，不但与本次将悬赏广告的性质修为契约说的观点不尽契合，而且忽略“通知”的因素，还容易引起“谁最先完成”之证明上的争议。或谓“最先通知”一样可能引起“谁最先通知”的疑义，但这与“谁最先完成”之争议相比，还是属于比较容易客观认定的争议。[①] 盖通知的记录容易简单明了在一个处所客观化，而完成及其时点如何证明并记录，因地点散置各处，其记录欲求其公正，原则上会比较费时、费事。是故，以“谁最先通知”决定报酬请求权之归属的交易成本应当较低。从而以“谁最先通知”作为归属依据，自经济的观点论应较妥当。该条第 3 项前述规定，虽可免除广告人善意给付报酬于最先通知之人时之责任，但对于第 2 项之更张引起之问题的补救不大，盖最先通知者与最先完成者间之不当得利的争议仍在。

三、完成广告行为所获致之成果的归属

在悬赏广告，相对人完成广告行为，可能获致一定之成果。当该成果具有经济利益，便延伸出该利益应如何归属的问题。如果完成广告之行为者，以悬赏广告为依据，对于广告人请求广告所载之报酬，其请求之表示，应解释为具有确认对于悬赏广告为承诺的意思。所以该成果应依悬赏广告中表示之意旨归属之。不能依悬赏广告中表示之意旨归属者，应归属于完成广告之行为者，以符悬赏之精神。盖既云悬赏，在利益之归属有疑义时，自应做有利于完成广告之行为者的解释。[②] 对此，第 164 条之一规定：“因完成前条之行为而可取得一定之权利者，其权利属于行为人。但广告另有声明者，不在此限。”唯是否依悬赏广告中之声明规范行为人与广告人关于该权利之归属的关系，最后还是应取决于行为人而

① 台湾地区赛鸽兴盛，奖金常以千万元计，其决胜负的标准便在于“谁家的鸽子先到”。其间因参赛的鸽子不同巢，所以其到达便以共同之第三地为准。这个安排之目的即在于解决最先完成一定行为之证明问题。核其机制与最先通知相当，可供参考。

② 该解释的原则与定型化契约之解释原则相当。例如“消费者保护法”第 11 条规定：“定型化契约条款如有疑义时，应为有利于消费者之解释。”

非广告人之意愿。[①] 如行为人不同意依广告内容定该成果之归属，应解释为：行为人拒绝与广告人成立悬赏广告之契约关系。

四、与其他规定的竞合关系

兹以遗失物之寻找的悬赏广告为例，与悬赏广告最可能发生竞合之规定有两个：无因管理的费用偿还、债务代偿及损害赔偿请求权（“民法”第 176 条）及拾得人之报酬请求权（“民法”第 803 条）。遗失物之寻找、照顾为失主之事务，当不待论。因此，就其寻获与寻获后之照顾，除本可成立无因管理外，遗失物之拾得依“民法”第 803 条还可构成一定之报酬请求权。鉴于一个人并无指挥他人以一定之内容与自己成立契约或法律行为之关系的权限，所以，前述规定间虽有竞合，但其竞合并不使悬赏广告之规定，自始当然排除无因管理及遗失物之拾得规定的适用。广告主之悬赏广告只是在前述法定请求权之外，提供拾得人另一个债之关系的选择可能性而已。这相当于一种选择之债，但非相当于请求权竞合

① 例如当采单独行为说，广告人将可单独决定因广告之行为而发生之权利或财产利益（专利权、专门技术或著作权）的归属。其不合理是显而易见的。对于这个问题即便修正后增订“民法”第 164 条之一规定：“因完成前条之行为而可取得一定之权利者，其权利属于行为人。但广告另有声明者，不在此限。”还是不顶妥当。依该条但书的规定，行为人对于该声明是否得为保留，及其保留之规范上意义为何，未尽明朗。倘采契约说，可将请求给付广告之报酬解释为承诺。在广告人有该条但书所定之声明，而行为人在通知并请求给付报酬时，知有该声明而不为保留者，其通知与请求之表示可解释为承诺，就广告之行为愿意依广告之内容与广告人成立契约关系。反之，其如为保留，则其表示应论为“将要约扩张、限制或为其他变更而承诺者，视为拒绝原要约”（“民法”第 160 条第 2 项）。广告人依广告所作之要约是否因此失其拘束力（“民法”第 155 条），并依该项规定进一步视为新要约，值得探讨。鉴于广告为一种对于不特定相对人不断发出之意思表示，所以纵使将行为人前述含有保留之通知解释为拒绝广告人之要约，相同内容之要约还是会马上递补上来。至于该含有保留之通知是否构成新要约，视其通知之内容是否含有确定、合法并可能之法效意思而定。

或请求权规范竞合。[①]

常见之悬赏广告之一为寻找遗失物，表示愿意对于拾得者致酬若干。如有人拾得遗失物，并通知广告人，拾得人即得依悬赏广告对于遗失人请求广告中所载之报酬。唯拾得人倘“通知其所有人”，并在“拾得后六个月内……将其物返还(遗失人)(第一项)……拾得人对于所有人，得请求其物价值十分之三之报酬(第二项)”(“民法”第803条)。此为拾得人之报酬请求权。悬赏广告之意定报酬请求权与拾得人之法定报酬请求权互相竞合，该意定报酬请求权并不优先于法定报酬请求权受适用，拾得人得择一行使。盖不论将悬赏广告关系之依据论为契约或单独行为，都必须等到拾得人同意依悬赏广告，而不依遗失物之规定定其报酬时，方始成立悬赏广告的关系。否则，关于相对人之权利或义务的规范即违反私法自治原则。同理，无因管理规定(“民法”第176条)之适用，亦然。

五、悬赏广告之撤销或撤回

关于悬赏广告之撤销，第165条原规定“预定报酬之广告，如于行为完成前撤销时，除广告人证明行为人不能完成其行为外，对于行为人因该广告善意所受之损害，应负赔偿之责。但以不超过预定报酬额为限。”本次债编修正除将撤销二字改为撤回外，并增列第2项：“广告定有完成行为之期间者，推定广告人抛弃其撤回权。”[②]

关于修正条文中所定撤回权之(理论)依据，其立法理由认为系在于“民法”第154条第1项但书所定“契约之要约人，因要约而受拘束。但要约……依其情形或事件之性质，可认当事人无受其拘束之意思者，不在此限”的情形，表意人得为撤回。此为关于悬赏广告改采契约说后所导出的看法。唯该修正条文所持

---

① 这种竞合状态，所以应认定为相当于一种选择之债的理由为，完成广告之行为者，固得自由选择到底依悬赏广告、无因管理或遗失物拾得人之报酬请求权对于广告主请求给付，但其一旦为选择，广告主与行为人之法律关系及因此固定于选择之关系[Esser, aaO. (Fn. 10), S. 71]。行为人只得依其选择之债请求给付，其他未经选择之债的关系，系因未被选上而消灭，而非因行为人选择之债的履行而在满足的限度内同归消灭。此种效力的相互关系，与请求权竞合及请求权规范竞合不同。互相竞合的债权，因债权人行使其一并受偿时，其他请求权在其受满足的限度内同归消灭，为请求权竞合在清偿效力上的特征。至于在请求权规范竞合的情形，只有一个有数个互相竞合之规范基础的请求权，其行使，无所谓在规范间选择的问题，而只有协调，以去除其间之冲突的问题。

② 德国民法第658条第2项规定：“该撤回权得在广告中抛弃之；在完成行为之期间的规定中，有疑义时认定为存在有该抛弃之表示。”台湾地区“民法”第165条第2项虽参考德国民法前述立法例定之，但作了一些改进，使其语意更为明了。

“悬赏广告系对于不特定人为要约，在行为人完成行为前，依本法第一百五十四条第一项但书规定，并无拘束力”的见解并不妥当。盖该条但书所定之要约并非无拘束力，而是其拘束力因保留而受到限制。保留要约在依“民法”第 95 条第 1 项到达生效后，尚得撤回。此为第 154 条第 1 项但书所定之保留的重要态样之一。如果要约因保留撤回权，便无拘束力，则该要约即不再成其为要约，而只是要约诱引。鉴于要约人并无缔约义务，所以在撤回时，对于保留要约撤回权者课以信赖利益之赔偿责任，并不寻常，堪称针对悬赏广告之特殊规定。[①]

至于就悬赏广告之反悔，究应规定为得撤销或撤回，各有所本。关于悬赏广告关系之成立如采单独行为说，该悬赏广告的关系在广告时即已成立生效，因此使之再失效力的形成权以撤销为妥；[②]如采契约说，该悬赏广告的关系在广告时尚未成立生效，仅处于类似于要约后，承诺前的阶段，因此，从契约之缔结的观点论，使悬赏广告中所作之要约再失效力的形成权以撤回为妥。

六、关于优等悬赏广告之规范

优等悬赏广告为本次修正草案增订之规定。计有四条（第 165 条之一至之四）。其规定内容如下：

第 165 条之一规定：“以广告声明对完成一定之行为，于一定期间内为通知，而经评定为优等之人给予报酬者，为优等悬赏广告。广告人于评定完成时，负给

---

① 本条规定广告人于广告后，于广告之行为完成前，得不具理由随时撤销其悬赏广告。但“除广告人证明行为人不能完成其行为外，对于行为人”应负信赖利益之赔偿责任。此为明文规定以信赖责任形态表现出来之缔约上过失的态样。德国民法关于悬赏广告之撤回并无得请求信赖利益之赔偿的规定（第 658 条）。Esser 认为在悬赏广告之撤回“这里，犹如中介之撤回，不发生像信赖利益之损害赔偿请求权”（Esser，aaO.（Fn. 10），§ 138，2）。

② 如将悬赏广告关系之成立依据定性为单独行为，则广告行为之完成虽是其报酬请求权之停止条件，但广告行为在广告后还是即成立生效。此为后来其给付报酬义务之发展的基础。在停止条件成就时，广告人对于行为人始负给付报酬之义务。由于广告之行为的完成与所悬赏之报酬间并无给付与对待给付之关系，且对于广告人在有些情形不一定有个人利益，因此悬赏广告在一定程度带有无偿关系的特征，从而和赠与类似，接近于附停止条件之赠与。关于附条件之赠与与附负担之赠与，“最高法院”1995 年 3 月 3 日台上字第 482 号民事判决认为：“查附条件之赠与与附负担之赠与，并不相同，无论附停止条件或附解除条件之赠与，赠与契约均已成立，仅于条件成就时，使契约发生效力或失其效力而已；而附负担之赠与，乃使受赠人负担应为一定给付之债务，必受赠人，于赠与人已为给付后不履行其负担时，赠与人始得依‘民法’第四百十二条第一项之规定撤销赠与。”在悬赏广告，由于行为人必须先完成广告之行为始能取得报酬请求权，所以论其实际等于负先为给付之义务，此与附负担的赠与不同。在附负担的赠与，如前述“最高法院”判决要旨所示，赠与人原则上负先为给付之义务。

付报酬之义务。”[①]

第165条之二规定：“前条优等之评定，由广告中指定之人为之。广告未指定者，由广告人决定方法评定之(第一项)。依前项规定所为之评定，对于广告人及应征人有拘束力(第二项)。”[②]

第165条之三规定：“被评定为优等之人有数人同等时，除广告另有声明外，共同取得报酬请求权。”[③]

第165条之四规定：“第一百六十四条之一之规定，于优等悬赏广告准用之。”

在优等悬赏广告，行为人完成之广告行为尚须经广告人或其指定之人，依广告人决定之方法评定之，始能于评定完成时决定，广告人最后对谁负给付报酬之义务。关于优等悬赏广告是否可以从缺，广告人或其指定担任评定工作之人就其评定之结果所享有之判断或裁量权的行使及其评定之结果是否应受司法审查，法无明文规定。对此，原则上固应采否定的见解，但事业如将之引为不当的行销手段，并不排除其因不实广告或因不公平竞争而应负公平交易法所定之赔偿责任或行政责任(同法第21条、第24条)。

实务上事业常利用有奖征答之悬赏广告促进一般消费者对其商品或服务的认识。在这种广告中所出题目常常不难，因此，最后由于同一时段通知之答对者极众，不适合使所有答对的人共同取得报酬请求权。于是，延伸出以抽签的方法决定得奖人。其结果，事实上此种优等悬赏广告极易演变为抽奖广告。在这种情形，由于完成一定之广告行为的意味较低，其规范应偏向于适用关于赠奖广告的规定。

---

① 本条系参考德国民法第661条第1项所定。

② 本条系参考德国民法第661条第2项所定。

③ 本条系参考德国民法第661条第3项所定，唯略有不同。该项规定在这种情形准用第659条第2项之规定：“行为由数人同时完成者，该报酬由每人平均分受之。报酬因其性质不可分或依悬赏广告之内容仅一人可得报酬者，以抽签定之。”在数人同时分别完成行为时，台湾地区“民法修正草案”第164条第2项关于其共同取得报酬请求权之规定，与上述第165条之三规定的情形一样，对于其如何共同分享的问题未进一步加以规定。因此，必要时必须适用多数债权人之规定规范之：“数人……有同一债权，而其给付不可分者，除第二百九十三条之规定外，准用关于连带债务或连带债权之规定。”(第292条)，“给付不可分者，各债权人仅得为债权人全体请求给付，债务人亦仅得向债权人全体为给付(第一项)。除前项规定外，债权人中之一人与债务人间所生之事项，其利益或不利益，对他债权人不生效力(第二项)”(第293条)；“数人……有同一债权，而其给付可分者，除法律另有规定或契约另有订定外，应各平均分担或分受之；其给付本不可分而变为可分者，亦同”(“民法”第271条)。

第二节　不实广告者之告知义务或担保责任

一、问题缘起

广告不是要约，而仅是要约诱引，在契约之缔结上本无拘束双方的效力。所以，广告内容不实者，其不实本来不影响双方协议之契约内容。极其量只在其不实引起相对人陷于错误而为协议的情形，始容许相对人以受诈欺而为意思表示作理由，依"民法"第 92 条撤销其意思表示，并请求因此所受损害的赔偿("民法"第 113 条、第 114 条第 2 项、第 184 条)。[①] 然一方面鉴于相对人如要依该规定撤销意思表示，还必须证明广告主主观上有"相对人陷于错误……令其因错误而为意思之表示"的意图("最高法院"1929 年台上字第 371 号判例、"最高法院"1998 年台上字第 548 号民事判决)，客观上有积极之欺罔行为或在法律上、契纸上或交易之习惯上就某事项负有告知之义务，而不为告知("最高法院"1944 年台上字第 884 号判例)，以及相对人确因受诈欺陷于错误而为意思表示("最高法院"1998 年台上字第 1195 号民事判决)。另一方面鉴于广告之对象的大量性，以及消费者之资讯可能不足，"消费者保护法"第 22 条规定："企业经营者应确保广告内容之真实，其对消费者所负之义务不得低于广告之内容。"此为不实广告之广告主就其广告内容之真实性所负的担保责任。其意义与"民法"第 354 条第 2 项所定之品质保证及第 360 条所定，出卖人故意不告知物之瑕疵，或故意吹嘘事实上不存在之品质者，应负与品质保证相同之责任的规定类似。"最高法院"1988 年 4 月 19 日、1988 年第七次民事庭会议决议，对于嗣后瑕疵虽认为："出卖人就

① "1974 年 4 月 9 日本院 1974 年第二次民庭庭推总会议议案之决议(中)所谓'因受诈欺而为之买卖，在经依法撤销前，并非无效之法律行为，出卖人交付货物而获有请求给付价金之债权，如其财产总额并未因此减少，即无受损害之可言，即不能主张买受人成立侵权行为而对之请求损害赔偿……'。旨在阐明侵权行为以实际受有损害为其成立要件。非谓类此事件，在经依法撤销前，当事人纵已受有实际损害，亦不得依侵权行为法则请求损害赔偿。"("最高法院"1978 年 11 月 14 日、1978 年第十三次民事庭庭推总会议决议)是故，"因被诈欺而订立买卖契约，受诈欺之当事人固得于'民法'第九十三条所定一年之除斥期间行使撤销权，设该诈欺行为已具备侵权行为之成立要件，纵令受诈欺之当事人未于法定除斥期间内为撤销权之行使，仍非不得依据侵权行为之法则请求损害赔偿"("最高法院"1991 年台上字第 289 号民事判决)。该判解之意旨为：在双务契约，否定因诈欺而缔结之契约之对价关系的正确性。

其交付之买卖标的物有应负担保责任之瑕疵，而其瑕疵系契约成立后始发生，且因可归责于出卖人之事由所致者，则出卖人除负物之瑕疵担责任外，同时构成不完全给付之债务不履行责任……出卖人应负不完全给付之债务不履行责任者，买受人得类推适用‘民法’第二百二十六条第二项规定请求损害赔偿；或类推适用给付迟延之法则，请求补正或赔偿损害，并有‘民法’第二百六十四条规定之适用。”亦即物之瑕疵因可归责于出卖人之事由所致者，出卖人始应负不完全给付之债务不履行责任，然在不实广告殊难想象，有非因可归责于出卖人之事由而为的情事。不过，“最高法院”在该院 2004 年台上字第 695 号民事判决认为：不实广告者“除在法律上、契约上或交易之习惯上就某事项负有告知之义务外，其缄默并无违法性，即与本条项（按：‘民法’第九十二条）之所谓诈欺不合。”因此，有对于不实广告者之告知义务或担保责任加以探讨的价值。

二、“最高法院”2004 年台上字第 695 号民事判决

（一）双方当事人的主张

本件被上诉人主张：上诉人于 1999 年 10 月 26 日买受伊等投资、已完成兴建之渴望村十四之三 D1 号房屋及土地（下称系争房地），分别与伊等即龙振国际股份有限公司（下称龙振公司）及龙显国际股份有限公司（下称龙显公司）订有房屋、土地买卖契约书，约定房屋总价新台币（下同）483 万元，土地总价 333 万元。上诉人已于 1999 年 12 月 7 日迁入系争房地，并由伊等于同月 20 日办毕所有权移转登记，唯上诉人尚积欠龙振公司房屋价金 399 万元（含完税款 32 万元、银行贷款 362 万元、交屋款 5 万元），积欠龙显公司土地价金 275 万元（含完税款 20 万元、银行贷款 250 万元、交屋款 5 万元），迭经催讨，迄未给付。爰依“民法”第 345 条、第 250 条之规定及房屋买卖契约第 4 条第 3 项、土地买卖契约第 3 条第 3 项之约定，求为命上诉人给付龙振公司 399 万元及自 1999 年 12 月 21 日起按年息 5％计算利息暨自 1999 年 12 月 21 日起按日以 399 元计付违约金，给付龙显公司 275 万元及自 1999 年 12 月 21 日起按年息 5％计算利息暨自 1999 年 12 月 21 日起按日以 275 元计付违约金之判决[被上诉人超过 1999 年 12 月 21 日起算之利息及违约金超过自 1999 年 12 月 21 日起按日以 399 元（龙振公司部分）、275 元（龙显公司部分）计算等部分，业经原审驳回其在第一审之诉确定]。

上诉人则以：被上诉人销售系争房屋时，以不实广告标榜“拥有‘国内’第一座社区资讯高速公路”、“全区铺设高速光纤骨干”、“园区内将规划 CII 网络，住户可声请连线以享有 ISDN 及多媒体网络服务，连接厂区、工作室与各项公共设

施，真正达到国际网络化之现代 CII 社区”，并经其销售人员再三说明，伊受被上诉人之诈欺，信以为真，始与之签约购买系争房地。迨交屋后，伊发现被上诉人未履行上述义务，且房屋有诸多瑕疵，经伊催告，被上诉人迄未补正，伊已于 2000 年 12 月 5 日解除系争买卖契约，并于 2001 年 1 月 11 日另以书状缮本之送达撤销伊受诈欺而买受之意思表示，被上诉人再本于系争房地买卖契约请求给付价金之本息及违约金，即属无理；况被上诉人未为对待给付，伊亦得行使同时履行抗辩权而拒绝给付等语，资为抗辩。

(二)原审法院的认定与见解

原审斟酌全辩论意旨及调查证据之结果，以：被上诉人销售系争房地时，确曾于销售现场置放载有“全区铺设高速光纤骨干”等内容之广告文宣，而其销售人员未特别说明不包括系争房地在内，依“消费者保护法”第 22 条、“消费者保护法施行细则”第 23 条规定，该广告内容虽应认为系属两造契约之内容。且上诉人及其他非被上诉人之员工，买受包括系争房地在内之价格，均高于被上诉人员工自力造屋价二至三成至一两倍不等，其利润明显高于财政部同业利润标准有关营造业之净利率，就该高于利润之价格，即属所谓“网络社区”之对价。而被上诉人迄未铺设光纤骨干，为其所不争，固亦足以认定系争房地确有瑕疵。

唯一般人购买房屋系以居住为主要目的，光纤网络仅属房屋之附加价值，被上诉人未予铺设，应不影响建物本身之效用，显见系争房地价值或通常效用之减少，尚非重大，依“民法”第 359 条规定，上诉人仅得请求减少价金，其据以解除契约，显失公平。况该瑕疵于两造买卖契约成立前即已存在，被上诉人尚不负不完全给付之债务不履行责任，上诉人径为解除契约之意思表示，亦乏依据。

再者，“民法”第 92 条第 1 项所谓诈欺，系欲相对人陷于错误，故意示以不实之事，令其因错误而为意思之表示而言(本院 1929 年台上字第 371 号、1967 年台上字第 3380 号判例)。被上诉人就与系争房地同时销售之渴望村三期房屋，已着手架构光纤骨干，其销售人员于上诉人买受时，既均未保证属于二期房屋之系争房地亦有此网络设施，即难谓有何诈欺行为，上诉人撤销买受之意思表示，自非有据。

查上诉人已迁入系争房地，并由被上诉人办毕所有权移转登记于上诉人，依两造买卖契约之约定，被上诉人即得请求上诉人给付全部未付之价款 399 万元、275 万元及自系争房地所有权移转登记翌日(1999 年 12 月 21 日)起之法定迟延利息。

依现行“民法”规定，被上诉人就系争房地于订立买卖契约前已存在之瑕疵，原不负修补之义务，上诉人所为于被上诉人除去物之瑕疵前，其得拒绝给付价金之同时履行抗辩，即非有理。

至于被上诉人请求之违约金部分，依两造间之买卖契约，原约定上诉人如未依限缴清买卖价金，每逾一日应加付按逾期款1‰计算之惩罚性违约金予被上诉人，然斟酌目前银行放款利率不高，被上诉人已得请求法定迟延利息以弥补所受租金及利息损害之一部，该惩罚性违约金之约定尚嫌过高，应减至自1999年12月21日起按日以未付价款1‰计算为适当。为原审心证之所由得，并说明两造其余攻击防御方法不予逐一论述之理由，因而就上诉人应给付龙振公司399万元及自1999年12月21日起按年息5%计算利息暨按日以未付价款1‰即每日以399元计算惩罚性违约金，给付龙显公司275万元及自1999年12月21日起按年息5%计算利息暨按日以未付价款1‰即每日以275元计算惩罚性违约金等部分，维持第一审所为被上诉人胜诉之判决，驳回上诉人之上诉，经核于法洵无违误。

(三)“最高法院”的见解

按物之出卖人就买卖标的之给付有瑕疵，致买受人之履行利益未能获得满足，而无加害给付(即因给付有瑕疵或不完全，致买受人之固有利益受有损害)之情形，由于“民法”第354条以下已就出卖人所负物之瑕疵担保责任为特别规定，原则上自应优先于“民法”第227条关于债务不履行之一般规定而为适用。倘该瑕疵系于契约成立后始发生，且可归责于出卖人之事由所致者，始例外承认出卖人应同时负不完全给付之债务不履行责任。

本件上诉人买受已完成兴建之系争房地时，并未铺设光纤骨干，为原审合法认定之事实，则该因广告而成为两造买卖契约内容一部之“全区铺设高速光纤骨干”之瑕疵，于契约成立时即已存在，揆诸首揭说明，原审认定上诉人不得依不完全给付之相关规定，解除系争房地买卖契约，并无可议。上诉人所称该瑕疵系于契约成立后始存在，其可依债务不履行之规定解除系争房地买卖契约云云，尚有误会。

次按“民法”第92条第1项所谓诈欺，虽不以积极之欺罔行为为限，然单纯之缄默，除在法律上、契约上或交易之习惯上就某事项负有告知之义务外，其缄默并无违法性，即与本条项之所谓诈欺不合(本院1944年上字第884号判例)。

系争房地属渴望村第二期，仅因与渴望村第三期房屋同时销售，致置放于销售地点之广告亦成为两造间之契约内容，虽经原审所认定，但该光纤骨干之铺设，原非两造约定之买卖契约内容，上诉人遽依“消费者保护法”第22条有关企业经营者对于广告应负责任之规定，即谓被上诉人负有告知光纤骨干并未铺设之义务而指其应负诈欺之责，亦非有据。

上诉论旨，徒执前词就原审取舍证据、认定事实之职权行使及原判决赘述之理由，指摘原判决于其不利部分为不当，声明废弃，非有理由。

三、事实要略

甲在同一地点销售其已兴建完成之第二期，以及正兴建中之第三期房地，并在“销售现场置放载有‘全区铺设高速光纤骨干’等内容之广告文宣”，而其销售人员并未对于前来洽买者乙特别说明，第二期房地并不包括在铺设高速光纤骨干区域内。乙在甲交屋并办理房地所有权登记后，发现该情事，对甲拒绝给付余款。于是，甲除对乙请求给付余款外，并以乙迟延给付为理由，请求给付按法定利率计算之法定迟延利息及每逾一日按逾期款1‰计算之惩罚性违约金。该案包含几个值得探讨的问题：

(1)全区铺设高速光纤骨干之于房地是成分、从物或独立之物？

(2)“全区铺设高速光纤骨干”等内容之广告文宣，是否含第二区？如含第二区是否即构成不实广告？

(3)广告主从事足以引人错误之不实广告后，对于交易相对人有无告知义务，以防止其陷于错误而为意思表示？广告主如果沉默是否构成诈欺？广告主就其广告内容之真实性是否应负担保责任？

(4)广告之效力为何？其内容与契约内容之关系为何？出卖人给付之买卖标的物与广告内容不符时，系契约一部债务不履行或一部或全部给付有物之瑕疵？不实广告之于已完成之房屋系故意不告知瑕疵，或故意吹嘘事实上不存在之品质？之于未完成之房屋系债务不履行？(类似于最低保护之强行规定)

(5)不实广告与诈欺、物之瑕疵担保是否竞合？其竞合之效力为何？(构成要件之异同为何？法律效力之异同为何？其延伸的影响为：是否构成诈欺？可否选择以受诈欺为理由撤销其意思表示、依不实广告之内容请求给付或主张物之瑕疵担保责任含解除契约、请求减少价金或请求不履行之损害赔偿)

(6)买卖双方因物之瑕疵引起争议，而就其善后方法尚未获得协议时，买受人得否暂时拒绝给付价金？其如径为拒绝给付，就因此迟延给付之价金除迟延利息外，出卖人是否尚得请求加付惩罚性违约金？

(7)系争房地之买卖之不实广告如系由中介公司为之时，是否仍有消费者保护法之适用？

参考法条：

“民法”第92条、第93条、第354条、第355条、第359条、第360条；“消费者保护法”第22条；“公平交易法”第21条、第31条、第32条。

四、评释

(一)高速光纤骨干是房地的成分、从物或独立之物

全区铺设高速光纤骨干之于房地是成分、从物或独立之物?

光纤系统与其所联结之房地的关系究竟为何?成分、从物或独立之物?这首先应从内线与外线论之。[①] 外线部分应论为房地之外部的基础设施。虽不是房地本身,但却是属于足以影响房地用益效用之环境因素,从而也影响其交易价格。这适用于供水系统、供气系统、供电系统、电信系统、光纤系统及道路系统等。一个地区如果无水、瓦斯、电、通信及道路等基础建设,将难以为现代的利用。除此而外,邻近公园、学校、机关学校对于房地之用益效用也常有重大影响。

---

① 在供应之水、瓦斯、电力或电信之管路或线路系统,都有一个内外的界接点,用以划分商品供应者及用户关于管线之兴建、归属及维护的责任(责任分界点)(请参考“电信法”第38条之一)。在该点以内者称为内线,以外者称为外线。原则上其铺设费用及产权的归属亦以该点划分之。内线属于各该建筑物之所有权人,外线属于供应该等商品之公用事业。按“动产附合于不动产,而归不动产所有人取得动产所有权者,须以动产因附合而成为不动产之重要成分为要件,所谓成为不动产之重要成分,系指此种结合具有固定性、继续性,而未成为另一独立之定着物而言”(“最高法院”1997年台上字第723号民事判决)。从内线与其所附合之不动产的固定性、继续性及从属性观之,这些管线在装置后当即构成其所附合之不动产的成分(“民法”第811条)。反之,成为另一独立之定着物者,虽继续附着于土地,仍不成为不动产之重要成分。例如“轻便轨道,除系临时铺设者外,凡继续附着于土地,而达其一定经济上之目的者,应认为不动产”(“司法院”大法官会议释字第93号解释)。同理,外线纵使穿梭于地下并具有固定性与继续性,但因其成为另一独立之定着物,所以应论为独立于其所穿梭之土地的定着物。既非该土地之成分,亦非其从物。可独立为物权之客体。外线与其界接内线所属之建筑物的关系为其基础建设。虽足以影响该建筑物之用益效用,但原则上与之并无主、从物的关系。然因其足以影响该建筑物之用益效用,所以在该建筑物之买卖、用益或担保契约的缔结上,如以之为内容,则虽不以之为给付义务之内容,但可能约定为契约效力之条件、契约之解除事由,或甚至约定由当事人之一方就该契约基础之存续负担保责任。另纵不以之为约定内容,通常亦以之为缔约基础。该缔约基础如自始不存在或事后丧失,皆可能构成对价关系或契约存续的调整事由(Esser/Schmidt, Schuldrecht Band Ⅰ, Allgemeiner Teil Teilband 2, 8. Aufl., Heidelberg 2000, § 24 Ⅰ)。按缔约基础不存在或丧失的理论原在于处理双方就其不存在或丧失所引起的风险,所以,在双方已有约定的情形,其风险应依其约定归属之。其约定内容系依法律之强行规定(例如“消费者保护法”第22条),而非依当事人事实上之合意者,亦然。关于动产附合于不动产的问题,请参考黄茂荣:《附合或分离对所有权之归属的影响》,收录于《民事法判解评释》,植根法学丛书编辑室1986年11月增订版,第25页以下。

至于内线，应论为房地之成分，而非仅是从物。其理由为：不但为将管线装置于特定建筑物所费不赀，而且于装置后，如再将其拆除，分离所得材料已成废弃物，不再值钱。是故，内线应备而不备之欠缺属于应有之成分的欠缺，足以减少其所属之物的价值与效用，构成瑕疵（“民法”第354条）；而外线应备而不备之欠缺属于基础建设之落后。其与具体契约之关系为缔约基础之欠缺的问题。该缔约基础未经约定或法定为契约内容者，其欠缺之影响：轻者，应利用对价关系之调整恢复其给付与对待给付之对等性；重者，当事人得解除或终止契约。在当事人之一方明知缔约基础有欠缺的情形，应让其相对人有权选择利用调整对价关系或终结契约关系的方法善后。经约定或法定为契约内容者，应按契约内容规范与之有关之风险的分担。该风险之负担是否因所费过巨，而应论为经济不能，这是契约解释的问题。唯其所以构成契约内容系基于像“消费者保护法”第22条关于广告内容之真实的法定担保规定者，纵使论为经济不能，亦应论为系因可归责于广告主之事由。广告主就该不能所致消费者之履行利益上的损害，应负赔偿责任。不得依“民法”第359条但书主张，买受人仅得请求减少价金。

要之，全区铺设高速光纤骨干时，该光纤骨干之于房地是成分、从物或独立之物？必须分就内线及外线立论。必须是其成分的部分，始有因其欠缺而引起瑕疵的问题可言。如为其从物或甚至独立之物，则该高速光纤骨干之于房地的关系，有若数物的买卖关系。该契约不仅就房屋与其基地系数物的买卖，而且该高速光纤骨干亦然。此为契约之联立。联立之契约的效力相互的影响或依赖性为何，应依交易习惯，视具体情况认定之。鉴于高速光纤骨干不是单一住户能够个别建设，必须整个区域集体为之，始有意义。而这当中，以在一个地区成批兴建房屋销售之建商最容易达成整合的工作。是故，在房屋之销售，建商声称其房屋将有高速光纤骨干到府，通常能够提高其商品屋的价格，促进其销售。因此，高速光纤骨干到府之房屋的销售，纵使将高速光纤骨干之外线部分论为非房屋买卖之标的，而仅是其缔约基础，将内线部分论为房屋之成分，该高速光纤骨干系统之架设皆应认为与房屋之买卖有不可分离的关系。其内线部分有欠缺者，论为房地买卖契约全部有瑕疵，买受人得解除全部契约（“民法”第363条第2

项)。其外线部不履行者,应视为全部不履行,买受人得解除全部契约。[①] 唯其若不解除全部契约,则只能按部分不履行请求按比例减少价金。至于损害赔偿,当按实际所受损害请求赔偿。

(二)广告内容之解释

该"全区铺设高速光纤骨干"等内容之广告文宣,是否含第二期?如含第二期是否即构成不实广告?这属于广告内容之解释问题。

兴建房屋出卖者,就其推出之房地习惯上虽有期别之分,但与工业产品之产品名不同,不具有产品规格之表示方法的讯息意义。是故,各期房屋应具备之品质为何,原则上仍应按买卖双方就个别买卖标的物所作之意思表示及其协议之内容定之。

本件系争产品之规格争议为:该房地坐落之区域是否应有"全区铺设高速光纤骨干"。就此,因为甲方无积极之意思表示,双方亦无协议,所以,如从契约法之一般规定立论,应认为"全区铺设高速光纤骨干"并不构成系争标的之约定的品质项目。唯因甲在"销售现场置放载有'全区铺设高速光纤骨干'等内容之广告文宣",而其销售人员并未对于前来洽买之乙特别说明,第二期房地并不包括在铺设高速光纤骨干区域内。于是,引起甲之所为是否构成不实广告,而应依"消费者保护法"第22条、"公平交易法"第21条负责的问题。该广告内容中虽仅内线部分属于房屋的成分,属于约定之给付的内容,而与外线有关部分,则否。但因外线部分与买卖标的物之效用有密切关系,足以影响可能的交易相对人关

---

① 一部给付不能者,若其他部分之履行,于债权人无利益时,债权人得拒绝该部之给付,其系因可归责于债务人之事由,致给付不能者,债权人并得请求全部不履行之损害赔偿("民法"第226条第2项)。另"租赁关系存续中,因不可归责于承租人之事由,致租赁物之一部灭失者,承租人得按灭失之部分,请求减少租金(第一项)。前项情形,承租人就其存余部分不能达租赁之目的者,得终止契约(第二项)"("民法"第435条)。因为"债务人无为一部清偿之权利",所以除非法院斟酌债务人之境况,许其于无甚害于债权人利益之相当期限内,分期给付,或缓期清偿("民法"第318条)。否则,债务人一部迟延即构成全部迟延。但本为分期给付者,不当然因一期迟延,即可认为全部迟延。盖就各期给付,债务人原则上分别享有期限利益。但"法院许为分期给付者,债务人一期迟延给付时,债权人得请求全部清偿"(民法债编第318条)。这是因为各期给付原来皆已届清偿期,只是因为法院之介入给予宽限,始未届清偿期。类似的情形为"民法"第389条规定:"分期付价之买卖,如约定买受人有迟延时,出卖人得即请求支付全部价金者,除买受人迟付之价额已达全部价金五分之一外,出卖人仍不得请求支付全部价金。"这是因为就价金债务之清偿,分期付款的约定具有宽限的性质。唯鉴于分期付价买卖之价金原则上会高于现金买卖,亦即其宽限系有对价的。是故,在第389条所定情形,出卖人因债务人给付迟延而提前请求支付全部价金者,应扣除利息差额方为合理。

于是否购买的决意及其价金，所以，应采肯定的见解。

（三）不实广告后之告知义务与沉默性诈欺

广告主从事足以引人错误之不实广告后，对于交易相对人有无告知义务，以防止其陷于错误而为意思表示？广告主如果沉默是否构成诈欺？

“民法”第 92 条第 1 项所谓诈欺，“系谓欲相对人陷于错误，故意示以不实之事，令其因错误而为意思之表示”（“最高法院”1929 年上字第 371 号判例）。“倘其主观上并无诈欺之意思，纵相对人之意思表示有错误，仍不能遽认系属诈欺之行为。”（“最高法院”1998 年度台上字第 548 号民事判决）此为诈欺在诈欺人方之主观要件。诈欺“虽不以积极之欺罔行为为限，然单纯之缄默，除在法律上、契纸上或交易之习惯上就某事项负有告知之义务者外，其缄默并无违法性即与本条项之所谓诈欺不合”（“最高法院”1944 年上字第 884 号判例、相同见解见“最高法院”1995 年度台上字第 1619 号民事判决）。此为诈欺在诈欺人方之客观要件。“因被诈欺而订立买卖契约，受诈欺之当事人固得于‘民法’第九十三条所定一年之除斥期间行使撤销权，设该诈欺行为已具备侵权行为之成立要件，纵令受诈欺之当事人未于法定除斥期间内为撤销权之行使，仍非不得依据侵权行为之法则请求损害赔偿。”（“最高法院”1991 年度台上字第 289 号民事判决）[①]故“因被诈欺而为负担债务之意思表示……得于‘民法’第九十三条所定之期间内撤销其负担债务之意思表示，使其债务归于消灭，或于同法第一百九十七条第一项所定之时效未完成前，本于侵权行为之损害赔偿请求权，请求废止加害人之债权，但被害人于其撤销权因经过除斥期间而消灭，并对于债权之废止请求权消灭时效业已完成时，依同法第一百九十八条之规定，仍得拒绝履行”（“最高法院”1957 年度台上字第 1228 八号民事判决）。“唯主张被诈欺而为表示之当事人，应就此项事实负举证之责任。”（“最高法院”1995 年台上字第 75 号判例）

衡诸上述判决意旨，不实广告本身是否即为诈欺行为，或是广告主必须在广

① “‘保险法’第六十四条所谓对于书面询问之故意隐匿，乃消极以不作为隐瞒实情，所谓为不实之说明，乃积极以作为虚构事实，均足使保险人陷于错误而为承保，亦即足以导致保险人被诈欺而为承保之意思表示，故应认此法条乃保险契约中关于因诈欺而为意思表示之特别规定，应排除‘民法’第九十二条规定之适用。于要保人有此故意隐匿及为不实之说明之情形，致保险人为承保时应适用‘保险法’第六十四条解除契约之规定，而不再适用‘民法’第九十二条撤销意思表示之规定。盖若谓此种情形，保险人于契约解除权行使之除斥期间经过后，仍得依‘民法’第九十二条规定行使撤销权，将使‘保险法’第六十四条第二项对契约解除权行使之限制（除斥期间）之规定形同具文，显非所宜。”（“最高法院”1997 年台上字第 2113 号民事判例）

告后，未尽告知义务而致相对人陷于错误时，其沉默始构成诈欺？应当认为，不实广告本身已是诈欺的表示行为。至广告主在广告后，利用告知来防止相对人陷于错误者，其告知应论为防止相对人因其诈欺而陷于错误之中止诈欺的行为。其中止之努力见效者，不构成诈欺；无效果者，仍不失其为诈欺。这与是否因不实广告而课广告主以告知义务无涉。[①] 在不实广告的情形，鉴于其相对人之大量性，可能引起之危害极大，如再拘泥于相对人是否陷于错误之个别情况，不但自相对人全体及执法机关观之，其交易或执法成本皆恐不生负荷，而且亦容易诱启广告主从事不实广告的契机。这对于正当交易秩序的建立与维持极其不利。因此，诚如"消费者保护法"第22条之规定所示，就广告内容之真实，应一概课广告主以担保责任：[②]对于消费者所负之义务不得低于广告之内容。

是故，在买卖，当诈欺与物之瑕疵担保竞合，其物之瑕疵担保责任的态样应论为：出卖人故意不告知物之瑕疵或故意吹嘘事实上不存在之品质。在这种情形，买受人如不依诈欺的规定，撤销其意思表示，他得不解除契约或请求减少价金，而请求不履行之损害赔偿（履行利益）（"民法"第360条）。此外，在出卖人赔

---

① 所谓因告知义务之违反而为沉默性之诈欺者，以未为不实之表示诈欺在先者为限。例如缔约人违反忠实回答的义务（"民法"第245条之一第1项第1款：就订约有重要关系之事项，对他方之询问，恶意隐匿或为不实之说明者）、故意不告知瑕疵（"民法"第355条、第357条、第360条、第365条、第366条、第411条、第466条、第476条）。但也不是只要有告知义务之违反即当然论为诈欺，尚须视具体情形有无故意使相对人陷于错误，从而与自己或他人缔结契约而定。例如承揽人未告知定作人，其提供之材料有瑕疵或其指示不当（"民法"第496条、第509条），托运人之告知义务（"民法"第631条），居间人之告知义务、被保险人之告知义务、医师违反对于病人之说明义务（"医疗法"第65条关于组织检体或手术切取结果之告知义务，第79条关于施行人体试验对于接受试验者在同意前之先行告知义务，第81条关于医疗机构诊治病人时告知其病情、治疗方针、处置、用药、预后情形及可能之不良反应的义务），企业经营者关于邮购买卖或访问买卖之告知义务（"消费者保护法"第18条），企业经营者关于商品或服务之危害的警告标示义务（"消费者保护法"第7条第2项）。

② "消费者保护法"第22条之规定的内容为关于"广告内容之真实"的确保。而所谓确保，当指担保而言。然"最高法院"2004年台上字第695号民事判决所引原审判决之下述理由称："该广告内容虽应认为系属两造契约之内容。且……其……价格，均高于被上诉人员工自力造屋价二三成至一二倍不等……该高于利润之价格，即属所谓'网络社区'之对价。而被上诉人迄未铺设光纤骨干，为其所不争，固亦足以认定系争房地确有瑕疵……（然）其销售人员于上诉人买受时，既均未保证属于二期房屋之系争房地亦有此网络设施，即难谓有何诈欺行为……"自该理由观之，以确保替代担保，确有不妥。何况，同条后段规定，广告主"对消费者所负之义务不得低于广告之内容"。此为约定之给付或其落空时之履行利益的保障规定。请求减少价金所保护之利益与之并不相当。与之相当者为"民法"第360条所定"不履行之损害赔偿"。

偿前得行使同时履行抗辩权，拒绝给付价金（“最高法院”1988 年 4 月 19 日、1988 年度第七次民事庭会议决议）。

（四）不实广告之担保责任

广告之效力为何？其内容与契约内容之关系为何？出卖人给付之买卖标的物与广告内容不符时，系契约一部债务不履行或一部或全部给付有物之瑕疵？不实广告之于已完成之房屋系故意不告知瑕疵，或故意吹嘘事实上不存在之品质？之于未完成之房屋系债务不履行？（类似于最低保护之强行规定）

当“全区铺设高速光纤骨干”构成广告之内容，企业经营者甲应确保关于“全区铺设高速光纤骨干”之广告内容的真实，其对消费者所负之义务不得低于该广告的内容。换言之，纵使甲乙双方就“全区铺设高速光纤骨干”并无明示之约定，“全区铺设高速光纤骨干”亦构成契约内容的一部分。其所以成为契约内容的机制，来自于‘消费者保护法’第 22 条的法定效力，而非来自于双方之协议。这与不实广告之内容是否曾为要约之内容无关。[①] 这时纵使广告主否认其有受广告

① “最高法院”2002 年台上字第 1387 号民事判决：“按 1994 年 1 月 11 日公布施行之“消费者保护法”第 22 条明定企业经营者应确保广告内容之真实，其对于消费者所负之义务不得低于广告内容。是企业经营者与消费者间所订定之契约，虽未就广告内容而为约定，唯消费者如信赖该广告内容，并依企业经营者提供之讯息进而与之签订契约时，企业经营者所负之契约责任自应及于该广告内容。”该号判决认为“消费者保护法”第 22 条之适用，以消费者信赖该广告内容，并依企业经营者提供之讯息进而与之签订契约为要件。因此，衍生出谁就该信赖之有无负举证责任的问题。按登广告者，当期待看广告者相信其广告之内容为真，所以应认为广告主如主张消费者非基于信赖该广告内容而与其缔约，就其主张应负举证责任。唯后来“最高法院”2003 年度台上字第 2694 号民事判决又称：“签订契约时倘双方已就广告内容另为斟酌、约定，或企业经营者并未再据原属‘要约引诱’之广告为订约之说明、洽谈，使之成为具体之‘要约’，纵其广告之内容不实，应受‘消费者保护法’或‘公平交易法’之规范，自难径谓该广告为要约或已当然成为契约之一部。”该号判决所持见解显然已限缩了“消费者保护法”第 22 条之适用范围。特别是其认为，只要“企业经营者并未再据原属‘要约引诱’之广告为订约之说明、洽谈……自难径谓该广告为要约或已当然成为契约之一部。”最为不妥。可以接受的应当仅止于：企业经营者在洽谈开始时即已明白指出其不愿受系争广告之内容的拘束者，该广告之内容不构成该契约之内容。“最高法院”2003 年台上字第 2240 号民事判决更进一步认为：“观之系争契约第二十条，似已就契约‘附件’之内容详为约定。果尔，上诉人制作之实景海报、白云山庄简介等广告，倘非属双方意思合致之‘附件’，纵其广告之内容不实，应受‘消费者保护法’或‘公平交易法’之规范，但能否以之即谓该广告已当然成为系争契约之一部？亦待澄清。”该判决认为只要未将不实广告引用为契约之附件，即不构成契约内容。这更具体地加具“消费者保护法”第 22 条本来所无之适用要件的限制。这将使该条规定几乎成为具文。

内容拘束之意思，其主张亦相当于心中保留，无碍于其应依广告内容负责的效力。唯如认为“消费者保护法”第 22 条所定者系属于一种信赖保护，则该条之适用尚系于消费者对于该不实广告之信赖的有无。于是又衍生出：究竟是消费者应举证证明其系基于该信赖而缔约，或广告主应举证证明消费者系非基于该信赖而缔约？对此，“最高法院”从诈欺之一般规定，认为消费者负举证责任。[①] 然不实广告所涉契约如非消费契约，则不实广告的广告内容需经双方协议为契约内容，始构成契约内容的一部分。

另因广告主通常为事业，所以该不实广告原则上有公平交易法之适用。依该法第 31 条，因不实广告而受有损害者，得对于广告主请求损害赔偿。[②] 这是不实广告可能直接引起之法律效力。再则，不实广告之内容如果涉及买卖标的物之品质，该标的物为已完成之房屋者，应认定为有故意不告知瑕疵或故意吹嘘事实上不存在之品质的情事。盖为广告者，在广告前应善为查证其广告内容与事实是否相符，其不为查证者，纵使不知其广告内容与事实不符，还是应论为有未必故意。买受人依“民法”第 360 条后段或准用该段规定，“得不解除契约或请求减少价金，而请求不履行之损害赔偿”。至于所广告者如为未完成之房屋，则应课广告主确保其完成之房屋符合广告内容，否则，如因其给付之房屋，而在结果上构成不实广告，应论为未依债务本旨而为给付，构成不完全给付之债务不履行(“最高法院”1988 年度第七次民事庭会议决议)。此为嗣后瑕疵的问题。

然契约内容除关于主要给付义务者外，尚可能包含其他相关之事项。不实广告所涉内容亦不一定是主要给付的品质。所以，不实广告引起的问题不一定与物之瑕疵有关。然不论其所涉者为何，只要其广告内容在交易上足以影响相对人缔约之决意，即有规范上的意义。一个广告之所以成为不实广告，追根究底乃因广告主事后不愿或不能按广告之内容准备给付，或是对于足以影响契约标

---

① “最高法院”2003 年度台上字第 2240 号民事判决：“查被诈欺而为意思表示者，依‘民法’第九十二条第一项之规定，表意人固得撤销其意思表示，唯主张被诈欺而为表示之当事人，应就此项事实负举证之责任(参见本院 1955 年台上字第 75 号著有判例)。所谓诈欺，系指欲使相对人陷于错误，故意示以不实之事，令其因错误而为意思表示者而言(参见本院 1967 年台上字第 3380 号判例)。本件上诉人有制作虚伪不实之广告，被上诉人与之签有系争房地买卖契约，虽为原审所认定之事实，然该不实之广告，是否即足以使被上诉人陷于‘错误’而得据以推论上诉人应负诈欺之责？原审未进一步为调查，于未命被上诉人举证证明之前，遽以被上诉人撤销所签订之系争契约为有理由而判命上诉人给付，自属可议。”

② 除广告主应依“公平交易法”第 31 条就其所致他人权益的损害，应负赔偿责任外，广告代理业在明知或可得知的情形下，仍制作或设计有引人错误之广告，或广告媒体业在明知或可得知其所传播或刊载之广告有引人错误之虞，仍予传播或刊载，亦应与广告主负连带损害赔偿责任(“公平交易法”第 21 条第 4 项)。

的之价值或用益的外部环境提供不实之讯息。倘其不实，并在缔约阶段使相对人陷于错误，致其意思表示带有瑕疵，则应论为诈欺；如不以诈欺为理由而撤销之，并发展到履行的阶段，则是债务不履行或契约基础不存在的问题。

对于不实广告之规范的方法，釜底抽薪者为：以不实者为真实，要广告主就广告内容的真实性负担保责任。当对于广告内容之真实课以担保责任。不实广告虽不是要约，但却是契约之最低的内容。在没有对之利用"消费者保护法"第22条给予特别规定的情形，其规范基础为"民法"第92条所定之诈欺。唯诈欺之效力不一定必须是撤销，在不丧失给付之同一性的情形也可以是如诈欺内容所描述之给付。只有在特定的现成之物的买卖，基于标的之同一性，才会因僵固于原来约定之标的，而在不满意时只能利用诈欺有关规定寻求救济。在将来之物，因无同一性的问题，所以有依诈欺者表示之给付内容请求其履行债务的可能性。

（五）不实广告引起之竞合问题

不实广告引起之竞合问题：消费者保护法、公平交易法与物之瑕疵担保、诈欺、侵权行为法是否竞合？其竞合之效力为何？（构成要件之异同为何？法律效力之异同为何？其延伸的影响为：是否构成诈欺？可否选择以受诈欺为理由撤销其意思表示、依不实广告之内容请求给付或主张物之瑕疵担保责任含解除契约、请求减少价金或请求不履行之损害赔偿。）

按当责任事实能满足两种以上之法律规定之构成要件时，首先必须认定该等规定在适用上是否有排斥或选择关系。不论是排斥或选择关系其排斥或选择的结果，皆减少最后受适用之法律规定。经排斥者或未被选择者皆失去其适用性。所剩者如尚为多数，这些规定视其相互间独立性的有无构成请求权竞合或请求权规范竞合。关于竞合，民事法关于责任之建制原则为：(1)给予多重保障，但(2)不得重复满足。此所以不但在请求权规范竞合的情形，只能有一个请求权，而且在请求权竞合的情形，纵使债权人有数请求权，得分别行使，但只要其中一请求权受满足，其他请求权在其受满足的限度亦同归于消灭。

"消费者保护法"第22条所定者系契约上的给付义务。反之，乙如依"公平交易法"第31条而为请求，其行使者为损害赔偿责任。只要系争房地买卖可定性为消费关系，且甲因不愿在系争房地坐落之区域"全区铺设高速光纤骨干"，而使其广告构成不实，乙可选择依"消费者保护法"第22条或"公平交易法"第21条第4项行使其权利。唯后来消费者如提起诉讼，依"消费者保护法"第51条请求企业经营者，就其故意所致之损害，赔偿损害额三倍以下之惩罚性赔偿金；[①]或就其过失所致之损害，赔偿损害额1倍以下之惩罚性赔偿金。这属于损害赔偿之请求，而非契约上约定之给付的请求。在这种情形，消费者还可提起诉讼，依"公平交易法"第32条请求法院，在事业为故意之情形，依侵害情节，酌定损害额以上之赔偿。但不得超过已证明损害额之3倍（该条第1项）。侵害人如因侵害行为受有利益者，被害人并得请求专依该项利益计算损害额（该条第2项）。[②]上述规定中"消费者保护法"第22条与同法第51条及"公平交易法"第31条、第32条间有选择关系，而无竞合关系。其分别规定为：约定之给付的请求及其落空时之履行利益的赔偿。至于"消费者保护法"第51条与"公平交易法"第31条、第32条间，虽互相无排斥性，但当其请求之利益相同时，构成请求权规范竞合的关系。

在履行之请求的基础上复有物之瑕疵担保的问题。不实广告在履行的层次，如论为故意不告知瑕疵或故意吹嘘事实上不存在之瑕疵，有"民法"第360条之适用："买受人得不解除契约或请求减少价金，而请求不履行之损害赔偿。"该物之瑕疵担保中之不履行的损害赔偿与消费者保护法或公平交易法所定之损害赔偿范围虽有出入，但尚无根本之规范冲突的情事。是故，依该三个规定所发生之请求权有请求权规范竞合的关系。唯买受人不请求不履行之损害赔偿，而选择解除契约或请求减少价金时，则因请求之利益不同，无竞合情事。各该权利间之关系接近于选择之债。选择权在债权人（买受人）。然由于不实广告所涉品质应属于约定之效用，所以，买受人以该效用欠缺为理由，解除契约时，出卖人不得

---

① 关于以不实广告故意违反消费者保护法之加倍赔偿，曾有一个有趣的案例：有一个消费者在明知为不实广告的情形下，购入该广告所要推销之商品，而后再依消费者护法对广告主请求加倍赔偿。广告主主张该消费者并未上当，所以，其不实广告对其所以决意购买并无因果关系，从而该消费者对于其不但不得请求加倍赔偿，而且不得主张以该广告之内容为契约之内容，并据之改以该物有瑕疵为理由解除契约，请求退还价金。3倍赔偿的部分，因消费者并为上当，不得对于广告主请求赔偿，固属当然。但关于广告内容是否构成契约内容部分，因其所以应构成契约内容以"消费者保护法"第22条为依据，而引起疑问。在这种情形，广告内容虽不构成契约内容，但该契约仍因双方无依其表示之内容缔约之意思而不成立。是故，该消费者并不需要以物有瑕疵为理由解除契约，而得径以契约未成立为理由，依不当得利的规定，请求退货还款。此为未成立或无效契约之履行的效力。

② 就公平交易法所定之请求权，该法第33条规定："自请求权人知有行为及赔偿义务人时起，二年间不行使而消灭；自为行为时起，逾十年者亦同。"该时效期间与"民法"第197条第1项，就侵权行为之损害赔偿请求权之消灭时效所定者，相同："因侵权行为所生之损害赔偿请求权，自请求权人知有损害及赔偿义务人时起，二年间不行使而消灭，自有侵权行为时起，逾十年者亦同。"

依“民法”第 359 条但书主张，“依情形，解除契约显失公平者，买受人仅得请求减少价金”。盖约定之效用，不应论为无关紧要，要买受人委曲求全。

有疑问者为，不实广告是否同时构成诈欺？其致相对人受损害者，是否构成侵权行为？所属之侵权行为的类型为何？该二者，当发展至损害赔偿的阶段，所请求赔偿者如为信赖利益与固有利益。则与物之瑕疵担保、消费者保护法或公平交易法等因保护之利益不同，在适用上不能构成请求权规范竞合的关系。唯诈欺在债务关系之成立的阶段，买受人得以其所以为意思表示乃因受诈欺为理由，在除斥期间经过前，撤销其意思表示，从而与解除相同，可消灭基于不实广告而发生之债务关系。所不同者，因诈欺而受有损害者，得请求履行利益的赔偿；而因解除而受有损害者，原则上仅得请求信赖利益的赔偿。另以瑕疵担保为理由解除契约者，所涉事项必须与约定之给付的品质有关，而不实广告中所涉及之诈欺事项不一定必须与约定之给付（买卖标的物）的品质有关。[①] 其与约定之给付无关者，通常与缔约基础有关。应依缔约基础不存在有关的制度解决：调整对价关系或以解除或终止的方法终结契约关系。

（六）物之瑕疵担保与同时履行抗辩

买卖双方因物之瑕疵引起争议，而就其善后方法尚未获得协议时，买受人得否暂时拒绝给付价金？其如径为拒绝给付，就因此迟延给付之价金除迟延利息外，出卖人是否尚得请求加付惩罚性违约金？

当买卖双方因物之瑕疵引起争议时，如该争议有理由，买受人可能享有得解

---

① 不过，“最高法院”认为与系争房屋坐落之大自然景观的描述，非有关房屋给付之具体内容，纵有不实，亦不构成不实广告。例如该院 2000 年度台上字第 2134 号民事判决：“按‘消费者保护法’第二十二条规定企业经营者应确保广告内容之真实，其对消费者所负之义务不得低于广告之内容；‘消费者保护法施行细则’第二十三条亦规定所称广告，系指利用电视、广播、影片、幻灯片、报纸、杂志、传单、海报、招牌、牌坊、电话传真、电子视讯、电子语音、电脑或其他方法，可使不特定多数人知悉其宣传内容之传播，故预售屋之建商以广告内容诱发客户预购房屋者，依上开规定，其对消费者所负义务自不得低于广告之内容，原审指两造间所订立之买卖契约，并无将广告列为契约之一部之约定，难以广告内容作为契约之一部云云，其立论固欠周延，唯原审既依被上诉人所为广告内容，认被上诉人于广告上所为用语均仅为对系争房屋坐落之大自然景观之描述，非有关房屋给付之具体内容，且被上诉人为广告时，系争房屋后方并无铁皮屋存在，该铁皮屋非被上诉人建造，其所坐落之土地亦非被上诉人所有，认定被上诉人无广告不实可言，并说明被上诉人所建造之系争房屋并无与建造执照及使用执照所附平面图不符之情形，显已对被上诉人所为广告内容予以审酌，其赘述广告内容非契约之一部分，核与判决之结果无涉，上诉人谓原判决违反上开消费者保护法规定，显违背法令云云，尚无可取。”

除其契约或请求减少其价金的权利（“民法”第 359 条），出卖人如有故意不告知物之瑕疵或吹嘘事实上不存在之品质的情事，与买卖标的物缺少出卖人所保证之品质的情形一样，买受人并得不解除契约或请求减少价金，而请求不履行之损害赔偿（“民法”第 360 条）。上述权利之行使皆可能影响到价金债权之有无或范围。是故，买受人据之拒绝支付价金之全部或一部，应可认尚有正当理由。参酌“民法”第 368 条第 1 项，出卖人如有异议，应先提出相当担保，始得对抗。至于出卖人是否得依同条第 2 项请求买受人提存价金？应采否定的见解。盖系争争议不是来自于恐第三人主张权利之潜在危险，而系来自于买卖双方间关于买卖标的物之品质的实质争议。而在物之瑕疵纠纷所以有价金之同时履行抗辩的争议，乃源于依双方之约定，出卖人对于买受人本来有先为给付之义务。如容许出卖人请求买受人提存价金，等于使买受人丧失出卖人对于买受人应先为给付的利益。

关于据物之瑕疵担保请求权得否主张同时履行抗辩，“最高法院”1988 年度第七次民事庭会议决议：“出卖人就其交付之买卖标的物有应负担保责任之瑕疵，而其瑕疵系契约成立后始发生，且因可归责于出卖人之事由所致者，则出卖人除负物之瑕疵担责任外，同时构成不完全给付之债务不履行责任。买受人如主张：一、出卖人应负物之瑕疵担保责任，依‘民法’第 360 条规定请求不履行之损害赔偿；或依同法第 364 条规定请求另行交付无瑕疵之物，则在出卖人为各该给付以前，买受人非不得行使同时履行抗辩权。二、出卖人应负不完全给付之债务不履行责任者，买受人得类推适用‘民法’第二百二十六条第二项规定请求损害赔偿；或类推适用给付迟延之法则，请求补正或赔偿损害，并有‘民法’第二百六十四条规定之适用。又种类之债在特定时，即存有瑕疵者，出卖人除应负物之瑕疵担保责任外，并应负不完全给付之债务不履行责任。”归纳该决议的意旨可得，出卖人因交付之标的物有瑕疵，而应依“民法”第 360 条、第 364 条或第 227 条负债务不履行之责任者，买受人有同时履行抗辩权。唯该号决议所附研究报告认为：“买受人如主张出卖人应负物之瑕疵担保责任，依‘民法’第三百五十九条规定解除买卖契约或请求减少其价金者，尚无行使同时履行抗辩权之余地。”[①]按在给付有瑕疵，而出卖人有补正之义务且能补正者，在其补正前之利益状态犹如一部给付，而债务人并无为一部给付的权利（“民法”第 318 条），是故，买受人本得就全部价金行使同时履行抗辩权。所以，该号决议所附研究报告中所持该项见解，当以“民法”第 264 条第 2 项之规定为其依据：“他方当事人已为部分之给付时，依其情形，如拒绝自己之给付有违背诚实及信用方法者，不得拒绝自己之给付。”然不但核其要件，该项规定属于衡平规定，在个案最后之适用结果为何，尚系于法院之裁量，不能一概而论，而且如一概认为，在买受人依“民法”第 359 条规定，解除买卖契约或请求减少其价金的情形，无行使同时履行抗辩权之余地，则必使买受人在关于物之瑕疵担保责任的协商中，处于被动的不利地位。参诸“民法”第 368 条规定：“买受人有正当理由，恐第三人主张权利，致失其

---

① “最高法院”1988 年第七次民事庭会议决议：“附录：研究报告：出卖人就其交付之买卖标的物有应负担保责任之瑕疵，而其瑕疵系于契约成立后始发生，且因可归责于出卖人之事由所致者，则出卖人除负物之瑕疵担保责任外，同时构成不完全给付之债务不履行责任。买受人就此买卖标的物之瑕疵，可否行使同时履行抗辩权，应就买受人主张之法律关系如何定之。买受人如主张出卖人应负物之瑕疵担保责任，依‘民法’第三百五十九条规定解除买卖契约或请求减少其价金者，尚无行使同时履行抗辩权之余地（因契约解除或减少价金后，互负之债务，得否行使同时履行抗辩权，系属另一问题）。若依同法第三百六十条规定请求不履行之损害赔偿；或依第三百六十四条规定请求另行交付无瑕疵之物者，则于出卖人为各该给付前，非不得拒绝自己之给付。倘买受人系主张出卖人不为完全之给付者，则依左列情形，分别判断之：一、瑕疵不能补正者：瑕疵系因不可归责于出卖人之事由所致者，类推适用‘民法’第二百二十五条第一项规定，出卖人免补正义务，买受人当无行使同时履行抗辩权之可言。如系因可归责于出卖人之事由所致，则类推适用第二百二十六条第二项规定，买受人得拒绝受领该不完全给付，请求全部不履行之损害赔偿；如愿受领，则就因该瑕疵所生损害，得请求赔偿。在未为赔偿以前，得拒绝自己之给付。二、瑕疵系可能补正者：类推适用给付迟延之法则，买受人得拒绝受领该不完全给付而请求补正。瑕疵系因可归责于出卖人之事由所致者，并得请求赔偿补正前所受之损害（参照‘民法’第二百三十一条第一项）。若补正后之给付于买受人无利益，买受人得拒绝受领而请求赔偿因不履行而生之损害（参照‘民法’第二百三十二条）。在出卖人补正或赔偿损害以前，买受人得行使同时履行抗辩权。倘瑕疵系因可归责于买受人之事由所致者，出卖人当无补正之义务。”归纳上述研究报告中之见解，买受人得请求者如系约定给付的履行（例如“民法”第 364 条），出卖人之债务不履行的责任［例如“民法”第 226 条、第 360 条所定之不履行的损害赔偿（履行利益），或迟延损害之赔偿］得行使同时履行抗辩权。反之，如系单纯之物的瑕疵担保责任的请求，则不可。唯瑕疵担保责任中之解除契约的情形，因解除后，买受人未给付价金者，免给付价金之义务；已给付价金者，得请求返还（“民法”第 259 条）。怎可说买受人无拒绝给付价金的权利呢？或谓契约纵经解除，买受人亦应给付价金，以提供“民法”第 261 条所定准用第 264 条之规定的适用条件。然这是否妥当，深有疑问。至于请求减少价金的情形，亦有类似于一部给付的情事。

因买卖契约所得权利之全部或一部者，得拒绝支付价金之全部或一部。但出卖人已提出相当担保者，不在此限(第一项)。前项情形，出卖人得请求买受人提存价金(第二项)。"这当亦非第 264 条第 2 项之意旨所在。极其量，在买受人主张同时履行抗辩时，应目的性扩张适用第 368 条第 2 项，认为出卖人只得请求买受人提存价金。是故，买受人如径为拒绝给付价金，就因此迟延给付之价金，应只负迟延利息。出卖人尚不得请求加付惩罚性违约金。盖买受人所以拒绝给付价金，并非全无正当理由。这特别是在价金债权已有担保物权之保障时为然。兹将买卖标的物之瑕疵责任图(图 6-1)列如下：

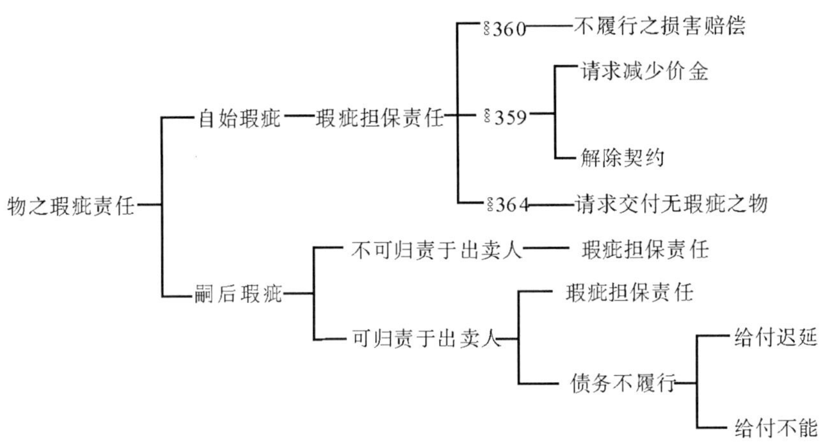

图 6-1

(七)附论:中介公司与消费者保护

系争房地之买卖之不实广告如系由中介公司为之时，是否仍有消费者保护法之适用?

委托人如为事业，因最后缔约人为委托人，中介公司极其量不过为其缔约辅助人，所以，无碍于委托人与相对人之关系之成为消费关系。反之，倘非事业委托中介公司销售房屋时，即引起委托人与相对人间之法律关系是否为消费关系的问题。对此，"最高法院"采肯定的见解。[①] 其次为该委托人及中介公司分别相对于其中介之相对人是否皆论为企业经营者，如有违反消费者保护法，是否应依该法对于相对人连带负责？倘广告系由销售之中介者所制作，而又涉及不实

① "最高法院"2001 年台抗字第 322 号民事裁定:"以个人名义委托房屋中介公司出卖房地，具有消费关系存在。"

广告时，对于当事人而言，这成为第三人诈欺或缔约辅助人之诈欺的问题。辅助人为事业，而缔约人为非事业者，有无消费者保护法之适用？由于消费者与专业的中介者间有资讯的不对称的情势，所以中介者应论为准经销商。在消费关系之交易链中，中介者之角色类似于经销商，对于非事业之相对人应使其负经销商的责任："从事经销之企业经营者，就商品或服务所生之损害，与设计、生产、制造商品或提供服务之企业经营者连带负赔偿责任。但其对于损害防免已尽相当之注意，或纵加以相当之注意而仍不免发生损害者，不在此限。"("消费者保护法"第 8 条)[①]纵使委托人不是事业时，亦然。至于非企业经营者利用居间人为其销售货物或劳务时，是否应将其论为企业经营者？鉴于利用居间人为自己销售者，在居间人的协助下，事实上相对于个别消费者，已享有跟自己便是事业时同等的经济与资讯优势，所以应将委托者论为企业经营者。不过在委托人与中介公司间，应类推适用"民法"第 188 条第 3 项，以中介公司为最后应负责之人。委托者对于消费者赔偿后对于中介公司有求偿权。不过，"消费者保护法"第 51 条对于委托者，应无适用性。盖其本非行为人，无对其加重责任之正当性。

(八)结　论

按广告之出发点在于希望看到广告的人相信广告的内容为真，从而与广告主缔约。是故，除非广告主事后以明示的方法排除先前所作之广告已不再适用于当前之交易，否则，其事后不愿为广告内容负责的主张，即有违诚实信用原则。此所以"消费者保护法"第 22 条规定："企业经营者应确保广告内容之真实，其对消费者所负之义务不得低于广告之内容。"当中所谓"应确保广告内容之真实"即是应担保其内容真实。此为一种担保义务或责任，不以广告主就其不实，有故意或过失为其要件。其次，因广告系为可能之契约的缔结为之，因此，与心中保留的情形类似，其最为恰当的负责态样自是：对消费者所负之义务不得低于广告之内容。亦即以契约之债的方式负责。其目的首先在于履行，而非赔偿。其间，倘广告主了无履行广告内容所定之给付义务的意思，自然构成诈欺。为贯彻"消费者保护法"第 22 条之规定意旨，在不实广告不得再析论：(1)消费者是否果真上当。如未上当，即不构成诈欺；(2)消费者如果坚持广告主信守广告，对于广告主是否不公平；(3)在广告主不肯履行与广告内容相同之给付义务时，消费者如果

---

① "最高法院"2002 年台上字第 1660 号民事判决："查房地中介业之业务，涉及房地买卖之专业知识，此所以一般消费者愿委由中介业者处理买卖事宜之原因。而中介业者针对其所为之中介行为，既向消费者收取高额之酬金，即应就其所从事之业务负善尽预见危险及调查之义务，始能就其所知，依'民法'第五百六十七条第一项之规定，据实报告于各当事人。"

知难而退，要解除契约对于广告主是否不公平；(4)在广告主不肯履行与广告内容相同之给付义务时，因事属瑕疵担保，只得请求减少价金，除不得拒绝给付价金外，如有迟延并应给付惩罚性违约金！盖在对于广告内容之真实应负担保义务或责任的情形，只要不真实即应论为诈欺。其效力本来应为：实现相对人与广告内容相符的利益；广告主之责任，最轻者应为：相对人解除契约，请求信赖利益的赔偿。万万不该发展成：消费者不但要知难而退解除契约，而不可得，而且还必须忍受与广告内容不符之给付；此外，在争讼中还必须完付全部价金，待争讼结束才来找补。